○ 希汉对照 ○

论灵魂

下册

〔古希腊〕亚里士多德　著

田书峰　译注

ΠΕΡΙ ΨΥΧΗΣ

创于1897
商務印書館
The Commercial Press

目　录

下册

注　释

文 献 缩 写

1. 亚里士多德作品

Ana. post. = Analytica posteriora（《后分析篇》）

Ana. prio. = Analytica priora（《前分析篇》）

DC = De Caelo（《论天》）

Cat. = Categoriae（《范畴篇》）

DA = De Anima（《论灵魂》）

EE = Ethica Eudemia（《欧泰谟伦理学》）

EN = Ethica Nicomachea（《尼各马可伦理学》）

GA = De generatione animalium（《论动物的生成》）

GC = De generatione et corruptione（《论生成与毁灭》）

HA = Historia animalium（《动物志》）

IA = De incessu animalium（《论动物的前行运动》）

Int. = De interpretatione（《解释篇》）

MA = De motu animalium（《论动物的运动》）

Metaph. = Metaphysica（《形而上学》）

Meteo. = Meteorologica（《天象学》）

MM= Magna Moralia（《大伦理学》）

PA = De partibus animalium（《论动物部分》）

VM = De vita et morte（《论生命与死亡》）

PN = Parva Naturalia（《自然诸短篇》）

  DS = De sensu et sensibilibus（《论感觉及其对象》）

  Mem. = De memoria et reminiscentia（《论记忆与回忆》）

Somn. = De somno et vigilia（《论睡眠与清醒》）
Insom. = De insomniis（《论梦》）
Div. = De divinatione per somnum（《论梦中的征兆》）
Long. = De longitudine et brevitate vitae（《论生命的长短》）
Juv. = De juventute et senectute（《论青年与老年》）
Vit. = De Vita et motte（《论生命与死亡》）
Resp. = De respiratione（《论呼吸》）

Phys. = Physica（《物理学》）
Poet. = Ars Poetica（《诗学》）
Pol. = Politica（《政治学》）
Protr. = Protrepticus（《劝勉篇》）
Rhet. = Ars Rhetorica（《修辞学》）
Top. = Topica（《论题篇》）

2. 柏拉图的作品

Apol. = Apologia（《申辩篇》）
Gorg. = Gorgias（《高尔吉亚》）
Phaed. = Phaedon（《斐多》）
Phdr. = Phaedrus（《斐德若》）
Rep. = Res publica（《理想国》）
Theaet. = Theaetetus（《泰阿泰德》）
Symp. = Symposius（《会饮》）
Tim. = Timaeus（《蒂迈欧》）
Soph. = Sophist（《智者》）
Parm. = Parmenides（《巴门尼德》）
Phil. =Philebus（《斐勒布》）
Nomoi = Nomoi（《法篇》）

3. 外语译注文本

英文 H 本 = Hamlyn, D. W., (ed.), *Aristotle's De anima, Books II and III with Certain Passages from Book I*, Oxford University Press, 1968。

英文 Hc 本 = Hicks, Robert D., *Aristotle, De anima*, trans. with introduction and notes, Cambridge: Cambridge University Press, 1907。

英文 R 本 = Ross, W. D. (ed.), *Aristotle, De anima*, introduction and commentary, Oxford: Clarendon Press, 1961。

英文 Rv 本 = Reeve, C. D. C. (ed.), Aristotle, *De anima*, Indianapolis/Cambridge, 2017。

英文 S 本 = Shields, C. (ed.), Aristotle, *De anima*, Oxford University Press, 2016。

德文 B 本 = Buchheim, T. (ed.), Aristoteles, *De anima*, Über die Seele, Darmstadt, 2016。

德文 C 本 = Corcilius, K. (ed.), Aristoteles, *Über die Seele, De anima*, Hamburg, 2017。

德文 T 本：Theiler, W., Aristoteles: *Über die Seele*, Berlin: Akademie Verlag, 1979。

法文 B 本 = Bodéüs, R. (ed.), Aristote, *De l'âme*, traduction et présentation, Paris : Flammarion, rééd, 2018。

法文 J 本 = Jannoe, A. and Barbotin, E., Aristote: *De l'âme*, Paris: Bude 1966。

中文 Q 本 = 秦典华译，《亚里士多德：论灵魂》，人民大学出版社，1990 年。

中文 W 本 = 吴寿彭译，《亚里士多德：论灵魂及其他》，商务印书馆，2018 年。

4. 其他

DK = Diels, H. and Kranz, W., *Fragmente der Vorsokratiker*. 3 Bände, Berlin: Weidmann, 1956.（第尔斯、克兰斯：《前苏格拉底残篇》）

Liddel and Scott = *A Greek-English Lexicon*, Compiled by Henry George Liddell and Robert Scott, with a revised supplement, Oxford, 1996.（《古希腊文英文辞典》）

注　释

第一卷

第 1 章

1. 402a1 中的 τὴν εἴδησιν 仅仅出现在这里，但是，εἴδησις 应该与《形而上学》中所说的 εἰδέναι 相同（Metaph. I 1, 980a1），另外，亚里士多德在 402b16–25 中分别使用了 γνῶναι, θεωρῆσαι, κατιδεῖν, εἰδέναι, γνωρίζειν 来表达理性的认识或理解活动。希克斯（R. D. Hicks）认为，古希腊文名词词尾-ις 往往表示行动或过程，所以，εἴδησις 表示认识活动或过程、νόησις 是思维活动、ποίησις 是制作活动、ἄκουσις 是听觉活动、ὄρεξις 是欲求活动、αὔξησις 是生长、σύνθεσις 是综合活动等（Aristotle, *De Anima,* with translation, introduction and notes by R. D. Hicks, Cambridge University Press 1907, p. 174）。

2. "一种［知识］比另外一种［知识］更美好和更有价值"（μᾶλλον δ' ἑτέραν ἑτέρας τῶν καλῶν καὶ τιμίων）：亚里士多德习惯按照一定的标准将知识排序。比如在《形而上学》和《后分析篇》中，亚里士多德列举了一个关于知识序列的清单：感觉—记忆—经验—技艺—科学知识（Metaph. I 1, 980a27–981a12；Ana. post. II 19, 99b34–100a9）。他在《形而上学》中又将理论的科学知识分为最高的第一哲学——神学，其次是数学，最后是物理学（Metaph. VI 1, 1026a18–23）。这里所说的 καλόν 是一个比较含混的概念，亚里士多德在《论题篇》（Top. I 15, 106a20–22）中认为 καλόν 是同名异义的（homonymous），所以，它可以包含不同层面的含义：（1）带有价值取向的秩序（τάξις）、比例（συμμετρία）和确切性（ὡρισμένον）（Metaph. XIII 3, 1078b1），（2）审美意义上的崇高（EN IV 3, 1123b6–8；Pol. VII 4, 1326a33–34），有时，亚里士多德将这种审美意义上的 καλόν 视为内在地或在其自身就值得选择的、值得赞许的目的和行动（EE VIII 3, 1248b18–20），这样的行动和目的之所以在其自身就值得选择和赞许是因为它们显示出在两种极端或过度之间的中道。

3. κατ' ἀκρίβειαν（根据确切性）。亚里士多德在《后分析篇》（Ana. post. I 27, 87a31–37）中认为，一门科学比另一门科学有没有更多的确切性可以在如下三个方面得到判定：（1）所研究的对象既关乎事实（ὅτι），也关乎事实的原因（διότι）；（2）不被载体所谓述；（3）依赖于更少的事物。一门知识比另外一门知识更有确切性的标准就是，它不但处理事实、描述事实、设定事实，而且致力于对事实作出解释，即借助本原或原则把其中的原因证明出来。我们可以看到，当亚里士多德说对灵魂的研究更有确切性时，他是在强调灵魂是生命体的本原和原因。
4. 斐洛珀努斯（Philoponus，活跃于5—6世纪）认为，阿弗洛狄西亚斯的亚历山大（Alexander of Aphrodisias）把402a2–3中的这句话"μᾶλλον δ' ἑτέραν ἑτέρας ἢ κατ' ἀκρίβειαν ἢ τῷ βελτιόνων τε καὶ θαυμασιωτέρων εἶναι"视为后人添加伪造的（Philoponus. 24, 7–13）。之所以加上这一句，是因为亚里士多德如此则不用必须认为，对灵魂的研究是更确切的主张是基于如这样的一个说法，即对灵魂的研究是对没有质料的一个主体或载体的研究。如果亚里士多德接受这个说法，那么他也就会自然相信灵魂是不朽的结论。但是，斐洛珀努斯认为，亚历山大之所以给灵魂论一个很高的地位是因为这门学问是关于美或崇高的东西（καλά）和高贵的或有尊严的事物（τίμια）。辛普里丘（Simplicius）没有提到亚历山大的这个看法。所以，罗斯认为亚历山大不可能说这一句是后人添加，定是别人的杜撰（cf. Aristotle, *De anima,* edited with introduction and commentary by Sir David Ross, Oxford 1961, p. 165）。亚里士多德在《论题篇》中确实作了这种区分，即一个知识比另外一个知识更好是因为或者更有确切性，或者与更好的对象相关（Top. Ⅷ 1, 157a9–10）。关于确切性，参见Top. Ⅱ 4, 111a8。
5. 402a5："有关灵魂的知识看起来似乎对全部真理大有裨益和贡献"（δοκεῖ δὲ καὶ πρὸς ἀλήθειαν ἅπασαν ἡ γνῶσις αὐτῆς μεγάλα συμβάλλεσθαι），这句话是指关于灵魂的知识对实践真理或实践哲学的贡献尤为重要，参见EN I 13, 1102a18–26; EN Ⅵ 2, 1139a27–31。

6. “灵魂是生命体的本原”（ἔστι γὰρ οἷον ἀρχὴ τῶν ζῴων）是当时被普遍接受的一个观点，尽管自然主义者和学园派哲学家对灵魂的本质之理解大相径庭（GA Ⅴ 7, 778a14–16; DA 412a10f.）。

7. 402a7–8: “ἐπιζητοῦμεν δὲ θεωρῆσαι καὶ γνῶναι τήν τε φύσιν αὐτῆς καὶ τὴν οὐσίαν”，亚里士多德在这里使用了 θεωρῆσαι 一词，是不定过去时的不定式形式，表示要认识灵魂的自然和本质的决心。θεωρῆσαι 来自于动词 θεωρέω，表示观看、注视、直观、沉思。我认为，亚里士多德在这里用 θεωρέω 主要强调对灵魂的本性和本质进行现实的理解或沉思。其名词形式 θεωρία 就是那能够认识第一本原的直观理性的现实活动（DA 402b12–13f.; Ana. Post. Ⅱ 19）。关于自然（φύσις）的定义，参见 Phys. Ⅱ 1, 192b13–15。

8. 亚里士多德在这里所说的自然和实体都是同义词，即灵魂的本质之所是（τί ἐστιν ἡ ψυχή）与灵魂的偶性或属性相对，参见 PA I 1, 641a21–25。εἶθ' ὅσα συμβέβηκε περὶ αὐτή 指灵魂的属性，亚里士多德在专有属性和偶有属性之间作了区分（Metaph. Ⅴ 18, 1022a24–36），专有属性（τὰ καθ' αὑτὰ συμβεβηκότα 或 τὰ καθ' αὑτὰ ὑπάρχοντα）的一个最明显的例子就是三角形的内角之和等于两个直角（DA 403b20; Ana. Post. I 7, 75b1; Metaph. Ⅴ 30, 1025a30—32 和 XIII 3, 1078a5–9），而偶有属性（τὰ συμβεβηκότα）就是那些依附于个别事物中的属性，比如白皮肤与懂音乐的特性依附于个别的人。那些偶然地属于灵魂的属性对于灵魂的科学知识并没有实质性贡献，而是专有属性，就如我们在 402b16–403a2 会看到的，有时对一物的专有属性的研究是界定其本质的最好途径。在《论灵魂》中，亚里士多德提到的灵魂属性有：ἔργα καὶ πάθη（409b15, 407b18），ἐνέργειαι καὶ πράξεις（415a19），παθήματα（403a5–11; 403a16–18; 418a26–b5）。另外，也可参见 DS I, 436a1–18。希尔斯将 συμβέβηκε 译为 properties，而将 τὰ μὲν ἴδια πάθη τῆς ψυχῆς 译为 affections peculiar to the soul itself，这与 402a15 中所说的 τῶν κατὰ συμβεβηκὸς ἰδίων（properties co-incidental to them）对应（Aristotle, *De anima, Translated with an Introduction and Commentary* by Christopher Shields, Oxford 2016, pp. 1–2）。

9. ἴδια πάθη τῆς ψυχῆς 指灵魂的专有属性，不管是现实的运动还是被动的承受状态，参见 DA 411a26ff.、417a14ff.、417b12ff.。将 πάθη 译为“波动”似乎不太适宜，因为“波动”可能无法将灵魂的承受或受动的状态表达出来，所以，德文 C 本的译法似乎更为可取，即“遭受”或“受动状态”（Widerfahrnisse）。

10. 402a9 中的这句话是指那些为灵魂和躯体所共有的一些属性，所以对这些属性的定义必须包含躯体（403a16–27），灵魂论也就成为物理学的一个分支（403a27–b7），灵魂的属性或情感状态与动物的躯体不能分开。

11. 402a12: τὸ τί ἐστι 一般译为“是何者”、“何所是”、“是什么”等，对于这个问题的回答比定义要宽泛，因为我们可以用普遍的类来回答何所是的问题，比如由质料和形式构成的复合物（σύνολον）。参见 Top. I 5, 102a31–35。

12. 此处所说的“τῶν κατὰ συμβεβηκὸς ἰδίων”应当是指“偶性”或“偶然的属性”，英文 S 本将其译为“properties co-incidental to them”（Shields, 2016. p. 2）。另外，参见 Ana. Post. Ⅱ 1, 53a1–2; Ⅱ 6, 92a6–19。

13. 关于演绎或证明（απόδειξις）与定义的关系，参见 Ana.Post. Ⅱ 1–11。如果“一物的本质或本性是什么”的问题可以理解为“那使得一物成为一物的原因是什么”的问题，那么对定义的追寻就是对原因的追寻，对此，证明起着非常重要的作用（Ana. Post. Ⅱ 8, 93a1–15）。

14. 柏拉图在自己的《智者》和《政治家》中使用了区分或二分法（διαίρεσις）来获得对一物的定义。亚里士多德对这个方法保持怀疑，在《前分析篇》，他对这种方法进行了批判（Ana. prio. I 31, 46a32ff., 也参见 PA I 2–4; Ana. post. Ⅱ 13, 96b15f.; Metaph. Ⅶ 12, 1037b7f.）。他认为，这种方法总会犯循环论证的错误（petitio principii），所以，亚里士多德只是将其视为一个辅助性的方法，比如，在伦理学中，亚里士多德对有理性部分与无理性部分的区分可以很好地帮助我们理解实践的真理，对理论知识与实践知识的区分可以帮助我们很好地理解理论科学与实践科学的不同。

15. 另外的一种方法（τις ἄλλη μέθοδος）可能是指归纳和感知经验（cf. Top. I 12, 105a13）。

16. 比如对点和数的定义属于各不相连的量度（τὸ διωρισμένον ποσόν），而对于平面和线段的定义则属于连续性的量度（τὸ συνεχές）。

17. 402a23 中的属（τῶν γενῶν）是指亚里士多德在《范畴篇》所说的最普遍的十个属（summa genera），最终，这十个最普遍的范畴可以被归结为两种：实体与实体的属性（质、量、关系等）。参见 Metaph. Ⅶ 1, 1028a10–b7、Ⅸ 1, 1045b27–32、Ⅻ 1, 1069a18–24。

18. 亚里士多德在 402a23–b16 中共提出 9 个问题，他在下面要逐一地进行探究。

19. 亚里士多德之所以提及质和量这些范畴，是因为毕达哥拉斯和柏拉图视灵魂为一个实体，和谐理论又将灵魂视为一个性质，而色诺克拉底则视之为量度。

20. Ἐντελέχεια（拉丁文：actualitas; 英文：actuality, fulfilment, entelechy; 德文：Entelechie, vollendete Wirklichkeit; 法文：réalisation, actualité）可译为“圆满实现”、“完满现实”或“现实性”等。我认为 ἐντελέχεια 在这里译为“现实性”更好，因为亚里士多德在灵魂的定义中更强调灵魂是潜在地有生命的躯体的原初的实现，这是一种动态意义上的潜能的最初实现。当然，当一个人在进行理性的沉思活动、感觉活动、进取食物时，我们可以说这是在第二阶的意义上的圆满实现，但是，一个人不可能永不停止地进行这些活动，他需要睡眠和休息，即使一个人不在进行上述活动，比如在闭目休息时，他的灵魂也仍然是其身体的形式，他仍然具有实现这些潜能的能力，所以，亚里士多德认为灵魂是原初的实现或第一现实性。约翰逊（Thomas K. Johansen）就将其翻译为“the first fulfillment”，包德厄斯也将其径直译为“réalisation”。参见 Johansen, Thomas, K., “Capacity and Potentiality: Aristotle's Metaphysics Θ 6–7 from the Perspective of the De Anima”, *Topoi*, Vol. 31, 2012，pp.209–220; Aristote, *de l'âme*, traduction et présentation par Richard Bodéüs, Paris:

Flammarion 2018, pp. 152–154。

21. 亚里士多德在 DA 411b5–30, 413b11–414a1, 432a22–b7 中重新论述灵魂有没有部分（μέρη）的问题，我们不能在量度大小的意义上来理解灵魂的部分，因为灵魂既非量度（μέγεθος, 407a2f.），亦非性质（ποσὸν, 410a21）。希克斯提到这可以是指一种逻辑分析，即属下面可以分为不同的种，种下面又可以分为下属的种。灵魂的部分在这里的基本含义是界定不同种类的灵魂的不同元素，参见 Johansen, T. K., "Parts in Aristotle's Definition of Soul: De Anima Books I and Ⅱ", in *Partitioning the Soul, debates from Plato to Leibniz*, ed. By Klaus Corcilius and Dominik Perler, De Gruyter 2014, pp. 16–39。
22. Ὁμοειδὴς 也用于空气和水（Metaph. 1014a30f.），也用于火（DC I 8, 276b5f.）。
23. Cf. Metaph. Ⅹ8, 1057b35–1059a14.
24. Cf. DA 411b27f. 亚历山大和斐洛珀努斯认为，这里的批评可能是针对柏拉图，尤其是《蒂迈欧》，但是，实际上，柏拉图也承认植物有灵魂（Tim. 77a–b），也可能是针对德谟克利特和其他一些自然主义者（Ross 1961: 184）。
25. 亚里士多德在这里提出的问题是，我们究竟是通过普遍的属来界定和认识灵魂是什么，抑或是寻求不同种的不同定义呢？亚里士多德在这里举的例子是动物和动物中的不同种的灵魂，比如马、狗、人的灵魂等。首先，普遍的类，即作为普遍概念的动物可以被理解为一种普遍的质料形式复合物（σύνολον），而这样的复合物并不是实体（Metaph. 1035b28、1038b8–35），因为它只是表示这般的存在（τοιόνδε），而不是这一个或具体的个别物（τόδε τι, 1039a1–16），或者动物的概念既非多之外的一（ἕν παρὰ τὰ πολλὰ）或在多中的一（ἕν ἐπὶ πολλῶν），而只是一个依赖于我们的心灵的逻辑概念，一个根据多而来的一（ἕν κατὰ πολλῶν）或一种共同的谓述，即只是表示那些不同的种赖以归并到一个类概念之下的共同特点（common characteristics）而已，所以，普遍的动物是后于那隶属于其中的个别存在，就像属性或情感状态后于实体，依附于实体一样（Metaph. 1038b23–29）。在普遍的动物中并不适宜于寻找灵魂的定义。文艺复兴晚期的一位注释家匝巴瑞拉（J. Zabarella）将普遍的动物称为单一义的类（genus univocum），而将普遍的灵魂称为类比的类（genus analogum），所以，他认为，在类的意义上灵魂定义是不完整的，需要来自于对不同的种的灵魂的知识的补充。事实上，亚里士多德在《论灵魂》中并没有寻求对植物和动物的不同的种的灵魂进行界定，而是使用了存在于动物和植物中的彼此不能被还原的灵魂的不同能力来对灵魂进行界定，比如营养能力、感觉能力、欲求能力、思维能力等（Hicks 1907: 184–187）。

26. 402b8: ὁμοίως δὲ κἂν εἴ τι κοινὸν ἄλλο κατηγοροῖτο· 如果只是一些普遍的谓述，而没有对最小的种（infimae species）进行研究，这是无法达到对灵魂的定义。

27. Cf. DA I 1, 402b2.

28. 403a15 中的 τὰ ἀντικείμενα 是指对象，参见 415a20。比如，感觉的对象是 τὸ αἰσθητόν, 思维的对象是 τὸ νοητόν。亚里士多德在《范畴篇》中提到了四种逻辑上的对立或相反形式：（1）作为彼此相关的事物的对立（τὰ πρός τι）;（2）作为相反者（τὰ ἐναντία）;（3）缺失与具有（στέρησις καὶ ἕξις）;（4）肯定与否定（κατάφασις καὶ ἀπόφασις）。在这里，亚里士多德所说的 τὰ ἀντικείμενα 应该是指第一种，彼此相关的或朝向一的事物，即与心灵活动相对的外在对象。

29. τὸ τί ἐστι γνῶναι 是指对本质的认识（402a7; 402a13），本质通过定义表达出来，这是演绎证明的原则和前提，本质属性就是这样通过证明从原则或本原那里被演绎出来。θεωρῆσαι τὰς αἰτίας 是指对原因的知识，这是科学知识的基础（Ana. Post. I 2, 71b9–16; 6, 75a31–37）。

30. Συμβεβηκός（拉丁文：accidens；英文：accidents, properties；德文：Akzidens, Zufälliges）的复数形式是 συμβεβηκότα，来源于动词 συμβαίνειν（一起行走、伴随着行进），一般表示那些事实上伴随而至的东西，所

以中文一般译为“偶有属性”、“偶性”。亚里士多德在 Top. I 5, 102b4–7 中给出了如下定义:“偶性既不是定义，也不是某个本质特性或本有规定，也不是某个类，而是指一个事物可以具有也可以不具有的属性。” συμβεβηκότα 又可以分为本质属性（καθ' αὑτό）和偶有属性，402b18 中的 τῶν συμβεβηκότων ταῖς οὐσίαις 应该是指灵魂的本质属性（402b21, 23, 26）。

31. 包尼兹（H. Bonitz）认为，亚里士多德并没有在专有术语意义上使用 402b23 中的 κατὰ τὴν φαντασίαν，而是仅仅表示 κατὰ τοῦτο ὃ φαίνεται ἡμῖν（根据那向我们所显现的）。亚里士多德在 Insom. 460b18 和 Top. 100b27, 165b25 中也有同样的用法（cf. Ross 1961: 168; Bonitz, H., *Index Aristotelicus*, Berlin: Walter de Gruyter 1961）。

32. 从本质定义中，所有的本质属性能够被演绎出来。亚里士多德在 408a3–5 和 409b14–18 中用这个原则来评价灵魂的定义。403a2: διαλεκτικῶς εἴρηνται καὶ κενῶς ἅπαντες，这一句显示出亚里士多德对辩证法的态度。他在《论题篇》中更认可证明的方法，而不是辩证法，辩证法的最大问题是其前提并不必然地为真，也可以是指流行的一些意见或信念（参见 Metaph. 995b23）。辩证法家对愤怒的定义就显示其局限性，不能把握到伴随着愤怒而来的身体特征，比如悸动、体温增高、脸红等（参见 Philoponus 44, 2–11）。

33. 我在这里将 πάθη（拉丁文: affectus; 英文: passions, affection, states; 德文: die Widerfahrnis, der Affekt, die Zustände）译为“受动状态”或“属性”，并不是指狭义上的情感。

34. 关于一般的感觉活动（ὅλως αἰσθάνεσθαι），参见《论感觉及其对象》（De sensu et sensibilibus: DS）1, 436a7。亚里士多德在 DS 中使用了 ὅλως ὄρεξις，亚里士多德将记忆、血气、欲望、快乐和痛苦的感受和一般的欲求都归为属于灵魂和肉体所共有的属性。

35. 403a9：不可能没有想象（ἢ μὴ ἄνευ φαντασίας），亚里士多德在《论灵魂》第三卷第 3 章中专门论述想象力，在第 4—8 章中也得到这个结论（cf. 431a14f, 16f., 431b2−8, 432a8;《论记忆》（De memoria et reminiscentia: Mem.）1, 449b30f.）。

36. 403a13: τῷ εὐθεῖ, ᾗ εὐθύ, 相当于拉丁文的 rectum qua rectum，但是，有些注释家们认为 τῷ εὐθεῖ 的概念在这里有些模糊（cf. Philoponus. 19, 18f.），托斯垂克（Torstrik）认为，τῷ εὐθεῖ 不仅可以指直的抽象概念，直的本质定义，也可以指表达在一个可感物中的直（Hicks 1907: 196）。但亚里士多德在这里就是指抽象的直线概念。

37. 罗斯将 403a13−14 中的 χαλκῆς 置入括弧中而删除，而托斯垂克和让诺讷（Jannone）都将其保留，即 οἷον ἅπτεσθαι τῆς χαλκῆς σφαίρας。

38. 关于数学对象的讨论，参见 Metaph. XIII 3。

39. 希克斯认为，这里所说的 τὰ τῆς ψυχῆς πάθη πάντα 并不是狭义上的情感或激情，亚里士多德在《尼各马可伦理学》和《修辞学》中都例举过这些情感（EN 1105b20f.; Rhet. II 2−11），但是，他在这里所说的 πάθη 应当囊括感知活动和理性思维活动的范围，即任何心灵活动都会有身体的伴随（bodily concomitant），个体的情感差异并不能归因于外在的对象，而是自己的身体组织或身体状态，比如胆汁质的人容易因为一些小事就大动肝火，而忧郁型的人容易胆小害怕（Hicks 1907: 198）。

40. Θυμός（拉丁文：affectus, ira; 英文：spiritedness, anger; 德文：der Mutwillen, der Zorn）一般译为"血气"、"怒气"等。它在亚里士多德的用法中主要包含两方面的含义：（1）在欲求意义上的壮胆或决定能力；（2）表示一种情感（如怒气和激动等）。我在这里译为"激情"或"血气"。

41. 403a21−22: ὅταν ὀργᾷ τὸ σῶμα καὶ οὕτως ἔχῃ ὥσπερ ὅταν ὀργίζηται. Ὀργᾷ 更多地是指身体的血液膨胀或沸腾，而 ὀργίζηται 则是指愤怒或气愤，二者的关联由此可见一斑。

42. 403a25: λόγοι ἔνυλοί. 希克斯认为，ἔνυλοί 的形式可能来自于 ἔνυδρος，它可以表示寓居于质料中的（immanent in matter）、或者在自身内有质料的（having matter in it），可参 Metaph. 1033a4−5。注释家们多倾向于第一种解释（cf. Hicks 1907: 199）。罗斯认为，λόγοι ἔνυλοί 表示"notions

embedded in matter”，或者“notions containing a reference to matter”，他认同后者（Ross 1961: 168）。

43. Cf. Rhet. 1378a31.

44. Cf. Metaph. Ⅵ 1, 1026a5–7; PA Ⅰ 1, 641a14–b10; DS 1, 436a17–b6;《论青年与老年》(De juventute et senectutue: Juv.) 27, 480b23ff.; Phys. Ⅷ 3, 253a32–b9。

45. 403a28: ἢ τῆς τοιαύτης. 这是指与躯体不可分离的灵魂，就像这里所列举的这些灵魂的属性都不能与躯体分开。至于是否灵魂的某个能力脱离躯体而能单独存在，这个问题更多地属于第一哲学的研究对象，亚里士多德在《论灵魂》第三卷第4—8章和《形而上学》第十二卷第6—10章中更为详细地讨论了这个问题。

46. 403a29: διαλεκτικός 在这里带有贬义地被使用，就像前面所说的 διαλεκτικῶς，容易流于空乏而无实质内容，经常被等同于 πρὸς δόξαν（朝向意见的），而非 καθ'ἀλήθειαν（根据真理的），参见 Top. 105b31。

47. Cf. PA Ⅱ 4, 650b35. 愤怒让人血脉喷张，而恐惧则使血液凝固（PA Ⅱ 4, 650b27f.; Ⅲ 4, 667a13–19）。

48. 403b2: τὸ εἶδος καὶ τὸν λόγον. 其中的 καὶ 是递进的解释，参见 Phys. Ⅳ 1, 209a21。

49. 403b2: ὁ μὲν γὰρ λόγος ὅδε τοῦ πράγματος. 在很多其他版本中，多加了一个 εἶδος，写为 ὁ μὲν γὰρ λόγος εἶδος τοῦ πράγματος（参见 Jannone: 4; Torstrik: 4; Trendelenburg: 4），即这个概念或定义就是事物的形式。但是，我认为罗斯的版本似乎更为适宜，因为亚里士多德在前面列举了自然学家和辩证学家各自对愤怒的定义，而后者给出的定义才是事物的定义，只不过这个概念或定义一定是存在于质料中的。所以，亚里士多德没必要再重复地认为，这个定义是关于事物的形式的，因为亚里士多德在前面已经强调了辩证学家给出的定义说出了定义的形式。

50. 403b6: ἕτερος δ'ἐν τούτοις τὸ εἶδος〈οὗ〉ἕνεκα τωνδί. 罗斯在这句中加上了〈οὗ〉，在其他版本中写为：ἕτερος δ'ἐν τούτοις τὸ εἶδος, ἕνεκα τωνδί。

他认为，在语法上，ἕνεκα 一般放置到其限定词语的后面，所以，如果没有 οὗ 就不好理解这里所说的 ἕνεκα 是什么意思。这样，罗斯将其理解为“the form for the sake of which”，也就是目的因（Ross 1961: 169）。

51. 亚里士多德所理解的自然哲学家（φυσικὸς）应该不只是那些只知事物的质料的人，而是那些研究由质料和形式构成的具体的可感实体、自然躯体或自然中具体存在的事物的人，所以，亚里士多德心目中理想的自然哲学家需要拥有对事物的质料因和形式因（动力因和目的因）的知识（cf. Phys. Ⅱ 2, 194a12–27; 194b9ff.; Ⅱ 7, 198a22）。
52. 403b8: ὁ ἐξ ἀμφοῖν. 这个词组是亚里士多德在表达自然实体或可感实体的定义时的标准用词，可感实体一定是由质料和形式构成的复合物（cf. Phys. I 3, 186b34; Metpha. Ⅷ 2, 1043a18）。
53. 403b9: ἐκείνων δὲ δὴ τίς ἑκάτερος; 这里所说的另外两位是指给出如下两个不完美定义的人：（1）仅仅给出了定义的质料或（2）仅说出定义的形式。并不存在一种撇开质料只研究具体的自然事物的形式的科学，或撇开形式只研究自然物的质料的科学。
54. 403b10: ἢ οὐκ ἔστιν εἷς ὁ περὶ τὰ πάθη τῆς ὕλης τὰ μὴ χωριστὰ μηδ’ ᾗ χωριστά. 希克斯认为（Hicks 1907: 204），这里所说的质料应该是指切近或终极质料（ἐσχάτη ὕλη, Metaph. Ⅶ 7–9）。
55. 403b11: τοῦ τοιουδὶ σώματος καὶ τῆς τοιαύτης ὕλης. 物理学所要处理的对象是那些能够运动的东西，这些自然物体（φυσικὰ σώματα）必须具有某种质料。
56. 403b15: ᾗ δὲ κεχωρισμένα. 就其拥有分离的存在而言。这种表达与 τὰ καθ’ ἕκαστα 或 παρὰ τὰς αἰσθητὰς οὐσίας 相同，第一哲学研究的对象就是不动的实体（ἡ ἀκίνητος οὐσία, Metaph. Ⅻ 6–10）。
57. 对于 ἐπανιτέον（返回）的使用，参见 EN I 10, 1100a31; I 7, 1097a15。
58. 对于数学家来说，对象的质料并不是那么重要，直线表现在沙土上，还是雪地上，这都不重要，但是，对于生物学家或自然哲学家，这就不可同日而语了，塌鼻子是最好的例子，而不是凹陷。所以，亚里士多德再三强调，离开了运动或躯体的运动部分就没法定义生命体或动物了，比如，手、眼睛等如果没有了运动或不是活生生的，那么它们也就只是在同名异义的意义上是手和眼睛了。

第 2 章

1. 亚里士多德在 DA I 1, 402a23ff. 那里已经提出了关于灵魂的诸多疑难，他在这里并不需要重新提出这些疑难，而是强调，我们不只是需要知道这些疑难，更要了解前人是如何解决这些疑难的，即那些有名望的意见（ἔνδοξα）。比如，亚里士多德在《形而上学》第一卷中就主要在列举前人的观点，而直到第三卷，他才列出了这些疑难的清单。EN Ⅶ 1–6 关于"不自制"的讨论更加清楚地展示此方法，它既包括对前人的有名望的意见的搜集，又包括对所提出来的疑难的解决尝试。
2. 亚里士多德在 DA Ⅱ 2, 413a20ff. 中也采用了这种在具有灵魂的存在（τὸ ἔμψυχον）与没有灵魂的存在（τὸ ἄψυχον）之间的区分，这应该是一种在当时惯常的区分方法。
3. 亚里士多德似乎在 DA Ⅲ 3, 427a17–21 与Ⅲ 9, 432a15–19 对使用这两种特性来区分有灵魂的与没有灵魂的存在表示赞同，虽然他反对柏拉图和其他自然哲学家对灵魂作为运动原则或本原的解释，但是，他对灵魂的主要能力的概括或命名则是依据这两种特性，就思维能力是一种"区分"（κρινεῖν）来说与感觉一样；在 DA Ⅲ 9–11，亚里士多德更是发展出一种基于灵魂作为运动的本原而发展出来的欲求能力（ὀρεκτικόν）。
4. 亚里士多德在 405b11f. 与 409b20f. 提到另外的第三种特性，即灵魂的非躯体性（τὸ ἀσώματον）。
5. 亚里士多德在 Phys. Ⅷ 7, 260b16–19 曾提及 πρῶτος 或 πρώτως 的三种使用，即首要性的三种意义：（1）存在论意义上的独立性或自我持存，（2）时间意义上的首要性，（3）逻辑上的首要性。希克斯认为这里应该是指的最后一种（Hicks 1907: 212）。

6. Ἀπείρων 在这里是指不仅在数字上，而且在形状上都是无限地多。参见 DS 4, 442b21; DC Ⅲ 4, 303a5;《论生成与毁灭》(De generatione et corruptione: GC) Ⅰ 1, 314a21。

7. 特米修斯（Themistius，活跃于公元 4 世纪）基于尘埃的比喻认为，尽管灵魂是不可见的，但是，可能是躯体性的，就像尘埃通常是不可见的，但在一定的情况下经过光线的照射是可见的。但是，辛普里丘与斐洛珀努斯更加强调尘埃的细小性。我认同希克斯的看法，尘埃比喻的用意在于突出灵魂原子就像尘埃那样处于不间断的运动中，而且在数量上又是无限的多（Hicks 1907: 214）。

8. 亚里士多德在 405a8−13 那里重述德谟克利特的这两种基本观点:（1）灵魂是火,（2）因为火是由可穿透一切事物的原子构成。

9. Πανσπερμία: Panspermium，德文 C 本将其译为全部的量（Gesamtmasse），德文 B 本将其译为种子的全部（die Gesamtheit von ihnen als den Samen），而英文 S 本直接将其译为“wholeseed”。

10. 球状的原子是火的构成部分，参见 DA 405a11−13; De Cael.Ⅲ4, 303a12; De Gen. et Corr. Ⅰ 8, 326a3。

11. 一直到 404a16，亚里士多德都在谈这种灵魂原子与呼吸的理论，他在《论呼吸》(De respiratione: Respir.) IV 472a3−16 重述这种理论，同时进行了批判。

12. Ὅρον: 有规定性的东西，在这里也可以译为明显的标准。关于呼吸是生命的标记，也参见柏拉图,《克拉底鲁》399d−e。

13. 托马斯认为，持有这种看法的毕达哥拉斯派哲人是苏格拉底的老师——阿基劳斯（Archelaus），奥古斯丁在《上帝之城》(*Civitatis Dei*) 中就这样引证了，参见 Thomas 1999: 25。

14. 亚里士多德在这里应该主要指柏拉图和当时的柏拉图学园主持人色诺克拉底（Xenocrates）等人对灵魂的理解和界定，关于柏拉图对灵魂是自我运动的原则的表述，参见 Phdr., 245c−e; Nomoi, 894c−896e。亚里士多德在 Metaph. 1072a 提及这一点，看来柏拉图至死都坚持灵魂是自我运动者的学说。关于色诺克拉底的灵魂是和谐的学说，亚里士多德在《论灵魂》第一卷第 4 章中多有论述，并对其学说进行了严厉的批驳（DA Ⅰ 4, 408a1–409a31）。

15. 参见阿那克萨戈拉:《残篇》DK 59 B 12。
16. 德谟克利特认为一切都有理性，甚至包括植物（DK 31（21）B 110），但是，亚里士多德则认为只有某种动物才拥有理性。
17. Τὸ ἀληθές εἶναι τὸ φαινόμενον 在 DA Ⅲ 3, 427b3f. 重新出现，这个命题是相对主义者用来否定存在着客观真理的有力武器。亚里士多德在 Metaph. Ⅳ 5, 1009b1–1011a2 利用不矛盾律反驳了这种相对主义命题。
18. 参见荷马:《伊利亚特》第 23 卷，第 698 行。英文 S 本译为“lay with his thoughts elsewhere”，德文 C 本译为“Hektor anders denkend am Boden liegt”，德文 B 本译为“Hektor daliegt, anderes im Sinn”，法文 B 本译为“il gît, l’esprit ailleurs”，另外法文的 J 本译为“Hector gisait la raison égarée”。我认为，英文 S 本和法文 B 本的翻译更符合这里的意思，因为赫克托耳（Hector）被击打后，身体倒地陨落，而神智则好像去了别处，是指他失去清醒的意识后，理性或神智也不在他身上了。事实上，ἀλλοφρονέων 一词并非用于赫克托耳，而是用于描述欧瑞耶勒（Euryale）的，但是，这个词语与士兵在搏斗后的眩晕或昏迷状态有关。感觉与理性都会承受来自重击的后果，φρονεῖν 与 ἀλλοφρονεῖν 都应被理解为一种广义上的意识。无论如何，德谟克利特认为，人的意识在很大程度上依赖于身体的物理状况和质料的原子灵魂（Hicks 1907: 219）。
19. 德谟克利特对理性（νοῦς）并未进行细致的区分，而是在荷马和其他早期诗人的意义上来使用。亚里士多德是第一位系统地对理性能力进行细致的区分的哲学家，他在 DA Ⅲ 3, 427b6–14 中清楚地反对将 φρονεῖν 或 νοεῖν 与 αἰσθάνεσθαι 等同起来，与其说感觉能力与理性能力有某种共同性，倒不如说二者有更多的差异性。虽然二者都是对其各自的对象的接受，即感觉能力是对可感的对象的接受，而理性能力是对理性的理智对象的接受，但是，二者的差异更多，理性能力是不受动的、非躯体性的、且不和质料掺混的等。

20. Cf. Metaph. I 3, 984b8−23; 4, 985a18−19.
21. 这与阿那克萨戈拉的残篇 DK A 100 相对应，辛普里丘明确地提及这种观点，即所有有生命的东西都有理智（DK B12）。
22. Τὸ κατὰ φρόνησιν νοῦς 表明，亚里士多德强调的是那在实践意义上的理性，能引起行动的理智（EN Ⅵ 5, 1140b20），所以，德文 B 本译为 “Einsicht”（Buchheim 2016: 65），法文 B 本译为 “la sagacité”，即明智；英文 S 本为 “intelligence”,（Shields 2016: 6）。亚里士多德认为某些动物也具有这种明智的德性，只是在一种非常微弱的意义上来说（参见《论动物部分》（De partibus animalium: PA）Ⅱ 648a6−10）。
23. 亚里士多德在这里开始转向从认知和感觉的角度谈论前人对灵魂的理解。
24. Cf. Metaph. I 7, 988a21−25.
25. 亚里士多德在 GC Ⅱ 6, 334a9 也认为，对恩培多克勒来说，每个元素可能是灵魂，但是，他在 DA I 5, 409b24−410b10 对这种观点进行了反驳。
26. DK 31 B 109. γαίῃ μὲν γὰρ γαῖαν ὀπώπαμεν, ὕδατι δ’ὕδωρ, αἰθέρι δ’αἰθέρα δῖαν, ἀτὰρ πυρὶ πῦρ ἀΐδηλον, στοργῇ δὲ στοργήν, νεῖκος δέ τε νείκεϊ λυγρῷ.
27. Cf. Tim. 34c, 37a–c. 罗班（Robin）在自己的著作《柏拉图的理念和数字理论》中认为，这里所说的“στοιχεῖα”是指“一”和“不定的二”（Robin, L., *La Théorie Platonicienne Des Idées et Des Nombres D’aprés Aristote*. Étude Historique Et Critique Par Léon Robin, Paris 1908, p. 310）。但是，柏拉图并没有在《蒂迈欧》中对一和不定的二有论述，相反，他将灵魂的元素视为是“存在”、“同”与“异”。这些是事物的最终元素。正是基于“同”与“异”的混合，如此，灵魂既可以认识那可理解的或智性的“同”，也可以认识那可感觉的或感性的“异”。对于这段文本的详细分析，参见 Cornford, F. M., *Plato’s Cosmology, the Timaeus of Plato*, Hackett Publishing Company, 1997, pp. 59−66。
28. 学者们争论的问题是，这里所说的《论哲学》（περὶ φιλοσοφίας）是否指柏拉图的几篇口头讲演而已，尤其是关于《论善》的讲演，抑或其他学园派哲学家对讲演所做的总结或纲要。也有人以为是亚里士多德本人所写的《论哲学》的对话，在其中，他对柏拉图和其他早期哲学家的思想进行了大致的论述，车尼兹（Chnerniss）认为，这一段是在讲色诺克拉底（Cf. Cherniss, H. F., *Aristotle's Criticism of Plato and the Academy*, Baltimore: Johns Hopkins University Press, 1944, pp. 565–580）。但是，肯定的一点是，这不是柏拉图本人所写的著作（参见 Bodéüs 2018: 102–103）。

29. Αὐτὸ τὸ ζῷον 的用法应该来自《斐多篇》（Phaed.）105c，亚里士多德在这里想要区分动物作为形式与动物作为灵魂与躯体的复合物（Top. Ⅴ 7, 137b6–13）。所以，基于此，亚里士多德在 Metaph. Ⅷ 3, 1043a33–35 也区分了这两种，动物是指灵魂，还是指在躯体内的灵魂。

30. 一的理念（Τῆς τοῦ ἑνὸς ἰδέας），"一"在古希腊数学中有着非常特殊的地位，它尽管是所有数字的开端，但是它并不是一个数字，而是一个原则或本原（Metaph. 1088a4–8）。所以，在柏拉图看来，存在着两种数字，一种是理念意义上的数字，一种是数学意义上的数字。罗斯的描述最为详细（Ross 1961: 178–179），作为理念的数字来自于"1"和大—小，即无限的多，而线段的理念来自于数字"2"和长—短，即可以无限绵延的长度；平面的理念来自于数字"3"和宽—窄，即可无限拓展的宽度；坚硬或固体的理念来自于数字"4"和深—空，即无限的深度。线段的理念是寓居于长度中的二，因为两点决定了最简单的直线；而平面的理念是寓居于宽度中的三，因为三个点可以决定最简单的图形——三角形；而固体的理念是寓居于深度中的四，因为深度可以决定最简单的固体物——四面体（tetrahedron）。由此看来，德穆革造物神（Demiourgos）借助理念数字安排了可感世界，所以，可感世界的理念是一个复合的理念，包含数字"1"的理念和线、面、体的理念，即数字"2"、"3"、"4"的理念。

31. 对柏拉图来说，最重要的两个数字理念的 στοιχεῖα 是一与不定的二（ἀόριστος δύα, Metaph. ⅩⅢ 7, 1081a14；或 ἄνισος δυάς, Metaph. ⅩⅣ 1, 1087b5–

7, 1089b10; 或 ἄνισον），有时这不定的二又作为大—小、多—少而出现。

32. Κρινεῖν 既包括"区分"、"区别"，也包括"判断"的意思，亚里士多德使用此动词不仅用来指称感觉的区分能力，也用来指思维的区分能力。当然，思维或思想的区分能力如若没有语言或推理的表述形式是无法达成的，而感觉的区分能力则并不需要。亚里士多德提到灵魂的四种不同的认知能力：νοῦς, ἐπιστήμη, δόξα, αἴσθησις，关于这四种能力的序列，参见 Plato, Rep. Ⅵ, 511d, 533e; Ⅸ 585b; Tim. 28b–c, 37b, 51d; Symp. 210c。这些在序列中的认知能力就像数字的系列一样（1、2、3、4）。关于亚里士多德对数字理念的分析和反驳，请见 Metaph, XIII 6, 1080a12f; XIV 2, 1090a2–5, 1090a20, b30f., 以及 Metaph. I 9, 991b9, 992b13, VII 11, 1036b13。

33. 有些人（Ἔνιοι）应该是指色诺克拉底（Xenocrates of Chalcedon）和那些赞同他的观点的人，色诺克拉底是柏拉图的追随者之一，从公元前339—前314年曾为柏拉图学园的掌门人。

34. Cf. DA 408b32–409a30. 我们从普鲁塔克的《论在蒂迈欧中的灵魂之受造》(Plutarch，*De animae procreatione in Timaeo,* 1012D）中就能得知，这是色诺克拉底的观点，他是继斯彪西波（Speusippus）之后的柏拉图学园的负责人，与亚里士多德是同时代人。

35. Cf. Metaph. I 7, 988a23–32.

36. 对于恩培多克勒来说，躯体性的元素和非躯体性的友爱与憎恨都是本原（cf. Metaph. I 4, 985a4–6; 8, 989a20–21），这一点是毋庸置疑的，但是，对于阿那克萨戈拉来说，除了非躯体性的、安排万物秩序的理性或努斯（νοῦς）之外，他是否还设置了另外一种使相同事物能混合一起的本原，我认为这并不是很清晰的（cf. DA 404a25–26）。

37. 这里所说的"κινητικόν"是指能够引起运动者，但在其他地方也可以表示"移动的"，比如在 HA 590a33, GA 775a7, DA 414b17。

38. 405a4–5 这一段的主语应当是灵魂。Cf. Metaph. XI 11, 1067b4–5.

39. 亚里士多德在 GC 315a34–b1, b28–316a3 也使用"更微妙或更精确地"（γλαφυρωτέρως）一词来赞赏德谟克里特。

40. 这两个特性是指:(1)最精微细密的(λεπτομερέστατον),因为火是元素中最为非躯体性的或无形体的;(2)在运动中并推动他物运动(κινεῖταί τε καὶ κινεῖ)。亚里士多德在 GC I 8, 324b35–325a2 中对德谟克利特的看法大加赞誉(cf. GC I 1, 315a34–35; 316a13–14),但是他在 Metaph. I 4, 985b19–20 中对他的观点也毫不留情地进行了批判。

41. 404a28.

42. 404b1–7.

43. 阿那克萨戈拉将理性视为最普遍的本原,但是,亚里士多德批评他并没有充分地使用这个本原来进行解释(Metaph. I 4, 985a18–21)。

44. 这种表述出自 DK, Fr. B12, 13,亚里士多德在 429a18–20 和 429b22–24 中使用了同一种语言来描述理性的特性。

45. Cf. DA 411a7–8; DK 11. 亚里士多德在这里并没有提及泰勒斯更为看重的元素——水(Cf. Metaph. 983b20–28)。

46. DK Fr. A20; B2, 4–5. 狄奥根尼的这种看法与阿那克西美尼(Anaximenes)相同,都认为万物的本原是气,气先于水(Metaph. I 3, 984a5–7;DK, Fr. B2)。

47. 在这里,亚里士多德进行了自己的结论,就像德谟克利特所说的火和阿那克萨戈拉所说的理性是精微绝伦的那样,空气也一样具有这种特性。

48. 根据赫拉克利特的看法,世界的本原是火,他似乎并没有将火与空气或热量严格地区分开来(参见 DK, Fr. A6; B12, 118)。

49. 相同者通过相同者被认识的原则在这里适用。德文 B 本和 C 本都将 τὸ κινούμενον κινουμενῳ γινώσκεσθαι 译为“那被运动者通过被运动者而被认识”,法文 B 本和英文 S 本译为“那在运动中的事物通过在运动中的事物被认识”,我随从后者。

50. οἱ πολλοί 是指其他大多数哲学家,但是,有时他在贬义的意义上使用这个词语,比如在 EN I 5, 1095b16 中,他用这个词语专指那些平庸大众,与受过教育的或有教养的和有智慧的人区分开来(cf. EN I 5, 1095a21)。

51. 阿尔克迈翁（Alcmacon of Croton）是公元前5世纪的一位物理学家，按照特奥弗拉斯特（Theophrastus）的看法，他认为人的感觉中枢或基座是大脑，而非心脏（Hicks 1907: 231）。
52. 405b1中的整个天穹（τὸν οὐρανὸν ὅλον）是指被最外围的天界所包围着的天体，这是亚里士多德在《论天》中所说的关于天的三个含义中的第三个含义（cf. DC I 9, 278b9–21）。
53. Φορτικός与πεπαιδευμένος或χαρίεις相对，意为粗鄙的或粗略的，是指一个人的思维不缜密，无法把握到细致的差异或区别。亚里士多德在Phys. I 2, 185a10和3, 186a8中就把麦里梭（Melissus）的思想称为粗略的（Hicks 1907: 232）。
54. 参见DK, Fr. A 10。希朋（Hippon）就像狄奥根尼和阿尔克迈翁那样不加分辨地就援引或接受泰勒斯的观点，亚里士多德在Metaph. I 3, 984a3–5中嘲笑他的思想平庸。
55. DK, Fr. A12.
56. 克利底亚斯（Critias）是在伯罗奔尼撒战争（公元前431—前404）之后而出现的雅典的三十僭主之一，他是柏拉图的母亲的表兄弟。
57. 希朋反对克利底亚斯的观点，即灵魂是血液，但是，这个观点在恩培多克勒那里就已经存在（参见DK, Fr. A86; B105），血液是所有元素的混合。
58. Cf. Metaph. I 8, 989a5–8.
59. 这应该是指恩培多克勒的主张，参见Metaph. I 8, 988a29–30, 989a5–6。亚里士多德在DA I 2, 404b11–12中讨论恩培多克勒的灵魂观时同样使用了“ἐκ πάντων”和“πάντα”之间的这种区分：ὥσπερ Ἐμπεδοκλῆς μὲν ἐκ τῶν στοιχείων πάντων, εἶναι δὲ καὶ ἕκαστον ψυχὴν τούτων。
60. 亚里士多德在403b25–27提到引起运动或推动他物运动和感知是灵魂的特性，在404b30–31, 405a7和27中提到“无形体性”或“非躯体性”（τὸ ἀσώματον）。亚氏只是在DA I 2, 405b31–407b11论及了灵魂是运动的本原，但在《论灵魂》第一卷中他并没有对其他二者进行专门的说明，只是偶尔提及。他在《论灵魂》第二卷至第三卷第2章讨论灵魂的感知活动，但并没有对灵魂的无形体性进行专门的论述（Ross 1961, 182）。

61. 这个例外就是指阿纳克萨戈拉。

62. 404b13–15. 这个原则的最大问题就是将所有的感觉活动都还原为一种物理过程、一种物理意义上的触碰。亚里士多德在 DA I 5, 410a27ff., Ⅱ 4, 416a29ff., Ⅲ 3, 427a26–b6 对此进行了反驳。

63. 德文 C 本将“τὴν ψυχὴν πλείω ποιοῦσιν”译为“灵魂由多个本原构成”（lassen auch die Seele aus mehreren bestehen），中文 W 本的译文与此相同（吴寿彭 1999: 56），但是，其他英文和法文译本都将此句译为“也将灵魂视为多个”。在这里，我随从后者的理解（Corcilius 2017: 27）。

64. Ἀπαθῆ 一词表示理性是不承受什么作用的，不会被对象作用其上而引起什么变化，这就是“ὁ μὴ οἷός τε πάσχειν”。亚里士多德在《论灵魂》第三卷第 4 章中对理性的这种特性进行了详细讨论。关于“不受动”的特性也可参见 Metaph. V 12, 1019a26–32。

65. 比如，恩培多克勒就持这种看法，土的冷热对应气的干湿或友爱与纷争。中文 W 本将“ἐναντιώσεις”译为“阴阳对反”，而中文 Q 本译为“相反者双方”，我在这里随从后者，译为“相反者对子”。

66. Ζῆν = ζεῖν. 亚里士多德应该通过柏拉图的《克拉底鲁》对古希腊文的词源学意义上的词语变化甚为熟悉。

67. ψυχή = ψῦξις or κατάψυξις.

第 3 章

1. 参见 Plato, Nomoi X, 896a。

2. 亚里士多德在《物理学》中将“运动”（κίνησις）定义为“ἡ τοῦ δυνάμει ὄντος ἐντελέχεια ᾗ τοιοῦτον κίνησίς ἐστιν”，即那在潜能的意义上的存在者的实现活动就是运动，就其是这样的一种存在者来说（Phys. Ⅲ 1, 201a10f., Ⅲ 2, 201b27ff., Ⅲ 1, 251a8ff.; Metaph Ⅺ 9, 1065b15ff.）。亚里士多德在这里反驳柏拉图对灵魂的两个命题：（1）灵魂进行或能够进行自我运动；（2）运动属于灵魂的特性，即灵魂被运动。对于亚里士多德来说，灵魂作为运动的本源既不进行自我运动，也不被运动。

3. 亚里士多德在 DA 403b28–31 中提及这一点，但并没有展开论证，他在 Phys. Ⅷ 5, 257a35–258b9 中对此展开详细的论证。罗斯认为，尽管古代的注释家都认为，这里应当是指《物理学》第八卷第 5 章，但是，这里所使用的 πρότερον 一词却表明，这不应当是指《物理学》，淳德伦布克（Trendelenburg）认为，这应当是指 403b29–30：οἰηθέντες δὲ τὸ μὴ κινούμενον αὐτὸ μὴ ἐνδέχεσθαι κινεῖν ἕτερον（Ross 1961, 186）。

4. 参见 Phys. Ⅴ 1, 224a20–29。亚里士多德在这里对运动的不同种类进行了区分。除了上面所说的两种运动形式外，还包括第三种通过在身体中的某个部分而有的运动，比如通过眼睛或心脏而恢复健康。除此之外，亚里士多德在 Phys. Ⅷ 5, 256b18–24 还提出关于不动的动者的论证。

5. 这里所说的"τοῦ κινεῖσθαι"既可以是被动态，表示被运动起来，也可以表示中动态，表示自我运动或处于运动中。在这个语境中，应当是指在运动中。

6. 亚里士多德在这里似乎并未将生成与毁灭（γένεσις καὶ φθορά）纳入到运动的种类中（Phys. Ⅴ 1, 225a26–32, Ⅱ 1, 192b14; De Cael. Ⅳ 3, 310a23; Metaph. Ⅺ 12, 1068a10、b17），他虽则在这里列举了四种运动，即位移运动（φορά），变化（ἀλλοίωσις），衰败（φθίσις），增长（αὔξησις），但实际上，可以归为三种，位移运动是指空间运动，变化是指质或属性的变化（κατὰ τὸ ποσόν），而衰败与增长是量上的变化（κατὰ τὸ ποῖον）的两种形式（Phys. Ⅴ 1, 225b7–9; Ⅷ 7, 260a26–28）。亚里士多德在这里并没有将减少视为与生长或增长相对，而是衰败，这应该是指增长或生长能够维持生命，而衰败则导致死亡。生成与毁灭不是一种运动，而更多地是一种变化（μεταβολή，参见 Phys. Ⅴ 1, 225b7–9）。所以我们需要区分两种不同的运动，一种是广义上的运动，是指任何形式上的变化（μεταβολή，参见 Phys. Ⅲ 1, 210a8–9），另外一种是狭义上的运动，更多地是指位移运动和质量上的变化。另外，亚里士多德总是将运动与实现活动对比地来看（DA I 1, 402a26f.）。

7. Phys. Ⅷ 7, 260a26–b7. 如果变小（φθίσις）和变大或增长（αὔξησις）会涉及到占据较少或较多的空间，这样的话，它们明显地需要一个地方。但是，这并不表明性质的变化（ἀλλοίωσις）也需要一个方位或位置。亚里士多德在 Phys. 260b1–5 给出一个解释："但是，一物的变化需要某个使其发生变化的事物，某个使潜在的热成为现实的热的东西。因此，显而易见的是，推动者与被推动者的关系并不是一成不变的，而是一时与被变化之物较近，一时又与其较远；如果没有位移运动，我们无法理解这一点。"（ἀλλὰ μὴν εἴ γε ἀλλοιοῦται, δεῖ τι εἶναι τὸ ἀλλοιοῦν καὶ ποιοῦν ἐκ τοῦ δυνάμει θερμοῦ ἐνεργείᾳ θερμόν. δῆλον οὖν ὅτι τὸ κινοῦν οὐχ ὁμοίως ἔχει, ἀλλ' ὁτὲ μὲν ἐγγύτερον ὁτὲ δὲ πορρώτερον τοῦ ἀλλοιουμένου ἐστίν. ταῦτα δ' ἄνευ φορᾶς οὐκ ἐνδέχεται ὑπάρχειν.）

8. 这里所说的应该适用于月下世界的四种元素：水、火、土、气，它们都有一个直线的自然运动，比如，土自然地朝向宇宙的中心向下运动，而火则朝上运动（DA 406a27–28; DC Ⅳ 4.）。通过经验观察，我们可以发现，这些元素也可以被迫朝向相反的方向运动（Phys. Ⅴ 6, 230a29–b10; GC Ⅱ 6, 333b26–30）。唯一的例外是那些天体，它们是由月上世界的以太构成（Phys. I 2, 269b2–6, I 3, 270b19–25; Meteor. I 3, 333b25–27），它们的自然运动是圆周运动（DC I 2, 268b24），在固定圆周轨道上进行着永恒的圆周运动。

9. 这种在自然运动与通过外力的反自然运动之间的区分是一种运用到自然物体上的区分（Phys. Ⅳ 8, 215a1–6; GA Ⅱ 4, 737b29）。

10. Πλάττειν 一词有可能影射柏拉图在《蒂迈欧》中所说的神话叙述，柏拉图认为这种神话色彩的叙述并非纯属于子虚乌有的东西，而是真实的（Tim. 26e, 29d; Rep. Ⅸ, 588b10; Phaed. 246c）。

11. Περὶ τῶν μεταξύ 应该是指气和水，它们在土之上，却在火之下，因此，气和水的运动可以称之为处于最外围和中央之间的中间运动。关于地球上的元素的运动，参见 De Cael. Ⅳ 2, 308b13–15, 4, 311a22f。

12. 这里应该是指空间运动的两种形式，或者整个物体变换它的位置，或者物体的不同部分相对地变换位置，但整个物体则保留在原地不动（GC I 5, 320a19; Nomoi 893c），比如一个圆球在固定的轴心线上的旋转或陀螺的最尖端部位的旋转。
13. 这并不是指灵魂的转世或轮回（reincarnation），而是指死去的尸体的复活或重生（reanimation），淳德伦布克认为“复活”（ἀνίστασθαι）是由信奉基督宗教的抄写员添加进去的，不足为信，他的理由是，死人复活对古希腊人来说显得不符合自然的秩序（Hicks 1907: 249）。我认为，淳德伦布克的看法是不对的，因为亚里士多德使用 ἀνίστασθαι 一词仅仅是作为上面所说的灵魂的运动的一个结论，即如果灵魂的运动就像躯体的运动那样也需要空间的话，那么灵魂就会脱离一个躯体，而进入另外一个躯体之内。
14. 这是指在 406a14 中所说的基于他物的偶性运动。
15. 善自身的类比来自于柏拉图，亚里士多德在这里做了一个区分：在其自身（καθ' αὑτὸ）与基于自身（δι' αὑτό），参见 EN I 4, 1096b9–11; 1094a19。
16. 参见 Phys. Ⅳ 13, 222b16。灵魂的自我运动导致的后果就是与自我本质的分离或自我的毁灭，这显然有些荒谬。
17. 菲利普（Philippus）应该是喜剧家阿里斯托芬的儿子。
18. Ἄργυρον χυτόν 本意是指“溶银”，但不能灌注于木制的雕像中，在这里是指“水银”，亚里士多德在 DC Ⅳ 8, 385b4 中也提到它（吴寿彭 1999: 60）。代达罗斯（Daedalus）是一位神话英雄，相传他因发明了自动的器物（automates）而有名，亚里士多德在 Polit. I 4, 1253b35 也曾提及他。
19. Fr. A104 DK. 这里所说的不可分割的球体（ἀδιαιρέτους σφαίρας）就是原子。
20. 对于亚里士多德来说，这同样的原理不仅能解释自然事物的运动，也应能解释静止（Phys. Ⅱ 1, 192b8–9; b20–23），事实上，静止应该是自然运动的终点（406a24–25）。
21. 亚里士多德在这里反对自然主义者或原子论者的机械论和决定论（determinism），而为人的行动之自由进行辩护（参见 EN Ⅲ 5, 1113a10; Ⅵ 2,

1139b4–5）。

22. 蒂迈欧（ὁ Τίμαιος）应当是指柏拉图的对话录中的人物蒂迈欧，亚里士多德用冠词“ὁ”来区分对话录中的人物和历史上的真实人物。

23. φυσιολογεῖ 在这里意在指明，蒂迈欧同样使用了德谟克里特的机械理论来解释灵魂对躯体的推动，这与亚里士多德本人的解释相冲突，就如上述，亚里士多德认为灵魂对身体的推动是通过某种抉择和思想活动。

24. Tim. 36e2–5. “灵魂与躯体缠结在一起，从其中心处一直到宇宙的最外层的地方都与躯体相连，并且在外围上把宇宙包围其内。然后，灵魂在自己内进行圆周运动，它开启了一个永不止息的、理智的生命之开端。”（ἡ δ’ἐκ μέσου πρὸς τὸν ἔσχατον οὐρανὸν πάντῃ διαπλακεῖσα κύκλῳ τε αὐτὸν ἔξωθεν περικαλύψασα, αὐτὴ ἐν αὑτῇ στρεφομένη, θείαν ἀρχὴν ἤρξατο ἀπαύστου καὶ ἔμφρονος βίου πρὸς τὸν σύμπαντα χρόνον.）

25. DA Ⅰ 3, 404b16–17.

26. Tim. 35b–36c. 这里所说的和谐数字应该是指两组数字系列，柏拉图在《蒂迈欧》中认为，数字的元素是 1（形式元素）和 2（质料元素），因为所有的数字都是由 1 和 2 构成的，数字就是所有事物的实体。

27. Tim. 36e–37a.

28. Tim. 36b–c.

29. Tim. 36d, 37a–c. 柏拉图所说的七个圆应当是指月亮、太阳、金星、水星、火星、木星和土星的运转轨道。关于柏拉图的宇宙论，参见 Cornford, F. M., *Plato's Cosmology: The Timaeus of Plato*, Hackett Publishing House, 1997, pp. 72–94。

30. 这里是指物理量度还是数学量度呢（参见 Metaph. XIII 2, 1077a18–21）？对柏拉图来说，这显然是指数学量度。但是，对亚里士多德来说，数学量度离开了感性实体是无法存在的，它只不过是对有形物体的抽象测度。

31. DA Ⅲ 4, 429a22; 432b26.

32. 柏拉图认为宇宙灵魂一定是理性，而不是欲望和感觉，因为这两者的运动不是圆周性的。他似乎认为感觉活动是从一个可感对象到另一个可感对象的直线性的运动，欲望活动也是一样，首先欲求某物 x，然后为了某物 y 而欲求某物 x 等。

33. Tim. 42a–b; 43a–44c; 45c; 47b–c; 77b–c; 90c–d. 围绕一个轴心进行的圆周运动在柏拉图看来是第三个种“存在”的运动，这就像亚里士多德在 EN Ⅶ 15, 1154b27 所说的直观理性的活动。

34. 根据亚里士多德在 402b11–16 所说的方法，理性能力根据其现实活动与相应对象得到界定。理性的认识对象并不构成一种可以测度的有广延的东西，就像直线或面那样。相反地，理性认识对象的杂多前后相序地连接在一起，就像数字的序列那样，构成一种不连续的或分散的量度（Metaph. Ⅴ 13, 1020a7–12; Cat. 6, 4b20–31）。理性对众多的前后连续的不同对象的思维并不是运动，因为从一个点到另一个点的运动需要广延（Phys. Ⅳ 11, 219a10–12）。

35. 亚里士多德在这里反驳毕达哥拉斯的看法，点不再是线的部分，瞬间不是时间的部分（Phys. Ⅳ 11, 220a14–20）。

36. Tim. 37a.

37. 柏拉图将圆周的循环转动（περιφορά）等同于理性的思维活动，参见 Tim. 37a–c。德文、法文和英文译本在翻译 νοῦς 和 νόησις 时都倾向于将前者理解为一种未发的能力，而把后者理解为已发的理智或理性的运动，即思维活动。德文 B 本将 νοῦς 译为 der Verstand（理智），而将 νόησις 译为 die Verstehensleistung（理解活动或功能），德文 C 本分别将其译为 die Vernunft（理性）和 das Denken（思维活动）。法文 B 本分别将其译为 intelligence 和 intellection，而英文 S 本的翻译更为直接：reason 和 reasoning。

38. 参见 Polit. Ⅰ 9, 1257b27–28; Metaph. Ⅶ 7, 1032b8–9。

39. 参见 Apo. Ⅰ 14, 81b32–33, 84a28。

40. 参见 Apo. Ⅰ 12, 78a14–21。

41. DA Ⅰ 3, 407a14–15.

42. Phys. Ⅶ 3, 247b10−11. 亚里士多德认为，那普遍的概念静驻在人的灵魂里（Ana. post. Ⅱ 19, 100a6−7），并且，希腊文“ἐπιστήμη”（科学知识）和“ἐπιστάσθαι”（知道）都来自于一个表示静止或站立的动词词干（στα-, στη-），来自于动词“ἵστασθαι”。Int. 3 16b20−21.

43. 关于“ἀλλὰ μὴν οὐδὲ μακάριόν γε τὸ μὴ ῥᾴδιον ἀλλὰ βίαιον”，参见 Tim. 34 b 8−9。

44. Tim. 35b; 36e; 37a; DC Ⅱ 1, 284a27−35.

45. 亚里士多德在“εἰ δ’ ἐστὶν ἡ κίνησις αὐτῆς ἣ οὐσία, παρὰ φύσιν ἂν κινοῖτο.”这一句似乎要表达的是，如果柏拉图强加给理性的圆周运动不属于天体的本质的话，那么这将不是一件幸事，因为它们要始终强迫自己的躯体进行运动。按照罗斯的理解，所有的手抄本（斐洛珀努斯、辛普里丘和索弗尼亚）都把 αὐτῆς 之后出现的字词写为 μὴ οὐσία，而特米修斯直接写为 οὐσία。托斯垂克修改为 ἣ οὐσία。显然，μή 的出现是不对的，如果亚里士多德想说“如果运动不属于其本质”，那么他会把 μή 直接放到 ἐστιν 之前。邵瑞（P. Shorey）的做法也是不对的，他认为这里应该写为 μή，意思是运动是对其本质的否定，即对思维活动的本质的否定。就像罗斯那样，我认为托斯垂克的看法是有道理的，他不但认为 μή 出现在错误的位置上，而且这也不符合亚里士多德本人的观点，即如果某个属性并不被包含在某个主体的本质中，那么就与其本性相悖。比如，走路并不属于一个人的本质，但是，走路对人来说并不是非自然的或违反本性的。他是指 406b12 这一句，“因此，就其被推动来说，如果所有的运动都是一种被推动的事物的挪离或从其走出，那么灵魂也就会从它的本质实体中脱壳而出，因为灵魂并不是在偶性的方式上运动自己，而是运动在其自身就属于（灵魂的）本质”。（ὥστ’ εἰ πᾶσα κίνησις ἔκστασίς ἐστι τοῦ κινουμένου ᾗ κινεῖται, καὶ ἡ ψυχὴ ἐξίσταιτ’ ἂν ἐκ τῆς οὐσίας, εἰ μὴ κατὰ συμβεβηκὸς ἑαυτὴν κινεῖ.）因此，他认为应读作 ἣ οὐσία，也就是说 μὴ κατὰ συμβεβηκὸς。“παρὰ φύσιν ἂν κινοῖτο”这一句的主语应该是 ψυχή，因此，αὐτῆς 就表示 τῆς ψυχῆς（Ross 1961: 191）。

46. 我认为，亚里士多德在这里并不是意在解释理性灵魂或理性部分可否与躯体相分离的问题，而是为了揭示理性的思维活动是圆周运动的说法自身所蕴含的矛盾。如果理性是圆周运动，那么理性始终受到被运动的限制，这也就是说，理性与躯体掺混在一起，而不是像阿那克萨戈拉所说的，理性是不掺混的，就像亚里士多德自己也意识到理性的思维活动的特殊性，他认为，纯粹的不掺混的没有欲望的理性所进行的活动只是沉思，如果将理性的这种纯粹的沉思活动换为基于躯体而来的运动，那么理性也就丧失了自己本有的纯粹快乐。

47. 除了阿那克萨戈拉以外，柏拉图也在 Phaed. 64e, 66b–67c 中持此看法。车尼兹认为，这样的观点在 Nomoi 828 d 4–5 中也可以找到：κοινωνία γὰρ ψυχῇ καὶ σώματι διαλύσεως οὐκ ἔστιν ἧ κρεῖττον, ὡς ἐγὼ φαίην ἂν σπουδῇ λέγων。

48. Tim. 34b–c.

49. Tim. 29e–30a.

50. 亚历山大和雅典的普鲁塔克认为，ἑτέρων λόγων 是指亚里士多德在《物理学》中对运动所作的一般性阐释，斐洛珀努斯认为，这是指《论天》以及《物理学》中关于运动的讨论，尤其《物理学》第 5—8 卷。辛普里丘则认为，这里所讨论的主题并不是关于运动本身，而是关于是否灵魂进行任何运动以及灵魂运动是否对它来说更好，因此，这里所指涉的应当是《形而上学》第十二卷。包尼兹认为亚里士多德在这里只是推延了对这个问题的讨论，这个词语本身确实有些含混不清，我认为包尼兹的看法更有道理（Ross 1961: 192）。

51. GC. I 7, 323b29–31.

52. ὥσπερ ἐνδεχόμενον 在这里是绝对宾格的用法，而不是写为 ὥσπερ ἐνδεχομένου。

53. DK Fr. B39.

54. δοκεῖ γὰρ ἕκαστον ἴδιον ἔχειν εἶδος καὶ μορφήν 是指每一种形体都有其特定的形式，而每一个活着的躯体也都会有其特定的灵魂。也许亚里士多德此时想到的是色诺芬尼所说的话，一个小狗的躯体是无法容纳一个人的灵魂的。

55. ὥσπερ εἴ τις φαίη τὴν τεκτονικὴν εἰς αὐλοὺς ἐνδύεσθαι 中的“ἐνδύεσθαι”来自动词 ἐνδύομαι, 有“穿上”、“进入”或“刻入”以及“陷入”的意思。我在这里将其译为“穿上”。

第 4 章

1. 这种观点与有关教育的语境有关，尤其是音乐教育。亚里士多德在 Pol. Ⅷ 5, 1340b9–19 中认为，音乐对一个人的灵魂的伦理品性会产生一定的作用，并且他还推断说：“基于此，很多先贤智者们认为，灵魂就是和谐或者它拥有和谐。”
2. 对于 407b28–29 这一句，不同的手抄本都写作“λόγους δ’ ὥσπερ εὐθύνας δεδωκυῖα”，但是，罗斯认为，这里应当写作“λόγον δ’ ὥσπερ εὐθύνοις δεδωκυῖα”，就是说在讨论中给出了论证，以供检验或审视。因为这里出现 λόγους 是不对的，因 λόγον διδόναι 已经是一种标准的用法，即针对某个批判而进行自我辩护或证明。并且 ὥσπερ εὐθύνας 应当写为 ὥσπερ εὐθύνοις 更好（Ross 1961: 195）。
3. 混合（Κρᾶσις）是掺混（μίξις）的一种（Top. Ⅳ 2, 122b26–31），亚里士多德认为，这些作为混合物的对反者或相反者（ἐναντίων）在量上要平衡对等或可以互相作用于彼此身上，也可以承受彼此的作用（GC I 10, 327a30–328b22）。但是，亚里士多德并没有总是在一种非常严格的意义上来使用它。组合（σύνθεσις）则含有一个更为广泛的含义。
4. 亚里士多德所反对的这两个观点是：（1）和谐是相反者的混合或组合；（2）躯体是由相反者组合而成的。哪怕躯体呈现出一种和谐，但是，这种和谐并不是灵魂。将组合物的相符比例理解为灵魂的观点的致命弱点在于，灵魂的实体概念只有依附或跟随着那些混合或组合的东西才是可能的，但是，对于亚里士多德来说，灵魂恰恰应该被理解为在混合之前就已经存在的一种原则或本原（Metaph. Ⅷ 3），布赫海姆将灵魂的这种优先性理解为现在的或先设的一体性（vorgeordnete Einheit）（Buchheim 2016, 81）。

5. Phaed. 93a.

6. Phaed. 92d–93b.

7. Phaed. 94b.

8. 这里所指的是自然物的广延，而不是指那在“思想上可以与运动分离的”数学上的广延（Phys. Ⅱ 2, 193b34），关于有位置的事物，参见 GC I 6, 323b33–324a1。亚里士多德在这里可能也想到了在运动中的声音或和音的例子，这些声音虽或长或短，或重或轻，尽管不像字母的音节那样具有位置，但是至少有一个序列的秩序（Cat. 6, 4b21–22, 32–35, 5a28f.）。

9. 希克斯认为，408a8 中的“同质或同类的”（συγγενὲς）可以被 Phys. 231a22 这一句所印证，因为有人认为，应当写作 μὴ συγγενές 更符合语境。罗斯认为，亚里士多德在这里只是提供了一个普遍性的说法，前者举出的例子是，我们可以说一排石屋是连续的整体，尽管中间有一些花园空地穿插其间，并且这些花园空地就与石屋不是同类的（συγγενῆ），但是，如果中间穿插着一些由砖头建成的屋子，那么我们就不能这么说，尽管这些砖头屋子与石屋是同类的（Ross 1961: 196）。

10. Tim. 35a.

11. 亚里士多德在《论动物部分》中谈及关于动物的躯体部分最为重要的一个区分，即在同质的（τὰ ὁμοιομερῆ）和异质的（τὰ ἀνομοιομερῆ）部分之间的区分，前者包括骨骼、肌肉、血液等，也即今日生理学家所称的组织，而后者比如脸部、手、脚等。在 PA Ⅱ 1, 646a12f. 中，亚里士多德提到三种组合方式：（1）元素的组合，或元素的冷热干湿的特性的组合；（2）同质的部分的组合；（3）异质的部分的组合。

12. 换言之，躯体的组合与灵魂的三种能力中的哪一种相符合呢？或者哪个躯体部分与灵魂中的哪种能力相对应呢？亚里士多德在后面的文本中提出相同的论证（414b14–19），如果灵魂被定义为那将躯体保持为一的东西，那么这会导致灵魂的每一个能力会保持躯体的一部分结合，最困难的还是对于理性能力，因为理性并没有相对应的身体器官（429a26ff.）。

13. DK Fr. A78.

14. 就如亚里士多德本人在前面（404b12–15）中意识到的那样，恩培多克勒并没有认为灵魂在混合的比例中，而是在友爱的原则中（DK Fr. B17）。

15. 亚里士多德在 GC Ⅱ 6, 333b9–18 和 334a1–5 批评了恩培多克勒的这种将友爱和怨恨视为元素结合和分离的原则的观点。

16. 英文 S 本将灵魂作为主语：“Still, if the soul is something other than a mixture, why is it that the soul is destroyed at the same time as the being of flesh and of the other parts of an animal?”；德文 C 本将血肉之本质等作为主语：“Wenn die Seele aber etwas anderes als die Mischung ist, warum gehen dann das, was es heißt, Fleisch zu sein, und die übrigen Teile des Lebewesens gleichzeitig zugrunde?”；德文 B 本亦如是，但是在句子中加入了“随着它（灵魂）”：“Wenn aber die Seele von der Mischung verschieden ist, warum wird dann das Fleisch-Sein und das Sein für die anderen Teile des Lebewesens zugleich（mit ihr）aufgehoben?”；法文 B 本和 J 本与德文 C 本的译法相同，英文 Rv 本亦是。但是，我认为德文 B 本的译法更清楚。亚里士多德在这里所提出来的问题与在后面提出来的同名异义原则的问题是一脉相承的，如果灵魂不同于躯体部分的有比例的混合，那么为什么躯体的本质和躯体部分的血肉本质会随着灵魂一起归于虚无了呢？因为一具没有了生命或灵魂的身体就不再是人的身体了，只是同名异义上的身体了，就像失去了视觉能力的眼睛与石质的眼睛或画像上的眼睛无异（DA Ⅱ 1, 412b10–22）。在这里，亚里士多德似乎隐微地或含沙射影地指向灵魂与躯体的关系问题，他在第二卷第一章中才真正地提出自己对灵魂与躯体的形式质料关系的理解。

17. 在接下来的论述中，亚里士多德主要反驳与灵魂的运动相关的诸种意见，他在这里重新拾起之前的讨论（403a3–29）。

18. Cf. 406a4f., 406a30–b11. κατὰ συμβεβηκὸς 与 καθ′ ἕτερον 同，也可参 Phys. Ⅷ 6, 259b16。

19. 对于 ὡς 的翻译，译法多有不同，德文 B 本译为“als”，德文 C 本译为“ob...”，英文 S 本和 Rv 本译为“how”，我随从英文 S 本的译法，因为亚里士多德在这里想到的问题并不是灵魂是否被运动或在运动中（being moved or in motion），而是更关心灵魂是如何被运动起来的。另外，根据车尼兹的看法，亚里士多德对柏拉图的批评主要还是基于后者所说的运动是指空间运动的假设，并且前者对后者的批评也是非常苛刻的。车尼兹试着对柏拉图的观点进行了辩护（Cherniss 1944: 402–414）。

20. 408b5 中的“κινεῖσθαι”既是被动态，也是中动态，在这里，我们既可以译为“被运动”，也可以译为“在运动中或自行运动”，我选用后一种译法。

21. 亚里士多德将定冠词“τό”用于“δε”前表示强调，可与 416a13 和 423b4 中的 τὸ δ’ οὐκ ἔστιν 相比较。尽管上面所说的这些心灵过程（psychical processes）是运动，但是这并不必然表示，灵魂自身是被运动的。

22. 就 408b8 这一行来说，大部分手抄本在 κινεῖσθαι 后直接写上 τούτων，但斐洛珀努斯则认为在二者之间应该加上 τι，即 καὶ ἕκαστον κινεῖσθαί τι τούτων，这样的写法更为贴切语境，因为亚里士多德在这里强调，尽管感受痛苦、感到高兴和思维活动都是运动，但是，它们并不是灵魂的运动，而是身体被灵魂所推动。

23. 灵魂是这些正在被讨论的运动的动力因，就像位移运动也是由灵魂所引起（cf. 411a29）。

24. 灵魂的功能与情感与躯体的某些运动相连，这在 403a26–27 中就已经谈过。

25. 在“ἤ τι τοιοῦτον ἴσως ἢ ἕτερόν τι”这一句中，包尼兹认为其中的“τοιοῦτον”写为“τοῦτο”，意即思维或思想是心脏或其他（部分）的运动，但是，如果随从前者，意即思维就是这种方式上的运动或其他方式上的运动（cf. Hicks 1907: 274）。但这两种写法不会影响文中含义，就像包德厄斯所说，这也许暗示着将灵魂或理智视为血液的观点（Bodéüs, 129）。对克里迪亚斯（Critias）或恩培多克勒来说，血液的流动与思想相同（405b5f.），但是，对于亚里士多德来说，心脏作为血脉的本原或原则在统帅着血液（PA Ⅲ 4, 665b15f.），是感觉的中枢或基座。

26. 这里所说的运动是广义上的，包括 φορά 和 ἀλλοίωσις，按照希克斯的理解，心脏的跳动以及血液的流淌可被视为位移运动（κινήσεις κατὰ τόπον），而在恐惧中，血液的流动在温度上变冷则是质的变化。无论如何，这些运动并不是发生在灵魂中，而是发生在灵魂与身体组合而成的复合实体中（Hicks 1907: 274）。
27. 参见 419a7, 427b26.
28. 亚里士多德在 407b13–26 中认为，不同的技艺需要在相应的材料中实现出来，灵魂也把躯体视为工具来使用，就如技艺必须使用其器具一样。在这里，人似乎又把灵魂视为工具，如果我们将“τῇ ψυχῇ”视为一种工具性与格的话，人通过灵魂来进行这些活动。所以，亚里士多德在这里的说法并不清晰。参见 Shields, C., “The priority of soul in Aristotle's *De anima*: Mistaking categories?” in *Body and soul in ancient philosophy*, ed. by Dorothea Frede and Burkhard Reis, University of Hamburg 2007, p. 287。
29. 在这里，亚里士多德似乎认为，感觉活动是被某个外在物体引起的生理运动的终点或结果，正好相反，记忆活动好像是某种生理运动的起点或原因。记忆能力仅为人所有，动物没有这种能力，因为它需要某种考量或推理，这是一种意向性的活动。Cf. Mem. 2, 453a8–14.
30. 按照亚里士多德在《论动物的生成》中所说的，理性来自于外，或由外而进入人身之内，即“ὁ θύραθεν νοῦς”，参见 GA Ⅱ 3, 736b27–29。但是学者们对此争议颇多，亚里士多德在别处也从未再谈及此事，所以，亚里士多德在这里只是随意一提，并没有想解决理性是否是不死的或永恒的问题。

31. 此句中的主语应当是"理性"，但是，如果我们将这里所说的"理性"理解为与上句中的"理性"是同一个，那么亚里士多德就会陷入到自相矛盾的境地，因为在上一句他说，"理性看起来就像某种特定的实体而生成于我们之中，并且不会消亡"（ὁ δὲ νοῦς ἔοικεν ἐγγίνεσθαι οὐσία τις οὖσα, καὶ οὐ φθείρεσθαι.），但是，忽然笔锋一转，亚里士多德在下一句紧接着就说，"理性在最大程度上可能会由于年老力衰而趋于毁灭，就像发生于感觉器官上的那样"（μάλιστα γὰρ ἐφθείρετ› ἂν ὑπὸ τῆς ἐν τῷ γήρᾳ ἀμαυρώσεως, νῦν δ› ὥσπερ ἐπὶ τῶν αἰσθητηρίων συμβαίνει.），所以，这看起来是一种自相矛盾，亚里士多德不可能认为理性同时是不消亡的和随着躯体而消亡的。鉴于此，我认为，上一句所说的理性是指理性灵魂中的理性能力，而下一句则是指与躯体不能分离的被动理性，亚里士多德在《论灵魂》第三卷第 5 章中对其有所论述。

32. 希克斯认为，"ἔσω"等同于"ἔσωθεν"，这是指身体内部，而不是指灵魂内部，虽然相对于精神能力，人的身体器官才是外在的，只有前者才是内在的（Hicks 1907: 278）。亚里士多德在《论青年》中认为，生命依赖于身体的内感官，尤其是心脏所提供的热量（Juv. 4, 469b6–20）。ἄλλου τινὸς ἔσω φθειρομένου，所有的手抄本都把 408b25 这一行写为 ἄλλου τινὸς εἴσω。特米修斯将其理解为 τοῦ ἔνδον ὀργάνου，斐洛珀努斯和索弗尼亚认为这是说 τοῦ πνεύματος，辛普里丘认为这是指 ἢ πνεύματος ἢ κράσεως。按照罗斯的看法，亚里士多德在这里把思维与视觉进行了对比，视觉的衰败是因为外在的视觉器官，而思想的衰弱则是因为内器官的朽坏，即心脏，尽管在 DS 456a4 和 Juv. 459a6，478a29 中，他将心脏视为感觉的基座，但是，在《论灵魂》中，心脏并没有特殊的重要地位。关于心脏在灵魂论中的作用，参见 *Parva Naturalia,* ed. by Ross, pp. 6–12, 54–55, 294–302。

33. 德文 C 本将"τὸ νοεῖν καὶ τὸ θεωρεῖν"翻译为"das Denken im Sinne der

theoretischen Betrachtung”（在理论沉思意义上的思维），这显然是与原文不符。

34. 亚里士多德在这里使用的是“διανοεῖσθαι”，表示是一种以一些命题为前提来进行推理的思维活动，而不是指理论理性的沉思活动。

35. 后世的很多哲学评注家以此句来证明理性灵魂的不死和可分离性，因为亚里士多德在这里明说，依赖于想象功能的推理性思维、爱和恨并不是理性的属性表现，而是属于有理性的人，就是属于有躯体与灵魂的复合物。如果自然身体归于寂灭了，那么人就无法回忆什么，也不能去爱和恨了。另外，布赫海姆认为这里所说的“τοῦ κοινοῦ”也可以指位于中心的内感官（Somn. 2, 455a19; Juv. 1, 467b28）。Cf. Buchheim 2016, 87.

36. 亚里士多德在 GA II 3, 736b27, 6, 744b21; Meta. Ⅻ 9, 1074b16; EN X 7, 1177b30 等多处使用 θεῖον 这个词，在这里使用了比较级“θειότερον”，而在 EN X 7, 1177a16 中使用了最高级“τῶν ἐν ἡμῖν τὸ θειότατον”。我认为这是希腊哲学的理性主义的核心体现，神本身或神的生活也就是理智本身或理智的沉思生活。尽管亚里士多德与柏拉图在关于灵魂的不死性问题上意见不一，但是，他们在关于理性或理智相对于其他灵魂能力来说所具有的独特性和首要性上则是一致的，即理性是神性的，与神相似的最好方式就是哲学的沉思。

37. 亚里士多德在这里重新提到个体理性的不可毁灭性，以及据此而来的人的灵魂的不死性，这是为当时大众所接受的一个观点（408b18-19），他在《论灵魂》第三卷第 4—5 章中详细地讨论人的理性能力所具有的属性，尤其是理性的不受动性（ἀπαθές）。但是，我们是否可以由此得出理性灵魂是不死的结论，对此，学者们争论颇多。

38. 色诺克拉底可谓这种观点的代表，亚里士多德在 404b27-30 就提及过这种论调。

39. 德文译本大多将 μονάδα 译为“Einheiten”，意即一个单位，这对应于英文的 unit，是指不可能再被分割的数字之尺度（cf. Metaph. X 1, 1052b35-1053a30）。中文 W 本将其译为“一个一个单位”（吴寿彭：第

71 页），而中文 Q 本译为“一”（秦典华：第 22 页），显然，前者是对的。这里面的矛盾在于，数字是由多个单位构成，而单位是不能再包含部分的东西，但按照亚里士多德的理解，没有部分的东西是不动的（cf. Phys. Ⅵ 10, 240b8–9），所以，我们该如何来理解灵魂是在运动的一个一个的单位呢？

40. Metaph. XIII 2, 1077a24–25. 车尼兹认为，这个观点并不是色诺克拉底，而是斯彪西波提出来的（Cherniss 1944: 396–397）。
41. Metaph. I 6, 1016b25–26; Top. I 18, 108b26–27.
42. Metaph. Ⅷ 3, 1043b36–38; Ⅳ 2, 1004b10–13. 亚里士多德在 DA 411b，尤其在 413b10–22 重新论及切割的问题，有些植物或昆虫在被切割后仍有生命或能进行位移运动（Juv. 2, 468a23–31; Metaph. Ⅶ 16, 1040b5–15; MA 7, 707a27f.）。
43. Metaph. XIII 9, 1085a3–5.
44. 除非有一些原子先开始碰撞，否则不会有原子的碰撞。
45. 所有在运动中的有广延或体积的事物都会有“引起运动者”（κινοῦν τι）与“被运动者”（κινούμενόν τι）之分（Phys. Ⅷ 5, 257b26–258a27），亚里士多德在这里主要想证明的是，一物并不是作为一个整体在被推动，它也不是作为一个整体而引起运动，而是一部分引起运动，而一部分是被推动的。基于在《物理学》中的论述，亚里士多德十分坚信，在一个运动的物体中总有一部分引起运动，而有一部分是被推动的。因此，必然存在着某个推动单位进行运动的事物，而这正是色诺克拉底没有想到的。
46. 数字就像是原子的堆聚，在其中，我们应当区分出静止的单位和运动的单位（Phys. Ⅷ 5, 237a31f.）。
47. 对 409a18–19（ἐνδέχεται δὲ δήπως μονάδα ταύτην εἶναι）这一句的译文有所不同，英文R 本：If it is, it must somehow differ from other units；英文S 本：For there must be some difference which belongs to one of them in relation to the others；德文 C 本：Ihr muss in Bezug auf die anderen（Einheiten）ja ein Unterschied zukommen。我认为，亚里士多德在这里想要说的是，如果灵

魂是一个单元，那么它也与其他的单元有着不同，所以，德文 C 本和英文 R 本更为可取。

48. 如果灵魂是单位的聚合（assemblage of the units），而躯体是点的聚合（assemblage of the points），那么二者是可以相同的和不相同的。如果构成灵魂的单位不同于构成躯体的点，那么单位所占据的空间就会与躯体的点所占据的空间重合，这种空间上的重叠是不可避免的（Hicks 1907: 284）。

49. Phys. Ⅳ 4, 211b24–25.

50. 如果构成灵魂的单位与构成躯体的点是相同的，那么这会导致所有躯体都是有灵的了，如此，“有灵的”与“无灵的”之间的区别就荡然无存了。

51. 这似乎是指万物有灵论（panpsychism），他在411a15认为这是无稽之谈。

52. 也许色诺克拉底作为柏拉图的学生相信灵魂是不死的，即是说可以与躯体分离。但是，一个线不能被分为点，而只能被分为更短的线段，所以，点或单元也不能与躯体分离而成为不死的（Ross 1961: 202）。

第 5 章

1. 指灵魂作为自身运动的数字（408b33–409a1）。亚里士多德在这里继续考察色诺克拉底的观点，即灵魂是一个运动的数。灵魂是单元的说法与灵魂是精妙物体的说法并没有什么本质上的不同，前者是色诺克拉底的说法，后者是德谟克里特的看法。

2. 这句的翻译有所出入，英文 S 本将“κινεῖσθαί φησιν ὑπὸ τῆς ψυχῆς”译为：That the body is set in motion by the soul（Shields, 16）。而德文和法文译本大都没有作为主语的“躯体”的出现，德文 C 本：dass die Bewegung von der Seele ausgeht（Corcilius, 49）；德文 B 本：indem sie das Bewegtwerden（des Körpers）von der Seele gleich wie Demokrit verstehen（Buchheim, 89）；法文 B 本：que le mouvement est l’effet de l’âme（Bodéüs, 135）。中文 W 本

和Q本都与英文译法同（吴寿彭：第72页；秦典华：第23页）。但是，亚里士多德在这里反对的是像德谟克利特所宣称的那样来理解躯体被灵魂所推动，所以，我译为“灵魂推动着躯体运动”。

3. 409b5中所说的“καὶ πᾶν σῶμα ψυχὴν ἔχειν”是指所有的物体或躯体就都会有灵魂，所以，这里的问题是我们该如何理解亚里士多德所说的“σῶμα”，按照赫费先生编撰的《亚里士多德辞典》，“σῶμα”既可以指有生命的物体，也可以指无生命的物体，因为它的基本含义是指有连续性的、可以分割的量度，通过面得到限定，包含着长宽高三个向度（Phys. Ⅲ 5, 204b5、b20, Ⅳ 1, 209a5; Metaph. Ⅴ6, 1016b27f., Ⅴ13, 1020a14）。除此之外，亚里士多德也谈及到数字物体（Metaph. I 8, 990a16）和自然躯体之分，前者是通过抽象从自然躯体中提取而来（Metaph. ⅩⅢ 3, 1077b28）。我认为，亚里士多德在这里所使用的“σῶμα”应该是宽泛意义上的物体。

4. DK Fr. A104a. Cf. 409a10–21.

5. Cf. DA I 4, 408a2–5; I 1, 402b16f.

6. Cf. DA I 2, 405b10–12. 即通过运动、非躯体性、感觉来界定灵魂。第一种将灵魂理解为最能引起运动的原则，灵魂在自行运动的时候也引起他物的运动；第二种是将灵魂理解为最精妙的一种物体，近乎非躯体性的（比如火）；第三种看法认为，灵魂是由元素构成，这样可以解释灵魂的感知和对事物的知识。但是，这三种观点都受到亚里士多德的反驳。

7. Cf. DA I 2, 404b8f. 亚里士多德在409b30–31, 410a24, 25–26和410b16等处将感觉与认识或认知联系起来。

8. Cf. DA Ⅲ 8, 431b21. 亚里士多德在404b11–15中指出恩培多克勒就有这种预设，而在404b16–17中指出柏拉图也有此预设，而在405a21–25中也反驳狄奥根尼的此种观点，最后在405a25–29中认为，赫拉克利特也有这种预设。

9. 事物并不是元素的随意或任意结合，在灵魂中的元素如果没有一定的比例，那么这也没有什么实际的用途。根据同认识同的原理，没有什么能够认识肌肉和人这些概念，除非在其内存在着这些东西。亚里士多德认为，根据同认识同的原理，我们并不能获得真正的关于事物的知识，因为，石头、人、善与恶等这些概念怎么可能会作为元素存在于灵魂之中呢？所以，根据这种原理，我们最终无法获得关于事物本身的知识。

10. 这一句中的“χόανος”是指一个熔炉，恩培多克勒在隐喻的意义上使用此词。这是希腊原文：

 ἡ δὲ χθὼν ἐπίηρος ἐν εὐστέρνοις χοάνοισιν
 τὼ δύο τῶν ὀκτὼ μερέων λάχε νήστιδος αἴγλης,
 τέσσαρα δ› Ἡφαίστοιο· τὰ δ› ὀστέα λευκὰ γένοντο.

11. Cf. DK Fr. B96. 不同译本之间没有太大出入，仅将三种不同语言的译法列于下面作为参考。德文 C 本：Die willfährige Erde in breitbrüst'gen Schmelztiegeln, nahm von den acht Teilen zwei des nüchternen Schimmers, Des Hephaist aber vier; und die weißen Knochen entstanden。英文 S 本：The kind earth in broad beds, took two parts of eight of sunlight and of water, and four of fire; thus white bones came to be。法文 B 本：Et la terre accueillante, en creusets bien dodus, de nestis l'éclatante, Deux parts sur huit recut; et quatre d'Héphaistos, et, blanc, apparut l'os。诗中所说是关于八度的比例原理，两个部分的水，四个部分的火，其余的应是两个部分的土。

12. 几个现代的译文有些出入，有些“骨骼和人”作为宾语，是认识的对象，而有些则将其视为表语，直接译为“不是骨骼和人”，我在这里采用作为宾语的用法。

13. Cf. DK Fr. B135, Fr. B109a.

14. 这里所涉及的一个问题是关于相反者或相对立的东西如何能够同时出现在灵魂中，为了能够认识善，灵魂必须是善的，而为了认识恶，灵魂就必须是恶的，但这显然是荒谬的。

15. Cf. 402a22–25.

16. 这其中的原因就是存在或实是并不是一个可以将不同范畴都融合在一起的属（Ana. post. Ⅱ 7, 92b13），关于“实是”可以在不同的方式上被谓述出来，参见 Metaph. Ⅳ 2, 1003b5–10："如此，实是可以在多种方式上被表述出来，但全部都与一个本原相关。因为有些事物被说成是存在者，因为它们是实体，有些由于是实体的属性，有些由于是通向实体的途径，或者有些是通过实体的消亡、缺失、或性质、抑或是由于对实体或与实体相关的东西的制造能力或生成能力，抑或是由于是对这些东西中的某一个或对实体的否定。故而，我们说非实是也是一种非实是。"（οὕτω δὲ καὶ τὸ ὂν λέγεται πολλαχῶς μὲν ἀλλ᾽ ἅπαν πρὸς μίαν ἀρχήν: τὰ μὲν γὰρ ὅτι οὐσίαι, ὄντα λέγεται, τὰ δ᾽ ὅτι πάθη οὐσίας, τὰ δ᾽ ὅτι ὁδὸς εἰς οὐσίαν ἢ φθοραὶ ἢ στερήσεις ἢ ποιότητες ἢ ποιητικὰ ἢ γεννητικὰ οὐσίας ἢ τῶν πρὸς τὴν οὐσίαν λεγομένων, ἢ τούτων τινὸς ἀποφάσεις ἢ οὐσίας: διὸ καὶ τὸ μὴ ὂν εἶναι μὴ ὄν φαμεν.）

17. 亚里士多德在 DA Ⅱ 1, 412a20 的灵魂定义中将灵魂界定为实体形式，灵魂作为自然躯体的形式而是实体，所以灵魂属于实体的范畴。

18. 亚里士多德有时经常将"属"或"类"（γένος）视为某个范畴来使用，比如在这里。

19. Cf. GC Ⅰ 7, 323b1–3; DA 405b19–21.

20. Cf. GC Ⅰ 8, 324b26–29; DA 427a21–22. 罗斯认为，亚里士多德在这里反对的是如下两种观点的结合，即（1）那相同者并不会被相同者所影响或所作用和（2）相同者感知到相同者或同认识同这两种观点。在 GC 323b1–15, 他认为除了德谟克利特以外，所有的前苏格拉底哲学家都持有第一种看法，而除了阿那克萨戈拉以外，所有的前苏格拉底哲学家都持有第二种看法（DA 405b14–21），他在这里也认为恩培多克勒持有第二种看法（410a27–29），就像他在之前就已经将此观点赋予恩培多克勒和柏拉图那样（404b11–18）。因此，罗斯认为，亚里士多德在这里反驳所有的前苏格拉底时期的哲学家，但阿那克萨戈拉和德谟克利特除外（Ross 1961: 207）。

21. DA Ⅰ 2, 404b10.

22. 也有的手抄本把 410a29（ὡς τοῖς σωματικοῖς στοιχείοις ἕκαστα γνωρίζεται,

καί, πρός, τῷ ὁμοίῳ.）写为 καὶ πρὸς τὸ ὅμοιον。但这看起来很难站得住脚，罗斯认为 πρός 在这里作副词用（Ross 1961: 207）。

23. Cf. Meteo. Ⅳ 10, 389a10. 亚里士多德在《论天象》中认为骨骼没有感觉，但是，这个看法被恩培多克勒反驳，他认为这些组织还是具有一定的感觉的（cf. DK Fr. B103, 109 110）。

24. 410b3 中的“σύνεσις”也有联合、连接之意，可表示快速的理解。亚里士多德在 EN Ⅵ 10, 1142b34–1143a6 中这样界定它：“理解或好的理解就是我们用来指人们能够理解或善于理解的那种状态或品质，不同于作为整体的科学知识，也不同于意见或信念（如果是这样的话，每个人都是善于理解的了），也不同于一种与具体领域相关的科学知识，比如医学是关于健康之事的，几何学是关于量度或广延的。因为理解的对象并不是那始终如一和从不改变的事物，也不关乎那些生成的事物，而只是关乎那些引起疑虑和能够对其进行考量的事物。”（ἔστι δὲ καὶ ἡ σύνεσις καὶ ἡ εὐσυνεσία, καθ’ ἃς λέγομεν συνετοὺς καὶ εὐσυνέτους, οὔθ’ ὅλως τὸ αὐτὸ ἐπιστήμῃ ἢ δόξῃ（πάντες γὰρ ἂν ἦσαν συνετοί）οὔτε τις μία τῶν κατὰ μέρος ἐπιστημῶν, οἷον ἡ ἰατρικὴ περὶ ὑγιεινῶν, ἡ γεωμετρία περὶ μεγέθη: οὔτε γὰρ περὶ τῶν ἀεὶ ὄντων καὶ ἀκινήτων ἡ σύνεσίς ἐστιν οὔτε περὶ τῶν γιγνομένων ὁτουοῦν, ἀλλὰ περὶ ὧν ἀπορήσειεν ἄν τις καὶ βουλεύσαιτο.）

25. Cf. Metaph. Ⅲ 4,1000a26–b5.

26. 410b9–10（ἀναγκαῖον γάρ ἐστιν ἕν τι γινώσκειν ἢ τινὰ ἢ πάντα.）这一句的主语不是很清晰，我认为这是在说每个事物。

27. Cf. DA 412b6–9; 408a6f.

28. 中文 W 本将 προγενέστατον καὶ κύριον 译为“最先存在而可为主宰的”；中文 Q 本：最原初的而且具有支配力量；德文 C 本：Vorrang vor allem und von Natur aus entscheidende Autorität hat; 英文 S 本：most ancient and sovereign; 法文 B 本：avoir le rang le plus éminent et détenir la souveraineté。我在此随从中文 Q 本的译法。关于亚里士多德在这里所说的理性，参见 Metaph. Ⅻ 7, 1072a25–b30。“所以，必然存在着某种不被运动而引起

运动的东西，这就是永恒的、实现着的实体（οὐσία καὶ ἐνέργεια οὖσα）。天界和自然就依赖于这种本原，这本原过着最美好的生活（διαγωγὴ），但我们只能在短暂时间内体验到，因为这种生活对它来说是永恒的，而对于我们来说是不可能的，它的实现活动同时就是快乐……如若我们能片刻享到神所享有的永恒的幸福生活，那就令人惊奇不已了，如若享到的更多，那就是更大的惊奇了。事情就是如此。神是赋有生命的，这生命就是理性的实现活动，神就是实现活动，他在其自身的实现活动就是至善的永恒生活，我们说，神具有永恒的至善的生命，因为生命与永不间断的持续都归于神，神就是生命与永恒。”（cf. Metaph. Ⅻ 9, 1074b33–35; Ⅻ 10, 1076a3–4.）

29. Cf. 408a21–22.

30. 对 410b18（οὐ περὶ πάσης λέγουσι ψυχῆς）的译文有所不同，英文 S 本译为，speak of the soul as a whole; 德文 C 本译为，sprechen nicht über jede（Art von）Seele; 英文 R 本译为，fails to treat of soul as a whole。我认为德文译文更符合原文，亚里士多德在这里认为，那些人并没有讲到所有种类的灵魂，而不是在论述有没有将灵魂视为一个整体。

31. Cf. HA Ⅰ 1, 487b6–10; Phys. Ⅷ 7, 261a15–17; PA Ⅳ 7, 683b9–10.

32. 德文 C 本：und doch scheint jedenfalls die Seele das Lebewesen nur in diese（Orts-）Bewegung zu versetzen; 德文 B 本：doch scheint die Seele das Lebewesen einzig mit dieser von den Bewegungen zu bewegen; 英文 S 本：yet it surely sees that among motions it is in terms of this one alone that the soul moves the animal; 法文 B 本：Pourtant, à entendre l’opinion, le mouvement local serait le seul que l’âme imprime à l’animal; 中文 W 本：对于这种生物，灵魂所传递给它的运动，就只有这么一个停止方式；中文 Q 本：然而，这又似乎是灵魂能给予生物的唯一运动。尽管译文稍有出入，但是，意思很明显，有些动物固定在一个位置，但是灵魂也能使其在该地运动。这些生物的出现反驳了将能够进行位移运动视为动物灵魂的规定性特征。这些动物是指那些接近于植物的水中生物，在《动物志》中，亚里

士多德提到贝、海葵，海绵生物等，也就是如同牡蛎、生蚝或此类的生物。参见 HA I 1, 487b6–11, Ⅷ 1, 588b12–17；PA, Ⅳ 7, 683b4f.。

33. 针对那些通过认知来界定灵魂的人，参见 409b23–26。

34. 所以，既非理智，亦非感觉是生命的唯一表征，也不是认知才是灵魂的决定性的活动。Cf. 402b3–5.

35. 因为他们没有考虑到植物灵魂。他们没有对人的灵魂给出一个全面的解释，因为他们只是谈论人的灵魂的理性和感知，而忽略了营养能力、欲求能力和运动能力；他们也没有对动物灵魂给出一个全面的解释，因为他们忽略了营养和位移运动的能力；他们也没有对植物灵魂给出一个全面的解释，因为植物的营养能力被忽略了（cf. 413b7; 411b28–30）。

36. 如果忽略了营养灵魂，那么就不是对每个灵魂的全部进行说明了，因为其他所有灵魂的能力（如思维、感知或欲求）都首先预设了营养灵魂的存在。

37. Cf. DK Fr. B11; GA Ⅱ 1, 734a18. 斐洛珀努斯提到，亚里士多德在《论哲学》中似乎并不相信，俄耳浦斯写了这些诗歌（cf. Philoponus 186. 24–26）。

38. 原子论者已经注意到生命与呼吸的关系，cf. 404a9–10。

39. 比如一些无血动物或昆虫，cf. HA, Ⅳ 9, 535b3; PA, Ⅳ 5, 678b1; 亚里士多德在 421a3–6 那里也说，鱼没有咽喉不能呼吸。所以，亚里士多德批评这些哲学家并不能对灵魂进行一个全面的解释。奥菲斯或俄耳浦斯教的作者们犯了同样的错误，他们认为，动物在呼吸的时候，灵魂由外而进入体内，但是，他们忘记了植物和有些动物是不呼吸的（比如鱼）。

40. Cf. Metaph. Ⅳ 2, 1004b27. 一对相反者的一方就能判断自身和另一方，因为另一方是“缺乏”。

41. Fr. DK Fr. A22；GA, Ⅲ 762a21.

42. “καὶ ταῦτα βελτίων ἐν τούτοις εἶναι δοκοῦσα;” 对于这句的翻译，有所出入。德文 C 本：obwohl sie in jenen（unvermischten Elementen）besser zu sein scheint; 英文 S 本：why is this so, even though the soul seems better when

in air or fire? 法文 B 本：Et ce, alors qu'elle semble avoir plus de perfection dans ces corps-là? 中文 Q 本：虽然在前一种情况下灵魂似乎存在于更纯净的形式之中；中文 W 本：如果就大气或火尽先制成动物，依理而言，这种动物可得较净的形式？德文 C 本的译法表达得更为直接明了。泰勒斯的这两种观点都是荒谬而充满矛盾的，火和空气是动物的说法是荒谬的，尽管火和空气是赋有灵魂的，但它们并不是动物的这种说法也是有矛盾的。

43. 英文 S 本将“ὁμοειδές”译为“one in kind”；英文 Rc 本：the same in form；英文 Hc 本：homogeneous; 德文 C 本：homogen; 德文 B 本：gleichförmig；中文 Q 本：同类的。“ὁμοειδές”本意为相同形式的。也请参见 Philebus 29a; DK Fr. B2。关于同种同质的解释，参见 PA Ⅰ 2, 647b17–20。

44. 如果灵魂是由不同的元素构成的，而被区分为不同部分的空气又完全是同种均质的，那么这将会导致灵魂的某些部分通过吸入的空气而在场，有些部分将不会在场。

45. 亚里士多德在 409b23–411a23 中讨论 411a24–26 中所说的这两种观点在——的第一种观点，在 405b31–407b11 和 408b30–409b18 中讨论第二种观点。

46. 亚里士多德在第三卷继续论述这个问题：cf. 425a31, 426b14–427a16; 429b13–21; 430b15; 431a20f.。柏拉图在 Rep. Ⅳ 436a 提出了这个问题。

47. Cf. Tim. 69d–72d. b5–6. 希克斯认为，亚里士多德可能想到柏拉图在《理想国》（Rep. 434–441）中所做的关于灵魂的部分的讨论。但是，柏拉图在那里将灵魂分为三个部分，而不是两个部分，因此，罗斯认为，亚里士多德在这里应该不是指涉柏拉图，而是指涉一个当时较为流行的将灵魂分为理性的和非理性的部分的观点（cf. Ross 1961: 209），他在 EN 1102a26–1103a10 中专门对这种灵魂的二分法进行讨论。

48. “结合在一起”（συνέχει）在这里表示一种连续性，因为灵魂的不同部分也需要彼此连接，形成一个整体才行。cf. DA 410b10–13; Phys. Ⅴ 3,

227a10–17.

49. Cf. Phaed. 80c.

50. 如果灵魂维持躯体的统一，那么灵魂将是一体性的本原。如果有东西使灵魂持存为一，那么这个东西就比它所维持的东西更是灵魂。

51. 如果按照灵魂的不同部分位于躯体的不同部分中的说法，那么我们就会推出，灵魂的不同部分所起的作用就仅仅是将其所在的躯体部分保持为一，而很难谈及灵魂的思维或欲求等定义性的能力了。

52. 按照柏拉图的观点，灵魂的理性部分位于头部（cf. Tim. 44d），但是，理性如何保证将躯体的这一部分保持为一呢？ cf. DA 402b13f.; 408b18–25.

53. Cf. 409a9–10；HA Ⅳ 7, 531b30–532a5.

54. Cf. Metaph. Ⅴ 6, 1016b31–1017a3.

55. Cf. 408b18–30. 另外，亚里士多德在 Polit. Ⅳ 4, 1290b25–37 中认为，如果我们需要理解动物的种类，那么我们必须要首先界定，动物具有哪些必不可少的部分，比如何种感觉器官、接收和消化食物的器官。基于器官的不同或器官的组合方式不同而产生出不同种类的动物。

56. 亚里士多德在这里想要强调的是：灵魂的各部分之间尽管是不可分割开来的，不像躯体的部分始终是可分离的，但是，整个灵魂则是可以被分割的，因为被分割后的躯体部分拥有的是整个灵魂。

57. 这一句的手抄本是 “ὡς διαιρετῆς οὔσης”，而罗斯增加了 οὐ 进去，意在否定这种分割性。亚里士多德在 DA Ⅱ 2, 413b16–24 中也使用了 διαιρείσθαι，意在说明，植物或比较简单的生物在被切割为两个部分后，每一部分都有一个完整的灵魂而继续存活，因此这些生物的灵魂就现实活动来说仅仅是一个，但是就潜能来说则是多个。按照罗斯的修订，应译为：and with the entire soul inasmuch as it is not divisible（英文 S 本，Shields 2016, 21）；但是德文 C 本并没有接受 Ross 的修订，译为：mit der ganzen Seele, da sie teilbar ist（Corcilius 2017, 65）。

58. 亚里士多德在 413a30–b1 重新提及这个问题。

第二卷

第 1 章

1. Cf. 402a7–8, 402a23–b1.
2. 412a5 中的“最普遍的”（κοινότατος）是指所有灵魂都共同分有的定义（412b4）或所有灵魂都示例的普遍者（412b10）。
3. Cf. Metaph. Ⅶ 1, 1028a14–15.
4. Cf. Metaph. Ⅶ 3, 1029a20–21.
5. Cf. Metaph. Ⅶ 3, 1029a3–5.
6. Cf. Metaph. Ⅶ 3, 1029a1–3; Ⅻ 3, 1070a9–12.
7. Θεωρεῖν（拉丁文：considerare; 英文：contemplate; speculate，德文：betrachten, spekulieren）的名词形式是 θεωρία（拉丁文：comtemplatio; 英文：contemplation; 德文：Betrachtung, Kontemplation），主要是指对某种习得的品质的运用或实操（cf. Phys. Ⅱ 3; Metaph. Ⅸ 1）按照埃尔姆（R. Elm）的看法，这包含三个方面的内容：（1）它是人的沉思、认识和问学的最高的一种实现形式，根据不同的语境，可以表示“理论科学”（theoretische Wissenschaft），“第一哲学”和智慧；（2）它并不是与实践知识的平行的对立面，而是在生活世界的实践知识的基础上建立起来的；（3）它表示一种生活方式，是沉思生活（βίος θεωρητικός）。Cf. Höffe 2005, 584–589. 另外，关于 theoria 的有用性与在人的善好生活上的作用，参见 M. D. Walker, *Aristotle On the Uses of Contemplation,* New York: Cambridge University Press, 2018。
8. Cf. Metaph. Ⅶ 2, 1028b8–13; Ⅷ 1, 1042a6–11.
9. Cf. Metaph. Ⅶ 17, 1041b28–30.
10. Cf. Metaph. Ⅴ 8, 1017b10–13, Ⅶ 2, 1028b8–13; Phys. Ⅱ 1, 192b8f.
11. Cf. ENX4, 1175a12: ζωὴ ἐνέργεια τις; Metaph. Ⅴ 18, 1022a32, Ⅸ 8, 1050b1.

亚里士多德在这里想要强调的是 ζῆν 或 ζωή 首先存在于作为有生命的

实体的灵魂之中，简言之，生命在于灵魂，因为灵魂是潜在地有生命的自然躯体的现实性，因此，活着或生命并不是躯体的谓词。生命物的自然躯体只是在潜能的意义上拥有生命（cf. 412b25f.）。

12. 这是生命的最基本的表征，也是其他生命特征的条件，这是关于灵魂的最普遍的定义（cf. DA 412a3）。

13. Cf. DA 416b14.

14. Cf. DA 412a9.

15. Ὑποκειμένον（拉丁文：substratum；德文：Subjekt, Substrat, Zugrundeliegendes; 英文：subject）是 ὑποτίθεμαι 的被动态完成时的分词形式。中文一般译为载体或主体，根据不同的语境采取不同的翻译，我在这里译为主体。亚里士多德用来区分在句子中的主语与谓词和属性的承载者或载体与属性。καθ' ὑποκειμένου 与 ἐν ὑποκειμένῳ 这两种词组用法最为重要，前者指被某个载体所谓述，后者是指在某个载体中。"ὑποκειμένον" 在范畴学说中，在关于运动与变化的论自然的学说中，在关于实体的形而上学中，都是一个核心概念。Cf. Höffe 2005, 280–283.

16. Cf. Metaph. Ⅴ 8, 1017b15–16; Ⅶ 10, 1035b14–16; Ⅶ 11, 1037a5–6.

17. Cf. Metaph. Ⅸ 6, 1048a35–b9.

18. Cf. Metaph. Ⅷ 3, 1043a35: 灵魂是某一躯体的现实和实体；1044a7：实体在这种方式上便是一，不像某些人所说的那样，它是作为单位和点而存在，每一个实体都是现实和某种本性或自然。

19. 关于知识，参见 Metaph. Ⅸ 6, 1048a34–35。

20. Cf. Phys Ⅷ 4, 255b2–3. 亚里士多德通常将知识区分为理论的（theoretical）、实践的（practical）和创制的（productive）三种（cf. Metaph. Ⅵ 7, 1064a16–19; Top. Ⅵ 6, 145a15–16）。但是，有时，他会对理论性的知识进行更为详细的划分，将以月下世界为研究对象的理论知识（比如生物学、物理学）称为自然科学知识，而与以月上世界的永恒事物为研究对象（比如天文学和神学）的严格意义上的理论知识区分开来（cf. Metaph. Ⅵ 1, 1025b18–1026a32; Phys. Ⅱ 7, 198a21–b4）。

21. Cf. GA. Ⅱ, 735a10–11.

22. Cf. Metaph. Ⅴ 11, 1018b14–15; Ⅸ 8, 1049b17f.

23. 412a28 中所说的“ὀργανικόν”可以指有器官的，也有官能性的或功能性的意思，有器官，自然便有其功能。器官在这里仅仅适用于躯体的异质部分（non-uniform parts），它们是那些同质部分（uniform parts）的目的。cf. PA Ⅱ 1, 647a4.

24. Cf. PA. Ⅱ 10, 655b32–656a2.

25. Cf. PA. Ⅳ 10, 686b35–687a1; Juv. 1, 468a9–12.

26. Cf. DA 411b23f.

27. 德谟克利特也使用了这种对比，参见 DK Fr. A135。也见于柏拉图：《泰阿泰德》（Theaet.）191d。

28. Cf. Metaph. Ⅷ 6, 1045a9–33.

29. “τὸ εἶναι”包含着两个最基本的含义就是“是”与“在”，我会根据语境的不同而译为“实是”、“存在”或是“实有、实存”。

30. 在这里，亚里士多德似乎认为借助于“现实性”（ἐντελέχεια）这个概念将躯体与灵魂是否为一的问题悬置了起来，因为质料与形式是指同一个事物，前者是就这一事物的潜能来说，后者是就这一事物的现实性或实现活动来说（cf. Metaph. Ⅸ 6, 1045b17–19）。这种灵魂与躯体的一体性就来自于灵魂是自然躯体的内在形式（immanent form），灵魂作为内在的形式与自然躯体是不可分的。

31. 412b10 中所说的“οὐσία γὰρ ἡ κατὰ τὸν λόγον”是指在定义上的实体，亚里士多德在接下来的文句中解释了这一点（DA 412b11–17），他首先以斧头的定义为例来说明灵魂的定义，如果有人界定斧子的定义，斧子的质料并不是最为重要的，而是其砍或切的功能才是定义的关键，同样地，如果要界定生命体，我们需要阐释它所赋有的功能，比如吸取营养、感知、思维、欲求或进行运动等，而不是仅仅对其质料进行描述。这就是灵魂的功能，是在定义上的实体之含义。

32. 412b11 中的“τὸ τί ἦν εἶναι τῷ τοιῳδὶ”就是亚里士多德在《形而上学》

中所说的第一实体："我称形式为每一事物之所曾是的本质和第一实体"（Metaph. Ⅶ 7, 1032b1）。另外，也参见 Metaph. Ⅶ 10, 1035b25f.; Ⅶ 11, 1037a28–30; Ⅷ 1, 1042a28f.; Ⅷ 2, 1043a12f.。

33. 亚里士多德在 407b25–27 中就提到这种类比，灵魂就像技艺使用工具那样来使用或支配自然躯体，意即躯体就像工具那样有不同的功能。值得我们注意的是，斧头是人造物或人工产品，其目的和形式都是在斧头之外，而自然躯体的形式和目的都在自身之内。

34. 我将"τὸ πελέκει εἶναι"译为斧头之所是，这种与格加不定式的用法用来指一物之所以为一物的那个存在或东西。

35. Cf. Cat. 1a1–6.

36. 斧头虽然没有了砍切的功能，但它仍不失为一把斧头，而没有了灵魂的人或动物则就不是生前的人或动物了。所以，亚里士多德接下来就指出这种类比的非类比性，因为灵魂不是这样的人造物的是其所是和原则，而是在自身之内拥有运动与静止之本原的自然躯体的实现。

37. Cf. Phys. Ⅱ 1, 192b13–16.

38. Cf. GA, Ⅱ 1, 734b24–27.

39. Cf. PA, Ⅰ 1, 640b33–34. 亚里士多德在这里再次强调潜在地有生命的自然躯体是已经有灵魂的了，而不是那失去了灵魂的躯体，所以，我们在这里会遇到所谓的"同名异义原则"的问题，这个原则会给我们理解灵魂与躯体的形质论的关系带来一定的困难，因为与质料对应的自然躯体无时不是有灵魂的，已经是有形式的了，不同于人造物的质料可以被单独提取出来，并对其固有的模态特性（modal properties）进行描述。我认为我们可以从自然躯体或终极质料和灵魂作为内在的形式两方面来解决这个类比上的断裂问题。由此我们也可以看出，生命并不是躯体的谓词，而是首先存在于灵魂中，或在灵魂中发生的，cf. Metaph. Ⅸ 8, 1050a36–b2。关于同名异义原则的问题，参见田书峰，《灵魂作为内在形式：亚里士多德对灵魂与身体的质形论理解》，载于《哲学研究》，2022 年第 7 期；Shileds, C., 1993, "The Homonymy of the Body in Aristotle", in: *Archiv*

für Geschichte der Philosophie 75。关于灵魂的部分，参见 K. Corcilius / P. Gregoric, 2010, “Separability vs. Difference: Parts and Capacities of the Soul in Aristotle”, *Oxford Studies in Ancient Philosophy* 39, pp. 81–120; Johansen, T. K., “Parts in Aristotle’s Definition of Soul: De anima Books I and II”, in: K. Corcilius and D. Perler, eds., *Partitioning the Soul: Ancient Medieval, and Early Modern Debates*（Berlin: De Gruyter, 2014）, pp. 39–60。

40. 亚里士多德不仅举了斧头的例子，还使用竖琴的例子，参见 Metaph. V 12, 1019b13–15。
41. 亚里士多德在《论灵魂》第三卷第 5 章认为，理性的一种是不死的，参见 DA 408b29, 429b5; GA 736b27–737a1。
42. 这里是指灵魂的原来进行理解的理性部分是可分离的，参见 DA 408b18f.。
43. 亚里士多德在 Pol. III 4, 1276b20–27 中提到，虽然船员们负责不同的任务，但是，他们的共同目的是使船舰能顺利航行。关于船与船员的比喻，参见 Tracy, T., “The Soul/Boatman Analogy in Aristotle’s De anima”, in *Classical Philology,* Vol. 77, No. 2（Apr., 1982）, pp. 97–112。

第 2 章

1. Cf. Top. VI 4, 141b3; Ana. post. I 2, 71b33–72a5; Phys. I 1, 184a16–b14; Metaph. VII 3, 1029b3–12. “那不清晰的、但是较为显而易见的事物”（τῶν ἀσαφῶν μὲν φανεροτέρων）是指可感对象（αἰσθητά），它们是个别的或具体的事物（καθ’ ἕκαστα），“那些清晰的、在概念上来说更可被认识的事物”（τὸ σαφὲς καὶ κατὰ τὸν λόγον γνωριμώτερον）是指可思对象（νοητά），它们是普遍的（καθόλου）。亚里士多德经常将这两种认识方式和认识对象对比来看，参见 Pol. 1328a20; PA II 8, 653b22–30。他在《尼各马可伦理学》中也区分了那对我们来说（ἡμῖν）较易被认识的和那在自身被认识的对象（ἁπλῶς），我们以从感觉获得而来的材料为起点，开始踏上寻找知识的路径，通过抽象、归纳等方法而获致一些概念、原则和原因。

2. Cf. Ana. post. I 13. 亚里士多德在《后分析篇》第二卷第 10 章中提到两种不同的定义，一种是字词定义，旨在找出被定义项的本质；另外一种是旨在说明被定义项的原因。

3. 德文 C 本将 413a18 中的 λόγος 译为 begriffliche Bestimmung（概念规定），英文 S 本译为 an account，而英文 R 本译为 a syllogism, 我在这里随从德文 C 本的译法。

4. Cf. Euclicd Ⅱ 14; Ⅵ 13. 亚里士多德认为，只有我们知道了事物的原因，我们才真正有科学知识。在《后分析篇》中，他认为存在着四种原因：本质、必然的条件、推动的第一因、目的因。所有的这些原因都是通过中项才得以显示出来（cf. Ana. Post. Ⅱ 11, 94a20–24）。

5. Cf. DA 412a13.

6. Cf. DA 412a13–14. 亚里士多德将这些不同的能力都视为生命的不同表征，并将它们关联和统一在灵魂的概念中，亚里士多德扩增了生命的意涵，参见 EN 1170a16–20。但是，灵魂作为本原或原则是单数的，而所说的潜能或能力是复数的，因此，我们不能将亚里士多德所说的灵魂理解为将不同能力捆绑在一起的束带，因为灵魂始终是一个自然躯体的首要的现实性，而这些不同的能力则为这种原初的实现提供了一个基本的能力架构。

7. 亚里士多德坚持植物是有生长灵魂的。Cf. DA 413a33, b8; GA Ⅱ 3, 736b13; PA Ⅳ 5, 681a12.

8. 亚里士多德用 ἐν τοῖς θνητοῖς 这个短语是要表明还存在着一些永恒的或没有生灭的实体（ἀθάνατα），这些实体有灵魂的其他能力，但没有营养官能，比如神和天体。那些不死的或永恒的实体既不摄取食物，亦不睡眠，参见 Meteo. Ⅱ 2, 354b33; ENX 8, 1178b19。关于亚里士多德对可死的可感实体、永恒的可感实体与永恒的不动的实体的区分，参见 Meta. Ⅻ 1, 1069a30–31, 6, 1071b3–5。

9. Cf. DA 410b19–20.

10. 亚里士多德在下面这些地方都论述过触觉：DA 414b3; 434b9–23; 435a12–

435b17; De Sen. I , 436b13; PA II 8, 653b22–24; GA II 3, 736a30–31; HA I 2, 489a18–19。

11. Cf. DA 434b21–29.
12. 413b10 中所说的“ἑκάτερον τούτων”是指营养灵魂可以独立于感觉灵魂而存在和触觉可以独立于其他感觉能力之外而存在，亚里士多德在 434a22–30a 解释了前者，而在 434b9–25 解释了后者。
13. 亚里士多德在这里列举了灵魂的四种能力：营养能力（θρεπτικῷ），感觉能力（αἰσθητικῷ），思维能力（διανοητικῷ），运动（κινήσει），其中，感觉能力与运动被所有在他之前的哲学家所接受，亚里士多德增加了营养与思维能力。灵魂作为本原或原则是单数的，但其潜能或能力则是复数的，这并不表示灵魂是一种将不同的潜能捆绑在一起的束带。
14. Cf. DA 411b30.
15. 413b20 中的“διαφόρας”是指专属于每一种或属的东西（cf. Metaph. X 3, 1054b24–1055a2; 4, 1055a26）。
16. 亚里士多德在 DA 411b19ff. 那里已经论述过这个问题。
17. 亚里士多德在 415a6–11 认为，不是所有有感觉的动物都有想象能力，他在 428a9–11 中又重述这一点，但是，他的最终看法应该是在 433b31–434a10，在那里，他认为所有动物都有感觉想象（αἰσθητικὴ φαντασία），而一些有理性想象（βουλευτικὴ φαντασία）。所以，亚里士多德在此处（εἰ δ’ αἴσθησιν, καὶ φαντασίαν καὶ ὄρεξιν）中所说的想象应是指感觉想象。
18. Cf. DA 428a9ff.; 433b21–434a4.
19. 亚里士多德在 DA 403a8 和 408b18 就已经提出过这个问题。如果理性（νοῦς）是另外一种灵魂，那么它就不可能与一个和自己完全不同种的灵魂拥有共同的部分，所以，这里的问题仍然是理性与人的灵魂或灵魂部分的关系究竟是怎样的。关于理性灵魂与人的灵魂的关系和它的可分离性问题，参见田书峰，“亚里士多德论理性灵魂的可分离性”，《哲学与文化》，第四十四卷第 5 期，第 177—194 页；Miller, Fred, D. (2012),

"Aristotle on the Separability of Mind", in C. Shields, ed., *The Oxford Handbook of Aristotle*, Oxford: Oxford University Press, pp.306–339。

20. 413b27 中所说的"永恒的事物与有生灭的事物"（τὸ ἀίδιον τοῦ φθαρτοῦ）可以被视为是月上世界与月下世界，亚里士多德在这里强调灵魂的理性能力的独特性。

21. Cf. 411b5; Tim. 69c5–70e5. 这里所说的 οὐκ χωριστά 并不仅仅是指灵魂的部分彼此不可分离而独立存在，更多地是指这些部分不能与质料分离而独立存在。这里所说的 καθάπερ τινές φασιν 应当是指柏拉图，柏拉图不仅把灵魂分为不同的部分，而且将不同的部分也归之于不同的身体部分（Tim. 69d6–72d3）。

22. 这是亚里士多德在《论灵魂》中唯一一处非常明显地论及"意见能力"（δοξαστικόν）的地方，并且是与感觉能力不同的一种能力，似乎意见能力能够知道一些普遍的东西，形成一种可对可错的判断。Cf. 427b16f.; 428a16f.

23. 亚里士多德在这里并不是在严格的意义上来说"有些动物只有一种能力"，显然，动物不可能只有一种能力，至少具有营养和触觉（cf. DA 414a32ff.）。

24. 参见 DA Ⅲ 12–13, 比如 434a22f.。

25. 高级的动物具有所有的感觉，较为低级的动物只有触觉，至于在中间的动物有几种感觉则是不确定的，比如他在《形而上学》中认为蜜蜂没有听觉，参见 Metaph. I 1, 980b25f.。但是在《动物志》中，这又好像不太确定，参见 HA Ⅸ 40, 627a17–18。

26. Cf. Metaph. Ⅷ 6. 414a4–6 这一句的结构比较晦涩，"ἐπεὶ δὲ ᾧ ζῶμεν καὶ αἰσθανόμεθα διχῶς λέγεται, καθάπερ ᾧ ἐπιστάμεθα"，我们可以说我们赖以生活和有感觉的东西是感觉或灵魂，同样，我们可以说我们赖以理解和认识的东西是知识或灵魂。

27. 生活或感觉如同健康与有知识的状态那样需要两种原则，一种是主动的或形式的原则，一种是受动的或质料的原则。

28. 形象（Μορφὴν）和理念（εἶδος）在412a8那里就已出现，λόγος在403a25那里已经出现，该词的翻译向来颇有争议，英文S本：organization; 英文R本和Rv本：account; 德文B本：Begriff；德文C本：Begriff；法文B本：raison; 法文J本：la notion；中文W本：名称（原理或比例）；中文Q本：定义。在这里，我随从德文版本的译法，译为“概念”或“定义”。
29. 亚里士多德在这里强调灵魂是自然躯体的现实性原则，那施动者总是需要一个受动者来进行活动，就像建筑的活动是在被建筑之物中，编织的活动是在那被编织之物中，而运动是在那被运动之物中。教育者的灵魂的现实活动和医生的灵魂的现实活动是发生在受教育的灵魂和被医治的身体中的，所以，这里的形式好像被给予的和被接受的。Cf. Metaph. Ⅸ 8, 1050a28–34.
30. Πρώτως（副词）经常和κυρίως, ἁπλῶς, καθ' αὑτὸ混用，和412a27中的“πρώτη”（形容词）表达同样的意义，即灵魂是生命体的形式，而非质料，灵魂是我们在首要的意义上进行感知和认识活动的本原，而非首要地凭借躯体进行认识和感知。
31. Cf. DA 412a16–19.
32. Cf. DA 412a6–10.
33. 亚里士多德从形式质料论（hylomorphism）来理解人的灵魂与身体的关系，灵魂作为形式，而身体作为质料，所以，不是身体是灵魂的现实性，而是灵魂才是身体的现实性。
34. 亚里士多德也强调灵魂的非躯体性（cf. DA 405b11–12），比如，灵魂既不是任何一种元素，也不是来自某种元素（GC 334a10–11）。当然，除此之外，亚里士多德还在很多地方谈及灵魂与躯体的差异，比如，灵魂是不能被运动的，灵魂的形式是不能生成的，灵魂是不能被分割为不同的部分的等。
35. Cf. 407b15–26; 407b27–408a1. 柏拉图也批判了灵魂是和谐的学说（cf. Phaed. 85e–86e）。

第 3 章

1. Cf. DA 413a23–25, 413b12–35.
2. DA 413a31–b24, 413b32–414a3.
3. 亚里士多德有时列出灵魂的四种能力，有时列出三种能力（cf. DA 413a23–25, 413b11–13, 413b21–24），为什么这里列举了五种能力呢？托马斯认为，亚里士多德在其他地关心的问题是生命体的不同等级，而欲求能力并不能构成一个单独的生命体的等级，而在这里，他所关心的问题是不同生命的实现活动，感觉和理性都伴随着相应的倾向，而倾向一定会导致某种运动或行动，所以，他在这里列举了五种能力（Thomas 1999: 155）。亚里士多德在 432a22–b8 中表达了自己对传统的灵魂部分的二分法和柏拉图的灵魂三分法所存的疑虑。
4. 亚里士多德在《论动物的运动》和《欧泰谟伦理学》中也谈及欲求的三种形式：欲望（ἐπιθυμία），血气（θυμός），愿望（βούλησις），参见 MA 6, 700b22; EE Ⅱ 7, 1223a26–27。这三种形式对应于柏拉图所说的灵魂的三个部分，对 θυμός 的翻译版本不一，德文有："der Eifer"、"der Mut"、"der Zorn"等；而英文一般译为："spiritedness"、"passion"、"anger"等；法文译为："l'ardeur"；中文一般译为"愤怒"、"血气"、"激情"等，我在这里译为"情志"或"血气"。一般说来，ἐπιθυμία 和 θυμός 被视为非理性欲求，如果说 ἐπιθυμία 更强调人对于身体感官的快乐的欲求，那么 θυμός 的本有对象是个体的社会价值，是对个体的社会认同的欲求。参见 Saen, V., "Shame and Honor: Aristotle's Thumos as a Basic Desire", *Apeiron*, 2018, Vol. 51: 73–95。学界对 βούλησις 的翻译分歧较大，德文 B 本：Wollen; 德文 C 本：der Wunsch；德文 T 本：der Wille; 法文 B 本：souhait；法文 J 本：la volonté；英文 S 本：wish; 英文 R 本：wish。中文通常译为"愿望"（Q 本）、"意愿或期待"（W 本）、也可以译为"希望"或"希冀"等，我在这里译为愿望。在亚里士多德那里，"βούλησις"属于理性欲求，或基于理性的考量或考虑后的以某种善为目的的欲求，因此，它属于灵魂的理性部分的欲求（cf. Top. Ⅳ 5, 126a13）。“βούλησις”是通过客观的善被规定，而不是善通过“βούλησις”被规定（cf. Meta. Ⅻ 7, 1072a28f.）。关于这三种不同形式的欲求，参见 Pearson, G., *Aristotle on Desire*. New York: Oxford University Press 2012；Kenny, A., *Aristotle's Theory of the Will*. London: Duckworth 1979。关于柏拉图的灵魂学说，参见 *Essays on Plato's Psychology*, ed. By Ellen Wagner, New York / Oxford: Lexington Books 2001。

5. 亚里士多德在其他文本也多次提到因快乐或快感而来的欲望：DA 413b22–24; Top. Ⅵ 3, 140b27; EN Ⅲ 14, 1119a4; EE Ⅲ 1, 1229a31。
6. 味觉被视为是对食物的触觉，因为味觉对象或可食用的东西就是一种可触摸的东西（cf. DA 422a8）。
7. 此句并不是指除了触觉之外的感觉都是偶性的，而是说，其他感觉的可感对象对于食物来说都是偶性的或偶然的：比如，鸟的叫声对于猫来说是偶性的，因为鸟才是它的食物；老鹰观察老鼠是偶性的，因为老鼠才是食物。
8. Cf. DS 4, 442a1.
9. Cf. EE Ⅲ 2, 1231a12–17. 亚里士多德在这里提到，那些被咽喉所感受到的感觉更多地与触觉相似，而不是味觉。这就是为什么那些贪吃暴食者并非希望拥有一个更长的舌头，而是希望拥有一个像仙鹤的食道。
10. Cf. Sens. 4, 442a8.
11. Cf. DA 422a8f.
12. Cf. DA Ⅲ 3, 427a18–429a9; Ⅲ 10, 433b29f.
13. 思维能力和理性（Τὸ διανοητικόν καὶ νοῦς）分别对应的动词形式是“διανοεῖσθαι”和“νοεῖν”，亚里士多德在《论灵魂》中并没有清楚地对二者的用法进行区分，以至于显得这两种理性活动是同一种能力的两种不同的表达一样。通常来说，前者强调思维活动的判断过程或思辨过程，因此英文版本中通常译为 discursive reasoning or reason，即表述性或推理性，它并不能总是引导我们达到真理或真实的知识。而后者更强调对思维的单纯对象或定义内容的把握，因此通常译为 intuitive reason，即直觉理性，它总能把握到真，不会产生错误。Cf. Hicks 1907: 334.

14. Cf. DA 402b5–9.

15. Cf. Metaph. Ⅲ 3, 999a6–10; EE Ⅰ 8, 1218a1–8.

16. Euclid, Elements Ⅰ, def. 14.

17. Cf. EN Ⅰ 4, 1096b28. 这并不表示亚里士多德现在否定自己之前所给出的关于灵魂的普遍定义，他否定的是，我们在使用这个关于灵魂的普遍定义时忽略对灵魂的诸种能力进行探究。

18. 学者们对 414b27 中的 ἀφέντας τὸν τοιοῦτον 这一句翻译不同，亚里士多德在 DA 412a5 就提出他在《论灵魂》中的一个重要任务就是要寻找灵魂的普遍定义，普遍定义应当是指这个定义不仅仅适用于人类，也应适用于不同的动物和植物等一切有生命的存在物，所以，这种普遍的定义并不与“原本的和不可分割的种”相符合（κατὰ τὸ οἰκεῖον καὶ ἄτομον εἶδος）、或为其所独有，我们仍然需要继续探寻何谓人的灵魂、马的灵魂和植物的灵魂。关于不可分割的种（ἄτομον εἶδος），参见 PA Ⅰ 4, 644a29–33; Metaph. Ⅶ 8, 1134a8。

19. 亚里士多德自 415a22 起开始通过研究灵魂的每一种潜能来研究每种灵魂。关于这种序列的原因，参见 DA Ⅲ 12, 434a22–435b24。他认为，所有的生命体必须赋有营养灵魂（434b22–26），但并不是所有的生命体都要有感觉灵魂（434b27–30），所有的能够进行位移运动的动物都必然有感觉能力，所有动物都有的感觉是触觉和味觉，因为味觉就是触觉的一种形式，那能够进行位移运动的动物必然有远距离的感觉（比如，视觉、听觉和嗅觉），这三种感觉并不是为了单纯的生命体的持存，而是为了活得更好的目的。

20. Cf. HA Ⅳ 8, 532b29–535a28. 亚里士多德在这里详细地论述了不同的动物具有的不同的感觉。

21. Cf. DA 410b19–20.

22. 415a8 中的“διάνοια”译为“推理性理性”（discursive intellect）或“思想”（thinking or thought），我在这里译为“理解能力”。亚里士多德在 Pol. Ⅱ 9, 1270b40 与 Ⅶ 16, 1335b16 中将其与躯体对立地来看。διάνοια 既不是感觉，亦不是想象，既非信念，亦非科学知识（ἐπιστήμη: EN Ⅵ 9, 1142b12–13），也不是欲求（EN Ⅵ 2, 1139a35–36）和习性状态（Pol. Ⅷ 2, 1337a38–39; EN Ⅱ 1, 1103a14–18）。

23. Cf. 413b22; 414b16; Meta. I 1, 980b26; DA 428b16–17, 433b29–30, 434a5–7.

24. Cf. DA Ⅲ 4–5.

第 4 章

1. Cf. DA 402b11–14.

2. 415a20–21 中的“κατὰ τὸν λόγον”一般译为“在定义上来说”或“在概念上来说”。这种在定义上的优先性也包含着一种在认识论和本体论上的优先性，因为 A 在定义上要早于 B，当且仅当 B 的定义依赖于 A 的定义，而 A 的定义并不依赖 B 的定义时（cf. Metaph. Ⅶ 1, 1028a35–36; XIII 2, 1077b3–4）。关于实现活动或活动在定义上要早于潜能，参见 Metaph. IX 8, 1049b12–17。

3. Cf. DA 402b14–16.

4. 关于本章中的方法与营养灵魂的关系，参见 Gill, M. L., “Method and Nutritive Soul in Aristotle’s De Anima Ⅱ,4” , in: *Nutrition and Nutritive Soul in Aristotle and Aristotelianism*, edited by Giouli Korobili, Roberto Lo Presti, Berlin/Boston: De Gruyter 2021, pp. 21–42。

5. 亚里士多德在这里使用了“γεννήσις”一词（拉丁文：generatio; 英文：generation；德文：Entstehung），一般而言这个概念经常和另外一个对反概念“φθορά”（消亡或毁灭；拉丁文：corruptio，德文：Vergehen）共同使用。但是，在这里，亚里士多德使用这个词语主要用来指“生殖”（reproduction），生殖与营养应该是营养灵魂的两个功能（cf.HA Ⅷ 1,

589a2–5）。关于生成方面的意义：亚里士多德对 γένεσις 与 φθορά 的理解与前人不同的是，他认为生成与毁灭不是关乎实体的偶性变化或偶性特点的，而是涉及整个实体的（cf. GC I 1–5; Phys. V 1, 225a17ff.; Metaph. XI 11, 1067b23ff.; GA II 5, 741b22ff.），是整个实体的一种变化。所以，我们可以把亚里士多德所说的四种运动或变化的种类分为两类，一类关乎实体本身的变化，这就是 γένεσις 与 φθορά，另外一类是关乎实体的偶性特征变化：质的变化（ἀλλοίωσις），量的变化或生长与减少（αὔξησις καὶ φθίσις）和位移运动（φορά）。但是，亚里士多德对于 γεννήσις 的定义并不是前后一致、贯彻始终的，他有时将"μεταβολή"作为属，下面包含四种不同的形式（Phys V 1，225a32ff.; Metaph. XI 11, 1067b1ff.），有时把"κινήσις"作为属，下面包含四种不同的形式，但有时他又把 κινήσις 与"γεννήσις"并列进行对比。他用人作为例子来说明，一个人的生成是 γεννήσις，但是，一个人从没有教养的到有教养的是 κίνησις。前者可以称为 γεννήσις ἁπλή，后者是 γεννήσις τις。所以，至少我们有一个狭义上的 γεννήσις，和一个广义上的 γεννήσις。

6. Cf. DA 412a5.

7. 生殖功能保证种的延续和保存，而吸取营养则保证了个体的持存。

8. 营养能力是生命体所具有的最为自然的一种能力，关于具体的诠释，参见 James G. Lennox, "'Most Natural Among the Functions of Living Things', Puzzles about Reproduction as a Nutritive Function", in: *Nutrition and Nutritive Soul in Aristotle and Aristotelianism,* edited by Giouli Korobili, Roberto Lo Presti, Berlin/Boston: De Gruyter 2021, pp. 3–20。也参见 Pol. I 2, 1252a26–30。

9. 415a27 中的"πηρώματα"表示变形（deformation）或残缺（mutilation），但是，"πηρώματα"也可以表示某物的本质自然的一部分仍在发挥作用（GA IV 6, 775a15–16），另外，某人通过一个偶然事件也可以成为"πήρος"，比如醉酒的状态（EN III 5, 1114a25–28）。也参见 GA I 20, 728b10; GA II 1, 735a18; GA IV 7, 776b31ff.。

10. Cf. GA III 11, VI 7; HA V 1, 539a15–25, 550b32.

11. 分享神性（τοῦ θείου μετέχωσιν）源自柏拉图哲学，参见 Symp. 206a; Nomoi Ⅳ 721，亚里士多德在 GA Ⅱ 1,731b22–732a1 中重新提起这个问题。

12. 亚里士多德使用 πράττει 一词来表示主体或个体所进行的现实活动才使其存在达致圆满，现实活动就存在于主体自身之中，例如，观看活动、思辨活动都在观看者或思辨者自身之内，生命就在灵魂中（cf. Metaph. Ⅷ 8, 1050a34–b1）。

13. 这种对目的的区分也见于：Phys. Ⅱ 2, 194a27–36; Metaph. Ⅻ 7, 1072b1–3; EE Ⅷ 3, 1249b13–16; DA 415b20。目的的两种意义是：τὸ δ'οὗ ἕνεκα διττόν, τὸ μὲν οὗ, τὸ δὲ ᾧ。德文 C 本：Das Worum-willen bedeutet aber zweierlei: zum einen das Um-wessen-willen, zum anderen das Wofür; 德文 B 本：Das Umwillen aber ist ein Zweifaches, zum einen das Weshalb, zum anderen das Wozu；德文 T 本与 C 本同。英文 S 本：That for the sake of which is spoken of in two ways: that on account of which and that for which; 英文 H 本：But that for the sake of which is twofold-the purpose for which and the beneficiary for whom; 英文 R 本与 H 本同。法文 B 本：Fin qui s'entend d'ailleurs de deux façons: le but visé, d'une part, et de l'autre, le sujet servi; 法文 J 本：Double est l'acception du terme "fin"：le but lui-même et le sujet pour qui ce but est une fin。中文 Q 本："何所为"有两层含义，一是所为为什么，一是所用；中文 W 本："为此故"这词是模糊的（双关的），于其目的有"为此"和"于此"两方面的解释。我认为英文 R 与 H 本的翻译最为可取，故我译为何所为和何所用，前者是作为目标的目的，后者是作为受益者的目的。关于目的论，参见 Johnson, M. R., *Aristotle on teleology*, Oxford: Oxford Universtiy Press 2005。

14. Cf. GA Ⅱ 1, 731b31–732a1; GC Ⅱ 11, 338b8–11.

15. Cf. GC Ⅱ 10, 336b27–34. 宇宙中的生成是永恒的，亚里士多德也谈及到元素的转化或转变的循环往复，参见 Metaph. Ⅷ 8, 1050b28–29, Meteor. Ⅱ 9, 346b35–347a1。

16. Cf. Metaph. Ⅴ 2, 1013a24–b3; Phys. Ⅱ 3, 194b16–35.

17. Cf. Metaph. V 2, 1013a24–b3; Phys. II 3; Phys. II 7; Metaph. I 3, 983a26–b1. 除了质料因之外，另外三种因可以被视为同一的：形式因（causa formalis）、动力因（causa efficiens）、目的因（causa finalis）。
18. Cf. 412a20; 414a15.
19. Cf. DA 412a27–28; 403a25f. 亚里士多德在这里强调灵魂是潜在地有生命的自然躯体的形式因。
20. Cf. Phys. II 8, 199a15–18.
21. Cf. DA 415b2–3.
22. Cf. DA 413a33–b4.
23. Cf. DA 416b34; Insom. 2, 459b4–5.
24. Cf. DA 413a24–25.
25. Cf. DK Fr. A70. 恩培多克勒的错误在于只认识到了质料因。
26. Cf. MA 4, 705a31–b1; HA 4, 500b28–30; PA IV 7, 683b18–21, 10, 686b34–687a1. 植物的树干和树根的定义并不是根据其所处的方位来断定，而是根据其功能。
27. 相同的问题见于：410b12 和 411b6。
28. Cf. GA I 17, 722b12.
29. 这里是指赫拉克利特、抑或是德谟克利特？赫拉克利特将火视为是最基本的元素，参见 Metaph. I 3, 984a7–8，由此推断，应该是指赫拉克利特。
30. Cf. PA II 7, 652b7–15. 但是，亚里士多德在 Meteo. II 2, 355a9–11 中反驳了火可以自行吸收营养。
31. Tò συναίτιον 是附属原因或者是必然的条件（necessary condition），参见 Metaph. V 5, 1015a20–21。比如，营养就是生命的必然条件，这必然条件仍然归入到质料因，生长的真正形式因仍然是营养灵魂。亚里士多德也谈及到火或这内在的热量为生长的附属原因，因为这热量将摄入的食物转化为营养（cf. PA IV 3, 677b32; III 6, 669b3）。
32. “有限度的”与“无限度的”也可以在柏拉图的《斐勒布》那里找到，Phil. 23c–25d；另外，有关在量度方面的限制，参见 GA II 6, 745a5。

33. Cf. GA Ⅱ 4, 740b25–741a3. 亚里士多德在《论动物的生成》中讨论灵魂的生殖能力。
34. 古代的自然学家或自然主义者持此看法，尤其赫拉克利特，cf. Diogenes, Laertius, *Lives of the eminent philosophers*, Ⅸ 8。
35. 416a26–27: “ἀλλὰ τὸ μὲν ὕδωρ τῷ πυρὶ τροφή” 是指 “水是火的营养”，但是，亚里士多德在这里并不是认为纯粹的水，而是油，因为在他看来，油是水和空气的混合（cf. Meteor. Ⅳ 8, 385b4; Ⅳ 10, 388a32）。
36. 亚里士多德在 DC Ⅳ 5, 312a32–33 中认为，元素可以互相转化。但是，这种元素的互相转化的可能性好像并不存在于营养或食物的现象中，水可以为火的营养，但是火并不能被转化为水的营养。因此，在由各种元素构成的混合体内，以其他元素为营养，但自身并不是其他元素的营养的内在的热量非火莫属（cf. GC Ⅱ 8, 335a10–21），因为火更与形式接近。
37. Cf. DA 416a10–12.
38. Cf. Empedocles, DK Fr. B90; Anaxagoras, DK Fr. B10.
39. DA 416a21.
40. Cf. GC I 7, 323b3–5.
41. Cf. Phys. Ⅴ 5, 229b9–22 ; Metaph. Ⅺ 11, 1067b12–21. 关于居间者或中间状态，参见 Metaph. Ⅹ 7, 1057a21–26; 1057b32–34。
42. 亚里士多德用木匠的例子来类比食物转化为营养的过程，就像木匠不会承受来自于木料的作用，被营养者也不会承受来自营养物的作用（cf. GA I 22, 730b14–23）。
43. Cf. DA 417a30–b16.
44. Cf. GC I 5, 322a3–6.
45. Cf. Metaph. Ⅻ 3, 1070a20.
46. 食物与摄取食物的主体或营养与吸取营养的主体并不是在一种偶性的意义上，而是在必然的意义上相关，就像可感物与感觉之间的相关性，又因为那吸取营养者是有生命的，所以，我们不能说营养或食物与无生命的东西是相关的，营养现象并不能被还原为无生命的元素的转化。

47. Cf. DA 416a15–18; GC I 6, 322a26–28; GA II 6, 744b32–36. 作为食物或营养是仅仅就食物是潜在的血肉来说的，但是，就被摄取的食物潜在地就是一些定量的血肉来说，它能增加血肉，使之生长。

48. Cf. GC I 6, 322a24–25.

49. Cf. PA I 19, 726b9–10.

50. Cf. DC I 11, 281a11–12.

51. Cf. GA II 4, 740b25–32. 亚里士多德在这里将食物类比为只能被推动的桨或舵，而将生命的热量或热能（τὸ ἔμφυτον θερμὸν）类比为基于舵手而能推动桨的手。希克斯指出，将营养灵魂类比为舵手的手，把生命热能比喻为船桨的理解是错误的，因为营养灵魂是不动的推动者，而生命热能（vital heart）则既是推动者，又是被推动者（Hicks 1907: 349）。另外，关于心脏和血液的作用，参见 Juv. 3, 469a2–10。

52. Cf. PA II 7, 652b10–11; GA IV 1, 765b15–16. 这两处文本都强调躯体里的热量或热能（τὸ ἔμφυτον θερμὸν）推动消化的过程。生命热量就像是在中间的媒介，作为本原的营养灵魂推动生命热量作用于被摄入的食物，而食物是被动的、等待被转化的，就像船桨那样等待舵手来推动它。但是，就食物也能作用于躯体，或使躯体在量上增长来说，食物也可以既是推动者，亦是被推动者。

53. 这是指一项没有完成的研究，还是指一篇失传了的著作？我们从《论睡眠与清醒》（Somn. 3, 456b2–6）可以推断，亚里士多德好像专门写过一篇关于生长与食物的著作（περὶ αὐξήσεως καὶ τροφῆς）或只是论食物的著作，但是，我们今日找不到任何与此相关的文献了。亚里士多德似乎在别的地方也提及到这篇著作，参见 PA II 3, 650b9–11, II 7, 653b14, III 14, 674a19–21, IV 4, 678a19; GA V 4, 784b2–3; Metaph. IV 3, 381b13。

第 5 章

1. Cf. DA 415b24; 410a25−26.
2. Cf. DA 434b28f.
3. Cf. DA 418a2−3.
4. Cf. DA 405b15; 410a23; 416a29−30. 这里所说的一些人应该是指恩培多克勒和德谟克利特。
5. 我们可以在 GA Ⅳ 3, 768b23 中发现相同的用法（ἐν τοῖς περὶ τοῦ ποεῖν καὶ πάσχειν διωρισμένοις, cf. Hicks 1907: 350）。亚里士多德在这里似乎是指他在《论生成与毁灭》第二卷第 7 章中所讨论过的有关施动者与受动者的问题。一方面，施动者与受动者并非完全相异，因为二者应该共属于同一个类，但是，另一方面，二者也不可能完全相同，因为二者在同一个类下面是对反的或相对立的。
6. 这里所说的 αἰσθήσεων 与 αἴσθησις 应该是指感觉器官，而非对感觉活动的感觉，这个应在第三卷有所讨论（cf. DA 425b12ff.）
7. 德文 C 本：obwohl doch Feuer und Erde und die anderen Elemente in ihnen sind,welches die Gegenstände der Wahrnehmung an sich sind bzw. diesen akzidenell zukommen; 德文 B 本：von denen die Wahrnehmung ihre an sich oder akzidentell damit verbundenen Objekte bezieht; 英文S 本：of which there is perception either in themselves or in respect of their co-incidental properties; 法文 B 本：qui sont objets de sensation en eux-mêmes ou dans leurs accidents; 中文 W 本：可是，于这些物质组成之中，何物是由本质以起感觉，何物则因偶然属性而起感觉？中文 Q 本：这些元素不论是就其自身还是就其偶性而言，都是具有感觉的。元素的本质属性应属于在 καθ’ αὑτα 的意义上被感觉到，而其他非本质的或偶有的属性则属于在 κατὰ συμβεβηκότα 的意义上被感觉到，比如通过触觉感觉到的冷、热、干、湿属于前者，而通过其他感觉感觉到的声音，颜色，气味等则属于后者。火除了本有的

热和干的属性外，也有颜色。所以，中文的两个译文不太符合亚里士多德在这里想要强调的意思，因为不是一物是本有的可感对象，另一物是偶有的可感对象，而是同一物既有本有的可感属性，也有偶有的可感属性。

8. 这表示，在实现过程中的感觉活动在某种意义上来说成为外在的可感对象，参见 431b20–24。

9. Cf. 412a22–23. 我们说一个人是不聋不哑的，即他能听能说，尽管他正在睡觉。所以，αἰσθάνεσθαι 有这两方面的含义，一方面表示能够去感觉的潜能或能力，另一方面表示正在进行感觉活动。感觉的两重含义就像 ἐντελέχεια 的两重含义一样，一种是有知识（ἐπιστήμη），另一种是沉思（θεωρεῖν）。

10. 如果我们将其联系到感觉器官上就能理解，为什么感觉器官不是在潜能上对自身的感觉，因为这会导致它越出自己之外，成为外在的可感对象（cf. Bodéüs 2018: 182）。

11. 亚里士多德在这里将施动者与受动者等同起来，我认为，这其中的联结点就是运动，他在这里将运动理解为一种未完成的活动（cf. Metaph. Ⅷ 6, 1048b28–35; Phys. Ⅲ 1, 201a10–11, 2, 201b31–32）。关于运动与现实活动的区分，参见 Ackrill, J. L., "Aristotle's Distinction between ENERGEIA and KINESIS", in R. Bambrough (ed.), *New Essays on Plato and Aristotle*. Routledge (1965). pp. 121–141; Liske, M. Th., "Kinesis and Energeia bei Aristoteles", *Phronesis*, Vol. 36, No. 2 (1991), pp. 161–178; Heinaman, R., "Actuality, Potentiality and De Anima Ⅱ.5", *Phronesis*, Vol. 52, No. 2 (2007), pp. 139–187; 李猛："亚里士多德的运动定义：一个存在的解释"，载于《世界哲学》，2011 年第 2 期，第 155—200 页。关于《形而上学第八卷》的专著研究，参见 Makin, S., *Aristotle, Metaphysics Book Θ*, Translated with an Introduction and Commentary by Stephen Makin, Oxford 2006。

12. Cf. DA 416a29–b9; 429b29–31. 一方面，承受相同者的作用是指在现实中的可感对象对感觉能力而言就是在潜能上的存在（cf. GC I 7,

323b31）；另一方面，承受相反者的作用是指在现实中的可感对象与在进行感觉活动之前的感觉器官或能力是不相同的，只有在感觉活动中，二者才互相接受，发生同化（assimilation）（cf. GC I 7, 323b24）。

13. Cf. DA 418a5f.; 422a7, b15f; 423b3. 在这几处，我们可以找到类似的表达。

14. “Τῶν ἐπιστημόνων”表示“知道者”或“有知识者”，德文：Wissendes; 英文：Knower；法文：savant。这个词语在这里主要表示一物对于某个种的所属性。

15. “Γραματική”在这里表示最基本的书写知识，知道正确地跟写或者阅读字母或文字，而非我们所说的“语法知识”，即可以没有错误地书写。后者已经是第二阶的潜能了。

16. Cf. DA 417a23f.; Metaph. V, 1022b25. 这里所说的“τὸ γένος τοιοῦτον καὶ ἡ ὕλη”应该是指人属于能够获取知识的一类，意思是说，他能够实现去认识的质料（潜能），所以，ὕλη 在这里不是指个体实体的质料或在个体复合物的构成中的质料载体，而是指在类或种的意义上潜藏着的各种潜能（cf. Hicks 1907: 355; Bodéüs 2018: 183）。

17. 亚里士多德在这里扩充了 δύναμις 的含义，它既可以指在种上的潜能，也可以指因为后天所获的习性而来的能力。他在 Phys. Ⅷ 4, 255a30–b5 中就区分了潜能的两个不同阶段，事实上，如果我们与 DA 412a10f. 和 22ff. 这两段文本中所说的知识作为潜能与在现实活动中的沉思是相对立的说法进行对比的话，就会发现，亚里士多德引入了一个中间或起媒介作用的知识概念——知识作为习性（ἕξις），ἕξις 与在种的意义上的潜能相比，它是现实活动，而与现实活动相比，它又是潜能。所以，这三个阶段实际上是四个阶段（cf. Hicks 1907: 354）。

18. Cf. Metaph. XIII 10, 1087a20. 这就是第二阶的实现，参见 DA 412a23–25。

19. 这一句没有谓语动词，我们不能从两个分词“ἀλλοιωθεὶς καὶ μεταβαλών”就能推断出“κατὰ δύναμιν ἐπιστήμων ἐστὶ”，希克斯认为，“γίγνεται ἐπιστήμων”更与这两个分词的作用相合（cf. Hicks 1907: 355）。亚里士多德在这里意在区分两种不同的实现与两种不同的潜能或“承受作用”，一种实现在于对一种科学知识的获得，即一个无知识的人改变他的状态，另一种实现在于对这种所获得的这种科学知识的运用，即一个人对他所获得的这种新状态或潜能的运用。

20. Cf. DA 426a26.

21. “Σωτηρία”在这里表示这种转变并不是消亡或毁灭，而是某种持存或保有，因为对所获得的科学知识的运用会反过来保存这种潜能，就像一种永固的习性（permanent disposition）那样。

22. 对“θεωροῦν”的翻译有些不同。德文C本：Denn indem es betrachtet, entsteht das, was das Wissen hat...; 德文B本：denn Betrachtendes wird, was die Wissenschaft besitzt; 英文S本：For whenever the one who has knowledge comes to contemplate...; 英文H本：For that which has knowledge comes to contemplate...; 英文R本：For what possesses scientific knowledge becomes an actual contemplator...; 法文B本：Que se mette, en effet, à spéculer celui qui possède la science...; 法文J本：en effet, c'est par l'exercise de la science que passe à l'acte celui qui possède la science...。这里的“θεωροῦν”应该表示一个正在进行沉思活动的人，而不应该是表示一种方式，而是作为“γὰρ γίγνεται”的补语，所以，英文R本和S本更为可取，即表示一个有知识的人成为一个在现实意义上进行沉思活动的人。

23. 对“'Επίδοσις”有不同的翻译。德文C本：Fortschritt；德文B本：Zugewinn或Zuwachs; 英文S本：progression; 英文R本与Rv本：progress；英文H本：development；法文：progrès。我在这里译为“发展”。

24. 即从第一实现（所获得的知识）进入到第二实现中（知识的运用）。

25. 布赫海姆认为，这里应该是指使用（χρῆσις），参见Metaph. Ⅸ 8, 1050a24; 包德厄斯（R. Bodéüs）认为这似乎是指主动理性（νοῦς ποιητικός），参见DA 430a12。我认为这里应该是指主动理性，但是，二者并没有本质的区别，因为那使得在潜能意义上的知识成为在实现活动中的知识的原则就是主动理性，而这正是对知识的运用或使用。

26. Cf. DA 417b6.

27. 这两种变化的不同是基于“διαθέσις”和“ἕξις”的不同（cf. Cat. 8, 8b27），后者在时间的延续和状态的坚固上远胜于前者。“Τὰς στερητικὰς διαθέσεις”表示“缺乏或褫夺的状态”（privative conditions），στέρησις与ἕξις相对（cf. Cat. 8, 11a22, 10, 12a26），前者表示某个个别形式的缺失或不在场，而后者表示某个个别形式的在场或获得。这主要用来表示进入到相反的性质或状态中去的变化，比如从健康到疾病的变化（cf. Metaph. 1022b22; 1070b12; 1033a5–26）。因为二者是一对相反或相对的概念，所以，否定性的性质特点在某种意义上来说也有积极性的特点，比如冷是热的缺乏，但是，冷也有某种相应的温度（cf. Metaph. 1019b6）。

28. Cf. GA Ⅱ 3, 736a33–b5.

29. Cf. DS 4, 441b22.

30. “Ἔξωθεν”在这里表示在感觉主体之外的可感对象“αἴσθητα”（cf. Metaph. 1010b32），其原因不同于感觉能力，并早于感觉能力，cf. Metaph. 1010b36f.; Insom. 2, 460b2。

31. Cf. Ana. post. I 13, 81b6–7; 31, 87b28–30; 37, 88b7.

32. Cf. DA 429a27–28.

33. 亚里士多德在这里应该是指“创制性的科学”和“执行性的科学”，即技艺或技术知识和行动的科学，因为这两者都是针对个别或具体的东西（cf. EN Ⅲ 1, 1120b11–12）。

34. Cf. DA 431a1f.; 429a10.

35. “οὕτως ἔχει τὸ αἰσθητικόν”中的“οὕτως”应该是指潜能之第二种含义，“οὗτος”来指两者中的后者，或三者中的最后者并不少见。cf. Phys. Ⅲ 7, 260a28.

36. Cf. Poet. 21, 1457b3–4; 22,1458a18–19.

37. Cf. DA 417a6.

38. Cf. GC I 7, 324a10–11.

第 6 章

1. “Καθ' αὑτὰ” 与 “κατὰ συμβεβηκός”（拉丁文：per se 与 per accidens；德文：an sich 与 akzidentell；英文：in their own right 或 intrinsically 与 co-incidentally; 法文：en soi 或 par soi 与 par accident）在中文中一般译为“在其自身地”或“本有地”与“偶然地”。希克斯认为，这组概念实际上就表示“直接地”与“间接地”，中文 W 本就采取了希克斯的译法，中文 Q 本直接翻译为“在本性意义上”和“在偶性意义上”，我认为，前者更可取，因为根据亚里士多德在后面的论述，我们对本有的感觉对象“事物的本有性质”（ἴδια αἰσθητά）和共有的感觉对象“事物的偶有性质”（κοινὰ αἰσθητά）是以一种直接的方式来感知的，而对于这些性质所属的事物本身则是以一种间接的方式来感知的（cf. Hicks 1907: 360–361）。“κατὰ συμβεβηκός” 首次出现是在 DA 414b9，在第三卷中又多次出现，参见 DA 425a15, a20–b4, 428b18–30。
2. 或至少由两种感觉被感知到，比如视觉与触觉（cf. DS 4, 442b5）。
3. Cf. DS 4, 442b8; Metaph. Ⅳ 5, 1010b2–3, 14–26. 人的感觉在专有的可感对象那里并不会犯错或被骗，因为专有的可感对象与其他性质没有任何关联，而对于共感对象，人会产生错误，这是因为它与其他对象或主体会产生关联。
4. 在这句中的“μὲν”的用法是单独的（solitarium），即它并不是用来指接下来的句子回答这里提出来的观点。亚里士多德在 422b16ff. 解释了触觉是否是一种单一的感觉，还是由动物对不同的感觉对象的多种感觉构成的（cf. 423b27–28）。
5. “Κρίνει” 在这里表示，每种感觉能力都是一种区分能力（faculty of discernment），能够获得在所属的专有可感对象中的各种差异。
6. 柏拉图在《泰阿泰德》中就讨论过这种不被任何一种单独的感觉所具有，而是属于所有感觉的共感对象（cf. Theaet. 185a–186a）。亚里士多德在很多其他地方也提到这五种属于共通感的可感对象（cf. DS I, 437a8–9, 4, 442b4–7; Insom. I, 458b4–6; Mem. I, 450a9–12, 451a16–17, 2, 452b7）。

7. Cf. DA 425a24f.

8. 因为每种感觉只受到本有的可感对象的作用，所以，感觉主体只是直接地感知到了狄亚瑞斯的儿子的白，颜色是视觉的专有对象，在这里是白色，而“狄亚瑞斯的儿子”只是偶然地属于白色物，所以，“狄亚瑞斯的儿子”并不能直接地作用于视觉，只是附带地或偶然地被感知到。

9. Cf. DA 415a20–22.

第 7 章

1. 亚里士多德对五种感觉的讨论顺序并没有给出某种原因，但是，我们可以这样认为，视觉和听觉以及嗅觉这三种有距离的感觉（distance-senses）可以更好地给我们展示出感觉能力或感官与其可感对象之间的这种关系。亚里士多德在《论灵魂》第二卷第 7—9 章中论述有距离的感觉，而在第 10—11 章中讨论有接触的感觉（contact-senses）。

2. Cf. Ana. prio. I 35, 48a30. “我们没有必要总是用一个词语设定一个词项，因为我们经常会碰到无法用名称来表述的短语。”这应该是指“磷光”或“荧光”（phosphorescence），古希腊文没有专门词语来指称这种现象。

3. Cf. DA 419a1f.

4. 亚里士多德在 418a26–28 提及了两种可见的视觉对象，在 418a29–30 引入第三种可见物，这里所说的 τοῦτο δ’ἐστὶ τὸ ἐπὶ τοῦ καθ’αὑτὸ ὁρατοῦ 是指颜色位于其表面或表层的可见物体，之所以称其为在自身可见，并不是指可见物在定义上就是可见的，而是指可见物在自身内有可见的原因。这些物体是火、气、水、土和其他的由这些元素构成的复合物，所有这些都有其定义，并且在这些定义中并不包含可见性的概念，但是所有这些物体的可见性并不归因于别的东西，而是因为它们的本性使然（cf. Ross 1961: 242）。

5. Cf. DS 3, 439a27f.; Top. I 15, 107b28–30. 学者们对如何来理解“在自身意义上的可见”（τοῦ καθ’αὑτὸ ὁρατοῦ）争论不一。希克斯和罗斯倾向于认为这里所说的是指物体的表面（surface of coloured things, cf. Hicks 1907: 367; Ross 1961: 240），但是，亚里士多德在 DS 3, 439b11f. 中对颜色的定义似乎另有他意：“所以，颜色是在有界限的或受限定的物体的透明物的界限。”可见，颜色的定义项（definiens）并不是物体表面，而是存在于物体中的透明物的界限与物体的表面相合的地方。除此之外，不只是受限定的物体是可见的，而且不受限定或限制的透明物的明暗在一定程度上也是可见的，比如空气和水。最后，并不是物体表面，而是透明物才是在其自身就是可见的原因。
6. 亚里士多德在这里所说的“在实现意义上的透明物”应该是指“光”，“光”并不是在其自身就是可见的，而是物体的表面颜色之所以可见的原因。亚里士多德在如下地方也用到“推动者”（κινητικός）或“制作者”（ποιητικός）：颜色，DA 418a31–b2, 419a2–4, a13–15; 声音，DA 419a25–27, 420a3–5；嗅觉，419a25–27; 味觉，422a17–19，b2–3, b15–16; 触觉，423b12–20；423b31–424a2。
7. 关于透明物、光、颜色之间的相互关系，参见 DS 3, 439a18–b18。
8. 亚里士多德在这里使用的是“τι διαφανές”，即某种透明的东西。在亚里士多德看来，透明物并不是指某种实体性的东西（cf. DA 418b15），而是指某种为所有其他事物所共享的共同的本性或能力，或某种与事物不可分的或寓居于事物内的某种潜能（cf. DS 3, 439a23–25）。
9. 言外之意是说，我们可以在偶性的意义上看到透明物，比如，水通过所接受的颜色而被看到。
10. 这些固体物，比如，玻璃、冰、水晶体等。
11. 按照亚里士多德的看法，宇宙的第五种元素就是那构成不可朽坏的天体的以太（ether），这些天体包括恒星和行星（cf. DC I 3, 270b20–22, II 7, 289a17; Meteor. I 3, 340b6, 341a2–3）。
12. 光是透明物的实现，就像灵魂是有器官的身体的实现，如此，光在透明物中就像灵魂在身体中一样。

13. 这里存在着两种情况，（1）一是实现意义上的透明物，（2）一是眼睛在光中所看到的颜色。为了解释第（1）种情况，他认为光就好像是透明物的颜色，为了解释第（2）种情况，他认为颜色就是某些物体表面上的属性，使我们能看见光，事实上，颜色就是可见的光。

14. Cf. DC Ⅱ 7, 289a34f.

15. 这里的“亦非任何物体的流溢”（οὐδ’ἀπορροὴ σώματος οὐδενός）应该是针对恩培多克勒，包德厄斯认为，德谟克利特最早发展出了这种学说，物体表面流溢或放射出的颗粒物（simulacres）作用到人的眼睛，产生视觉（Bodéüs 2018: 191）。恩培多克勒继承了这种说法，亚里士多德在 GC I 8, 324b25–33 对此有记述。亚里士多德是通过柏拉图的立场来重新审视这种流溢说的（cf. DS 2, 437b10–23; Tim. 45b–46b.）。

16. 这可以被看作是 418b9–10 的总结，光就是这种透明物作为透明物的实现。这里所说的“παρουσία”并不是说光如同某种实体性的施动者那样在场，而是光的这种转化活动。

17. Cf. Metaph. XIII 2, 1076b1.

18. 既然黑暗就是这种透明体的明亮性的不在场，那么光就可以视为是在透明体中的在场。对于“ἕξις”的翻译也大不相同，德文 B 本：Präsenthaltung; 德文 C 本：Zustand; 英文 S 本：positive state; 英文 R 本：this state; 法文 B 本：ce genre d’état; 法文 J 本：determination。我在这里将其译为“拥有状态”（cf. Cat. 12a25）。

19. 罗斯和希克斯都提到，有的手抄本使用“γιγνομένου”（成为了），有的手抄本使用“τεινομένου”（延展了），罗斯在这里采用了前一种解释。DS 446a20–b2 这一段文本表明，“γιγνομένου”是正确的选择（cf. Ross 1961: 243）。

20. Cf. DS 6, 446a25f.; Empedocles, DK Fr. A57.

21. 接受者必须在自身是没有所接受的颜色、声音的，这个原则不但适用于所有其他感觉，也适用于理性（cf. DA 429a15–26）。

22. Cf. DA 422a20–23; 425a2–22. 也存在着不同程度上的昏暗或无颜色，从彻底的昏暗到相对的昏暗。
23. 这表示，透明体并不是在实现的意义上是无颜色的，而只是在潜在的意义上是无颜色的，即只有在透明体还没有被光照亮的时候，仍然存在于眼睛的另一端的时候。当它被照亮后，它就会接受那个物体的颜色。“暗”与“光”就是同一事物的不同状态而已（cf. Ross 1961: 243–244）。
24. “Tὸ οἰκεῖον”是指那些在自身意义上是可见的（τὸ καθ’αὑτὸ ὁρατόν, cf. 418a30）。
25. Cf. DA 418a27–29.
26. 关于亚里士多德在这里所列举的有磷光现象的物体，参见 DS 2, 437a31f.，437b5–7。
27. 颜色的本性在于推动或刺激透明的媒介体，当然前提是，透明体是在实现状态中，即被照亮，因为光是透明介质的实现状态或肯定性的规定。如果透明体不是在实现状态中，那么这就是昏暗，颜色就无法推动或作用于透明体了。马尔默朵罗（Anna Marmodoro）将“可见的颜色”（visible colour）称为第一实现，而将“被看见的颜色”（seen colour）称为第二实现（cf. Marmodoro, A., *Aristotle on Perceiving Objects*, Oxford: Oxford Univ. Press 2014, p. 43）。
28. Cf. DS 2, 437b12–25.
29. Cf. DK Fr. A122. 德谟克利特的错误在于，他没有意识到视觉依赖于在眼睛和对象之间的空气的连续延展。特奥弗拉斯图斯（Theophrastus）在《论感觉》（De Sensibus）中对德谟克利特的这种理论进行了更为详细的描述（cf. Theoph. *De Sensibus* 50, in Diels, *Doxographi Graeci*, Berolini, 1965, p. 513）。
30. Cf. DS 2, 437b8–9. 眼睛内部的透明体所受的作用就是外在的透明体所受到的颜色的作用。
31. 亚里士多德对那些只有在光中才能被看到的事物进行了解释，并且也列举出了那些在昏黑中也可以被看见的东西（419a2–4），他现在开始谈及既可以在光中也可以在昏黑中被看见的火。

32. 这样的结论也适用于其他的有距离的感觉（即听觉和嗅觉）。

33. Cf. DA 422a8–423a13. 亚里士多德在这里解释了为什么触觉和味觉的中间介质就不那么明显，在 423b1–26，他认为这种中间介质就是血肉，这两种感觉的器官就存在于身体内部，而不像视觉、听觉和嗅觉那样存在于身体表面。

34. 亚里士多德认为，嗅觉的中间介质有时是空气，有时是水。

35. Cf. DA 421b9f.

第 8 章

1. 亚里士多德在本章讨论听觉，在第 11 章讨论触觉，对这两种感觉的讨论尤为详细，这也许是他为什么在《论感觉及其对象》中不再讨论听觉和触觉的原因。在本章中，我使用了“声音”和“声响”来翻译“ψόφος”，“声音”主要强调是人或者其他动物发出的声音，而“声响”则表示大自然中的任何声响，如风声、雨声等。

2. 在现实中的和潜在的声音的区分在 DA 425b26–426a8 中再次出现，在本章中，亚里士多德并没有再提及潜在的声音，而是专注于讨论在现实中的声音。

3. Cf. Tim. 31b; DC Ⅱ 9, 291a9f. “τῆς ἀκοῆς”表示听觉器官，就像“ὄψις”用来表示视觉器官（cf. DA 419a13）。

4. 声音或声响好像比颜色更为复杂一些，因为声音需要三种不同的质料条件:（1）撞击者或敲打者;（2）被撞击物体;（3）中间介质。

5. 撞击就是在中间介质（即空气）中的位置运动。

6. Cf. DA 419b6–7.

7. Cf. DA 420a3–4.

8. 亚里士多德在 DS 6, 446b6–9 中解释了这种现象的原因。

9. 物体 A 直接地撞击物体 B，以及在空气中的间接撞击是产生声音的两个条件。希克斯认为，击打后形成的空气波动才是声音产生的决定性条件（cf. Hicks 1907: 377）。

10. 亚里士多德在这里提及的是一个例外的情况，即空气既是被击打物，又是中间介质，比如鞭子的响声（cf. Hicks 1907: 377）。

11. 对“ὥσπερ ἂν εἰ σωρὸν ἢ ὁρμαθὸν ψάμμου τύπτοι τι φερόμενον ταχύ”这一句的翻译不尽相同。德文 B 本：...wie wenn ein rasch fallendes Etwas auf einen Haufen oder Düne aus Sand auftrifft；德文 C 本：sowie wenn man einen Sandhaufen bzw. einen sich schnell bewegenden Sandwirbel schlagen würde；英文 S 本：just as if someone were to strike a swiftly moving pile or string of sand；英文 H 本：just as if someone were to strike a blow to a heapor rather a whirlof sand that is in rapid motion；中文 W 本：恰似人若鞭击一个沙堆，或一个正在速旋的沙暴（如果他的动作够急骤，这就会发出响声）；中文 Q 本：如果有人以极快的速度撞击一堆沙或一排沙时就会产生这种情况；法文 B 本：C’est comme si l’on voulait frapper un amas ou un filet de sable qui est emporté rapidement。亚里士多德在这里主要想强调的是击打动作的迅速，所以，ταχύ 应该是 τύπτοι 的副词，而不是 φερόμενον 的副词。毕瑞（Beare）非常精彩地描述了这种现象，参见 *Hermathena* 13,73−74。他认为这里所说的“ὁρμαθὸς φερόμενος”就是指“旋转的沙圈”（a revolving ring）或一种沙子构成的涡旋，这种现象经常出现在干燥而温暖的沙漠居多的国家，当在沙土地上刮起阵阵风尘时，尤其是旋风时，这种沙涡便会形成。

12. Cf.《论自然问题》（Problemcta phiysica）XI 8, 899b23−25; 23, 901b18; 51, 904b32−33。亚里士多德在这些段落中详细地讨论了回声现象。

13. 回到耳朵中的回声就像光通过镜子被折射回眼睛，当然这种折射或回返是不尽相同的，回声需要中间介质的运动，而光的折射并不需要。

14. Cf. Phys. Ⅳ 6, 213a22f. 中文 W 本将“κενόν”译为“虚空境界”，而中文 Q 本将其译为“空虚的空间”，我认为翻译为“中空的空间”比较好，因为“虚空”和“空虚”更多地用来指精神上的心灵感受或一种心灵境界，但是，亚里士多德在这里更多地强调的是物理上的中间无物的空间。亚里士多德在 PA Ⅱ 10, 656b15 也提到，古代自然哲学家们坚持认为，这样的中空空间是充满空气的。德谟克利特设定了一种空气原子间的绝对中空，但是亚里士多德认为，在这种绝对的中空中，无论是听觉还是视觉都不能起作用了（cf. DA 419a20–21），所以，一种相对的中空的空间是必须的（cf. Bodéüs 2018: 197–198）。

15. 这里的表述言简意赅：当空气能够作为连续的量而统一地被运动起来时，这就是听觉能够听到的原因，因为人们将空气等同于中空之境，所以，这样的中空之境就是听觉活动的原因了。

16. “Ψαθυρὸς”表示易碎的，英文大都译为“friable”，中文版本都译为“破碎”或“易破碎的”。我认为，它更适合用于固体物，“易分散”应该更为合适。亚里士多德认为，它虽然比固体物更容易分散，但是，围绕在光滑的物体表面上的空气会获得某种稳固性，因为凹凸不平的物体表面会使围绕在其周围的空气分散。

17. 无论是德文、英文、法文和中文的版本都将“διὰ δὲ τὸ ἐν ἀέρι εἶναι”译为“因为听觉器官在空气中”，而希尔兹将其译为“because the air is unified”（cf. Shields 2016: 39），他根据斯坦哈特（Steinhart）的版本，将“τὸ ἐν”理解为“τὸ ἕνα”，但是，大部分手抄本都是“τὸ ἐν”，所以，正确的理解应该是“听觉器官在空气中”。亚里士多德在多处都提及听觉器官是由空气构成的（cf. DA 425a4–5; DS 2, 438b20; PA Ⅱ 10, 656b16f.; GA Ⅴ 2, 781a23f.）。就像希克斯所指出的，这里的困难是，如果听觉器官是由空气构成的，那么我们也应当说，它在空气中，但是，不只是听觉器官，包括视觉器官和整个身体也都是在空气中，所以，“在空气中”并不能算是听觉器官的一个独有的特性。我认为，这里应该是指听觉器官的内在部分（内耳），而不是外在部分（外耳），因为外在物体的相互撞击而引起的外面的空气的振动传到内耳中，又引起耳朵内部的空气的振动，形成听觉。所以，我认为，这里所说的“听觉器官在空气中”应该是指耳朵的内在部分，即能够接受外在空气的振动的部分（cf. Hicks 1907: 380–381）。

18. Cf. GA II 6, 744a1–3. 亚里士多德在这里并没有对听觉能力与听觉器官进行区分，而是似乎把听觉器官分为外在部分和内在部分，而内在部分充满了空气，这对于听觉的实现是必然的条件。

19. 学者们对“οὐ γὰρ πάντῃ ἔχει ἀέρα τὸ κινησόμενον μέρος καὶ ἔμψυχον.”的理解并不一致。罗斯认为，这个句子是错误的，因为亚里士多德在这里的意思并不是要说身体部分（耳朵）并非在其内部各处都有空气，而是说并不是身体在各处在其内都有空气。所以，托斯垂克认为，这句话应该是这样的：οὐ γὰρ πάντῃ ἔχει ἀέρα, ἀλλὰ τὸ κινησόμενον μέρος καὶ ἔμψοφον, 即“并不是在各处都有空气，而是只有那将被运动起来的（身体）部分和发出声音的东西”。罗斯认可托斯垂克的看法，但是作了一些修正：τὸ δὲ κινησόμενον μέρος καὶ ἔμψοφον γενησόμενον（Cf. Ross 1961: 249）。布赫海姆反对托斯垂克与罗斯所做的修正，认为“ἔμψυχον”更适合这里的上下文语境（cf. Buchheim 2016: 143）。我认为，托斯垂克的修正是有道理的，因为亚里士多德在上面说“生命体或动物不是用躯体各处部分来听，空气亦不能穿透所有地方”，所以，接下来他要强调什么样的躯体部分才有空气。我们可以与其他译文进行对比，德文C本：weil der（Körper-）Teil, der bewegt werden soll und beseelt ist, nicht überall Luft hat; 德文B本：denn nicht überall besitzt der（außen）bewegte Teil und ein beseelter（des lebendigen Körpers）Luft; 英文S本：Since it does not have air everywhere. Rather, the part which is going to be moved has air; 英文R本：For it is not in every part that it has air, but the part that is going to be moved and is animate; 英文H本：for it is not everywhere that the part which will be set in motion and made to sound has air; 法文B本：car ce n'est pas partout que l'animal contient de l'air qui fasse office d'organe mobile et sonore；法文J本：car ce n'est pas en tous ses points que contient de l'air la partie du corps qui doit se mouvoir et est animée; 中文W本：即便那个能运动而发声的部分也不处处全在气内；中文Q本：甚至受震动

并且发声的部分在它之中全都没有空气。英文 H 本和法文 B 本符合罗斯所做的修正。

20. 这里所说的 ἀκίνητος 并不是指双耳中的空气绝然不动，而是相对的不动，就像平静的湖面对比于湍流的河水。耳内的空气的这种不动性就好像是理性的不受动性（ἀπαθής, 429a15），如此它才能完美地接受外在的对象。
21. Cf. DA 420a16−17.
22. Cf. DA 419b18.
23. “ἕλικας” 在这里应当是指蜗牛的形状，表示听觉器官的内在结构，水无法进入其内。
24. Cf. DS 2, 438a17−18.
25. 学者们对 “ἀλλὰ καὶ σημεῖον τοῦ ἀκούειν ἢ μὴ τὸ ἠχεῖν τὸ οὖς ὥσπερ τὸ κέρας·” 这句的翻译最大不同就是，有的将其中的 “ἀλλὰ καὶ” 改为 “ἀλλ’οὐ”，意思就截然不同了。罗斯认为，耳朵内有没有回响并不是用来检测我们是否真正在现实地听的标记，充其量只是一个判断我们有没有听觉能力的标记，判断我们的耳朵是不是健康正常的。我们用双手捂住耳朵，或者把牛角或海螺放置到耳朵旁，我们就会听到里面的回响，这确实是一个经验中的事实。但是，根据罗斯的理解，这并不是用来判断我们是否现实地在听的标准，因为在耳朵内的空气有自身的运动，而声音则是来自于外物。英文 R 本和英文 S 本都随从罗斯的建议，即在耳朵内的运动并不是我们正在听的标记；但是，中文译本和德文译本并没有随从罗斯，仍然按照 “ἀλλὰ καὶ” 来翻译。我在这里随从罗斯的看法。
26. Cf. DA 419b33−35.
27. 这里所说的 “在空气” 应该是亚里士多德在 DA 420a12 所说的自然地与听觉器官共存并生的空气。
28. Cf. DA 419b10−11.
29. Cf. DA 419b6−18.

30. 亚里士多德在这里似乎并没有解释自己在前面提出的疑问：究竟被击打物还是击打物发出声音？抑或是二者兼有，只是方式不同？他好像是说，运动的一方（击打物）发出声音，但是，他似乎又说，静止的一方（被击打物）也发出声音，因为他指出不是所有的击打或撞击都发出声音，比如，两枚小铁针的撞击就不会发出声音（cf. Ross 1961: 250）。
31. 亚里士多德在这里反对某些人的看法（比如，毕达哥拉斯），毕达哥拉斯将声调的高低完全等同于产生声音的速度（cf. Top. I 15, 107a15–16；Archytas, DK Fr. B1），柏拉图也持有此种看法（Tim. 67b, 80a）。
32. 中文 W 本与 Q 本分别将"φωνή"译作"嗓音"或"叫声"，听觉的普遍对象是声音，其中更为具体的一种则是嗓音（vocal sound 或 voice, cf. HA Ⅳ 9, 535a27），如果《论灵魂》的主题主要讨论的是人的灵魂（cf. DA 402b4），嗓音应该是听觉的独有对象（参见《卡尔米德斯》168d）。希克斯认为，亚里士多德在 DA 435b24f. 所做的结论显示出言说是为了促进交流与沟通的，而不是为了藏匿我们的思想（cf. Hicks 1907: 386）。这就是庄子所说的"人籁"。
33. Metaph. Ⅴ 12, 1019b13–15.
34. "Ἀπότασις"是指"声域"（cf. HA Ⅴ 14, 545a15–20，这也是 ἀπότασις 唯一地在别处出现的地方）。"μέλος"是指"旋律"，它独立于音的高低和快慢，主要和节奏构成一组音的线性序列（cf. Metaph. I 2, 1053b35; Ana. Post. I 23, 84b39）。"διάλεκτον"是指"言语"，即能够表达某种意思的声音（the articulation of the voice，cf. HA Ⅳ 9, 535a30–31; DA 420b16–18），希克斯认为这是指"乐器"（cf. Hicks 1907: 387）。
35. 无血液的动物是指贝壳类动物，并不包括昆虫，软体动物和头足类动物等。关于无血液的鱼，参见 HA Ⅳ 9, 535b14–15。
36. Cf. HA Ⅳ 9, 535b14–24. 这里所说的鱼可以发出某种噪音（noise），但不是声音（voice），因为声音是空气的某种振动，鱼没有吸入空气的肺部，只有用鳃（cf. Respir. 476a1–b12）。
37. Cf. DA 419b9–14.

38. Cf. PA Ⅱ 16, 659b34–660a1; Ⅲ 1, 662a16f.; Respir. 17, 476a17–22.

39. 亚里士多德在这里区分了器官的两种目的，一种是为了延续或保持生命而必需的条件，一种是为了善或好的目的，也就是为了更高的功能之实现。这种在“必需”与“善好”之间的区分在亚里士多德那里非常常见，参见 DA 434b21ff., 435b20f.; Pol. 1252b28, 1280b29–35, 1338a13ff.; PA Ⅲ 7, 670b23, Ⅲ 10, 672b12–23。包德厄斯认为，亚里士多德经常作的这种区分来自于柏拉图（cf. Tim. 75b; Bodéüs 2016: 203）。

40. Respir. 7, 470b24f.; 14, 474b20f,; 16, 475b16f., 476a7f.; 21, 478a11f. 也可以与 PA Ⅲ 6, 668b33–669a6; DS 5, 444a25–28 进行对比。

41. Cf. PA Ⅲ 3, 664a16–17; Resp. 5, 470a5f. 亚里士多德在这里并没有对喉头或咽喉与气管进行非常清晰的区分，他在 420b28 那里才提及气管，也可参见 HA I 12, 493a5–8。

42. Cf. Respir. 13, 477a14f.

43. Cf. Somn. 2, 456a3–10.

44. Cf. Somn. 2, 456a5–6. 心脏被认为是感觉灵魂和运动的基座（cf. MA 9, 703a2–3）。

45. Cf. DA 420b13–14.

46. Cf. DA 434a5–7; HA IV 9, 536a20f. 动物也有最基本的感觉想象。

47. Cf. Int. 4, 16b26; 17a1–2。

48. Cf. DA 420b10–15.

49. Cf. PA Ⅲ 6, 669a1–5; Respir. 15, 474b25–475a11.

第 9 章

1. Cf. DA 407b20. 在这里，亚里士多德也使用了“ποῖόν τί”来表达灵魂的“性质”或“特性”是什么。

2. Cf. GA V 2, 781a15–18. 灵敏的嗅觉不仅能区别嗅觉对象的诸般差异，而且能够在远处就能嗅到气味。

3. 所有的感觉活动都伴随着对快乐和痛苦的感受（cf. DA 414b4–5），另外，亚里士多德在 DS 5, 443b16–444a19 中区分了两种气味，一种是可以使人或动物感到快乐或难受的气味，另一种是在本性上产生快感或难受的气味。前者比如营养物或食物，它们既可以使人感到快感也可以不产生快感，这些食物能否产生快感是基于感觉的主体的饥饿与否的状态，对一个饥饿的人来说，食物的气味就是诱人的，但是，对一个不饥饿的或在饱食状态的人来说，食物的气味就不会给他产生快感，因此，快乐与难受是食物的偶然属性。后者比如鲜花的芳香。这样的气味虽然产生快感，但并不在任何程度上促使动物进食，而且，它们与欲望也没有任何关系。
4. 有着硬眼的动物（τὰ σκληρόφθαλμα）是指虾类（cf. HA Ⅳ 2, 525b15–526a9）、甲壳类动物和昆虫（cf. HA Ⅳ 10, 537b12f.; PA Ⅱ 13, 657b34, Ⅳ 6, 683a27），以及卵生的四足动物（PA Ⅳ 11, 691a24）。
5. 这个类比在 DS 5, 444b22–28 中也可找到。
6. Cf. DS 5, 444a16–19, b28–445a4.
7. Cf. DS 4, 440b29–30; 441b19–21; 5, 443a7–21. "χυμόν" 是味觉的对象，我译为"滋味"或"味道"，英文一般译为"flavour"（cf. Shields 2016: 41; Reeve 2017: 38），这与德文的"Geschmack"相对应，而"ὀσμή"是嗅觉的对象，我在这里译为"气味"，英文一般译为"smell"（cf. Shields 2016: 41）或"odour"（cf. Reeve 2017: 38），对应德文的"Geruch"。
8. Cf. DA 422a8f.
9. Cf. HA Ⅰ 15, 494b16–19.
10. Cf. GA Ⅴ 2, 781b17–18. "我们可以说，在远距离的感觉活动方面，人在所有动物中就其体型比例来说是最差的，但是，在判断这些（感觉的）差异方面来说，他又是所有动物中最好的。"
11. Cf. PA Ⅱ 16, 660a11–13.
12. Cf. PA Ⅳ 10, 687a9–10. 正因为人的更为高级的理智，人拥有双手。人并不是首先是通过触觉而成为有智慧的，在认识论的意义上来说，视觉和听觉比触觉对我们的智慧贡献更大（cf. DS 436b18–437a17）。

13. “παρὰ τὸ αἰσθητήριον τοῦτο”是指触觉器官，亚里士多德将其理解为血肉（σάρξ），但是，在《论灵魂》第二卷的第 11 章中，亚里士多德认为真正的触觉器官是内在的，皮肤和血肉只是外在的介质而已。

14. 亚里士多德在 DS 1, 437a3–5 中认为，听觉对人的明智或理智贡献甚多，但仍然是在一种偶性的意义上来说的，因为明智更与语言联系在一起。但是，亚里士多德在这里认为触觉与明智之间的联系并不是偶性的或偶然如此，原因是，触觉并不像其他感觉那样只是在一个类别中来感受对象的所有差别，而是在多种类别中来感受感觉对象的差别（cf. DA 422b23–27; GC Ⅱ 2, 329b18f.; PA Ⅱ 1, 646a16f.），冷、热、干、湿构成了可触摸的对象的基本差异。亚里士多德除此之外并没有对明智与血肉的柔软特性之间的特殊联系给出解释，但是，很清楚的是，与触觉相关的血肉或肌肉并不仅仅是指表层皮肤，也不是皮肤下的组织，而是内在的感官——心脏（cf. PA Ⅱ 10, 656b34–36）。

15. Cf. Tim. 66d1–67a6.

16. 这前三种滋味也出现在柏拉图的《蒂迈欧》中，参见 Tim. 65c–66c，但是，亚里士多德似乎在别处说滋味有无限多（cf. DS 4, 442b22）。

17. Cf. DA 421a9–10.

18. 罗斯认为“ἀπὸ τούτων εἴληφε τὰ ὀνόματα καθ› ὁμοιότητα τῶν πραγμάτων, ἡ μὲν γλυκεῖα κρόκου καὶ μέλιτος”这一句中的 ἀπὸ τούτων 不应该被理解为“从滋味或味道那里”，即便滋味是在 ἀπὸ τούτων 之前紧挨着被提到的事物。罗斯的建议是，亚里士多德在这里并不是要说，气味的名称是从滋味的名称那里而来，而是说，气味是从那些有着味道或滋味的事物那里取得其名称的，因为我们并没有太多的或足够的形容词来表述气味，所以，需要借用那些有气味的事物的名称来形容这些气味，比如番红花的气味或蜂蜜的气味。他的理由是，ἀπὸ τούτων 是后人基于误解其意而加上的插入语（cf. Ross 1961: 255）。

19. 颜色与滋味的差异之类比，可见于 DS 4, 442a14f。

20. 关于水的无味之特性，参见 DS 4, 441a3f.。

21. 这里所说的“τὰ ἐν τῷ ἀέρι”既包括天空中的飞鸟，也包括陆地上的动物。水生动物中，有血的是指鱼类，而无血的是指腹足纲或硬壳动物（比如蜗牛，参见 DS 5, 443a2–4; 444b7f.）。

22. Cf. DS 5, 444b15ff. 亚里士多德在《论感觉及其对象》中也提到了这个疑难。

23. 这也适用于其他感觉（cf. DA 419a25–30），这也证明嗅觉不同于触觉。

24. “没有吸气就不能感觉到气味是独独属于人的”（ἀλλὰ τὸ ἄνευ τοῦ ἀναπνεῖν μὴ αἰσθάνεσθαι ἴδιον ἐπὶ τῶν ἀνθρώπων）这句话好像与其他动物也只有在呼吸的时候才能嗅闻气味的事实相悖。为解决这个矛盾，希克斯提到，海达克（Hayduck）将“ἐπὶ τῶν ἀνθρώπων”换为了“ἐπὶ τῶν ὀσφραντῶν”，也就是说，这不是为人所独有的特点，而是属于嗅觉对象的独有特性（cf. 395）。我认为，这种改变实属不必要，因为感觉到气味的方式的不同不是在于人与其他陆地上的动物之间的差异，而是在于陆地动物与水生动物的嗅觉方式之不同（cf. Ross 1961: 256）。

25. Cf. GA Ⅱ 6, 743b37–744a5.

26. 亚里士多德在这里所说的 ἀπορία 就是指如下的疑难：如何在所有动物都以相同的方式感觉到气味的假设与如下事实之间寻找到平衡的解释，即人只有在吸气的时候才能感觉到气味（cf. 421b14–16），而无血动物（水生动物）则不用呼吸就能嗅到气味的事实。为了证明水生动物并没有五种感官之外的另外一种感官，亚里士多德使用了另外一个证明，即水生动物也有嗅觉，而且它们的嗅觉可以因为剧烈的气味而被损毁，就像人的嗅觉一样。所以，结论只能是，它们能嗅到气味，但不是以呼吸的方式。亚里士多德的解决方案是这样的，人的眼睛被眼帘保护着，在看之前，必须打开眼帘，但是，硬眼动物则没有这种眼帘；同样地，呼吸的动物（包括人）有一层蒙在嗅觉器官上的薄膜，通过呼吸，这层薄膜可以被挪开，而那些没有这层薄膜的动物则不需要呼吸就能嗅到味道。所以，在亚里士多德看来，所有的动物都是以同样的方式感知到气味，唯一的区别就在于，陆地动物（包括人）需要通过呼吸挪去薄膜才能嗅到气味，而水生动物则不需要多此一举（cf. Ross 1961: 255–256）。

27. 罗斯认为，嗅觉器官潜在地是干的，但是，当它嗅到可感对象后就现实地是干的了。如果嗅觉器官是湿的，那么它可以通过嗅觉对象所发散出来的干燥的气味而变得干燥起来（cf. Ross 1961: 256）。这里的看法也与亚里士多德在 DA 425a5 中所说的观点相一致，嗅觉器官是由水或空气构成，此两者都是湿的元素，水是凉的和湿的，空气是热的和湿的（cf. GC Ⅱ 3, 330a30–b7）。

第 10 章

1. 味觉实际上是舌头的触觉，人的舌头是很柔软的，正因如此，它更适宜于碰触（cf. PA Ⅱ 17, 660a21–22）。
2. “Ἀλλοτρίου” 在这里很重要，因为亚里士多德在 423b1–26 中认为，虽然皮肉是味觉与触觉的介质，但它并不是外在于身体的一种介质。
3. 触觉与味觉这两种感觉是近感觉或接触性感觉，而其他三种感觉（听觉、视觉、嗅觉）被称为远感觉或非接触性感觉。亚里士多德在 422b34f. 认为，触觉关乎皮肤或皮肉，在这里，他所强调的是，味觉是一种与舌头的直接接触，就像触觉是直接与皮肉的接触。
4. 作为湿润的汁液接受味道，就像某种质料接受形式。
5. 甜的饮品是两种不同东西的混合，一种是没有味道的湿润的东西，一种是有味道的干燥的东西（cf. DS 443a12–13）。
6. Cf. DA 418b15f.
7. Cf. DA 422a9.
8. 有颜色的物体只要在光中就能被看到，但是，滋味或味道处在同样的条件下是不能被感觉到的，它还需要另外一个条件，即湿润的汁液（ὑγρός）。
9. 固体物是潜在地有滋味的东西，但是，要在现实的意义上被感觉到，它需要借助舌头分泌的唾液而被湿润，但是，唾液并不是味觉的中间介质，同样地，那被吸收的水分同样也不是味觉的中间介质，唾液与有滋味的固体物的混合仅仅构成了味觉的必然条件。

10. Cf. DA 432a16.

11. Cf. DA 2, 437a31f.

12. 这两种不同意义上的“ἀόρατον”是基于《形而上学》第五卷关于“缺乏”或“褫夺”（στέρησις）的阐释：Metaph. V 22, 1022b22–27。

13. Cf. Metaph. V 22, 1022b22–27.

14. 绝对意义上的“不可见”是指那些绝对不可能被看到的东西，比如声音。但是，那些在“褫夺”意义上的不可见的对象是潜在的可见物，这既可以是因为对象太微小，也可以是因为缺少光的照亮（cf. MA 4, 699b18–21），无脚的动物或无核的果实阐明的是“缺乏”的概念，参见 Meta. V 22, 1022b34–1023a2。关于“无脚的”，参见 HA I 1, 487b24–29。

15. Cf. DA 429a31f. 这里所说的“φθαρτικὸν τῆς γεύσεως”并不是指味觉器官本身（舌头）被损毁，而是主体通过味觉器官不能感觉到滋味，一个失去了功能的感觉器官就只是在同名异义上的器官了（cf. DA 416a5, 412b20f.）。这与灵魂的理性部分截然不同，因为理性不会受认识对象在强度上的限制，就感觉有其相对的感觉对象来说，理性与感觉是有类比关系的，因为理性也有其相对的认识对象，但是就二者的现实性和自发性（spontaneity）来说，理性与感觉又是不同的（disanalogy）。

16. “φθαρτικὴ τῆς γεύσεως”与 422a31 中所说的“φθαρτικὸν τῆς γεύσεως”有什么不同呢？我认为“φθαρτικὸν”与 χυμόν 相对应，即那能够毁坏味觉的有滋味的东西，而“φθαρτικὴ”与 γεῦσις 相对应，即能够毁坏味觉的味觉对象，究竟 γεῦσις 在这里是指舌头或味觉，并不十分重要（cf. Hicks 1907: 401）。

17. 饮品与食物既是可触摸的，也是有滋味的可食用的东西。

18. Cf. DA 418a3f.

19. 这表示，在正常情况下，味觉器官与含有汁液的可食用的东西的混合不会影响味觉器官，但是，如果饮品太热，或者食物所蕴含的汁液太苦，抑或因为疾病，这些都会阻碍味觉器官对滋味的感觉。

20. 舌头分泌苦的津液是体液的功能失常（humoral dysfunction），据此，可以诊断出不同的病症。

21. Cf. DS 4, 442b12–13.

22. 参见 DS 4, 442b13ff.; 关于滋味的种类，也参见 Tim. 65d–66c; 67d。

23. Cf. DA 424a1–2.

第 11 章

1. 罗斯认为，“περὶ δὲ τοῦ ἁπτοῦ καὶ περὶ ἁφῆς ὁ αὐτὸς λόγος·”这句话并不是说有关触觉和触觉对象的讨论需要随从其他四种感觉的讨论过程，而是通过接下来的讨论，我们发现，其实亚里士多德想说的是，关于触觉的讨论以及关于触觉对象的讨论必须在一起来进行（cf. Ross 1961: 261）。更有的学者认为，这里所说的“同样的原理”（ὁ αὐτὸς λόγος）就是指，如果触觉对象首先被讨论，那么对触觉的讨论就是最好的了，对其他感觉的讨论也是一样（cf. Hicks 1907: 403）。但是，我认为，亚里士多德在这里强调的是，对触觉的讨论就像对其他的感觉的讨论那样，需要讨论触觉和触觉的对象，以及所遇到的疑难。所有译本都没有随从罗斯的建议。

2. 关于提出这个疑难的理由，参见 DA 422b23f。

3. 在其他动物那里的与皮肤或皮肉相似的东西，参见 HA Ⅲ 16, 519b26–30; PA Ⅱ 8, 653b19–22。

4. “τὸ δὲ πρῶτον αἰσθητήριον ἄλλο τί ἐστιν ἐντός.”应该是指心脏和心脏周围的区域（cf. GA Ⅴ 2, 781a20–23; PA Ⅱ 10, 656a27–31; b34–36;）。DS 2, 439a1–2：“味觉和触觉两者的感觉器官都与心脏靠近。”

5. 嗅觉在这里之所以没有被提及，是因为嗅觉的气味名称大都取自于物体所具有的滋味（cf. DA 421a26–27, 32–b3）。

6. 亚里士多德在 GC Ⅱ 2, 329b18–20 还提到其他几种触觉的对象，它们是：

热—冷、干—湿、重—轻、硬—软、黏稠的—稀薄的、褶皱的—平整的、粗糙的—平滑的。

7. 柏拉图在 Tim. 67b–c 也承认这三种相反的特性，但有的学者认为，亚里士多德在这里所列举的有关声音的三种相反的特性实际上并不是听觉的本有对象，而更似共通感的对象（418a16–20）。无论如何，这种解决方案并不令人满意，因为亚里士多德接下来就提到了这个问题，即尽管这样，触觉的单一的作为基底的对象并不像听觉的对象——声音那样有明确的名称。

8. 亚里士多德的在这里所说的“单一的基底”（τὸ ἕν τὸ ὑποκείμενον）与在 402b15 和 415a20 中的“τὰ ἀντικείμενα”没有区别。柏拉图在 Tim. 31a–b 认为，触觉只能感受到固体的东西，而没有土就没有什么固体的东西。

9. “συμφυὲς”表示自然地长在一起（cf. PA Ⅱ 17, 660b28）。

10. “διὸ τὸ τοιοῦτον μόριον τοῦ σώματος ἔοικεν οὕτως ἔχειν ὥσπερ ἂν εἰ κύκλῳ ἡμῖν περιεπεφύκει ὁ ἀήρ·”：德文 B 本：Deswegen scheint sich ein solcher Teil des Körpers so zu verhalten, wie wenn uns in einer Kugel die Luft ringsum angewachsen wäre; 德文 C 本：Deswegen scheint der Teil unseres Körpers, der so beschaffen ist, sich sozu verhalten, wie wenn die Luft rings um uns herumgewachsen wäre; 英文 S 本：Consequently, this sort of bodily part seems related to us as the air around us would be if it were to become naturally affixed to us; 英文 R 本：Thus flesh seems to play, for the sense of touch, a part akin to that which air surrounding the other sense-organs and organically attached to them would have played for them；法文 B 本：C'est pourquoi la partie du corps qui ressemble à cette membrane paraît bien se comporter comme l'enveloppe d'air qui nous encercle, si elle faisait partie de notre nature; 中文 W 本：例之于这个网膜，我们不妨把人身周围的空气，看作是与之合生的一个整体；中文 Q 本：所以，身体的这个部分似乎和包围着我们的大气层一样具有同样的作用。对比来看，英文 R 本和法文 B 本都添加了一些其他成分，使整个句子更加容易理解。我认为

罗斯的翻译更为符合这里的意思，即触觉的感觉器官并不是皮肉或网膜，皮肉对触觉的作用就像四周的空气对其他的感觉器官所起的作用那样，哪怕空气与感觉器官自然地连在一起，就像空气不是感觉器官，同样地，皮肉不是触觉的感觉器官。关于“περιεπεφύκει”，参见 PA Ⅱ 8, 653b26–27。

11. Cf. DS 3, 439a21–25; 5, 442b28–443a3.
12. 亚里士多德在这里把“συμφμὴς ἀήρ”这个概念用在自己的感觉理论中（cf. 420a4, a12），如果我们被四周的空气所围绕，并在某种机能的意义上来说（organically）与我们息息相关，如果这就是我们的器官机能的最外围部分，那么我们可以认为我们是通过这种单一的器官来感觉到颜色、声音和气味，而这些感觉也就可以被还原为一种单一的感觉。这样的假设是错误的，因为引起感觉的中间介质并不是在机能的意义上与感觉器官长在一起或连在一起（περιεπεφύκει），因此，每种感觉都有自己的器官（cf. Ross 1961: 262）。
13. 亚里士多德在这里将皮肉仅仅视为触觉能力与触觉对象的中间介质，而不是触觉的感官，但是，这种看法似乎只是在一种类比的意义上来说的，因为视觉、听觉和嗅觉与其中间介质是不同的，同样地，触觉也不能等同于其中间介质。他在 DS 439a1–2 中认为心脏周围的区域是触觉和味觉的感觉器官。
14. 舌头不仅能感觉到触觉所能感觉到的特性（冷、热、干、湿），而且还能感知到滋味，如果整个躯体都能像舌头那样感知到滋味，那么味觉和触觉也就没有不同了，所以，我们赖以感知到滋味的舌头并不同于我们借以感知到触觉对象的皮肉。
15. 亚里士多德不厌其烦地多处强调，属性（πάθη）或偶性（συμβεβηκότα）是不能脱离其实体或某物而存在的。
16. 关于亚里士多德对“湿润的东西”（τὸ διερόν）的界定，参见 GC Ⅱ 2, 330a16–17。
17. 亚里士多德在这里的意思是说，在触觉这里，在触觉器官与触觉对象之间并没有一种现实的接触，因为我们必须认为有某种中间介质在其中起作用，只是这里所说的中间介质是指皮肤或皮肉，抑或是空气或水，这仍然是个问题，总之，在触觉和味觉中似乎并不存在一种感觉器官与感觉对象的直接接触。

18. 并不存在着在感觉器官与感觉对象之间的直接接触，如果皮肉或网膜就是中间介质的话，就如空气和水作为中间介质而将两个所谓在接触中的躯体分离开来（cf. Hicks 1907: 410）。

19. 除了罗斯以外，几乎所有的其他译者都把“ἀλλὰ καὶ τὸ σκληρὸν καὶ τὸ μαλακὸν δι' ἑτέρων αἰσθανόμεθα”中的“δι'ἑτέρων”译为“通过别的东西”，而罗斯将其径直译为“through media”（通过中间介质）。我认为，罗斯的理解是正确的，所有感觉都是通过中间介质而是可能的，在其他三种远距离感觉那里，中间介质是比较容易理解的，它们是空气和水，但是，在近距离感觉，即触觉这里，中间介质比较复杂，亚里士多德认为是肌肤或肉（cf. Ross 1961: 260）。

20. Cf. DA 423a2f.

21. 虽然在皮肤和所接触的东西之间确实有空气在其间，但是，在亚里士多德看来，空气对触觉的解释并没有什么作用，因为直接与皮肤接触的空气本身就是可接触的物体自身（cf. DA 424a14）。

22. 这种同时性（simultaneity）是基于在中间介质——皮肤和那通过皮肤来感觉的主体之间的相同性或无差别性（indistinction），参见 Phys. V 3, 226b21–22。

23. “αὐτοῦ δὲ τοῦ αἰσθητηρίου ἁπτομένου”这段话的直译是：如果感觉器官自身被接触到。几乎所有的译者都采取了这种直接的字面翻译，但是，罗斯进行了一些处理，译为：如果感觉器官触动到了感觉对象（cf. Ross 1961: 260）。

24. “ ἐντὸς τὸ τοῦ ἁπτοῦ αἰσθητικόν.”中的“ἐντὸς”是指“心脏区域”，亚里士多德在《论灵魂》、《论感觉及其对象》和《论记忆》中并没有真正地论及触觉的内在感觉器官，反而是在关于生物学的一些作品中，他多次提及真正的感觉的基座不是外在的感觉器官，而是内在的感觉器官或内感官，比如在《论青年与老年》中多次论及感觉的内在器官（cf. Juv. 3, 469a4, a10; 469a20）。

25. 我在这里将“τοῦ σώματος ᾗ σῶμα”译为“躯体作为躯体来说的”，如果单就人的触觉来说，我会译为“身体”，这里显然是就动物也具有的普遍的触觉来说的。

26. Cf. GC Ⅱ 2–3. 火是热的和干的，气是热的和湿的，水是冷的和湿的，土是冷的和干的。

27. Cf. DA 422b22.

28. Cf. DA 416b2–3, 33–34; 417b12–20; GC I 6, 323a8–20, 7, 323b30–324a9. 尤其是 Phys. Ⅶ 2, 244b10–12。

29. 布赫海姆将“τὸ ποιοῦν”理解为具体的感觉信号（das konkrete Wahrnehmungssignal），而这具体的感觉信号会引起感觉的居中性的东西（τὸ μέσον, μεσότητός）向不同的两端的移动，如此产生出感觉的不同特性（cf. Buchheim 2016: 163）。

30. 关于“区分”，参见 DA 411a4; 418a14f.。

31. Cf. EN V 4, 1132a19–24. 在这里，亚里士多德将判官或法官比喻为中间人，因为辩论的双方会去判官那里寻求公正的判断。

32. 不能过于热或过于冷，也不能过于干燥或过于湿润（cf. Meteo. Ⅳ 4, 382a18–21）。

33. Cf. DA 422a20f.

34. Cf. DA 435b13–19.

第 12 章

1. 这里所作出的普遍主张只是针对五种具体的感觉而言，就如在 DA 418a11f. 那里已经提到的。亚里士多德在 410b26–27 那里也使用了“καθόλου”一词，但是所讨论的问题不同。

2. 亚里士多德在这里使用单数形式“αἴσθησις”，这更多地是指向每一种具体的感觉或感觉能力，而不是指感觉器官，因为感觉器官在某种意义上来说会承受质料的某种影响。但是，关于“感觉就是对感觉对象的可感形式的不带有质料的接受”（ἡ μὲν αἴσθησίς ἐστι τὸ δεκτικὸν τῶν αἰσθητῶν εἰδῶν ἄνευ τῆς ὕλης）这一句的解释，现当代学者们的看法不一，颇有争论。我认为，大致可以分为三种观点。（1）字面意义的解释，即感觉器官在感觉活动中与可感性质变得一致，这种观点的代表是索拉布吉（cf. Sorabji, R., “Intentionality and Physiological Processes: Aristotle's Theory of Sense-Perception”, in A. O. Rorty and M.Nussbaum, (ed.), *Essays on Aristotle's De Anima*. Oxford: Clarendon Press, 1992）。（2）精神主义的解释。感觉活动就是可感对象在感知者自身中产生的直接效果，这就是身体的感知灵魂或感知能力的自我实现，并不需要什么生理变化为基础，这种观点的代表是伯恩耶特（cf. Burnyeat, M. “Is an Aristotelian Philosophy of Mind Still Credible?” in: A. O. Rorty and M. Nussbaum, (ed.), *Essays on Aristotle's De Anima.* Oxford: Clarendon Press, 1992）和约翰逊（cf. Johansen, T. K., *Aristotle on Sense Organs,* Cambridge University Press, 1998）。（3）调和解释，即感觉活动既不是完全的生理或物理运动，也不是完全的精神意义上的感觉能力的自我实现，而是包含伴随着某种特殊的物理运动的感觉能力的实现活动，这种观点的代表是卡斯同（cf. Caston, V., “The Spirit and the Letter”, in: Ricardo Sellars, (ed.), *Metaphysics, Soul, and Ethics in Ancient Thought: Themes from the Work of Sorabji*. Oxford: Clarendon Press, 2005. Caston, V., “Was es heißt, die Form ohne die Materie aufzunehmen. Wahrnehmung, Vorstellung und Denken bei Aristoteles”, in: *Wissen und Bildung in der antiken Philosophie,* hrsg. von Chr. Rapp und Tim Wagner, Stuttgart/ Weimar 2006, S. 179−196）。我支持第三种看法，因为虽然感觉能力作为能力而言并不会承受什么质料意义上的作用或变化，但是，感觉器官会承受某种质料的影响，比如眼睛看到颜色时，眼球会产生一定的物理变化。另外，亚里士多德也认为不只是感觉，还包括情感，

亚里士多德在 403a25f. 就将情感状态看作寓居于质料中的形式，内在的情感感受也会表现于外在的身体质料上。

3. 这个类比，也见于 412b7 ；另外也可参见 Mem. 1, 450a31。
4. 大部分译者将 “κατὰ τὸν λόγον” 译为 “符合或根据比率”，布赫海姆在这里译为 “gemäß dem Begriff”（符合概念）（cf. Buchheim 2016: 165），亚里士多德在 DA 426b27–b8 再次强调感觉是某种比率或比例，过强的可感对象会破坏掉这种比率。这实际上就是在视觉、味觉或听觉与有颜色的、有气味的和有声音的对象之间的一种对应关系。无论如何，亚里士多德想强调如下事实，就像蜡只接受铜环的印记或形状，但不接受那构成铜环的质料——铜，同样地，其他感觉承受可感对象的作用也不是就可感对象的存在本身来说，比如，椅子或桌子，而是就可感对象有着某种性质来说，比如是有颜色的、有味道的、或有声音的。所以，我们至少可以得出如下三种结论：（1）感觉主体确实在受到外在可感对象的作用，感觉不是纯粹的主观现象（cf. 418a12）；（2）感觉主体并不是在可感对象作为质料与形式的复合实体的意义上来说受到作用，而是在这些实体有着某种可感属性的意义上；（3）感觉主体只接受这些可感属性的没有质料的形式。
5. 亚里士多德不仅将心脏或心脏区域视为触觉的感官，而且还将其视为所有感觉的基座（cf. PA II 10, 656a16–28; Juv. 1, 467b28f.）。
6. 感觉能力被理解为一种潜能或准备好的就绪状态，cf. 424a1f.; Metaph. IX 5, 1047b31f。
7. Cf. DA 407a3–4.
8. Cf. DA 424a15; 435b13–19.
9. Cf. DA 414a32–33.
10. 关于 “μεσότητα”，参见 DA 424a2–10。
11. 亚里士多德在 424a17–19 中提出 “感觉就是对感觉对象的可感形式的不带有质料的接受”，但是，植物只能和质料一起（μετὰ τῆς ὕλης）才能被作用，而有感觉能力的动物或人只是被对象的形式所作用，即感知。

"οὐδὲ τῶν δυνατῶν, ἀλλ'〈ᾗ〉ᾗ αἰσθητικὸν ἕκαστον" 这一句比较难理解。德文 C 本：und sogar für die, die dazu fähig sind（wahrzunehmen），außer insofern ein jedes fähig ist wahrzunehmen; 德文 B 本：Und auch nicht unter dem der（Geruchabzugeben）vermögenden Dinge, sondern nur, insofern jedes ein Wahrnehmungsfähiges ist；英文 S 本：Nor can what is capable of perceiving perceive, except insofar as it is in each case capable of perceiving; 英文 R 本：Nor indeed can things that can smell, except in virtue of their perceptive capacity；法文 B 本：D'ailleurs, chacun des sujets capables de perception n'est affecté que dans les limites de sa cpacité sensitve；中文 Q 本：能够感觉的事物只有在每一种都具有感觉能力时才能承受作用；中文 W 本好似漏掉了这句话。除了德文 B 本外，所有其他译本都把 τῶν δυνατῶν 译为了"能够进行感觉的主体"，而不是"能够发出气味的东西"，布赫海姆将其理解为感觉对象能够发出声音或气味或有颜色，显然这是错误的，因为亚里士多德在这里强调的是哪怕是能够进行感觉活动的生命体也是借助于其感觉能力来进行感觉的，颜色、气味和声音并不能直接对人的身体产生作用，而是对中间介质（比如空气）产生作用。

12. "ἀόριστα" 与 "καὶ οὐ μένει" 经常一起出现，至于前者，亚里士多德在 DS 3, 439b1 中也将其用来指水和空气的特性，这两个元素特别不稳定，始终在动态中，就像赫拉克利特的本性（cf. DK Fr. A6）。

13. 感觉活动是承受作用，原始的居间的中点（μεσότητός）在其中则会持存，而质料意义上的承受总是会丢失其始点或不持存。

14. 亚里士多德在这里表达的是他对那种认为只有触觉和味觉对象对躯体产生作用的主张。他认为这种看法是有问题的，因为并不是所有物体都会被气味和声音所作用，被作用了的物体大部分都是不稳定的，没有固定的界限，比如空气，它闻起来就像受到了气味的作用。而嗅觉就是一种受作用（being affected），除了受作用之外，它还是一种感觉活动（perceiving），而受到了气味作用的空气很快就成为可感对象了（perceptible）（cf. Ross 1961: 267）。

第三卷

第 1 章

1. 第三卷第 1—2 章的主题仍然是感觉，这使一些学者们认为这两章应该属于第二卷，而不是第三卷，甚至匝巴莱拉（Zabarella）也将第 3 章归为第二卷，但是，第 3 章已经开始讨论理性，它应该属于第三卷。
2. 为什么亚里士多德在这里强调存在着五种感觉，这难道不是一个经验事实么？按照罗斯的理解，一些早期的哲学家或思想家曾认为存在着五种以上的感觉，比如斯托拜乌斯（Johannes Stobaeus，或译为斯托比，生卒年不详，据推断，他应该活跃于公元 5 世纪）在自己的《希腊文选》（*Eclogues,* 1. 51）中曾认为，德谟克利特曾经认为非理性的动物、圣人和神明拥有常人所没有的其他感觉。罗斯认为，我们通过卢克莱修（Titus Lucretius Carus，约公元前 99 年—前 55 年）的《物性论》（*De Rerum Natura*）第四卷第 797—803 节的文字就能看出，卢克莱修作为德谟克利特的追随者在这段文字中根本没有提到斯托拜乌斯强加给德谟克利特的观点，并没有涉及感觉的数目，而是表达另外一种观点，即有些事物在理论上是可感的，但是要通过非常专注的注意力才能被感知到（Ross 1961: 268–269）。
3. 触觉是所有动物都具有的一种感觉（cf. DA 413b2），而味觉也是一种触觉（cf. DA 422a8）。
4. “ἐκλείπει” 意为“缺少”，亚里士多德在 Ana. post. I 18, 81a38 中也使用了这个动词。
5. 这是一个非常重要的前提，如果我们缺少一种感觉，那么这只能通过缺少相应的感觉器官才是可能的。
6. “αὐτῶν ἁπτόμενοι” 意为“我们通过触摸它们”，他在 424b29–30 中同样提到 “μὴ αὐτῶν ἁπτόμενοι”。希克斯认为，我们通过直接的接触来感觉到可触摸的对象是因为我们是这种中间介质的拥有者，但是，至于空气和水，我们并不是其拥有者，所以，不能通过直接接触来感知（Hicks 1907: 423）。

7. 亚里士多德在前面谈及了基础感觉——触觉后，那么剩下的可感物就是有距离的，它们必须通过某种中间介质才能被感知到，这中间介质就是空气和水，颜色、声音、气味都需要通过中间介质才能被感知（cf. DA 418b6; 419b18; 421b9）。

8. “ἔχει δ’οὕτως, ὥστε”表示一种现实意义上的结果或结论，“如果事情是这样的，那么必然地……”，这种用法与“συμβαίνει ὥστε”相同。

9. Cf. DS 7, 447b21–26.

10. 亚里士多德之所以提出这个问题，原因是中间介质与有距离的感觉的种类在数目上不相称，因为中间介质共有两种，但有距离的感觉是三种。如果构成感觉器官的元素和中间介质是一样的话，那么感觉主体就应该能够感知到不同的凭此中间介质被感知到的东西了。

11. 这种情况正好与上面所说的情况相反。前者是同一种中间介质为不同的感觉所具有，而后者是同一种感觉对象具有多种中间介质。

12. 眼球在本质上是由水构成的（cf. DS 2, 438a5f.; GA V 1, 779b21f.），就像听觉器官是由空气构成的（cf. DA 420a4f.）。但是，在关于嗅觉器官的构成方面，亚里士多德似乎认为其构成元素是火（cf. DS 2, 438b20），的确，他在 DA 422a6 中说，气味属于干燥，而嗅觉器官在潜能上是干燥的，但是，如果嗅觉器官在现实的意义上来说是湿润的话，那么湿润就是水和空气的本质特性了。亚里士多德在这里认为嗅觉器官是由空气和水中的一种所构成，这就与《论感觉及其对象》中所说的嗅觉器官由火构成的观点形成了矛盾。包德厄斯认为，这里所说的“嗅觉器官是由这两种元素的某一种构成”并不能表示嗅觉器官就仅仅由一种元素构成，而没有和其他元素混合的可能（Bodéüs 2018: 231），但是，包德厄斯的看法很难找到文本上的支持。我认为，罗斯的解释更为可取，感觉器官本身是湿润的，但是，当它与现实的干燥的东西发生联系后，它就是干燥的了。亚里士多德所说的嗅觉器官是由空气或水构成的说法实际上是在说，对于在水中的动物来说，是由水构成的，对于陆地上的动物来说，是由空气构成的（Ross 1961: 269）。

13. 亚里士多德在 DS 2, 437a11-23 中反对恩培多克勒、柏拉图和其他自然主义者的观点，他们认为视觉器官是由火构成的。但是，另一方面，生命的热量则是维持动物的生命的基础，如此，没有生命热量，动物也就不能进行感觉活动。

14. Cf. DS 2, 438b30-439a1; DA 423a12-15.

15. 这是对上述几种情况的总结，一方面，三种远距离感觉通过水或空气而感知到相应的可感对象，而这三种感觉器官也是由这两种中间介质构成，视觉器官由水构成，听觉器官由空气构成，而嗅觉器官由空气或水构成，而近距离的两种直接接触的感觉器官则是由土与空气或水的混合而构成（cf. DA 423a12-15）。

16. 亚里士多德在 HA Ⅳ 8, 532b33-533a2 中就认为只有人和陆地上的能够生育的有血动物赋有这五种感觉。

17. Cf. HA Ⅳ 8, 533a2f.

18. 这里所说的四种元素应该属于月下世界的范围，并不包括那构成天穹的第五个元素——以太（cf. DC I 2.）。

19. 亚里士多德在 DA 418a8f. 那里将这些共感对象归入到在其自身意义上的可感对象，所以，托斯垂克建议我们应当在“κατὰ συμβεβηκός”前加上“οὐ”，但是，罗斯认为，还有另外一种解释办法，即也许亚里士多德在这里将五种感觉中的每一种对运动等共感对象的感知描述为“κατὰ συμβεβηκός”，因为运动等不是五种感觉的首要可感对象，因为声音、颜色、气味等才是它们的本有对象。在 418a8f. 以及在 425a28，亚里士多德之所以将对共感对象的感知描述为非偶性的（οὐ κατὰ συμβεβηκός），目的是为了将对共感对象的感知与视觉对科瑞翁之子的感知区分开来，后者才是在狭义上的偶性意义上的感知。

20. Cf. DA 418a17-18. 所有的手抄本都在数目后增加上了单一（ἑνός），但是，根据罗斯的理解，特米修斯、斐洛珀努斯和索弗尼亚斯都省去了

"ἑνός"，而且，亚里士多德在 425a17–19 中也没有对其进行解释，最后，在 DA 418a17–18 和 DS 437a9 中亦没有提及到"ἑνός"（Ross 1961: 270）。我在这里随从罗斯的理解。

21. 425a15 中所说的"κινήσει"是指"通过运动"，里夫（C. D. C. Reeve）认为这可以是指如下三种运动：（1）被一个可感对象而引起的感觉器官的运动或变化；（2）感觉主体的运动；（3）某些外在的可感对象的运动。其中，第一种运动形式面临最大的困难，因为它无法解释我们为何能够通过非运动的形式而感知到静止。而第二种（cf. Mem. 1, 450a9–10; Phys. Ⅳ 11, 218b21–219a2）和第三种运动（Phys. Ⅳ 4, 211a12–13）则不会面临困难（Reeve 2017: 141）。
22. Cf. Mem. 2, 452b7–23.
23. 我们通过"连续性"可以感知到"一"（cf. Metaph. Ⅹ 1, 1052a19–21），而数字则是"一"的相对者，我们通过感知到事物的"非连续性"来感知到数字。我们对"形状"的感知是通过看到或感知到某物在时间中的持存或者有形状的某物在运动，抑或感知主体绕着可感物运转。
24. 视觉对"甜"的感觉并不是真正意义上的对"甜"的感觉，因为这是"味觉"的专有可感对象，这其实是基于我们之前对与这种颜色连在一起的"甜"的感知而有的一种记忆重现。
25. Cf. DA 418a20–23.
26. 亚里士多德还在以下其他地方讨论过共通感：DA 417a10–20, 428b22–30; DS 437a9, 442b4–10; Mem. 450a9–12, 452b7–13; PA Ⅳ 10, 686a31; Somn. 2, 455a12。
27. 希尔斯将"οὐκ ἄρ'ἐστὶν ἰδία·"译为"Thus these are not exclusive objects;"（如此这些并不是排他的或专有的对象，见英文 S 本：第 51 页），科尔西里乌斯的翻译也与此相同：Es handelt sich bei ihnen also nicht um eigentümliche Wahrnehmungsgegenstände（德文 C 本：第 155 页）。但是，这种译法是错误的，因为亚里士多德在上一句中说我们拥有一种共通感（αἴσθησιν κοινήν），按照语义要求，接下来的主语应当是共通感，而不是感觉对象，即这种共通感不是一种专有感觉，可以被列入其他五种专有感觉之中。所有的其他德文、英文和法文译本的译法也将这句的主语理解为共通感。

28. 亚里士多德在 425a21–24 中认为眼睛对“甜”的感知与在 425a24–27 中的对“克勒翁的儿子”的感知都是偶性意义上的感知，但是他在 425a27–30 认为，对共通感的对象的感知并不是偶性意义上的感知，而是真正意义上的共通感，因为除了对可感特性的相互联结的依赖之外，共通感仍然是借助于我们已经拥有的五种专有感觉中的感觉能力来进行感知的（cf. Ross 1961: 271）。

29. 罗斯将“ἀλλ’ᾗ μία,”译为 but of being species of one genus（Ross: 268），这是一种解释性翻译，即这些专有感觉的对象构成一种统一性，都属于一个属（专有的可感对象），也正是基于这种统一性，视觉才能在偶性的意义上感知到甜。所以，将此短语译为“就它们是一种感觉而言”缺乏准确性，因为人们容易误以为这几种感觉是一种感觉。

30. 包德厄斯认为，亚里士多德之所以在这里谈及我们人类对共同的可感对象的感知的重要性，似乎意在回应柏拉图在《蒂迈欧》中（Tim. 47a–c）所说的观点，人的视觉是为了使我们能感知到天体的运行，这需要数字的理念和对自然本性的沉思（Bodéüs 2018: 236）。

31. 亚里士多德在这里只提及白色，而不是其他颜色，这可能是与他在《论感觉及其对象》中所说的相呼应，他认为在物体中可以产生黑色和白色，就像在空气中可以产生光亮与黑暗（cf. DS 3, 439b16–19）。

第 2 章

1. Cf. Somn. 2, 455a12–17. “αἰσθανόμεθα” 在这里表示一种对我们正在看或听的意识，这种意识伴随着对所见和所看的可感对象的感知，为了表达这种意识的伴随性，阿弗洛蒂西亚斯的亚历山大（Alexander of Aphrodisias）使用 συναισθάνεσθαι 一词。亚里士多德在 EN 1170a25–

1170b5 和 DS 7, 449a8 中才提及到这种意识，尤其在 1170b10 中，亚里士多德也使用了 συναισθάνεσθαι 一词。亚里士多德这样说："……如若一个人在观看，他就意识到他在观看，同样地，一个人在聆听，他就意识到自己在聆听，行走就感觉到他在行走；同样，在进行其他活动时也都有某个东西在感知到我们在进行活动，如此，当我们感觉时，我们就感觉到我们在感觉，当我们在思考时，我们就感觉到我们在思考；而感觉到自己在感觉和思考，这就是感觉到我们存在着（因为存在就恰恰表示感觉和思维）"[...ὁ δ᾽ ὁρῶν ὅτι ὁρᾷ αἰσθάνεται καὶ ὁ ἀκούων ὅτι ἀκούει καὶ ὁ βαδίζων ὅτι βαδίζει, καὶ ἐπὶ τῶν ἄλλων ὁμοίως ἔστι τι τὸ αἰσθανόμενον ὅτι ἐνεργοῦμεν, ὥστε ἂν αἰσθανώμεθ᾽, ὅτι αἰσθανόμεθα, κἂν νοῶμεν, ὅτι νοοῦμεν, τὸ δ᾽ ὅτι αἰσθανόμεθα ἢ νοοῦμεν, ὅτι ἐσμέν（τὸ γὰρ εἶναι ἦν αἰσθάνεσθαι ἢ νοεῖν）]。关于意识的研究，参见 Caston, V., "Aristotle on Consciousness", *Mind,* Vol. 111, No. 444（Oct., 2002）, pp. 751–815。

2. "τοῦ ὑποκειμένου χρώματος" 在这里表示，颜色是视觉的对应内容（subject-matter），这种表述也同样出现在 426b8 中。希克斯认为这种用法是为了表达出这种在心理过程与对象之间的相对性，即在主体与客体或在感知者与被感知者或在认知者与被认知者之间的这种对应性（Hicks 1907: 435）。所以，我在这里也会使用"对象"来翻译"ὑποκειμένου"。
3. 如果我们是凭借另外一种感觉来感知到我们在观看，那么这另一种感觉就会同时感知到我们在观看和观看的内容——颜色，但是，明显的是，只有视觉感觉到颜色。因此，我们只能说，要么这两种感觉感知到同一个对象（这是不可能的），要么视觉感觉到它自身，但是，这也是不可能的（cf. Somn. 1, 455a17f.）。亚里士多德在 Metaph. 1010b35–37 中否认感觉可以关乎自己或没有外在的可感对象（cf. Metaph. 1074b35f.）。
4. 425b19 中的"τὸ ὁρῶν πρῶτον"是指那首先进行观看的东西，也就是感觉器官首先接受可感对象的不带有质料的形式，但是，这里有个问题，即"τὸ πρῶτον"究竟是指感觉器官还是感觉能力？我认为，这里应该是指感觉能力，因为显然地，感觉器官——眼睛是有颜色的。

5. 425b20 中的“ὅτι οὐχ ἓν”相当于“οὐχ ἁπλῶς λέγεται”，就像“διττόν ἐστι”与“διττῶς λέγεται”相同。

6. Cf. DA 422a20–21; 424a10–11. 视觉的对象不只是关乎可见之物，也包括不可见的东西。黑暗并不是通常意义上所说的有颜色的视觉对象，光则是使潜在的透明物成为现实的透明物的原因，但是，我们说我们有对黑暗的感知，这只是表明我们感觉到我们什么也没感觉到。

7. 425b22 中的“τὸ ὁρῶν”应该是指感觉器官，而非感觉能力，因为只有感觉器官才会有某种颜色。

8. 关于可见影像的存留，参见 Insom. 2, 459b5–7, 460b2–3; Mem. 1, 450a22f.。

9. 这表示感觉活动并不仅仅是一个对外在的可感对象的被动的接受过程，而是我们所拥有的一种能力的实现过程。

10. 现实地在运作的可感对象（actively operant sensible）与现实地在运作着的感觉（actively operant sense）在感知的那一刻遇合为一，同样地，亚里士多德在 DA 430a19f. 和 431a1 中也认为现实的认识活动与现实地被认识的对象在认识的那一刻是相同为一的。感觉的对象可谓丰富多彩，就好像取之不尽用之不竭的府库，但是，除非它们被感知到，它们就始终是感觉的潜在对象，不管它们是否是在现实地发出声音、变换着色彩或散发着气味。

11. 现当代译者对 426a2 这一句的结构有不同的理解，罗斯虽然将“ἡ ποίησις καὶ τὸ πάθος”放置到了括弧中，即“εἰ δή ἐστιν ἡ κίνησις（καὶ ἡ ποίησις καὶ τὸ πάθος）ἐν τῷ κινουμένῳ,”，但是，他的译文与原文结构并不相符，好像只是将“ἡ ποίησις”放置到括弧中了：“If, then, the causing of movement（or acting）and the being acted on are in that which is acted on”，反而是希尔斯直接根据罗斯的意见进行了翻译：“If, then, the motion（both acting and being acted upon）is in the thing which is being acted upon,”。布赫海姆依凭的版本则只是将“τὸ πάθος”放入到括弧中，并且“ποιουμένῳ”取代了“κινουμένῳ”，但是，他的译文则随从了罗斯的做法：“Wenn also die Bewegung（sowohl die Bewirkung wie auch

die Affektion) in dem ist, worauf gewirkt wird,"，至于法文 J 本和 B 本则没有括弧任何词语，如法文 B 本："Si donc le mouvement, la production et l'effet du son se trouvent là où il est profuit,"。我在这里随从罗斯的翻译。关于运动或起作用者发生在承受作用者那里，参见 Phys. Ⅲ 3；GC Ⅰ 7, 324b5ff.。

12. 亚里士多德在《形而上学》中论述了不动的动者（Metaph. Ⅻ 6–7），他有时也将"善"称为不动的动者（DA 433b15f.; 434a16ff.）。

13. 426a7 中的"διττὸν"表示潜在的和现实的两层含义（cf. DA 419b4f.），听既可以指听的潜能，也可以指听的活动，而声音既可以指能够发出声音的属性，也可以指现实地在发出声音或声响。

14. 只有罗斯将 426a11 中的"ἐν τῷ αἰσθητικῷ"译为"感觉器官"（Ross 1961: 272），其他译本都将其译为"感觉能力"或"能够进行感觉活动的事物"。按照希克斯的看法，τῷ αἰσθητικῷ 就是 τῷ πάσχοντι 的另一种表达（Hicks 1907: 439），亚里士多德在这里强调的是那被动的承受者，当然这既可以是感觉器官，也可以是感觉能力，但是，我认为感觉能力更为可取，因为感觉器官有另外一个名称——"αἰσθητήριον"（cf. DA 422b22; 423b20, 30; 424a24; 425a3; 426b16）。

15. 现实地听与现实地发出声音是一回事儿，只是从两个不同的角度来看同一件事，二者会同时停止或继续，但是，听与发出声音的潜能则并不会同时停止或继续。

16. 这里所说的"φυσιολόγοι"大概是指恩培多克勒、阿那克萨戈拉和德谟克利特，甚至也包括普罗泰戈拉所坚持的观点（cf. Metaph. Ⅳ 5, 1009b11–1011a2, Ⅸ 3, 1047a4–7; Theaet. 156a–c），原子论者们坚持一种感觉的主观主义，将可感物仅仅理解为一种感觉的受动状态，而与可感对象的本性根本无关。

17. Cf. GC Ⅰ 2, 315b33.

18. 426a26 中的"περὶ τῶν λεγομένων οὐχ ἁπλῶς"是指感觉能力（τὸ αἰσθητικόν）和可感对象（τὸ αἰσθητόν），当我们言说二者时，我们

需要指出是在何种意义上来言说，因为它们可以指“潜能”（τὸ κατὰ δυνάμιν），也可以指“现实”（τὸ κατ’ἐνέργειαν）。另外，可感对象与感觉也是不同的，可感对象是独立于感觉之外而存在的客观事实（cf. Cat. 7, 7b36–38），尽管对我们而言，它们是在潜能的意义上存在的（Meta. Ⅳ 5, 1010b33–1011a1）。

19. 426a27 中的“εἰ δὴ φωνὴ συμφωνία τίς ἐστιν,”的结构比较复杂，我在这里将“φωνή”译为“嗓声”，而将“ψόφος”译为“声响”或一般意义上的“声音”，雅典的普鲁塔克（Plutarch of Athens，350—430）就问到 EIΔH（εἰ δή）应当被理解为是两个单词，还是三个单词，即应当是“εἰ δ’ἠ”还是“εἰ δή ἠ”，而普鲁塔克选择前者，同样，斐洛珀努斯也认同前者，他认为叙里亚努斯（Syrianus，死于公元 437 年）、阿莫尼乌斯（Ammonius，活动于公元 3 世纪）和辛普里丘也拒绝后一种阅读方式，“συμφωνία”是表语，所以可以没有冠词，而“φωνὴ τίς”则是主语，表示现实的声音。虽然罗斯选择后面的阅读方式，即“εἰ δ’ἠ”，但是，仍然将“φωνὴ τίς”视为主语（Ross 1961: 278）。现在的问题是“συμφωνία”究竟是何意？它有两个最重要的含义：（1）和音（concord），多个音同时发音；（2）和谐（harmony），与“ἁρμονία”相同（cf. Rep. 401D; Symp. 187B），是一种广义上的相反者之间的和谐。很明显地，如果我们采纳（1），那么 φωνὴ 作为主语就很荒谬，所以，古代评注家们大多采纳（2），即声音是某种和谐（cf. DS 7, 447b2–3; Metaph. Ⅷ 2, 1043a10–11.）。但是，问题是，这是一种在什么和什么之间的和谐呢？斐洛珀努斯认为是在感觉与可感对象之间的和谐（cf. Philoponus: 472, 29.），但是，这也可以是在相反者之间的一种和谐，从文本上看，这并不清晰（cf. Hicks 1907: 442）。罗斯认为（cf. Ross 1961: 277–278），我们确实可以找到一些文本来证明，亚里士多德并没有将“ψόφος”（声响）视为“συμφωνία”，而是将“φωνή”视为“συμφωνία”。亚里士多德在 DA 420b5–8 中认为“φωνή”是由生命体发出的声音，而且也可以类比地用于从乐器发出的声音，他在 420b32

中又认为，“φωνή”一定是伴随着某种想象的（μετὰ φαντασίας τινός），也就是说，嗓音是由生命体或人有意弹奏乐器而发出的有目的性的声音，而这种特定的音符可以称之为在高音和低音之间的一个 συμφωνία（cf. DA 426b6）。关于嗓音的这种目的性特点，参见 Int. 16a3, 23a31–32, 24b1; HA 535a27; Pol. 1235a10。所以，罗斯将“συμφωνία”理解为“和音”，但不是在几种音高同时发出的意义上，而是在这个音在一定的音高序列中的意义上，即在某些音符之上，在某些音符之下。

20. Cf. Metaph. XIV 5, 1092b14f.; I 9, 991b13–14.

21. Cf. DA 424a4.

22. Cf. DA 424a14–29.

23. Cf. DA 424a30–31.

24. 在柏拉图看来，这是感性快乐的标准（cf. Phil. 51d–53b）。另外，参见 EN X 4, 1174b14–23。

25. 426b4–5 中的“οἷον τὸ ὀξὺ…”的译法不一，主要分为两种，一种是将其理解为“高音”，一种是将其理解为味道方面的“酸或辣”。罗斯将其译为“high notes”（cf. Ross 1961: 273），汗姆林（Hamlyn）译为“high-pitched”（cf. Hamlyn 1968: 50），而布赫海姆和科尔西里乌斯都译为“das Hohe”；另外，希尔兹则将其译为“acidic”。我在这里随从第一种译法，因为亚里士多德在这里讨论的不只是味觉，而是包括其他感觉的可感对象，因此，亚里士多德在这里举出听觉和味觉的可感对象更适合语境要求。

26. Cf. Ana. post. V 19, 99b36f. 在这里，亚里士多德将感觉理解为一种内在的区分或分辨能力。

27. 426b10 中的“κρίνει”也出现在 418a14，在《论灵魂》的第二卷中，亚里士多德更多地使用“ἀλλοιοῦσθαι, πάσχειν, ἐνεργεῖν”来描述感觉活动，但是，在第三卷中，他更加强调感觉活动与思维活动、思想之间的关联，更加强调感觉所具有的这种区分或辨别的能力。

28. Cf. Theaet. 185a.

29. 426b16 中的“τὸ ἔσχατον αἰσθητήριον”是指感觉的直接器官（immediate

organ），亚里士多德通常使用“πρῶτον, κοινὸν, κύριον αἰσθητήριον”来指称感觉的直接器官。

30. 在德文 C 本使用的弗斯特的古希腊文校勘本中，426b16-17 这句话中使用了“αὑτοῦ”，而不是“αὐτὸ”，即“ἀνάγκη γάρἂν ἦν ἁπτόμενον αὑτοῦ κρίνειν τὸ κρῖνον.”（那进行区别的感觉器官就会必然地通过触摸到自己而区分出差异。），我在这里随从罗斯的校勘本。所以，肌肉并不能辨别出那些不能触摸的可感对象（比如，颜色和声音），也不能区分出其他的感觉对象与触觉的感觉对象之间的差异。没有什么感觉器官能够感知到那直接放置到其上的可感对象，但是，触觉仍然感知到放置到其上的东西，那是因为血肉是触觉的唯一中间介质，因为对于亚里士多德来说，触觉作为一种感觉能力，它的基座是在心脏中（cf. 423b17–27）。希克斯认为，亚里士多德在这里使用“ἀνάγκη”是要强调共通感的直接感官不是肌肉，如果是的话，那么共通感需要触摸到可感物才有感知（cf. Hicks 1907: 446）。

31. 426b25 中的“说出”（λέγει）代替了“感知”（αἰσθάνεσθαι），这是因为那能够辨认出甜与白的感觉主体是有理性的人。

32. Cf. DA 426b31; 427a9, 18f., 434b3. 区分或辨别是思维和感觉所共有的能力。

33. 426b27 中的“当……”（ὅτε）并不是在偶性意义上说的，它强调感觉主体所感知到的两个属性或差异必须同时呈现给感觉主体的心灵。亚里士多德在这里所列举的例子则表明一种偶性或偶有意义上的“当”，也就是一种在感觉主体的感知判断与客观事实之间的一种非同时性。

34. 426b27–28 中的“οἷον νῦν λέγω ὅτι ἕτερον, οὐ μέντοι ὅτι νῦν ἕτερον”句式表达也可见于 Mem. 2, 451a30。

35. 亚里士多德在这里想要弄清楚的是，一个单一的感知能力如何能够在一个不可分割的时间内辨别出其对象的多元性（cf. DS 7, 449a8）。一个走出这种困境的办法就是认为，感觉主体的辨别能力在数字上是不可分割的，但是，就其本质或存在来说则是可分割的。一个人之所以能够同时区分出彼此相异或相对的属性，是因为这个辨别能力在数字或位置上是一个（τόπῳ δὲ καὶ ἀριθμῷ ἀδιαίρετον），但是在概念或本质上是可分割的或不同的（τῷ εἶναι μὲν γὰρ διαιρετόν）。关于这方面的讨论，也参见

Somn. 2, 455a12–27。

36. Cf. DA 427a9–14.

37. 427a9 中的“ἀλλὰ ὥσπερ”表示亚里士多德想提供第二个更加令人满意的答案。

38. 427a11 中的所说的“ἀλλ› ὥσπερ ἣν καλοῦσί τινες στιγμήν”也出现在《物理学》中，亚里士多德认为，点既连接直线，亦能限制直线，因为它既是一个线段的始点，也是另一个线段的终点（Phys. Ⅳ 11, 220a10–11; Ⅱ 13, 222a10–20）。

39. 淳德伦布克（Trendelenburg）将 427a13 中的“δὶς”写为“δυσὶ”，我在这里采用英文 R 本的写法。

40. 427a13–14 这一句有不同的写法，我在这里采用罗斯的版本，即“δύο κρίνει καὶ κεχωρισμένα, ἔστιν ὡς κεχωρισμένως·”，因为上半句“δύο κρίνει καὶ κεχωρισμένα,”与后面的“ἕν”相呼应，而“ἔστιν ὡς κεχωρισμένως·”与后面的“ἅμα”相呼应。

第 3 章

1. 亚里士多德在这一章主要阐释何谓想象或想象力，现当代学者们对想象的研究兴趣可谓方兴未艾，具有代表性的论文或专著如下：（1）最早的关于想象的专著和论文：Freudenthal, J., *Über den Begriff des Wortes φαντασία bei Aristoteles,* Gottingen 1863; Lycos, K., “Aristotle and Plato on ‘Appearing’,” *Mind* 73 (1964), pp. 496–514; Rees, D. A., “Aristotle's Treatment of φαντασία” in J. P. Anton and G. L. Kustas (eds.), *Essays in Ancient Greek Philosophy*（Albany 1971）, pp. 491–504;（2）想象仅为处理那些非典型性的感觉经验（Non-paradigmatic sensory experiences）: Schofield, M., “Aristotle on the Imagination,” in G. E. R. Lloyd and G. E. L. Owen (eds.), *Aristotle on Mind and the Senses,* Cambridge 1978, pp. 99–141;（3）想象在动物运动和人的行动理论中有一种解释功能：Nussbaum, M. C., “The Role of Phantasia in Aristotle's Explanation of

Action" in *Aristotle's De motu animalium*, Princeton 1978, pp. 221–269;（4）想象有一种认知功能：Frede, D., "The Cognitive Role of phantasia in Aristotle," in M. C. Nussbaum and A. O. Rorty (eds.), *Essays on Aristotle's De Anima,* Oxford 1992, pp. 279–295；（5）亚里士多德的想象更多地是为了解释错误的可能性：Caston, C., "Why Aristotle Needs Imagination", *Phronesis* 41 (1996), pp. 20–55;（6）想象与思维活动的关系研究：Wedin, M. V., *Mind and Imagination in Aristotle*, New Haven 1988。当然，在德语和法语学术界也有不少研究论文：比如 Busche, H., "Hat Phantasie nach Aristoteles eine interpretierende Funktion in der Wahrnehmung?" *Zeitschrift für philosophische Forschung*, Bd. 51 (1997), pp. 565–589; Labarriere, J.-L., "Imagination humaine et imagination animale chez Aristote", *Phronesis* 29 (1984), 17–49; Lefebvre, R., "La Phantasia chez Aristote: Subliminalité, Indistinction et Pathologie de la Perception", *Les études philosophiques*, No.1/1997, pp. 41–58。Modrak 的研究也甚为重要：Modrak, D., "Φαντασία Reconsidered," *Archiv für Geschichte der Philosophie* 68 (1986), pp. 47–69, and *Aristotle: The Power of Perception*（Chicago 1987）, pp. 81–110。

2. Cf. DA 403b25–27. 亚里士多德在这里也提及这两种差异特性，即运动和感觉，但是他是在一种更为宽泛的意义上来使用感觉（αἰσθάνεσιθαι）这个概念的，即也包括思维活动。

3. 427a18 中的"φρονεῖν"在有些手抄本中被"κρίνειν"代替。托斯垂克版本，德文 C 本和德文 S 本，即赛德尔（Horst Seidl）版本以及现有的两个中文译本都选择了后者，而罗斯则选择了前者。我在这里随从罗斯的版本，至于"φρονεῖν"的译法，意见不一，英文 R 本和 Rv 本直接将其译为"thinking"，而英文 H 本译为"understanding"。德文 B 本译为"Einsehen"。我认为"φρονεῖν"的基本含义应该是关于实践事务的知识或关于实践事务的思虑和理解，所以，我在这里译为实践考虑或理解。根据 Liddel-Scott 的希英辞典，"φρονεῖν"的含义主要分为四种：（1）有理解力、有智慧的、聪明的、能够思维、通过经验来感受、对某事彻底理解；（2）欣然地做某事、小心谨慎地做某事；（3）把握、理解、领悟；（4）有自知之明的、敏锐的、活跃的（cf. Liddel and Scott, pp.1955−1956）。在实践意义上的或在人伦日常的事务中的理解应该是“φρονεῖν”的最基本含义。

4. Cf. DA 403b25−27.

5. 这是一个公开地被认可的意见（cf. DA 410b17−18）。

6. Cf. Metaph. Ⅳ 5, 1009b13−14. 应该主要是指德谟克利特和恩培多克勒。

7. Cf. DK Fr. B106. 亚里士多德在 Metaph. Ⅳ 1009b18 也引用了这句话。

8. Cf. DK Fr. B108. 亚里士多德在 Metaph. Ⅳ 1009b20 也提及到这句话。

9. Cf. Metaph. Ⅳ 1009b28; DA 404a29−30.

10. Cf. DA 404b10ff.

11. καὶ πλείω χρόνον ἐν τούτῳ διατελεῖ ἡ ψυχή，这一句的译文有出入。英文 R 本：and is the soul's condition for a longer time。英文 S 本：and the soul spends more time in this condtion。

12. Cf. Metaph. Ⅳ 1009b1f.; DA 404a28−29.

13. Cf. Ana. Post. Ⅰ 12, 77b26−27. 亚里士多德在这里反驳的是那些认为知识与无知的区别在于各自有着相对反的对象，事实上，知识和无知各自关涉属于自身的成对子的相反者，二者的区别并不是在于各自的对象不同，而是在于二者对各自所关涉的对象的关系（cf. Ross 1961: 284−285），也参见 Metaph. Ⅸ 2, 1046b4−7; EN Ⅴ 1, 1129a11−17。

14. 427b7 中的“φρονεῖν”不仅为人所有，而且有些动物也分有这种聪明，比如蜜蜂（cf. Metaph. Ⅰ 1, 980b22−27）; 在 EN 1141a26−28 中，他认为那些能为了未来的需要而预先筹划的动物也有某种聪明（cf. GA Ⅲ 2, 753a14）。另外，他在 DA 428a9−11 中也认为蚂蚁和蜜蜂有想象能力。

15. 关于 νοεῖν 的三种正确形式，也参见 Plato, Nomoi Ⅲ 688b−689b。亚里士多德在《尼各马可伦理学》第六卷第 3—7 章详细地论述了科学知识、技艺、实践智慧、直观理性和理论智慧。这三种形式的相反者就是错误，对于前两种形式来说，就是缺乏明智，cf. EE Ⅶ 1, 1247a4f; 或无知，cf. Ana. post. Ⅰ 12, 77b26。

16. Cf. DA 418a11−12.

17. Cf. DA 413b4–5. 比如所有动物都有触觉。

18. 427b13："διανοεῖσθαι"的译法不一，英文一般译为"reasoning, thought"，德文一般译为"Nachdenken, diskursives Denken"。"διανοεῖσθαι"中的"δια"表明，这是一种推理性的思维活动，而不是直观性的活动，所以，我在这里译为"推理性思维活动"。

19. 我在这里将427b15中的"διάνοια"（拉丁文：ratio；德文：diskursives Denken; 英文：thought）译为推理性思维或推理性理性。关于具体的阐释，参见文后附录"哲学术语释义表"中的"διάνοια"词条。

20. 一方面想象如若没有感觉是不可能的，因为想象是一种基于感觉印象而有的一种变化或运动，就像亚里士多德在后面所界定的那样（428b11–13），所以，我们可以说想象并不是一种独立的认识能力，它也没有属于自己的专门的认识对象。另一方面，如若没有想象，也就不会有假设或判断，也就是不会有思维活动，因为人的思维对象就是可感事物的形式，而这些形式就是从想象能力所提供的心灵图像中抽象出来的，如若没有这些心灵图像，思维也就无从开始，就好像巧妇难为无米之炊。

21. 科尔西利乌斯所使用的手抄本在427b17中并没有"νόησις"一词（德文C本：168），而其他手抄本将νόησις置入括弧中，即表示想象与（直观性思维）和判断活动不同（参：德文B本：180）。

22. 亚里士多德在下述三个地方也提到这种助记系统或助记方法（ἐν τοῖς μνημονικοῖς, mnemonic system, cf. Top. Ⅷ 14, 163b28–30；Mem. 2, 452a12–16; Insom. 1, 458b20–24）。罗斯认为，最早的关于助记方法的记载应该是在色诺芬的《会饮》（Symposium 4.62）中。同样地，在柏拉图的《大希皮亚斯》（Hippias Major 285e7）中，希皮亚斯吹嘘到，他可以一口气重复50个人的名字。无论如何，这里的意思是，我们可以自由地掌控我们的想象过程，就像人们使用助记系统时所做的那样。

23. Cf. DA 417b24.

24. 我将τὸ ὑπόληψις译为断定或判断，亚里士多德在EN Ⅵ 3, 1139b15–18中认为，断定可真可假，而科学知识必然为真。信念（δόξα）也预设了某种理性考量的能力，动物似乎没有信念的能力，因为它们缺乏来自于演绎的想象力（DA 434a5–11），因此，形成意见的灵魂部分与进行推算或考量的灵魂部分是相同的（EN Ⅵ 5, 1140b25–26, 13, 1144b14–15）。

25. Cf. DA 427b10. 关于判断的各种形式，亚里士多德在《尼各马可伦理学》第六卷第 3—5 章中详细地进行了论述（cf. EN Ⅵ 5, 1140b12–16; 6, 1140b31–32; 9, 1142b33）。

26. 亚里士多德在 427b25 那里提到科学知识（ἐπιστήμη）、实践智慧（φρόνησις）和信念（δόξα）都是断定（ὑπόληψις）的形式。前面两种应该都属于思维（νοεῖν），虽然前面两种所涉及的内容或对象都是真确的，但是，二者都离不开想象。因此，亚里士多德在这里希望首先界定何谓想象，目的是为了更好地确定何谓思维活动。

27. 罗斯在 428a3 中加入了“ἆρα”一词，表示这是一句问句。另外，他将 428a3 中出现的单数形式“καθ’ἣν”写为了“καθ’ἃς”，ἃς 指向前面说的 τούτων，即判断活动的这些不同形式。这表示，想象能力并不是一种有关真的认知能力（ein Erkenntnisvermögen），而是这些不同的认知能力都离不开想象。

28. 这个清单要比判断的不同形式还要大一些，因为它还包括感觉活动，亚里士多德在 DA 426b8–12 对感觉的区分或分辨能力有过论述。但是，实践智慧却没有被包含在里面，它同样也是一种区分能力（cf. EN Ⅵ 11, 1143a8–10）。而直观理性的对象总是真确的（cf. 428a17–18）。

29. 在睡眠中，人的感觉能力仍然以潜在的方式存在，不会消失，但是，感觉不是在睡眠中出现的梦境或想象的直接原因，因为人在睡眠中并没有在现实地感觉，所以，我们可以说想象不像感觉那样是一种主动的能力，而是感觉活动留下的踪迹或残余印象。

30. 罗斯提到，弗洛登塔尔（Freudenthal）认为 428a8 中的“ἀεί”应当替换为“πᾶσι”，表示“在所有……”，特米修斯就是这样来评注这句话的（Themistius. 90.6）。但是，“πᾶσι”只有加上“τοῖς ζῴοις”才有意义，即表示“在所有的动物中”，所以，罗斯建议仍然保留“ἀεί”，但需要将其理解为“在整个动物王国”(throughout the animal kingdom)(cf. Ross 1961: 286)。我认为罗斯的建议是合理的，亚里士多德在 DA 413b2-5 和 414b3 中就认为所有动物都有感觉。即只要有动物存在，那么就有感觉。

31. 特米修斯(Themistius 90. 6-8)和索弗尼亚斯(Sophonias 55. 27-32)都认为，428a11 中的“οἷον μύρμηκι ἢ μελίττῃ, σκώληκι δ’οὔ.”是正确的写法，但是，在有些手抄本和辛普里丘的评注中(Simplicius 209. 21-22)，这句话写作“μύρμηκι ἢ μελίττῃ ἢ σκώληκι”，斐洛珀努斯(Philoponus 498.30-499.1)似乎认为，“μύρμηκι ἢ σκώληκι”才是正确的形式。亚里士多德在很多地方都认为蚂蚁和蜜蜂都是很聪明的动物(PA 650b24-27; 648a5-7)，甚至是政治性的动物(HA 488a7-10)，他在 Metaph. 980b22-24 中称蜜蜂为 φρόνιμος。至于蠕虫，亚里士多德在 HA I 5, 489b12-13 和 GA Ⅱ 1, 733a1-2 认为，它就像是蛋一样的东西，因此，我随从罗斯的看法，“οἷον μύρμηκι ἢ μελίττῃ, σκώληκι δ’οὔ.”才是正确的写法(cf. Ross 1961: 286)。值得注意的一点是，亚里士多德似乎在 DA 434a4-5 和 413b22-23 中又认为所有动物都有想象，甚至那些发育不全的动物。

32. Cf. DA 427b10-24; 428b18-19; 418a15f.

33. 428a16 中的“πότερον ἀληθὴς ἢ ψευδής.”在有些手抄本写作“τότε ἀληθὴς ἢ ψευδής.”，即我们的感觉可真可假，我在这里随从英文 R 本，即我们的想象可真可假。很多学者以此例子来证明，亚里士多德所说的想象有一种诠释的功能(cf. Nussbaum, M. C., “The Role of *Phantasia* in Aristotle’s Explanation of Action” in *Aristotle’s De motu animalium*, Princeton 1978, pp. 221-69)。

34. Cf. DA 428a5-9. 另外亚里士多德在 DA 425b21 中说，哪怕我们没有在现实地看，我们也可以凭借视觉区分出黑暗和光明。

35. Cf. EN VI 3, 1139b15f.

36. 确信(πίστις)被视为是一种强烈的断定(ὑπόληψις)(cf. Top. Ⅳ 5, 126b17-19)，并且有时他似乎认为确信仅仅跟随感觉而来(Phys. Ⅷ 8,

262a17–19），这意味着动物也可以具有确信，但是，在这里很清楚的是，确信需要理性能力。

37. 英文 R 版本将 428a22–24 置入了括弧中，与其他句子隔离开来。我在这里随从托斯垂克版本。

38. 亚里士多德在这里应该是反驳柏拉图对想象的看法，柏拉图认为，想象就是一种感觉和信念的混合（Tim. 52a; Soph. 264a; Theaet. 152c; Phil. 39a–b）。

39. 428a27 这一句似乎有不同的写法，手抄本和 Torstrik 版本都写为“διά τε ταῦτα καὶ δῆλον ὅτι...”，而罗斯认为这似乎有些不妥，他认为应当写为“διά τε ταῦτα καὶ διότι οὐκ...”，也就是要把“δῆλον ὅτι”换为“διότι οὐκ”。我随从手抄本的写法。

40. 亚里士多德在 Somn. 1, 458b28–29; 2, 460b18–19 中也说到这个例子。

41. 亚里士多德在这里的意思并不是说，一个信念可以同时是真的和假的，而是在考察柏拉图所说的想象是感觉和信念的混合的说法（428a25–29），如果根据柏拉图的看法，一个想象就可以同时是真的和假的。如果太阳看起来只有脚掌大，但是我们却相信它比地球大很多，又如果想象是感觉和信念的组合，那么这同样的想象就信念方面来说是真的，因为我们相信它比地球大得多，但是就感觉方面而言则是错的，因为显然太阳不可能像脚掌那么大，尽管看起来好像脚掌那么大，所以这导致我们的心灵状态可以同时是真的和错的，但这是不可能的，因此，想象也不是感觉和信念的混合（cf. Ross 1961: 287–288）。另外，罗斯认为，428b8 中的“ἀλλὰ ψευδὴς ἐγένετο ὅτε λάθοι μεταπεσὸν τὸ πρᾶγμα”也是令人费解的，直译为“但是，如果事实悄然改变，那么它就会是假的了”，他认为这里所说的“πρᾶγμα”并不指涉任何之前所提到的内容，所以，最好应写为“ἀλλ’εἰ ψευδὴς γένοιτο, λάθοι ἂν μεταπεσὸν τὸ πρᾶγμα”，即“但是，如果这想象是错误的，事实就会悄然发生变化”。我认为，这句话在修改之后似乎也比较含混，不知道具体在表达何意，因此，我在这里随从手抄本的写法。

42. Cf. Insomn. 2, 459b5–7. 所以，想象活动在亚里士多德看来似乎有一种附属或寄生的本性，因为想象在其自身并不是一个能够主动地引起运动的能力，而总是依赖于一个外在的推动者才能运动。

43. Cf. Insomn. 1, 459a17–18; Mem. 1, 450a10.

44. Cf. DA 418a11f. 亚里士多德一直强调，对专有可感对象的感知总是真实的，即是说，就视觉对视觉对象的感觉而言，总不会有错误，因为视觉对象就是颜色。很少会错误是指，如果我们长时间地盯着某个红色物体看，那么当我们挪开视线看别的物体时，别的物体也会显得是红色的，但这也只是持续很短的时间。

45. 428b19–22 是指偶有的可感对象，有些注释家将感觉的偶有对象径直使用“实体”来指称（cf. Philoponus, 460,11），无可置疑的是，偶有感觉的可感对象是具体的个别事物。在感知的序列中，我们先感知到某物的颜色，然后感知到有颜色的事物，而这些事物恰恰是属于颜色的偶性（ἃ συμβέβηκε τοῖς αἰσθητοῖς）；但是，就形而上学而言，这些专有可感对象（颜色、声音、气味等）当然属于具体事物。

46. Cf. DA 418a20–23.

47. Cf. DA 418a17–20. 比如，苍白是视觉的专有可感对象，因为苍白属于苏格拉底，他在偶性的意义上是可见的，属于他的大小和运动是共感对象（DA 425a14–17）。

48. 亚里士多德在这只列举了共感对象中的两种，即运动和大小，但是，在 DA 418a17–18 与 425a16，他还提到另外三种，即静止、数字和形状。关于感觉的这三种形式，他在 DA 418a8–25 中进行了更详细的阐释。

49. 亚里士多德并没有详细地解释为什么我们在关于共通感的对象方面最容易犯错，里夫列举出了二个理由：（1）基于想象而来的显像与引起这些显像的感觉有着相同的内容；（2）灵魂的感知部分可以独立于理解能力来进行运作（429a1–8, 432a9–10, 433a9–10）。所以，错误可以是如下两种，第一，当可感对象呈现于感觉时，第二，可感对象不在场时（428b27–29）（cf. Reeve 2017: 152–153）。参见 Rep. X 602d–603e。

50. Cf. DS I, 437a4; Metaph. I 1, 980a22–24.

51. Cf. DA 418b2f.

52. Cf. DA 415a10–11; EN Ⅶ 5, 1147b4–5.

53. Cf. Insomn. 2, 460b4f.（理性可被激情遮蔽）；460b22f.（理性可被疾病遮蔽）；《论睡眠中的神性预兆》（On Divination in Sleep, 1, 462b14–17）：在睡眠中，神性预兆得以发生。

第 4 章

1. 亚里士多德在《论灵魂》第二卷和第三卷第 1 至 3 章中对何谓灵魂的感觉能力，以及五种专有感觉、共有感觉（共通感）、偶有感觉和想象能力等进行了阐释，现在，亚里士多德在第三卷第 4—8 章对灵魂的理性部分进行阐释。罗斯认为，亚里士多德之所以没有在论述感觉和想象后直接论述位移运动或运动能力的原因在于，在感觉、想象和理性三者之间比在感觉、想象和运动能力三者之间存在着更大的亲缘性，前面三者在亚里士多德看来都属于认知能力。

2. “γινώσκω”与“φρόνεω”也许可以分别来指人的理性能力的两种不同的认知活动，即理论直观和实践认知。

3. 亚里士多德在这里重新提及理性灵魂的分离问题，即理性究竟是在广延（μέγεθος）的意义上还是在定义（λόγος）的意义上是可分离的，这两种意义的相对性也在 DA 432a20 和 433b23–25 中出现。亚里士多德在很多其他地方也提及理性灵魂的分离问题，比如在 DA 403a7–16; 407a6–10; 408b18–30; 413b14f.; 413b24–27，并且在 413b15 和 427a5 中用“τόπος”替换了“μέγεθος”。可见亚里士多德对灵魂的理性部分的可分离性问题的重视，虽然亚里士多德在很多地方都论及理性灵魂是否能够与其他灵魂的能力或部分在广延上可分离的问题，且提出要解决这个问题，但是，他在《论灵魂》中并没有给出一个清晰的或一贯的解决。关于理性灵魂的可分离性问题，参见田书峰，“亚里斯多德论理性灵魂的可分离性”，载于

《哲学与文化》第 44 卷第 5 期（2017），第 177—194 页；Miller, Jr. F. D., "Aristotle on the Separability of Mind", in *The Oxford Handbook of Aristotle*, ed. By Christopher Shields, Oxford Univ. Press 2012, pp. 306–342。

4. Cf. DA 402b14f.

5. Cf. DA 427a19–21; DA 418a3–6. 感觉活动与思维活动的相似性在于二者都是对事物的一种分辨或区分。亚里士多德经常使用感觉能力作为一种隐喻来阐释理性能力（427a19–20），就像他经常将技艺作为一种理解何谓德性的隐喻，这种相似性更多地体现在如下事实上，即就理性能力与其认识对象相对，感觉能力与其感觉对象相对来说，二者是相似的，都是一种把握（apprehensio），但是，亚里士多德也注意到感觉能力与理性的思维能力之间的非相似性。无论如何，感觉能力为亚里士多德提供了一种理解理性灵魂之差异特性的必不可少的视角，理性与感觉之间的既相互缠结在一起，又彼此有着本质上的差异的双重关系恰恰是将人与其他有生命的存在区别开来的特性。动物缺乏理性的思维能力，而神或宇宙理性则没有感觉能力，一个没有理性之魂，一个没有感觉之体。

6. 429a15 中的"ἀπαθὲς"的本意是"不受动"或"不承受作用"，即表示理性灵魂不需要经受来自认识对象的承受作用后才能进入现实活动。因为在进行感觉活动，尤其是在进行认识或思维活动时，感觉者和思维者并没有被带入到一个相反的或对立的状态中，而是感觉或认知主体在之前所获得的习性状态的一种实现和持存（cf. DA Ⅱ 5, 417b6f.），并进入到圆满实现中（εἰς αὐτὸ ἡ ἐπίδοσις）。因此，理性能力对认识对象的接受与其说是一种运动，不如说是一种从潜能状态进入到现实活动中的实现。

7. Cf. DA 424a17–19.

8. Cf. DA 429a27–29. 与柏拉图的先天理念理论形成对比。

9. Ἀμιγῆ 或 ἀμιγές（拉丁文：inmixtum，德文：unvermischt；英文：unmixed）可以有两种含义，一方面它可以表示理性能力不与质料躯体相混合或掺混，一方面也可以表示理性能力就是一种纯粹的潜能或能力。同样地，亚里士多德在提到最初质料时，他认为，如果它缺乏任何质量方面的规定性，那么它就可以被理解为是纯粹的潜能（cf. Metaph. Ⅶ 3, 1029a7–26）。但是，这是两种不同意义上的潜能，一种是对可思的或可理解的形式（νοετὰ εἴδη）的接受潜能，另一种是对诸如冷、热、干和湿元素特性的接受潜能。

10. Cf. DK 59B 12.

11. 亚历山大有时将 429a30 中“παρεμφαινόμενον γὰρ κωλύει τὸ ἀλλότριον καὶ ἀντιφράττει”的 τὸ ἀλλότριον 视为宾语（Alexander of Aphrodisias, *De anima* 84,15），但是，很明显地在这里是主语。而“ἀντιφράττει”更多地在日食或月食的语境中表示对日光和月光的遮挡（Ana. post. 87b40; DC 293b25），在这里是一种隐喻用法（cf. Ross 1961: 292）。

12. 亚里士多德在 DA 417a26–28 中也谈及“δυνατός, δυνατόν”两种状态，一种是基于属于这样的类或质料，另外一种是在自身意愿之内的能力，只要自己愿意，并且没有外在东西的阻挡就能够进行沉思活动。

13. 斐洛珀努斯认为 τόπος εἰδῶν 是指柏拉图，但是，这个词组从未在柏拉图的对话中出现，只是在 Parm. 132b3–6 中，柏拉图认为每一个理念都是 νόημα，只能存在于我们的理性或心灵之中；但是，在 Parm. 134b3–4 中则认为我们并不能拥有理念本身，它们也不存在于我们的世界之中（133c3–6）。因此，罗斯认为，这不可能是柏拉图，而是学园派里的其他人持有这个主张（Ross 1961: 292）。我认为，柏拉图虽然没有使用“τόπος εἰδῶν”的字样，但是他在 Tim. 50d 中确实提到“δεχόμενον”（Recipient），就像一个处所那样的接受者，当然，这里所说的接受者被视为为胎儿提供营养和处所的母亲，并不是灵魂。

14. 理念并不是在现实的意义上占据灵魂，而只是在潜在的意义上。

15. 感觉活动与思维活动的非受动性（ἀπάθεια）不是一回事，在这里，亚里士多德更强调思维能力的非受动性要优越于感觉能力的非受动性，或者思维能力的非受动性才是真正意义上的非受动性。（1）理性不受可理解的思维对象的强弱之影响：亚里士多德用感觉器官在经受了极为强烈的感觉对象的刺激之后就不能够再进行感觉活动来阐明这一点，比如强烈的声响，颜色和气味。过于强烈会影响感觉活动的正常进行。但是，理性的思维对象则不是这样，最大化的思想对象不但不会减损它去理解较弱的或不太抽象的思维对象，也不会影响思维能力的运行。(2)思维活动的自主性和自足性：思维活动相对于感觉活动的优越性还体现在这两个能力的实现活动对对象的依赖程度或自由程度上。前者不依赖于一个可感的外在对象的存在，而后者则需要以外在的感官对象的刺激为前提。前者更有自主性，依据自己的意愿，就可以进行思维活动，而后者如若没有外在的可感对象就不能进行感觉活动。(3)思维活动无论在其自身还是在偶性意义上都不承受作用：感官虽然不在自身的意义上承受变化，但是却是在偶有的意义上承受变化，因为感官的和谐中道会被过于强烈的对象所摧毁，但是理性则不会，理性既非在自身意义上，也不在偶有意义上承受作用。如果我们回到 417b10–28 的文本，这种变化是潜能到现实的实现过程，这种实现过程可以理解为非承受性。而 429b22–29 解释感觉能力的承受性和非承受性的矛盾命题。第一种承受是指对立面的消除，第二种是指潜能到现实。感觉能力的受影响是偶有性的，比如一个老人换眼睛的例子 DA 408b21–22。

16. Cf. DA 422a30–31; 424a28–34; 426a27–b7.

17. “ὑποδεέστερα” 是指那些在抽象程度上较弱的对象，亚里士多德根据不同科学的主题内容的抽象程度的高低来判定这些不同科学的程度（cf. Metaph. 1077b22ff.; 1078a5–17），而且如果我们认识抽象的或纯粹的可理解对象，那么我们反而能够更好地理解那些并不完全抽象的对象，就好像一个抽象的三角形可以完全地符合三角形的定义，而一个现实中可感的铜制的三角形并不会完美地丝毫不差地符合三角形的定义，但是，如果我们理解了抽象的三角形，那么我们就能够更好地理解质料的三角形。

18. 关于 429b5 中的 “οὐκ ἄνευ σώματος”，参见 DS 1, 436b6。

19. 亚里士多德基于理性能力的非受动性和非混合性或非躯体性而提出，理性灵魂与身体或灵魂的其他部分是可分离的，亚里士多德在 403a10 就提出过这个问题：灵魂是否能够与身体相分离呢？灵魂是否有一种专门属于自己的，不与身体所共享的功能特点？（cf. DA 413a6f.; 413b24ff.）但是，我认为亚里士多德在这里所说的分离究竟是指何种意义上的分离，仍然是不清楚的，是否是指本体论意义上的分离？即理性灵魂脱离身体可以继续存在，或者仅仅是指一种定义上的分离？即我们对理性的界定无须借助于对感觉能力的定义，或者是一种功能上的分离？即理性的思维活动在功能上并不依赖于身体。我认为，这个问题需要结合《论灵魂》第三卷第5章来看，亚里士多德在那里才明确地说主动理性是不死的、可分离的。

20. 反对阿维森纳的看法：他认为，理性的可理解的形式并非保存在潜能理性中，而是每次潜能理性需要独立或分离存在的主动理性的帮助，通过主动理性，可理解的形式流进潜能理性中。

21. Cf. DA 417a26–29.

22. 特米修斯、斐洛珀努斯、辛普里丘和托斯垂克都将 δι' αὑτοῦ 读为 δὲ αὑτόν，即“理性可以思维或认识自己”，但是，亚里士多德在 429b7 就使用了 δι' αὑτοῦ，这似乎是支持前者的一个出处。罗斯认为，这里根本不关乎自我知识，亚里士多德在这里强调的是从一无所知的没有知识状态到有知识的状态过程可以分为两个阶段：（1）从我们没有知识到只要我们想要就可以进行认识活动的习性状态；（2）从我们拥有知识的习性状态到现实地进行思维或认识的阶段，而第二个阶段的过渡完全依赖于我们自身（cf. Ross 1961: 292）。但是，希克斯似乎认为，亚里士多德在这里是要强调理性能够认识自己，他以亚历山大的观点为例证来说明，在思维活动中，对象就是可理解的形式，而这形式就是思维着的理性自身（Alex. Aphr. De anima 86,14）。但是，希克斯认为，理性认识自己并不是通过自身，而是通过偶性，即通过理性思维可理解形式来偶有地认识自己，因为理性的首要或专有对象就是可理解的形式，就像感觉偶有地感知到实体一样（Hicks 1907: 485）。我随从罗斯的译法，但是，希克斯的观点对我们在后面理解理性是否思维自身也很有帮助（DA 429b27–430a9）。

23. 429b10–11 中所说的这种区分就是在个别物与其本质之间的区分，前者是具体的，而后者是抽象的（cf. Metaph. Ⅶ 4, 1030a6ff.; 1031a15–31）。事物的本质最为接近其可理解的形式，形式的最大特点就是不动性或不可改变性（immutability, cf. Phys. Ⅴ 1, 224b5; Metaph. Ⅶ 8, 1033b17）。

24. 亚里士多德在这里所说的“有些事物与其本质是同一的”可能是指善本身与美本身等这些超验的事物，它们可以在不同的范畴中被谓述出来（cf. Metaph. Ⅶ 6, 1031b11–13）。

25. 区分或判断的主语是灵魂的 νοῦς，也就是最后在进行认识活动的主体——人。

26. 429b14 中的“扁鼻子”（τὸ σιμόν）是亚里士多德经常例举的用来阐明自然科学的一个例子（cf. Metaph. Ⅵ 1, 1025b31–1026a7），“扁鼻”就是内在于鼻子中的凹陷，因此，“扁鼻”也就总是与质料结合在一起的，但扁平则脱离于感性质料。他认为，物理学的研究对象就像“扁鼻”，离不开运动和感性质料。

27. Cf. Metaph. Ⅶ 17, 1041b17–19.

28. 亚里士多德在这里对两种不同的认知能力进行了区分，第一种是感觉的认知能力，它认识的是具体的水，某个有大小的东西和由元素构成的具体的肌肉，无法与质料分开的对象；另外一种是认识事物的普遍本质的理性能力，它所认识的是事物的抽象本质。但是，我们该如何理解亚里士多德在这里所说的这两种认知能力的关系？这是两种完全不同的能力，抑或是同一种能力但针对不同的对象？罗斯认为，亚里士多德在这里更多地强调这两种认知能力的完全不同（Ross 1961: 293）。但也有学者认为，亚里士多德在这里强调理性能力不能与感觉能力分开，就像亚里士多德在 DA 411a5–7 中所举的例子，我们通过直线而能区分出直线与曲线的不同，就像那能够把握或认识肌肉的本质的能力也不能够与那能感知到具体的肌肉的感觉能力分离开来（Bodéüs 2018: 261）。但是，托马斯在这里强调，在这里我们要清楚区分，理智的本有对象并不是与可感物分离而存在的，他反对的是可理解的形式独立地存在于可感物之外，理性的认识对象不是那些可理解的形式，独立于可感物之外而存在，理性的认识对象就是内在于事物自身之内的本质，那么这些可理解的形式只有一个工具性的价值，我们通过它们理性在进行认知。我们认识的是质料复合物的本质，而不是可理解的形式（Aquinas 1999: 357–358）。

29. Cf. DA 403b15.

30. 数学对象乍一看起来好像是纯粹的抽象概念，但是，它们仍然也有属于自己的质料，即定义上的或可理解的非可感的质料（cf. Metaph. 1036b35: ἔσται γὰρ ὕλη ἐνίων καὶ μὴ αἰσθητῶν），所以，直可以被视为是由连续性和其形式而构成。几何学意义上的线段似乎是抽象的，但是其广延可被视为几何学意义上的质料。

31. 亚里士多德在这里似乎反对的是毕达哥拉斯派的观点，他们把所有的事物都归结为数字，比如“线”的定义就是数字“2”，因为线段就是从一个点到另外一个点（cf. Metaph. Ⅶ 11, 1036b12–13），但是，亚里士多德认为，毕达哥拉斯派错误地将线段的形式理解为具体的线段，即由形式和质料构成的复合物。另外，亚里士多德在这里强调一种二重性，并不是同一性，直的本质和具体的直的东西并不是完全等同的，因为对于直的本质定义中并不包含具体的直的东西中的质料（铜或铁等）。参见 DA 404b20; 409a4; Metaph. Ⅶ 11, 1036b12; Metaph. Ⅷ 3, 1042a34。所以，动物既可以指动物的形式——灵魂，也可以指由具体的肉和灵魂构成的质形复合物。托马斯认为，一个事物的本质与事物本身只是在偶性的意义上不同。比如，一个白皮肤的人的本质与一个白人不是完全一样的，因为一个白皮肤的人的本质在他自身之内只包含那属于其形式或种的东西，但是，一个白皮肤的人则包含着一些超越于属于人这个种之外的东西，即白皮肤。任何个体化的偶性都不包含在“种”或其本质形式中。但是对那些没有质料的形式来说，就不存在一些超越于或在其所属的种与本质之外的一些东西了，因为其形式就是它的全部本质（cf. Aquinas 1999: 353–354）。

32. 理性的可理解对象（本质或形式）与质料的分离性程度决定着理性能力

在理解时与感觉和身体部分的分离性程度。特米修斯提到三种不同的程度:（1）可感物的感性特点;（2）在质料中的形式;（3）理性自身（cf. Themistius. 97. 5）。

33. Cf. DA 405a16−17.

34. Cf. GC I 7, 323b31−33.

35. Cf. DA 429b9−10.

36. 这是一个两难处境（cf. DA 429b24−26）。

37. Cf. DA 417b2−17.

38. Cf. DA 429a24.

39. 429b31−430a1 这一句在有些手抄本中都有“δεῖ”来开始，罗斯认为，这是画蛇添足，多此一举，他们可能是将 δύναμις 的简写“δυ”误以为是“δεῖ”（Ross 1961: 294）。柏拉图在《泰阿泰德》中将人的记忆力比喻为“蜡板”（θὲς δή μοι λόγου ἕνεκα ἐν ταῖς ψυχαῖς ἡμῶν ἐνὸν κήρινον ἐκμαγεῖον），这应该是关于“tabula rasa”最早的来源（Theaet. 191c），但是，事实上，纯粹的潜能理性并不能被比喻为可以接受字体的白板，而是应被理解为将要被写上去的字体，白板更好说象征潜在地能进行认识的主体。

40. 亚里士多德在 430a22 中认为，主动理性并不会一时思维或认识，一时又不思维或认识（οὐχ ὁτὲ μὲν νοεῖ ὁτὲ δ› οὐ νοεῖ），而那并非总是现实地进行思维的理性必然是被动理性。这主要是因为我们人的思维会受到身体的影响，比如睡眠、醉酒和疾病。亚里士多德在 Phys. Ⅶ 3, 247b13−248a6 说:“就像有人从醉酒、睡眠和疾病状态变化到相反状况时，我们并不说他再度成为具有知识的，尽管他在之前的状态中确实没有能力使用知识，所以，同样地，当一个人最初获得这种（有知识）状况时，我们也同样不说他成为有知识的。因为理解和具有知识是灵魂从自然的不定状态中平静下来的结果（正是因为这样，孩子们在对于感觉事物形成知识和判断时要远远逊色于成年人，因为他们灵魂中的不定和运动很是杂多）。在有些情况下，自然本身使得灵魂平静下来，并进入到静止状态，在另外一些情况中则是由别的事物引起。但是，在这两种情况中，这结果都是由身体内的某些东西的变化而引起，就像当某人变得清醒或被唤醒时就现实地使用理性的情形一样。”亚里士多德接着在 Somn. 3, 456b17–28 中解释了是什么在身体中产生变化，和其原因是什么：“但是，正如我们所说，睡眠并非所有感觉作用的无能状态，这一属性产生于伴随吸收食物过程的散发物；因为被散发的东西必然被驱至某一地方，然后再返回，并且就像在狭窄海峡中的潮汐一样发生变化。在任何动物中，热本性上都会上升，一旦它达到上面的部分，就会很大量地向下降。这解释了为什么人们在酒足饭饱后就会感到困倦；因为大量的液体和固体物需要向上输送，因此，一旦这种状态停止不动，这就会使一个人身感负重，并使他瞌睡，但是，一旦它现实地在向下沉降，并由于其返回而使得热退回，睡眠就会发生，动物就会陷入睡眠。”所以，如果我们有很多需要消化的食物在肚腹中，就会影响我们的思维。这也是为什么亚里士多德在 Metaph. Ⅻ 9, 1074b17–18 认为，那些没有真正理解或一无所解的人就像在睡梦中的人。

41. 除了那些没有质料的首要实体外，就是那些存在于质料中的具体个别物，它们的形式是寓居于质料中的形式（ἔνυλα εἴδη），就像 DA 403a25 中所说的“λόγοι ἔνυλοι”。

第 5 章

1. 罗斯认为 430a10 中的“ Ἔπεὶ δ’ ὥσπερ”结构是有问题的，ἐπεὶ 和 ὥσπερ 在一起使用是没有道理的，因此，只能留下其中之一（Ross 1961: 296）。
2. 亚里士多德在 402a22 中也问及灵魂属于哪个类（γένος）。“γένος”共有两个最为基本的含义：（1）在生物学意义上的生育或生成（Metaph. V 28, 1024a29–36）；（2）在逻辑或哲学意义上的包含不同的种组成的更高的普遍概念——类，类包含着彼此不同的个别物和其所属的种（Top. I 5, 102a31f.），对亚里士多德来说，类可以被用到定义中，是一个有界定作用的概念。因为“τὸ ὄν”可以被所有东西谓述出来，因此没有界定的作用，所以，“τὸ ὄν”并不是最高的类。最高的类是十个范畴，它们是最高的首要的普遍概念，亚里士多德在很多地方都这样来使用（Cat. 8, 11a37f.; Ana. Post. Ⅱ 13, 96b19–21; DA Ⅰ 1, 402a23f.）。另外，亚里士多德有时也将类视为“种的质料”（Metaph. Ⅴ 24, 1023b2; Ⅹ 8, 1058a23f.），因为类可以作为差异和属性的载体或基底。类作为普遍的未被规定的概念并不是与种平行并立，因为类在种之外是没有任何真正的实在意义的，就好像单纯的“语音”并不会出现在任何语言中，而总是作为这个字母或那个字母被表达出来的语音（cf. Höffe 2005: 232–235）。

3. 亚里士多德在《论生成与毁灭》中详细地论述了在自然中的这两种本原——潜能与实现是如何运作的（GA Ⅱ 1, 734a29–31; Ⅰ 20, 729a9–11; Ⅰ 22, 730b11–23; Ⅰ 9, 726b10–18）。另外，亚里士多德在《物理学》中引入了质料因、动力因、形式因和目的因这四种，其中，质料因与动力因相当于他在这里所说的这两种本原。另外，也参见 Phys. Ⅱ 3, 194b23–32; Metaph. Ⅶ 7, 1032a12f., Ⅷ 6, 1045a30f., Ⅸ 8, 1049b24f.。
4. Cf. Phys. Ⅱ 3, 194a21–22.
5. 同样地，这两种原因也应当体现在人的理性中，一是接受可理解的形式的被动理性，这与质料相似，一是能够主动地起作用的或作为动力因的主动理性，这与原因或制作者相似（DA Ⅲ 4, 429b5–9）。
6. 制作一切是指一切有质料的事物的本质都等同于形式，这就是制作者，在自然事物里，事物的制作因在其自身之内，而人造物的制作因——人造物的形式是在外面，也就是在技术师的心灵中。
7. 罗斯在这里认为，亚里士多德将“主动理性”（νοῦς ποιητικός，或译为“生产性理性”）首先理解为“习性状态”，然后又是现实活动，从这里我们可以看出来这一章的写作比较粗心大意，或者有些部分失传了，以至于形成现在这个样子。但是，现当代学者们并不这样认为，而是这种将主动理性理解为“习性”与“光”的做法并不互相矛盾，而是习性概念可以帮助我们更好地解释主动理性像光一样的作用。（cf. Bergemann,

L., *Kraftmetaphysik und Mysterienkult im Neuplatonismus,*Beiträge zur Altertumskunde, herausgegeben von Michael Erler, Dorothee Gall, Ernst Heitsch, Ludwig Koenen, Reinhold Merkelbach Clemens Zintze, Band 234, Walter de Gruyter 2006. S. 30–39.）

8. 值得我们注意的是，亚里士多德并没有使用“νοῦς ποιητικός”，而是特奥弗拉斯图斯（Theophrastus）、托马斯和布伦塔诺（Brentano）等注释家才将主动理性视为专门术语进行阐释。另外，关于“νοῦς ποιητικός”的翻译也是一个问题，拉丁文一般译为 intellectus agens, 对应的英文翻译是 active intellect 或者 agent intellect，而德文一般译为 aktiver Intellekt 或 wirkender Intellekt。另外，有的学者猜测，亚里士多德将主动理性比喻为光，这可能与柏拉图在《理想国》中将善的理念比喻为太阳有关（Diamond, E., “Aristotle's Appropriation of Plato's Sun Analogy in *De Anima*”, *Apeiron* (2014), 47（3）: 356–389）。透明介质与颜色的关系就像被动理性与可理解的思维对象的关系，透明介质本身是无色的，如此它才能接受没有质料的任何颜色的形式，同样地，被动理性也必定是非混合的，如此它才能接受没有质料的可理解的形式（430a1–5）。光是透明介质的实现状态（418b9–10），如果有光源现实地在起作用，那潜在地有颜色的事物就会成为现实地有颜色的事物，同样地，主动理性也将那潜在的可理解的思维对象变成为现实地可理解的对象，因为主动理性在其本质上来说就是现实活动（430a18）。

9. 430a17–18 这一句和下面的 430a22–23 一句相呼应，都是对主动理性的直接描述（καὶ οὗτος ὁ νοῦς χωριστὸς καὶ ἀπαθὴς καὶ ἀμιγής, τῇ οὐσίᾳ ὢν ἐνέργεια·）。关于理性的可分离性、非混合性和非受动性，亚里士多德在第三卷第 4 章中已经论述过了，这几种特性也适用于潜能理性，最难理解的是主动理性在本质或实体的意义上是现实活动（τῇ οὐσίᾳ ὢν ἐνέργεια），这是不是就等同于亚里士多德在《形而上学》中所说的神性理性（Metaph. Ⅻ 8, 1074a35）呢？亚里士多德在 Metaph. Ⅻ 8, 1074b15–35 中对神性理性的现实活动进行了详细的论述，那不被运动的实体的本质特性就是永恒性、非质料性，即排除了任何潜能的现实性原则，那最初的不被运动的实体或首要的神所过的生活就是沉思或永远在现实地思维的生活，在神那里，思想对象与思想本身是一回事，二者是一种直接而绝对的同一性。

10. 430a22–23 这句话“χωρισθεὶς δ’ ἐστὶ μόνον τοῦθ› ὅπερ ἐστί, καὶ τοῦτο μόνον ἀθάνατον καὶ ἀΐδιον”是亚里士多德在《论灵魂》中对主动理性的特性少有的一次直接描述：分离性（χωρισθεὶς）、不死性（ἀθάνατον）或永恒性（ἀΐδιον）。亚里士多德在这里使用了分离的不定过去时的被动分词，表示这是在分离之后，所以，亚里士多德在这里强调的不是主动理性是不是可分离的，而是主动理性在分离状态之后，它才是其本真之所是。但是，亚里士多德除此之外并没有给我们解释主动理性在人的认识活动中究竟是如何发挥作用的，历来的注释家对主动理性的理解不一，主要可以分为两个传统，一是亚历山大注释传统，他认为这里的主动理性就是神（Alex. Aphr. De anima 89, 9–10），是从外而进入人内的理性（GA 736b27）；另外一个传统是以特奥弗拉斯图斯为代表，他认为主动理性是指人的理性，主动理性与被动理性是人的理性的两个方面或两个特征，而非两个理性，因为理论思维是如此高妙绝伦的超绝之事，它不可能只是一种被动的东西，但是它也有对思维对象的接受，所以也需要一种被动理性。特米修斯、斐洛珀努斯和托马斯都比较认可特奥弗拉斯图斯的解读。关于主动理性的有代表性的现当代研究，参见 Brentano, Franz., *Die Psychologie des Aristoteles, insbesondere seine Lehre vom ΝΟΥΣ ΠΟΙΗΤΙΚΟΣ*. Mainz: Verlag von Franz Kirchheim, 1867; Grabmann, M., „Mittelalterliche Deutung und Umbildung der aristotelischen Lehre vom ΝΟΥΣ ΠΟΙΗΤΙΚΟΣ nach einer Zusammenstellung im Cod. BⅢ22 der Universitätsbibliothek Basel: Untersuchung und Textausgabe. “ *Sitzungsberichte der Bayerischen Akademie der Wissenschaften, Philosophisch-historische Abteilung*, Jahrgang 1936, Heft 4.; Frede, M., “La theorie aristotelicienne de l ‘intellect agent. ” in Gilbert Romeyer-Dherbey

(ed.), *Corps et âme: Sur le De anima d'Aristote,* 377–390. Paris: Librairie Philosophique J. Vrin, 1996; Caston V., "Aristotle's Two Intellects: A Modest Proposal", *Phronesis*, 44 (1999), pp. 199–227; Kosman A., "What Does the Maker Mind Make?", in *Essays on Aristotle's De Anima*, eds. M.C. Nussbaum and A. Oksenberg Rorty, Clarendon Press, Oxford. 1992; White M., "The Problem of Aristotle's Nous Poietikos", *The Review of Metaphysics*, 4 (2004), pp. 725–739。

11. 希克斯并不认可这里所说的"ἄνευ τόυτου"是指"被动理性"，而是指"主动理性"（Hicks 1907: 509–510）。里夫认为，这里有两种可能性来理解"ἄνευ τόυτου"，（1）没有被动理性，主动理性什么也不能理解；（2）没有主动理性，被动理性什么也不能理解。他认为，第（1）种看法与主动理性在本质上来说就是现实活动的事实相违背，因此第（2）种看法似乎更加正确，因为亚里士多德在 430a10–17 中一开始就强调了这一点。但是，第（1）种看法也并非全无道理，因为它至少表示主动理性并不能与被动理性完全分开（432a8–9），因为人的思维活动离不开想象的图像（cf. Reeve 2017: 165）。

第 6 章

1. 罗斯更倾向于将"ἀδιαιρέτων"译为"unitary"，而不是译为"undivided or indivisible"（Ross 1961: 300）。可理解的形式的不可错性就是基于这种"不可分性"，这应当理解为不仅仅是单一的，而且是没有部分的，因此理性不需要对这些部分统统走过一遍才认识（Metaph. Ⅻ 9, 1075a5–6），亚里士多德在 Metaph. Ⅸ 10, 1051b17–1052a11 中对非组合的东西（τὰ ἀσύνθετα）、实是和非实是、真实与虚假进行了详细的论述。
2. Cf. Metaph. Ⅵ 4, 1027b18f.; Interp. 1, 16a9–18; MA 7, 701a7–11.
3. Cf. DK 31 B 57,1.
4. Cf. GA I 18, 722b19–20; DC Ⅲ 3, 300b29–31.

5. Cf. Ana. prior. I 23, 41a26; Phys. Ⅳ 12, 221b24; Metaph. Ⅴ 29, 1024b27. 这里所说的“τὸ ἀσύμμετρον”应该是指对角线不能用正方形的边长来计量或约分（Metaph. I 2, 983a15−22）。
6. 430b1 这一句的原文有出入，罗斯将这句写为“ἂν δὲ γενομένων ἢ ἐσομένων, τὸν χρόνον προσεννοῶν [καὶ] συντίθησι.”，但是，托斯垂克和让诺讷版本都将其中的“συντίθησι”写为“συντιθείς”。所以，译文也会有些出入，我在这里随从后者。亚里士多德在接下来的 430b4—5 中就举例说明了这一点。
7. 罗斯在这一句中加上了“φῇ, τὸ λευκὸν καὶ”，如此，这句话就会更容易被理解。这里所说的判断并不是关于感觉，因为视觉的专有对象（颜色）是不会错误的（418a5），而是关于将所感知到的白色与非白色的概念联系了起来，所以不是感觉的错误，而是理性判断的错误。如果我们作出一个否定的判断，比如我们否认某个白色的东西是白色的，我们同时也作出一个肯定判断，它是非白色的。同样地，一个肯定的判断也表示是对其相反的特性的否定。
8. Cf. Interp. 1, 16a12−13. 错误的和正确的结合可以通过正确的或错误的分离来表示，比如，A 和 B 的结合就表示 A 与非 B 的分离。思维对象的一体性有赖于我们的理性对两个事物的联合（一物谓述另外一物），那么这对象也可以被理解为是一种分割或分开，即分为主语和谓词（cf. Reeve 2017: 166）。
9. Cf. EN Ⅵ 2, 1139a21.
10. 理性去认识那些不可分的或非组合的事物的时候，是不会错误的，因为那些非组合的东西既非真，也非假，理性并不会在一个事物的本质方面被欺骗或有错误，只有结合或组合的事物才有真假，比如非白，如果非白与白的事物结合在一起，那么就会出现错误，比如，白天鹅不是白色的，而如果白的事物与那并不是白的事物混合在一起，那么也会出现错误，乌鸦是白色的。而且，灵魂可以针对现在、过去和未来的事物进行分离或结合，时间的幅度也被纳入到真假的判断中。亚里士多德在

Metaph. Ⅵ 4, 1027b25−27 说，真假并不在外在的事物上，而是在人的心灵中。

11. 这表示“τὸ δ’ ἀδιαίρετον”的含义有模糊性，它既可以表示“不能被分开的”，也可以表示“现实地未分开的”（actually undivided），也就是潜在的不可分开和现实的不分开。

12. 430b6—8 这一句的手抄本原文似乎遗漏了一些词语，这使得这一句有词不达意之嫌，按照罗斯的校对，这句话应当增补一些词语才能作通顺的理解，按照他的说法，这句话应当是“οὐθὲν κωλύει νοεῖν τὸ〈διαιρετὸν ᾗ〉ἀδιαίρετον,〈οἷον〉ὅταν νοῇ τὸ μῆκος（ἀδιαίρετον γὰρ ἐνεργείᾳ）”，所以，罗斯加上了〈διαιρετὸν ᾗ〉和〈οἷον〉。让诺讷和托斯垂克都直接采用了手抄本的写法，我在这里随从罗斯的建议。

13. Cf. Phys. Ⅵ 2, 223a11−12.

14. 430b11 这一句的主语并不清楚，译文有所不同，罗斯将“οὐ γὰρ ἔστιν, ἂν μὴ διαιρεθῇ, ἀλλ’ ἢ δυνάμει.”这句译为：for if the time is not divided the half-times exist only potentially; 而希尔斯译为：since if the whole has not been divided, there are no halves, except in potentiality; 德文 C 本：Dies ist nämlich nicht möglich, wenn sie nicht（tatsächlich）geteilt wurde, außer dem Vermögen nach。我认为这里的主语应该仍然是“时间”，所以我随从罗斯的理解。

15. Cf. Phys. Ⅷ 8, 263a21f.

16. 亚里士多德在这里强调，我们是在根据可感对象的可理解的形式或其本质来理解的，比如亚里士多德在 Metaph. Ⅲ 3, 999a2−3 中说“所有不可分的事物或者是在量的性质方面，或者是在形式上”（ἀδιαίρετον δὲ ἅπαν ἢ κατὰ τὸ ποσὸν ἢ κατ’ εἶδος），另外在 Metaph. Ⅴ 6, 1016b23−24 中也说“无论在哪里，一都是或在量的属性上或在形式上不可分”（πανταχοῦ δὲ τὸ ἓν ἢ τῷ ποσῷ ἢ τῷ εἴδει ἀδιαίρετον.），参见 Metaph. Ⅹ 1, 1053a18−20。

17. 白沃特（Bywater）认为，430b14−15 这一句“τὸ δὲ μὴ κατὰ τὸ ποσὸν ἀδιαίρετον ἀλλὰ τῷ εἴδει νοεῖ ἐν ἀδιαιρέτῳ χρόνῳ καὶ ἀδιαιρέτῳ τῆς ψυχῆς.”属于错误的插入语，正确的位置应当是在 430b20 的“—”后面，理由

是，430b6–20 这一段并不是关于“并非在量上的不可分者”（τὸ μὴ κατὰ τὸ ποσὸν ἀδιαίρετον），而是关于“在量上的可分者”（τὸ κατὰ τὸ ποσὸν ἀδιαίρετον）。所以，“μῆκος”在 430b19–20 和 6–14 中多次作为量的属性的示例而出现（Ross 1961: 300）。

18. Cf. Metaph. V 6, 1016a35–b3:“……总的说来，如果那对事物的是其所是的把握的思想是不可分的，不论在时间上，还是在地点上，还是在定义上，都不能分割，它们在最大程度上就是一，而其中，实体是所有一中最是一的东西……”（ὅλως δὲ ὧν ἡ νόησις ἀδιαίρετος ἡ νοοῦσα τὸ τί ἦν εἶναι, καὶ μὴ δύναται χωρίσαι μήτε χρόνῳ μήτε τόπῳ μήτε λόγῳ, μάλιστα ταῦτα ἕν, καὶ τούτων ὅσα οὐσίαι...）；另外也参见 Phys. Ⅷ 8, 263b7–9。

19. Cf. Metaph. Ⅶ 11, 1036b13–15.

20. Cf. Metaph. Ⅺ 2, 1060b13–19; Ⅲ 5, 1002a18f.

21. Cf. Metaph. V 6, 1016b24–26; Metaph. Ⅳ 2, 1004a9–12; Ⅸ 2, 1046b7–15:“原因在于科学知识就是理性的说明，而理性的说明自身就既揭示事物，又揭示其缺失或褫夺，尽管所用的方式并不相同……”（αἴτιον δὲ ὅτι λόγος ἐστὶν ἡ ἐπιστήμη, ὁ δὲ λόγος ὁ αὐτὸς δηλοῖ τὸ πρᾶγμα καὶ τὴν στέρησιν, πλὴν οὐχ ὡσαύτως...）。关于缺失（στέρησις）的定义，参见 Metaph. V 22, 1022b22–32。所有知识的来源都是感性材料，那些有广延的感性事物首先出现在我们的心灵内，这是为什么，点和一只能在否定的意义上才能被界定，因为点是连续性的缺失或褫夺。这就是为什么所有那些被我们认识的事物如果是超越我们的感官对象的，那么我们只能通过否定来认识。他们是非质料性，非身体性的等。

22. 黑是对白的缺失（cf. Metaph. X 3, 1053b30–31），而恶属于那没有限定之物，善则属于有限定之物，正确的方式只有一种（cf. EN Ⅱ 6, 1106b29–31），另外也参见 DA 426b29ff.。

23. Cf. Metaph. Ⅶ 7, 1032b2–5,“我们把个别事物的本质和第一实体都称为形式，甚至那些相反者也以某种方式具有相同的形式，缺乏或褫夺的实体也是实体，不过是对立的实体。例如，健康是疾病的实体，疾病就是健康的丧失”（εἶδος δὲ λέγω τὸ τί ἦν εἶναι ἑκάστου καὶ τὴν πρώτην οὐσίαν: καὶ γὰρ τῶν ἐναντίων τρόπον τινὰ τὸ αὐτὸ εἶδος: τῆς γὰρ στερήσεως οὐσία ἡ οὐσία ἡ ἀντικειμένη, οἷον ὑγίεια νόσου, ἐκείνης γὰρ ἀπουσία ἡ νόσος）。另外，也参见 Metaph. I 3, 1034a26–29。

24. Cf. Metaph. I 3, 1034a26–29. 430b23–24 这一句的译文不同，希尔斯将 δεῖ δὲ δυνάμει εἶναι τὸ γνωρίζον καὶ ἐνεῖναι ἐν αὐτῷ 译为：For it is necessary that the one who comes to know is in potentiality and that these be present；而罗斯认为这句话是后来插入的，并没有对其进行翻译；德文 C 本译为：Das Erkennende muss es（das Gegenteil）aber dem Vermögen nach sein, und es muss ihm innewohnen；英文 H 本：But that which apprehends must potentially be, and must contain within itself, the contrary which it apprehends；法文 J 本：Mais il faut que le connaissant soit en puissance [ces contraires] et contienne l'un de ces termes en lui-même。我认为，后面这三种译法更为合理。

25. 相反者只发生在就好像质料的同一类中（Metaph. X 4, 1055a27–28），相反地，在没有质料的或与质料分离的不动的动者那里，是没有什么相反者的（cf. Metaph. XII 10, 1075b21–23），因为他在本质上来说就是实现活动，他是理性对理性自身的思想，亚里士多德在《形而上学》第十二卷中的后面几章中对作为首要实体的不动的动者进行了很好的论述。

26. 罗斯认为，430b26–27“ἔστι δ'ἡ μὲν φάσις τι κατά τινος, ὥσπερ καὶ ἡ ἀπόφασις,”这一句在手抄本中的写法是错误的，因为在亚里士多德对“φάσις”的用法中，它或者表示 κατάφασις 与 ἀπόφασις 这两个种的类，或者就表示 κατάφασις（Ross 1961: 301）。

27. Cf. DA 430a27–b5; Metaph. IX 10, 1051b24–26,“相反，真实与虚假是这样的，去接近或碰触和断定是真实的（因为断定和言说是不同的），但是，无知则是不去接近或触碰，因为在关于是什么的问题方面是不会犯错的，除非在偶性的意义上”（ἀλλ' ἔστι τὸ μὲν ἀληθὲς ἢ ψεῦδος, τὸ μὲν θιγεῖν καὶ φάναι ἀληθές（οὐ γὰρ ταὐτὸ κατάφασις καὶ φάσις），τὸ δ' ἀγνοεῖν μὴ θιγγάνειν ἀπατηθῆναι γὰρ περὶ τὸ τί ἐστιν οὐκ ἔστιν ἀλλ' ἢ κατὰ

συμβεβηκός）。关于断定与言说的不同，参见 Interp.4, 16b26−31。

28. Cf. Metaph. Ⅷ 3, 1043b29−32. 当我们理解一个对象的本质时，我们并不是通过一个物体来谓述另外一个物体来达到的，即不是通过主谓句子来达到，原因就是对象的本质就是形式，而形式不是用来谓述质料的。亚里士多德使用了接触到或触碰到的比喻性术语来表达我们对一物的本质的理解（cf. DA 403a14; 407a15−18.）。

29. Cf. DA 418a14−16.

30. Cf. Metaph. Ⅷ 6, 1045b23.

第 7 章

1. 在一些学者看来，《论灵魂》的第三卷第 7 章多是一些凌乱的残篇组合而成，它并没有一个统一的主题或者共同的题目，它缺乏联结和互相引用的词句（cf. Shields 2016: 335）。罗斯认为，托斯垂克的观点是，后来的编撰者把这些凌乱的残篇编辑在一起的，我们可以在 431a4, 431a7, 431a17，431a20, 431b1, 431b12 看到这种迹象。另外，这一章的残篇性质也可以从下面这一点看出来，即缺少一个与 τὸ μὲν αἰσθητόν（431a4）相对应的 τὸ δέ- 从句。早期编撰家只是为了不让亚里士多德所说的任何话语丢失，而将其添补在这里（Ross 1961: 303）。

2. 亚里士多德在 430a19−21 表达了同样的意思，但是，根据斐洛珀努斯（Philoponus）的看法，亚历山大认为 431a1−3 这一句是有问题的，理由就是因为它在第三卷的第 5 章中就出现过。相反，罗斯认为，我们更应当怀疑 DA 430a19−21 是有问题的，而不是 431a1−3，因为这一章无论如何只是一些残篇断句的串联，而在第 5 章中的出现则打乱了亚里士多德对主动理性的讨论（Ross 1961: 303）。另外，亚里士多德在此强调现实活动比潜能更在先更重要，现实的知识比潜在的知识更重要，因为，一切生成之物都是来自于一个现实性的存在（ἔστι γὰρ ἐξ ἐντελεχείᾳ ὄντος πάντα τὰ γιγνόμενα）。关于这一点，亚里士多德在《形而上学》中做了最为详细的论述，参见 Metaph. Ⅻ 6, 1071b14−15; Ⅶ 9, 1034b17−19; Ⅻ 3, 1070a4−5; 尤其是Ⅸ 9, 1051a21−33; Ⅸ 8, 1049b17−29。

3. Cf. DA 417b2−9.

4. Cf. Metaph. Ⅸ 6, 1048b18−35: "……这两者之中，一个叫做运动，一个叫做现实活动。一切运动都是不完满的，减肥、学习、行走、盖房这些都是运动，并且是不完满的。行走并不同时已经走到了，盖房并不同时已经盖好了，生成也不是已经生成了，被运动并不是已经被运动完了，运动和已经运动了是不相同的。已经看到和观看、思想和已经想过了却同时都是一回事情，我就把这样的活动叫做现实，而把另外一种叫做运动"（...τούτων δὴ δεῖ τὰς μὲν κινήσεις λέγειν, τὰς δ᾽ ἐνεργείας. πᾶσα γὰρ κίνησις ἀτελής, ἰσχνασία μάθησις βάδισις οἰκοδόμησις: αὗται δὴ κινήσεις, καὶ ἀτελεῖς γε. οὐ γὰρ ἅμα βαδίζει καὶ βεβάδικεν, οὐδ᾽ οἰκοδομεῖ καὶ ᾠκοδόμηκεν, οὐδὲ γίγνεται καὶ γέγονεν ἢ κινεῖται καὶ κεκίνηται, ἀλλ᾽ ἕτερον, καὶ κινεῖ καὶ κεκίνηκεν: ἑώρακε δὲ καὶ ὁρᾷ ἅμα τὸ αὐτό, καὶ νοεῖ καὶ νενόηκεν. τὴν μὲν οὖν τοιαύτην ἐνέργειαν λέγω, ἐκείνην δὲ κίνησιν.）。

5. Cf. DA 430a26−30.

6. Cf. Metaph. Ⅸ 10, 1051b24−25; EN Ⅵ 2, 1139a21−22.

7. "καὶ ἔστι τὸ ἥδεσθαι καὶ λυπεῖσθαι τὸ ἐνεργεῖν τῇ αἰσθητικῇ μεσότητι πρὸς τὸ ἀγαθὸν ἢ κακόν, ᾗ τοιαῦτα." 431a10−11 这句话的译文有出入。德文 B 本：Und so ist das Lust-und Schmerzempfinden das kraft der wahrnehmungsfähigen Mitte erfolgende wirkliche Tätigsein in Beziehung auf das Gute oder Schlechte, insofern es so beschaffenes ist; 德文 C 本：Und das Lust-und Leidempfinden besteht in dem Tätigsein mit der wahrnehmungsfähigen Mitte in Bezug auf das Gute oder Schlechte, insofern sie Derartige sind; 英文 S 本：And it is the case that being pleased and being pained are the actualization of the mean of the perceptual faculty in relation to what is good or bad insofar as they are such; 英文 R 本（OCT）: Pleasure and pain are the reaction with one's perceptive mean to the good or bad as such; 英文 Rv 本：In fact, to feel pleasure or pain is to be

active with regard to the perceptual mean in relation to what is good or bad as such; 法文 B 本：Éprouver du plaisir ou de la peine, c'est exercer une activité des sens en équilibre par rapport à ce qui est bon ou mauvais en tant qe tels; 法文 J 本：La jouissance ou l'affliction sont des actes de la moyenne que constitue le sens en face du bon ou du mauvais commes tels; 中文 W 本：感到愉悦（可喜）或痛苦（可厌）而采取某样的态度，以对应那个相涉的客体，这表明了这客体于己为善而有益，或恶而有害；中文 Q 本：感到快乐或痛苦就会按照相应于善或恶或诸如此类的东西的感性媒介而行动。我认为德文C 本和德文B 本的译文更符合原文，因为 τῇ αἰσθητικῇ μεσότητι 是与格，表示"通过或来自于感觉能力的中道"。这句话为我们理解关于痛苦与快乐的定义甚为重要，科尔西利乌斯在自己的著作《欲求与运动：亚里士多德关于动物的位移运动理论》（*Streben und Bewegung, Aristoteles' Theorie der animalischen Ortsbewegung,* De Gruyter Berlin 2008, S. 65−102）中用了很大的篇幅对这句话进行了详细的分析。另外，关于感觉的中道，参见 DA 424a4, 424a28−b3, 423b27−424a10。

8. 431a13 中所说的欲求能力与躲避能力（τὸ ὀρεκτικὸν καὶ τὸ φευκτικόν）是一事的两面，因为对一物的欲求就同时意味着对相反之物的躲避，当然这并不是现实的欲求就等于现实的躲避，而是二者的现实活动是同一种能力的实现。另外，在亚里士多德看来，这两种形式与感觉能力也相同，因此，我认为，欲求能力并不是一种独立的灵魂部分或主干性的灵魂能力，而是在本质上依赖于感觉能力，当动物感知到什么对象，它就会产生相应的欲求或躲避。关于在本质上不相同的问题，参见 DA 424a24−28; Metaph. Ⅶ 11, 1037b6; Phys. 202a18−20, b11−16。

9. 伦理行动中的躲避和欲求，就像谓述中的肯定和否定。

10. Cf. DA 403a8−10; Mem. 1, 449b30−450a5; DS 6, 445b16−17; MA 6, 700b19−20; EN Ⅵ 12, 1143b4−5; Ana. Post. Ⅱ, 19, 100a3−9. 我认为，亚里士多德在这里更为强调的是实践理性方面的活动，就像对一个对象的感知可以导致对其进行欲求或躲避那样，对一物的特性的想象也可以导致对它的欲求或躲避。

11. 431a19: “τὸ δὲ ἔσχατον ἕν, καὶ μία ⟨ἡ⟩ μεσότης,” 这一句中的 τὸ ἔσχατον 并不清楚究竟是指什么，有的译为“最终的器官”（英文 R 本），有的译为“最终的能力”（英文 S 本），而很多其他译者直接译为“最终的东西”（英文 Rv 本），托马斯使用的莫贝克拉丁文版本也译为“set ultimum unum”。包德厄斯认为，这里所说的“最终的”是指“共同感”或“共通感”，也就是心脏，基于此，所有的感觉活动才得以完成（cf. Insomn. 2, 459b5−8），亚里士多德认为心脏就在躯体的中心（VM 4, 469a24f. cf. Bodéüs: 273）。我认为，这一词语应当是指“最终的能力”，即每种专有感觉的最终能力是单一的，并不是指共通感的内感觉器官——心脏，而是 μεσότης 可以被理解为内感官——心脏。亚里士多德在这里强调的是，尽管感觉的现实活动需要多个因素才可能，但是，感觉活动本身则是一个单一的活动，只是在听觉与在视觉中的作为感觉中道的这个内感官是不同的。
12. 431a19−20: “τὸ δ’ εἶναι αὐτῇ πλείω...”，我在这里随从罗斯的翻译。
13. Cf. DA 420a31−b1.
14. Cf. DA 426b8−427a14.
15. Cf. DA 427a10. 亚里士多德在这里将界限视为“点”。
16. 我在这里随从科尔西里乌斯（Corcilius）的译法，“Und diese（verschiedenen Sinne）, da sie der Analogie nach und numerisch eins sind, verhalten sich zu jedem von beiden so, wie jene（Süßes und Warmes）sich zueinander verhalten.”。罗斯的翻译直接将在类比上和在数字上是一的两种特性之间的关系看作是热与冷之间的关系：“the two qualities, being one by analogy and numerically one, are, each to each, as the hot and the cold are to one another.”。
17. 罗斯译为：“How can the question how heterogeneous objects are discerned be harder than the question how contraries, like white and black, are discerned?”，罗斯的理由是，这两个问题显然是有所不同，所以，他将 431a24 中的

“διαφέρει”理解为“exceed or exceed in difficulty”（Ross 1961: 306）。我认为，亚里士多德所提出来的问题是想要获得一个肯定的回答，即灵魂区分属于不同感觉类别的对象与灵魂区分同一种感觉里面的相反者这两个区分实际上没有区别，而是相同的或至少有相同性，亚里士多德并不是想要证明前一种区分难度更大。在不同种类的感觉对象之间的差别要比在同一种感觉下的相反者的差别更大，当然，甜和白的差别要与甜和苦之间的差别更大（cf. DS 7, 448a13–17），对前者的区分确实难度更大一些，但是，这不是亚里士多德在这里想要证明的目的。

18. 这表示 D 与 B 也会属于一个对象，罗斯将 431a27–28 “εἰ δὴ τὰ ΓΔ ἑνὶ εἴη ὑπάρχοντα, οὕτως ἕξει, ὥσπερ καὶ τὰ AB,” 这一句中的字母顺序进行了修改，即将手抄本中的“ΓΔ, AB”改为了“ΓA , ΔB,”，因为没有一对相反的可感属性会同时属于同一个对象（参见英文 R 本），而手抄本的写法就会要求这样。

19. 431a28–29: τὸ αὐτὸ μὲν καὶ ἕν 是指虽然甜与苦就都属于味觉的可感属性而言是相同的，但是，甜作为甜与苦作为苦的本质则是不同的。

20. 431a20–431b1 这一段的论证虽然看起来颇为复杂，但是，实际上，亚里士多德想要回答的问题是，是什么好像界限一样在两种可感属性（比如，甜与白）之间进行区分和发挥作用呢？罗斯认为，这个东西就是共通感（αἴσθησις κοινή）（cf. Ross 1961: 306）。

21. 关于火把的例子，参见 Thucydides, *The Peloponnesian War*, Ⅱ 94; Ⅲ 22; 80; Ⅷ 102。431b5–6 这一句正好显示出亚里士多德在 DA 418a8–25 所说的三种感觉形式对各自不同的对象的感知，我们通过视觉看到一个有颜色的物体，通过共通感我们感知到它在动，通过观察我们偶有地感知到这是敌人的火把，表示敌人在靠近。罗斯认为，我们事实上是通过火把的运动才感知到这是敌人的信号，因此，他认为，τῇ κινήσει 应当代替 τῇ κοινῇ，但是，τῇ κοινῇ γνωρίζει, ὁρῶν κινούμενον 又显得重复，最好的解决办法是，就像白沃特（Bywater）那样取消 τῇ κοινῇ，或者写为 τῇ κοινῇ ὁρῶν κινούμενον, γνωρίζει ὅτι πολέμιος·（Ross 1961: 306–307）。

22. 亚里士多德在《尼各马可伦理学》的第六卷第 1 章中认为，灵魂的理性部分包含两个部分，一个是针对永恒的或不可别样的理论知识的理性部分（τὸ ἐπιστημονικὸν），一个是针对具体的可以别样的实践知识的推算或计算的理性部分（τὸ λογιστικόν），Cf. EN Ⅵ 2, 1139a12; 1138b8。这里所说的理性应当指针对实践知识的推算的理性部分，因为推算和考量都是一回事，都是基于当下的存在而考量行将发生的事（λογίζεται καὶ βουλεύεται τὰ μέλλοντα πρὸς τὰ παρόντα·）。

23. 罗斯把 431b10 这一句中的 ἐν 改为了 ἓν，即"καὶ ὅλως ἓν πράξει."，意思是：每个人只能做一件事，但是，汗姆林和托斯垂克都遵循手抄本的形式，即"καὶ ὅλως ἐν πράξει."意思是：普遍来说，在行动中也是这样。我在这里随从罗斯的建议。

24. Cf. EN Ⅵ 2, 1139a26–31; Metaph. Ⅳ 2, 1004b27f.

25. Cf. DA 429b18–22;

26. 罗斯对这一句进行了修订，他认为，在 τὸ σιμὸν ᾗ μὲν σιμὸν οὔ 之后，应当加上一个逗号，οὔ 放到后面是为了强调（cf. Meteor. 385b23; EN 1123b6），另外，在后半句中要加上 ὄντα 和 ᾗ，即"οὐ κεχωρισμένα〈ὄντα〉, ὡς κεχωρισμένα νοεῖ, ὅταν νοῇ〈ᾗ〉ἐκεῖνα."（Ross 1961: 307）。

27. Cf. DA 431a1–2.

28. 对 431b18–19 这一句的译文多有出入，"ἆρα δ'ἐνδέχεται τῶν κεχωρισμένων τι νοεῖν ὄντα αὐτὸν μὴ κεχωρισμένον μεγέθους, ἢ οὔ, σκεπτέον ὕστερον"这句话的主语有人将其译为理性，有人认为是一个人。将主语视为理性的困难在于，亚里士多德在 DA Ⅲ 4–5 中认为理性是不与躯体混合、不受作用的，甚至与躯体分离存在，但这里似乎认为理性是不能脱离空间的量而存在。所以，我随从罗斯的看法，将主语理解为一个人。亚里士多德在《论记忆与回忆》中也使用了这样的结束语（Mem. 450a7），但是，我们并看不到亚里士多德在后面确实有进行论述的迹象。

第 8 章

1. 431b20 这一句中的“συγκεφαλαιώσαντες”虽然是不定过去时的分词，但这并不表示，总结在这里结束了，而恰恰表示刚刚开始，罗斯认为，亚里士多德在《政治学》中也这样使用这个词语（cf. Pol. 1322b30: ὡς εἰπεῖν συγκεφαλαιωσαμένους, cf. Ross 1961: 308）。另外，λεχθέντα 在这里是指亚里士多德在第 1—2 章对感觉和在第 3—7 章中对理性能力所做的论述。
2. Cf. DA 429b8–9; 430a4–5; 430b23–24; 431a1–2; 431b11–12.
3. Cf. DA 425b26f.
4. 亚里士多德在《论灵魂》中多次使用 δυνάμει 与 ἐντελεχείᾳ 形而上学的概念对子来表示潜在的能力与现实的活动之间的区别，我认为，无论对于感觉还是对于理性，现实活动有优先性。
5. Cf. 424a18–28; 429a27–29.
6. Cf. PA Ⅳ 10, 687a16–b7. “……因此，我们必须得出结论，我们并不是因为手才拥有更高的明智，而是因为我们更明智，所以才有了手。因为，动物中最聪明的动物是那能够善用绝大多数工具的动物。手不能被仅仅视为是一个工具性器官，而是多个器官；因为它是能够使用工具的工具。因此，手这个工具——作为工具中的工具的手用途最为广泛，是自然赋予人的，人是动物中的动物，借助手，他可以学习多种不同的技艺……”。亚里士多德在这里似乎是为了反驳阿那克萨戈拉的说法，后者认为，人是最聪明的动物，因为人有双手。亚里士多德的看法正好相反，他认为，人有双手是因为他是最聪明的动物。我们在自己内有两种可以使用外在的工具的工具，身体中的手和灵魂中的理性。
7. Cf. PA Ⅳ 10, 687a19–21; DA 424a17–28, 430a7–8.
8. 432a4: “ἐπεὶ δὲ οὐδὲ πρᾶγμα οὐθὲν ἔστι παρὰ τὰ μεγέθη, ὡς δοκεῖ, τὰ αἰσθητὰ κεχωρισμένον,” κεχωρισμένον 是与 πρᾶγμα 连在一起的，而 τὰ αἰσθητὰ 是与 τὰ μεγέθη 连在一起的，意思是，在可感的广延之外不存在分离存在的

事物。但是，这样的宣称似乎与亚里士多德在《物理学》第八卷和《形而上学》第十二卷中所说的“不动的动者”或“神的理性”相矛盾，因为后者是没有质料而分离存在的。

9. Cf. DS 1, 437a2–3; 6, 445b16–17.

10. Cf. Ana. Post. I 18, 81a38f.

11. Cf. DA 431b2f.

12. Cf. DA 429a5; 431a15.

13. Cf. DA 428b18–30; 427b16–21.

14. 432a12 中的“τὰ δὲ πρῶτα νοήματα”应该是指那些在被理性联结起来之前的最基本的或最基层的形式和不可分者，一旦这些形式有了联结，也就有了真假（cf. Ana. Post. II 19, 100a15–b3; 430a27–28）。

15. Cf. DA 431b17–19.

第 9 章

1. Cf. DA 426b10; 427a18; 418a14; 422a21; 424a5f. 感觉是对可感属性的判断和区分。想象力也具有这种区分能力（cf. DA 428a1ff.; Insomn. 2, 460b17）。

2. Cf. DA 403b25–27; 411a24–26; 427a17–19. 亚里士多德在这里所说的“动物的灵魂”（ἡ τῶν ζῴων）是与植物的灵魂区别开来的，后者既不具有区分能力（τὸ κριτικόν），亦不具有运动能力（τὸ κινητικόν）。

3. Cf. DA 413b13–22; 429a11–12.

4. Cf. Da 411a30–b5; 413b13ff.; 429a11f.; EN I 13, 1102a28–32. 注释家们关于 432a21–22“πότερον ἴδιόν τι παρὰ τὰ εἰωθότα λέγεσθαι καὶ τὰ εἰρημένα, ἢ τούτων ἕν τι.”这一句的理解意见不一，由此译法也不同。其中，最大的分歧是对于“παρὰ”的理解不同，德文 C 本译为“neben”，德文 B 本译为“außer”，英文 S 本和 Rv 本译为“beyond”，英文 H 本译为“in addition to”，只有罗斯将其译为“identital with”。我认为，罗斯的理解有

误，因为亚里士多德在这里使用了“ἴδιόν”一词来强调，是否欲求能力是一种这些能力之外的独立的或专门的能力。另外，一些古代注释家认为 τὰ εἰωθότα λέγεσθαι 就是指柏拉图所说的灵魂三分（cf. Themistius. 116, 31f.; Simplcius. 287,27–31; Philoponus. 573,21f.），而 τὰ εἰρημένα 就是指亚里士多德本人的区分（Simplcius. 287,25f.; Philoponus. 573, 22–24）。

5. 关于灵魂的这三个部分：理性部分（λογιστικὸν）、激情或血气部分（καὶ θυμικὸν）和欲望部分（ἐπιθυμητικόν），参见 Plato, Rep. Ⅳ 434d–441c, esp. 435b, 438d, Ⅸ 580df.; Tim. 69cf.; Phaed. 246af.。

6. Cf. Rep. Ⅹ 608df.; Tim. 65af., 69cf., 72d; Nomoi, Ⅻ, 961df., 亚里士多德在 MM 1182a23–25 中认为这种区分是柏拉图所做的，但是，这种二分在当时应该是一个司空见惯的分法，亚里士多德在《尼各马可伦理学》中认为，在柏拉图之前，就有这个分法（cf. EN I 13, 1102a26–28; Ⅵ 2, 1139a3–9）。

7. 因为感觉和理性都有区分或判断的能力（cf. DA 432a16），而且理性能力在某种程度上依赖于感觉能力（432a3–8），一个人如果不能感觉到什么，那么他就无法学习和沉思事物的本性。

8. Cf. DA 427b14f., 428a5f. 虽然亚里士多德在第三卷第 3 章中专门讨论想象能力，但是，想象的终究位置或地位仍然扑朔迷离，令人难解。一方面，想象或心灵图像依赖于感觉，因为这种依赖性，想象不是一个本身具有自主性的能力，而是有着某种寄生性；但另一方面，心灵图像又为思维提供素材，人的理性思维离不开心灵图像（431a14–15, b2–5；432a8–14）。亚里士多德在《论记忆与回忆》中似乎将其归为感觉一方，但是在偶性的意义上与思维相关（cf. Mem. 1,450a10–14）。关于想象与非理性欲望之间的关系，参见 Lorenz, H, *The Brute Within, Appetitive Desire in Plato and Aristotle,* Oxford 2006, pp.113–207。

9. 关于“διασπᾶν”的用法，参见 Da 411a20, 416a7; PA I 2, 642b10。

10. 愿望（βούλησις）是对于善的一种理性欲求。Cf. Top. Ⅳ 5, 126a13; Rhet. I 10, 1368b37; EN 1111b19ff.; Pol. 1334b22.

11. Cf. EE Ⅱ 7, 1223a26–27; MA 6, 700b22f. 关于这三种不同的欲求形式，参见 Pearson, G., *Aristotle on Desire*, Cambridge University Press, 2012。

12. Cf. DA 415a23–25; 416a18–b31. 432b9–10 中的“τὴν μὲν γὰρ ”是为强调，他现在要集中于对位移运动的能力的探究，就像他在后面 432b14 中所说的“行走运动”（τὴν πορευτικὴν κίνησιν）。亚里士多德在这里关心的并不是动物的生长和消亡这样的运动或变化，虽然它们也属于变化或运动中的一种，但它们多是由于灵魂的营养能力而引起。引起位移运动的能力应该是另外一种能力。

13. 关于呼吸、睡眠、苏醒，亚里士多德在《论自然诸短篇》中的《论睡眠和清醒》《论梦境》《论梦中的征兆》《论呼吸》等进行了讨论。

14. 432b14 中的 τί τὸ κινοῦν τὸ ζῷον 在后来的讨论中被一律换为 το ὀρεκτικόν。就像亚里士多德在界定何谓想象时使用了排除法（DA Ⅲ 3），他在这里也使用了这个方法，先后排除了营养能力、感觉能力、理性能力和欲望可以单独地引起动物的位移运动，他在下一章中认为，欲求和实践理性似乎是引起运动的两种本原（433a12–14），但有时他似乎又认为，在动物那里，欲求是引起位移运动的原因（433a31–32），亚里士多德在这里（432b16–17）也支持他的这一说法（那不在欲求某物或逃避某物的动物不会被运动起来，除非通过外在的强力）。

15. 432b15 中所说的“ἀεί τε γὰρ ἕνεκά του ἡ κίνησις αὕτη.”并不足以取消或排除营养能力不是一种引起动物的位移运动的能力，因为营养能力也是为了某个目的而进行运作的，即实现自然的目的。

16. Cf. MA 6, 700b15–18. 这里所说的 μετὰ φαντασίας καὶ ὀρέξεώς 与后面的 νόησις 和 ὄρεξις 相对应（433a9f.），主要强调非理性的动物在进行位移运动的时候一定伴有对所欲求的对象的快乐或痛苦想象。

17. 如果营养能力就是引起动物运动的原则，那么（1）它就会具有位移运动的能力了，而且（2）还会具有一个能引起运动的器官。这显然是不可能的。

18. Cf. DA 410b19–21; 413b2–4.

19. 亚里士多德在 415b16–17, 434a31 和 PA I 1, 641b12–29 中也提及自然不会徒劳无功地做事。里夫认为，这里的自然可以指如下三种可能性：（1）宇宙自然或大全的自然（cf. Metaph. Ⅻ 10, 1075a11–12），不同于那些构成这个大全的各种事物的自然，（2）被不同的形式本质所形成的自然，并不被视为超越于这些不同事物的自然之上的东西，（3）第三个可能性（cf. Reeve 2017: 181）。

20. Cf. DA 425a10–11; 415a27.

21. 亚里士多德所说的 ἀτελέσιν 或 ἀτελῆ 与 πηρώματά 表示两种不同的不完善状态。

22. Cf. DA 415a26f..

23. Cf. DA 407a4; 429a22; MM I 34,1196b15–34. 亚里士多德在 EN Ⅵ 1, 1139a11–15 中所讨论的 λογιστικόν 就是在 HA I 1, 488b24 和 Pol. I 13, 1260a12 中所说的灵魂的思虑或考量能力（βουλευτικόν）。

24. Cf. EN Ⅵ 12, 1143b19–20. πρακτόν 表示可实践的事物，以“-τον”结尾的词可以表示完成时的被动态分词，表示完成的状态，也可以表示某种可能性。在这里是指后者。

25. Cf. EE I 5, 1216b2–16; Pol. I 11, 1259a5–33.

26. Cf. EN Ⅶ 6, 1147b25–28. 包德厄斯认为，这“另外的部分”（ἕτερόν τι μόριον）应当是指唾液腺或性器官，必要的快乐总是与身体相连，即营养和性爱，即与放纵和节制相关的那些肉体活动（EN Ⅶ 6, 1147b25–28; cf. Bodéüs 2018: 282）。

27. Cf. EN Ⅶ 1, 1145b12–13; Ⅶ 4, 1148a4–11.

28. Cf. Pol. Ⅲ 11, 1281b40–1282a4; Metaph. Ⅸ 5, 1047b35–1048a15.

29. Cf. EN Ⅶ 1,1145b10–14.

第 10 章

1. Cf. DA 427b27ff.

2. Cf. EN Ⅶ 7, 1150b27–28. “急性子和易激动的人容易成为冲动的不自制者。前者由于急于求成，后者则是由于冲动而把理性抛诸脑后，基于这个原因，他们只好顺从想象了”（μάλιστα δ᾽ οἱ ὀξεῖς καὶ μελαγχολικοὶ τὴν προπετῆ ἀκρασίαν εἰσὶν ἀκρατεῖς: οἳ μὲν γὰρ διὰ τὴν ταχυτῆτα οἳ δὲ διὰ τὴν σφοδρότητα οὐκ ἀναμένουσι τὸν λόγον, διὰ τὸ ἀκολουθητικοὶ εἶναι τῇ φαντασίᾳ.）。

3. 亚里士多德在 EN Ⅵ 2, 1139a31–b5 和 MA 6, 700b15f. 中将人的行动原则称为“决定或选择”（ἡ προαίρεσις），而选择就是欲求着的理性或理性的欲求（ὀρεκτικὸς νοῦς ἢ ὄρεξις διανοητική）。

4. Cf. EN Ⅵ 2, 1139a35–36. “推理理性本身并不推动，而是那指向某种目的的实践理性在推动”（διάνοια δ᾽ αὐτὴ οὐθὲν κινεῖ, ἀλλ᾽ ἡ ἕνεκά του καὶ πρακτική:），也可参见 EN Ⅵ 9, 1433a35–b3。

5. Cf. EE I 5, 1216b16–18; EN Ⅵ 2, 1139b3–4, 1139a21–31.

6. Cf. EN Ⅲ 3, 1112b12–24, 5, 1112b11–28; Ⅵ 5, 1140b16–17; Ⅵ 12, 1143a35–b11; EE Ⅱ 11, 1227b25–1228a2; MA 6, 700b23–28; Metaph. Ⅶ 7, 1032b6–10, Ⅴ 16, 1021b29–30.

7. 一些古代注释家认为 433a21 “ἓν δή τι τὸ κινοῦν, τὸ ὀρεκτικόν.” 中的 τὸ ὀρεκτικόν 应该是 τὸ ὀρεκτόν（cf. Simplicius. 297,32），有些现代学者跟从辛普里丘的看法，比如，贝克（Bekker）、淳德伦布克、瓦勒斯（Wallace）等。而托斯垂克则改为了 τὸ ὀρεκτικόν，很多翻译者都采取了他的修改，但是，包德厄斯则反对这种修改，他认为，欲求能力不是首要的引起运动者，首要的推动者应该是欲求对象（cf. Bodéüs 2018: 285）。亚里士多德确实在 MA 6, 700b23–24 说，那第一推动者是欲求的或理性的对象，而且在 MA 6, 700b35–701a1 中认为，第一推动者引起运动，但自身不被运动，而欲求或欲求能力则在引起运动的同时自身也被运动起来。我认为，欲求能力与欲求对象都是推动者或引起运动的本原，但是，前者在引起运动的同时自身也被运动，而欲求对象则是不动的推动者，当然，在这种意义上来说，欲求对象更是引起运动的本原，它是第一推动者。但是，亚里士多德在这里并没有着意强调二者的区别，就像他在 433b11–13 中所说的，“那引起运动的本原或推动者在种类上只有一个，即作为欲求能力的欲求能力，而欲求对象则是重中之重……。”在 433b13–20 中，他又认为，那推动者或引起运动的本原可以在双重的意义上来理解：一为不被推动者，即实践的善，一为引起运动时自身也被运动的推动者，即欲求能力。所以，我认为这种修改事实上并不具有太大意义。

8. Cf. DA 433b5–13；Themistius. 119, 9.
9. Cf. DA 414b2; 432b5.
10. Cf. DA 433a3，不自制者之所以跟从欲望，与理性相反，原因是他很容易听从错误的想象而行动。
11. 就像亚里士多德在 DA 430a26–31 所说的，理性在对那些不可分的事物的本质的把握和理解上是不会错误的，但是，当这些概念联系起来有主谓关系时，是可以错的。在关于实践的始点和目的的把握方面，实践理性是不会犯错的，但是，快乐和痛苦的感觉可以使一个人分辨不清目的和始点，所以，正确的实践理性可以通过正确的想象而有动力，但是，不正确的想象会阻碍正确理性的运作。关于实践的真，参见 EN Ⅵ 6, 1141a3–8：“如果我们借以对那些不可以成为或确实可以成为别样的事物获得真理，而非获得错误的状态是科学知识、实践智慧和理论智慧以及直观理性，而这三者中（我是指科学知识、实践智慧和理论智慧），没有一个是以本原或起点为认识对象的，剩下的可能性只有直观理性才是把握本原或起点的”（εἰ δὴ οἷς ἀληθεύομεν καὶ μηδέποτε διαψευδόμεθα περὶ τὰ μὴ ἐνδεχόμενα ἢ καὶ ἐνδεχόμενα ἄλλως ἔχειν, ἐπιστήμη καὶ φρόνησίς ἐστι καὶ σοφία καὶ νοῦς, τούτων δὲ τῶν τριῶν μηδὲν ἐνδέχεται εἶναι（λέγω δὲ τρία φρόνησιν ἐπιστήμην σοφίαν）, λείπεται νοῦν εἶναι τῶν ἀρχῶν.）。
12. Cf. EN Ⅲ 4, 1113a15–b6; Ⅲ 7, 1114b1–3, “如果每个人对自己的品质负责任，那么他也要对自己的想象负责任”（εἰ μὲν οὖν ἕκαστος ἑαυτῷ τῆς ἕξεώς ἐστί πως αἴτιος, καὶ τῆς φαντασίας ἔσται πως αὐτὸς αἴτιος）。另外，也可参见 EE Ⅱ 10, 1227a21f; Ⅶ 2, 1235b25。
13. Cf. EE Ⅰ 8, 1218b4; EN Ⅵ 5, 1140b2–3, Ⅵ 8, 1141b10–11. 偶有的善属于灵

魂的推算部分把握的对象，与灵魂的认识部分不同（cf. EN 1139a6ff.）。亚里士多德有时似乎将善本身与在行动中的实践的善视为同一的（Metaph. XIII 3, 1078a31–32），但有时，他又对这两种善进行区分："哪怕存在着某个单一的善，它可以通过所有的善被谓述出来，或者，它是一种分离自存的善，明显地，它既非是人可以实践的，亦非可以被人获得的。"（εἰ γὰρ καὶ ἔστιν ἕν τι τὸ κοινῇ κατηγορούμενον ἀγαθὸν ἢ χωριστὸν αὐτό τι καθ' αὐτό, δῆλον ὡς οὐκ ἂν εἴη πρακτὸν οὐδὲ κτητὸν ἀνθρώπῳ:）（EN I 6, 1096b32–34）。

14. 亚里士多德在这里可能是指柏拉图或柏拉图的学园派哲学家对灵魂的部分的划分（cf. Rep. 432a）。

15. 如果我们将这个灵魂的能力或官能清单与 414a31f. 的相对比，就会发现，位移运动的能力（κινητικὸν κατὰ τόπον）被"考量能力"（βουλευτικόν）所替代（434a12），亚里士多德一般将这个能力等同于以偶性的东西为对象的灵魂的推算能力（λογιστικόν），与以普遍必然的东西为对象的灵魂的认识能力（ἐπιστημονικόν）相对。关于这个能力，参见 EE II 10, 1226b25; 1139a12ff.。

16. 柏拉图将欲望能力（ἐπιθυμητικὸν）与情志能力（θυμικόν）分别置于人的横膈膜之上与之下（cf. Tim. 69e–70b），亚里士多德在 EN VII 6, 1149a24f. 中提及这种区分，但是，他更强调欲求能力的统一性。

17. 我认可希克斯的看法，这里所说的欲望之间的冲突（ὀρέξεις γίνονται ἐναντίαι ἀλλήλαις）不只是包括非理性欲望之间的冲突，也应该包括理性的欲望和非理性的欲望之间的冲突。这种冲突在自制者和不自制者那里就可以清晰地看出来（cf. DA 433a1–3, 6–8; 434a12–14）。

18. 关于对时间的感知，参见 Phys. IV 11, 218b21f.; 14, 223a25–28。

19. 这是对 433a28 所说的表面之善（φαινόμενον ἀγαθόν）的诠释。不自制者犯有两个错误，第一个错误是将当下的快乐与绝对的快乐混淆（cf. EN I 8, 1099a11–15; VIII 1, 1155b26–33; X 5, 1176a8–29）；第二个错误就是将快乐等同于善本身（ἀγαθὸν ἁπλῶς），绝对的善当然是令人快乐的

（EN Ⅷ 3, 1156b22f.），但反过来则不是（EN Ⅲ 4, 1113a31–b2）。亚里士多德的快乐标准是由一个好人或有德性的人所感受到的快乐为真的快乐（cf. EN Ⅲ 4, 1113a25–b2; X 5, 1176a15ff.）。关于亚里士多德论快乐的有代表性的研究，参见 Frère, J., *Les grecs et le désir de l'être: Des préplatoniciens à Aristote*, Paris, Les Belles Lettres, 1981; Gosling, J. C. B. and Taylor, C. C. W., *The Greeks On Pleasure*, Oxford University Press 1982; Pearson, G., *Aristotle on Desire*, Cambridge University Press 2012; Ricken, F., *Der Lustbegriff in der Nikomachischen Ethik des Aristoteles*, Göttingen, 1976; Van Riel, G., *Pleasure and the Good Life: Plato, Aristotle, and the Neoplatonists*, Leiden: E. J. Brill, 2000; Waren, J., *The Pleasure of Reason in Plato, Aristotle and Hellenistic Hedonists*, Cambridge University Press 2014。

20. Cf. EE Ⅲ 1, 1228b18–28; EN Ⅲ 6, 1113a33–b2.
21. Cf. Metaph. Ⅻ 7, 1072a26–27.
22. 就像斐洛珀努斯所指出的那样（cf. Philoponus. 590,39f.），这个以“ἐπεὶ δ'ἔστι τρία...”开始的条件句并没有结论句（Apodosis），雅典的普鲁塔克认为，这个结论句应该是 τέτταρα ἄρα ἐστὶ τὰ τῇ κινήσει συμβαλλόμενα。事实上，共有四种因素与运动相关，因为引起运动的东西有两种，即不动的推动者和被推动的推动者。但是，辛普里丘则认为，结论句应该出现在 433b15 的 τὸ δὲ κινοῦν καὶ κινούμενον 及以后（Simplicius. 300,34–301,1），而包尼兹则认为，这个句子并没有什么语法上的问题，没有什么证据能够证明，亚里士多德无视阿提卡散文的正常使用（Hicks 1907: 561）。
23. 运动涉及三个因素，参见 Phys. Ⅷ 5, 256b14ff.; Metaph. Ⅻ 7, 1072a24。
24. Cf. MA 10, 703a4.
25. 注释家们对 433b17–18 “κινεῖται γὰρ τὸ κινούμενον ᾗ ὀρέγεται, καὶ ἡ ὄρεξις κίνησίς τίς ἐστιν, ἡ ἐνεργείᾳ.” 这一句的写法争议颇多，在手抄本中，这一句的最后部分一般写为 ᾗ ἐνέργεια，罗狄艾（G. Rodier）将其改为 ἡ

ἐνέργεια，但是，托斯垂克又改为 ἡ ἐνεργείᾳ。罗斯跟从托斯垂克的修改，即一个现实地发生的欲求活动，而希克斯和让诺讷（Jannone）都随从了手抄本的传统，即写为 ἢ ἐνέργεια，而且除此之外，这两位学者还分别对其他的词语也分别进行了修改，根据希克斯的看法，这个句子应该写为 "κινεῖται γὰρ τὸ κινοῦν ᾗ ὀρέγεται, καὶ ἢ κίνησίς τίς ὄρεξις ἢ ἐνεργεια."，而让诺讷则将其写为 "κινεῖται γὰρ τὸ ὀρεγόμενον ᾗ ὀρέγεται, καὶ ἡ ὄρεξις κίνησίς τίς ἐστιν ἢ ἐνεργεια."。希克斯在这里要面对的问题是，亚里士多德如何来证明欲求能力被推动与欲求导致动物在空间中的运动是不冲突的呢？根据希克斯的理解（Hicks 1907: 562–563），欲求能力所引起的运动是空间的位移运动，但是，欲求能力本身被推动起来的运动则不是空间运动。辛普里丘援引亚历山大的看法，二人一致认为，按照 DA 408a30–34 所说的，欲求能力仅仅在一种偶性的意义上被空间的位移运动所运动（Simplicius. 302, 28–30）。这个观点和亚里士多德在《论灵魂》第一卷中在讨论灵魂是否是运动的本原时所说的观点相一致，即灵魂是不被运动的推动者，但是，当身体被运动起来时，灵魂只是在偶性的意义上也被运动，如果灵魂在自身的意义上被运动起来，那么灵魂就要跑出躯壳了（DA 406a31–407a3）。

26. 那运动身体的工具是躯体性的（σωματικόν），按照希腊注释家的理解，这里所说的那运动身体的躯体性工具就是先天的气息（σύμφυτον πνεῦμα，或译为先天之精气，connatural spirit, cf. MA 10, 703a9–28），参见 Themistius. 121,3–18; Simplicius. 303,31ff.; Philoponus. 587, 24–589, 26。

27. Cf. MA 700b4, 702a21–b11; PA I 3, 643a35ff.

28. Cf. MA 698a14–b7, 701a36–702b11. "户枢或门轴"（ὁ γιγγλυμός）的用法最早见于希波克拉底作品集中，亚里士多德在 HA Ⅳ 4, 529a32 中也使用了这个类比。但是，亚里士多德更常使用的是 καμπή（winding, turn or sudden change, cf. Metaph. Ⅶ 16, 1040b12）。

29. 433b23–24: "τὸ κυρτὸν καὶ τὸ κοῖλον τὸ μὲν τελευτὴ τὸ δ᾽ἀρχή（διὸ τὸ μὲν

ἠρεμεῖ τὸ δὲ κινεῖται）”这一句中的三组互相对应的概念可以分为两个相反的系列，即凸出部分（τὸ κυρτὸν）与终点（τὸ τελευτὴ）和被运动（τὸ κινεῖται）是一个系列，突出的或凸出的部分是被运动起来的部分，就像终点一样，而凹陷部分（τὸ κοῖλον）与始点（τὸ δ'ἀρχή）和静止（τὸ μὲν ἠρεμεῖ）是一个系列，即凹陷部分是运动的始点，运动由此开始，但自身却静止不动。

30. Cf. PA Ⅱ 9, 654a35; Metaph. Ⅴ 6, 1016a12–17.

31. 亚里士多德并不认为所有的运动都是由牵拉与推动造成的，他在 Phys. Ⅶ 2, 243a17 和 b17 中也认为“带”和“转”也是运动的形式，由此，被他物所推动的运动共有四形式，即“拉、推、带、转”（ἕλξις, ὦσις, ὄχησις, δίνησις），而在这些中，带和转又可以归为拉和推，因为带依据于其他三种方式中的某一种，而转则是由拉和推所构成的（cf. Phys. Ⅶ 2, 243b17–244b3）。

32. 亚里士多德认为，就身体作为一个整体来说，这个相对静止不动的东西（μένειν τι）就是心脏（cf. PA Ⅲ 3, 665a10; MA 1, 698a14ff., 8, 702a22–26; Theme121, 15），如果就躯体的某个部分来说，关节也是相对静止不动的东西。亚里士多德在这里使用车轮（ὥσπερ ἐν κύκλῳ）的比喻来说明这一点，车轮的中心，即车轴应该是静止不动的。

33. 关于推动自己（ταύτῃ αὑτοῦ κινητικόν），参见 Phys. Ⅷ 2, 253a14f.。

34. 亚里士多德紧接着在下一章中直接讨论这两种不同的想象，动物和人都享有源自感觉的想象，但是只有人拥有来自理性考量的想象（DA 434a1–21）。虽然他并没有在前面将想象分为感觉想象（φαντασία αἰσθητική）和理性想象（φαντασία λογιστική），但是，他在之前的很多处文本中都多多少少地提及到理性的思维活动就是某种想象，或至少与想象有联系，他甚至说思维如果没有心灵图像（想象的内容）就是不可能的（cf. DA 403a8, 427b27, 431a14, 432a8, 432a12, 433a9）。

第 11 章

1. 亚里士多德在 HA I 9, 491b26–27 中就已经对那些没有视觉的动物提出了这个问题，鉴于想象一词的来源是光，如果一个动物没有视觉，就很难具有想象。

2. Cf. DA 413b22–24.

3. Cf. EN Ⅹ2, 1173a16–17; EN Ⅴ14, 1137b29–30, “因为，如果要测度的事物是不确定的，测度的标准也就是不确定的”（τοῦ γὰρ ἀορίστου ἀόριστος καὶ ὁ κανών ἐστιν）。

4. Cf. DA 433b29; 413b21–24.

5. Cf. EN Ⅲ5, 1112b11f.; Ⅵ2, 1139a11–15; Ⅵ4, 1140a24f.; EE Ⅱ10, 1216b10f. 理性的推算或计算能力（λογιστικόν）就是灵魂的考虑能力（βουλευτικόν），人考虑的是实现目的的方法或工具，而非目的本身，如果能找到为实现目的的最好手段，那么便是一个好的考虑。

6. Cf. EN Ⅴ5, 1133a8–b23.

7. Cf. EE Ⅶ2, 1237b37–38. 在所有情况中，我们都选择那更大的善。

8. 人可以将许多心灵图像合成一个的能力（δύναται ἓν ἐκ πλειόνων φαντασμάτων ποιεῖν）可能是指亚里士多德所说的经验（cf. Metaph. I 1, 9809a27f.; Ana. Post. Ⅱ19, 99b36–100a6）。

9. Cf. EN Ⅶ5, 1147a25; 1147b2–5; MA 7, 701a7–16. 基于这个原因，我们不能说动物不能自制，因为它没有普遍判断，只有对具体事物的想象和记忆。

10. 434a11 这一句在手抄本中是这样写的：“ὅτι τὴν ἐκ συλλογισμοῦ οὐκ ἔχει, αὕτη δὲ ἐκείνην”，希克斯、让诺纳和托斯垂克版本都采用了这种写法，但是，罗斯认为，αὕτη δὲ ἐκείνην 的写法没有意义，因为 τὴν ἐκ συλλογισμοῦ = αὕτη δὲ ἐκείνην φαντασίαν = τὴν βουλευτικὴν φαντασίαν，所以他将其中的 ἐκείνην 换为了 κινεῖ，即写成“αὕτη δὲ κινεῖ”，但他并没有把这句改过的话进行翻译（Ross 1961: 319）。而对于手抄本中

的 αὕτη δὲ ἐκείνην 各代指什么，学者们的意见也是不一致。里夫认为，αὕτη 是指来自推理的想象，而 ἐκείνην 是指信念，即推理的想象具有形成信念的能力，动物之所以没有理性想象，是因为动物没有信念，因为形成信念的能力（δοξαστικόν）就等于推算或考虑的能力（EN Ⅵ 5, 1140b25–26; 13, 1144b14–15），但是，科尔西里乌斯（Corcilius）则译为“diese aber jene (wahrnehmungsmäßige Vorstellung) hat”（而这个则有感觉想象），布赫海姆译为“diese aber jene (Einheitsbildung unter Vorstellung) verlangt”（这个则要求那种在想象中形成一个的能力）。大部分英文版本都译为“but this has that”，但是究竟 this 和 that 各指什么，则没有定论。我认为里夫的解释更为合理，比较符合这里的语境要求，既然动物们缺少信念，即缺少考虑的能力，那么也就没有源自推理的想象，但是，人是有理性的，人拥有信念。

11. 亚里士多德在 434a12 中明确认为欲求没有考虑能力（διὸ τὸ βουλευτικὸν οὐκ ἔχει ἡ ὄρεξις），但是，我们的问题是，如果愿望（βούλησις）是欲求（ὄρεξις）的一种，而愿望是理性的欲求（433a23–25），那么为什么亚里士多德说欲求没有考虑能力呢？里夫认为，欲求之所以没有考虑能力是因为欲求的另外两种形式——欲望和血气或情志可以与意愿或理性相对立，反之而动，欲望是对快乐的追求（414b6; 433b8），而血气本性热烈而急躁（EN Ⅶ 6, 1149a30），所以，欲求在整体上来说不与理性的考虑相一致（Reeve 2017: 190）。

12. 434a12–13 这句话有不同的写法，英文 R 本的写法是“νικᾷ δ’ἐνίοτε καὶ κινεῖ ὁτὲ μὲν αὕτη ἐκείνην, ὁτὲ δ’ἐκείνη ταύτην”（有时这个欲求战胜那个欲求，并引起运动，有时那个欲求战胜这个欲求，并引起运动），希尔斯和布赫海姆随从英文 R 本，但是，托斯垂克、让诺讷版本保留了手抄本的写法：“νικᾷ δ’ ἐνίοτε καὶ κινεῖ τὴν βούλησιν, ὁτὲ δ› ἐκείνη ταύτην”，科尔西里乌斯、包德厄斯等都随从了手抄本的形式，即“有时欲望战胜愿望，并引起运动，有时那个（愿望）战胜这个（欲望）”。我在这里随从英文 R 本，我认为亚里士多德在这里并无意强调作为欲求的两种形式——欲望与愿望——之间的冲突，而是强调作为整体的欲求与另外一个欲求之间会有冲突，所以亚里士多德接下来就说“一个欲求战胜另一个欲求”（ἡ ὄρεξις τὴν ὄρεξιν）。

13. 亚里士多德在这里所说的 σφαῖρα σφαῖραν 是什么意思呢？罗斯提到，辛普里丘提到一些注释家（也许是亚历山大和雅典的普鲁塔克）认为，这是指一个天体受到另外一个天体的影响而脱离自己的轨道。辛普里丘本人认为，这是指在游戏中一个球碰撞另外一个球，而接下来亚里士多德使用的 νικᾷ 一词也许与辛普里丘的看法不谋而合。天体的运动强调的是系统的秩序，不是竞赛。（Ross 1961: 319）。
14. Cf. EN Ⅶ 3, 1147a35–b3.
15. 关于更有统治或支配能力的部分，参见 Metaph. I 2, 982b4–7; Pol.Ⅳ15, 1299a27–28; EN I 2, 1094a26–b6。
16. Cf. EN Ⅵ 1, 1139a3–15; Ⅵ 11, 1143a32–b5.
17. 这是指实践三段论的两个前提，参见 EN Ⅵ 8, 1141b10–22; Ⅵ 10, 1142a17–33; Ⅵ 11, 1143a32–33, 1144a31–33; Ⅶ 3, 1147a29–b17; MA 7, 701a7f.。
18. Cf. EN Ⅵ 8, 1141b16–18; Ⅶ 3, 1147b9; Ⅵ 11, 1143a32; Metaph. I 1, 981a16; Ana. Post. Ⅱ 21, 67a9ff.
19. Cf. EN Ⅶ 3, 1147a25–31; MA 7, 701a12–13; Metaph. Ⅶ 7, 1032a32–b17. 一个好的实践思虑应该是能够引起行动的思虑，仅仅在将某个善的目的想象为好的是不够的，而是必须按此结论来行动。

第 12 章

1. 亚里士多德在 434a22–23 中意在强调人的灵魂不是通过呼吸而进入躯体内的，比如植物就不是这样（cf. 410b27–30），但俄尔浦斯派就这样认为。植物虽然没有呼吸，但是，它们仍然具有营养灵魂，因为它们经历生长与衰亡。

2. DA 413b9−10; 414a1; 414b33−415a1.

3. 植物的简单也是因为植物没有能够辨识出不同感觉属性的感觉中道（412b1; 424a32−b1），另外，植物赖以产生的元素——土也很简单（GA Ⅲ 11, 761b13; Respir. 14, 477a27−28）。

4. Cf. DA 424b2−5.

5. 434a27−30 是一个比较复杂的句子，托斯垂克和让诺讷版本的写法是："αἴσθησιν δ'οὐκ ἀναγκαῖον ἐν ἅπασι τοῖς ζῷσιν· οὔτε γὰρ ὅσων τὸ σῶμα ἁπλοῦν ἐνδέχεται ἁφὴν ἔχειν, [οὔτε ἄνευ ταύτης οἷόν τε οὐθὲν εἶναι ζῷον] οὔτε ὅσα μὴ δεκτικὰ τῶν εἰδῶν ἄνευ τῆς ὕλης. τὸ δὲ ζῷον ἀναγκαῖον αἴσθησιν ἔχειν", 罗斯的写法有些出入："αἴσθησιν δ› οὐκ ἀναγκαῖον ἐν ἅπασι τοῖς ζῷσιν· οὔτε γὰρ ὅσων τὸ σῶμα ἁπλοῦν ἐνδέχεται αὐτὴν ἔχειν, [οὔτε ἄνευ ταύτης οἷόν τε οὐθὲν εἶναι ζῷον] οὔτε ὅσα μὴ δεκτικὰ τῶν εἰδῶν ἄνευ τῆς ὕλης. τὸ δὲ ζῷον ἀναγκαῖον αἴσθησιν ἔχειν,〈οὐδὲ ἄνευ ταύτης οἷόν τε οὐθὲν εἶναι ζῷον,〉"。第一，罗斯将 ἁφὴν 变为了 αὐτὴν，第二，他认为 434a28−29 中的 [οὔτε ἄνευ ταύτης οἷόν τε οὐθὲν εἶναι ζῷον] 是多余的，而是应该放到 434a30 中，也就是多出一节 434a30a，布赫海姆随从第二个修改，拒绝第一个，英文 H 本认同罗斯所做的第二个修改，但拒绝第一个修改，德文 C 本认同罗斯第一个修改，但拒绝第二个修改，即重复〈οὐδὲ ἄνευ ταύτης οἷόν τε οὐθὲν εἶναι ζῷον,〉是多余的。莫贝克的拉丁译本与托斯垂克版本同："Sensum autem non necesse in omnibus viventibus: neque enim quorum corpus simplex contingit habere tactum（neque sine hoc possibile esse nullum animal）; neque quecunque non susceptiva specierum sine materia"。我在这里随从罗斯的意见。亚里士多德在这里要论证的是，感觉对生命来说并不是必要的，因为植物没有感觉也有生命，所以，没有感觉也就没有什么动物能够存在这句话就与他的论证目的没有什么直接的关系。但是，οὔτε ἄνευ ταύτης οἷόν τε οὐθὲν εἶναι ζῷον 如果放到 434a30 以后，这句话就有了意义，是为强调所有动物都有感觉或作为最基本的感觉的触觉（Ross 1961: 321−322）。

6. Cf. DA 432b21–22.
7. 自然就是何所为或目的（cf. Phys. Ⅱ 2, 194a27–28），一物的功能就是其何所为（Metaph. Ⅲ 2,996b7）。
8. “偶然地附属于那为了某一目的而存在的事物”（συμπτώματα ἔσται τῶν ἕνεκά του）是指那些用来解释畸形得以产生的原则。Cf. GA Ⅳ 4, 770b3; GA Ⅳ 10, 778a7–9.
9. 434b2 “τοῖς μὲν γὰρ μονίμοις ὑπάρχει τοῦτο ὅθεν πεφύκασιν” 是指那些在原地静止不动的海绵类动物、牡蛎或介壳类动物（cf. DA 410b19–20; PA Ⅳ 7, 683b4–20, esp. 683b18–20），“正像植物，所有有壳虫类的头部都在下面，因为它们从下面摄取食物，正如植物通过根系摄取食物一样”。这些动物的营养就是它们赖以生长的水（HA 487b7）。
10. 434b4–5 中的 ἀλλὰ μὴν οὐδὲ ἀγένητον 可能是指永恒的天体，有些古代注释家将这句话省略不计，但是，按照柏拉图的神学，在运动中的天体有理性，但没有感觉（cf. Tim. 38c–d），而且，另一方面，这些天体是简单的，是由以太构成的，基于这个理由，它们也应当没有感觉。亚里士多德认为天体分有某种行动和生命（cf. DC Ⅱ 9, 291a23–24; 12, 292a18–21）。
11. 罗斯认为，434b5 这一句应当写为 “διὰ τί γὰρ οὐχ ἕξει;”，莫贝克的拉丁译本与罗斯的写法相同（Quare enim non habebit?）。在托斯垂克和让诺讷等版本中写为 “διὰ τί γὰρ ἕξει;”，没有 “οὐχ”，罗斯认为，434b5 的逻辑主语应该是 b7–8 所说的那些有灵魂，但不是固定不动的动物。在 b3 中，亚里士多德加上了“有分辨力的理性”来修饰这个主语，但是，在 b7–8 中，他又省略了；在 b4 中，他又增加了修饰主语的另外一个特点“是生成的”，但是，在 b4–5 中，他又省略了。所以，按照罗斯的看法，这个论证是这样的：没有非固定不动的躯体有灵魂，但没有感觉的，除非没有感觉对它们来说是更好的，无论是对躯体或是灵魂（b5–6），并不存在有灵魂的非固定不动的躯体应当没有感觉或者对躯体或对灵魂来说更好（b6–7），因此，并不存在任何非固定不动的躯体有灵魂，但没有感觉的（b7–8）。所以，罗斯认为正确写法应当是：διὰ τί γὰρ οὐχ ἕξει，即为什么这种有灵魂的、并非固定不动的躯体会没有感觉呢？由此，他推论说，这是亚里士多德在《论灵魂》对自然目的论的最清晰的论述（Ross 1961: 322）。显然，布赫海姆的译法是错误的，把“ἡ μὲν γὰρ οὐ μᾶλλον νοήσει, τῷ δ› οὐθὲν ἔσται μᾶλλον δι› ἐκεῖνο”译为“...denn die eine wird nicht mehr verstehen, der andere wird nichts mehr sein deswegen...”（其中一个不能在理解，另一个因此就不会再存在）是错误的，而是“理性不会理解得更好一些，躯体也不会获得什么更高的东西”。

12. 有些版本省略了这句话：ἁπτὸν δὲ τὸ αἰσθητὸν ἁφῇ，比如托斯垂克版本，而牛津古典文本系列中罗斯版本（OCT）将其放置到了括弧中，让诺讷版本和科尔西里乌斯所使用的版本则直接加上了这句话，莫贝克的拉丁译本也加上了这句话（tangibile autem quod sensibile tactu）。罗斯认为这句话是伪造的，理由有二：（1）特米修斯的评注中并没有提及这句话（Themistius. 124, 1–4），（2）没有这句话，这个论证在这里也是完整的。但是，我认为这两个理由有些牵强，因为特米修斯的评注并不是唯一的标准，没有这句话，论证虽然是完整的，但是，这句话却让“可触摸的”得到了更好的解释，因此下一句更容易得到理解，即动物能够通过触觉而感知。我在这里随从让诺讷版本。

13. Cf. DA 421a19; 422a8.

14. Cf. DS 1, 436b15–18.

15. Cf. DA 414b9–11; DS 1, 436b19–437a4：“那些由于外物而发生的感觉，诸如嗅觉、听觉和视觉，属于能够进行位移运动的动物。对于所有拥有这些感觉的动物来说，它们都是保护性的因素，它们使动物在得到食物前预先感觉到什么是它们的食物，并避开那些有害的和致命的东西，对于有理性的动物来说，这些感觉的存在就是为了生存得更好，因为它们会使我们明白许多差别，对于思想对象和实践事物的理解就是从这些差别中产生出来的。”

16. Cf. DA 420b20; DS 1, 437a1; PA II 10, 656a3–6.

17. Cf. DS 1, 436b18–19.

18. Cf. DA 433b13–20; Somn. 2, 459a29–31; Phys. Ⅷ 10, 266b28–267a17.

19. 435a1–2 “πλὴν ὅτι μένοντος ἐν τῷ αὐτῷ τόπῳ ἀλλοιοῖ,” 中的 ἀλλοιοῖ 在有些版本中写为 ἀλλοιοῦται，即“除了那被变化者保留在原地不动”，我在这里随从英文 R 本，即“除了推动者在引起变化时，被变化者留在原地不动”。现在的问题是，μένοντος 的主语究竟是什么？希克斯认为有两种可能性：（1）可感对象，（2）感官和感觉主体。希克斯认同后者（Hicks 1907: 582）。我在这里认为 μένοντος 的主语是那被变化者。

20. Cf. DA 429b25.

21. 435a6 中的“视线向外发出，然后折射回来”（τὴν ὄψιν ἐξιοῦσαν ἀνακλᾶσθαι）是来自恩培多克勒的观点，亚里士多德在 DS 2, 437b23 中提到了这一点，另外，恩培多克勒也曾把视觉的工作比喻为从灯笼中发出的光（cf. DK Fr. 84）。柏拉图在 Tim. 45b–46c 中的视觉理论在某种程度上跟从恩培多克勒（cf. DS 2, 437b11–12）。cf. Ross 1961: 324.

22. Cf. DS 2, 437b7；DA 419b27–420a2.

第 13 章

1. Cf. Plato, Epinomis 981c; 984d–e. 除了地上的动物之外，他还提到其他的生命体的存在，它们是由土之外的其他元素构成。

2. Cf. DA 415a3–4.

3. Cf. DA 434b10f.

4. Cf. DA 425a3–10.

5. Cf. DA 424b22f.

6. 名词 ἁφή 有对表面的接触或触摸的意思。

7. 只有触觉是通过直接的接触来进行感知活动的，味觉也是一种触觉，但是，其他三种感觉（听觉、嗅觉、视觉）都是远处或有距离的感觉（cf. DA 423b4–6; 419a26–28; 434b29–435a2）。

8. 在这里，似乎“αὕτη δὲ δοκεῖ μόνη δι' αὑτῆς.”会将肌肉或皮肤作为触觉的器官，但是，亚里士多德在 DA 423b22f. 那里认为皮肤是触觉的中间物，而不是触觉器官。希克斯认为，这里的 δοκεῖ 显示出亚里士多德对这个说法并没有太多的个人认同，这只是一个俗常的意见（Hicks 1907: 584）。

9. 435a20 中的 τῶν μὲν τοιούτων στοιχείων 是指那三种用来构成视觉、嗅觉和听觉器官的元素：气、水、火。

10. 435a21 中的 οὐδὲ δὴ γήϊνον 是指躯体不仅仅是由土构成的，参见 DA 410a30f.; 423a12–15。有的译文直接译为“躯体不是由土构成的”，这并不完全符合亚里士多德的意思，因为亚里士多德在 DS 2, 438b30 中认为，触觉器官是由土构成的，但躯体不仅仅是由土构成的。

11. Cf. DA 424a32–b3. 植物尽管可以受到外物的触碰，但并没有触觉，原因就是植物缺乏相对于触觉对象的可感属性而言的中间的点。同样地，如果热与冷的可感属性与感觉器官是一样的话，也就不能被感觉到（cf. DA 423b31–424a10）。

12. 435a22–24 中所说的“ἀλλὰ καὶ θερμοῦ καὶ ψυχροῦ καὶ τῶν ἄλλων ἁπτῶν ἁπάντων”是指，触觉能够感知到所有的这四种可感属性，即冷、热、干、湿。土在亚里士多德看来是冷与干的、水是冷与湿的、气是热与湿的、火是热与干的（GC Ⅱ 3, 330b3–5）。

13. Cf. DA 410a30–b2.

14. 435b2: τὸ αἰσθητήριον 与 τὸ ἁπτικόν 相同，所以，τὸ αἰσθητήριον 与 ὄψις, ἀκοή ὄσφρησις, γεῦσις 一样有某种概念上的模糊性，因为它既可以指潜在的触觉能力，也可以指现实的触觉活动，换为其他的感觉也是同样。

15. Cf. PA Ⅱ 1, 647a14–19.

16. 触觉作为最基本的感觉是所有动物都必须具有的感觉，如果它是动物的话（cf. DA 411b27–30; 413a22–b4; 414a2f.; 414a32–b3; 414b6–14; 415a1–6）。

17. Cf. DA 424a28–32; 426a30–b8; 429a31–b3.

18. 亚里士多德在这里“ἂν ἅμα τῷ ψόφῳ ὦσις γένηται καὶ πληγή”指的可能

是雷电（cf. DA 424b10–12）。

19. Cf. DS 5, 444b28–30. 辛普里丘认为，亚里士多德在这里可能是指被闪电击中而亡的动物（Simplicus. 329, 9），或指被有害的气味窒息而死的例子（Simplicus. 329, 8; DA 421b23–25），它们对嗅觉器官和视觉器官造成毁坏的同时，对整个动物也造成毁灭性的后果。对这一句的译文有不同，德文 C 本：wenn durch Sichtbares und Riechbares noch anderes in Bewegung gesetzt wird, das dann durch die Berührung zerstört；英文 S 本：and there are things set in motion by objects of sight and by scent which destroy the touch；英文 R 本：by visible or odorous objects other things which destroy by contact are set in motion；法文 J 本：ou encore si des phénomènes perçus par la vue ou ou l'odorat déclenchent d'autres phénomènes dont le contact destructeur。除了英文 S 本以外，其他几种译文认为并不是视觉和嗅觉的对象使得其他东西被推动起来，而是通过触摸到这些东西，会使动物受到致命性伤害。

20. 435b13–14: ὁ χυμὸς δὲ ᾗ ἅμα συμβαίνει ἁπτικὸν εἶναι, ταύτῃ φθείρει. 这句话是指毒物可以导致死亡。毒物可以是味觉的对象，就像其他的味觉对象是可触摸的（cf. DA 434b18; 414b11–14; 422a8），就因为它也是可触摸的，才在偶性的意义上是致死的。

21. Cf. DA 413b4–5; 414a3; 415a4; 435b5–7.

22. Cf. DA 434b9–24.

23. DA 434b24.

24. Cf. Metaph. I 1, 980a21–27; Meta. Ⅸ 8, 1050a9–13："一切生成的东西都要走向本原和目的，本原是何所为，生成就是为了目的。而实现活动就是目的，正是为了实现活动潜能才被设定。动物观看并不是为了有视觉，而是有视觉为了观看"（καὶ ὅτι ἅπαν ἐπ' ἀρχὴν βαδίζει τὸ γιγνόμενον καὶ τέλος（ἀρχὴ γὰρ τὸ οὗ ἕνεκα, τοῦ τέλους δὲ ἕνεκα ἡ γένεσις），τέλος δ' ἡ ἐνέργεια, καὶ τούτου χάριν ἡ δύναμις λαμβάνεται. οὐ γὰρ ἵνα ὄψιν ἔχωσιν ὁρῶσι τὰ ζῷα ἀλλ' ὅπως ὁρῶσιν ὄψιν ἔχουσιν…）。

25. Cf. DA 423a29–b1; Meteor. Ⅳ 4, 382a6; Phys. Ⅳ 4, 211a24.

26. Cf. DA 414b3−14; DS 1, 436b15−18.

27. 希克斯认为，καὶ κινῆται 后面也许应该加上 κατὰ τόπον（434b16; DS 1, 436b16−18. Ross 1961: 588）。为什么亚里士多德在这里对味觉反而这么重视呢？辛普里丘认为，味觉作为一种触觉（ἁφή τις）对动物的生存至关重要，因为它能使动物的生存得到延长（Simplicius. 329, 26）。但事实上，味觉在动物寻找食物的过程中所具有的重要性远不如嗅觉。

28. 淳德伦布克并未将 γλῶτταν δὲ ὅπως σημαίνῃ τι ἑτέρῳ 放入到括弧内，而托斯垂克和英文 R 本等一些版本都将这句话放入到了括弧内，这表示这句话可能是后来的评注家或抄写员添加的。罗斯提到，特米修斯、斐洛珀努斯和索弗尼亚都有这句话，而辛普里丘则没有提及。他认为，这句话确实对在此讨论的有关几种感觉存在的理由问题来说无关紧要，而且关于舌头的存在理由已经在 435b24−25 中被给出了。所以，罗斯认为，这是抄写员后来自己添加上去的（Ross 1961: 326）。而希克斯和让诺讷版本都跟从淳德伦布克，未置入括弧内，莫拜克的拉丁译本也未做改动：linguam autem habet quatinus significet aliquid alteri。我在这里随从后者。关于各种感觉存在的理由，也参见 DS 1, 437a1−17；另外，关于舌头的功用，参见 Respir. 11, 476a18−19。

中译者导读[1]

在西方哲学史上，亚里士多德的《论灵魂》（περὶ ψυχῆς, *De anima*）是首部系统地探究灵魂的作品，在《亚里士多德全集》（Corpus Aristotelicum）中，它也是被后人注释最多、研究最为深入的作品之一，对后世哲学影响最深和最广的一部作品。[2] 无论从历史上的《论灵魂》的注释传统，还是从其对后世哲学的效用史或作用史来看，《论灵魂》这部作品的重要性都是不言而喻的。亚里士多德在《论灵魂》中所使用的灵魂概念包罗诸种可感的生命形式，并不限于人的灵魂，而是也囊括着动物和植物的灵魂。植物有着最为基本的生命形式——生长，即营养灵魂，动物除了具有营养灵魂之外，还具有感觉灵魂，而人则兼有营养、感觉和理性灵魂。现代学界在谈及亚里士多德的灵魂论时喜欢用"psychology"一词，而将亚里士多德的灵魂论标示为一种最原始的心理学。但是，现代意义上的"心理学"更多侧重于对人在特定的条件下的心理现象和心理变化的研究，亚里士多德所说的灵魂论则是对生命体进行一种原因性的解释之学，不是针对某个心理现象的研究，而是去追问所有生命现象的最后本原或原因是什么，探究作为形式的灵魂与作为质料的躯体之间的关系，二者如何构成一个统一的生命体，生命体所具有的诸种官能和其现实活动是什么等等问题。事实上，"psychologia"这个专用术语要到很晚的时候才出现，并且它应当译为灵魂论，而非心理学。历史上的一个书目清单上有一本叫作《关于人的理性灵魂的灵魂论卷一》（*Psichiologia de ratione animae humanae liber I*）的作品，作者是马卢里克（Marko Marulic，1450—1524），但是，这本写于1520年的书并没有被保存下来。后来，随着伍尔夫（Christian Wolff，1679—1754）在自己的两部著作中使用《经验的灵魂论》（*Psychologia empirica*）（1732年）和《理性的灵魂论》（*Psychologia rationalis*）（1734年）作为书名，psychologia作为一个专门术语才被广泛地使用开来。亚里士多德所说的灵魂论是一种专门界定什么是灵魂的科学，灵魂对于亚里士多德来说就是一切存在、是万般诸有，因为存在的事物要么是可感对象、要么是可思维的对象。他在《论灵魂》第三卷第8章这样说：

> 现在，让我们对灵魂所作的探究进行总结，灵魂在某种意义上来说就是万般诸有或一切存在；因为这些存在者要么是可感的对象，要么是可理解的对象，而知识在某种确切的意义上来说就是认识的对象，感觉也就是感知的对象。我们有必要去探究情况为何如此。
>
> 知识与感觉这两者都可以根据各自的对象而被区分开来，作为潜能的［知识与感觉］就与那些潜在的事物相关，而现实的［知识和感觉］就与现实的事物相关。灵魂的感觉能力与认识能力在潜能的意义上都与其相关的对象同一，一个是感觉对象，另一个是认识对象。认识能力与感觉能力要么是对象本身，要么是对象的形式；但是，它们不可能是事物自身，因为并非石头存在于灵魂内，而是其形式。因此，灵魂如手，手则是使用工具的工具，而直觉理性是形式的形式，感觉则是可感对象的形式。（DA Ⅲ 8, 431b21-432a1）

从这段文本中，我们可以非常清楚地看到“灵魂”（ψυχή）这个概念的重要性。对亚里士多德来说，灵魂概念的重要性并不在于灵魂是永恒不死的，或能够推动事物或躯体进行运动，就像在柏拉图那里那样，而是在于灵魂这个概念蕴含着我们感知、认识和理解这个世界的诸种能力或官能。灵魂就是万般诸有，因为世界上的存在物要么是可感对象，要么是思维对象，而感觉和认识皆为灵魂的能力或官能，潜在的知识和感觉就与潜在的认识对象和可感对象相对应，而现实的知识或感觉就与现实的认识对象或可感对象相对应，所以，感觉活动就是对可感形式的接受，而思维活动就是对可理解的形式的接受。如此，我们可以说，世间的万般存在就是灵魂的潜在的或现实的可感对象与认识对象，所以，亚里士多德说灵魂如手（ἡ ψυχὴ ὥσπερ ἡ χείρ ἐστιν），因为手是使用工具的工具，同样，我们凭借灵魂和其诸种官能来感知和认识这个世界。万物就是灵魂，即是说，灵魂才是生命的本原和形式，灵魂是使万事万物得以呈现出来的原因，灵魂的活动就是万物的呈现，既可以是可感的对象，也可以是想象的、被欲求的对象，也可以是被思维把握到的对象，所以，万物就是在心灵里的各种各样的呈现。如若没有灵魂，也就没有万般事物的呈现。但是，亚里士多德并不因此就是观念论的或唯心主义的代表，因为他认为，可感物和可理解的或可思的对象独立于人的感觉和思维之外而存在。虽然他主张在现实意义上的感觉活动与其可感对象是同一个，在现实意义上的思维活动与其思维对象是同一个，但是，这种同一并不表示思维与存在是同一的，而是说灵魂的感觉官能接受了可感物体的形式，而理性官能接受了可理解的形式（intelligible forms），但是，感觉官能仍然为感觉官能，而可感物的形式仍为可感物的形式，只不过在现实的感觉活动中，感觉官能的潜能借助对可感形式的接受而被现实化，所以，客观的诸种存在，无论是可感对象，还是可思对象，都并不是观念论意义上的概念自身的推演。相反，亚里士多德预设了事物自身的存在，他多次强调，我们人的认识就是从那些对我们来说熟悉易知的事物开始，慢慢达致对事物在其自身之所是的知识（《论题篇》Ⅵ 4, 141b3；《后分析篇》Ⅰ 2, 71b33–72a5；《物理学》Ⅰ 1, 184a16–b14；《形而上学》Ⅶ 3, 1029b3–12）。但是，如若没有心灵现实地在感知和思维它们，那么这些对象就是以潜在的方式存在着，意即灵魂的感觉能力和理性能力作为潜能随时可以接受可感的形式和可理解的形式。

亚里士多德的灵魂学说或心灵哲学在汉语学界的研究和接受开始于对《论灵魂》的汉语翻译，直至今日仍然处于一种开始阶段。首先，吴寿彭先生的《论灵魂》（商务印书馆 1999 年版）的译本比较古旧，多是文言与白话文掺杂一起，拗口难懂，亟待重新翻译和注释。另外，还有两个中文译本，一是由秦典华先生翻译的《论灵魂》中文译本，[3] 收录在人民大学出版社出版的《亚里士多德全集》中的第三卷中；一是陈玮翻译的中文译本[4]，但这两个译本都没有对文本进行详细的注释。另外，汉语学界对亚里士多德的心灵哲学的研究也是比较零散的，除了个别的一些研究论文，并没有专门的研究专著出现。在汉语学界，亚里士多德的灵魂论亟待学者们进行挖掘和研究，其各个主题都值得学者们进行深入而系统的研究。亚里士多德的灵魂论几乎涵盖了人的所有精神活动的种类，这包括人的感觉活动（包括专有感觉、共通感和偶有感）、欲求活动、想象活动、意识活动、理性的思维活动等。接下来，我从以下几个方面对亚里士多德的《论灵魂》进行一个大略的介绍：（1）《论灵魂》的文本探源，（2）《论灵魂》的注释史，（3）《论灵魂》在《亚里士多德全集》中的位置，（4）《论灵魂》作为一门科学，（5）《论灵魂》内容梗概和主题介绍。

一、《论灵魂》的文本探源

普鲁士科学研究院（Preußische Akademie der Wissenschaften）于1831至1870年间陆续出版发行的五卷本的《亚里士多德全集》奠定了现代的亚里士多德哲学研究的文本基础。第一至第二卷是《亚里士多德希腊文著作集》（Aristoteles Graece，1831），伊曼努尔·贝克根据中世纪的手抄本进行了编辑的工作，1960年再版。第三卷是亚里士多德的各种拉丁文注释集（Aristoteles latine interpretibus Varris，1936）。第四卷是对亚里士多德著作集的旁注和附录（Scholia in Aristotelem，1836）。第五卷是那些被认为失传的亚里士多德著作集（Aristoteles qui ferebantur librorum fragmenta，1870）和亚里士多德著作集的旁注补编（Scholiorum in Aristotelem supplementum，1870）。在1960—1987年间，柏林科学研究院的学者们对《亚里士多德全集》做了部分性的修订之后，又重新再版。伊曼努尔·贝克编辑了前两卷：*Aristoteles Graece*，也就是《亚里士多德全集》（Corpus Aristotelicum）。贝克所编辑的《亚里士多德全集》与马努齐奥（Aldo Manuzio）在15世纪末在威尼斯结集出版的首版（*editio princeps*）相比，它的最大特色就是除了保存下来的希腊文本之外，它还收录了拉丁文的翻译，一些出自希腊文评注的选段，失传了的一些著作中的引语残篇，甚至还包括一个亚里士多德哲学辞典。[5] 直到今天，我们对亚里士多德的作品的页码和行数引用仍然是按照贝克的版本，贝克的《亚里士多德全集》选用了双排或双栏印刷，比如，403a10就表示贝克版第403页的左栏第10行，a表示左栏或左排，b代表右栏或右排。根据贝克的划分，亚里士多德的著作主要分为如下五大类：（1）工具论（*Organon*），即逻辑学和论证理论；（2）自然科学，包括宇宙论、灵魂论和生物学；（3）第一哲学（形而上学）;（4）伦理学和政治哲学;（5）修辞学和诗学。

亚里士多德的《论灵魂》在贝克版中只有32页，第一卷包含9张贝克页码，第二卷有12张贝克页码，而第三卷有11张贝克页码。《论灵魂》的文本基础正如他的许多其他作品那样来源于几个不同的手抄本或残篇，但是，没有一个手抄本早于公元10世纪。按照罗斯（D. Ross）的看法,《论灵魂》的手抄本来源共有11种：[6]

C（Försteri）, Codex Parisinus Coislinianus 386（第11世纪）

E（Bekkeri）, Codex Parisinus 1853（第10世纪）

L（Bekkeri）, Codex Vaticanus 253（第14世纪）

P（Bekkeri）, Codex Vaticanus 1339（第14—15世纪）

S（Bekkeri）, Codex Laurentianus 81,1（第13世纪）

U（Bekkeri）, Codex Vaticanus 260（第13世纪）

V（Bekkeri）, Codex Vaticanus 266（第14世纪）

W（Bekkeri）, Codex Vaticanus 1026（第13—14世纪）

X（Bekkeri）, Codex Ambrosianus H. 50（第12—13世纪）

e（E^2Försteri）, Codex Parisinus 1853（第10世纪）

y（Trendelenburgii）, Codex Parisinus Bibl. Nat. 2014（第13—14世纪）

从这些手抄本的列表中可以看到，只有除了C与y以外，贝克在自己的版本中对所有其他的手抄本源流都做了参考和编校。根据弗斯特（Förster）的看法，C、S、U、V、W、X、y这些手抄本有着一个共同的源流或谱系，统称为b，而E、L这两个手抄本则有另外一个共同源流，统称为a。众所公认的一个事实是，在这些不同的手抄本中，E, Parisinus graecus 1853对于《论灵魂》的文本传承是最为重要和最有权威的手抄本来源。但是，这个手抄本最大的一个问题就是，原来的第二卷被来自另外一个谱系的手抄本所代替，并且与E同属于一个谱系的L本只包含《论灵魂》的第三卷，这为我们找到 E 本中的第二卷的原本面目带来了很大的困难。所以，我们并不能对其他手抄本弃之不顾，而只是将 E 本作为权威，就像希克斯（R. D. Hicks）所做的那样，他只是参考 E 本来进行文本批判的工作。[7]

除了这些手抄本之外，来自古代的评注家们的引语、旁证（lemma）和释义（paraphrasis）也对我们理解《论灵魂》的文本传承历史有着很大的帮助。尤其是阿弗洛狄西亚斯的亚历山大（Alexander of Aphrodisias，活动于公元后 200 年左右）、特米修斯（Themistius，317—388）、辛普里丘（Simplicius，480—560）、索弗尼亚（Sophonias）、斐洛珀努斯（Philoponus，490—575）这几位评注家的注释对我们了解亚里士多德的文本有着不可忽视的贡献。亚历山大在自己的《疑难和解决》（*Aporiai kai Luseis,* or *Puzzles and Solutions*）中有 11 个段落提到过亚里士多德的《论灵魂》，在这 52 行的评注中，只有 26 个标点不同于保存下来的手抄本，这显示，手抄本的可信性还是很大的。但问题是，亚历山大开始自己的著述的时间要晚于亚里士多德 5 个世纪之久，而《疑难与解决》的最早手抄本要在 12 个世纪之后才出现。在这个漫长的时间内，不可能完全没有错误发生。在 12 世纪之前，只有亚里士多德的一些逻辑学作品被译为拉丁文，并在拉丁西方流行，这就是波爱修（Boethius）在公元 6 世纪初翻译的《范畴篇》和《论解释》，并附带了波菲力的《逻辑学导论》（*Isagoge*）。而《论灵魂》的最早拉丁文译本是威尼斯的詹姆斯（James of Venice）在 12 世纪中期从希腊文翻译过来的，这个译本一般被人们称为旧译本（translatio vetus），在 1230 年左右，产生了第二个译本，这个译本是从阿拉伯文翻译过来，一般称为新译本（translatio nova），尽管人们都认为译者应该是迈克尔·司各特（Michael Scot），但是，这个译本并没有太大的影响，真正在中世纪被广泛地使用的译本是新修订译本（recensio nova），这就是莫拜克的威廉姆（William of Moerbeke，1215 或 1235—1286）在 1266—1267 年翻译的版本，这是他在古典译本的基础上修订而成的新译本。有一点值得引起我们的注意，那就是代表阿拉伯注释传统的阿维森纳（Avicenna, Ibn Sina，908—1037）和阿维洛伊（Averroes, Ibn Rushd，1126—1198）对拉丁西方的影响是不容忽视的。有学者认为，拉丁西方的评注家在 1240 年之前所写的关于亚里士多德的《论灵魂》的文论都受到过阿维森纳的影响，而在 1265 年之前所写的对于亚里士多德的《论灵魂》的评注性著作都受到过阿威罗伊的影响。[8]

但是，尽管我们有可以互相印证、纠正和互相对照或对观的很多手抄本源流，还有古代评注家的评注旁证，包括后来的作者的引语等，但是，我们还是很难确定我们究竟在多大程度上还原了或建立了亚里士多德的《论灵魂》的真正文本。一个很大的原因是手抄者或抄写员可能经常将不同的文本混杂一起，以至于《论灵魂》的文本很难恢复原貌。尤其是《论灵魂》第三卷的文本更为凌乱或无序，以至于托斯垂克（Torstrik）做出这样的大胆假设，他认为亚里士多德曾经先后写过《论灵魂》第三卷的两个不同版本，这两个版本后来混杂一起，他的工作就是要将它们区分开来而还原出真实文本。[9] 这表明，对《论灵魂》的文本的源流分析关涉到亚里士多德哲学作品的分类特征，因为亚里士多德有很多作品是秘传的，只为自己漫步学园的内部学徒所用，而不是写给公众或为公开出版发行的。学者们通常将亚里士多德的作品区分为“秘传的”（esoteric）和“外传的”（exoteric），前者是指一些为了内部人员或学徒所写的一些作品，而后者是指为公众而写的一些公开的作品。外传作品往往都有介绍性和劝勉性，旨在引导民众能走向哲学或鼓励人们转向哲学，比如亚里士多德所写的《劝勉篇》和一些模仿柏拉图而写的对话篇。[10] 但是，外传作品中只有一些残篇被保存下来。而《论灵魂》应当属于为吕克昂学园的内部人员而写的讲义。鉴于亚里士多德的这些秘传作品的文本传承十分复杂，我们今日所见的《论灵魂》的文本与亚里士多德当时所写的文本之间应该有些不同，所以，我们必须接受这样一个事实，即亚里士多德的《论灵魂》的文本的批判性版本始终有改善的空间，有些关于文本的争论是很难给出确切定论的。[11] 我参照的翻译版本是罗斯在 1961 年在牛津大学出版社出版的原文校刊和译注本，也就是牛津古典文本系列中的版本。这个版本是他在 1956 年编辑出版的《亚里士多德的〈论灵魂〉》(*Aristotelis De anima*) 的基础上添加了导言和注释而成，这个版本也被称为“简本”(editio minor)。罗斯的《论灵魂》版本被认为是比较有权威的版本，也是在学界最被常用的一个版本。除了罗斯的《论灵魂》版本，德语学界中还有三个希腊文版本的《论灵魂》，淳德伦布克（F. A. Trendelenburg，1833）版本、托斯垂克（Torstrik，1862）版本和弗斯特（Förster，1912）版本，这三个版本在德语学界仍然受到重视。法语学界有罗迪埃（Rodier，1900）版本和亚诺厄与巴尔波坦版本（A. Jannoe and E. Barbotin，1966），这两个希腊文版本在法语学界最被广泛地使用。而英语学界对亚里士多德的《论灵魂》的古希腊文文本的整理开始得比较晚一些，其中，最引人注目的当属希克斯（R. D. Hicks，1907）的版本，他的注释非常详细，堪称注释之楷模。

二、《论灵魂》的注释史

亚里士多德的《论灵魂》自古以来就是一部后人译注、诠释和研究的古希腊哲学的经典之作。历史上对于亚里士多德的《论灵魂》的注释或评注（commentaria）可以分为两大阵营，一是以希腊文为主的古典注释传统；一是以拉丁文和阿拉伯文为主的中世纪注释传统。前者又可以分为漫步学派和新柏拉图主义的注释传统。漫步学派内的希腊注释传统的集大成者是阿弗洛狄西亚斯的亚历山大，可惜他的注疏已经失传，而保留下来的则是他自己写成的有关灵魂的两卷本的专著。另外，亚历山大的另外一部被称作《论灵魂补编拾遗》（*Mantissa*）的著作也被保存下来。只有特米修斯的注疏本被完整地保存下来，亚里士多德的吕克昂学园的继任人特奥弗拉斯图（Theophrastus，公元前372—前287年）对《论灵魂》的观点和看法就保存在他的注疏中。而新柏拉图主义的注释传统的集大成者是斐洛珀努斯和辛普里丘。这两位注释家试图通过自己的注释来弥合柏拉图与亚里士多德哲学之间的差异，尤其是斐洛珀努斯的这种注释动机更为明显。[12] 他在很多方面随从了自己的老师阿莫尼乌斯（Ammonius，约435或445—517或526）的观点，他认为柏拉图在《蒂迈欧》中对灵魂所做的一个物理学上的解释必须被解读为象征性的，因为柏拉图并没有将灵魂视为一个有广延的或有量度的存在。[13] 并且，他还认为，亚里士多德之所以在《论灵魂》中特意反驳灵魂在其自身被推动或进行运动的观点，是因为他意识到后人对柏拉图的观点进行字面解释的事实和危险。[14] 在中世纪，亚里士多德的《论灵魂》受到前所未有的重视，其中，最为重要的两位注释家是以托马斯·阿奎那（Thomas Aquinas，1225—1274）为代表的天主教的拉丁注释传统和以阿维洛伊为代表的阿拉伯注释传统。

亚历山大所写的关于灵魂的作品共有三部：（1）对亚里士多德的《论灵魂》的注释，（2）亚历山大本人所著的《论灵魂》，（3）《论灵魂补编拾遗》。一如上述，亚历山大所写的关于亚里士多德的《论灵魂》注疏已经失传，需要加以说明的是，将那些附在《论灵魂》后面的一些论文统一称为“Mantissa”的是19世纪末一位德国的古典学家布朗斯（Ivo Bruns）。[15]《论灵魂补编拾遗》共包含25篇论文，按照布朗斯的看法，25篇不同的论文可以分为两大类，一类是旨在反驳其他哲学流派的一些论证，另一类是亚历山大本人所写的关于一些主题的评注。[16]《论灵魂补编拾遗》中最重要的当数第二篇“论理智”（de intellectu）。[17]

中世纪的阿拉伯注疏传统主要是以阿维森纳和阿维洛伊为代表。他们两位并没有逐句地注疏，而是基于文本阐释了自己关于理性灵魂的哲学。尤其是后者曾经先后撰写三部关于《论灵魂》的不同的评注：《论灵魂概要》《论灵魂中篇评注》和《论灵魂长篇评注》。阿维森纳对拉丁中世纪的注释传统有着很大的影响，这主要体现在他对于亚里士多德关于灵魂的定义的理解上，他认为灵魂可以从以下两个角度来进行理解：（1）在其自身的灵魂，从这个角度，我们可以把灵魂理解为一个精神的永恒实体；（2）与身体的关系来看，我们可以把灵魂理解为身体的“完善”或“成全”（perfectio）。他并没有采取亚里士多德所说的灵魂是身体的形式（forma），而是使用了“成全”这一概念，如此，这一界定与灵魂是一个可以脱离身体的永恒的精神实体就不相矛盾了。[18]阿维森纳的这种解释的一个后果就是，灵魂与身体似乎又成为两个不同的事物，灵魂在其自身就是一个精神的永恒实体，灵魂就是“某一这个”（hoc aliquid）。但是，当时的评注家更加关注这样的一个单纯的精神实体是如何构成的，因为没有任何受造的实体可以是完全的单纯实体，这将会使其与上帝没有区别。所以，有的评注家认为，灵魂也是由自己的形式和质料构成的，只不过构成它的质料是精神性的，而身体则是由形式和躯体性质料构成的。这样的说法将会导致人是由多个实体性形式构成的，至少包括灵魂的形式和躯体的形式。阿维森纳的这种解释蕴含着一些非常复杂难解的矛盾和问题，但是，他的解释推动了中世纪对亚里士多德的灵魂论的进一步研究。

德·波尔（De Boer）认为，中世纪至少发展出如下三种策略来回应阿维森纳的解释：（1）拒绝承认灵魂是永恒的、赋予有生命的身体的持存形式，比如布拉邦的西格尔（Siger of Brabant）、杨顿的约翰（John of Jandun，约 1285—1328 年）等，这一派被称为严格的或绝对的亚里士多德主义。[19]（2）灵魂是身体的唯一形式，并且在其自身就是持存的，但并不需要将灵魂转变为一个实体。这是托马斯的观点。（3）人的灵魂既是一个实体，又是身体的形式，很多方济各会的学士们（Franciscans）都持此看法。其中，托马斯与阿维洛伊之间的观点冲突最为明显。阿维洛伊为了解决灵魂一方面是身体的形式，另一方面理性灵魂又是永恒的和可分离的冲突，他认为，只有营养灵魂和感觉灵魂才是身体的形式，而理性是一个分离的形式（a separate form），是独一的、不死的、独立于所有躯体之外而单独存在的神性实体，它只是在思维过程中才与人的身体相连，所有人都分有这独一的理性。阿维洛伊的这种解释导致的一个最重要的后果就是，不是个别的人在理解，而是只有这独一的或单一的理性在理解。

阿维洛伊根据亚里士多德的《论灵魂》第三卷第 4—8 章发展出自己有关理智（νοῦς, intellectus）的解释传统，其中，最为重要的四个命题是：（1）所有人类分有的都是同一个主动理智（νοὺς ποιητικός, intellectus agens），并且人的潜能理性（νοῦς δυμάμει, intellectus possibiliis）也是独立自存的分离实体；[20]（2）世界是永恒的；（3）人在今世可以通过哲学达到幸福；（4）双重真理论。[21] 这几个观点遭到托马斯的严厉批判，托马斯主张，无论主动理智还是潜能理智都属于人的灵魂的理性部分，是灵魂的理性能力，而非在其自身就是独立自存的或分离存在的实体，因此主动理智和潜能理智是个体性的。[22]

托马斯在对亚里士多德的《论灵魂》进行注释时并没有使用古希腊文文本，而是基于威廉姆的拉丁文新译本（translatio nova）来进行注释的。托马斯并没有进行逐字逐句的注释，而是根据文本所讨论的问题和论证步骤把文本分为不同的段落来进行段落注释。托马斯的注释动机并非表述自己的观点，而是旨在澄清和解释亚里士多德的意思，使之更清晰易懂。但是，有人认为托马斯的注释动机并非解释亚里士多德的观点，而是为了反驳当时在巴黎盛行的阿维洛伊的注释传统，即所谓的拉丁的阿维洛伊主义。尽管托马斯的有些注释确实存在特意反驳阿维洛伊的观点的地方，比如托马斯在对《论灵魂》第三卷第 4—5 章的注释中就加入了对阿维洛伊关于潜能理性和主动理性的观点的反驳，但这并不能适用于所有的注释。托马斯对亚里士多德的《论灵魂》注释通篇并没有太强的论辩性色彩，当然，我们可以说，托马斯对亚里士多德的《论灵魂》的研究和注释应被视为他要撰写的巨著《神学大全》中关于“人的本性”的部分的前期准备工作。[23] 一方面，我们可以说托马斯按照亚里士多德的《论灵魂》的文本进行忠实的注释，这一点从他对文本中的论证的巨细无遗的步骤划分中就能看出来，另一方面，我们也可以说托马斯并不会将他所不认同的观点写在注释中，所以，托马斯所写下的观点也就是亚里士多德的观点。[24] 但是，任何注释家在进行注释的时候都会带有自己对问题和文本的主观理解，一个完全中立的或客观的解读是不可能的，托马斯在注释时遵循的一个原则就是，哲学的研究不是为了了解不同的个体或哲学家各自说了些什么，或前人的观点究竟有哪些，而是为了获得关于事物本身的知识。[25]

除了托马斯的注释，我们还可以找到很多其他学者们对于亚里士多德的《论灵魂》的研究和注释，中世纪对亚里士多德的《论灵魂》的研究和注释达到了一个前所未有的高峰，尤其是在 1260—1360 年间，先后出现了很多注释家，匿名的魏纳布什（Annoymus Vennebush，活动于 1260 年左右）、匿名的雷乐（Anonymus Giele，活动于 1270 年左右）、匿名的巴赞（Anonymus Bazán，活动于

1275年左右）、匿名的斯汀伯根（Anonymys Van Steenberghen，活动于1275年）、司各脱（John Duns Scotus，1265—1308）、布里托（Radulphus Brito，约1270—1320年），这几位学者主要是以提问的方式（per modum quaestionis）对亚里士多德的《论灵魂》提出了不同的问题，尤其是司各特的《关于第二卷和第三卷的疑问》（*Questiones super secundum et tertium*）对《论灵魂》的第二卷和第三卷提出了不同的问题。布雷（Walter Burley，约1275—1344年）、杨顿的约翰、布里丹（Johannes Buridanus，1295—1363）就亚里士多德的《论灵魂》先后做过不同的演讲。欧瑞斯莫（Nicole Oresme，1320—1382）、匿名的帕塔尔（Anonymus Patar，活跃于1340—1350年）、布拉邦的西格尔（Sieger of Brabant，1240—1284）、匝巴瑞拉（Jacopo Zabarella，1533—1589）、苏阿莱兹（Francisco Suárez，1548—1617）等人也有不同形式的注释作品。但是，学者们对这些注释的研究仍然是比较贫乏的，因为一方面，很多注释集都没有被整理并编辑出版，另一方面，保存下来的注释大部分都集中于对人的灵魂的探究，以至于这个以研究所有灵魂为目的的广阔视域被忘却了。1592年，葡萄牙的科因布拉大学在苏阿莱兹的带领下出版了关于亚里士多德全集的注释集，一般被称之为《科因布拉注释集》(*Coimbra Commentaries*)，其中关于《论灵魂》的注释也非常重要。[26] 关于《论灵魂》的现代注疏和研究更是层出不穷，我会将不同的原文版本、注释、研究专著等列于文后。

综观上述各种注疏，漫步学派内部的注疏旨在处理一些文本上的疑难；而新柏拉图学派则以调和亚里士多德与柏拉图的哲学为己任，将亚里士多德的哲学柏拉图化；中世纪发展出更加完善的有关论灵魂的科学（scientia de anima），形成不同形式的注疏形式，包括问题阐释（expositio per modum quaestionis）、段落阐释（sentenciae）、章句答问（sentenciae cum quaestionibus）、集注

（Glosses）等。但是，也有学者指出，从托马斯到欧瑞斯莫之间写成的有关亚里士多德的《论灵魂》的评注中可以看到有一个转变在悄然发生，这就是从对灵魂的本质的探究到关注于灵魂的感觉官能的转变，即从经验主义的视角对灵魂的诸种官能进行探究。这种转变也可以被称为是一种不断发展的经验主义（empiricism），因为评注家越来越强调灵魂的感知官能，而对灵魂的本质所进行的形而上学的玄想则日趋式微。[27]14 世纪晚期的评注家经常宣称，人的理性灵魂的永恒性（immortality）和不可分割性（indivisibility）并不能被加以证明。但是，13 世纪晚期的评注家则认为这是可以被证明的。当然，托马斯的评注对中世纪的影响是深入而持久的，比如布里丹（Buridan）和欧瑞斯莫就认为，对理性的研究就包含在灵魂科学的研究范围之内，而理性灵魂的不可分割性和永恒性也应当属于灵魂的科学中的结论。[28]

国内有关《论灵魂》最早的中文译述作品出自于明末清初来华的一些耶稣会传教士，其中最为重要的几部作品不外如下几种，来自意大利的毕方济（Francesco Sambiasi）曾与徐光启一起在 1624 年出版了《灵言蠡勺》(*Short Treatise on Matters Pertaining to the Soul*)，这是第一部有关西方灵魂论的中文作品，虽然自此之后相继还有一些作品出现，但都不如《灵言蠡勺》说理精湛。另外值得一提的关于亚里士多德的《论灵魂》的中文译介作品是来自意大利的耶稣会传教士艾儒略（Giulio Aleni，1582—1649）所写的《性学牿述》一书（*A Brief Introduction to the Science of Human Nature*），这部作品是他在自己早期的一部叫做《灵性篇》(*A Treatise on the Nature of the Soul*）的基础上修订而成。另外，意大利耶稣会会士龙华民（Niccolò Longobardo，1559—1654）在 1636 年也写了《灵魂道体说》(*On the Essence of the Soul*）一书，高一志（Atfonso Vagnone，1566—1640）也曾写过一本叫做《性灵說》的作品，在当时的文人中间引起关注。由此可见，明末清初来华的耶稣会传教士对“灵魂”这个概念甚为关注，因为他们大都承继了中世纪建基于托马斯的解释传统之上的灵魂观：灵魂是人的真正自我，尤其是理性灵魂，并且灵魂是永恒的，而基督宗教中所理解的救恩或拯救就是在于拯救人的灵魂能够返回到神那里，与神合一。[29]

这一时期的灵魂论有两个比较重要的特点，第一，这几位耶稣会士的作品并不是对亚里士多德的《论灵魂》的直接的译介，而是基于托马斯对《论灵魂》的评注以及科因布拉注释集中关于《论灵魂》的注释，结合中国文化尤其是儒家思想而向中国人介绍古希腊与基督教传统中的“灵魂”概念。第二，明末清初时期的有关灵魂的作品大都强调灵魂的永恒不死，因为灵魂是承受永远的拯救与惩罚的主体。传教士的神学解释还表现在对灵魂所做出的一种目的论解释，即上帝是至善和至美，因此只有上帝才是灵魂应该欲求的最后目的，只有借助于渴望和爱上帝，人的自然本性才能达到圆满和成全。[30]

三、《论灵魂》在《亚里士多德全集》中的位置介绍

《论灵魂》究竟在《亚里士多德全集》中占有什么样的位置，与其他著作有着什么样的关系，也是颇有争议的问题。牛阳斯在自己的专著《亚里士多德的灵魂论的发展》就提出一种发展论的看法。[31] 他认为，亚里士多德的灵魂论共有三个发展阶段，第一个阶段是亚里士多德在自己的对话作品中表达出来的灵魂论，主要是继承和发展了柏拉图在《斐多》中的灵魂学说。这一时期的对话作品是《论哲学》(*De philosophia*) 和《欧德姆斯》(*Eudemus*)，这些作品中的灵魂观只限于人类，灵魂与身体的关系是不对等的，灵魂是先在的，灵魂在身体内就像被束缚在

监狱中一样，在人死后，灵魂返本归元，回到其真正的寓所。第二个阶段主要体现在亚里士多德的生物学作品中，如果说，在第一个阶段，亚里士多德的灵魂观只限于人类，在第二个阶段中，他认为，所有动物都具有灵魂。尤其在《动物志》中，他将人和其他动物都视为是由灵魂和躯体构成的生命体，而且，在动物那里，我们也会发现某种心理或情感上的特征表现，比如，温顺与凶猛、勇敢与胆怯、高兴与低沉等，甚至有些动物也表现出基本的聪明。[32] 因此，这一阶段的灵魂观与所谓的“心脏中心主义”（cardiocentrism）相一致，即把灵魂在躯体中的位置视为心脏。亚里士多德在《论动物部分》与《论动物运动》中确实将动物的灵魂与躯体中最有热量的器官——心脏相等同。[33] 同样地，在《论自然诸短篇》中，亚里士多德也将灵魂与心脏相关联，心脏在引起动物运动的过程中起着至关重要的作用。第三个阶段代表亚里士多德对灵魂的最成熟的思考，这主要表现在《论灵魂》中，其中，最大的一个发展特点就是，亚里士多德不再关注灵魂究竟在躯体中的哪个位置，而是将灵魂视为整个躯体的现实性（ἐντελέχεια），就像亚里士多德在 DA Ⅱ 1, 412b4–9 中所说的：

> 如果我们必须要说出什么东西是一切灵魂所共有的，那么它应该是有器官的自然躯体的第一现实性。因此，我们不应该去探寻，灵魂与躯体是否为一，就像我们也不去追问蜡块与形状是否为一，总体上来说也不会去追问每个事物的质料与质料所属的那个东西是否为一。因为“一和实是或存在”尽管以多种方式被言说，但是最为主要的意义就是现实性。

牛阳斯认为，亚里士多德在《论灵魂》中不再使用心脏来解释动物的运动和情感状态，而是使用质料形式论（hylomorphism）的理论框架来解释灵魂与躯体的关系。这种发展论的观点在某种程度上可以很好地解释为什么《论灵魂》是亚里士多德关于灵魂的思想的最高阶段和最高成就。但是，我们并不能说亚里士多德只有在《论灵魂》中才使用质料形式论的框架来解释灵魂与躯体的关系，牛阳斯的发展论受到一些学者的反驳，因为质料形式论框架下的灵魂观并不与亚里士多德在《论自然诸短篇》中所说的"心脏中心主义"互相排斥，也就是说，这并不能作为判断亚里士多德的《论灵魂》的发展阶段的标准。[34]我认为，关于《论灵魂》在《亚里士多德全集》中的位置我们至少可以指出如下两点：(1)《论灵魂》是相对比较晚期的一部作品；(2)我们需要将《论灵魂》放到亚里士多德的自然哲学的大背景中来审视，而非仅仅限于生物学的范围之内。

关于第一点，我们可以从如下两个方面看出来。首先，《论灵魂》文本中对《全集》中的其他作品多有提及，有些直接提及作品的名字，比如在 DA 404b19 提到《论哲学》，在 407b29 提到《欧德姆斯》，在 417a1 和 423b29 也有对《论生成与毁灭》的引用，在 417a17 中提到《物理学》。有时并没有写下作品名字，只是说在别处或别的作品中有所论及或会论及，比如在 DA 416b31 提到《论食物》(*Περὶ τροφῆς*)，在 427b26 提到《尼各马可伦理学》，432b12 指向《论呼吸》和《论睡眠》，433b20 指涉《论自然诸短篇》和《论动物部分》以及《论动物运动》。并且还有很多其他作品也有指向《论灵魂》的引证，尤其是在《论自然诸短篇》中，比如，在《论感觉及其对象》436a1、a5、b10、b14、437a18、438b3、439a8、a16、a18、440b28）中，在《论记忆》449b30 中，在《论睡眠和清醒》454a11、455a8、a24 中，在《论梦境》459a15 中，在《论青年和老年》467b13 中，在《论呼吸》474b11 中。另外，在《论动物运动》700b5、b21 中，在《论生成与毁灭》736a37、786b25、788b2 中，也都对亚里士多德的《论灵魂》有所论及。所以，罗斯根据这些在《论灵魂》中的和指向《论灵魂》的引用而认为，亚里士多德的《论灵魂》的写作时期应当是晚于《欧德姆斯》《论哲学》《物理学》《论生成与毁灭》《论动物的前行运动》，但是早于《解释篇》《论自然诸短篇》《论动物部分》《论动物运动》和《论生成与毁灭》。[35]

其次，罗斯根据亚里士多德在不同作品中对“ἐντελέχεια”（现实性）这个重要的形而上学术语的使用频率而将《论灵魂》置于与《物理学》《论生成与毁灭》《形而上学》同样的写作阶段，亚里士多德在《论灵魂》第二卷第1章中将灵魂定义为“潜在地有生命的自然躯体的第一现实性”，并且，他在《论灵魂》中使用“ἐντελέχεια”这一术语有34次之多。除此之外，他在《物理学》（12次）、《形而上学》（12次）、《论生成与毁灭》（15次）、《论动物生成》（2次）、《论天》（1次）、《天象论》（1次）、《论动物部分》（1次）中也分别使用过这一术语。

关于第二点，有人认为，亚里士多德的《论灵魂》不仅属于自然哲学，而且更是整个自然哲学之大业的拱顶石，或是整个自然哲学的完美的结束部分。[36]亚里士多德在《论灵魂》的开头处便提出有关灵魂的知识看起来似乎对全部真理大有裨益和贡献，尤其是对关于自然的真理贡献最大（μάλιστα δὲ πρὸς τὴν φύσιν）。为什么亚里士多德认为有关灵魂的知识会对于对自然的研究贡献最大呢？如果我们理解了亚里士多德所说的“自然”（φύσις, nature），我们就会明白为什么亚里士多德会这样认为。古希腊文“φύσις”来自于动词“φύεσθαι”（生长），植物或动物的生长所依从的本性就是自然。按照亚里士多德在 Phys. Ⅱ 1, 192b8 ff. 所列举的属于自然的事物或实体来看，这里的自然包含两种基本对象，一种是没有灵魂的简单的元素，即土、火、气和水，一种是有灵魂的动物、动物的部分和植物。亚里士多德在《形而上学》第五卷第4章中认为，φύσις

有如下五种用法：（1）生长；（2）在最初的生长的东西中所蕴含着的内在于其中的本原；（3）那内在于每一自然存在物中的，且最初的运动由之开始的东西，它在其自身就是如此；（4）物质或质料因，就如铜器或雕像的铜，木器的木料，自然存在的元素——土、水和火等；（5）自然事物的本质。自然在亚里士多德这里最为重要的一个含义就是事物的运动和静止的内在本原或原则（immanent principle）。这个关于自然的经典定义是在 Phys. Ⅱ 1, 192b13ff.：自然事物中的每一个都在自身之内有其运动与静止的本原。这明显地将自然理解为事物运动的动力因。有时，亚里士多德也将 φύσις 理解为目的因（Phys. Ⅱ 2, 194a28f.; Pol. Ⅰ 2,1252b32ff.）。

亚里士多德在《论灵魂》中认为灵魂就是生命体的本原或原则（ἀρχή），所以，"灵魂的自然"应当是指那内在于灵魂自身之中的原则或本原，即灵魂是潜在地有生命的自然躯体的形式因、动力因和目的因。所以，对灵魂的知识可以帮助我们更好地解释自然事物和生命体的运动。[37]有所争论的是，亚里士多德所说的自然哲学究竟是关乎有运动的实体（ens mobile），抑或是关乎有运动的躯体（corpus mobile）。我认为，亚里士多德的自然哲学关乎这两种对象的运动，它探究的对象可以分为两大类，一种是无生命的或没有灵魂的物体，另一类是有生命的或具有灵魂的生命体。亚里士多德主要在《形而上学》《物理学》《论生成与毁灭》《论天》《天象学》中论述前者，除了《形而上学》，这些作品主要探究元素之间的互相转化的生成过程，以及在地球与月亮之间发生的元素变化。《形而上学》虽然不是专门探究灵魂之本质的学问，但是，亚里士多德在 Metaph. Ⅶ 11, 1037a5–10 中认为灵魂就是第一实体：

灵魂显然是第一实体（οὐσία ἡ πρώτη），而身体是质料。人或者动物是出于两者作为普遍的两者而构成的。而苏格拉底

> 和柯里斯库斯（个别实体）就有两重含义了，如若灵魂就是苏格拉底：因为我们既可以将他们理解为灵魂，也可以理解为具体的组合物。简单说来，他们就是这个灵魂和这个身体，普遍者（τὸ καθόλου）与个别物（τὸ καθ’ ἕκαστον）都是如此。

亚里士多德在这里使用质料形式论来解释身体与灵魂的关系，如果灵魂就是第一实体的话，那么这显然表示，用于解释生命体的质料形式论才是真正意义上的绝对的质料形式论，而用于解释人造物的形式质料论只是类比或派生意义上的。亚里士多德经常使用人造物（比如铜球）来解释质料形式论，这是因为人造物更能形象地说明或解释这种质形论。不同于柏拉图的是，亚里士多德的灵魂概念不只是限于人类，动物和植物也具有灵魂，因为动物也有营养与感觉能力，而植物则有生长和营养能力。因此，亚里士多德写了很多著作来探讨动物的历史与动物的生成。亚里士多德关于生物学的作品有：

《动物志》（Historia animalium）

《论动物的部分》（De partibus animalium）

《论动物的生成》（De generatione animalium）

《论动物的前行运动》（De incessu animalium）

《论动物的运动》（De motu animalium）

其中，《动物志》主要探究动物所具有的一般意义上的特性有哪些，动物通过哪些属性而彼此区分开来。亚里士多德将这些普遍的特性分为四组：躯体部分、动物的活动、动物的生存方式和性格特点。他在《动物志》中主要搜集与整理这些普遍属性和事实，而在后面的四部作品中才讲出其所以然，对这些普遍的现象进行原因性的解释。另外，《论自然诸短篇》与《论灵魂》的关系也极为密切，它包括如下短篇：

《论感觉及其对象》（De sensu et sensibilibus）

《论记忆与回忆》(De memoria et reminiscentia)
《论睡眠与清醒》(De somno et vigilia)
《论梦》(De insomniis)
《论梦中的征兆》(De divinatione per somnum)
《论生命的长短》(De longitudine et brevitate)
《论青年与老年》(De juventute et senectute)
《论生命与死亡》(De Vita et Morte)
《论呼吸》(De Respiratione)

尤其《论感觉及其对象》《论记忆》《论梦》和《论睡眠和清醒》都与亚里士多德在《论灵魂》中所讨论的灵魂的感觉能力和想象能力等主题密切相关。

四、《论灵魂》作为一门科学

尽管亚里士多德在《物理学》《论生成与毁灭》和关于生物学的一些作品中也论及了灵魂，但是，这些作品并没有专门就灵魂的本质或本性展开论述，而更多地是将动物的运动归因于灵魂。亚里士多德在《论动物的生成》中着重于对动物的生殖进行生理学上的阐释，他认为动物所赖以生成的形式因是由雄性动物的体液所提供的，而雌性动物提供的是质料。[38] 雄性的精血之所以能够提供动物之所以生成的形式是因为存在于雄性的种子内的先天的炁(πνεῦμα)，这是一种元始的生命的热量，[39] 这种先天的炁在营养和生殖方面起着根本性的作用。[40] 亚里士多德甚至认为，先天的炁能够引起运动，并提供力量。[41] 正是因为先天的炁能引起运动，所以，它有赋予形式的能力，我们甚至可以说，它有传输或传送灵魂的功能(soul-transmitter)。[42] 所以，灵魂存在于那些具有先天的炁的存在物那里，它就像天体赖以形成的首要躯体——以太那样。[43] 但是，这先天的炁并不是现实的灵魂，它所预备的是那潜在地有生命的自然躯体，即能够作为营养与生长功能的工具性躯体，所以，亚里士多德在生物学作品中更加关注潜在地有生命的自然躯体和其生理学意义上的原理，他在《论灵魂》中才真正开始探究灵魂的本质或灵魂作为灵魂所具有的特性。

《论灵魂》的内容就是关于灵魂的学问或科学。他在 DA I 1, 402a8–12 中这样来定位《论灵魂》的目的：

> 我们寻求去研究和认识灵魂的自然本性和其实体之所是，以及灵魂的所有属性，其中，一些看起来是灵魂专有的受动状态或属性，另外一些基于灵魂也为动物所具有。但是，要想获得有关灵魂的任何确切的知识，这在各方面来说都是一件极为困难的事情。[44]

《论灵魂》的任务是探究灵魂的本性和实体以及所有随之而来的属性。亚里士多德在这里所说的“灵魂专有的受动状态”应该是指一些基于灵魂的本质而来的属性（τὰ καθ’αὑτὰ συμβεβηκότα），这些属性与那些在严格意义上所说的“偶性”（συμβεβηκότα）不同，因为“偶性”恰恰是指那些并不是基于事物自身的本质而来的性质或属性。[45] 那么这些灵魂专有的受动状态是什么呢？我认为，这里是指生命体通过灵魂而具有的一些受动状态，而不是指灵魂在其自身来说而有的一些属性。虽然在亚里士多德看来，只有理性灵魂或灵魂的理性部分是与躯体不混合的、不受作用的、没有身体器官的，尤其是《论灵魂》第三卷第 5 章中的主动理性更是被亚里士多德认为是分离自存的、不灭的，但是，主动理性究竟是否是个体的灵魂能力，抑或是神性的永恒理性，亚里士多德在这里并没有给出定论。关于主动理性是否仍然属于亚里士多德的灵魂理论学者们争论不休，看法不一。无论如何，“灵魂专有的受动状态”的用法会让我们误以为亚里士多德在灵魂与其本质和实体之间作了区分，就好像我们可以在灵魂的本质与其专有的属性之间作出区分。这样的理解是错误的，因为亚里士多德在《论灵魂》第二卷第 1 章的灵魂定义中把灵魂界定为潜在地有生命的自然躯体的第一现实性，灵魂本身并没有本质，而其本身就是生命体的本质和自然本性。[46]

亚里士多德的《论灵魂》是关于具有灵魂的或有生命的存在物的学问、是关于生命体的学问，有生命的存在物不仅仅是人类，陆地上的动植物和水中的鱼类都有生命。“生命”（βίος）在这里是一个最直接的和最直观的经验判断，一个有生命的物体就是能够进行生长、生殖、感知、欲求，有痛苦和快乐之感受的存在，而那些没有生命的就是一些人造物或质料而已。亚里士多德在 DA Ⅱ 1, 412a13-18 中说：

> 在自然诸物中，有些具有生命，有些没有生命。我们说生命不仅是凭靠自身能够摄取营养，而且还包括生长和衰亡。所以，所有那些分有生命的自然躯体应该是实体，且是在复合物意义上的实体。因为自然躯体也是这样的一种有生命的躯体，所以，灵魂应该不会是躯体。因为躯体不属于那些能够谓述主体的东西，而是本身更如主体和质料。

有生命是因为有灵魂，而不是因为有躯体，因为躯体不属于那些能够谓述主体的东西，而是本身更如主体和质料。纵使我们能够对躯体进行甚为精密的解剖和研究，而且能够在生物学的意义上对躯体的各个器官的功能和作用了如指掌，但是，我们并不能说了解了躯体的生理功能就能解释生命的现象，因为在亚里士多德看来生命的本原或原则并不在于躯体或身体的生理结构。灵魂不是躯体，而是寓居于躯体中的本原或原则，而躯体则是灵魂的工具，不是任何意义上的形体或物体都可以作为灵魂的工具，只有特定的某种躯体，即有身体器官的、潜在地能够进行营养活动、生长活动或感知活动的自然躯体才是灵魂的工具。

“工具”一词在这里并没有任何贬义，这只是说，如果我们将灵魂和躯体进行比较，那么灵魂才是生命的本原、最终的目的，躯体是为了灵魂的现实活动而存在。所以，灵魂没有躯体，其现实性也无从谈起。如果说灵魂是现实性原则，那么躯体就是潜在性原则，就像亚里士多德在 DAⅢ5, 430a10–13 中所说的，在自然中，一方面存在着作为每一类事物的质料的东西（这就是那潜在地是这一切的事物），另一方面，存在着另外一些作为这些事物的原因和制作者的东西，就像技艺作用到其质料那样。灵魂就是原因、形式或技艺，而躯体则是那被作用的质料。亚里士多德在《论灵魂》第二卷第 2 章中这样总结道：

> 因此，那些持有如下看法的人是正确的，他们认为，灵魂既不能脱离躯体而存在，亦不是某种躯体。因为灵魂并不是躯体，而是某种属于躯体的东西，所以，灵魂寓于躯体之中，且存在于这样一种躯体之中。（414a19–23）

亚里士多德将灵魂视为客观的研究对象，并且，灵魂不仅仅为人所独有，植物和动物同样也是有生命的，因此也是具有灵魂的，而现代的心理学则只是从人的意识出发对心理的诸种现象进行描述。亚里士多德的灵魂学说并不只是对一些所谓的心理现象、心灵活动、心灵经验或状态进行描述，相反，亚里士多德的灵魂论作为一种科学是在寻求一种适用于整个生命界的普遍的解释原则，在寻求一种关于灵魂的普遍定义。通过亚里士多德在《论灵魂》的开篇所提出的关于灵魂的几个根本性问题就能看出这一点：

> 首先，我们必须界定灵魂属于哪个类以及它究竟是什么，我的意思是：灵魂是否是某个具体的这一个和实体呢，抑或是性质或数量或这些不同范畴中的另外一个范畴呢？除此之外，我们也必须研究灵魂是否是作为潜能而存在的东西，抑或更多地是一种现实性。这种差异不可小觑，我们必须考察，灵魂是可分的或者是不可分的，以及所有的灵魂是否是同种同质的，或者不是同种同质的。如果不是，那么灵魂是在种上，还是在属上彼此区分开来。（DA I 1, 402a23–402b3）

为了能够界定灵魂，我们需要首先知道灵魂属于哪个属，属于范畴中的哪一个范畴。另外的几个问题也是围绕着这个最基本的问题而展开的（DA I 1, 402ab3–403a4）。

亚里士多德并不满意于前人对灵魂的界定，他既反对柏拉图和学园派主义者们将灵魂视为自我运动者的观点，也反对自然主义者们将灵魂视为某种元素或还原为某种精微的元素的做法。他使用质料形式论来解释灵魂与躯体或身体的关系，这就是他在 DA Ⅱ 1 中所达到的关于灵魂的普遍定义：灵魂是潜在地有生命的自然躯体的第一现实性。“现实性”的古希腊文“ἐντελέχεια”是由“ἐντελής”和“ἐχεῖν”组成，包尼兹（H. Bonitz）认为这个词应该源自于形容词 ἐντελεχής，而这个形容词就等于 τὸ ἐντελές ἔχων。这两个词都表示完满实现或达致目的后的完成状态，并不表示动作。但亚里士多德有时将 ἐντελέχεια 与 ἐνέργεια 这两个词混用。因此，学者们对这两个术语的异同也产生出不同的看法。一个传统的看法就是，ἐνέργεια 表示动态的实现活动、目的是达其完满状况；而 ἐντελέχεια 更多地是指活动的结果、静态的完满状态自身。[47] 虽然，ἐντελέχεια

更多地是指活动的结果或静态的完满状态，但是，这并不表示它就与现在无关或完全是属于过去的一种状态，相反，ἐντελέχεια 是对这种完成的圆满状态的一种持存或把守，是所有其他活动得以展开的始点和终点。亚里士多德也是在这种意义上将灵魂理解为能够解释生命现象或灵魂的诸种活动的原则或本原，亚里士多德的《论灵魂》之所以能被视为是一种科学，是因为它不但能够对心灵活动或生命现象进行描述，而更能够对这些现象和活动进行原因性的解释，不只是知其然，更是知其所以然：

> 灵魂乃是活着的躯体的原因和本原，原因和本原可以在多种方式被述说。同样地，灵魂也是在三种不同的意义上被视为原因：作为运动的来源而是原因，灵魂是“何所为”，作为具有灵魂的躯体的实现而是原因。
>
> 灵魂作为实体意义上的原因，这一点不言而喻。因为实体是一切事物存在的原因，对于生命体来说，生命就是存在，而灵魂则是这些生命的原因和本原……非常明显的是，灵魂作为“何所为”是原因，就像理性总是为着某个目的而起作用，同样地，自然运作也是这样，这就是自然的目的。在生命体这里，灵魂自然地就是这样的目的。因为所有自然躯体都是灵魂的器具，动物的躯体是如此，植物的躯干也是这样，因为它们也是为了灵魂的原因而存在。（DA Ⅱ 4, 415b8–24）

灵魂是活着的躯体的形式因、动力因和目的因。灵魂是形式因，因为灵魂是躯体的本质；灵魂是活着的躯体的动力因，因为灵魂通过选择和思想来推动躯体；灵魂是活着的躯体的目的因，因为躯体就像灵魂的工具，它们为了灵魂的原因而存在。

五、《论灵魂》的内容梗概和主题介绍

《论灵魂》共分为三卷，第一卷主要是亚里士多德对前人的灵魂观的批判和接受，第二卷主要讨论灵魂的普遍定义和感觉能力，第三卷则着重探究灵魂的想象能力、理性能力和欲求能力。现将其内容大纲列于下面：

第一卷 《论灵魂》的探究目的和亚里士多德对前人的灵魂学说的考察

第 1 章　研究灵魂的重要性、困难、目的以及研究方法

第 2 章　前人的灵魂学说之概观和提出的困难：运动、感知和非躯体性

第 3 章　灵魂作为自我运动者或运动的本原

第 4 章　灵魂作为一种和谐和再论灵魂与运动

第 5 章　灵魂作为元素的构成者

第二卷　灵魂的普遍定义和其感觉能力

第 1 章　灵魂的第一个定义

第 2 章　灵魂的第二个定义

第 3 章　灵魂的诸种能力

第 4 章　灵魂的营养能力

第 5 章　感知能力

第 6 章　可感对象

第 7 章　视觉及其对象

第 8 章　听觉及其对象

第 9 章　嗅觉及其对象

第 10 章　味觉及其对象

《论灵魂》中所讨论的最为重要的几个主题列示如下：（1）亚里士多德对前人的灵魂理论的批判；（2）灵魂的普遍定义与质料形式论；（3）感觉的本质和种类；（4）想象与心灵图像；（5）人的潜能理性与主动理性；（6）实践理性与欲求能力。

1. 亚里士多德对前人的灵魂理论的批判

亚里士多德在第一卷中主要批判性地重新审视前人对灵魂的理解和界定，将前人的灵魂观中错误的地方剔除，但是，同时也将这些观点中的正确或合理的东西继承下来。他认为：

> 流传下来的有关灵魂的定义共有三种。有些人宣称灵魂

> 就是那最能引起运动者，因为它能自行运动；另外一些人认为，灵魂就是最为精妙的一种物体，或者相对于其他的物体而言乃是最无形体性的东西。（DA I 5, 409b19–22）

前人关于灵魂定义的遗产是：（1）能进行自我运动，（2）是最精妙的一种物体，这就是为什么灵魂能够有感知的原因，（3）非物体性。亚里士多德对前两种观点加以反驳，他认为，灵魂在其自身是不被运动的，灵魂也不是由元素构成的，哪怕是最精微的元素，而接受了最后一种观点，即灵魂是非物体性的（incorporeal）。我们可以将前人的灵魂理论分为如下两大类，一类是将灵魂视为自我运动者，灵魂通过自我运动而推动其他事物进行运动，柏拉图、德谟克利特、色诺克拉底等人就持有这种看法。灵魂是某种和谐的观点也属于此类。另外一类是从灵魂的感知或认知出发把灵魂界定为某种精微的元素——火。比如恩培多克勒根据"同认识同"的原理而将灵魂理解为出自于元素或由元素而构成。再比如，阿那克萨戈拉则把理性视为灵魂的本质。我在这里着重介绍亚里士多德对柏拉图的灵魂观的反驳。

柏拉图的灵魂学说并不是一成不变的铁板一块，而是在中期与晚期的对话中有一个发展的或变化的脉络可循。在中期对话中，柏拉图并没有太多地对灵魂的本质进行考察，而是更多地去证明灵魂的不朽。在《斐多》中，柏拉图通过不同的论证强调灵魂的不朽、灵魂与不朽的理念的亲缘关系等，他显然使用一种对立的二元主义来看待灵魂与身体的关系。在《斐德洛》和《蒂迈欧》中，他才将灵魂的本质理解为一种自我运动，灵魂就是自我运动者（τὸ αὑτὸ κινοῦν，Phdr. 245c7）或者那运动自我者（τὸ ἑαυτὸ κινεῖν，Nomoi 10, 896a3–4）。亚里士多德在 405b31–406a10 开门见山地提出自己的看法，他一方面否定那些宣称灵魂是自我运动者的观点的人，灵魂能够引起运动是因为自身在运动中这种观点不仅是错误的，而且是不可思议的事；另一方面肯定自己的主张：那使他物运动者不必自身也被运动。亚里士多德共提出六个论证来反驳灵魂是自我运动者的观点，[48] 灵魂之所以是运动的原则或之所以引起他物的运动就在于灵魂自身始终处在运动中，灵魂是自动者。现在，我列出亚里士多德反驳柏拉图的灵魂观的几个主要论证。

第一个论证（406a12–22）：如果灵魂被推动，那么它或者基于自身（καθ› αὑτὸ）被推动，或在偶性的意义上（κατὰ συμβεβηκός）或基于他物被推动。如果是在后者的意义上被推动，那么运动就不属于灵魂的本质，就像白与三肘长这样的属性在偶性的意义上被运动起来一样。如果灵魂是基于自身而被运动起来，那么这就会是如下四种运动中的一种：位移运动（φορᾶς）、属性变化（ἀλλοιώσεως）、衰败（φθίσεως）与增长（αὐξήσεως）。亚里士多德在这里似乎并没有将生成与毁灭纳入到运动的形式中，因为生成与毁灭并不是狭义上的运动，而是变化（μεταβολή）。因此，灵魂就会按照上述几种运动形式而运动：位移运动、增长、衰败或属性变化，如果所有运动都发生在某个位置或地方，那么灵魂就会占有某个地方。亚里士多德所说的“所有的运动都发生在某个地方”明显地适用于位移运动和衰败与增长的运动形式，但是，却并不显而易见地适用于属性变化（ἀλλοίωσις）。亚里士多德在《论生成与毁灭》中将属性变化视为一种在相反的对反者之间（contrary opposites）发生在一个持存着的载体或主体上的变化，[49] 举例来说，就是从无知到有知、或从疾病到健康、或从黑到白的变化。这些属性是习性状态，我们如何说它们也发生在某个地方中呢?

第二个论证（406a22–27）：如果灵魂基于自身在位置上进行运动，那么它就自然地在进行运动，然而，所有自然地进行运动或被运动的事物都可以通过外力被运动起来；同样的情形也适用于静止，如果它自然地静止在某处，它也就能通过外力而静止在那里。但是，灵魂不可能通过外力被运动起来或被静止下来，因为灵魂的运动和静止是自愿的。很显然，那些能够进行自然运动的物体就会被外力而运动的这个前提是有问题的，因为这并不适用于那些永远在进行着圆周运动的天体，这些天体在进行着自然的圆周运动，但并没有被迫的运动。所以，如果要说出灵魂的那些自然的运动和静止与被迫的运动和静止是哪些，这实属不可能之事。

第三个论证（406a30–b5）：灵魂可否让死者复生？如果我们认为灵魂被运动是因为它推动躯体进行运动，那么我们可以推论说，灵魂通过自身运动而引起躯体的运动，即灵魂运动与躯体被运动起来的运动是同一种运动。但是，躯体是在空间中被运动起来，因此，灵魂也就必然是在空间的位置上被运动起来。但是，如果灵魂在空间上运动意味着它推动躯体进行空间上的运动，那么灵魂就会仿佛能够离开某个躯体而重新进入其内。既然灵魂进入某人的躯体就是赋予此躯体以生命，由此，我们可以推论说，已死的人或动物就会自然地复生，但这是荒谬的。

第四个论证（406b5–11）：凡若一物据其自性而有某个特性，那么它就必然不会基于他物而有此特性，除非在偶性的意义上。同样地，灵魂如若凭其自性就能被运动起来或使自身运动，那么灵魂就必然地不用被他物或基于他物所运动，就像善自身或者基于自身的善必然地不用通过另外一个善或者为了另外一个目的而存在。但是，我们看到，当灵魂在进行感知活动时，它被感觉对象所运动，而且当它有某种欲望时，它也会被那些值得欲求的东西所运动。托马斯提到柏拉图主义者可能会作如此的反驳，灵魂并不是被感觉对象所运动，而是当灵魂的运动穿过这些对象时，它们与灵魂相遇。但是，托马斯认为，这样的说法是错误的，因为按照亚里士多德的看法，潜能理性正是通过可感事物中的共相或种而达致实现状态的，灵魂必然被这些共相所推动。我认为，托马斯所给出的反驳理由并不是十分有效和清晰的，因为一方面，他确实反驳了柏拉图主义者们的观点，即灵魂基于自身或依其自性而使自己运动，根本不用通过他物来运动自身，亚里士多德认为，灵魂可以通过他物被运动，比如通过可感对象；另一方面，如果灵魂确实可以通过他物被运动，那么灵魂的这种被推动是否就是亚里士多德所说的偶有运动，就像船员在船上附带地或偶有地被运动起来？如果潜能理性通过接受存在于感觉对象中的可理解的形式（共相）而成为现实的理性的这种过程就是灵魂被推动的表现，那么我们是否可以说，灵魂是屈服于运动了或有某种运动形式？这种变化并不完全是一种灵魂的偶有运动，因为从潜能理性到现实理性的转变，或从无知到有知识的转变，抑或从恶性到有德性的转变不是无所轻重的随便附带的一种变化，而是关乎一个个体从不完善或不成全到完善或成全的发展。所以，托马斯给出的例子并不能完全反驳柏拉图主义者们的观点。

第五个论证（406b11–15）：这个论证可以通过如下几个步骤被表述出来，如果灵魂推动自身运动，那么灵魂是被运动的（1），如果某物 x 被运动，那么该物就会从是 F 转变为不是 F 的状态（2）；[50] 但是，灵魂的被推动关乎它自身的本质（3）；灵魂的本质就是“被自身所推动”（4）；因此，如果灵魂是这样的话，那么他就必然地从“被自身所推动”转变到不是“被自身所推动”了（5）；因此，灵魂就不再是灵魂了。理解这个论证的关键步骤就是（2）、（3）和（4），如果灵魂的被运动是关乎其本质的，也就是说灵魂根据自身被运动，那么灵魂就会从自身的本质脱离出来或离开自己的本质，如此，灵魂的运动就将会是灵魂自身毁灭的原因。这与上面所说的观点相矛盾，灵魂基于运动而相似神性，是不死的（405a30–b1）。这个论证好像是反驳柏拉图在《斐德洛》中的主张：

那自我运动者从不会遗弃自己。[51] 亚里士多德指出，柏拉图把灵魂界定为自我运动者的定义里蕴含着灵魂的存在的不可能性，因为，如果灵魂的本质就是自我运动，那么灵魂自身就是从自己的本质形式转变为其他形式。为解决这个难题，也许我们需要回到柏拉图的《蒂迈欧》，在那里，柏拉图将灵魂的自我运动视为一种圆周运动，尽管灵魂的每一个部分都在自我运动，但是，同时它还能保持与自身同一或持存为一。

亚里士多德使用不同的论证来证明灵魂自身是不被运动的或灵魂也不推动自身进行运动，因为对亚里士多德来说，灵魂并不是一个有广延或量度的东西，所以，它在其自身是不被推动的（κινείσθαι καθ’αὐτό）。如果灵魂自身就在运动中或推动自身运动，那么灵魂就会要么从躯体中脱壳而出，进入别的躯体内，致使死者复生，要么自我毁灭或否定自己的存在。[52] 但是，亚里士多德在 Phys. Ⅱ 1, 192b13−14 中将自然定义为那在自身之内有着运动与静止之本原的事物，如此，自然作为一种本原和原则就可以引起运动和导致静止。可是，为什么亚里士多德在这里如此反对灵魂基于自身或在自身就能被运动呢？就像卡特尔所说的，亚里士多德在这里不得不面对如下的选择，他要么视灵魂为一种自然之物（natural object），要么不是一种自然之物（unnatural object）。[53] 但是，灵魂不可能是自然之物，因为自然之物在自身就有运动与静止，而灵魂不是，而灵魂也不可能是一种非自然之物，因为如果这样的话，灵魂就没有什么部分可以是自然学家所探究的对象了。这显然与亚里士多德在《论灵魂》第一卷第 1 章中所做的结论相矛盾，因为亚里士多德认为，很多灵魂的受动状态或情感共同地属于灵魂和身体，因此，这项研究灵魂的事业必然也属于自然学家。[54] 但是，我们仍然有一种可以走出这种困境的可能性，那就是生命体的自然与物质元素的自然是不同的。就像亚里士多德在 Phys. Ⅷ 4, 255a5−10 中所说的，前者与后者的不同在于，灵魂是生命体的运动与静止的内在本原，灵魂就等同于生命体的自然，但这并不表示灵魂在自身就是自我运动者，它引起动物的运动与静止，但它自身则不被运动，就像那引起天体运动的不动的动者那样。

柏拉图的灵魂观中蕴含着一些荒谬的结论，因此，亚里士多德提出，灵魂只能在偶性的意义上或基于他物而被运动，就像身在船上的人随着船的运动而被运动，人的灵魂并没有基于自身而进行运动。[55] 在亚里士多德看来，灵魂通过动物的欲望、想象等来推动动物的运动，或通过人的意愿、考量、决定和欲求能力来推动人的行动，而不需要通过运动自身来推动人或动物进行运动，所以，尽管灵魂引起动物的运动或人的行动，但是，它自身则不被运动或推动。[56]

2. 灵魂的普遍定义与质料形式论

在关于灵魂的定义以及灵魂与身体的关系方面，我认为，有两个问题值得我们关注，第一个问题是关于理性灵魂或灵魂的理性部分的分离性。一方面，亚里士多德对灵魂的定义是质料形式论的，灵魂是作为质料的躯体的形式或现实性，但另一方面，灵魂中的理性能力或官能似乎又可以和躯体相分离。这构成了亚里士多德灵魂论中的一个最大矛盾，能够与躯体相分离的、不与躯体混杂一起的理性灵魂又如何是潜在地有生命的自然躯体的第一现实性？第二个问题是，质料形式论的灵魂定义自身蕴含着一种内在矛盾，这种矛盾在于，灵魂“是潜在地有生命的自然躯体的第一现实性”的这个定义本身就预示着灵魂是“现实地有生命的自然躯体的第一现实性”，因为一个没有了生命的自然躯体就已经不是真正意义上的自然躯体了，不是某个人或某个动物的自然躯体了，没有生命的自然躯体就是同名异义上（homonymous）的自然躯体。我想从以下四个方面来讨论上述两个问题：（1）对灵魂、感觉和理性作出的质料形式论的定义；（2）对灵魂定义的不同解释以及所蕴含的困难；（3）理性灵魂的特殊地位以及其分离性；（4）灵魂定义中的阿克瑞尔难题。

首先，亚里士多德对灵魂的定义是质料形式论或质形说的。灵魂是潜在地能够进行生命功能的自然躯体的形式，而质料就是自然躯体，从亚里士多德对灵魂的定义中我们就可以看到，他对灵魂的理解是质形论的。[57]

a. **尝试性定义**：因此，灵魂必然作为在潜能地具有生命的自然躯体的形式而必然是实体。（ἀναγκαῖον ἄρα τὴν ψυχὴν οὐσίαν εἶναι ὡς εἶδος σώματος φυσικοῦ δυνάμει ζωὴν ἔχοντος. DA Ⅱ 1, 412a19–21）[58]

b. **更确切的定义**：因此，灵魂是潜在地具有生命的自然躯体的第一现实性。[59] 这样的躯体应该是有器官的。（διὸ ἡ ψυχή ἐστιν ἐντελέχεια ἡ πρώτη σώματος φυσικοῦ δυνάμει ζωὴν ἔχοντος. τοιοῦτον δὲ ὃ ἂν ᾖ ὀργανιόν. DA Ⅱ 1, 412a27–29）

c. **最终的普遍定义**：如果我们必须要说出什么东西是一切灵魂所共有的，那么它应该是有器官的自然躯体的第一现实性。（εἰ δή τι κοινὸν ἐπὶ πάσης ψυχῆς δεῖ λέγειν, εἴη ἂν ἐντελέχεια ἡ πρώτη σώματος φυσικοῦ ὀργανικοῦ. DA Ⅱ 1, 412b4–5）

在第一个定义中，他将灵魂定义为实体（οὐσία），因为灵魂是潜在地有生命的自然躯体的形式（εἶδος）。亚里士多德在《形而上学》第七卷第 7 章第 1041b7–9 节中认为，形式是质料之所以成为某个个别物或个体的原因，当亚里士多德说灵魂作为形式是实体时，他是说灵魂是自然躯体之所是的原因，即灵魂是有生命潜能的自然躯体之所以属于人的种或成为具体的个别实体（τόδε τι）的原因。[60] 在其他另外两个定义中，亚里士多德主要将灵魂视为潜在地有生命的或有器官的自然躯体的第一现实性（ἐντελέχεια），潜在地有生命的或有器官的自然躯体与质料相对应，而首要的现实性则与形式相呼应。因为质料是潜能或潜在的实体，而形式才是使潜在的成为现实的实体的原因，形式就是现实性，就是现实活动。[61] 按照亚里士多德在《形而上学》第七卷第 7—9 章中有关实体的理论，只有形式才构成具体个别实体的是其所是或本质（τὸ τί ἦν εἶναι），也只有形式才构成现实活动。灵魂就是如此这般的躯体的是其所是或本质，[62] 实体和形式归根结底就是实现活动，生活或生命就在灵魂中，而幸福也是一样。很明显的是，亚里士多德在对灵魂与身体的形质关系中似乎更突出作为形式的灵魂的优先性，但是，这并不表示他忽略身体的重要性。恰恰相反，亚里士多德借此证明了灵魂不是身体或躯体性的存在，并且灵魂的功能，比如感觉、情感、对快乐和痛苦的感受、想象等，离开身体是无法实现的。正因为灵魂是非躯体性的存在，它才能够和有空间广延的身体共在一个地方。

另外，亚里士多德也用质形论来解释灵魂的三种最为主要的生命活动或能力（营养能力、感觉能力和思维能力）。比如，他将情感（πάθη）定义为“寓居于质料中的概念”（λόγοι ἔνυλοί），[63] 因为所有的情感属性都是与身体混合在一起的。但是辩证学家（dialectician）只把握到情感的形式因，而自然主义者（naturalist）则只顾及到情感的质料因，所以，前者把“忿怒”界定为对报复的欲求或诸如此类的事情，而自然主义者则将其定义为在心脏周围的血液和热能的沸腾。不管是辩证学家还是自然主义者都各执一端，难免有所偏失。对亚里士多德来说，情感中所蕴含着的形式或概念必须是寓居于有着如此这般的特定属性的血肉中的，二者不能分开，就像房屋作为遮风挡雨的庇护处所之原理或形式必须在石头、砖瓦和木料中才能实现。[64] 无独有偶，亚里士多德也是借用质形论来解释灵魂的最为特殊和复杂的思维能力，他在 DA Ⅲ 5, 430a10–25 中提出主动理性（νοῦς ποιητικός）和被动理性（νοῦς παθητικός）的说法：

> 因为在全部自然中，一方面存在着每一类事物的质料的东西（这就是那潜在地存在着另外一些作为这些事物的原因和制作者的东西，因为它制作一切，是这一切的事物），另一方面，就像技艺作用到其质料一样，这种区别必然也出现在灵魂中。如此，存在着这样一种理性，它可以成为一切，还存在着另外一种理性，它制作一切，如一种习性状态，就像光一样。光以某种固定的方式将潜在的颜色转变为现实的颜色。

我们暂且将主动理性与被动理性的关系以及主动理性的本质是什么以及可否分离的问题搁置一边，[65] 这里很明显的是，亚里士多德也借用质形论来解释人的理性能力。被动理性对应于质料，可以成为一切，即可以接受一切可理解的形式或概念，就像有些质料可以接受不同的形式而成为不同的个别物，主动理性对应于形式或主动地起作用者，它就像光，将一切潜在地可见的颜色转变为现实地可见的颜色。

虽然亚里士多德对灵魂与身体的关系的理解是质料形式论的，这一点是毋庸置疑的。但是，他对二者的关系的描述却是复杂的，有时，他强调灵魂与身体的一体性，灵魂是自然身体的原初实现，因为“一和实是”的最为主要的意思就是原初的现实性：

> 如果我们必须要说出什么东西是一切灵魂所共有的，那么它应该是有器官的自然躯体的第一现实性。因此，我们不应

> 该去探寻，灵魂与躯体是否为一，就像我们也不去追问蜡块与形状是否为一，总体上来说也不会去追问每个事物的质料与质料所属的那个东西是否为一。因为“一和实是或存在”尽管以多种方式被言说，但是最有主要的意义就是现实性。（DA Ⅱ 1, 412b4–9）[66]

有时他更为突出灵魂相对于身体而言的优先性，或强调灵魂与身体的区别，将灵魂与身体区分开来，因为灵魂是躯体的形式因、动力因和目的因，是灵魂与身体的复合实体之所是的本原；[67] 有时他则更多地论及灵魂与身体的协作关系，诸如感觉活动、营养或生长能力以及想象和灵魂的情感状态都无法脱离身体而实现，都是与身体一起来完成的活动，情感是寓居于身体内的概念；[68] 有时他在目的论意义上将身体视为灵魂的工具，灵魂使用身体，就像技艺要使用与之适宜的质料。[69] 我们可以找到灵魂与身体所拥有的各自不同的特性：（1）灵魂在其自身不能被运动（DA Ⅰ 3），而有广延或体积的躯体可被运动（DC 268b15–16）；（2）灵魂作为躯体的形式是不可生成的（non-generable），而有器官的躯体则是生成的（Metaph. Ⅶ 8, Ⅻ 3）；（3）灵魂是不可以被分割为不同部分的（DA 411b27），而有广延的躯体可以（Phys. 219a11, 237a11）；（4）灵魂既不是任何一种元素，也不是来自某种元素（GC 334a10–11），而有器官的躯体则是这样。[70] 甚至我们可以找到灵魂与身体更多的其他彼此相反的特性，但是，我认为这种特性差异的形而上学基础就是灵魂的非质料性（immateriality）和彼此的不可被还原性（irreducibility），灵魂不可被还原为身体，身体也不是灵魂，就像形式不能被还原为质料，质料不是形式。亚里士多德在 Metaph. Ⅶ 1041b13–19 中说，音节并不同于构成音节的字母，同样，肌肉并不同于构成肌肉的成分火与土。因为解散或拆分之后，音节与肌肉便不复存在，但是字母、火与土仍然存在，因此，音节并不是其构成成分，而是存在着别的东西，同样，肉并不是火与土，而是还有别的东西。虽然灵魂与身体的形质结合不可分离，但是，我们仍然可以基于灵魂的非质料性在概念上或定义上找到诸多不同的属于各自的模态特性。

这表明，虽然亚里士多德对灵魂的质料形式论的定义更多地强调灵魂与身体的一体性或统一性，但是，与此同时，他也强调二者的区别和不同，反对任何还原性的解读，灵魂是非质料性的、不可被还原为躯体，而躯体也不是灵魂。所以，我们在他对灵魂与身体的关系所做出的质料形式论的解读中仍然能够感受到这种存在于二者之间的一体性与差异性之间的张力，我们仍然可以追问，亚里士多德是否通过质料形式论解读模式真正地摆脱了柏拉图的二元主义解释模式呢？或者他的这种解释可以完全避免还原主义的危险么？事实上，现当代的学者们确实对亚里士多德的这种解读模式产生了不同甚至完全对立的两种看法，这就是一元主义与二元主义立场之间的对立，前者以物理主义[71]、功能主义为主要的理论预设，[72]后者也包含不同的下述类型，比如实体性的二元主义[73]以及随附性的二元主义（supervenient dualism）等。[74]我认为，亚里士多德对灵魂与身体的关系所做出的这种质料形式论的解读既不是任何还原性质的一元主义，也不是任何程度上的二元主义。事实上，一方面，他严厉地批判原子论者将灵魂视为元素或来自元素的做法，另一方面，他也不赞同柏拉图等理念论者的主张：灵魂与身体是完全不同的两种存在或实体，灵魂是永恒不死的、先存的，而身体则是可死的、变幻不定的，身体之于灵魂犹如监狱与囚徒的关系。亚里士多德对灵魂与身体的关系的形质论的理解的优势在于，它既能摆脱原子论者的还原主义之草率，又能避免陷入柏拉图式的二元论的窠臼中。因为灵魂是自然躯体的形式，是潜在地有生命的自然躯体的现实性，灵魂如若离开身体便没有实现之场域，而身体如若没有灵魂便没有实现之可能，所以，对于亚里士多德来说，灵魂与身体不可分地构成了一个现实地存在着的有生命的实体，二者的关系既不是原子论者的还原为元素的一元架构，也不是柏拉图意义上的两个不同实体的二元模式。

首先，以物理主义与功能主义解释为主的一元论解释已经受到很多学者的反驳，这种解释在很多方面都会面临很多文本上的困难，物理主义的解释主要可以通过如下两个命题被表达出来：（1）灵魂或心灵的活动最后可以通过身体的物质成分或身体的物理过程得到解释；（2）灵魂或心灵活动就是身体的物质成分的某种状态、属性、变化过程或结构功能。物理主义解释者大都会将 DA Ⅱ 1, 412b6–9 视为最有力的文本支持之一，因为，灵魂就是有器官的自然躯体的第一现实性，这似乎暗示着灵魂与躯体是一。但是，这段话并不能被理解为支持物理主义解释的文本，因为亚里士多德在这里想要证明的是身体与灵魂的不可分离性，或至少灵魂的某些部分是不能与身体相分离的，如果灵魂有不同部分的话。所以，亚里士多德在 DA Ⅱ 2, 414a19f. 中明言：

> 因此，那些持有如下看法的人是正确的，他们认为，灵魂既不能脱离躯体而存在，亦不是某种躯体。因为灵魂并不是躯体，而是某种属于躯体的东西，所以，灵魂寓于躯体之中，且存在于这样一种躯体之中。

物理主义的解释还面对其他两个主要的责难：（1）亚里士多德将形式视为事物的内在变化的本原，这种本原不可能是物质的（Meta. Ⅶ 17, 1041b11–19）；（2）亚里士多德对人的情感状态和感知状态的界定是形式质料论和目的论的，比如，愤怒是在心脏周围的血液的堆聚，是对报复的欲求。最为关键的是，亚里士多德将灵魂视为身体的形式因、动力因和目的因（DA II 4, 415b8–24）。

各种二元主义的解读似乎又陷入到了柏拉图的二元论中，这类解读面临的最大困难就是解释非质料的心灵活动如何与物理的构成或生理的变化过程相联系，两个完全不同的存在如何相互作用和相互影响。功能主义试图解决物理主义的一元论与实体的二元论的纠葛，但自身也面对着与物理主义解释相同的困难。我认为，一方面，功能主义的解释反对对心灵的活动进行质料的还原论解读，这一点是对的。因为在亚里士多德看来，心灵状态或活动并不能通过其物质构成得到解释，而是由灵魂或形式引起的，并且由于灵魂在本体论上的优先性，灵魂不仅不能被还原为质料，而且相反地，它更是躯体的或生理状态的"原因"。另外，功能主义者认为，心灵活动与其相应的物理状态是外在的和偶性的，即同一种心灵活动可以在不同的物质结构中实现。但是，根据亚里士多德的本质主义和对质料的理解，一个实体的质料必定是潜在地能够实现其功能或完成其本质的切近质料，因为质料的本质是被相应的形式规定的。最后，灵魂或其精神活动也不是随附在其生理结构之上而出现的，作为自然躯体的形式，灵魂并不是随附在身体上的性质或现象，而是实体和其本原，所以，灵魂不可能如同某种特性那样随附于躯体之上。

但是，亚里士多德在《论灵魂》中多次提及，灵魂的理性部分或理性灵魂具有某种特殊的地位，理性的这种特殊地位主要表现在它可以和身体分离：

> 理性看起来就像某种特定的实体而生成于我们之中，并且不会消亡。理性在最大程度上可能会由于年老力衰而趋于毁灭，事实上，同样的情况也发生在感觉器官上。如果一位年迈的老人能够得到同样好的眼睛，那么他就能像年轻人那样目明眼亮了。因此，年老力衰并不在于灵魂承受了某些作用，而是在于

> 它寓居于其内的躯体受到了影响，就像在醉酒状态和疾病中那样。但是，思维活动和沉思活动也会日渐衰微，以致消失，那是因为在内里的某些别的东西毁灭了，但是思维与沉思活动自身则不会受到影响。推理性的思维活动、爱或恨并不是理性的属性表现，而是属于拥有理性之人的属性，就其拥有理性而言。因此，当这个有理性的主体消亡了，那么他也就既不能回忆，也不能去爱了，因为这些并不属于理性，而是属于整个已经消亡了的共同之物（出于灵魂和躯体者）。但是，理性应当是某种更为神性的东西，且是不受动的。（DA I 4, 408b19–29）

亚里士多德在这一段中提出了理性灵魂的特殊性，爱、恨和记忆等并不是理性的属性，而是属于那拥有理性之人的属性，即属于那出于灵魂和躯体者。亚里士多德甚至认为，灵魂的某些部分根本不是躯体的现实性（διὰ τὸ μηθενὸς εἶναι σώματος ἐντελεχείας, DA Ⅱ 1. 413a3–9），因为没有什么能够阻止某些部分是可以分离存在的。如何来理解灵魂的有些部分（ἔνια）不是躯体的圆满现实性（ἐντελέχεια）？如果灵魂的某些部分不是躯体的现实性，那么这似乎违反了亚里士多德在 DA Ⅱ 1 的灵魂定义——灵魂是潜在地具有生命的躯体的第一现实性。另外，如何理解 ἔνια？难道除了理性灵魂部分以外，还有其他的部分也不是躯体的现实性么？关于上述分离问题，亚里士多德在《论灵魂》第三卷第 4—5 章才真正展开论述。在第 4 章中，亚里士多德认为潜能理性（νοῦς δυνάμει, intellectus possibilis）因其非承受性（ἀπαθές）、非混合性（ἀμιγῆ）和能接受各种形式的可能性与身体分离（χωριστός）。另外，就如事物可以和质料分离，那有关理性的事物同样也可以分离。但是，在第 5 章中，他却在理性中做出区分，一种是被动理性或受动理性（νοῦς παθητικός, intellectus passivus），一种是主动理性（νοῦς ποιητικός, intellectus activus)。受动理性会随着身体的消亡而消亡，但主动理性则是永恒不灭，它按其“实是”(οὐσία)来说就是现实活动(ἐνέργεια)。

学者们争论的问题是，究竟这种分离是本体论意义上的分离，抑或只是在概念或定义上的分离。[75] 陈康、魏婷(Jennifer Whiting)、米勒(Fred D. Miller)等学者对亚里士多德的“分离”提出过不同的分类解释，但我认为，无论学者对亚里士多德的分离学说提出多少种不同的解释，其中最重要的不外是本体论(存在论)意义上的分离和定义上或概念上的分离。前者又可称为强意上的分离(separation in a strong sense)，而后者可被称为弱意上的分离(separation in a weak sense)。理性灵魂究竟在本体论的意义上还是在定义的意义上是可分离的呢？对于这个问题，我们需要分开来说。首先，潜能理性与躯体分离应该是何种意义上的分离呢？这里显然不是概念上(κατὰ λόγον)和空间上的分离，但是，这里的分离也并不如阿维洛伊所说的，潜能理性能够在躯体之外独立存在。因为，还有另外一种本体意义上的分离，它不表示一种独立的存在实体，而只是表达潜能理性并不具有相应的身体器官，这并不表示它能独立于身体器官而存在，为能发挥作用，它仍然需要建基在感觉功能之上的想象能力。

亚里士多德将想象能力(φαντασία)看作是介于理性与感觉之间的一种能力，而想象图像(φαντασμάτα)对于理性灵魂来说就好像是感觉对象(αἰσθήματα)对于感觉能力一样，感觉能力如果没有可感事物就不能实现出来，同样地，理性如果没有想象内容或想象图像就不能来思考：

> 想象图像对于理性灵魂来说像是可感对象那样。只要当灵魂肯定或否定某物是好的或坏的，它就会相应地欲求或躲避

> 它。因此，灵魂如果没有想象图像（φαντάσματα）就不会进行理性的认识活动。（DA Ⅲ 7. 431a14-17）

可见，这里的分离既不是说潜能理性是独立于个体之外而存在的精神实体，也不是说潜能理性与躯体的分离只是一种定义上的分离而已，这应该是相对于感觉能力而言的一种实现意义上的分离，即感觉能力实现的原理与潜能理性实现的原理是不同的。两种不同的实现方式，感觉能力的实现需要相应的感觉器官，而潜能理性的实现则没有相应的身体器官，因为如果那样，潜能理性就不能思考万物了，但同时，潜能理性仍然需要建基在感觉能力上的想象能力所提供的去质料性的可感事物的图像，因为没有这些图像，潜能理性就没有可被认识的对象，就如在漆黑的山洞中，混然无物。

至于主动理性与躯体是否可以分离的问题更为复杂，亚里士多德清楚地说：

> a. 这种理性（主动理性）是分离的、不受作用的、不混合的，而且在本质上就是现实活动。（DA Ⅲ 5, 430a17-18）
>
> b. 只有作为一个在分离状态中而存在的理性才是其本真之所是，只有这个理性才是不死而永恒的（但是我们对其却没有丝毫记忆，因为这个理性是不受作用的，而被动的理性是可死的）。没有这个被动理性，［我们］便不能思维任何东西。（DA Ⅲ 5, 430a22-25）

结论 b 中提到的这两种特性（ἀπαθὴς καὶ ἀμιγής）也同样被应用到潜能理性上。有些学者认为，在《论灵魂》第三卷第 4 章与第 5 章中提到的这两种特性应该有一种递进的关系，因为亚里士多德认为作用者（τό ποιοῦν）比被作用者（τοῦ πάσχοντος）或形式（ἀρχή）

比质料（ὕλης）更加尊贵（τιμιώτερον），因为前者（作用者和形式）是现实活动（ἐνέργεια），而后者则是潜能（δυνάμις）。所以潜能理性与主动理性的可分离性的程度也不一样。[76] 按照亚里士多德的形而上学第九卷第 8 章中（Metaph. Ⅸ 8.）的观点，现实活动无论就定义、实体或时间来说，都更早于潜能。如此，主动理性应该在一种更高的程度上具有可分离性，非质料性，非掺混性。正因为要突出主动理性的这种“在更高的程度上”，亚里士多德在结论 b 中使用了分离的另外一种形式：χωρισθείς，不定过去时的被动态分词（participle aorist passive），这表示这种分离在某个时间段发生，只有在分离后，主动理性的本真性才会被揭示出来。如果主动理性在与躯体和身体分离之后才真正是其所是，那么这就是说，分离后的主动理性才是其存在的常态。但是，问题在于那些内在主义者（internalists）认为，主动理性的可分离性发生在此世的个体性灵魂之内，它与个体性灵魂不可分，而外在主义者（externalists）则认为主动理性彻底与此世的个体性灵魂与躯体断离而等同于非个体性的普遍理性或神性理性。虽然这些内在主义者和外在主义者在后来的诠释传承中又各自具有不同的表达形式，[77] 但是一种基本的争论形式早在漫步学派内就形成了，即在特奥弗拉斯图和欧德莫斯（Eudemus）之间，前者认为主动理性属于人类本性，[78] 而后者则将主动理性等同于神 [79]。这两种立场的基本对立在后来的亚历山大与特米修斯那里也可以找到。[80]

在中世纪，这种基本立场的对立愈演愈烈，以至于成为阿维洛伊与托马斯之间不可调和的极端争论，前者主张理性实体论和理性独一说，而后者则主张理性能力说和理性复多论。托马斯在《论独一理智》一书中倾尽论证之能事来反驳阿维洛伊有关理性的学说，甚至做出如下惊人的结论：“阿维洛伊并不是一个漫步学派分子，而是漫步学派哲学的叛徒。”[81] 托马斯这样描述阿维洛伊的理性学说："他断言理智是一种实体（substantia），它脱离身体而独立存在，而不是作为身体的形式（forma）同身体结合在一起的；而且他还主张，这种潜能理性对所有的人都只是一个（unus）。"[82]这里虽然只谈到潜能理性，但这同样适用于主动理性，因为对于阿维洛伊主义者们来说，这两种理性都是脱离躯体与灵魂而能独立存在的精神实体。阿维洛伊主义者基于理性实体论所理解的"分离"是一种理性外在分离说，相反，托马斯基于理性能力说而主张一种理性内在分离说，即托马斯所理解的"脱离"或"分离"并不是指理性乃是能够脱离灵魂而独立存在的精神实体，而是说，理性灵魂作为身体的本质形式（substantial form）不会随着身体的消亡而消亡，而是仍然在其自身就能进行某些运作（subsistence），人的认识能力至少是超越于身体的器官功能，理性作为灵魂的能力可以和躯体相分离，实体是灵魂，而不是理性。[83]因为那样，阿维洛伊无论如何都不能解释"这个人在理解"。托马斯在考察了希腊的漫步学派和阿拉伯的漫步学派之后认为，阿维洛伊根本误解了漫步学派的哲学家的思想，因为无论是特米修斯，还是阿弗洛狄西亚斯的亚历山大，抑或是阿维森纳都将理性视为人的灵魂的一种能力，而非是一种外在于人的灵魂和人的身体以及作为其复合体的人的外部的某种精神实体，潜能理性和主动理性不是两种独立的理性，而是同一理性在两种不同的条件下的两种状态。而对于阿维洛伊主义者的理性独一论，他更是用亚里士多德的"白板说"和"习得说"来加以反驳，[84]托马斯之所以对理性独一论也毫不留情地加以挞伐，是因为它会完全抹杀了个体性灵魂的特性，而个体性的灵魂正是基督宗教中神所拯救和惩罚的对象。

最后，我们来论述亚里士多德对灵魂的定义所遇到的另外一个难题。亚里士多德对灵魂与身体的关系所作的这种质形论的理解受到现当代一些学者们的质疑。阿克瑞尔（J. Ackrill）认为，在亚里士多德对灵魂的定义与人造物的质形论中存在着某种不可协调的矛盾，因为按照阿克瑞尔的理解，人造物的先存质料可以被想象为没有形式的，在等待接受某种形式，而生命物的躯体必然是赋有灵魂的（ἔμψυχος）或潜在地有生命的（δυνάμει ζωὴν ἔχοντος），因为没有生命潜能的躯体就只是同名异义上的躯体了，如此，这导致灵魂与身体不像人造物的形式与质料那样各有属于自身的不同的模态特性（modal properties），因为有生命的身体就必然是有灵魂的。这样，单纯地可以作为生命物的质料的身体在有灵魂前（before ensouled）与有灵魂后（after ensouled）都不可能存在，并不像雕像的质料——铜那样可以被单独提取出来而被想象为没有形式的。[85] 一个潜在地有生命的身体就一定是被赋予了灵魂的身体，也就是潜在地能够进行生命活动的身体，因此，也就不可能具有不同于其灵魂的模态特性，因为没有了生命的身体便不再是某个人的身体了。[86] 因为这个问题最早由阿克瑞尔提出，所以，大家将其称为"阿克瑞尔难题"[87]。按照阿克瑞尔的理解，亚里士多德所说的"潜在地有生命的自然躯体"事实上就是"现实地拥有生命的躯体"，因为潜在地拥有生命就是有能够进行生命活动的能力，比如营养能力、感觉能力和位移运动等。他使用 ὀργανικόν 一词来表示这样的躯体，[88] 即这样的躯体是有器官的，能像工具一样起作用或发挥功能，一个没有生命的躯体肯定是做不到这一点的。所以，潜在地拥有生命和现实地活着没有本质上的区别。[89] 这种不对称归根结底就是因为灵魂与身体在时间上必然地要重叠在一起（temporal overlap）。

关于这个问题，现当代的一些学者们从不同的视角进行了回应，试图解决阿克瑞尔的难题。[90] 我认为这些学者们的回应和解决策略大部分是聚焦于将亚里士多德所说的"质料"概念或"潜在的"（ἐν δύναμει）说法进行扩大化的理解，试图弥合潜能与实现之间的截然不同或完全对立，潜能与实现并不是两个不同的自然事物，而是关于自然事物的两个形而上学的方面而已。我认为，阿克瑞尔难题的提出是基于在亚里士多德那里存在着两种不同的质形论的前提上，即用于解释人造物的质形论和用于解释生命体的质形论。但是，事实上，亚里士多德并没有发展出两种完全不同的质形论，尽管我们确实可以找到用于人造物和用于生命体的质形论的差异，比如，（1）人造物的形式与质料的关系是偶然的（contingent），质料可以接受不同的形式或形式可以由不同种类的质料来呈现，而灵魂与身体的关系则是必然的；（2）人造物的形式更显得是某种形状、结构、秩序或者功能，而灵魂更多地是自然躯体的本原和原因，灵魂不仅是躯体的形式因、也是动力因和目的因；[91]（3）在持存方面，新陈代谢的过程不是人造物必须的，但对于生命体来说，新陈代谢的过程是必须的。这些差异并不能证明这是两种完全不同的质形论，倒不如说，在生命体这里的质形论才在一种完美的意义上展现出质料和形式的必然结合，而在人造物那里的质形论则在一种有限的或派生的意义上展现出质料和形式的偶性的结合，亚里士多德经常在类比的意义上使用人造物来解释生命体的质形论。这其中的原因就在于，人造物的形式是外在于自身的，来自于有技艺知识的专家的灵魂，而生命体的灵魂作为形式则是内在于自身之内的。因此，与之相应的质料的潜在性也就有不同，人造物的质料的潜在性需要技术师才能实现出来，而生命体的质料的潜在性的实现之本原就在自身之内，灵魂作为内在形式是生命体的现实活动的原因与本原。

3. 亚里士多德论感觉的本质和感觉的种类

亚里士多德在第 1 章和第 2 章中给出了关于灵魂的一个普遍定义后，他便在第 3 章中列出了一个关于灵魂的诸能力的清单，即营养能力、欲求能力、感觉能力、位移运动的能力和思维能力。在这五种能力中，营养能力、感觉能力和理性能力是三种最主要的能力，有人将其称为主干能力，[92] 而其他两种能力，即欲求能力与运动能力则是源自感觉能力和理性能力，因为，有感觉能力就会产生欲求能力。欲求有三种形式：欲望、血气和意愿或愿望。至于想象能力则更是一种基于感觉能力而来的一种派生的能力，亚里士多德在第三卷的第 3 章中对此专门进行了论述。

古希腊文感觉“αἴσθησις”一词的意涵并不是单一的，而是可以有以下三种不同的指向：（1）感觉能力，这等于古希腊文中的“αἰσθητικόν”；（2）感觉的实现活动，即感觉活动“ἐνέργεια”；（3）感觉的成就，即古希腊文中的“αἴσθημα”，在其中，一种感觉的内容或对象（αἴσθητον）呈现出来。所以，“αἴσθησις”一词应当根据所论之问题的不同语境来进行翻译。关于亚里士多德的感觉理论，学者们争论最多的一个问题是关于感觉的本质，即感觉究竟是一种什么样的实现活动？亚里士多德在《论灵魂》中是这样来界定感觉的：

a. 就像我们在前面论述过的，感觉存在于被推动和被作用中。感觉看起来就是某种变化。有些人认为，相同者会承受到相同者的作用。这一点如何是可能的或者是不可能的，我们已经在有关施动者和受动者的讨论中做了大致的说明。（DA Ⅱ 5, 416b33-417a2）

b. 我们必须在普遍的意义上对所有感觉作出这样的界定：感觉就是对感觉对象的可感形式的不带有质料的接受，就如同蜡块接受指环的印记，但并不接受指环的铁或金。蜡块所接受的是金与铁的印记，但是，并不是就它是金或铁来说。同样地，每一种感觉都受到来自有颜色、味道和声音的可感对象的作用，但是，并不是就每种对象可以被谓述为这些对象而

> 言，而是就其中每一个有着某种特性以及符合某种原理或比率来说的。（DA Ⅱ 12, 424a17−24）

在第一个定义中，亚里士多德将感觉理解为一种“变化”（ἀλλοίωσις），变化这个概念更多地是指一种发生在某个不变的基底或载体上的质或属性的变化。[93] 但是，生成与毁灭也可以被视为是一种变化，[94] 亚里士多德所说的感觉是一种变化应该是在第一种意义上来说的，即感觉是一种在质或属性上的变化，而不是指生成与毁灭。但是，我们该如何来理解感觉是一种质或属性上的变化呢？亚里士多德在第二卷第 5 章中对这个问题进行了深入的探究。首先，对亚里士多德来说，要理解感觉是何种变化需要理解什么是“受动”或“承受作用”（πάσχειν）。感觉能力所寓居于其内的感觉器官承受来自外界的感觉对象的作用，所以，感觉活动看似是一种变化，因为可感对象与感觉器官确实是不同的，它承受来自相反者的作用。但是，感觉活动的受动并不是一种简单意义上的质或属性的变化。因为对亚里士多德来说，存在着两种不同的“受动”，第一种表示某物通过相反者的作用而遭到毁灭或消亡，第二种则更多地是指那潜在的存在者通过在现实意义上的存在者而得到保存（σωτηρία），第二种受动与其说是一种变化，倒不如说是一种潜能的实现活动。现实的可感对象并不与潜在的感觉能力完全相反，而是在两者中存在着一种相似性，否则潜在的感觉就无法被与之毫不相干的或完全相反的现实的对象实现出来。为了能够更好地理解感觉是第二种意义上的受动，亚里士多德提出了两层或两阶潜能说：

> 因此，一方面存在着某个“有知识的人”，就像我们称某个人是有知识的，因为人属于能够认识和有知识的存在者。另一方面，我们可以直接将有书写知识的人称为有知识的。这二

> 者不是在同一种方式上是有能力的“知道者”，而是，前一种有能力是因其属于这样的属和质料，而后一种有能力是因为只要他愿意，他就可以进行沉思静观的活动，只要没有什么外在的东西来阻碍他。还有一种是已经在进行沉思活动的人，他是在圆满实现的意义上进行沉思活动，并且他是在原本意义上认识这个 A。
>
> 尽管前面提到的前两种人在潜能的意义上都是有知识的人，但是，他们各自成为现实意义上的“知道者”却是两不相同，前者是通过一番“学习”而改变，即从相反的习性状态（无知识）经常变化到有知识之一端；相反，在后者那里所发生的变化则是从他对数学和语法知识的拥有状态，并不现实地运用的状态转变到以另一种方式现实地运用的状态。（DA Ⅱ 5, 417a24–417b2）

感觉作为潜能是在第二层的“有语法知识的人”的意义上来说的，而不是在第一层的“人有能力学习或获得知识”的意义上，即不是在某物属于其类或就其质料来说的意义上，而是在一个人对语法知识的拥有状态的意义上来说，只要他愿意，并且没有什么外在的东西阻碍他的话，那么他就能运用其知识进行沉思活动。亚里士多德也用另外一个例子来说明感觉作为第二层意义上的潜能，即我们一方面可以说，一个儿童有成为将军的潜能，但是，我们还可以说一位成年人或一位士兵有成为将军的潜能，显然，人所拥有的感觉潜能是在后一种意义上来说的。所以，亚里士多德说，我们最好不要把感觉活动视为某种受动或被动，而更应视为是一种所获得的习性的实现活动：

> 谁如果能从潜能的状态中开始，通过从已经现实地拥有知识，

> 并能教授的人那里学习和获得知识，很明显地，这或者不应当被视为某种受动状态，就像我们所说过的那样，或者变化有两种形式，一种是进入到缺乏或褫夺状态中的变化或改变，一种是进入到所获的习性和自然的变化。
>
> 而对于感觉能力来说，那最初的变化来自其生育者，当他出生以后，就已经具有感觉活动，就像已经获得了知识的那样。同样地，现实的感觉活动与现实的沉思活动相类似。（DA Ⅱ 5, 417b13–19）

亚里士多德在第二个定义中将感觉界定为对可感对象的可感形式的一种不带质料的接受，感觉器官在受到可感对象的作用时只接受可感对象的可感形式。现在，我们面对的问题是，应当如何来理解“对可感形式的不带质料的接受”这句话。众所周知，在学界存在着两种互相对立的解读方式，一种被称为字面主义的解释，一种是精神主义的解释。第一种解读的代表是理查德・索拉布基，他在1974年的文章《在亚里士多德哲学中的身体和灵魂》[95]中声称，在亚里士多德看来，感知涉及一个生理过程，在这个过程中感官（字面意义地）接收了对象的可感知质量，即感知是一种同化形式，在其中，感官变得像其对象。而后一种解读的代表是伯恩耶特[96]，他认为，在感知期间不会发生生理或物质材料的（material）的变化，相反，感知纯粹是一种“精神”（spiritual）变化（在此使用了阿奎那的术语）。事实上，这两种立场都很难成立，因为字面主义的解读显然忽视了亚里士多德所说的感知是某种实现活动而非单纯的一种生理变化，索拉布吉的解释没有完全重视这种解读的真实意涵。伯恩耶特虽然从“实现活动”来理解感知活动，但是，他的诠释却没有完全顾及到亚里士多德在论及感觉活动时所说的基本的质形论的立场，感觉活动是某种与身体共同完成的活动，必须实现在身体的某种生理变化之上（DA I 1, 403a3−7），因此，感觉活动不可能完全是一种排除了生理的或身体的变化的纯粹的精神活动。卡斯同在自己的论文《精神抑或字义：亚里士多德论感知》中对这两种解读也分别作了批评。[97] 他指出，亚里士多德所说的感觉活动不是纯粹的精神活动，而是包含了或伴随着某种特殊的物理运动，但这也不是字面意义上变得与可感形式一致。[98] 他说："亚里士多德拒绝了精神主义的解释，因为他相信感知活动总是伴随着生理变化，但它不必是字面意义的解释所要求的那种类型：感觉器官并非必然准确地例示同样的可感性质。在感知活动中，我们的感觉器官的质料变得拥有与可感性质所显示的比例相同的比例。但是感官能够在不同的相对者中实现这个比例，所以它并非必然复制可感性质。"因此，卡斯同认为伴随着知觉感官的变化是一种物理变化，但这种物理变化不是索拉布基认为的对可感性质的完整"复制"，而是感官显示出可感性质蕴含的某种比例。在国内学界，也有学者对这个问题进行分析，皆在揭示文字意义上的解释和精神意义上的解释行不通，而尝试在这两者解释之间寻求一种更为恰切的解释。[99]

至于感觉的类别或形式，亚里士多德在第二卷第 6 章中是通过其可感对象的形式来确定的。可感对象可以分为两种，第一种是专有或本有的可感对象（καθ'αὑτά），第二种是偶有的可感对象（κατὰ συμβεβηκός）。

> 首先，我们应当对各种感觉的感觉对象进行论述。感觉对象可以在下述三种方式上被表述。其中，我们认为，前两种是在其自身被感知到，而第三种则是在偶性意义上被感知到的对象。（DA Ⅱ 6, 418a7−10）

第一种可感对象又可以分为每种具体感觉的专有对象和共通或共同

的可感对象（τὸ κοινόν）。每种具体感觉的专有对象是指那不能被另外的其他一种感觉所感知到的对象，而且一个人也不可能被这样的可感对象所欺骗，比如，视觉的专有对象是颜色、听觉的专有对象是声音、嗅觉的专有对象是气味、味觉的专有对象是滋味、而触觉的专有对象是冷热干湿等特性。共有的可感对象则包括运动、静止、数字、形状和广延，这五种对象并不专属于任何一种具体的感觉对象，而是属于所有感觉的共有对象或至少两种感觉以上的对象，亚里士多德提到运动的例子中，既有一种被触觉感知到的运动，也有一种被视觉感知到的运动。[100]偶有感觉的对象是指那在偶性的意义是被感知到的对象，比如感知到某个白色物体是狄亚瑞斯的儿子，白色物是视觉的直接的专有对象，而感知到这个白色物是狄亚瑞斯的儿子则是间接地被感知到，也就是在偶性的意义上被感知到。可以说我们一般不会被专有的可感对象所欺骗，但是，我们却经常会在偶性的可感对象那里犯错误，即当我们指出感知到的有颜色的对象是什么或者在什么地方时，又或者那发出声音的东西是什么，或在什么地方时，很容易犯错。

4. 想象与心灵图像

亚里士多德在《论灵魂》中所列举的一份关于灵魂的诸能力的清单中，并没有想象能力，最为主要的三种能力是“营养能力”（θρεπτικόν）、“感觉能力”（αἰσθητικόν）和“理性的思维能力”（νοητικόν, διανοητικόν），此外还包括基于感觉能力和理性能力而来的欲求能力（ὀρεκτικόν）与位移运动的能力（κινητικόν）。尽管亚里士多德并没有在关于灵魂的诸种能力的清单中单独地把想象能力列出来，但是，这并不表示，想象能力不重要，相反地，他在《论灵魂》第三卷第 3 章中专门讨论想象能力，而且在很多其他著作中也都会附带地对想象能力进行解释，尤其在《论感觉及其对象》、《自然诸短篇》(尤其是《论梦境》和《论记忆》)中，他更是多次论述到想象能力。但是令我们感到困惑的是，尽管他在不同的著作中都论及到想象能力，现当代的很多亚里士多德哲学专家还是一致地认为，亚里士多德并没有发展出一个一以贯之的、完整自洽的关于想象（φαντασία）或想象能力的理论，他并没有给我们刻画出一幅完整的有关“想象能力”的图景。由此，现当代学者们关于“想象”或“想象能力”的解释观点也是众说纷纭，无法统一。“φαντασία”这个概念最近在现当代学者的研究讨论中甚为重要，中文一般译为“想象”、“想象力”或“意象”，也有台湾学者称之为“构想力”，我在这里随从大部分中文学者的想法，将其译为“想象”。

关于古希腊文“φαντασία”的来源，学者们大致认为共有两种。第一，来自于动词“φαντάζεσθαι”，即在自己心灵中制造一个图像或影像（to produce or call up a picture to one's mind）或将某物的图像呈现于自己（picture an object to oneself）。[101] 第二，来自于动词“φαίνεσθαι”，即事物向某人的显现或呈现（appearing to one's mind）。所以，按照第一种解释，我们可以将“φαντασία”译为“想象”，这与感觉或思维的主体的一种主观意义上的想象能力有关，一个人可以自由地在自己的心灵里制造某个心灵图像（mental images），而按照第二种解释，“φαντασία”更加强调的是客观事物给我们呈现的样子，学者们认为将其翻译为“显现或显像”（appearance）更好。所以，“φαντασία”具有主观和客观意义上的两种基本含义：主体的想象能力在心灵中制造出来的图像和客观事物向主体的心灵所呈现的显像或样子。亚里士多德在第三卷第 3 章中并没有太多着墨于什么是想象力，而是首先着力于说明想象力与灵魂中的其他几种能力或状态的不同，至于想象力究竟是什么的问题，则并没有进行详细的解释。所以，要想获得一个统一的、完整的关于想象的理论，是很难做到的，就像汉姆林（D. W. Hamlyn）

所批评的那样，亚里士多德并没有一个完整的关于想象力的理论。但邵菲尔德则认为，亚里士多德有一个完整自洽的、一以贯之的关于想象的理论。[102]

首先，亚里士多德认为，（1）想象不是理性的思维活动；（2）想象不是感觉（428a5–18）；（3）想象不是科学知识和直观理性（428a18）；（4）想象不是意见（428a18–24）；（5）想象不是信念和感觉的混合（428a24–b9）。（1）亚里士多德在想象与思维活动之间作出区分，因为我们可以自发地或随意地展开想象，在心灵中想象某个图像，不用去管这些想象是对或是错，但理性的思维活动不是这样，因为思维是对事物的理解和认识，这使得它必然为真或假；另外，如果我们认为某物为真，那么我们就会在情感上做出反应，比如，当我们认为某物是可怕的或恐怖的，那么我们就会陷入到恐惧中，但这并不适用于想象，哪怕我们想象某个令人恐怖的事物，也不会真正陷入到恐惧中。（2）想象也与感觉不同，感觉可以分为现实的活动和潜在的能力，但是，我们并不能将此种区分用于想象，因为哪怕没有现实的视觉活动或看的活动，人仍然可以在睡梦中有想象的图像；如果想象活动在现实活动的意义上与感觉是一回事，那么所有动物就都会有想象了，但是，事实上，某些蠕虫并不具有想象；另外，感觉永远都是真实的，而大多数的想象则是虚假的。（3）想象也与那些永远为真或正确的事物不同，也就是与科学知识（ἐπιστήμη）和直觉理性（νοῦς）不同，因为错误的或虚假的想象也是存在的，但科学知识所关涉的对象就是那不能别样的永远为真的东西，而直觉理性则是对第一本原或原则的直接把握。（4）想象与信念或意见也不同，尽管想象和信念都有对错，但是，信念一定会伴随着某种确信（πίστις），没有任何一种动物可以形成信念，同时也就没有确信，而想象却可以被很多动物所具有；确信也表示一种被说服或信服（πεπεῖσθαι），而信服则一定与理性有关，但是，有些动物有想象，但并不具有理性。（5）想象既不是与感觉相随而成的信念，亦非是通过感觉而获得的信念，也不是信念与感觉的混合或交织，因为，感觉印象可以和信念或意见分开，二者并不重叠出现，比如，太阳看起来只有人的脚掌那么大，但我们相信它比地球大得多。

令我们感到意外的是，亚里士多德虽然用了很多笔墨来强调想象与灵魂的其他诸种官能的不同，但是，接下来，他似乎笔锋一转而强调想象与感觉活动的相似性，虽然想象不是感觉活动，但是想象或心灵图像的产生离不开感觉活动。

> 但是，既然一物在运动，而另一物可以被它所推动，因此，想象显得是某种运动，并且没有感觉，它也不会发生，而是只发生在那些有感觉能力的生命体那里，并且仅与感觉所关乎的那些对象有关。运动有可能通过感觉的现实活动而发生，因此，这种运动就必然与感觉活动相似，因此，没有感觉，这种想象运动既是不可能的，也并不出现在那些没有感觉的生命体那里。……那么想象就可以是一种由感觉的现实活动而生成的运动。因为视觉就是最主要的感觉，所以，“想象”这个名字就是从光那里得来的，因为没有光，人就一无所见。（DA Ⅲ 3, 428b10–429a4）

在这一段中，我们可以清楚地看到，亚里士多德将想象理解为一种基于在前的感觉经验而产生的一种运动或过程（κίνησις）。所以，在前的感觉经验是想象得以可能的基础，尤其他认为想象从“光”（φάος）那里取得自己的名字，没有光，人什么也看不见，言外之意是说，没有感觉也就没有想象，因此，我们可以说想象依赖于感觉活动，仿若一种寄生的本性（parasite nature），它本身是一些变化或运动，而不是运动的主动的起始点，为了能够产生想象运动，它需要一个外在的推动者。这种对于感觉活动的依赖使得想象在其功能上有一种不自足性，因为想象并没有一种独立的认识能力，使它有着专门属于自己的认识对象。虽然那些被保持在心灵中的图像就像是在档案馆里排放的图片，我们可以重新把它们召唤出来，但是，这些图像需要一个另外的认知能力（感觉或理性）来被解释，或被置入到不同的意向性的语境中。

另外，想象可对可错，或可真可假，甚至很多时候，想象或心灵图像是错误的，因为它们并没有把这个世界如其所是地那样呈现给我们，我们可以因为想象而犯错或被欺骗（DA Ⅲ 3, 428a17–30; Cf. Insom. 3, 461b22–30）。既然想象这么依赖于之前的感觉经验，那么想象的对错与感觉经验就有着十分紧密的联系。亚里士多德把感觉对象分为三种，即五种专有的感觉对象、由至少两种以上感觉来感知的共同的感觉对象和偶性的感觉对象，而相应的感觉形式也就有三种，即专有感觉、共通感和偶有感。对五种专有的感觉对象，人鲜有犯错的可能性。亚里士多德的意思是说，我所看到的是某种颜色，听到的是某种声音，嗅到的是某种气味，尝到的是某种味道，在这一点上来说，我们不会犯错或被欺骗。但是，在共通感和偶有感方面，人们会犯错误。共通感的对象包括运动、静止、大小、数量和形象这五种，因为对于这五种对象的感知需要至少两种以上的感觉来完成，所以，这种犯错的可能性就会大大增加（DA Ⅲ 1, 425a14–20）。最后一种可感对象是偶有的感觉对象，之所以称这样的可感对象为偶有的，是因为我们所看到的某个白皮肤的人碰巧是狄阿瑞斯的儿子（DA 418a20–24），“白皮肤”是视觉的专有对象，而“这位白皮肤的人是狄阿瑞斯的儿子”已经不再是视觉的专有对象，在偶有或附属的意义上来说，这位白皮肤的人碰巧是狄阿瑞斯的儿子。偶有感是对“白皮肤”的专有感觉与对“狄阿瑞斯的儿子”的感觉的一种联结（association），而如若没有想象的活动，人是无法完成这种联结的。

> 感觉也是针对那些可感对象的偶性，在这里可能会发生错误。因为，对于某物是白色的感觉是不会错误的，但是，关于这个事物还是另外一个事物是这个白色物，这里可以发生错误。第三，也存在着一种对共通的可感对象的感觉，以及对那些紧随着偶有的可感对象而出现的可感属性的感觉，而专有的可感特性就属于这些偶有的可感对象。我是指，比如运动与广延或大小，这些感觉对象的特性。关于这些事物，我们在感觉上最大程度地被欺骗或犯错误。
>
> 因此，由感觉的现实活动而引起的运动会，也就是源自于这三种感觉的运动与感觉是不同的。第一种运动在当下的感觉活动中是真实的，与此相反，其他的两种运动可以是错误的，不管感觉活动在现实地进行抑或不是，特别是在可感对象离我们很远的情况下，尤其如此。（DA Ⅲ 3, 428b18–30）

由此可知，人最容易在共通或共同的感觉对象与偶有的感觉对象上犯错误，因为想象的心灵图像可能是错误的，尤其是当可感对象离感觉主体比较远的情况下。我们对于这个东西是白色的感知是不会错误的，但是，至于这个白色物体究竟是什么，我们可能犯错误。这一方面可以表现在想象制造的心灵图像就是错误的，比如“太阳看起来只有脚掌这么大”，但我们相信，它比地球大得多；另一方面，错误也可以发生在感知者把当下的感知对象通过想象与先前的感觉经验关联起来。

现当代学者们争论最多的一个问题还是：想象对亚里士多德来说究竟有什么功能？我认为，现当代学者们对亚里士多德关于想象或想象能力的问题的解释可以概括为如下四种：（1）想象具有一种解释功能；（2）想象有一种综合功能；（3）想象处理的是非典型性的感觉经验（non-paradigmatic sensory experiences）；（4）想象有重新组构心灵图像的能力，可以被放置到新的意向语境中而引起动物的欲求运动，因此在伦理学中有很重要的意义。第（1）种解释路径的代表主要是努斯鲍姆，她主要依赖《论动物运动》中的一些核心文本而认为，动物通过想象不只是感知到某物，而是把某物感知为某种确切的对象，即可以是欲求或躲避的对象。[103] 我认为，努斯鲍姆的这种解读所依据的文本有些过于偏狭，她主要使用《论动物运动》作为基本文本，而忽略了《论灵魂》和其他一些作品中的相关文本，亚里士多德在《论灵魂》第三卷第 3 章中更加强调想象的认知作用。想象某物或拥有某个关于某物的心灵图像并不表示将其解释为欲求或躲避的对象。弗莱德可被视为是第（2）种解释策略的代表，她认为，想象有一种综合的功能（synthesis），可以把不同的感觉印象或后图像（after-image）综合统一起来，形成一个完整的图像，因此，这种解释也被称为全景理论。想象力只处理视觉材料，她以材料所停留的长短来区分想象力和共通感所做的工作，想象力处理后图像，而共同感或共通感则处理稍纵即逝的感觉印象。[104] 这种解读预设了如下有待商榷的命题，第一，感觉只存在于当下的现实活动，稍纵即逝，只要我们的感官不再现实地感知着某物，那么现实的感觉就停止了；第二，我们所感知到的感觉印象或经验都是分离的、片面的、无组织的材料，它们需要等待着想象力对其进行综合，在此之后，我们才能对这些感觉材料形成整体性的认识。亚里士多德在 DA Ⅲ 2, 425b24–25 中认为，虽然感觉对象已经不在场，但是感觉内容和想象内容都还停留在感觉器官内。所以，被感觉到的对象或内容并不会在感觉活动结束后立刻消失，而是能够持续地停留在感觉器官内，我认为，这里所说的感觉内容的停留就是指由感觉印象而在人的心灵中所生成的图像。至于第二个命题，感觉，尤其是共通感和偶有感所感受到的对象并不是分离的、片面的，杂乱的感觉材料。[105] 提出第（3）种解释策略的是斯科菲尔德，他认为，想象处理的是非典型性的感觉经验（non-paradigmatic sensory experiences），只有当我们的感觉对感觉对象持怀疑、保留和不确定的态度时，想象才应运而生并发挥作用，想象力在于解读那些不成功的感觉经验（DA Ⅲ 3, 428a11–14）。[106] 但是，我认为，这种解读赋予想象力可以解读的范围太过狭窄，只是处理那些模糊的、不确切的感觉对象。亚里士多德在第三卷第 7 章和第 8 章中多次强调，人的思维，无论是实践理性的推理抑或是理论理性的认识都离不开心灵图像，当我们在思考毕达哥拉斯定理时，眼前必定会呈现出一个三角形的心灵图像（DA Ⅲ 7, 431a16–17, 431b2; Ⅲ 8, 432a8–9; Mem. 1, 449b31–450a1）。除此之外，根据某些文本我们还可以认为，想象还有着动机力量，即可以推动动物进行运动。第（4）种解释方案更多地强调想象或想象力在道德心理学或心理学中有着不可忽视的重要作用，正是通过对某物或某事的快乐想象或痛苦想象，我们才有了对善或表面的善的认知或把握。[107] 但是，学者们在关于想象力在伦理学中究竟有着怎样的作用的问题上至今争论不休。

5. 潜能理性与主动理性

亚里士多德在对灵魂的感觉能力进行了讨论之后，开始在第三卷第 4—8 章中对灵魂的理性能力（νοῦς）进行探究。关于理性灵魂的这段文本，尤其是第三卷第 4—5 章可以说是历史上被讨论和被注释最多的哲学文本之一，也是对后世哲学家影响最深的一些段落。

亚里士多德首先在第三卷第 4 章中讨论了人的潜能理性。理性能力是指人的灵魂赖以进行认识和理解活动的部分，他用感觉能力作为类比来解释理性能力的本有特性，他强调在感觉能力和理性能力之间存在一种类比性（analogy），因为二者都是一种受动或受作用（πάσχειν），感觉能力承受感觉对象的作用，而理性能力承受可理解的形式的作用，就像他在 DA Ⅲ 9, 432a15–18 中也强调感觉就像理性那样也是一种区分和判断的能力，因为感觉能力也能对其相应的可感对象进行区分和判断。但是，与此同时，他又强调二者的非类比性（disanalogy），因为感觉能力的受动与理性能力的受动是不同的，或者说，因为感觉能力离开了身体的感觉器官是无法存续的，所以感觉器官在接受外界的可感对象的作用时，多多少少会导致一些物理意义上的变化，但是，理性作为一种纯粹的潜能是不受动的，理性能力之所以是不受动的，是因为它不与躯体混合，或没有相应的身体器官。因此，如果感觉器官受到过于强烈的可感对象的刺激，它就会受到某种破坏而不能再进行任何感觉活动，但是，理性能力哪怕思维那些最抽象的或最为强烈的可理解的对象，也不会受到影响或破坏，反而能更好地认识这些较低和较高的可理解对象。因此，理性能力是非躯体性或非形体的（incorporeal），也恰恰是因为这种非躯体性，理性能力不与躯体混合，也就不像感觉能力那样会受到可感对象的影响。亚里士多德借用阿那克萨戈拉的说法而认为，人的理性就是一种能够接受可理解的形式的纯粹潜能，在理性进行现实的思维之前，它并不是任何现实之物。

> 因此，理性除了接受能力外，并无其他本性。所以，所谓的灵魂的理性部分（我称理性为灵魂赖以进行推理思维和判断的能力）在进行思维活动之前，并不属于任何现实性的存在。因此，它与躯体混合在一起是没有道理的；因为那样的话，它就会成为具有某种特性的东西，或冷或热，也就像感觉器官那样而有一种相应的身体器官。（DA Ⅲ A, 429a21–26）

基于人的理性的这种特性，亚历山大也将人的潜能理性称为质料理性（intellectus materialis），而中世纪的阿维洛伊基于潜能理性的这种特点而将其视为一种分离或独立自存的实体，这种看法遭到了托马斯的严厉反驳。托马斯认为，潜能理性不可能是一个与我们分离开来、独立自存的实体，因为，潜能理性在接受可理解的形式时就是在现实地进行思维，而心灵图像则是可理解的形式的载体，这些心灵图像是与我们的感觉能力连接或联合在一起的，由此可以得知，潜能理性并不是一个独立自存的实体。[108]

学者们争论最多的则是主动或生产性理性，亚里士多德的《论灵魂》第三卷第5章共有十五行，但是，这寥寥数句却是《亚里士多德全集》中最难理解、争议最多的一章。而其中争论的焦点就是我们该如何来理解他所提出的"νοῦς ποιητικός"（拉丁文：intellectus agens；英文：agent intellect, active intellect, productive intellect or maker intellect）：

> 因为在全部自然中，一方面存在着作为每一类事物的质料的东西（这就是那潜在地是这一切的事物），另一方面，存在着另外一些作为这些事物的原因和制作者的东西，因为它制作一切，就像技艺作用到其质料一样，这种区别必然也出现在灵魂中。如此，存在着这样一种理性，它可以成为一切，还存在着另外一种理性，它制作一切，如一种习性状态，就像光一样。光以某种固定的方式将潜在的颜色转变为现实的颜色。
>
> 这种理性是分离的、不受作用的、不混合的，而且在本质上就是现实活动。因为主动起作用者永远比受动者更为尊贵，就如本原永远都优越于质料一样。现实的知识与其对象是同一个，尽管那在潜能状态中的知识对于一个个体来说在时间

上更早一些，但是，在总体上来说，并不是在时间上更早。然而，理性并不是一时思维，一时又不思维。只有作为一个在分离状态中而存在的理性才是其本真之所是，只有这个理性才是不死而永恒的（但是我们对其却没有丝毫记忆，因为这个理性是不受作用的，而被动理性是可死的）。[109] 没有这个被动理性，[我们]便不能思维任何东西。（DA Ⅲ 5, 430a10–25）

我们可以提出一系列有关主动理性的问题，比如，这里所说的主动理性的主体是谁？究竟有多少个主动理性？主动理性的功能或所做的活动究竟是什么？我们也可以提出更多的其他问题，比如主动理性是否是与第三卷第 4 章中所说的潜能理性不同的第二种理性？抑或是同一个或同一种理性的两种形式？对这些问题进行回答之前，我们需要了解历史上不同的注释传统。[110]

对主动理性的阐释共有两种传统的解释模式，一为神性或神本主义的解释传统（divine interpretation），一为人性或人本主义的解释（human interpretation），前者的代表是阿弗洛狄西亚斯的亚历山大，后者的代表是特奥弗拉斯图斯。亚历山大认为，主动理性是纯粹的现实活动、没有任何质料和任何潜在性，由此，可以看出这主动理性就是亚里士多德在《论动物生成》中所说的从外而来的理性（GA 736b27），就是在《形而上学》第十二卷中所说的神或不被推动的推动者（unmoved mover），这主动理性不可能是人的灵魂的一个能力或部分，不属于人的灵魂论的研究对象，而是属于神学的范畴。这样的主动理性并不是寓居于质料中的自然形式，或者说与我们所处的月下世界根本没有什么干系，而是自然万物和整个宇宙都依赖于它才能存在，主动理性就是自然和宇宙的最后目的因。亚里士多德在第三卷第 5 章中所使用的光的比喻尤其使他们更加相信自己的理解是对的，因为光是外在于可见对象的可见性的条件，同样地，主动理智作为可理解对象的可理解性的条件而外在于人的灵魂。追随这种神性解释的中世纪注释家有阿维森纳和阿维洛伊，有些现当代学者们也坚持这种解释，比如巴恩斯（J. Barnes）、[111] 克拉克（S. R. L. Clark）、[112] 李斯特（J. Rist）、[113] 弗雷德（M. Frede）、[114] 卡斯同和伯恩耶特。[115]

神性主义解释传统主要是基于对《论灵魂》第三卷第 5 章与《形而上学》第十二卷第 7—9 章这两处文本进行对比而得出的结论，亚里士多德所说的主动理性就是《形而上学》中的神性理性。如果我们对比这几种特性就会发现，这两者并非完全地对应，比如，《论灵魂》中所说的主动原则是较为尊贵的，而《形而上学》中则说，神的理智是最为高贵的，一为比较级，一为最高级。亚里士多德对比较级的使用表明，他在这里并不认为主动理智就是第一推动者或神的理性，而是认为主动理智是与神相似的或是有神性的，但并不认为其与神完全等同。另外，《论灵魂》强调主动理智是一切思想或思维内容的必然条件，而在《形而上学》那里，他径直认为神的理性就是所有的存在或事物的必然条件或原因。“所有思想”与“所有存在或事物”并非完全是一回事。主动理性是个体的一切思想和思维内容的必然条件，因为进行现实的认识活动需要一个主动原则，如此，那潜在的可被认识的对象才能现实地被人所认识。而《形而上学》应该是指神的理性的特性，只有神的理性才可以说是所有存在的必然条件，是整个自然和宇宙都赖以存在的最终本原。

其次，主动理智在时间上要早于或先于普遍意义上的潜能，但是，《形而上学》强调神的理智直接早于或先于任何潜能。亚里士多德认为，对个体来说潜能或潜能状态中的知识在时间上更早，但是，在总体上来说并不是这样。就个体来说，我们需要经历一个出生、成长、学习、沉思的学以成人的过程，之后才能运用主动理智，进行沉思活动。所以，就时间来说，并就个体而言，潜能似乎是在先的，但是，就整体来说，或者在永恒的视角下来看，现实活动总是在先的，因为我们的主动理性或其沉思活动是我们所有学习过程和努力的结果与目的，它作为目的因在规范着我们的学习过程。但是，因为人的主动理智并非时时刻刻在进行着思维或认识活动，或因为睡眠、或因为被疾病或情绪所影响而不能沉思或不能好好地进行沉思，所以，就个体而言，我们的主动理智似乎有时是在后的。然而，神却是超越于时间之上的，他先于任何潜能，因为他就是永恒的现实活动，没有任何潜能性的现实。至于“理性在其本质来说是现实活动”“理性从不间断地思维”以及“它在分离状态中是其所是”这三个特性都在强调主动理性作为一个现实性的原则不需要也不可能需要另外一个现实性的原则来进行现实的活动，否则主动的现实原则就不是主动的现实原则了，而成了被动的受作用的原则了。所以，在这种意义上，亚里士多德认为主动理智的本质就是现实活动，分离后才是其本真之所是，也是在这种意义上，亚里士多德认为主动理智不能有时思维，有时又不思维（οὐχ ὁτὲ μὲν νοεῖ ὁτὲ δ' οὐ νοεῖ），因为就主动理智是一个现实性的原则来说，它始终有着随时能将潜能理智进行现实地接受和认识可理解的对象的活动，或者随时能够作用到被动理智上，使其现实地认识。因此，我认为，这里所说的主动理智始终在思维是指它就像某种习性状态或持有状态那样，随时都可以发挥作用，只要人的潜能理智或被动理智准备就绪了，那么主动理智就能发挥作用。当然我们人不可能不间断地进行沉思活动，但是，这并不表示，在睡眠、疾病或其他情况下人的主动理智就丧失了这种主动的现实性，而是说，它的这种主动起作用的能力是随时待发的，随时就绪的。

人性的解释传统源于特奥弗拉斯图斯，虽然他的作品大部分失传了，只有一些残篇保留了下来，所幸的是，特米修斯在自己的著作中将他的观点保存了下来，[116] 他认为主动理智属于人之本性，并非超然在上之物，所谓的主动理性和被动理性只不过是人的理性的两个特点，之所以说理性是主动的，因为理性的思维活动很难是一个完全受动的过程，就如潜能理性的非混合性或非受动性那样，主动理性更是非受动的，人对于思维活动完全拥有内在的支配性或主动性，因为何时思维或思维什么都由思维主体来决定，不需要外在的对象来引起，也不依赖外在对象而发生。特米修斯接受了特奥弗拉斯图的观点，并不认可亚历山大将主动理智等同于神或第一推动者的做法，而坚持认为主动理智属于人的灵魂的一部分。[117] 人生而具有潜能理性，通过感觉活动、想象和普遍概念的抽象，潜能理性达致一种就像习性的积极状态（ἕξις），就像藏有不同的形式或概念的仓库，但是，在这个阶段的潜能理性仍然需要主动理智才能进入到真正的实现状态。不同于亚历山大的是，他认为这个主动理智并不独立于人的灵魂之外而存在，而是与潜能理性一起构成一种所谓的理性的或理智的形式-质料复合物（form-matter composite），人拥有了这种现实性，就像获得一种新的视力，能够独立地进行区分、分析和综合的活动。[118] 所以，对特米修斯来说，亚里士多德共区分了四种理性，即神圣或神性理智、主动理智、潜能理智和被动理智。[119] 但是，另一方面，特米修斯也认为，主动理智基于它永不会疲倦和永不会错误的思维活动而是不死的，是与躯体分离的。至于这是一种什么样的分离，他并没有详述。后来的注释家斐洛珀努斯、托马斯·阿奎那和辛普利丘似乎都坚持这种解释，有的现当代的学者们坚持认为，主动理智虽然属于人的理性，但是，它是永恒不死的，在形而上学的意义上是与身体可分离的，比如罗斯（D. Ross）[120]、罗宾逊（R. Robinson）[121]、西斯寇（J. Sisko）和哲森（L. Gerson 2004）[122] 等都这样认为；而希克斯、魏丁（M. Wedin）[123] 和卡斯同则认为人的主动理智只是在定义上是可分的，即他们并不认可人的理性是不死的。

人性解释传统的集大成者还是托马斯·阿奎那，将主动理智视为个体的理性灵魂的一种能力，他极力地反对阿维森纳和阿维洛伊将主动理智和潜能理智理解为一种独立自存的单一实体，他坚持认为，主动理智是人的理性灵魂的一部分，并且没有主动理智，人就无法现实地进行认识活动。他的主要论证如下：[124]

（1）如果人在其自身并没有能够赖以独立地进行理性认识活动的原则，那么人在自然上就是残缺不全的，也就无法完全实现自我的本性或自然了；

（2）就像潜能理性是属于人的能力，接受那些可理解的对象那样，主动理智也存在于人的灵魂内，它的功能或运作就是将可理解的形式（intelligible species）抽取出来，但是只有当这种活动的形式原则存在于人的灵魂内才是可能的；

（3）DA Ⅲ 5, 430a12–14 中所说的“ἐν τῇ ψυχῇ”就是指这两种理性都是个体灵魂的部分或能力，而不是分离存在的实体。[125]

我认为，托马斯对主动理性所做的属人解释是合理的，主动理智对亚里士多德来说就是这种像现实的火一样的主动性原则，它不可能存在于个体灵魂之外，因为，如果这种现实性的原则存在于个体灵魂之外，那么这势必会对人获得真正的善和实现幸福的能力造成威胁，即会与亚里士多德所说的人有实现自己的潜能相违背，人的自足性、自主性也便无从谈起了。的确，亚里士多德《尼各马可伦理学》中的一个主要命题就是人可以通过符合完美的或最终的德性活动而达到幸福，不管这里所说的德性是符合伦理德性的道德行动，抑或是符合理论理性的沉思活动，这两种实现活动都是理性的一种卓越的实现状态，而这种理性的能力不管是被动的抑或是主动的，必然存在于人的灵魂之内。除此之外，亚里士多德在430a16-17中提到，主动理智的运作方式就像光，而他在这里将光理解为某种习性或持有状态（ὡς ἕξις τις），如果是某种ἕξις，那么这就更明显地说明主动理智属于个体了，因为ἕξις必然地是某个主体的属性状态，它自身不是实体。最后值得我们注意的一个有利于人性解释的证明是EN X 7,1177a11-18，亚里士多德在这里说，理性是我们灵魂中的最有神性的、最好的一部分，或最与神相似的部分，所以，这里明显的是，沉思活动就是这个神性的灵魂部分的现实活动，亚里士多德在这里也没有将理性与神等同起来，只是说它是与神最为相似或最有神性的，也是永恒的。

但是，托马斯对主动理性的活动的陈述有所欠妥，按照他的理解，主动理智将存在于可感物和心灵图像中的可理解的形式抽取或抽象出来。但是，这似乎与亚里士多德在DA Ⅲ 5, 430a15-17中所说的光的比喻相矛盾，因为光的主动作用只是照亮，而非抽取。我认为，可理解的形式或概念已经潜在地存在于心灵图像中，与其说主动理智将其抽象出来，不如说只是将其照亮而已。我们需要弄清楚什么是“潜在的可理解的对象”（potentially intelligible），对亚里士多德来说，普遍的本质不存在于心灵图像（phantasmata）中，而仅仅存在于理性中，因为心灵图像仍然尚未完全与质料分离，并且是具体而个别的，认识就是要剥除掉个别的那些属性，[126] 所以，心灵图像并不是现实意义上的可理解对象，但它们可以被主动理智所作用而成为可理解的对象。存在于心灵图像中的事物本质并不是在其自身就是可理解的，而是需要主动理智使其成为可理解的，因此，它们只是在潜在的意义上是可理解的。主动理智的活动无非就是将存在于心灵图像中的被动的或潜在的可理解性实现出来，成为现实的可理解性。事物的本质已然存在于人的心灵图像中，但并不是作为可理解的对象而存在，为了使之成为可理解的，主动理智需要作用于这些心灵图像上。对亚里士多德来说，颜色在其自身就是可见的，但是，那些通过感知而生成的心灵图像中的事物本质并不是在其自身或通过自身就是可理解的（intelligible），而是需要通过主动理智作用于心灵图像上才能成为现实的可理解对象。

这种神性主义的解读与人本主义的解读当然并不能穷尽所有注释家和学者们的观点，[127] 比如布伦塔诺的解读就显得别具一格，甚至剑桥版《亚里士多德全集》的主编巴恩斯（J. Barnes）认为，布伦塔诺对《论灵魂》第三卷第5章的解读和讨论“至今仍然是最好的”[128]，希尔斯也认为“在所有有关‘主动理性’的参考文献中，最详尽、最彻底以及在哲学上最为强硬的是布伦塔诺之作”[129]。尽管学者们对布伦塔诺的观点褒贬不一，但是，有一点是不容置疑的，那就是布伦塔诺通过自己的这部著作《亚里士多德的心理学，尤其关于主动理性的学说》引发了现当代学界对亚里士多德的灵魂论，尤其是关于主动理性的强烈兴趣和集中讨论。[130] 布伦塔诺认为，“主动或生产性理性是属人的还是属神的”其实是比较表面的问题，亚里士多德对主动理性的讨论所具有的更深层的含义是：人的理性以及精神性究竟源于何处？神性解读需要解决的问题是，主动理性是如何进入人之中的？它又是如何与非理性、非精神性的感性及身体结合的？而人本主义的解读需要面对的问题是，主动理性是如何从动物性的感性及身体性或躯体性而跃升到理性和精神性中的？

在布伦塔诺看来，主动理性有着以下六种特性：（1）主动理性被清楚地标示为我们的思想的主动原则；（2）它是属于人的灵魂的某种存在；（3）它属于灵魂的精神性部分；（4）它不同于那接受性的潜能理性，主动理性只在主体（理智灵魂）上与潜能理性同一，而不是在存在上与其同一；（5）两种能力的不同以及其相对立的本性可在如下内容中得到证明：潜能理性的本性仅仅是一种潜在的可能性，而主动理性就其存在来说就是现实活动；（6）主动理性首先作用于感性部分，而这些可理解的形式就保存在感性的想象或心灵图像中，因此，这正是间接地把接受性的潜能理性转变为真正的思维着的理性。[131] 布伦塔诺在自己的著作中对主动理性的这六种特性进行了详细的分析。我认为，布伦塔诺的解读的确不能完全归入到属人传统或属神传统中，因为他一方面认为，主动理性并不是神，而是属于人的理性灵魂或属于灵魂的精神性部分，但是，另一方面，他又主张，主动理性有神性，如果追本溯源，人的主动理性只能来源于神，因为这种能力不可能来源于动物性的感觉与身体。更直接地说，它与创造万物的神的理性具有一种"同名性"，因此，主动理性是神圣的创造性力量在人身上的体现。另外，他基于 DA I 4, 408b20−29 认为，我们诸精神能力的主体即理智灵魂是不朽的。

6. 实践理性和欲求能力

亚里士多德在《论灵魂》的第三卷第 9—11 章详细地讨论了引起动物进行位移运动的灵魂能力，他在这里提出了对于伦理学或道德哲学非常重要的两个概念：实践理性（διάνοια πρακτική）和欲求能力（τὸ ὀρεκτιόν）。我认为这两个概念可以被视为亚里士多德的伦理学的奠基性的概念，他对这两个概念的讨论出现在一个更为广阔的问题关切的视域中，即灵魂中的何种部分或哪种能力会导致动物的位移运动，当然，这里所说的动物的位移运动也包括人的行动。

首先，亚里士多德在第 9 章的开头处就提出了问题：

> 因为动物的灵魂是通过以下两种能力而被界定的，一种是做出区分的能力，这是理性和感觉的活动，一种是位移运动的能力。我们对感觉和理性已经做了足够的讨论，现在，我们要探究灵魂里引起运动的能力，它是灵魂的何种能力，它是否

> 是灵魂的某种或者在空间量度上或者在定义上可以分离的部分，或者是整个灵魂引起位移运动；如果它是灵魂的某个不同的部分，那么它是否是在那些人们通常提及的和我们在前面探究过的能力之外的一种专有能力，抑或就是这些能力中的一种（DA Ⅲ 9, 432a15–22）。

不同于前面对灵魂的诸多能力或部分的区分方法，他在这里将灵魂的能力归为两种：一种是负责做出区分的感觉和理性能力，一种是负责位移运动的能力。对于前一种能力，亚里士多德在前面已经做出了解释，但是，对后一种能力，他在第 9 章中也并没有直接说出负责动物的位移运动的能力究竟是什么能力，而是首先使用一种辩证的排除法来确定以下这些能力或官能并不能被视为引起动物位移运动的唯一官能，它们是营养能力、感觉能力、推理的理论理性和欲求。这些官能中没有一种可以单独为动物的位移运动而负责。亚里士多德在第 10 章中才宣称，引起动物的位移运动的官能是理性和欲求（νοῦς καὶ ὄρεξις），这里所说的理性是广义上的理性，它包括基于感觉能力而来的想象能力（参见 MA 700b17–22），在人这里是指实践理性，而欲求能力也包括三种不同的形式：欲望、情志或血气、愿望。我认为，亚里士多德在《论灵魂》第三卷第 9—11 章中所提出的有关实践理性和欲求能力的观点可以概括为如下几点：

（1）提出一种不同于理论理性的实践理性的概念。实践理性是一种与欲求能力不可分开地联系在一起的能力，二者共同地构成了动物的位移运动的两个来源：前者提供一种认知意义上的明辨或想象，而后者提供动力。

（2）实践理性与欲求能力呈现出一种伦理意义上的不对称性，因为基于理性的思虑而产生的欲求是愿望，其欲求对象是绝对的善，而基于想象或欲望而产生的欲求则可以是对的和错的，因此非理性的欲望与实践理性可以产生冲突。实践理性与被视为目的的善必然地相对应，欲求能力则同样地与被视为善的欲求对象（ὀρεκτόν）相对应，这个善可以是表面的善，也可以是真正的或绝对的善。

（3）自制者和不自制者的行动显示出欲望和理性之间的内在冲突。这种冲突的可能性就来自于欲求能力本身，因为欲求包含三种不同的类型，欲望和血气或情志被视为非理性的欲求形式，而愿望或意愿被视为理性的欲求形式。

（4）用《物理学》中的运动理论来解释人的欲求能力的内在运作机制，它包括推动者、推动者赖以进行推动的工具、被推动者。而推动者又可以分为不动的推动者和在推动时自身也被推动的推动者。前者就是实践的善，后者就是欲求能力。

（5）亚里士多德使用实践理性和欲求能力来解释人的自愿行动，这是一个在理论上自足的解释框架，但是，它需要面对现当代学者们所提出的意志概念的缺席问题。

关于第（1）点，亚里士多德清楚地使用了“ὁ νοῦς πρακτικός”或“διάνοια πρακτική”这个概念，英文通常译为 practical reason 或者 intellect concerned with practices，中文一般译为实践理性。亚里士多德在这里所说的实践理性与他在《尼各马可伦理学》中所说的推算或推理性的理性相同，他对于实践理性的讨论是相对于理论理性来进行的。亚里士多德在 EN Ⅵ 2.1139a3-15 将灵魂的有理性的部分又进行了二分，一个理性部分静观或直观那些其本原不可以成为别样的存在（μὴ ἐνδέχονται ἄλλως ἔχειν），另一理性部分思考那些可以成为别样的存在（ἐνδέχονται ἄλλως ἔχειν）。前者，他称其为认识性的理性部分（ἐπιστημονικόν），后者是推算性的理性部分（λογιστικόν）：

我们现在要在有理性的部分再做一个类似的区分。我们假定这个部分中又有两个部分：一个部分直观或思考其始因不能成为别样的那些事物，另一部分思考可以成为别样的东西。因为，对于不同的性质的事物，灵魂也有不同的部分来思考。这些不同能力同那些不同性质的事物之间也有某种相似性和亲缘关系。这两个部分中，一个可以被称为认识的部分（ἐπιστημονικόν），另一个可以被称为推算的部分（λογιστικόν）。考量与推算是一回事，我们从不考量不变的事物。所以，推算的部分是灵魂的理性部分中的一个单独的部分。我们必须弄清楚这些不同部分的何种状态是最好的，因为那种最好的状态就是它们各自的德性”（EN Ⅵ 1, 1139a3–15）。

理论理性（νοῦς θεωρητικός）对应的是认识性质的理性部分（ἐπιστημονικόν），其认识对象是那些不可以成为别样的东西，比如数学定理或几何原理，它们不会随着时间和环境的变迁而改变，而实践理性（νοῦς πρακτικός）对应的是推算的理性部分或意见部分，其认识对象是那些可以成为别样的东西，也就是说与具体的时空情境相关联，比如在不同的处境中，勇敢和节制的行动会有不同。理论理性并不断言何者应当趋，何者应当避的东西，因为理论理性不是关于行动的，并不沉思那本属于实践领域之内的事情，因此，它不能推动任何东西，只有那为了目的的实践性质的理性部分才能把握何者应当趋避，才能借助于欲求能力而进行推动（EN 1139a36–1139b6）。

无论如何，这两者看起来似乎是引起运动的本原：欲求和理性，如果我们将想象视为某种类似理性的理解功能的话。因为有很多人听从想象而非知识，并且，另外的一些动物根本就没有理性的思维和推算活动，而是只有想象。因此，这两者

> 都是引起位移运动的本原：理性和欲求。我们在这里所说的理性是指为了某个目的而进行推算的实践理性，它就是通过这个目的而与理论理性区别开来。所有欲求都是为了某个目的，因为欲求的对象就是实践理性的始点；而理性考量的终点就是行动的始点。因此，以下两者看起来就是引起运动的本原：欲求和实践理性。因为那欲求对象引起运动，实践理性正是基于这个原因才引起运动，因为实践理性的起点就是欲求的对象（DA Ⅲ 10, 433a9–19）。

虽然实践理性的认识对象是那些具体的、可以成为别样的实践事物，即应当去欲求或去避免的事物，是对实践的真理的把握，但是，实践理性并不能在其自身就引起动物的运动或人的行动，为能产生运动或导致行动，实践理性必须与欲求能力联合，二者共同地构成动物的位移运动或人的行动的来源或本原，前者提供认知，后者提供动机或动力。所以，不管是想象，还是实践理性，在没有欲求的情况下是无法引起运动或导致行动的。

> 只要想象引起运动，那么它一定不是在没有欲求的情况下引起运动的。
>
> 所以，就有一个引起运动的事物，即欲求能力。因为，如果存在着两个引起运动的本原——理性和欲求，那么它们就会根据一种共同的形式而引起运动。但是，事实上，理性如果没有欲求的在场就不会引起运动（因为愿望是一种欲求，当某人基于理性考量或推算而要采取某个行动时，那么他也是通过愿望被推动），而欲求也可以违背理性而进行推动，因为欲望就是欲求的一种形式（DA Ⅲ 5, 433a20–25）。

一些古代注释家认为 433a21 “ἓν δή τι τὸ κινοῦν, τὸ ὀρεκτικόν” 中

的 τὸ ὀρεκτικόν 应该是 τὸ ὀρεκτόν（Simplicius. 297,32），有些现代学者跟从辛普利丘的看法，比如，贝克（Bekker）、淳德伦布克（Trendelenburg）、瓦勒斯（Wallace）等。而托斯垂克（Torstrik）则改为了 τὸ ὀρεκτικόν，很多翻译者都采取了他的修改，但是，包德厄斯（Bodéüs）则反对这种修改，他认为，欲求能力不是首要的引起运动者，首要的推动者应该是欲求对象（Bodéüs 2018: 285）。亚里士多德确实在 MA 6, 700b23-24 中说，那第一推动者是欲求的或理性的对象，而且在 MA 6, 700b35-701a1 中认为，第一推动者引起运动，但自身不被运动，而欲求或欲求能力则在引起运动的同时自身也被推动起来。我认为，欲求能力与欲求对象都是推动者或引起运动的本原，但是，前者在引起运动的同时自身也被运动，而欲求对象则是不动的推动者，当然，在这种意义上来说，欲求对象更是引起运动的本原，它是第一推动者，但是，亚里士多德在这里并没有着意强调二者的区别，就像他在 433b11-13 中所说的，“那引起运动的本原或推动者在种类上只有一个，即作为欲求能力的欲求能力，而欲求对象则是重中之重”。在 433b13-20 中，他又认为，那推动者或引起运动的本原可以在双重的意义上来理解：一为不被推动者，即实践的善，一为引起运动时自身也被运动的推动者，即欲求能力。所以，我认为这种修改事实上并不具有太大意义。

现在的问题是，如果实践理性或想象不能没有欲求能力进行推动，那么我们是不是可以说单单欲求能力本身就能够引起动物运动或导致行动了呢？我认为，欲求能力本身就已经与实践理性和非理性的想象与感觉联合在一起，二者不能分开，理性欲求的形式——意愿或愿望本身就已经是理性的，至于欲求的另外两种形式，情志或血气与欲望虽然被称为非理性的欲求，但是，它们在某种程度上也仍然是理性的，或至少是在可以听从理性的意义上分有理性。另外，后面这两种欲求形式针对的对象是社会声望与肉体快乐，为能引起动物的位移运动，动物至少需要有对所欲求的对象的某种感知或快乐想象，也就是把欲求对象想象为快乐的或令其痛苦的，所以哪怕在非理性的欲求形式中，认知的成分仍然是不可或缺的。

关于第（2）点，亚里士多德在普遍的意义上认为实践理性与欲求能力都有其相应的对象，实践理性所寻求的就是真正的善，而欲望和情志或血气以及想象所寻求的善则既可以是真正的善（τὸ ἀγαθὸν），也可以是表面的善（τὸ φαινόμενον ἀγαθόν）。这种动机上的冲突就表现为欲望和理性之间的基本冲突，因为理性寻求的是真正的善，而欲望所寻求的对象则可以是表面之善。这其中的原因就在于，理性总是正确的，而欲求和想象可能正确也可能错误。另外，理性是基于未来或行将发生的事物发布命令，而欲望则根据当下在场的东西发布命令。

> 但是，由于欲求彼此对立地出现，这种情形尤其表现在当理性和欲望彼此相对立的时候，并且仅仅适用于那些对时间有感知的动物（因为，理性基于行将发生的事命令我们加以抵抗，而欲望则根据当下已经在场的东西命令我们遵从，因为那在当下令人快乐的事物就显得是绝对的快乐和绝对的善，因为欲望看不到未来之事）。因此，那引起运动的原则在种类上只有一个，即作为欲求能力的欲求能力，而欲求对象则是重中之重，因为欲求对象通过被思维或被想象而引起运动，但它自身不被运动，而且在数字上来说，那引起运动者不止一个。（DA Ⅲ 10, 433b5–12）。

从这一段中我们可以看到，不但在欲望和实践理性之间存在着冲突，而且在不同的欲望之间也存在着冲突，当然亚里士多德所说的动机冲突更多地是指非理性的欲望和实践理性之间的典型冲突，这种冲突也仅仅出现在对时间有感知的生命体那里，因为理性基于行将发生的事命令我们加以抵抗（διὰ τὸ μέλλον ἀνθέλκειν κελεύει），而欲望则根据当下已经在场的东西发布命令（ἡ δ› ἐπιθυμία διὰ τὸ ἤδη），因为那在当下令人快乐的事物就显得是绝对的快乐和绝对的善（φαίνεται γὰρ τὸ ἤδη ἡδὺ καὶ ἁπλῶς ἡδὺ καὶ ἀγαθὸν ἁπλῶς），因为欲望看不到未来之事（διὰ τὸ μὴ ὁρᾶν τὸ μέλλον）。这种冲突的道德心理学基础就存在于欲求能力之内，因为对亚里士多德来说，欲求包含三种基本的形式——欲望、激情或血气、意愿或愿望，前两者是非理性的欲求形式，而后者是理性的欲求形式。这正是人的存在处境，人并不能自然地或自动地就能将各种不同的欲望与理性协调一致，或者与一个理性所把握到的总体的生命蓝图或秩序相协调，因此，对于一个有实践理性的人来说，这种冲突是在所难免的，但是，这种冲突并不完全是一件坏事，因为恰恰是这种冲突促成了理性的觉醒以及真正的善的闪光，一个完全的善人或一个十足的恶人似乎都不会再感受到这种冲突。这种动机上的冲突在自制的人和不自制的人那里表现得最为明显，一个不自制的人已经怀有对善的目的的认知，已经知道哪些是值得欲求的、哪些是高尚的或合乎德性的，只是他有另一种与之相反的欲望，致使他不能把自己的正确目的和决定行动出来，而是听从了欲望，作了和自己的决定相反的事情。

一个能够自我控制的人（self-controlled）或意志坚定的人同样地有正确的目的，也知道哪些是高尚的和善的，但是，一个自制的人的这种自制品质并没有被亚里士多德视为是一种伦理德性的品质，原因就是一个自制的人仍然未摆脱心灵中的理性与欲望之间的这种剧烈冲突。首先，自制的人有强烈的和坏的欲望（EN 1146a9-16）；其次，自制的人在反对自己的欲望而作出正确的合乎理性的行动时会感受到痛苦（EE Ⅱ 8, 1224a33-36, b16-19）；最后，自制的人如果能做出相反于理性而合乎自己的欲望的行动，他会感到快乐（EN Ⅶ 1152a1ff.）。亚里士多德这样总结自制的人的心灵状态：

> 因为自制的人和节制的人都不因肉体快乐而违背逻各斯（理性），但是，自制的人有坏的欲望，节制的人则没有。节制的人不觉得违反逻各斯的事令人愉悦。自制者则觉得这类事情使他愉悦，但不被它牵着鼻子走（EN Ⅶ 9, 1151b34–1152a3）。

所以，不自制者和自制者的共同之处就在于，二者都没有在做出合乎德性的行动时感受到相应的快乐，都缺乏这种做正确之事的快乐。至于有德性的人是否仍然还会有这种动机冲突，对这个问题，学者们的观点多有不同。麦克多威尔（J. McDowell）就认为有德性的人没有了这种动机冲突，或者有德性的人没有坏的或恶的动机[132]；而查尔斯（D. Charles）则认为一个有德性的人同样会有欲望与理性之间的冲突[133]。

亚里士多德使用《物理学》中的运动理论来解释欲求能力，按照亚里士多德在 Phys. Ⅷ 5, 256b14ff. 和 Metaph. Ⅻ 7, 1072a24 中的说法，运动共有三个因素，被推动者、推动者以及运动的工具。同样地，亚里士多德也使用这种模型来解释欲求能力。事实上，共有四种因素与运动相关，因为引起运动的东西有两种，即不动的推动者和被运动的推动者，但是，亚里士多德都将其称为推动者。

> 既然在运动中存在着三个因素，第一个是引起运动的本原，第二个是它赖以进行推动的东西，第三个是那被推动者。而引起运动的本原可以分为两种，一是那不被推动者，另一个引起运动时自身也被推动的东西。那不被推动的事物就是可以通过行动而获得的善，而那引起运动时自身也被推动的事物是欲求能力（因为那被推动的事物是通过欲求活动而被推动的，而现实的欲求活动就是一种运动）；那被推动的便是动物，而欲求能力得以引起运动的器官是躯体性的，因此，我们必须要在躯体

和灵魂共有的功能中来考察它。(DA Ⅲ 10, 433b13–433b20)。

就像我们在 433a21 “ἓν δή τι τὸ κινοῦν, τὸ ὀρεκτικόν” 中所看到的，有些学者认为这里的 τὸ ὀρεκτικόν 应该是 τὸ ὀρεκτόν(Simplicius. 297,32)，也就是说那引起运动的推动者应该是欲求对象，即表面的善或真正的善，欲求能力并不是第一推动者。所以，现当代学界争论更多的一个问题是，我们该如何理解这两种不同的推动者？究竟哪一种是唯一的推动者？这样的说法与前面所说的实践理性和欲求共为引起动物的位移运动的本原又如何协调一致？里查德森(Henry S. Richardson)认为，对这些问题的回答与我们如何理解《论灵魂》第三卷第 10 章的结构有关，他认为存在着如下三种理解模式：(1)第 10 章的前半部分(直到 433b13)旨在回答亚里士多德在第 9 章中所提出的关于内在的推动者的问题，而后半部分则通过在 433b14–15 中做出的不动的推动者(即实践的善)与被推动的推动者(即欲求能力)的区分来引入一种新的区分模式，这就是内在的推动者与外在的推动者之间的区分；(2)第 10 章的前半部分提出一些基本的困难和对这个问题的预备性的解决尝试，而真正的解决则是在后半部分；(3)对亚里士多德在第 9 章中提出的问题的解决方面，这两个部分都有其必然的和重要的贡献。[134]

我认为，亚里士多德在这里主要讨论的问题是，我们需要哪些因素来理解或解释动物的位移运动或人的行动。我们至少需要以下三个概念：实践理性或想象、欲求能力、欲求对象。如果我们回到文本会发现在亚里士多德对这三个概念的使用中存在着一种不对称性，因为亚里士多德一方面说，欲求和理性是动物的位移运动(包括人的行动)的两个来源，但是另一方面又说，欲求对象是实践理性的始点，而理性考量的终点是行动的始点。实践理性与欲求对象好像并不是在同一种意义上是动物的位移运动的本原或始点。有时候，亚里士多德在别处又说，就有一个引起运动的事物，即欲求能力，所以，我们还需要解释另外一个问题，究竟是欲求能力还是欲求对象是唯一的推动者呢？

> 因此，那引起运动的原则在种类上只有一个，即作为欲求能力的欲求能力，而欲求对象则是重中之重，因为欲求对象通过被思维或被想象而引起运动，但它自身不被运动，而且在数字上来说，那引起运动者不止一个。（DA Ⅲ 10, 433b10–13）[135]

学界大体上分为两种看法，一部分学者认为欲求能力才是本原，[136] 而另一些学者主张欲求对象——善才是本原。[137] 这个争论也与对 433a21 这句话（ἓν δή τι τὸ κινοῦν, τὸ ὀρεκτικόν）的不同阐释有关，有的手抄本写为"τὸ ὀρεκτόν"，而不是"τὸ ὀρεκτικόν"，有的学者认为，433a18，a20 和 a21 中出现的 τὸ ὀρεκτικόν 都应写为"τὸ ὀρεκτόν"，因为这与 433a15–16 中所说的欲求对象是实践理性的思维起点相一致。但是，这似乎与另外两处文本相冲突，在那里，亚里士多德认为，那引起运动的灵魂的能力就是欲求（433a31, ὅτι μὲν οὖν ἡ τοιαύτη δύναμις κινεῖ τῆς ψυχῆς, ἡ καλουμένη, ὄρεξις, φανερόν.），当然，我们可以说，欲求是唯一的推动者，也可以说欲求是一个推动者。第二处文本就是 433b10–12，在这处文本中，亚里士多德仿佛说，欲求能力是唯一的推动者，因此，那引起运动的原则在种类上只有一个，即作为欲求能力的欲求能力。但是，亚里士多德在这处文本中紧接着又说，欲求对象是首要的或重中之重，因为欲求对象通过被思维到或被想象到（τῷ νοηθῆναι ἢ φαντασθῆναι）而引起运动。亚里士多德在 MA 700b23–24 和 Metaph. 1072a26–27 中也认为欲求对象是推动者。我们该如何理解这种冲突或不一致呢？我认为亚里士多德在第三卷第 9 章通过否定性的排除法达到了如下结论，理性和欲求是动物的位移运动的两个本原，没有任何一种能力可以单独地作为运动的本原。为了解释动物的运动，我们至少需要这两者。但是，我们仍然需要另外一个因素来解释动物的这两种能力是如何借助于一个共同的形式被推动起来的，这就是亚里士多德在 DA Ⅲ 10, 433a21–25 中所说的：

> 所以，就有一个引起运动的事物，即欲求能力。因为，如果存在着两个引起运动的本原——理性和欲求，那么它们就会根据一种共同的形式而引起运动。但是，事实上，理性如果没有欲求的在场就不会引起运动（因为愿望是一种欲求，当某人基于理性考量或推算而要采取某个行动时，那么他也是通过愿望被推动），而欲求也可以违背理性而进行推动，因为欲望就是欲求的一种形式。

亚里士多德在这里认为，理性与欲求能力需要根据一种共同的形式（κατὰ κοινὸν ἄν τι ἐκίνουν εἶδος）来引起运动，这里所说的这种共同形式应该是指欲求对象，理性和欲求能力就基于欲求的对象而引起动物的位移运动，而欲求对象既可以是真正的善，也可以是表面的善，因为理性把握到的善是不可错的，而想象把握到的善则是可以错的，无论如何，似乎欲求对象才是引起动物的位移运动的首要的推动者，灵魂的理性、想象和欲求能力为解释动物的位移运动来说是必须的，它们是首先推动动物进行运动的灵魂能力，而欲求的对象则是这两种能力现实地进行欲求活动的内在的推动者。如果我们根据亚里士多德在 DA 415a14–22 中所提出的双重优先性原则来审视的话，那么我们不难理解欲求对象在引起动物的运动时的优先性，根据双重的优先性原则，灵魂的活动优先于灵魂的能力，而活动的相关对象则优先于灵魂的活动。

亚里士多德使用实践理性、欲求能力与欲求对象这些重要概念在理论上可以很好且足够地解释动物的位移运动和人的实践活动，他通过这些概念对自己的伦理学进行了奠基的工作，可以说正是通过这些概念，伦理学才成为一门独立的学科，但是，现当代一些学者们关注到，亚里士多德在对人的实践活动进行解释时只提到了理性和欲求，并没有提及意志（voluntas）这个概念，以至于亚里士多德伦理学因缺少意志的概念而被现当代学者们所诟病。[138]

在关于亚里士多德的道德心理学或伦理学中究竟有没有意志概念的问题上，现当代学者们的意见不一而足。有的学者认为，亚里士多德的伦理学以意志自由为前提预设，[139] 虽然他没有一个明晰的意志自由（Willensfreiheit）的概念，但是，他所使用的理性欲求——意愿（βούλησις）的概念，尤其是选择或决定（προαίρεσις）这个概念以及自愿的行动概念（τὸ ἑκούσιον）——都可以被视为意志概念的前身。除此之外，欲求能力（τὸ ὀρεκτιόν）这个概念更是为人的行动提供不可或缺的动机或动力。另外一些学者认为，现当代的意志自由的问题完完全全处于亚里士多德的问题视域之外（außerhalb des Aristotelischen Problemhorizontes），亚里士多德本人并没有发展出一个意志概念，因此，我们也不可能在亚里士多德这里发现意志自由这个概念。[140] 就如狄勒所指出的，古典的希腊哲学主要是以一种理智主义的架构为基础，在一种以理智为指导的行动和以非理性的欲望和情感为动机而导致的行动偏离之间构成了非常明显的一种对比。在这种理性和无理性的欲望与激情之间的二元区分中，我们无法想象一种与理智不同的、独立的意志概念。[141]

的确，在这种理性与欲望的二元结构中，我们似乎找不到意志概念的位置，亚里士多德的实践哲学仍然继承了苏格拉底和柏拉图的理智主义传统，虽然他与后面这两者在关于理性如何起作用的方面有所不同，对苏格拉底和柏拉图来说，理性本身就能引起行动或起着决定性的力量，但是，对亚里士多德来说，实践理性需要欲求能力才能推动主体进行行动。就像弗莱德所说的（F. Frede）：“假定古希腊人必定始终都认为人是有自由意志的，这在今天看来确实令人感到震惊。因为，如果我们查看从荷马以降的古希腊文献，一直到亚里士多德之后很久，我们找不到任何对自由意志指称的痕迹，更不用说对它的提及了。”[142]

我们应该如何来回应这种对亚里士多德的道德哲学中缺乏意志概念的责难呢？我认为，我们需要认识到，狄勒所做出的这种结论事实上预设了一个神学上的“意志”概念：众所周知，奥古斯丁通常被视为是意志概念的真正发现者，意志是不同于理智的认知和各种不同的欲求或想法的一种独立的决断能力，能够独立地对自己的各种意向或欲望进行肯定或否定。奥古斯丁在《论三位一体》《天主之城》和《论自由意愿》中对意志的概念多有阐述。奥古斯丁将自我特别与意志等同，自我就是我的意志。奥古斯丁认为意志是我们对自己本有的欲望或欲求的认同或不认同的独立能力，也就是对我们的欲求或欲望的认同行动。我们能够自由地进行行动是说我们能够借着这认同的行动而引导我们的选择，拒绝将自己等同于其他欲求。这种等同行动高于理性或非理性欲求，因此它不是理性的或非理性的。奥古斯丁的这种说法对中世纪的唯意志论（mediaeval voluntarists）产生了巨大影响。同样地，在托马斯的伦理学中，意志是一个核心的概念，只有我们理解了意志的本性以及它与理性和情感的关系，我们才会理解伦理学的根基、德性的基础和自由的根源。托马斯在《神学大全》的第二集第一部中的第六至二十一题讨论有关人类行动的论题，但是，里面大部分内容都在讨论意志（voluntas）的问题。所以，狄勒似乎预设了只有这种神学上的意志概念才是真正的意志，但是，事实上，存在着对意志概念的不同理解，因此有些学者认为，亚里士多德也拥有一种意志概念。[143] 比如赫曼（C. F. Heman）就将意志概念置于灵魂的理性部分中，这与亚里士多德的注释家阿斯帕修（Aspasius）和亚历山大的理智主义的注释传统相一致。而魏特曼（M. Wittmann）则提出一种不同于理智主义的意志观，他认为，亚里士多德的意志概念建基于一种非理性的自我决定的能力之上（ein arationales Vermögen zur Selbstbestimmung），这种能力的支点就是亚里士多德所说的“在我们的能力之内”（ἐφ’ἡμῖν εἶναι）。[144] 赖尔（G. Ryle）和威廉姆斯（B. Williams）就试图证明一个相反的命题，没有意志概念的古希腊道德心理学比有意志概念的现代道德心理学在解释与说明人的行为上可能更为成功和有效。[145] 所以，我们不能轻率地从后来的单一的意志概念来指责亚里士多德的道德哲学中缺乏意志的概念。

另外，我们也需要深入地理解亚里士多德伦理学中的一个重要的概念——决定或选择（προαίρεσις），考察这个概念是否具有或可以承担起意志概念所具有的作用和责任。在《尼各马可伦理学》中，亚里士多德把 προαίρεσις 界定为来自于理性的慎思后的欲求（ὄρεξις βουλευτική，EN 1139a23–24），是一种欲求着的理性（διὸ ἢ ὀρεκτικὸς νοῦς），或者是一种来自于思虑的欲求（ὄρεξις διανοητική，EN 1139b4–5），当然，这仍然是一种理性和欲求的结合，但是，如果我们进一步地去追问意志概念是否也是一种理性与欲求的结合之物呢？事实上，历史上对意志是否是一个完全不同于理性的官能存在着争论。如果我们从托马斯的观点来看，意志在某种派生的意义上也是理性的，托马斯虽然认为人的伦理行动在首要的意义上源自意志，但意志是理性欲求，因此在本质上意志就被有关善的观念所引导（ST.Ia.q.20.a1.ad1[146]; q.76. a.1）。托马斯既反对严格意义上的理智主义，因为理性本身并没有推动能力，只有意志才进行推动，又不接纳严格意义上的意志主义，因为意志本身就是理性欲求，没有独立于理性之外的意志。理性通过提供意志的对象而引导理性，在某种程度上推动意志。托马斯认为，意志本身并不是实践理性，然而欲求能力（包括意志与非理性欲求）在某种意义上分有理性，但它的本质并不是理性（Ia.IIae.q58.a2），就像激情在本质意义上不是理性的，但是它们分有理性，即这些激情既可以听从理性，也可以与理性背道而驰。同样地，意志也是在“分有理性”的意义上是理性的，最好说它是在“派生的意义上”是理性的（derivatively rational），因为意志以理性的运作为前提，但并不等同于理性，它依赖于理性的信念和判断。但是，为了避免这种无止境的互为前提或互相依赖，托马斯认为，理性通过命令（imperium rationis）来开始意志的运动，命令在本质上属于理性行动，因为理性通过暗示或宣称而传达某人应该做某事的指令。但是，另一方面，理性并不命令所有意志的行动，因为理性的考虑也预设一种意志的行动，除非我们有旨在达到某种善的意志，我们不会达到那种可以成为命令的内容的结论。虽然，理性通过认知到何者是善的或何者是恶的，何者应当做或何者不当做来晓示或发布命令，但是，如若我们没有相应的意志——欲求的形式，那么理性的这种认知并不会推动我们行动。因此，托马斯认为，理性像目的因那样来推动意志，而意志则像动力因那样来推动理性（ST.Ia.q82.a4）。我们就理性在引发行动方面来说所赋予理性的任何功能都离不开意志的参与。

总的来说，托马斯在对于人的伦理行动的解释上选择的是一种理性与意志互相融合或二者内在相互关联或相互依赖的立场（inter-dependence）。虽然在人的行动的发起或推动方面意志是主要的，但是意志仍然需要理性给它提供目的，以便意志为了目的的原因而能采取一个具体行动。意志之所以能够推动我们将一个具体的个别目的作为善来欲求，这仍然有赖于理性将这个目的作为善而呈现给我们。[147]

除此之外，亚里士多德在《尼各马可伦理学》第三卷第1—2

章中详细地论述了选择或决定的几种特性，比如，选择是出于意愿的，但两者并不等同，因为儿童和较低的动物能够出于意愿地行动，但不能够选择；选择不等同于无理性的动物所共有的欲望和血气，欲望与选择相反，但欲望却不与欲望相反；欲望是对于令人快乐和痛苦的事物的欲求，而选择则不是；选择也不是意愿或想望（βούλησις），因为意愿可以是对我们力所不能及的事物的欲求，但是，选择仅仅是针对那些在我们力所能及的范围之内的事情；最后选择也不等同于意见或信念，因为信念只有真假之分，而无善恶之别。亚里士多德在对德性的经典定义中也将选择置入其中，他认为德性就是一种关乎选择的习性或品质（ἔστιν ἄρα ἡ ἀρετὴ ἕξις προαιρετική），存在于相对于我们而言的经由逻各斯或理性所规定的中道之中。由此，我们可以看到选择概念的特殊性和重要性，甚至我们可以说，选择这个概念可以在某种意义上承担现代的意志概念在解释人的行动时的一些功能，比如确立行动主体、判定道德责任或解释自由选择等伦理现象。

六、总结

我们从以上几个方面对亚里士多德的《论灵魂》进行了大致的介绍，我们可以发现，关于亚里士多德的灵魂论的注释有以下几个特点。（1）古代和中世纪更重视灵魂的理性部分或理性灵魂，因为理性灵魂对于人来说有着本质性的规定性作用，是人和动物之间的种差（differentia），所以，古代和中世纪的注释家更注重理性灵魂的永恒性、分离性、实体性和现实性等。（2）明末清初的耶稣会传教士对《论灵魂》的译介更多侧重于建基于托马斯的神学解读之上的传统，强调灵魂不仅是身体的形式因、动力因和目的因，而且它更有一个外在于它自身的目的和来源，那就是神，所以，灵魂的本质实现在于欲求和爱慕那唯一的终极目的——作为造物主的上帝。（3）自布伦塔诺以降，现当代的学者们对亚里士多德的《论灵魂》的研究视角有了一个基本的转向，我称之为经验的转向（empirical turn），意即现当代学者们的研究不再侧重于追问理性灵魂对于人来说具有何种特殊地位，而是更强调感觉官能、想象力、欲求能力、心灵图像在人的理论思维和实践推理中的重要作用，也就是说强调感觉官能在认识论和伦理学中的不可取代的根本性的作用。无论是对事物的认知还是对伦理的善的把握都是始于人的感知活动和感觉经验，以至于很多学者们都把亚里士多德称为认识论上的和实践上的经验主义者（empiricist）。[148]（4）现当代学者们更少地致力于如何构建一个亚里士多德关于灵魂的系统的整体理论，而是更多地探究亚里士多德的灵魂论中的不同主题，比如，感觉的本质、共通感和想象力的作用、反身性的自我感知、欲求与实践理性、灵魂与身体的关系问题、主动理性的问题等，并且，学者们对上述主题都形成了不同的，甚至截然对立的观点，争论比比皆是，几乎涵盖了每一个主题。

这种争论的局面使我们很难在关于亚里士多德的灵魂论中的诸多议题上达成一个一致的观点和立场，但是，这并不表示我们对亚里士多德的灵魂论的研究陷入到一种进退两难的境地，而是表示亚里士多德的灵魂论自身之内所蕴含着的一种对不同的可能解释所具有的开放性和灵活性，也表示与其他学科和其他哲学主题对话的可能性，比如脑神经科学、物理学和心灵哲学等。研究亚里士多德的灵魂论的意义并不只是在于知道亚里士多德说了什么，而更在于去理解他的灵魂论对今日的哲学发展和科学理论有着怎样的贡献、启发和价值。

注　释

1. 部分内容发表于《伦理学术》第 13 期，2023 年。题目是“感觉与想象，情感与理性：论亚里士多德的《论灵魂》的基本概念和问题。”
2. “灵魂”一词虽然在中华古代典籍中早有出现，在《楚辞》《礼记》《左传》和《易传》中都可以发现“灵魂”“魂”“魂魄”等词语。比如，《楚辞・九章・哀郢》：“羌灵魂之欲归兮，何须臾而忘反！背夏浦而西思兮，哀故都之日远。”《礼记・祭法》：“大凡生于天地间者，皆曰命。其万物死，皆曰折。人死曰鬼，其五代不变也”；《易传・系辞》：“原始反终，故知死生之说。精气为物，游魂为变，是故知鬼神之情状”；《礼记・郊特牲》：“魂气归于天，形魄归于地”。但是，这一概念并没有作为一个重要的哲学概念在后来的儒家、道家中得到更为深入的发挥。我认为，灵魂在中国文化中成为一个重要的哲学概念应当始于晚明来华的耶稣会会士的作品，比如利玛窦的《天主实义》、毕方济的《灵言蠡勺》、艾儒略的《性学觕述》。他们在自己的著作中首次将 anima 译为灵魂，也有的耶稣会士直接将 anima 进行音译，即亚尼玛。
3. 亚里士多德：《论灵魂》，秦典华译，《亚里士多德全集》第三卷，苗力田主编，中国人民大学出版社 1992 年版，第 1—94 页。
4. 亚里士多德：《论灵魂》，陈玮译，北京大学出版社 2021 年版。
5. Primavesi, O., „Werk und Überlieferung “, in *Aristoteles Handbuch*, hrsg. von C. Rapp und K. Corcilius, Stuttgart: Metzler, 2011, pp. 57-64.
6. Aristotle, *De Anima*, Ross, D. R., Oxford University Press, 1961.
7. Aristotle, *De anima, with translation, introduction and notes* by R. D. Hicks, Cambridge University Press, 1907,p. lxxxiii.
8. Callus, D. A., “Introduction of Aristotelian Learning to Oxford” , *Proceedings of the British Academy,* 29 (1943), pp. 229-281. 另外，关于亚里士多德的《论灵魂》在 13 世纪直至托马斯时代的接受史，可参见 Dales, R. C., *The Problem of the Rational Soul in the Thirteenth Century,* Leiden: Brill, 1995。

9. Torstrik, A., *Aristotelis, De anima, Libir III*, Berlin: Apud Weidmannos, 1862, pp. viii–xv.
10. Cf. Bobonich, C., "Aristotle's Ethical Treatises", in: *The Blackwell Guide to Aristotle's Nicomachean Ethics,* ed. by Richard Kraut, Blackwell Publishing Ltd. 2006, pp. 12–29.
11. Aristotle, *De anima,* with Introduction and Commentary by David Ross, 1961. 可参见导言部分。
12. Cf. Philoponus, *On Aristotle On the Soul 1.3–5,* Translated by Philip J. van der Eijk, Bloomsbury 2006. Esp. the Preface, Ⅶ–Ⅸ.
13. Philoponus, 124, 2–26.
14. Philoponus, 116,26; 122,19–26; 125,30.
15. Bruns, I., *Supplementum Aristotelicum* 2.1, Berlin: Reimer, 1887; *Supplementum Aristotelicum* 2.2, Berlin: Reimer, 1892.
16. Cf. Alexander Aphrodisiensis, *De anima libri mantissa,* A new edition of the Greek text with introduction and commentary by Robert W. Sharpies, De Gruyter 2008.
17. Cf. *Two Greek Aristotelian Commentators On The Intellect: The De Intellectu Attributed to Alexander of Aphrodisias and Themistius' Paraphrase of Aristotle De Anima 3.4–8,* Introduction, Translation, Commentary and Notes by Frederic M. Schroeder Robert B. Todd. Pontifical Institute of Mediaeval Studies 1990. 关于亚历山大的灵魂学说对后世哲学的影响，也参见 Kessler, E., "Alexander Aphrodisias and his Doctrine of the Soul, 1400 Years of Lasting Significance", in *Early Science and Medicine*, Vol. 16, No. 1 (2011), pp.1–93.
18. Avicenna（Ibn Sina）, *Liber De anima seu sextus De naturalibus,* édition critique de la traduction latine médiévale par S. van Riet. Introduction sur la doctrine psychologique d'Avicenne par G. Verbeke, Louvain: Peeters, 1968–1972（2 vols.）.

19. 有时这个观点也被称为“拉丁的阿维罗伊主义”（Latin Averroism）。

20. 关于阿拉伯注释传统中的理性学说研究，参见 Herbert A.Davidson, *Alfarabi, Avicenna, and Averroes on Intellect: Their Cosmologies, Theories of the Active Intellect, and Theories of Human Intellect*, New York and Oxford: Oxford University Press, 1992。

21. 关于阿维洛伊的理性学说研究，参见 Wirmer, D., *Averroes, Über den Intellekt, Auszüge aus seinen drei Kommentaren zu Aristoteles's De anima*, Herder, 2008。

22. Cf. Thomas, Aquinas, *A Commentary on Aristotle's De anima*, translated by Robert Pasnau, Yale University Press, 1999.

23. Thomas, *Summa Theologiae*（pp. 75–89）.

24. Cf. Thomas, Aquinas, *A Commentary on Aristotle's De anima*, translated by Robert Pasnau, Yale University Press, 1999, pp. xviii–xxi.

25. Thomas, *Commentary on De Caelo*, Ⅰ, 22.

26. Cf. Meynard, T., “The first Treatise on the Soul in China and its Sources: an Examination of the Spanish edition of the Lingyan lishao by Duceux”, in *Revista filosófica de Coimbra*, 2015, Vol.24（47）, pp. 203–242.

27. Zupko, J., “What is the Science of the Soul?, A Case Study in the Evolution of Late Medieval Natural Philosphy”, *Synthese*, 110 (1997), pp. 297–334.

28. Nicole Oresme, *Quaestiones in Aristotelis De anima*, in B. Patar, *Expositio et quaestiones in Aristotelis De anima,* études doctrinales en collaboration avec C. Gagnon, Louvain [etc.]: Peeters, 1995, iii.1, 309: “Tertio est dicendum quod scientia hic accipitur pro aggregatione ex multis conclusionibus; modo de intellectu multae sunt conclusiones, sicut quod est abstractus, quod est perpetuus, et quod est indivisibilis, etc., quarum quaedam sunt de primo, et aliae non de primo quia praedicatum non convertitur cum subiecto.”（第三，我们必须说科学知识在这里被认为是从不同的结论而来的一个集合或叠加；仅仅关于理智，就存在多种结论，比如什么是抽象，什么是永恒的

事物，以及什么是不可分的事物等等。其中有些事物来自于第一本原，有些不是来自第一本原，因为谓词不能与主词互换位置，颠倒过来。）

29. Aleni, G., *A Brief Introduction to the Study of Human Nature*, translated and annotated by Thierry Meynard S.J. and Dawei Pan, Brill 2020.

30. 参见田书峰，“晚明传教士对亚里士多德《论灵魂》的解读——以毕方济的《灵言蠡勺》为例”，载于《基督教文化评论》第四十五 A 期，2016 年。

31. Nuyens, F., *L'evolution de la psychologie d'Aristote*, Louvain 1948.

32. Cf. HA 588a18–b2.

33. Cf. PA 652b7–16; 653b5–8; 665a10–13; 670a25–26; 672b13–19; 678b1–4; MA 703a14–16; 29–b2.

34. Cf. Block, I ., “The Order of Aristotle's Psychological Writings”, *The American Journal of Philology*, Jan., 1961, Vol. 82, No. 1（Jan., 1961）, pp. 50–77. 作者在文中提到，罗斯在对自己译注的《论自然诸短篇》的序言中认为，《论灵魂》的写作时期要晚于《论自然诸短篇》和其他生物学的著作（cf. W. D. Ross (ed.), *Parva Naturalia*（Revised Text with Introduction and Notes [Oxford, 1955]），但是，罗斯在 1961 年出版的《论灵魂译注》中却说《论灵魂》要早于《论自然诸短篇》，而布洛克（Block）的这篇论文的发表也是在 1961 年，所以，我们可以推断，罗斯在出版《论灵魂》的译注本之前的这段时间里改变了自己的看法，而认为《论灵魂》的写作时期要早于《论自然诸短篇》。

35. Cf. Ross, D., *Aristotle, De Anima*, 1961, p. 8.

36. Cf. Aristoteles, *Über die Seele, De anima, Übersetzt, mit einer Einleitung und Anmerkungen* hrsg. von Klaus Corcilius, Hamburg 2017. S. XXIX .

37. “当然，灵魂不是这样的躯体的本质和原理（τὸ τί ἦν εἶναι καὶ ὁ λόγος），而是某种特定的自然躯体的［本质和原理］，在它自身之内就拥有运动与静止的本原（ἀρχὴν κινήσεως καὶ στάσεως ἐν ἑαυτῷ）。”（DA Ⅱ 1, 412b16–18）

38. GA I 9, 726b1–18; II 5, 741a6–9. 关于亚里士多德的《论动物的生成》和《论动物的部分》的更详细的研究，参见 Kullmann, W., 2014, *Aristoteles als Naturwissenschaftler,* Berlin: De Gruyter; Lennox, J., 2001a, *Aristotle: On the Parts of Animals I–IV,* New York: Oxford University Press; Lennox, J., 2001b, *Aristotle's Philosophy of Biology: Studies in the Origins of Life Science,* Cambridge: Cambridge University Press; Lennox, J., 2010a, "Bios and Explanatory Unity in Aristotle's Biology" , in D. Charles (ed.), *Definition in Greek Philosophy,* Oxford: Oxford University Press; Carraro, N., "Aristotle's Embryology and Ackrill's Problem" , *Phronesis*, Vol. 62, No. 3 (2017), pp. 274–304。
39. GA II 3, 736b29–737a1; PA II 2, 648a36–649b8. 关于生命的热量，参见 Freudenthal, Gad., *Aristotle's Theory of Material Substance: Heat and Pneuma, Form and Soul.* Oxford: Oxford University Press, 1995。
40. GA II 6, 741b37–742a16.
41. MA 10, 703a18–23.
42. 关于"灵魂的传输者"的使用，参见 Aristotle, *De anima,* translated by C. D. C. Reeve, Hackett, 2017. pp. xx–xxiii。
43. DC I 2, 269a30–32.
44. DA I 5, 409b13–17.
45. Ana. Post. I 4, 73b10ff.
46. 科尔西利乌斯（K. Corcilius）认为，亚里士多德在这里之所以使用了"灵魂的本质和实体之所是"的字样，是因为前苏时期哲学家们并没有把灵魂理解为实体、本质或本性，而是将灵魂理解为某种元素或精微的物体，而这样的物体有着某种本质。所以，亚里士多德在这里仍然使用了灵魂的本质或实体（Corcilius, K., 2017, p. xxv）。
47. Bonitz, H., *Index Aristotelicus*, *Aristotelis Opera,* Academia Regia Borussica, vol. V, S. 253.
48. 我在这里采用托马斯的区分，他将这里的论证共分为六个。参见

Thomas 1999: 75–86。

49. GC Ⅰ 4, 319b8ff.

50. Cf. Phys. Ⅳ 12, 221b3; Ⅳ 13, 222b16; Ⅳ 5, 235b8–13.

51. Phdr. 245c7–8; cf. Phys. Ⅵ 5, 235b8–13.

52. DA Ⅰ 3, 406a30–b5; 406b11–15.

53. Cf. Carter, J., *Aristotle on Earlier Greek Psychology, the Science of the Soul*, Cambridge Univ. Press 2019, pp. 76–78.

54. Cf. DA Ⅰ 1, 403b9–19.

55. 关于亚里士多德对柏拉图的灵魂是自我运动者的反驳，学者们一致认为，亚里士多德的意思是说，灵魂根本不是那种在其自身就能被运动的东西。参见 Shields, C., "Soul as Subject in Aristotle's De Anima", *The Classical Quarterly* 38:140–149; "The Peculiar Motion of Aristotelian Souls", *Proceedings of the Aristotelian Society* (2007) 81:139–161。

56. Cf. Kelsey, S., "Aristotle's Definition of Nature", *Oxford Studies in Ancient Philosophy* (2003) 25:59–87.

57. 接下来的一些段落曾发表在《哲学研究》。参见田书峰，《灵魂作为内在形式：亚里士多德对灵魂与身体关系的质形论理解》，载于《哲学研究》，2022 年第 7 期，第 98—100 页。

58. 在关于普遍的灵魂定义中（DA Ⅱ 1, 412a19–21），我更倾向于将"σώματος φυσικοῦ"或"σῶμα φυσικὸν"译为"自然躯体"，因为，这不仅包括人的躯体、还指动物甚至植物的躯体，但如果专门指人的时候，我会译为"自然身体"。

59. Ἐντελέχεια（拉丁文：actualitas；英文：actuality, fulfilment, entelechy；德文：Entelechie, vollendete Wirklichkeit；法文：réalisation, actualité）可译为"现实性"、"完满现实"或"实现"等。从词源学上来看，它可能由"ἐντελής"和"ἐχεῖν"组成，但是，ἐντελέχεια 并没有动词的形式，这表示它并不是从动词衍生出来。一个传统的看法就是，ἐνέργεια 表示动态的实现活动、目的是达其完满状况；而 ἐντελέχεια 更多地是指活动的结果、静态的完满状况自身（perfection）。（Bonitz, 1961, S. 253）陈康先生认为，ἐντελέχεια 与 ἐνέργεια 皆有动的意义和静的意义，它们在意义方面是无差别的，差别在于这两个术语所蕴含着的动静的意义的衍生方面，ἐνέργεια 由动的意义发展到它的静之含义，而 ἐντελέχεια 则由静的意义发展到它的动之含义。（参见陈康，2011 年，第 426—434 页。）

60. Cf. Metaph. Ⅶ 7, 1032b1f.

61. DA Ⅱ 1, 412a2–11.

62. DA Ⅱ 1, 412b9–13：因为，灵魂根据定义来说是实体，是如此这般的躯体的是其所是或本质，就如在这些器具中的一个可以比作自然躯体，比如斧头。（οὐσία γὰρ ἡ κατὰ τὸν λόγον. τοῦτο δὲ τὸ τί ἦν εἶναι τῷ τοιῳδὶ σώματι, καθάπερ εἴ τι τῶν ὀργάνων φυσικὸν ἦν σῶμα, οἷον πέλεκυς·）。也参见 Metaph. Ⅸ 8, 1050a30–b2。

63. Cf. DA Ⅰ 1, 403a26.

64. Cf. DA Ⅰ 1, 403b1–19.

65. 关于理性灵魂的分离问题，参见田书峰："亚里士多德论理性灵魂的可分离性"，载《哲学与文化》，第四十四卷第 5 期，2017 年，第 177–194 页。这里主要谈论的是对灵魂的一般定义，不涉及理性部分的定义和可否分离问题。

66. διὸ καὶ οὐ δεῖ ζητεῖν εἰ ἓν ἡ ψυχὴ καὶ τὸ σῶμα, ὥσπερ οὐδὲ τὸν κηρὸν καὶ τὸ σχῆμα, οὐδ› ὅλως τὴν ἑκάστου ὕλην καὶ τὸ οὗ ἡ ὕλη· τὸ γὰρ ἓν καὶ τὸ εἶναι ἐπεὶ πλεοναχῶς λέγεται, τὸ κυρίως ἡ ἐντελέχειά ἐστιν.

67. DA 415b8–14; PA 467b12–25; Phys. 255a6–10.

68. DA Ⅰ 1, 403b2–19.

69. DA Ⅰ 3, 407b16–23.

70. Cf. Shields, 1988, pp. 103–137.

71. Barnes, J.（1971/1972）"Aristotle's concept of mind", *Proceedings of the Aristotelian Society* 72: 101–114；Charles, D., *Aristotle's Philosophy of Action*, London 1984; Slakey, T., "Aristotle on Sense Perception", in

the Philosophical Review, 1961, pp. 470–484; Matson, W., "Why Isn't the Mind-Body Problem Ancient?", in *Mind, Matter and Method: Essays in Philosophy and Science in Honor of Heibert Feigl*, ed. by Feyerabend and Maxwell, University of Minnesota Press, 1966, pp. 92–102. 物理主义又可以分为淘汰性的物理主义（eliminative materialism）、还原的物理主义和非还原的物理主义（reductive and non-reductive materialism）。

72. Shields, C., "The First Functionalist", in *Historical Foundations of Cognitive Science*, ed. by J. C. Smith, Dordrecht, Netherlands: Kluwer, 1991, pp. 19–33; M. Nussbaum and H. Putnam, "Changing Aristotle's Mind", in *Essays on Aristotle's De Anima*, ed. by. A. O. Rorty and M. Nussbaum, Clarendon Press, 1992, p. 30.

73. Robinson, H. M., "Mind and Body in Aristotle", in *The Classical Quarterly*, vol. 28, no. 1, 1978, pp. 105–124; Heinaman, R., "Aristotle and the Mind-Body Problem", *Phronesis,* Vol. 35, No. 1 (1990), pp. 83–102.

74. Cf. Jaegwon, K., "Concepts of Supervenience", in *Philosophy and Phenomenological Research*, Vol. 45, 1984, pp. 153–176; Granger, H., "Supervenient Dualism", in *Ratio,* Vol. 7, 1994, pp. 3–8; Shields, C., "Body and Soul in Aristotle", in *Oxford Studies for Ancient Philosophy* 6. 二元主义的阵营主要包括各种强弱意义上的二元主义，比如强意上的实体二元主义（substance dualism），这主要是指柏拉图和笛卡尔意义上的二元主义、认识上的二元主义（epistemic dualism）、先验的平行主义（transcendental parallelism），而弱意上的二元主义包括随附主义（supervenience）、附带或偶发的现象主义（epiphenomenalism）以及横向的二元主义（horizontal dualism）。

75. 关于详细的讨论，参见田书峰，"亚里士多德论理性灵魂的可分离性"，载于《哲学与文化》，2017 年，第四十四卷第 5 期，第 177—194 页。

76. Themistius（1996）, p. 131.

77. 米勒（Fred D. Miller）将内在主义者的表达形式总括为三种：（1）主动

理性作为个体性理智灵魂的一部分与身体以及其他灵魂部分在本体意义上可分;(2)主动理性作为个体性理智灵魂的一部分与身体只是在定义上可分;(3)包括主动理性和被动理性的整个人类理性在本体意义上与躯体可分。他将外在主义者的表达形式概括为两种:(1)人的主动理性等同于神性理性(神),在本体意义上与个体灵魂和躯体可分;(2)所有人都分享一个共同的主动理性,但它并不等同于神性理性(神),在本体意义上与个体性灵魂和躯体可分。参见 Fred D. Miller (2012), p. 321。

78. Themistius (1996), 107–108.

79. Simplicius, *In libros Aristotelis de Anima commentaria*, ed. M. Hayduck. In: *Commentaria in Aristotelem Graeca*, vol. Ⅸ.(Berlin: 1882). S. 411.

80. Alexander of Aphrodisias, *De Anima cum Mantissa* and *Aporiai kai Luseis*, ed. I. Bruns. In: *Supplementum Aristotelicum*, vol. ii, pt. 1.(Berlin: G. Reimer, 1887), S. 89, 108; Themistius (1996), p. 128.

81. 托马斯·阿奎那:《论独一理智——驳阿维洛伊主义者》(*De unitate intellectus contra Averroistas*),段德智译,商务印书馆 2015 年版,第二章,第 58 节。

82. 托马斯,《论独一理智》,引言第 1 节。

83. ST Ia, q. 75, a. 2; Coimbra, Liber Ⅱ, c.1, q. 2, a. 2, 49: "Inter animas sola intellectiva est subsistens secundo modo. Probatur, quia omnes animae, excepta intellectiva, educuntur de materiae potestate..."(在灵魂中,只有理性以第二种方式持存。这一点得出了证明,即除了理性灵魂以外,所有灵魂都是从质料的潜能中产生……)

84. 托马斯:引言,第 92—93 节。

85. 参见 Shields, C., "The Homonymy of the Body in Aristotle", in *Archiv für Geschichte der Philosophie* 75 (1993). p. 13; "Body and Soul in Aristotle", in *Oxford Studies for Ancient Philosophy* 6 (1998)。

86. 有些现当代学者恰恰在这里看到了一种类比的断裂,即灵魂与身体的联结关系与一般人工产品的形式质料关系并不对称。参 Söder, J./Weber, S., 2009, "Ackrill's Schein-Problem", in *Philosophiegeschichte und logische Analyse* 12. pp.130–148。

87. 参见 Ackrill J. L., 1972–1973, "Aristotle's Definitions of 'Psuche'", in: *Proceedings of the Aristotelian Society* 73。

88. DA Ⅱ 1, 412b1.

89. Shields, 1993, p. 19. 希尔斯（C. Shields）这样来总结阿克瑞尔所提出来的问题：这种反驳背后的论证是这样的：（1）质料 X 可以是形式 F 的质料，只有当 X 和 F 具有不同模态属性；（2）鉴于这种同名异意原则，一个有器官的躯体不可能具有一个不同于其灵魂的模态属性；（3）因此，有器官的躯体不能够是灵魂的质料。）

90. Carraro, N., "Aristotle's Embryology and Ackrill's Problem", in *Phronesis*, Vol. 62, No. 3 (2017), pp. 274–304; Burnyeat, M., 1992, "Is an Aristotelian Philosophy of Mind Still Credible?", in M. Nussbaum and A. O. Rorty（ed.）*Essays on Aristotle's De anima*, Oxford: Oxford Univ. Press; Charlton, W., 1980, "Aristotle's Definition of Soul", in *Phronesis*, Vol. 25; Cohen, M., 1987, "The Credibility of Aristotle's Philosophy of Mind", in M. Mathen (ed.), *Aristotle Today,* Edmonton: Acad. Print. and Publ.; Mathews, G. B., 2003, "Aristotle: Psychology", in C. Shields (ed.) *The Blackwell Guide to Ancient Philosophy*, Malden: Mass; Whiting, J., 1992, "Living Bodies", in M. Nussbaum and A. O. Rorty (ed.) *Essays on Aristotle's De anima*, Oxford: Oxford Univ. Press；曹青云："亚里士多德灵魂定义的困境及其出路"，载《云南大学学报（社会科学版）》第十五卷 · 第 3 期，2016 年，第 20—21 页。

91. DA Ⅱ 4, 415b8–28.

92. Cf. Aristoteles, *De anima, Über die Seele*, übersetzt mit Einleitung und Kommentar von Thomas Buchheim, WBG 2016.

93. Cf. Metaph. Ⅻ 2, 1069b12; Phys. Ⅲ 1; GC I 4.

94. Cf. GC I 2, 317a23ff.
95. 字面主义的代表是索拉布吉（R. Sorabji），cf. Sorabji, R., “Body and Soul in Aristotle”, *Philosophy* 49 (1974), 63–89.
96. 精神主义的解释传统的代表是布恩耶特，cf. Burnyeat, M., “Is an Aristotelian Philosophy of Mind Still Credible?”, in M. Nussbaum and A. O. Rorty (ed.) *Essays on Aristotle's De anima*, Oxford: Oxford Univ. Press,1992.
97. Caston, V., “The Spirit and the Letter: Aristotle on Perception.” in R. Salles (ed.), *Metaphysics, Soul, and Ethics: Themes from the Work of Richard Sorabji,* Oxford: Oxford University Press, 2005. pp. 245–320.
98. Cf. Lear, J., *Aristotle: The Desire to Understand*, Cambridge University Press, 1988, pp.110–116; Magee, J.M., “Sense Organs and the Activity of Sensation in Aristotle”, *Phronesis*, Vol.45, 2000, pp. 306–330; Modrak, D.K., “Sense Organs: Matter and Function”, *Apeiron*, 1998, Vol.31, pp. 351–362.
99. 曹青云认为，亚里士多德所说的感知既不是感官“在字面意义上”接受并复制可感性质的普通的物理运动，也不是纯粹的精神活动，而是发生在感官中的特殊的运动。感知的特殊性在于它是灵魂作为内在的原因在身体器官中产生的，因此它既是物理运动又是灵魂的活动。参见曹青云，《亚里士多德论感知：物理运动抑或精神活动》，载于《湖北大学学报（哲学社会科学版）》，第 46 卷第 3 期，2019 年 5 月，第 135—142 页。而王志辉则另辟蹊径，他采用近年来流行的“编码说”的诠释立场，并认为，人在知觉活动中，知觉器官虽未经历典型的性质变化，但它仍然历经某种材质性的变动，而知觉形式则正是被“编码”在这种变动之中。但是，被编码的变动仍然是某种材质性或生理性的变动，因此，这会对亚里士多德整体知觉理论构成某种潜在的威胁，因为感觉活动本质上就是感觉潜能的实现。亚里士多德的“知觉作为中道”的说法恰好可解决这个困难。参见王志辉，《东吴哲学学报》，第三十二期（8, 2015），第 37—86 页。
100. 关于共通感，参见 Gregoric, P., *Aristotle on the Common Sense*, Oxford

2007。

101. *A Greek-English Lexico, Compiled by Henry George Liddell and Robert Scott*, with a revised supplement , Oxford 1996, p. 1915.

102. M. Schofield, "Aristotle on the Imagination" , in *Aristotle on Mind and the Senses. Proceedings of the Seventh Symposium Aristotelicum,* edited by G. E. R. Lloyd and G. E. L. Owen, Cambridge 1978, p. 101 and n. 15, pp. 131–132.

103. Nussbaum, M. C., *Aristotle's De motu animalium.* Text with Translation, Commentary and Interpretive Essays, Princeton 1978, p. 246.

104. Frede, D., "The Cognitive Role of Phantasia in Aristotle" , in *Essays on Aristotle's De Anima*, ed. by Martha Nussbaum and Amelie Rorty, Oxford: Clarendon Press, 1997, pp. 15–26.

105. 参见陈斐婷，"亚里斯多德论构想力"，载于《台湾政治大学哲学学报》第四十期（2018 年 7 月），第 52—54 页。

106. Schofield, M., "Aristotle on Imagination" , in *Aristotle on Mind and the Senses, Proceedings of the Seventh Symposium Aristotelicum,* ed. by G. E. R. Lloyd and G. E. L. Owen, Cambridge: Cambridge University Press, 1978, pp. 99–140.

107. 参见 Moss, J., *Aristotle on the Apparent Good: Perception, Phantasia, Thought and Desire*. Oxford: Oxford University Press, 2012。

108. Thomas, 348–350.

109. 430a22–23 这句话"χωρισθεὶς δ' ἐστὶ μόνον τοῦθ' ὅπερ ἐστί, καὶ τοῦτο μόνον ἀθάνατον καὶ ἀΐδιον"是亚里士多德在《论灵魂》中对主动理性的特性少有的一次直接描述：分离性、不死性或永恒性。亚里士多德在这里使用了分离的不定过去时的分词，表示这是在分离之后，所以，亚里士多德在这里强调的不是主动理性是不是可分离的，而是主动理性在分离状态之后时，它才是其本真之所是。但是，亚里士多德除此之外并没有给我们解释主动理性在人的认识活动中究竟是如何发挥作用的，历来的注释家对主动理性的理解不一。关于主动理性的有代表性的现当代研究，参见 Brentano, Franz., *Die Psychologie des Aristoteles, insbesondere seine Lehre vom ΝΟΥΣ ΠΟΙΗΤΙΚΟΣ*. Mainz: Verlag von Franz Kirchheim, 1867; Grabmann, M., „Mittelalterliche Deutung und Umbildung der aristotelischen Lehre vom ΝΟΥΣ ΠΟΙΗΤΙΚΟΣ nach einer Zusammenstellung im Cod. B III 22 der Universitätsbibliothek Basel: Untersuchung und Textausgabe. "*Sitzungsberichte der Bayerischen Akademie der Wissenschaften, Philosophisch-historische Abteilung*, Jahrgang 1936, Heft 4.; Frede, M., "La theorie aristotelicienne de l'intellect agent." In Gilbert Romeyer-Dherbey (ed.), *Corps et âme: Sur le De anima d'Aristote,* 377–390. Paris: Librairie Philosophique J. Vrin, 1996; Caston V., "Aristotle's Two Intellects: A Modest Proposal", *Phronesis*, 44 (1999), pp. 199–227; Kosman A., "What Does the Maker Mind Make?", in: *Essays on Aristotle's De Anima*, eds. M.C. Nussbaum, A. Oksenberg Rorty, Clarendon Press, Oxford. 1992; White M., "The Problem of Aristotle's Nous Poietikos", *The Review of Metaphysics*, 4 (2004), pp. 725–739.

110. 接下来的一些段落曾发表在"亚里士多德论主动理智及其活动"一文中，参见《哲学与文化》第 593 期，2023 年，第 71—86 页。

111. Barnes, J., "Aristotle's Concept of Mind", in *Proceedings of the Aristotelian Society* 72 (1971–2): 101–114, repr. in Barnes, Schofield, and Sorabji (1979), 32–41.

112. Clark, S. R. L., *Aristotle's Man, Speculations upon Aristotelian Anthropology*, Oxford Clarendon Press 1975.

113. Rist, J., "Notes on De Anima 3.5", *Classical Philology* 61: 1966, pp. 8–20.

114. Frede, M., "La théorie aristotélicienne de l'intellect agent", in Romeyer-Dherbey, G. and Viano, C. (eds), *Corps et âme: Sur le De anima d'Aristote.* Paris, Librairie philosophique J. Vrin, 1996, pp. 377–390. Frede 的观点比较特殊，他认为，主动理智虽然是外在的、超验的神的理性或许就是超验的神，但这丝毫不影响他可以在每个个体灵魂之内作为一个主动

原则来起作用（cf. Frede: 383.）。

115. Burnyeat, M., *Aristotle's Divine Intellect*. Milwaukee, WI: Marquette University Press, 2008.

116. Themistius, 107, 30–108, 37. 我使用的是托德所译的版本：Themistius, *On Aristotle On the Soul, translated by Robert B. Todd*, London: Bloomsbury, 2013. 除此之外也可参见 Franz Brentano, "Nous Poietikos: Survey of Earlier Interpretations", in *Essays on Aristotle's De anima*, ed. by Nussbaum and Rorty, Oxford: Clarendon Press, 1995, pp. 313–314。

117. Cf. Themistius, *On Aristotle On the Soul,* Translated by Robert B. Todd, London: Bloomsbury, 2013, 102, 30–103, 19.

118. Cf. Themisitus, 95, 9–20; 99, 9–10.

119. 关于特米修斯对理性的分析，参见 Frans de Haas, *A History of Mind and Body in Late Antiquity,* ed. by Anna Marmodoro & Sophie Cartwright, Cambridge: Cambridge University Press, 2018, pp. 111–128。

120. Cf. Ross, W. D., *Aristotle, De anima, introduction and commentary*, Oxford: Clarendon Press. 1961. The introduction.

121. Robinson, H. M., "Mind and Body in Aristotle", *Classical Quarterly,* Vol. 28, No. 1 (1978): 105–124.

122. Sisko, J., "On Separating the Intellect from the Body: Aristotle's De Anima iii–4, 429a20–b5", *Archiv für Geschichte der Philosophie* 8I (1999): 249–267; "Aristotle's Nous and the Modern Mind", *Proceedings of the Boston Area Colloquium in Ancient Philosophy* 16 (2000): 177–198 ; Gerson, L. P., "The Unity of Intellect in Aristotle's De Anima", *Phronesis,* Vol. 49, No. 4 (2004), pp. 348–373.

123. Wedin, V. M., *Mind and Imagination in Aristotle*, Yale University Press, 1988. pp. 160–202; Gerson, L., "The Unity of lntellect in Aristotle's De Anima", *Phronesis* 49 (2004): 348–373.

124. Cf. Aquinas, *A Commentary on Aristotle's De anima*, transl. by Rober

Pasnau, Yale University Press, New Haven &London, 1999. pp. 366–368.

125. 罗斯也同样持有这种看法，他认为，“在灵魂内”只能是指在人的个体灵魂内。cf. Ross 1961: 45.

126. Thomas 1999, 730, 732.

127. 除此之外，现当代学者们还发展出另外一种解释传统，他们将亚里士多德所说的主动理性进行一种紧缩的或简化的理解，将主动理性理解为理性的某种储存能力，理性或心灵行动的储藏或心灵府库（reservoir of mental acts），是某种理智的范围或疆域（noetic sphere），可以供我们随时取用的储存着理念或形式的地方。Cf. Macfarlane, P. and Polansky R., “God, the Divine, and νοῦς in Relation to the De anima” in *Ancient Perspectives On Aristotle's De anima*, edit. by Gerd van Riel and Pierre Destrée with the assistance of Cyril K. Crawford and Leen van Campe, Leuven University Press, 2009.

128. Barnes, J., “Aristotle's Concept of Mind.” *Proceedings of the Aristotelian Society* 72 (1971/72): p.111.

129. Shields, *De Anima Translated with an Introduction and Commentary*, p.313.

130. Brentano, F., *Die Psychologie des Aristoteles,insbesondere seine Lehre vom ΝΟΥΣ ΠΟΙΗΤΙΚΟΣ,* Mainz Verlag von Franz Kirchheim，1867. 英文译本：*The Psychology of Aristotle: In Particular His Doctrine of the Active Intellect,* edited and translated by Rolf George, Berkeley: University of California Press, 1977.

131. Brentano 1867, S. 167.

132. McDowell, J., “Are moral requirements hypothetical imperatives?”, *Proceedings of the Aristotelian Society,* Supplementary volume (1978), 52, 13–29 .

133. Charles, D., *Aristotle's Philosophy of Action*, Cornell University Press, Ithaca, NY . 1984, pp. 170–173.

134. Richardson, Henry, S., “Desire and the Good in De Anima”, in *Essays*

on Aristotle's De Anima*, ed. by Amélie Oksenberg Rorty & Martha C. Nussbaum, Oxford University Press 1992, p. 374.

135. εἴδει μὲν ἓν ἂν εἴη τὸ κινοῦν, τὸ ὀρεκτικόν, ᾗ ὀρεκτικόν-πρῶτον δὲ πάντων τὸ ὀρεκτόν· τοῦτο γὰρ κινεῖ οὐ κινούμενον, τῷ νοηθῆναι ἢ φαντασθῆναι-ἀριθμῷ δὲ πλείω τὰ κινοῦντα.

136. Irwin, T., *Aristotle's First Principles*. Oxford: Oxford University Press 1988, p. 332.

137. Loenig, R., *Die Zurechnungslehre des Aristoteles*. Jena: G. Fischer, 1903. repr. Hildesheim: Georg Olms, 1967, p. 32.

138. 参见聂敏里,《意志的缺席——对古典希腊道德心理学的批评》，载于《哲学研究》，2018 年第 12 期，第 77—91 页。刘玮则持一种相反的看法，他对上述观点进行了反驳，他认为亚里士多德的“选择 / 决定”的概念可以承担起确立行动主体，判定行动责任等方面的任务，并不需要奥古斯丁式的“意志”概念。参见刘玮,《亚里士多德为什么不需要意志？》,《伦理学术》第 13 期，2003 年第 169—187 页。

139. 对于此种观点的阐述，参见 Jedan, C., *Willensfreiheit bei Aristoteles*, Göttingen 2000。他提到的一些持此观点的学者包括：Trendelenburg, A., *Notwendigkeit und Freiheit in der griechischen Philosophie. Ein Blick auf den Streit dieser Begriffe*. in ders., *Beiträge zur Philosophie*. Zweiter Band. Berlin 1855, 112–187 [Repr. ND mit neuer Paginierung: Darmstadt 1967]; Wittmann, M., „Aristoteles und die Willensfreiheit “, in *Philosophisches Jahrbuch* 34 (1921), 5–30, 131–153; Seif, K. Ph., „Das Problem der Willensfreiheit in der Nikomachischen Ethik des Aristoteles “. in *Theologie und Philosophie* 54 (1979), 542–581; Heman, C. F., *Des Aristoteles Lehre von der Freiheit des menschlichen Willens*. Leipzig 1887; Huby, P., “The First Discovery of the Free Will Problem” . in *Philosophy* 42 (1967), 353–362。

140. Gauthier, R. A. and Jolif, J. Y., *L'Ethique a Nicomaque*. Introduction, traduction et commentaire par Rene Antoine Gauthier et Jean Yves Jolif.

Deuxieme edition avec une introduction nouvelle. Louvain / Paris 1970. Vol. II: 218.

141. Dihle, A., *The Theory of Will in Classical Antiquity.* Berkeley / Los Angeles / London 1982, pp. 26–69.

142. Frede, M., *A Free Will: Origins of the Notion in Ancient Thought*, ed. by A. A. Long, University of California Press 2011, p. 2.

143. Cf. Kenny A., *Aristotle's Theory of the Will.* London 1979; Irwin, T. H., "Who Discovered the Will?" in *Philosophical Perspectives*, *6, Ethics.* 1992. 453–473.

144. Wittmann, M., „Aristoteles und die Willensfreiheit ", in *Philosophisches Jahrbuch* 34 (1921), 5–30, 131–153.

145. Ryle, G., *The Concept of Mind*, Routledge 1949; Williams, B., *Shame and Necessity*, University of California Press 1994.

146. Aquinas, Thomas, *Summa Theologiae*, in *Opera Omnia* (Vol.4), Romae: Commissio Leonina, 1888. 这里的缩写表示：阿奎那，《神学大全》第一集第一部，第 20 题，第一节，释译 1。

147. 参见田书峰，"亚里士多德伦理学在中国的最早传播"，载于《修身西学今注》，梅谦立等编注，商务印书馆 2019 年版，第 108—113 页。

148. Gf. Moss, J., *Aristole on the Apparent Good: Perception, Phantasia, Thought, and Desire*, Oxford: Oxford University Press, 2012; Herzberg, S., *Wahrnehmung und Wissen bei Aristoteles: zur Epistemologischen Funktion der Wahrnehmung,* De Gruyter 2008.

参考文献

1.《论灵魂》中文译本

亚里士多德,《论灵魂及其他》，吴寿彭译，商务印书馆，2018 年。
亚里士多德,《论灵魂》，秦典华译，人民大学出版社，1990 年。
亚里士多德,《论灵魂》，陈玮译，北京大学出版社，2021 年。

2.《论灵魂》古希腊文文本和译注本

Bodéüs, R., *Aristote, De l'âme*, traduction et présentation, Paris : Flammarion, rééd. 2018.

Buchheim, T. (ed.), *Aristoteles, De anima, Über die Seele*, Darmstadt, 2016.

Corcilius, K. (ed.), *Aristoteles, Über die Seele, De anima*, Hamburg, 2017.

Förster, A. , *Aristotelis De Anima Libri tres*, Budapest: Academiae Litterarum Hungaricae, 1912.

Hamlyn, D. W. , *Aristotle De anima, Books II and III* (with passages from Book I), trans. with introduction and notes by D. W. Hamlyn, Oxford: Clarendon Press, 1968.

Hicks, Robert D., *Aristotle, De anima,* trans. with introduction and notes, Cambridge: Cambridge University Press, 1907.

Jannoe, A. and Barbotin, E., *Aristote: De l'âme*, Paris: Bude, 1996.

Reeve, C. D. C. (ed.), *Aristotle, De anima*, Indianapolis/Cambridge, 2017.

Rodier, G. , *Aristote: Traité de l'âme,* Paris: Leux, 1900.

Ross, W. D., ed., *Aristotelis: De Anima*, ed., Oxford Classical Texts, Oxford: Clarendon Press, 1956.

Ross, W. D., ed., *Aristotle, De anima*, introduction and commentary, Oxford:

Clarendon Press, 1961.

Shields, C. (ed.), *Aristotle, De anima*, Oxford University Press, 2016.

Theiler, W., *Aristoteles: Über die Seele*, Berlin: Akademie Verlag, 1979.

Torstrik, A., *De Anima libri III,* Hildesheim: G. Olms, 1862.

Trendelenburg, F. A., *Aristotelis De anima libri tres*, Jenae Sumtibus Walzii, 1833.

3.《论灵魂》古代注释及其现代译本

Philoponus, *In Aristotelis De Anima Libros Commentaria*, ed. M. Hayduck, Berlin 1897.

Simplicius, *In Libros Aristotelis De Anima Commentaria*, ed. M. Hayduck, Berlin, 1882.

Sophonias, *In Libros Aristotelis De Anima Paraphrasis*, ed. M. Hayduck, Berlin, 1883.

Themistius, *In Libros Aristotelis De Anima Paraphrasis*, ed. R. Heinze, Berlin, 1899.

Philoponus, *On Aristotle On the Intellect*, W. Charlton, and F. Bossier (trans.), London, 1991

—, *On Aristotle On the Soul 1.1–2*, Ph. van der Eijk (trans.), London, 2005.

—, *On Aristotle On the Soul 1.3–5*, Ph. van der Eijk (trans.), London, 2006.

—, *On Aristotle On the Soul 2.1–6*, W. Charlton (trans.), London, 2005.

—, *On Aristotle On the Soul 2.7–12*, W. Charlton (trans.), London, 2005.

—, *On Aristotle On the soul 3.1–8*, W. Charlton (trans.), London, 2000.

—, *On Aristotle On the Soul 3.9–13*, W. Charlton (trans.), London, 2000.

Simplicius, *On Aristotle's On the Soul 1.1–2.4*, J. O. Urmson, P. Lautner (trans.), Ithaca, 1996.

—, *On Aristotle's On the Soul 2.5–12*, C. Steel, C. J. O. Urmson (trans.), London, 1997.

—, *On Aristotle's On the Soul 3.1–5*, H. J. Blumenthal, (trans.), London, 1995.

—, *On Aristotle's On the Soul 3.6–13*, C. Steel (trans.), Bristol: Bristol Classical Press, 2013.

Themistius, *On Aristotle's On the Soul*, R. B. Todd (trans.), London, 1996.

4. 词典和手册

Diels, H. and Kranz, W. (Hrsg.), *Die Fragmente der Vorsokratiker*: 3 Bände. Griechisch und Deutsch von Hermann Diels. Herausgegeben von Walther Kranz, Berlin 1952.

Höffe, O. (Hrsg.), *Aristoteles-Lexikon*, Stuttgart, 2005.

Rapp, C. And Primavesi, O. (Hrsg.), *Aristoteles Handbuch*, Stuttgart, 2011.

Shields, C., *The Oxford Handbook of Aristotle*, Oxford, 2012.

5. 亚里士多德其他著作译本和注释

亚里士多德,《亚里士多德全集》，苗力田主编，中国人民大学出版社，1990—1997 年。

亚里士多德,《尼各马可伦理学》，廖申白译，商务印书馆，2003 年。

亚里士多德,《范畴篇　解释篇》，聂敏里译，商务印书馆，2017 年。

Ackrill, J. L., *Aristotle's Categories and De Interpretatione*, trans. with commentary Oxford: Oxford University Press, 1963.

Alexander of Aphrodisias, *On the Soul* (Part 1), V. Caston (trans.), Bristol: Bristol Classical Press, 2012.

Alexander of Aphrodisias, *The De anima of Alexander of Aphrodisias*, A. P. Fotinis (trans.), Washington, D.C.: University Press of America, 1979.

Alexander of Aphrodisias, *Supplement to "On the Soul"*, R. W. Sharples (trans.), London, 2004.

Apostle, H., *Aristotle's On the Soul,* Grinell, IA: Peripatetic Press, 1981.

Aquinas, T., *A Commentary in Aristotle's De anima*, trans. Robert Pasnau, New Haven, CT: Yale University Press, 1999.

Barnes, J., *Aristotle's Posterior Analytics*, trans. With commentary, Oxford: Oxford University Press, 1994.

Beare, J. I. and Ross, G. R. T., *The Parva Naturalia,* Oxford: Clarendon

Press, 1908.

Bos, A. P., *The Soul and Its Instrumental Body: A Reinterpretation of Arisotle's Philosophy of Living Nature*, Leiden: Brill, 2003.

Föllinger, S., *‚Was ist „Leben"? Aristoteles' Anschauungen zur Entstehung und Funktionsweise von Leben'*, Philosophie der Antike 27, Stuttgart: Franz Steiner Verlag, 2010.

Lawson-Tancred, H., *Aristotle: De Anima*, Harmondsworth: Penguin, 1986.

Lefevre, C., *Sur L'Evolution d'Aristote en Psychologie*, Editions de l'Institut Supérieur de Philosophie de l'Université Catholique de Louvain, Louvain-la-Neuve: Université Catholique de Louvain, 1972.

Polansky, R., *Aristotle's De Anima*, Cambridge: Cambridge University Press, 2007.

Ross, G. R. T., *Aristotle, De sensu and De memoria*, text and trans. with introduction and commentary, Cambridge: Cambridge University Press, 1906.

Ross, W. D., *Aristotle: Parva Naturalia*, Oxford: Clarendon Press, 1955.

6. 其他专著和研究文集

丁福宁,《古希腊的人学》，台北：联经出版公司，2017 年。

聂敏里,《实体与形式：亚里士多德〈形而上学〉Z 卷研究（Z10-17）》，中国人民大学出版社，2016 年。

汪子嵩，范明生等,《希腊哲学史》第 1—4 卷，人民出版社，1997—2010 年。

王太庆，汪子嵩,《陈康：论希腊哲学》，商务印书馆，2011 年。

Anagnostopoulos, G., (ed.), *A Companion to Aristotle*, Blackwell, 2009.

Arnes, L., Schofield, M. and Sorabji, R. (eds.)., *Articles on Aristotle.* 4 vols. Vol. 4: Psychology and Aesthetics, London: Duckworth, 1979.

Beare, J. I., *Greek Theories of Elementary Cognition: From Alcmaeon to Aristotle,* Oxford: Clarendon Press, 1906.

Blumenthal, H., *Aristotle and Neoplatonism in Late Antiquity: Interpretations of De Anima,* Ithaca, NY: Cornell University Press, 1996.

Brentano, F., *Die Psychologie des Aristoteles, insbesondere seine Lehre vom Nous Poietikos,* Mainz: Verlag von Franz Kirchheim, 1867.

Brentano, F., *The Psychology of Aristotle,* ed. and trans. Rolf George, Berkeley, CA: University of California Press, 1977.

Burnyeat, M., *Aristotle's Divine Intellect*, Milwaukee, WI: Marquette University Press, 2008.

Charles, D., *Aristotle's Philosophy of Action,* Ithaca, NY: Cornell University Press, 1984.

Charles, D., *Aristotle on Meaning and Essence*, Oxford: Clarendon Press, 2000.

Clark, S., *Aristotle's Man: Speculations upon Aristotelian Anthropology*, Oxford: Oxford University Press,1975.

Detel, W., *Aristoteles,* Leipzig, 2005.

Deuretzbacher, J., *Cardiocentrism in Aristotle and Alexander*, Doctoral Dissertation, Humboldt-Universitat zu Berlin, 2014.

Everson, S., *Aristotle on Perception,* Oxford: Clarendon Press, 1997.

Gallop, D., *Aristotle on Sleep and Dreams*, text, trans., introduction, notes, and glossary, Peterborough, Ont.: Broadview Press Ltd., 1990.

Gill, M. L. and Lennox, J. G. (eds.), *Self-Motivation: From Aristotle to Newton*, Princeton, NJ: Princeton University Press, 1994.

Granger, H., *Aristotle's Idea of the Soul,* Boston, MA: Kluwer Academic Press, 1996.

Gregoric, P., *Aristotle on the Common Sense*, Oxford: Oxford University Press, 2007.

Hartman, E., *Substance, Body and Soul: Aristotelian Investigations,* Princeton, NJ: Princeton University Press,1977.

Höffe, O., *Aristoteles,* München, 2014.

Johansen, T., *Aristotle on the Sense-Organs*, Cambridge: Cambridge University Press, 1998.

Lear, J., *Aristotle: The Desire to Understand*, Cambridge: Cambridge

University Press, 1988.

Lloyd, G. E. R. and Owen, G. E. L. (eds.), *Aristotle on Mind and the Senses,* Cambridge: Cambridge University Press, 1978.

Marmodoro, A., *Aristotle on Perceiving Objects*, Oxford: Oxford University Press, 2014.

Modrak, D., Aristotle: *The Power of Perception*, Chicago: University of Chicago Press, 1987.

Modrak, D., *Aristotle's Theory of Language and Meaning,* New York: Cambridge University Press, 2001.

Moss, J., *Aristole on the Apparent Good: Perception, Phantasia, Thought, and Desire,* Oxford: Oxford University Press, 2012.

Nussbaum, M., *Aristotle's De Motu Animalium*, text, trans., commentary, and interpretive essays, Princeton, NJ: Princeton University Press, 1978.

Nussbaum, M. and Rorty, A. O. (eds.), *Essays on Aristotle's De Anima,* first paperback ed., with an additional essay by M. F. Burnyeat, Oxford: Clarendon Press, 1995.

Nuyens, F., *L'Evolution de la Psychologie d'Aristote*, Louvain: La Haye, 1948.

Perler, D., *The Faculties: a History,* Oxford: Oxford Univeristy Press, 2015.

Poppelreuter, H., *Zur Psychologie des Aristoteles*, Theophrast, Strata, Leipzig: Teubner, 1891.

Rapp, C., *Aristoteles zur Einführung*, 4. erw. Auflage, Hamburg, 2012.

Shields, C., *Order in Multiplicity: Homonymy in the Philosophy of Aristotle*, Oxford: Oxford University Press, 1999.

Shields, C., *Aristotle,* London: Routledge, 2014.

Sorabji, R., *Aristotle on Memory, Providence*, RI: Brown University Press, 1972.

Stratton, G. Malcolm, *Theophrastus and the Greek Physiological Psychology before Aristotle*, London: George Allen & Unwin, 1917.

Wedin, M., *Mind and Imagination in Aristotle*, New Haven, CT: Yale

University Press, 1988.

Zeller, E., *Die Philosohie der Griechen* Vol. 2.2, Fues Verlag: Leipzig, 1879.

7. 中外文学术论文和章节

曹青云:“亚里士多德灵魂定义的困境及其出路”,《云南大学学报(社会科学版)》第十五卷,第3期,2016年。

曹青云:“亚里士多德的灵魂观与当代功能主义:兼容抑或冲突?”,《世界哲学》2015年第2期。

曹青云,“亚里士多德论灵魂的多部分与统一性”,《哲学研究》,2020年第2期。

陈斐婷,“亚里斯多德论构想力”,《台湾政治大学哲学学报》第四十期,2018年。

丁福宁,“亚里斯多德的灵魂不朽概念”,《台湾大学哲学论评》第42期,2011年。

苏杭,“具有神性的人类努斯——光类比视域中的《论灵魂》努斯学说”,《世界哲学》,2020年第6期。

吕纯山,“对《论灵魂》Γ5中努斯的再讨论”,《世界哲学》,2019年第4期。

田书峰,“灵魂作为内在形式:亚里士多德对灵魂与身体关系的形质论理解”,《哲学研究》,2022年第7期。

田书峰,“陈康论亚里士多德的分离问题”,《世界哲学》,2018年第2期。

田书峰,“亚里士多德论理性灵魂的可分离性”,《哲学与文化》,2017年5月,第516期(第44卷第5期)。

田书峰,“亚里士多德论第一推动者与神的关系”,《哲学与文化》,2018年6月,第527期。

田书峰,“晚明传教士对亚里士多德《论灵魂》的解读——以毕方济的《灵言蠡勺》为例”,《道风:基督教文化评论》,2016年,第45A期。

田书峰,“亚里士多德伦理学在中国的最早传播”,载于《修身西学今注》,梅谦立等编注,北京:商务印书馆,2019年。

王志辉，“亚里士多德论知觉，物质论或精神论”，载于《东吴哲学学报》第32期，2015年。

Ackrill, J. L., “Aristotle’s Definitions of psuche” , *Proceedings of the Aristotelian Society* 73 (1972−1973): 119−133, repr. in Barnes, Schofield, and Sorabji (1979): *Articles on Aristotle*, 4. Psychology and Aesthetics. London: Duckwort. pp. 65−75.

Annas, J., “Aristotle on Memory and the Self” , *Oxford Studies in Ancient Philosophy* 4 (1995): 99−117, repr. in Nussbaum and Rorty (1995): 297−311.

Barker, A., “Aristotle on Perception and Ratio” , *Phronesis* 26 (1981): 248−266.

Barnes, J., “Aristotle’s Concept of Mind” , *Proceedings of the Aristotelian Society 72* (1971−1972): 101−114, repr. in Barnes, Schofield, and Sorabji (1979): 32−41.

Bolton, R., “Aristotle’s Definitions of the Soul: De anima Ⅱ, 1−3” , *Phronesis* 23 (1978): 258−278.

Bolton, R., “Perception Naturalized in Aristotle’s De Anima” , in J. Salles, ed., *Metaphysics, Soul, and Ethics in Ancient Thought*, Oxford: Clarendon Press, 2005, 209−224.

Bos, A., “Aristotle’s De Anima Il.1: The Traditional Interpretation Rejected” , in D. Sfendoni-Mentzou, J. Hattiangadi, and D. M. Johnson, eds., *Aristotle and Contemporary Science* vol 2, Bern: Peter Lang, 2001: 187−201.

Bradshaw, D., “Aristotle on Perception: The Dual-Logos Theory” , *Apeiron* 30 (1997): 143−161.

Brentano, F., “Nous Poietikos: Survey of Earlier Interpretations” , in Nussbaum and Rorty (1995): 313−341.

Broackes, J., “Aristotle, Objectivity and Perception” , *Oxford Studies in Ancient Philosophy* 17 (1999): 57−113.

Broadie, S., , “Nous and Nature in Aristotle's De anima Ⅲ” , *Proceedings of the Boston Area Colloquium in Ancient Philosophy* 12 (1996): 163–176.

Buryeat, M., “Is Aristotle's Philosophy of Mind Still Credible?” , in Nussbaum and Rorty (1995a) : 15–26.

Buryeat, M., “De Anima Ⅱ 5” , *Phronesis* 47 (2002): 28–90.

Cashdollar, S., “Aristotle's Account of Incidental Perception” , *Phronesis* 18 (1973): 156–175.

Caston, V ., “Why Aristotle Needs Imagination” , *Phronesis* 41 (1996): 20–55.

Cason, V ., “Epiphenomenalisms, Ancient and Modern” , *The Philosophical Review* 106 (1997): 309–363.

Caston, V ., “Aristotle and the Problem of Intentionality” , *Philosophy and Phenomenological Research* 58 (1998): 249–298.

Caston, V ., “Aristotle's Two Intellects: A Modest Proposal” , *Phronesis* 44 (1999): 199–227.

Caston, V ., , “Aristotle's Argument for Why the Understanding is not Compounded with the Body” , *Proceedings of the Boston Area Colloquium in Ancient Philosophy* 16 (2000): 135–175.

Caston, V ., “Aristotle on Consciousness” , *Mind* Vol. Ⅲ, No. 444(2002): 751–815.

Caston, V ., “The Spirit and the Letter: Aristotle on Perception” , in Ricardo Salles, ed., *Metaphysics. Soul, and Ethics*, Oxford: Oxford University Press, 2005: 245–320.

Charles, D., “Aristotle on Hypothetical Necessity and Irreducibility” , *Pacific Philophical Quarterly* 69 (1988): 1–53.

Charles, D., “Aristotle on Desire in Action” , in D. Frede and B. Reis, eds., *Body and Soul in Ancient Philosophy*, Berlin: De Gruyter, 2009: 291–308.

Charlton, W., “Aristotle's Definition of Soul” , in M. Durrant, ed., *Aristotle's De Anima in Focus*, London and New York, 1993, 197–216.

Code, A. and Moravcsik, J., “Explaining Various Forms of Living” , in Nussbaum and Rorty, 1995: 129–145.

Cohen, S. M., "Hylomorphism and Functionalism" , in Nussbaum and Rorty, 1995: 57–73.

Cooper, J., "Hypothetical Necessity" , in A. Gotthelf, ed., *Aristotle on Nature and Living Things*, Pittsburgh, PA: Mathesis Publications: 150–167; repr. in J. M. Cooper, *Knowledge, Nature and the Good: Essays on Ancient Philosophy,* Princeton, NJ: Princeton University Press, 2004: 130–147.

Corcilius, K. and Gregoric, P., "Separability vs. Difference: Parts and Capacities of the Soul in Aristotle" , *Oxford Studies in Ancient Philosophy* 39 (2010): 81–120.

De Koninck, C., "Aristotle on God as Thought Thinking Itself" , *Review of Metaphysics* 47 (1994): 471–515.

Fine, G., "Separation" , *Oxford Studies in Ancient Philosophy* 2 (1984): 31–87.

Fine, G., "The Object of Thought Argument: Forms and Thoughts" , in Gail Fine, *On Ideas: Aristotle's Criticism of Plato's Theory of Forms*, Oxford: Clarendon Press, 1993: 120–141.

Frede, D., "The Cognitive Role of Phantasia in Aristotle" , in Nussbaum and Rorty, 1995: 279–295.

Frede, M., "La Theorie aristotelicienne de l'intellect agent" , in C. Viano ed., *Corps et âme: Sur De Anima d'Aristote*, Paris: Vrin: 376–390.

Frede, M., "Aristotle on Thinking" , *Rhizai* 5 (2008): 287–301.

Freeland, C., "Aristotle on Perception, Appetition, and Self-Motion" , in Gill and Lennox,1994: 35–63.

Frey C., "Organic Unity and the Matter of Man" , *Oxford Studies in Ancient Philosophy* 32 (2007): 167–204.

Ganson, T. S., "What's Wrong with the Aristotelian Theory of Sensible Qualities?" , *Phronesis* 42 (1997): 263–282.

Gerson, L., "The Unity of lntellect in Aristotle's De Anima" , *Phronesis* 49 (2004): 348–373.

Gill, M. L., "Aristotle on Self-Motion" , in Lindsay Judson, ed. , *Aristotle's*

Physics: A Collection of Essays, Oxford: Clarendon Press, 1991: 243–265; repr. in Gill and Lennox (1994): 15–34.

Gottschalk, H. B., "Soul as Harmonia" , *Phronesis* 16 (1971): 179–198.

Granger, H., "Aristotle and the Functionalist Debate" , *Apeiron* 23 (1990): 27–49.

Granger, H., , "Aristotle and the Concept of Supervenience" , *The Southern Journal of Philosophy* 31 (1993): 161–77.Hamlyn, D. W., "Aristotle's Account of aesthesis in the De anima" , *Classical Quarterly* 9 (1959): 6–16.

Hamlyn, D. W., "Koine Aisthesis" , *The Monist* 52 (1968): 195–209.

Heinaman, R., "Knowledge of Substance in Aristotle" , *The Journal of Hellenic Studies* 101 (1981): 63–77.

Heinaman R., "Aristotle and the Mind-Body Problem" , *Phronesis* 35(1990): 83–102.

Heinaman, R., "Actuality and Potentiality in De Anima Il.5" , *Phronesis* 52 (2007): 132–187.

Hübner, J., "Die aristotelische Konzeption der Seele als Aktivität in de Anima Ⅱ 1" , *Archiv für Geschichte der Philosophie* 81 (1999): 1–32.

Irwin, T., "Aristotle on Reason, Desire, and Virtue" , *Journal of Philosophy* 72 (1975): 567–578.

Irwin, T., "The Metaphysical and Psychological Basis of Aristotle's Ethics" , in A. Rorty, ed., *Essays on Aristotle's Ethics*, Berkeley, CA: University of California Press, 1980: 35–53.

Kahn, C. H., "Aristotle on Thinking" , in Nussbaum and Rorty (1995), 359–380.

Kosman, A., "Aristotle's Definition of Motion" , *Phronesis* (1969), 14: 40–62.

Kosman, A., "Perceiving that we Perceive" , *The Philosophical Review* 84: 499–519.

Kosman, A., "What does the Maker Mind Make?" , in Nussbaum and Rorty (1995): 343–358.

Miller, F. D., "Aristotle on the Separability of Mind" , in C. Shields, ed., *The*

Oxford Handbook of Aristotle, Oxford: Oxford University Press, 2012: 306–339.

Modrak, D., "Aristotle on Thinking" , *Proceedings of the Boston Area Colloquium in Ancient Philosophy* 2 (1987): 209–241.

Nussbaum, M. C. "The Sumphuton Pneuma and the De Motu Animalium's Account of Soul and Body" , in Nussbaum (1978): 143–164.

Osborne, C., "Aristotle, De Anima 3, 2: How do We Perceive that We See and Hear?" , *Classical Quarterly* 33 (1983): 401–411.

Owens, J., "Aristotle on Common Sensibles and Incidental Perception" , *Phoenix* 36 (1982): 215–236.

Politis, V., "Aristotle's Account of the Intellect as Pure Capacity" , *Ancient Philosophy* 21 (2001): 375–402.

Robinson, H. M., "Mind and Body in Aristotle" , *Classical Quarterly* (1978), n.s. 28: 105–124.

Robinson, H. M., "Aristotelian Dualism" , *Oxford Studies in Ancient Philosophy* 1 (1983): 123–144.

Scheiter, K., "Images, Appearance, and Phantasia in Aristotle" , *Phronesis* 57 (2012): 251–278.

Schofield, M., "Aristotle on the Imagination" , in Lloyd and Owen (1978), 99–141, repr. in Nussbaum and Rorty (1995): 249–277.

Shields, C., "Soul and Body in Aristotle" , *Oxford Studies in Ancient Philosophy* 6 (1988a): 103–137.

Shields, C., "The First Functionalist" , in J.-C. Smith, ed., *The Historical Foundations of Cognitive Science*, Dordrecht: Kluwer Academic Publishers,1990: 19–33.

Shields, C., "The Homonymy of the Body in Aristotle" , *Archiv für Geschiche der Philosophie* 75 (1993): 1–30.

Sisko, J., "Material Alteration and Cognitive Activity in Aristotle's *De anima*" , *Phronesis* 41 (1996): 138–157.

Sisko, J., "On Separating the Intellect from the Body: Aristotle's *De Anima* iii-4, 429a20–b5", *Archiv für Geschichte der Philosophie* 8I (1999): 249–267.

Sisko, J., "Aristotle's Nous and the Modern Mind", *Proceedings of the Boston Area Colloquium in Ancient Philosophy* 16 (2000): 177–198.

Slakey, T. J., "Aristotle on Sense Perception", *The Philosophical Review* 70 (1961): 470–484.

Sorabji, R., "Body and Soul in Aristotle", *Philosophy* 49: 63–89, in Barnes, Schofield, and Sorabji (1979): 42–64.

Sorabji, R., "From Aristotle to Brentano: The Development of the Concept of Intentionality", *Oxford Studies in Ancient Philosophy*, suppl. vol. (1991): 227–259.

Tracy, T., "The Soul/Boatman Analogy in Aristotle's De anima", *Classical Philology* 77 (1982): 97–112.

Tracy, T., "Heart and Soul in Aristotle", in J. Anton and A. Preus, eds., *Essays in Ancient Greek Philosophy*, Vol. 2 Albany, NY: SUNY Press, 1983: 321–339.

Watson, G., "Phantasia in Aristotle, De Anima 3.3", *Classical Quarterly* 32 (1982): 100–113.

Wedin, M., "Aristotle on the Mind's Self-Motion", in Gill and Lennox (1994): 81–116.

White, K., "The Meaning of Phantasia in Aristotle's De Anima, Ⅲ, 3–8", *Dialogue* 24 (1985): 483–505.

Whiting, J., "Living Bodies", in Nussbaum and Rorty (1995): 75–91.

Wilkes, K., "Psuche versus the Mind", in Nussbaum and Rorty (1995): 109–127.

Williams, B., "Hylomorphism", *Oxford Studies in Ancient Philosophy* 4 (1986): 189–199.

Witt, C., "Aristotelian Perceptions", *Proceedings of the Boston Area Colloquium in Ancient Philosophy* 12 (1996): 310–316.

译后记

对经典文本进行译注是一项基础性的文本研究工作。也是一项有着一定难度的工作，因为对经典文本进行译注，尤其是对亚里士多德的哲学文本进行译注。不但要求译者拥有很好的古希腊文和现代汉语的知识，能够用忠实原文而又不失文雅的语言再现亚里士多德的思想和义理，而且还要求译者能够熟悉亚里士多德整个哲学体系的思想，梳理历史上不同时期的注释传统，能够阅读多种现当代西方语言的译注本和研究成果。我也是鼓足了勇气才敢硬着头皮去申请了译注亚里士多德《论灵魂》的课题。因为所谓失之毫厘，差之千里，对原文作品译注的好坏会直接影响到读者对原文的理解与接受，哪怕一些小的翻译错误都会导致不可估量的理解偏差，无论如何，我在整个翻译和注释的过程中尽了自己最大努力，确保译文准确的同时又能不失语言的文雅风格。译注的过程是非常枯燥和极度考验人的耐心的，有时为了更好地梳理一个注释，我需要同时去查找不同的古希腊文版本以及现当代的译本，有时不同的译本会根据不同的古希腊文版本翻译，所以，这时候我需要考察这几种不同的版本后给出自己的选择，并且给出做出这种选择的理由，即为何觉得这个选择是更为合理的或正确的。在进行注释的时候，我在很多地方都使用了文本互参，亚里士多德在《论灵魂》中提到的内容在很多其他著作中也被提及，我们可以通过他的其他著作更好地理解其在《论灵魂》中想要表达的内容，尤其是与《自然诸短篇》中的《论感觉及其对象》的内容在很多地方都有重叠或互补之处，可以进行互参和互证。

我译注亚里士多德的《论灵魂》的想法并不是一时的心血来潮。当我还在慕尼黑大学求学时，就萌生了翻译和注释亚里士多德的《论灵魂》的想法。我的博士生导师布赫海姆教授（Prof. Dr. Thomas Buchheim）是慕尼黑大学哲学系的第一教席（主要负责形而上学和本体论课程）的持有者，我参加了他开设的“亚里士多德《论灵魂》导读”课程，课后我查找了《论灵魂》的中文译本，但发现译文比较生涩，读起来非常拗口难懂，所以，当时就有了进一步地翻译和注释《论灵魂》的想法。我在 2015 年 3 月加入北京师范大学哲学学院，哲学学院的廖申白教授一直致力于亚里士多德的伦理学研究。我在哲学学院期间，也有幸参加了由廖申白教授带领的“亚里士多德《论灵魂》读书会”。廖教授使用了罗斯（W. D. Ross）校订的版本，除此之外，还使用了古代注释家特米修斯（Themistius）、斐洛珀努斯（Philoponus）、辛普利丘（Simplicius）和阿奎那（Thomas Aquinas）的注疏本，在读书会上，我们经常会为一句话而讨论许久，并参照不同的注释家的观点，但因为各家观点不同，很难达到一个统一的看法。这个读书会也促使我更加系统地梳理和研究亚里士多德在《论灵魂》中的观点和论证。

事实上，早在明末清初时期，西方来华的一些传教士，尤其是耶稣会会士就已经开始对亚里士多德的著作进行翻译和介绍了，但他们大多根据 16 世纪的葡萄牙的《科因布拉注释集》（*Coimbra Commentaries*，拉丁文：*Cursus Conimbricenses*）来进行译介，比如意大利的耶稣会会士毕方济（Francesco Sambiasi）的《灵言蠡勺》（1624 年）、艾儒略（Giulio Aleni）的《性学觕述》（1631 年）、高一志（Alfonso Vagnone）的《性灵说》（约 1610 年）等都是一些最早的重点介绍亚里士多德的灵魂论的中文作品。这些作品都不是对亚里士多德的哲学著作的直接译注，而是依据《科因布拉注释集》而写的介绍性作品，但他们开启了西学东渐之先河，是他们最先把亚里士多德哲学介绍到了中国。陈康、王太庆、吴寿彭、苗力田等一些致力于古希腊哲学研究的前辈们才真正开始对柏拉图的对话录和亚里士多德的哲学著作进行直接的翻译和注释，陈康先生译注的《巴曼尼得斯篇》至今仍是对古希腊哲学文本进行汉译的典范，他译注的指导纲领就是，既不把自己的想法往古人身上贴，也不把古人的说法拉来给自己的说法作注脚，而是力图把柏拉图本人的想法和思想呈现出来。王太庆先生对柏拉图的对话录的一些译本也堪称汉译之精品，深得陈先生之要领。而吴寿彭、苗力田等学术前辈都致力于亚里士多德的哲学著作的汉译，各有其不可忽视的贡献。我认为，当今汉语学界对古希腊哲学的接受和研究已经进入到了更高的阶段，越来越多留学归国的青年才俊加入了研究团队，越来越多的学者能够从事译注的工作。所以，我们更需要的是一些能为学术研究所用的带有详细注释的古希腊哲学译本，能够形成汉语学界通用的古希腊哲学的基础性译本，这个工作当然不能仅凭一人之力所能达致，这需要很多人的一起努力，我对《论灵魂》的译注也就是这种努力的体现，即愿意尽自己的绵薄之力推进对亚里士多德哲学著作进行汉语译注的进程。

我在翻译的过程中，总是首先仔细地阅读和理解古希腊原文，然后逐字逐句地译为中文，为了能够更为准确地把握原文所要表达的意思，我会把自己的翻译与现有的中文、德文、英文、法文的译本进行对照，甚至包括拉丁文译本，如果这几种译文之间对某个句子的翻译有出入，我会尽可能地找出这种差异的原因，查找译本依据的不同的手抄本，最后给出自己认为是正确的或更为合理的看法。在对文本进行注释的时候，会参考德文、英文和法文的注释，并会给出具体的出处。这些脚注并不是要对亚里士多德在《论灵魂》中的详细的论证步骤、其思想源流和具体的论证义理展开论述，而是对文本中出现的比较晦涩难懂的词句、对注释家们多有争论的地方做出解释。我也使用了文本互参的方法来写脚注，文本互参可以帮助我们更好地理解和印证亚里士多德在《论灵魂》中的论证。

《亚里士多德〈论灵魂〉译注》是国家社科基金一般项目的最终成果之一，在此对全国哲学社会科学工作办公室表示感谢！我非常感谢商务印书馆陈小文总编辑、学术中心主任李婷婷、哲学编辑室主任李学梅对译注形式的作品出版的支持！感谢本书责编卢明静博士，她对整个文本的校对和编辑付出了极大的努力和汗水，为找到一个比较好的版面形式颇费心思，没有她的付出，我想这部译注的出版将会遥遥无期。

在这里，我要对那些帮助过我的人表示衷心的感谢。感谢廖申白、聂敏里、宋继杰、郝亿春、曹青云、花威等诸位学者同仁对我的译文提出的宝贵的意见和建议。感谢我的一位本科生陈芽芽同学的帮助，她对书稿的部分内容做了非常认真的校对。与内子执子之手近乎十载，她为了能让我有更多时间安心地进行翻译的工作，主动承担了大部分的家庭任务，照顾孩子的课业和起居，如果没有她的付出，我难以按时完成译注。鉴于我个人的学养和能力有限，错误之处在所难免，还望各位读者不吝批评指正。

田书峰

2024 年 7 月 3 日于广州中山大学锡昌堂静心斋

图书在版编目（CIP）数据

论灵魂：全两册：汉文、希腊文 /（古希腊）亚里士多德著；田书峰译注．--北京：商务印书馆，2024（2025.9 重印）．--ISBN 978-7-100-24630-9

Ⅰ．B502

中国国家版本馆CIP数据核字第2024M0M033号

希汉对照

论灵魂

（全两册）

〔古希腊〕亚里士多德 著

田书峰 译注

商 务 印 书 馆 出 版

（北京王府井大街36号 邮政编码100710）

商 务 印 书 馆 发 行

北京市白帆印务有限公司印刷

ISBN 978-7-100-24630-9

2024年12月第1版　　开本880×1230 1/32

2025年9月北京第2次印刷　　印张15¾

定价：76.00元

○ 希汉对照 ○

论灵魂

上册

〔古希腊〕亚里士多德　著

田书峰　译注

ΠΕΡΙ ΨΥΧΗΣ

商务印书馆
创于1897 The Commercial Press

Aristotle

DE ANIMA

（ΠΕΡΙ ΨΥΧΗΣ）

本书依据牛津古典文本（Oxford Classical Texts）中

由威廉·大卫·罗斯（William David Ross）所编辑、校勘和译注的

亚里士多德的《论灵魂》古希腊文版本，即 1961 年的大版本（editio maior）译出

本书为国家社科基金一般项目

“亚里士多德《论灵魂》译注和研究”的最终结项成果

（批准号：16BZX061）

译者前言

为方便阅读研究使用，本《论灵魂》希汉对照译注本分为上下两册。上册为《论灵魂》文本，包括古希腊语原文和中译文，以及哲学术语释义和索引。下册为《论灵魂》中译者的注释和导读，以及文献缩写和参考文献。

本翻译所依据的古希腊文是牛津古典文本（Oxford Classical Texts）中 1961 年出版的由大卫 · 罗斯（William David Ross）编辑、校勘和译注的版本。希腊文正文前面的 SIGLA 中的内容，乃是编辑校勘者所依据的各种抄本的缩写。希腊文正文下面的校勘文字和注释，均原样保留，不做翻译。

按照惯例，《论灵魂》中译文的段落划分，并未完全按照罗斯修订的古希腊文版本的分段来进行，而是依据所要讨论的主题内容来进行的。中译者在段落划分方面参考了希尔斯（C. Shields，2016）的英文译本、包德厄斯（R. Bodéüs，2018）的法文译本、科尔西利乌斯（K. Corcilius，2017）的德文译本。为帮助读者把握亚里士多德讨论的主旨大意，中译者根据需要在每一章中加入了关于段落主旨的标题，将其放在方括号之中，置于段首。

为帮助读者更好地理解原文，中译者会把亚里士多德省略或手抄本遗漏的一些词语或词组增补进来，用圆括号或方括号标识。脚注中出现的亚里士多德和柏拉图的作品，采用拉丁文的缩写形式，缩写对照见下册的文献缩写。

SIGLA

Lib. I CUXE
Lib. II CUXe
Lib. III 424a22–430a23 CUXEL
430a24–431b16 CUXL
431b16–434a31 CUXEL
434a31–435b25 CUXL
C (Försteri) = Par. Coisl. 386 (saec. XI)
E (Bekkeri) = Par. 1853 (saec. IX–X)
e = Par. 1853 (saec. X)
L (Bekkeri) = Vat. 253 (saec. XIII–XIV)
U (Bekkeri) = Vat. 260 (saec. XI)
X (Bekkeri) = Ambr. 435 (olim ii. 50) (saec. XII–XIII)
C = CUX, **E** = EL
A^c, A^p = Alexandri (*Ἀπορίαι καὶ Λύσεις*) citatio, paraphrasis
P^c, P^p, P^v = Philoponi citatio, paraphrasis, varia lectio
S^c, S^p, S^v = Simplicii citatio, paraphrasis, varia lectio
T^c, T^p = Themistii citatio, paraphrasis
Π = Prisciani Lydi *Metaphrasis in Theophrastum*
Σ = Sophoniae *Paraphrasis*

Raro citantur

P (Bekkeri) = Vat. 1339 (saec. XII)
S (Bekkeri) = Laur. 81. 1 (saec. XII–XIII)
V (Bekkeri) = Vat. 266 (saec. XIV)
W (Bekkeri) = Vat. 1026 (saec. XIII–XIV)
y (Trendelenburgii) = Par. 2034 (saec. XIII–XIV)
P^l = Philoponi lemma
S^l = Simplicii lemma

目　录

上册

论灵魂

论灵魂

ΠΕΡΙ ΨΥΧΗΣ Α

Τῶν καλῶν καὶ τιμίων τὴν εἴδησιν ὑπολαμβάνοντες, μᾶλ- 402ᵃ λον δ' ἑτέραν ἑτέρας ἢ κατ' ἀκρίβειαν ἢ τῷ βελτιόνων τε καὶ θαυμασιωτέρων εἶναι, δι' ἀμφότερα ταῦτα τὴν περὶ τῆς ψυχῆς ἱστορίαν εὐλόγως ἂν ἐν πρώτοις τιθείημεν. δοκεῖ δὲ καὶ πρὸς ἀλήθειαν ἅπασαν ἡ γνῶσις αὐτῆς μεγάλα συμβάλλεσθαι, μάλιστα δὲ πρὸς τὴν φύσιν· ἔστι γὰρ οἷον ἀρχὴ τῶν ζῴων. ἐπιζητοῦμεν δὲ θεωρῆσαι καὶ γνῶναι τήν τε φύσιν αὐτῆς καὶ τὴν οὐσίαν, εἶθ' ὅσα συμβέβηκε περὶ αὐτήν· ὧν τὰ μὲν ἴδια πάθη τῆς ψυχῆς εἶναι δοκεῖ, τὰ δὲ δι' ἐκείνην καὶ τοῖς ζῴοις ὑπάρχειν. πάντῃ δὲ πάντως ἐστὶ τῶν χαλεπωτάτων λαβεῖν τινὰ πίστιν περὶ αὐτῆς. καὶ γὰρ ὄντος κοινοῦ τοῦ ζητήματος καὶ πολλοῖς ἑτέροις, λέγω δὲ τοῦ περὶ τὴν οὐσίαν καὶ τὸ τί ἐστι, τάχ' ἄν τῳ δόξειε μία τις εἶναι μέθοδος κατὰ πάντων περὶ ὧν βουλόμεθα γνῶναι τὴν οὐσίαν, ὥσπερ καὶ τῶν κατὰ συμβεβηκὸς ἰδίων ἀπόδειξις, ὥστε ζητητέον ἂν εἴη τὴν μέθοδον ταύτην. εἰ δὲ μή ἐστι μία τις καὶ κοινὴ μέθοδος περὶ τὸ τί ἐστιν, ἔτι χαλεπώτερον γίνεται τὸ πραγματευθῆναι· δεήσει γὰρ λαβεῖν περὶ ἕκαστον τίς ὁ τρόπος. ἐὰν δὲ φανερὸν ᾖ πότερον ἀπόδειξίς ἐστιν ἢ διαίρεσις ἢ καί τις ἄλλη μέθοδος, ἔτι πολλὰς ἀπορίας ἔχει καὶ πλάνας, ἐκ τίνων δεῖ ζητεῖν· ἄλλαι γὰρ ἄλλων ἀρχαί, καθάπερ ἀριθμῶν καὶ ἐπιπέδων.

402ᵃ 1–3 μᾶλλον . . . εἶναι del. Al. apud P^{c} 2 τῷ $EP^{c}\Sigma$: τῶν UX τε $CP^{c}\Sigma$: om. E 3 ταῦτα $CP^{c}T^{p}\Sigma$: om. E περὶ τῆς] περὶ $P^{p}T^{p}\Sigma$: τῆς UXP^{c} 9 εἶναι om. C δι' . . . 10 ζῴοις] κοινὰ καὶ τοῖς ζῴοις δι' ἐκείνην Amm.[c] in *De Int.* 10 δὲ EXP^{c}: +καὶ CU: γὰρ καὶ Σ 10–11 χαλεπώτατόν ἐστι P^{c}: εἶναι τῶν χαλεπωτάτων X 12 καὶ om. $C^{1}EXS^{p}$ 13 τὸ] τοῦ CP^{c} 15 ἀπόδειξις $C^{1}EA^{p}P^{p}T^{p}\Sigma$: ἀπόδειξιν UX 17 τοῦ C 19 ἐὰν $CEXS^{c}$: ὅταν UΣ 21 ἂν ἀπορίας ἔχοι Σ

第一卷

第 1 章

［研究灵魂的重要性、贡献、目的以及研究方法］我们都将认识活动视为美好而有价值的事物，[1] 而且，一种［知识］要比另外一种［知识］更美好和更有价值，[2] 这要么是就其确切性而言，[3] 要么是因为这种知识有着更好的和更令人惊奇不已的对象；[4] 因此，出于这两种原因，我们可以名正言顺地将关于灵魂的探究放置在首要的科学研究之列。有关灵魂的知识看起来似乎对全部真理大有裨益和贡献，[5] 尤其是对有关自然的真理贡献最大，因为灵魂就是生命体的本原[6]。我们寻求去研究和认识灵魂的自然本性和其实体之所是，[7] 以及灵魂的所有属性，[8] 其中，一些看起来是灵魂专有的受动状态或属性，[9] 另外一些基于灵魂也为动物所具有[10]。但是，要想获得有关灵魂的任何确切的信念，这在各方面来说都是一件极为困难的事情。因为事实上，这种研究形式对于很多其他研究领域来说都是共同的，我是指关于实体以及“何所是”的研究，[11] 也许人们会认为存在着可以用于我们所愿意去认识其本质的所有研究对象的唯一的一种研究方法，就像也存在着对于所有的那些偶然的属性或偶性来说的一种单一的演绎证明那样，[12] 所以，我们应该去探寻这个研究方法是什么。如果并没有一种普遍的方法来研究事物何所是或“是什么”，那么这项研究工作将会变得好似雪上加霜，更加困难，因为我们必须在每一个个别领域内找到适宜的研究方法。而且，即使这个研究方法应该是明晰的，它是否是一种证明，[13] 或者一种区分，[14] 抑或是另外的一种方法，[15] 我们的困难仍然在于从何处为起点来开始这项研究，因为不同的研究领域有着不同的研究起点，[16] 就比如在算术和平面几何那里所见到的那样。 402a

πρῶτον δ' ἴσως ἀναγκαῖον διελεῖν ἐν τίνι τῶν γενῶν καὶ τί ἐστι, λέγω δὲ πότερον τόδε τι καὶ οὐσία ἢ ποιὸν ἢ ποσὸν ἢ καί τις ἄλλη τῶν διαιρεθεισῶν κατηγοριῶν, ἔτι δὲ πότερον τῶν ἐν δυνάμει ὄντων ἢ μᾶλλον ἐντελέχειά τις· διαφέρει γὰρ οὔ τι
402b μικρόν. σκεπτέον δὲ καὶ εἰ μεριστὴ ἢ ἀμερής, καὶ πότερον ὁμοειδὴς ἅπασα ψυχὴ ἢ οὔ· εἰ δὲ μὴ ὁμοειδής, πότερον εἴδει διαφέρουσα ἢ γένει. νῦν μὲν γὰρ οἱ λέγοντες καὶ ζητοῦντες περὶ ψυχῆς περὶ τῆς ἀνθρωπίνης μόνης ἐοίκασιν ἐπισκοπεῖν· εὐλαβητέον δ' ὅπως μὴ λανθάνῃ πότερον εἷς ὁ λόγος αὐτῆς ἐστι, καθάπερ ζῴου, ἢ καθ' ἑκάστην ἕτερος, οἷον ἵππου, κυνός, ἀνθρώπου, θεοῦ, τὸ δὲ ζῷον τὸ καθόλου ἤτοι οὐθέν ἐστιν ἢ ὕστερον· ὁμοίως δὲ κἂν εἴ τι κοινὸν ἄλλο κατηγοροῖτο· ἔτι δέ, εἰ μὴ πολλαὶ ψυχαὶ ἀλλὰ μόρια, πότερον δεῖ ζητεῖν πρότερον τὴν ὅλην ψυχὴν ἢ τὰ μόρια. χαλεπὸν δὲ καὶ τούτων διορίσαι ποῖα πέφυκεν ἕτερα ἀλλήλων, καὶ πότερον τὰ μόρια χρὴ ζητεῖν πρότερον ἢ τὰ ἔργα αὐτῶν, οἷον τὸ νοεῖν ἢ τὸν νοῦν, καὶ τὸ αἰσθάνεσθαι ἢ τὸ αἰσθητικόν· ὁμοίως δὲ καὶ ἐπὶ τῶν ἄλλων. εἰ δὲ τὰ ἔργα πρότερον, πάλιν ἄν τις ἀπορήσειεν εἰ τὰ ἀντικείμενα πρότερον τούτων ζητητέον, οἷον τὸ αἰσθητὸν τοῦ αἰσθητικοῦ, καὶ τὸ νοητὸν τοῦ νοῦ. ἔοικε δ' οὐ μόνον τὸ τί ἐστι γνῶναι χρήσιμον εἶναι πρὸς τὸ θεωρῆσαι τὰς αἰτίας τῶν συμβεβηκότων ταῖς οὐσίαις (ὥσπερ ἐν τοῖς μαθήμασι τί τὸ εὐθὺ καὶ τὸ καμπύλον, ἢ τί γραμμὴ καὶ ἐπίπεδον, πρὸς τὸ κατιδεῖν πόσαις ὀρθαῖς αἱ τοῦ τριγώνου γωνίαι ἴσαι), ἀλλὰ καὶ ἀνάπαλιν τὰ συμβεβηκότα συμβάλλεται

23 τί EXP^cS^c: τίς C^1U 24 ποιὸν ἢ ποσὸν ES^p: ποσὸν ἢ ποιὸν $P^pT^p\Sigma$ 26 μᾶλλον $CP^cS^cT^p\Sigma$: μόνον E τι $CE\Sigma$: om. UXP^c 402b 1 καὶ[1] CET: om. UX 3 διαφέρουσιν EUX ἢ+καὶ $XA^cP^p\Sigma$ 4 μόνης $CP^pT^p\Sigma$: μόνον E: om. P^c σκοπεῖν P^c: ζητεῖν Σ 5 ὁ om. XP^c 6 ἐστὶν+ἢ C^1X ἑκάστην EΣ: ἕκαστον CP^cS^p 7 δὲ] γὰρ $A^c\Sigma$ Eustrat.[c] in *An. Post.*, Ph. in *Cat.*, in *Phys.* 8 κατηγοροῖτο CA^c: κατηγορεῖται E 10 καὶ+ἐπὶ P^c 11 ἀλλήλων ἕτερα X 15 πρότερον CXΣ: πρότερα EU 16 αἰσθητὸν] αἰσθητικὸν X^1 νοῦ $EUXT^p$: νοητικοῦ CP^c 17 γνῶναι om. X 19 τὸ[2] om. E: τί τὸ U 20 αἱ] ἀεὶ ut v. E^1 21 ἴσαι+εἰσίν C

[**关于灵魂的首要问题**]首先，我们必须界定灵魂属于哪个属以及它究竟是什么，[17] 我的意思是：灵魂是否是某个具体的这一个和实体呢，[18] 抑或是性质或数量或这些不同范畴中的另外一个范畴呢？[19] 除此之外，我们也必须研究灵魂是否是作为潜能而存在的东西，抑或更多地是一种现实性。[20] 这种差异不可小觑，我们还必须考察，灵魂 402b 是可分的或者是不可分的，[21] 以及所有的灵魂是否是同种同质的，或者不是同种同质的。[22] 如果不是，那么灵魂是在种上，还是在属上彼此区分开来。[23] 事实上，那些在讨论和研究灵魂的人似乎都只考虑到人的灵魂。[24] 我们必须认真地对待，以防忽略了下面这个问题而毫不察觉，即灵魂的定义是否只有一个，就像动物的定义只有一个，抑或是对于每一种灵魂来说都有不同的定义，就像马、狗、人、神的灵魂。[25] 普遍的动物（概念）要么一无所是，要么就是附属在后的东西，同样地，就像当其他的一些共同的东西被述说出来时也是这样。[26] 再者，如果并不存在着很多灵魂，而是灵魂有不同的部分，[27] 那么我们必须决定是否有必要首先研究作为整体的灵魂，还是首先研究灵魂的不同部分？另外，要区分出灵魂的哪些部分在自然上彼此不同也是很困难的事，以及我们是否应当首先研究灵魂的部分或者这些部分的不同功能或作用，比如，思维活动或者理性，以及感觉活动或感觉能力。同样地，其他的灵魂部分也是如此。如果我们首先研究这些部分的不同功能，那么人们可以提出这样的疑难，是否应当首先研究与这些功能相应的对象，[28] 比如，研究感觉对象要先于感觉能力，思维对象要先于理性能力。对事物的本质知识 [29] 不仅仅对认识实体的那些偶有属性的原因大有裨益，[30] 就像在数学中，认识了什么是直和曲，或者什么是线段和平面，就会有助于我们去认识多少个直角之和与一个三角形的内角之和是相等的，而且，相

μέγα μέρος πρὸς τὸ εἰδέναι τὸ τί ἐστιν· ἐπειδὰν γὰρ ἔχωμεν ἀποδιδόναι κατὰ τὴν φαντασίαν περὶ τῶν συμβεβηκότων, ἢ πάντων ἢ τῶν πλείστων, τότε καὶ περὶ τῆς οὐσίας ἕξομεν λέγειν κάλλιστα· πάσης γὰρ ἀποδείξεως ἀρχὴ τὸ τί ἐστιν, ὥστε καθ' ὅσους τῶν ὁρισμῶν μὴ συμβαίνει τὰ συμβεβηκότα γνωρίζειν, ἀλλὰ μηδ' εἰκάσαι περὶ αὐτῶν εὐμαρές, **403**^{a} δῆλον ὅτι διαλεκτικῶς εἴρηνται καὶ κενῶς ἅπαντες.

ἀπορίαν δ' ἔχει καὶ τὰ πάθη τῆς ψυχῆς, πότερόν ἐστι πάντα κοινὰ καὶ τοῦ ἔχοντος ἢ ἔστι τι καὶ τῆς ψυχῆς ἴδιον αὐτῆς· τοῦτο γὰρ λαβεῖν μὲν ἀναγκαῖον, οὐ ῥᾴδιον δέ. φαίνεται δὲ τῶν μὲν πλείστων οὐθὲν ἄνευ τοῦ σώματος πάσχειν οὐδὲ ποιεῖν, οἷον ὀργίζεσθαι, θαρρεῖν, ἐπιθυμεῖν, ὅλως αἰσθάνεσθαι, μάλιστα δ' ἔοικεν ἰδίῳ τὸ νοεῖν· εἰ δ' ἐστὶ καὶ τοῦτο φαντασία τις ἢ μὴ ἄνευ φαντασίας, οὐκ ἐνδέχοιτ' ἂν οὐδὲ τοῦτ' ἄνευ σώματος εἶναι. εἰ μὲν οὖν ἔστι τι τῶν τῆς ψυχῆς ἔργων ἢ παθημάτων ἴδιον, ἐνδέχοιτ' ἂν αὐτὴν χωρίζεσθαι· εἰ δὲ μηθέν ἐστιν ἴδιον αὐτῆς, οὐκ ἂν εἴη χωριστή, ἀλλὰ καθάπερ τῷ εὐθεῖ, ᾗ εὐθύ, πολλὰ συμβαίνει, οἷον ἅπτεσθαι τῆς χαλκῆς σφαίρας κατὰ στιγμήν, οὐ μέντοι γ' ἅψεται οὕτω χωρισθὲν τὸ εὐθύ· ἀχώριστον γάρ, εἴπερ ἀεὶ μετὰ σώματός τινός ἐστιν. ἔοικε δὲ καὶ τὰ τῆς ψυχῆς πάθη πάντα εἶναι μετὰ σώματος, θυμός, πραότης, φόβος, ἔλεος, θάρσος, ἔτι χαρὰ καὶ τὸ φιλεῖν τε καὶ μισεῖν· ἅμα γὰρ τούτοις πάσχει τι τὸ σῶμα. μηνύει δὲ τὸ ποτὲ μὲν ἰσχυρῶν καὶ ἐναργῶν παθημάτων συμβαινόντων μηδὲν παροξύνεσθαι ἢ φοβεῖσθαι, ἐνίοτε δ' ὑπὸ μικρῶν καὶ ἀμαυρῶν κινεῖσθαι, ὅταν

22 εἰδῆσαι **C** 25 ἕξομεν E^{1}UXP^c: + τι CS^{c}Σ 403^a 3 ἅπαντα UT^{p}Σ Amm.^{c} in *De Int.* 6 δὲ **C** Amm.^{c}: om. E μὲν EXP^{c}Σ Amm.^{c}: om. CU τοῦ EP^c Amm.^{c}: om. **C** 8 ἰδίῳ EUXP^{c}S^c: ἴδιον CT^{p}Σ Amm.^{c} 9–11 οὐδὲ . . . ἂν om. X 9 ἄνευ + τοῦ P^c 11 αὐτοῦ C 12 ἐστιν ἴδιον αὐτῆς om. ut v. T^p τῷ εὐθεῖ CEUP^c: τὸ εὐθὺ XΣ 14 γ' ἅψεταί γε X οὕτω] τούτου **C**P^{c}S^{c}Σ 16 δὴ J. A. Smith τὰ om. E^1 μετὰ + τοῦ T^p 18 χαρὰς E^1 καὶ^2 ET^{p}Σ: + τὸ **C** γὰρ **C** et fort. T^p: om. E 19 τι **C**Σ: om. ES^c μηνύει **C**T^{p}Σ: σημεῖον E μὲν + ὑπὸ CXΣ 21 ὅταν ES^{c}T^p: ἐὰν **C**Σ

反地，关于偶性的知识对于认识一物之所是贡献尤为突出。因为，如果我们能够根据表象对全部或大部分偶性给出解释，[31] 那么我们亦能够最好地对实体进行完美的阐释。一物之所是或本质就是所有证明的始点或原则，如此，那些不能使我们对一个实体的偶性进行认识的定义，或者甚至都不能使我们对其加以猜测或臆断的定义便只是辩证性的，其内容则空空如也。[32] 关于灵魂的受动状态 [33] 也产 403a
生这样的疑难，即这些受动状态是否共同地被那赋有灵魂的生命体所拥有，抑或存在着一种专门属于灵魂自身的受动状态。尽管去认识这一点实为必要，但是，这并非易事。在大多数情况下，灵魂若没有躯体，就既无被动的承受之说，亦无主动的功能或活动，就像愤怒、壮胆、欲望以及一般的感觉活动。[34] 但是，思维活动看起来在最大程度上专属于灵魂，然而，如果思维活动是某种想象，或者不可能没有想象，[35] 那么若无躯体，理性的思维活动也就是不可能的。如果灵魂的某个功能活动或者属性是专属于灵魂的，那么它就可以与躯体分离而自存。如果没有什么是专属于灵魂的，那么灵魂也就是不可分离的。这一点就像直线的情况，直作为直有许多偶性，[36] 比如在某个点上接触到铜球；[37] 但是，如果直是分离的，那么直线将不能以这种方式接触到铜球；因此，直线是不可分离的，因为它总是与某个物体或躯体相连，二者不能分开。[38]

因此，灵魂的所有属性或受动看起来都是与躯体混合在一起的，[39] 比如，血气、[40] 温和、恐惧、怜悯、勇敢，另外还包括喜乐、友爱和憎恨。因为，与此同时，躯体在这些情感中承受某种作用。这一点我们可以从下面的事实看出来，尽管有时遭到强烈而明显的情感刺激，但是，我们并不会因此感到被冒犯或害怕起来，但有时我们也会因一些微不足道的小事而感到不安，只要当身体躁动起

ὀργᾷ τὸ σῶμα καὶ οὕτως ἔχῃ ὥσπερ ὅταν ὀργίζηται. ἔτι δὲ μᾶλλον τοῦτο φανερόν· μηθενὸς γὰρ φοβεροῦ συμβαίνοντος ἐν τοῖς πάθεσι γίνονται τοῖς τοῦ φοβουμένου. εἰ δ' οὕτως ἔχει, δῆλον ὅτι τὰ πάθη λόγοι ἔνυλοί εἰσιν. ὥστε οἱ ὅροι τοιοῦτοι οἷον "τὸ ὀργίζεσθαι κίνησίς τις τοῦ τοιουδὶ σώματος ἢ μέρους ἢ δυνάμεως ὑπὸ τοῦδε ἕνεκα τοῦδε". καὶ διὰ ταῦτα ἤδη φυσικοῦ τὸ θεωρῆσαι περὶ ψυχῆς, ἢ πάσης ἢ τῆς τοιαύτης. διαφερόντως δ' ἂν ὁρίσαιντο ὁ φυσικός τε καὶ ὁ διαλεκτικὸς ἕκαστον αὐτῶν, οἷον ὀργὴ τί ἐστιν· ὁ μὲν γὰρ ὄρεξιν ἀντιλυπήσεως ἤ τι τοιοῦτον, ὁ δὲ ζέσιν τοῦ περὶ καρδίαν αἵματος

403b καὶ θερμοῦ. τούτων δὲ ὁ μὲν τὴν ὕλην ἀποδίδωσιν, ὁ δὲ τὸ εἶδος καὶ τὸν λόγον. ὁ μὲν γὰρ λόγος ὅδε τοῦ πράγματος, ἀνάγκη δ' εἶναι τοῦτον ἐν ὕλῃ τοιᾳδί, εἰ ἔσται· ὥσπερ οἰκίας ὁ μὲν λόγος τοιοῦτος, ὅτι σκέπασμα κωλυτικὸν φθορᾶς ὑπ' ἀνέμων καὶ ὄμβρων καὶ καυμάτων, ὁ δὲ φήσει λίθους καὶ πλίνθους καὶ ξύλα, ἕτερος δ' ἐν τούτοις τὸ εἶδος ἕνεκα τωνδί. τίς οὖν ὁ φυσικὸς τούτων; πότερον ὁ περὶ τὴν ὕλην, τὸν δὲ λόγον ἀγνοῶν, ἢ ὁ περὶ τὸν λόγον μόνον; ἢ μᾶλλον ὁ ἐξ ἀμφοῖν; ἐκείνων δὲ δὴ τίς ἑκάτερος; ἢ οὐκ ἔστι τις ὁ περὶ τὰ πάθη τῆς ὕλης τὰ μὴ χωριστὰ μηδ' ᾗ χωριστά, ἀλλ' ὁ φυσικὸς περὶ ἅπανθ' ὅσα τοῦ τοιουδὶ σώματος καὶ τῆς τοιαύτης ὕλης ἔργα καὶ πάθη· ὅσα δὲ μὴ τοιαῦτα, ἄλλος, καὶ περὶ τινῶν μὲν τεχνίτης, ἐὰν τύχῃ, οἷον τέκτων ἢ

23 τοῦτο μᾶλλον E : τούτῳ μᾶλλον Christ : τούτου μᾶλλον Torstrik 25 ἔνυλοι UXT^{p}Σ: ἐν ὕλῃ CE ὥστε **C**EP^{c}: + καὶ Σ et ut v. T^{p} 26 κίνησίς τις UXP^{c}S^{c}: κίνησις CΣ: κίνησιν E 27 ἤδη om. XΣ: δὴ CU 28 πασις η τις E τῆς om. XΣ 29 διαφόρως X ὁρίσαιτο ὁ **C**Σ: ὁρίσαιντο ET^{p} φυσικως E^{1} ὁ XT^{p}: om. CEUΣ 30 ὀργὴν X 31 περὶ καρδίαν CEXS^{p}TΣ: περὶ τὴν καρδίαν P^{c}: περικαρδίου UP^{p} 403b 1 καὶ] ἢ **C**P^{c}Σ 2 ὅδε XΣ: ὁ δὲ CEU Plut. ap. S^{p}: εἶδος Sylburg 4 ὅτι] τις U : τις ὅτι X : ἂν εἴη C 5 ὄμβρων καὶ καυμάτων CUT^{p}Σ: ὄμβρων καὶ πνευμάτων E : καυμάτων καὶ ὄμβρων X 9 δὲ δὲ E^{1} τις] an εἷς? 11 πανθ' ὅσα T^{p}: πάντα τὰ ut v. C^{1} τοῦ om. UΣ τοιουδὶ EUXΣ: τοιούτου P^{c}: φυσικοῦ C 12 ὅσα EP^{c}: ὁπόσα **C** μὴ P^{c}: + ᾖ yS^{pl}: + ᾖ **C**: + ἦν E^{1} 13 τινος C : τῶν τινῶν Σ τύχοι C

来，并陷入到一个人发怒时的状态。[41] 这一点在下面的事实中呈现得更为清楚，即尽管有时并没有什么令人害怕的事物发生，但是，我们还是会经验到害怕。如果情况如此，那么很明显地，灵魂的受动状态就是寓居于质料中的概念。[42] 所以，这些受动状态的定义也非此类莫属，如愤怒就是如此这般的身体的一种运动，[43] 或者是身体的某个部分或潜能的运动，由某个对象所造成，且为了某个特定的目的。由于这个原因，对于灵魂的研究或考察已经属于自然哲学家的任务了，[44] 无论是研究所有灵魂，还是研究这一种的灵魂。[45]

自然哲学家和辩证学家将会以截然不同的方式对这些属性中的每一种进行界定，[46] 比如对于什么是愤怒这个问题：辩证学家将会把愤怒界定为对报复的欲求或诸如此类的事情，而自然哲学家则将其定义为在心脏周围的血液和热能的沸腾。[47] 两者中，一位给出了 403b
定义的质料，另一位描述出了其形式和概念。[48] 后面这个定义是对事物的定义，[49] 但是，这定义或概念必须寓居于某种特定的质料中，如果这定义须存在的话。房屋的定义也是这样，即它是一个适合于阻挡因风吹、雨淋和日晒所带来的损害的庇护处所；但是，其中另外一位会认为，房屋是石头、砖瓦和木料；而第三位则将认为，房屋是寓居于这些质料中的并为了这个特定原因的形式。[50] 这样，他们中的哪一位是自然哲学家呢？[51] 是那位只知道质料，而对概念或原理则一无所知的人吗？或者是那位只知道其原理的人吗？抑或更多地是认识到由这两者复合而成的那位吗？[52] 但是，如果是这样，那其他的两位又各是谁呢？[53] 或者，根本没有人专门研究质料的不可分离的属性，不是就这些属性是可分离的来进行研究。[54] 自然哲学家才醉心于研究所有那些出自于这样的躯体和这样的质料的功能和受动状态或属性；[55] 而另外的人会研究那些与此类事物不同的属

ἰατρός, τῶν δὲ μὴ χωριστῶν μέν, ᾗ δὲ μὴ τοιούτου σώματος πάθη καὶ ἐξ ἀφαιρέσεως, ὁ μαθηματικός, ᾗ δὲ κεχωρισμένα, ὁ πρῶτος φιλόσοφος; ἀλλ' ἐπανιτέον ὅθεν ὁ λόγος. ἐλέγομεν δὴ ὅτι τὰ πάθη τῆς ψυχῆς οὕτως ἀχώριστα τῆς φυσικῆς ὕλης τῶν ζῴων, ᾗ γε τοιαῦθ' ὑπάρχει <οἷα> θυμὸς καὶ φόβος, καὶ οὐχ ὥσπερ γραμμὴ καὶ ἐπίπεδον.

2 Ἐπισκοποῦντας δὲ περὶ ψυχῆς ἀναγκαῖον ἅμα, διαποροῦντας περὶ ὧν εὐπορεῖν δεῖ προελθόντας, τὰς τῶν προτέρων δόξας συμπαραλαμβάνειν ὅσοι τι περὶ αὐτῆς ἀπεφήναντο, ὅπως τὰ μὲν καλῶς εἰρημένα λάβωμεν, εἰ δέ τι μὴ καλῶς, τοῦτ' εὐλαβηθῶμεν. ἀρχὴ δὲ τῆς ζητήσεως προθέσθαι τὰ μάλιστα δοκοῦνθ' ὑπάρχειν αὐτῇ κατὰ φύσιν. τὸ ἔμψυχον δὴ τοῦ ἀψύχου δυοῖν μάλιστα διαφέρειν δοκεῖ, κινήσει τε καὶ τῷ αἰσθάνεσθαι. παρειλήφαμεν δὲ καὶ παρὰ τῶν προγενεστέρων σχεδὸν δύο ταῦτα περὶ ψυχῆς· φασὶ γὰρ ἔνιοι καὶ μάλιστα καὶ πρώτως ψυχὴν εἶναι τὸ κινοῦν. οἰηθέντες δὲ τὸ μὴ κινούμενον αὐτὸ μὴ ἐνδέχεσθαι κινεῖν ἕτερον, τῶν κινουμένων τι τὴν ψυχὴν ὑπέλαβον εἶναι. ὅθεν Δημόκριτος μὲν πῦρ τι καὶ θερμόν φησιν αὐτὴν εἶναι· ἀπείρων γὰρ ὄντων **404a**
σχημάτων καὶ ἀτόμων τὰ σφαιροειδῆ πῦρ καὶ ψυχὴν λέγει (οἷον ἐν τῷ ἀέρι τὰ καλούμενα ξύσματα, ἃ φαίνεται ἐν ταῖς διὰ τῶν θυρίδων ἀκτῖσιν), ὧν τὴν μὲν πανσπερμίαν στοιχεῖα λέγει τῆς ὅλης φύσεως (ὁμοίως δὲ καὶ Λεύκιππος), τούτων δὲ τὰ σφαιροειδῆ ψυχήν, διὰ τὸ μάλιστα διὰ παντὸς δύνασθαι διαδύνειν τοὺς τοιούτους ῥυσμοὺς καὶ κινεῖν τὰ λοιπά,

15 ὁ **C**Σ: om. E   17 δὴ X et ut v. Σ: δὲ CEUT   οὕτως ἀχώριστα scripsi: οὔτε ὡς χωριστὰ E: οὐ χωριστὰ CXΣ: ἀχώριστα UP^{p}S^{c}T^{p} 18 ᾗ γε S^{c}: ᾗ δὴ E^{2}UP^{c}Σ: εἴ γε C: ἢ X   τοιαύτη X^{1} οἷα addidi   21 προδιελθόντας UP^{p}Σ: διελθόντας X   22 συμπαραλαμβάνειν EUP^{p}TΣ: περιλαμβάνειν CX   23 εἰρημένα . . . καλῶς om. E^{1} 26 δυεῖν E   δοκεῖ διαφέρειν X   29 πρώτως UXP^{c}Σ: πρῶτον CE   30 μὴ^{2} **C**T^{p}Σ: μηδεν E^{1}: μηδ' VyS^{1} 31 μὲν **C**E: om. T^{p}Σ   404^{a} 1 ὄντων CEUΣ: + τῶν XT^{p} 2–4 τὰ . . . ὧν del. Diels   4 θυρωμάτων P^{c} μὲν ET^{p}: om. **C**Σ   5 στοιχεῖα (στοιχεῖον ut v. X^{1}) λέγει hic **C**T^{p}: post φύσεως E

性，也许是工匠，比如建筑师或医生；而数学家则研究与质料不能分离的属性，但是，他会抽象地处理这些属性，而不将其局限于某种特定的物体之内；形而上学家研究的对象则是那些能够分离而自存的事物。[56]返回到我们论证的起点，[57]我们说过，灵魂的受动或属性是不能与动物的自然质料相分离的，只要它们是作为如怒气和恐惧这样的属性而出现，而不是如直线和平面那样。[58]

第 2 章

［**前人的观点**］在有关灵魂的研究中，我们必须直面这些令人棘手的疑难，[1]并在接下来的（探究）过程中寻求解决，并且与此同时必须收集那些早期哲学家们的意见，只要他们表达过对灵魂的一些观点，旨在取其精华，去其糟粕，吸取正确的观点，而小心留意或避免那些人云亦云的不正确的观点。研究的原则在于去着手发现或展示出那些看起来按其本性最属于灵魂的东西。那具有灵魂的存在和没有灵魂的存在看起来在最大程度上通过如下两点区分开来：[2]通过运动和感知活动。[3]这就是我们从早期哲学家们那里所继承下来的关于灵魂的两种主要特性。[4]

［**灵魂与运动**］因为有些人认为，灵魂在最大程度上和最首要的意义上来说是推动者或引起运动者；[5]并且因为他们相信，那自身不运动的东西并不能推动其他事物进行运动，所以，他们主张，灵魂是某种被运动或在运动中的事物。因此，德谟克利特根据此说而认为灵魂就是一种火，且是热的。由于其形状或其形式和原子是无限地多，[6]他便将球形的［原子］说成是火和灵魂，与所说的在空中漂浮的尘埃相似，[7]它们在透过窗户而照射进来的阳光的照耀下显露出来。[8]在这些原子中，他认为由此而出的“所有种子的混合”[9]就是整个自然的元素，留基伯也持相同看法。这些（原子）中球形的就是灵魂，[10]因为它们基于这样的形状可以在最大程度上穿过一切东西，且借着自身

κινούμενα καὶ αὐτά, ὑπολαμβάνοντες τὴν ψυχὴν εἶναι τὸ παρέχον τοῖς ζῴοις τὴν κίνησιν. διὸ καὶ τοῦ ζῆν ὅρον εἶναι τὴν ἀναπνοήν· συνάγοντος γὰρ τοῦ περιέχοντος τὰ σώματα καὶ ἐκθλίβοντος τῶν σχημάτων τὰ παρέχοντα τοῖς ζῴοις τὴν κίνησιν διὰ τὸ μηδ' αὐτὰ ἠρεμεῖν μηδέποτε, βοήθειαν γίνεσθαι θύραθεν ἐπεισιόντων ἄλλων τοιούτων ἐν τῷ ἀναπνεῖν· κωλύειν γὰρ αὐτὰ καὶ τὰ ἐνυπάρχοντα ἐν τοῖς ζῴοις ἐκκρίνεσθαι, συνανείργοντα τὸ συνάγον καὶ πηγνύον· καὶ ζῆν δὲ ἕως ἂν δύνωνται τοῦτο ποιεῖν. ἔοικε δὲ καὶ τὸ παρὰ τῶν Πυθαγορείων λεγόμενον τὴν αὐτὴν ἔχειν διάνοιαν· ἔφασαν γάρ τινες αὐτῶν ψυχὴν εἶναι τὰ ἐν τῷ ἀέρι ξύσματα, οἱ δὲ τὸ ταῦτα κινοῦν. περὶ δὲ τούτων εἴρηται ὅτι συνεχῶς φαίνεται κινούμενα, κἂν ᾖ νηνεμία παντελής. ἐπὶ ταὐτὸ δὲ φέρονται καὶ ὅσοι λέγουσι τὴν ψυχὴν τὸ αὑτὸ κινοῦν· ἐοίκασι γὰρ οὗτοι πάντες ὑπειληφέναι τὴν κίνησιν οἰκειότατον εἶναι τῇ ψυχῇ, καὶ τὰ μὲν ἄλλα πάντα κινεῖσθαι διὰ τὴν ψυχήν, ταύτην δ' ὑφ' ἑαυτῆς, διὰ τὸ μηθὲν ὁρᾶν κινοῦν ὃ μὴ καὶ αὐτὸ κινεῖται. ὁμοίως δὲ καὶ Ἀναξαγόρας ψυχὴν εἶναι λέγει τὴν κινοῦσαν, καὶ εἴ τις ἄλλος εἴρηκεν ὡς τὸ πᾶν ἐκίνησε νοῦς· οὐ μὴν παντελῶς γ' ὥσπερ Δημόκριτος. ἐκεῖνος μὲν γὰρ ἁπλῶς ταὐτὸν ψυχὴν καὶ νοῦν· τὸ γὰρ ἀληθὲς εἶναι τὸ φαινόμενον, διὸ καλῶς ποιῆσαι τὸν Ὅμηρον ὡς "Ἕκτωρ κεῖτ' ἀλλοφρονέων". οὐ δὴ χρῆται τῷ νῷ ὡς δυνάμει τινὶ περὶ τὴν ἀλήθειαν, ἀλλὰ ταὐτὸ λέγει ψυχὴν καὶ νοῦν.
404b Ἀναξαγόρας δ' ἧττον διασαφεῖ περὶ αὐτῶν· πολλαχοῦ μὲν γὰρ τὸ αἴτιον τοῦ καλῶς καὶ ὀρθῶς τὸν νοῦν λέγει, ἑτέρωθι

9–12 διὸ . . . κίνησιν om. X 12 βοήθειαν + γὰρ C^1 13 οὐρανόθεν C ἐπεισιόντων **C**$P^pS^pT^p\Sigma$: εἶτ' εἰσιόντων E 14 κωλύουσι X ταῦτα P^p ἐν om. Σ 16 δύνανται X^1 17 ἔφασκον X 19 περὶ δὲ] καὶ περὶ X^1 ὅτι UP^1: διότι $CEXT^p\Sigma$ 20 παντελῶς X 22 ουτω E^1 23 πάντα om. T^p 27 ἐκίνησε νοῦς $CET^p\Sigma$: ἐκίνησεν ὁ νοῦς UX 28 ταὐτὸν ψυχὴν **C**$P^pS^p\Sigma$: ψυχὴν ταὐτὸν E 29 ὡς EXΣ: + ὁ $CUP^pS^cT^p$ 31 λέγει + καὶ X 404b 1 διασαφῆ E πολλαχῆ E: πολλαχόθι T^p 2 τὸ αἴτιον γὰρ E^1

被推动或在运动中来推动其他事物；[11] 他们认为，灵魂就是那使动物运动的东西。因为这个原因，[他们也认为] 呼吸是有生命的一个标记。[12] 因为，当躯体四周 [的空气] 一起对它施加压力，并且挤压出那能够使动物运动起来的球状原子，又因为这些球状原子自身从未静止过；如此，这种情况可以帮助其他同样的球状原子在吸气时能够由外面而进入 [躯体]。这些 [原子] 通过防护或抵抗那 [四周空气] 的挤压和僵化而阻止那些寓于动物体内的球状原子被挤压出来。只要动物还能够做到这一点，那么它们就是有生命的。

毕达哥拉斯学派的学说看起来就含有这种思想。因为他们中的有些人说那在空气中的尘埃微粒就是灵魂，另外一些人认为，灵魂是推动这些尘埃微粒运动起来的东西。[13] 他们之所以对此作出这样的说明，是因为这些尘埃微粒看起来一直处于不断的运动之中，哪怕空气中平静地一点儿风都没有。那些认为灵魂就是在进行自我运动的人也会达致同样的观点。[14] 所有这些人似乎都认为，运动是灵魂的最为典型的特性，而所有的其他的一切都是通过灵魂被推动起来，而灵魂则由自身运动起来，因为，我们根本就不会看到一个自身不动却能推动他物运动者。

同样地，阿那克萨戈拉也主张，灵魂应是推动者，[15] 并且另外也有人与他一起主张，是理性在推动宇宙进行运动。但是，他并不完全同意德谟克利特的观点，因为后者认为，灵魂和理性乃是同一个事物，[16] 并且，他还说，那如此显现着的就是为真的。[17] 因此，[他认为] 荷马曾经非常准确地赋诗道："赫克托尔倒地陨落，然神智在别处"。[18] 德谟克利特并没有将理性视为一种相关于真理的潜能来使用，[19] 而是认为，灵魂与理性是同一的。阿那克萨戈拉对这个问题的表述更是词不达意，含混不清；尽管他在很多地方都说， 404b
理性是那些美与正确的事物的原因，[20] 而在别的地方又说，理性就

δὲ τοῦτον εἶναι τὴν ψυχήν· ἐν ἅπασι γὰρ ὑπάρχειν αὐτὸν τοῖς ζῴοις, καὶ μεγάλοις καὶ μικροῖς, καὶ τιμίοις καὶ ἀτιμοτέροις. οὐ φαίνεται δ' ὅ γε κατὰ φρόνησιν λεγόμενος νοῦς πᾶσιν ὁμοίως ὑπάρχειν τοῖς ζῴοις, ἀλλ' οὐδὲ τοῖς ἀνθρώποις πᾶσιν.

ὅσοι μὲν οὖν ἐπὶ τὸ κινεῖσθαι τὸ ἔμψυχον ἀπέβλεψαν, οὗτοι τὸ κινητικώτατον ὑπέλαβον τὴν ψυχήν· ὅσοι δ' ἐπὶ τὸ γινώσκειν καὶ τὸ αἰσθάνεσθαι τῶν ὄντων, οὗτοι δὲ λέγουσι τὴν ψυχὴν τὰς ἀρχάς, οἱ μὲν πλείους ποιοῦντες, ταύτας, οἱ δὲ μίαν, ταύτην, ὥσπερ Ἐμπεδοκλῆς μὲν ἐκ τῶν στοιχείων πάντων, εἶναι δὲ καὶ ἕκαστον ψυχὴν τούτων, λέγων οὕτως

γαίῃ μὲν γὰρ γαῖαν ὀπώπαμεν, ὕδατι δ' ὕδωρ,
αἰθέρι δ' αἰθέρα δῖαν, ἀτὰρ πυρὶ πῦρ ἀΐδηλον,
στοργῇ δὲ στοργήν, νεῖκος δέ τε νείκεϊ λυγρῷ.

τὸν αὐτὸν δὲ τρόπον καὶ Πλάτων ἐν τῷ Τιμαίῳ τὴν ψυχὴν ἐκ τῶν στοιχείων ποιεῖ· γινώσκεσθαι γὰρ τῷ ὁμοίῳ τὸ ὅμοιον, τὰ δὲ πράγματα ἐκ τῶν ἀρχῶν εἶναι. ὁμοίως δὲ καὶ ἐν τοῖς Περὶ φιλοσοφίας λεγομένοις διωρίσθη, αὐτὸ μὲν τὸ ζῷον ἐξ αὐτῆς τῆς τοῦ ἑνὸς ἰδέας καὶ τοῦ πρώτου μήκους καὶ πλάτους καὶ βάθους, τὰ δ' ἄλλα ὁμοιοτρόπως· ἔτι δὲ καὶ ἄλλως, νοῦν μὲν τὸ ἕν, ἐπιστήμην δὲ τὰ δύο (μοναχῶς γὰρ ἐφ' ἕν), τὸν δὲ τοῦ ἐπιπέδου ἀριθμὸν δόξαν, αἴσθησιν δὲ τὸν τοῦ στερεοῦ. οἱ μὲν γὰρ ἀριθμοὶ τὰ εἴδη αὐτὰ καὶ αἱ ἀρχαὶ ἐλέγοντο, εἰσὶ δ' ἐκ τῶν στοιχείων, κρίνεται δὲ τὰ πράγματα τὰ μὲν νῷ, τὰ δ' ἐπιστήμῃ, τὰ δὲ δόξῃ, τὰ δ'

3 τοῦτον . . . ψυχήν] τὸν νοῦν εἶναι ταὐτὸν τῇ ψυχῇ C   ἐν om. X   αὐτὸν ὑπάρχειν UXS^{p}T^p 5 δ'] νῦν (in ras.) δὲ E   6 ὑπάρχει ὁμοίως X   πᾶσιν EP^{p}S^{p}T^{p}Σ: om. **C**   8 τὸ om. X   ὑπέλαβον + εἶναι T^{p}Σ   9 τὸ^2 om. C   δὴ T^p 10 μὲν CET^{p}Σ: + οὖν UX   ποιοῦντες + τὰς ἀρχὰς ταύτας **C**T^{p}Σ   11 μὲν EXS^p: om. CUP^{c}T^p 12 ψυχὴν τούτων om. UX: τούτων ψυχήν T^p λέγων οὕτως om. C: οὕτω λέγων Σ   13 δ' om. E   14 δῖον XΣ   ἄδηλον E^1 15 στοργὴν δὲ στοργῇ X   δὲ] δέ τε Σ   τε] γε C   16 καὶ UXΣ: καὶ ὁ EP^p: om. C   Πλάτων hic EXP^{p}S^{p}Σ: post ψυχὴν CU   τὴν ψυχὴν ἐν τῷ Τιμαίῳ X et ut v. T^p ἐν om. E^1 21 τὰ δ' ἄλλα codd. P^{c}S^{c}Σ: τὰς δ' ἄλλας P^{p}T^p 23 ἐφ' ἓν EUT^{p}Σ: γίνεται X: om. C   24 αὐτὰ CEΣ: om. UX^1 αἱ om. **C**Σ

是灵魂，因为灵魂存在于所有动物中，既存在于体型硕大和体型娇小的，又存在于那些高贵的和卑微的动物中。[21]但是，看来那在思维或明智[22]的意义上所说的理性并非以同样的方式为所有动物所拥有，而且也不以千篇一律的方式而属于所有人。

［**灵魂与感知**］所有那些从运动或被推动的视角来考察赋有灵魂的生命体的人都接受了这样的观点，灵魂是那最能引起运动的事物；而那些从（生命体）认识和感觉到存在着的事物的方面来考察的人都认为，[23]灵魂就是这些本原，其中，有些人设立多个首要的本原，灵魂就是这些首要本原，另外的一些人则仅设立一个本原，灵魂便是此本原。[24]如此，尽管恩培多克勒主张，灵魂是由所有元素构成的，但是，每一个元素又皆可为灵魂，[25]他这样写道：

通过土我们看见土，通过水而看见水，
通过以太我们看见神性的以太，但是通过火看见焚毁一切的火，
通过友爱而理解爱，通过争吵而认识那可憎的争吵。[26]

同样地，柏拉图在《蒂迈欧》中也认为灵魂是由这些元素而构成的；因为他认为，相同者通过相同者被认识或同认识同，而事物就是由这些本原或原则而来。[27]同样地，在《论哲学》的讲稿中也做出了规定，[28]动物自身[29]是由“一”的理念与首要的长度、宽度和厚度的理念而构成的，其他事物也是如此产生的。[30]此外，他还有另外一种说法，即理性是一，知识是二，因为知识以唯一的一种方式走向一，而平面的数字则是意见，感觉乃是坚硬的或固体性的数字。尽管数字被理解为理念本身和本原，但是，它们仍然来自于元素。[31]事物有的通过理性、有的通过知识、有的通过意见，而有的

αἰσθήσει· εἴδη δ' οἱ ἀριθμοὶ οὗτοι τῶν πραγμάτων. ἐπεὶ δὲ καὶ κινητικὸν ἐδόκει ἡ ψυχὴ εἶναι καὶ γνωριστικὸν οὕτως, ἔνιοι συνέπλεξαν ἐξ ἀμφοῖν, ἀποφηνάμενοι τὴν ψυχὴν ἀριθμὸν κινοῦνθ' ἑαυτόν. διαφέρονται δὲ περὶ τῶν ἀρχῶν, τίνες καὶ πόσαι, μάλιστα μὲν οἱ σωματικὰς ποιοῦντες τοῖς ἀσωμάτους,
405a τούτοις δ' οἱ μίξαντες καὶ ἀπ' ἀμφοῖν τὰς ἀρχὰς ἀποφηνάμενοι. διαφέρονται δὲ καὶ περὶ τοῦ πλήθους· οἱ μὲν γὰρ μίαν οἱ δὲ πλείους λέγουσιν. ἑπομένως δὲ τούτοις καὶ τὴν ψυχὴν ἀποδιδόασιν· τὸ γὰρ κινητικὸν τὴν φύσιν τῶν πρώτων ὑπειλήφασιν, οὐκ ἀλόγως. ὅθεν ἔδοξέ τισι πῦρ εἶναι· καὶ γὰρ τοῦτο λεπτομερέστατόν τε καὶ μάλιστα τῶν στοιχείων ἀσώματον, ἔτι δὲ κινεῖταί τε καὶ κινεῖ τὰ ἄλλα πρώτως. Δημόκριτος δὲ καὶ γλαφυρωτέρως εἴρηκεν ἀποφαινόμενος διὰ τί τούτων ἑκάτερον· ψυχὴν μὲν γὰρ εἶναι ταὐτὸ καὶ νοῦν, τοῦτο δ' εἶναι τῶν πρώτων καὶ ἀδιαιρέτων σωμάτων, κινητικὸν δὲ διὰ μικρομέρειαν καὶ τὸ σχῆμα· τῶν δὲ σχημάτων εὐκινητότατον τὸ σφαιροειδὲς λέγει· τοιοῦτον δ' εἶναι τόν τε νοῦν καὶ τὸ πῦρ. Ἀναξαγόρας δ' ἔοικε μὲν ἕτερον λέγειν ψυχήν τε καὶ νοῦν, ὥσπερ εἴπομεν καὶ πρότερον, χρῆται δ' ἀμφοῖν ὡς μιᾷ φύσει, πλὴν ἀρχήν γε τὸν νοῦν τίθεται μάλιστα πάντων· μόνον γοῦν φησὶν αὐτὸν τῶν ὄντων ἁπλοῦν εἶναι καὶ ἀμιγῆ τε καὶ καθαρόν. ἀποδίδωσι δ' ἄμφω τῇ αὐτῇ ἀρχῇ, τό τε γινώσκειν καὶ τὸ κινεῖν, λέγων νοῦν κινῆσαι τὸ πᾶν. (ἔοικε δὲ καὶ Θαλῆς ἐξ ὧν ἀπομνημονεύουσι κινητικόν τι τὴν ψυχὴν ὑπολαβεῖν, εἴπερ τὴν λίθον ἔφη ψυχὴν ἔχειν, ὅτι τὸν σίδηρον κινεῖ.) Διογένης δ' ὥσπερ καὶ ἕτεροί τινες

27 ἐπειδὴ δὲ X   28 γνωριστικόν, οὕτως ἔνιοι edd.   31 μὲν] δὲ X   ἀσωμάτους **C**T^p: ἀσωμάτοις E   405a 2 τοῦ πλήθους **C**$P^p T^p$: τὸ πλῆθος E   4 τό + τε EX   7 ἔτι δὲ E^1: καὶ CT^p: ἔτι δὲ καὶ UX   τε om. C   8 ἀποφηνάμενος **C**Σ   9 ψυχὴ E   καὶ νοῦν] κινοῦν E^1 11 λεπτομέρειαν C   14 τε om. X   χρῆται CUS^c: χρῆσθαι EX   15 φύσει **C**S^c: φύσιν E   16 ἁπάντων T^p 17 τε om. C   20 ὑπολαβεῖν EXT^pΣ: ὑπολαμβάνειν CU   τὴν C$X^1 P^p S^p T^p$: τὸν EUΣ   ψυχὴν ἔφη U

则通过感觉被判断或区分出来。[32] 所说的这些数字就是这些事物的理念。另外，既然灵魂显得既是引起运动的能力或本原，且因此具有认识的能力，所以，有些人将这两者融合在一起而认为，[33] 灵魂就是自我运动着的数字。[34]

[**灵魂与本原**] 关于这些本原究竟是什么以及有多少，人们的看法不一而足；但是，最大的差异或分歧还是在于，有些人将首要本原 405a 设立为躯体性的或有形体的，有些人将本原设立为非躯体性的，[35] 这分歧还表现在上述两种人与那些将这两种本原混合在一起的人们之间，他们认为本原乃是来自于两者，即有形体的和无形体的东西。[36] 人们在有关本原的数目方面也是意见不一。有些人认为只有一个，另外一些人认为有多个。他们根据这些不同而对灵魂做出不同说明。因此，他们主张，那在其本性上来说就能引起运动的东西属于首要的本原之列，[37] 这其实不无道理。因此，对于某些人来说，[灵魂]就是火，因为火是最精微细密的、最大程度上非形体性的元素。[38] 除此之外，它本身既在运动中，又在原初的或首要的方式上推动他物运动。德谟克利特以一种胜于常人的更为微妙和详细的方式 [39] 揭示出了为什么火有这两个特性的原理。[40] 他说，灵魂与理性相同，[41] 灵魂属于那原初的和不可分割的物体，且因其精微细密之特性和形状而能够产生运动。他还认为，在所有的形状中，球形是最容易运动的形状，而理性与火就是这样的[球形]。阿那克萨戈拉似乎说过，灵魂与理性虽有不同，就像我们在前面所说过的那样，[42] 但是，他认为二者拥有同一种本性，只是他将理性设立为最大程度上的宇宙的首要本原。[43] 总而言之，他认为，只有理性是所有存在的事物中的唯一单纯的、不混杂的和纯粹的。[44] 他还将二者，即认识与运动，都赋予同一个首要本原，如此，他宣称，理性推动整个宇宙。

根据流传下来的记载，泰勒斯似乎认为，灵魂就是某种能够产生运动的东西，如果他确实说过，磁铁具有灵魂，因为它能够使铁运动起来。[45] 相反地，狄奥根尼认为，就像另外一些人所主张的，灵魂

ἀέρα, τοῦτον οἰηθεὶς πάντων λεπτομερέστατον εἶναι καὶ ἀρχήν· καὶ διὰ τοῦτο γινώσκειν τε καὶ κινεῖν τὴν ψυχήν, ᾗ μὲν πρῶτόν ἐστι, καὶ ἐκ τούτου τὰ λοιπά, γινώσκειν, ᾗ δὲ λεπτότατον, κινητικὸν εἶναι. καὶ Ἡράκλειτος δὲ τὴν ἀρχὴν εἶναί φησι ψυχήν, εἴπερ τὴν ἀναθυμίασιν, ἐξ ἧς τἆλλα συνίστησιν· καὶ ἀσωματώτατόν τε καὶ ῥέον ἀεί· τὸ δὲ κινούμενον κινουμένῳ γινώσκεσθαι. ἐν κινήσει δ' εἶναι τὰ ὄντα κἀκεῖνος ᾤετο καὶ οἱ πολλοί. παραπλησίως δὲ τούτοις καὶ Ἀλκμαίων ἔοικεν ὑπολαβεῖν περὶ ψυχῆς· φησὶ γὰρ αὐτὴν ἀθάνατον εἶναι διὰ τὸ ἐοικέναι τοῖς ἀθανάτοις· τοῦτο δ' ὑπάρχειν αὐτῇ ὡς ἀεὶ κινουμένῃ· κινεῖσθαι γὰρ καὶ τὰ θεῖα πάντα συνεχῶς ἀεί, σελήνην, ἥλιον, τοὺς ἀστέρας καὶ τὸν οὐρανὸν ὅλον. τῶν δὲ **405b** φορτικωτέρων καὶ ὕδωρ τινὲς ἀπεφήναντο, καθάπερ Ἵππων· πεισθῆναι δ' ἐοίκασιν ἐκ τῆς γονῆς, ὅτι πάντων ὑγρά. καὶ γὰρ ἐλέγχει τοὺς αἷμα φάσκοντας τὴν ψυχήν, ὅτι ἡ γονὴ οὐχ αἷμα· ταύτην δ' εἶναι τὴν πρώτην ψυχήν. ἕτεροι δ' αἷμα, καθάπερ Κριτίας, τὸ αἰσθάνεσθαι ψυχῆς οἰκειότατον ὑπολαμβάνοντες, τοῦτο δ' ὑπάρχειν διὰ τὴν τοῦ αἵματος φύσιν. πάντα γὰρ τὰ στοιχεῖα κριτὴν εἴληφε, πλὴν τῆς γῆς· ταύτην δ' οὐθεὶς ἀποπέφανται, πλὴν εἴ τις αὐτὴν εἴρηκεν ἐκ πάντων εἶναι τῶν στοιχείων ἢ πάντα.

ὁρίζονται δὴ πάντες τὴν ψυχὴν τρισὶν ὡς εἰπεῖν, κινήσει, αἰσθήσει, τῷ ἀσωμάτῳ· τούτων δ' ἕκαστον ἀνάγεται πρὸς τὰς ἀρχάς. διὸ καὶ οἱ τῷ γινώσκειν ὁριζόμενοι αὐτὴν ἢ στοιχεῖον ἢ ἐκ τῶν στοιχείων ποιοῦσι, λέγοντες παραπλησίως ἀλλήλοις, πλὴν ἑνός· φασὶ γὰρ γινώσκεσθαι τὸ ὅμοιον τῷ ὁμοίῳ· ἐπειδὴ γὰρ ἡ

22 λεπτομερέστερον X 24 τὰ] καὶ τὰ C λεπτότατον EUX et ut v. Σ: λεπτομερέστατον CP^{p}Σ 27 τε EΣ: δὲ **C** καὶ + τὸ X τὰ δὲ κινούμενα C: κινουμένῳ E^{1} 28 κἀκεῖνός + τε UX 28–29 καὶ οἱ πολλοὶ ᾤοντο X 405b 3 πάντη Σ 4–5 ὅτι . . . ψυχήν om. X 5 τὴν EΣ: om. CU 6 καθάπερ + καὶ T^{p} ψυχῆς] τῆς ψυχῆς T^{p}Σ 7 ὑπολαβόντες X 8 γὰρ] οὖν Σ: δ' οὖν T^{p} 9 ἀποπέφανται CET^{p}: ἀποφαίνεται UX 10 ἢ + ὃς E^{1}Σ 11 δὴ T^{p}: δὲ codd. τὴν EXT^{p}Σ: om. CU 13 ἢ^{1} om. X 15 τὸ ὅμοιον γινώσκεσθαι τῷ ὁμοίῳ CU: γινώσκεσθαι τῷ ὁμοίῳ τὸ ὅμοιον X ἡ om. EX

是空气，因为他相信，空气才是所有事物中最为微妙而细密的存在和本原；[46] 通过空气，灵魂才能够认识和运动。由于空气属于原初之物，而且其他所有存在都是源自于空气，在此意义上，灵魂才会进行认识活动；而由于空气是最为精细的东西，所以它能够引起运动。[47]

赫拉克利特也认为，灵魂就是本原，如果它的确就是向上升腾着的气体，并且所有其他事物都是由这水汽而构成；他还认为，空气是最为非形体性的东西，而且川流不息，永不停止。[48] 那在运动中的事物是通过在运动中的事物被认识的。[49] 他本人还有很多其他人 [50] 都相信，所有存在的事物都处于运动中。同样地，阿尔克迈翁似乎也有过关于灵魂的相似性的主张。[51] 他认为，灵魂本身是不死的，因为灵魂类似于那些不朽的存在；灵魂之所以是不死的，是因为它始终处于运动之中。因为那神性的存在也始终处于连续不断的运动之中，月亮、太阳、星辰以及整个天穹。[52]

在那些思维比较粗略的 [53] 思想家中，有一些宣称灵魂就是水， 405b
比如希朋。[54] 他们好似通过对种子的观察而达到了这样的确信主张，即所有事物的种子都是湿润的。[55] 他甚至反驳了那些主张灵魂就是血液的人，因为种子并不是血液，而种子乃是最初的灵魂。另外一些人宣称，灵魂就是血液，比如克利底亚斯，[56] 并且他们还这样预设，灵魂的感觉活动在最大程度上是属于灵魂的本有特性，灵魂拥有这个特性乃是因为血液的本性。[57] 事实上，除了土元素外，所有的其他元素都发现了自己的拥护者，[58] 因为至今都无人宣称［灵魂］是土，除非有人认为，灵魂是由所有元素构成的，或者就是所有元素。[59]

［**结论**］总而言之，所有人都通过如下三种［特性］来界定灵魂，即通过运动、感觉、非躯体性，而其中的每一个特性都可以诉诸于最初本原。[60] 因此，那些通过认识来界定灵魂的人或者将灵魂视为一种元素或者出于元素，而且他们所说的主张彼此甚为相似，只有一位独异于诸家。[61] 因为他们认为，相同者只能通过相同者被认识；[62] 既然灵魂认识所有事物，他们就因此认为灵魂是由所有本原而构成。所有那

ψυχὴ πάντα γινώσκει, συνιστᾶσιν αὐτὴν ἐκ πασῶν τῶν ἀρχῶν. ὅσοι μὲν οὖν μίαν τινὰ λέγουσιν αἰτίαν καὶ στοιχεῖον ἕν, καὶ τὴν ψυχὴν ἓν τιθέασιν, οἷον πῦρ ἢ ἀέρα· οἱ δὲ πλείους λέγοντες τὰς ἀρχὰς καὶ τὴν ψυχὴν πλείω ποιοῦσιν. Ἀναξαγόρας δὲ μόνος ἀπαθῆ φησιν εἶναι τὸν νοῦν, καὶ κοινὸν οὐθὲν οὐθενὶ τῶν ἄλλων ἔχειν. τοιοῦτος δ' ὢν πῶς γνωριεῖ καὶ διὰ τίν' αἰτίαν, οὔτ' ἐκεῖνος εἴρηκεν οὔτ' ἐκ τῶν εἰρημένων συμφανές ἐστιν. ὅσοι δ' ἐναντιώσεις ποιοῦσιν ἐν ταῖς ἀρχαῖς, καὶ τὴν ψυχὴν ἐκ τῶν ἐναντίων συνιστᾶσιν· οἱ δὲ θάτερον τῶν ἐναντίων, οἷον θερμὸν ἢ ψυχρὸν ἤ τι τοιοῦτον ἄλλο, καὶ τὴν ψυχὴν ὁμοίως ἕν τι τούτων τιθέασιν. διὸ καὶ τοῖς ὀνόμασιν ἀκολουθοῦσιν, οἱ μὲν τὸ θερμὸν λέγοντες, ὅτι διὰ τοῦτο καὶ τὸ ζῆν ὠνόμασται, οἱ δὲ τὸ ψυχρόν, ‹διὰ τὸ› διὰ τὴν ἀναπνοὴν καὶ τὴν κατάψυξιν καλεῖσθαι ψυχήν. τὰ μὲν οὖν παραδεδομένα περὶ ψυχῆς, καὶ δι' ἃς αἰτίας λέγουσιν οὕτω, ταῦτ' ἐστίν.

Ἐπισκεπτέον δὲ πρῶτον μὲν περὶ κινήσεως· ἴσως γὰρ οὐ 3
μόνον ψεῦδός ἐστι τὸ τὴν οὐσίαν αὐτῆς τοιαύτην εἶναι οἵαν
406a φασὶν οἱ λέγοντες ψυχὴν εἶναι τὸ κινοῦν ἑαυτὸ ἢ δυνάμενον κινεῖν, ἀλλ' ἕν τι τῶν ἀδυνάτων τὸ ὑπάρχειν αὐτῇ κίνησιν. ὅτι μὲν οὖν οὐκ ἀναγκαῖον τὸ κινοῦν καὶ αὐτὸ κινεῖσθαι, πρότερον εἴρηται. διχῶς δὲ κινουμένου παντός—ἢ γὰρ καθ' ἕτερον ἢ καθ' αὑτό· καθ' ἕτερον δὲ λέγομεν ὅσα κινεῖται τῷ ἐν κινουμένῳ εἶναι, οἷον πλωτῆρες· οὐ γὰρ ὁμοίως κινοῦνται τῷ πλοίῳ· τὸ μὲν γὰρ καθ' αὑτὸ κινεῖται, οἱ δὲ τῷ ἐν κινουμένῳ εἶναι· δῆλον δ' ἐπὶ τῶν μορίων· οἰκεία μὲν γάρ ἐστι κίνησις ποδῶν βάδισις, αὕτη δὲ καὶ ἀνθρώπων· οὐχ ὑπάρχει δὲ τοῖς πλωτῆρσι τότε—διχῶς δὴ λεγομένου τοῦ κινεῖσθαι

16 συνίστησιν X   18 πλείω U   19 ποιοῦσιν EXΣ: λέγουσιν CU   22 ἐμφανές P[c]   24 συνιστᾶσιν post ψυχὴν C   25 οἷον om. E   ἄλλο . . . 26 τούτων om. E: ἄλλο om. X   27 μὲν **C**P[p]T[p]Σ: + γὰρ E   28 διὰ τὸ addidi   29 καλεῖσθαι ψυχὴν secludenda ci. Nötel   30 οὕτοι U   32 ἐστι om. X   406a 2 κινεῖν] κινοῦν X   7 τῷ ἐν] ἐν τῷ X   10 τόδε X   διχῶς **C**T[p]S[c] in *Phys.*: διττῶς E   δὴ S[c] in *Phys.* et fort. T[p]: δὲ codd.

些宣称只有一个原因和一种元素的人也将灵魂设立为一，比如火或者空气；而那些认为存在着多个本原的人，也就认为灵魂存在着多个。[63] 唯独阿纳克萨戈拉认为，理性是不受动的，[64] 而且它亦不会和任何其他事物有什么共同之处。如果［理性］有这样的特性，它是如何且通过何种原因来进行认识的，对这个问题他既没有说什么，又不能从他所说的观点中找到什么清晰的表述。至于所有那些将相反者的对子也视为在本原之列的人认为，灵魂就是由这些相反者构成的。[65] 而那些只是将这些相反者中的一方或另外一方视为本原的人就同样地将灵魂设立为相反者中的某一方，比如，热或冷抑或其他属于此类的东西。因为这个原因，他们以词源学为其有力支撑：一些人主张灵魂是热或热量，因为生命就是如此被命名的；[66] 而另外一些主张灵魂就是冷的人则认为，灵魂之所以被如此命名是基于呼吸和其冷却作用。[67] 这些就是流传下来的有关灵魂的诸家学说以及那些（早期哲学家）之如是说的由来。

第 3 章

［**反驳灵魂是自我运动者**］首先，我们必须研究有关运动的问题。有些人宣称灵魂是自我运动者或能够进行自我运动者，[1] 灵魂的本质就是这样的，正如那些人所描述的那样，这也许不仅是错误的，而且说灵魂具有运动之特性，这也是一件不可能的事。[2] 事实上，那使他物运动者不必自身也在运动中，我们在之前也已经说过这一点。[3] 另外，所有的事物不外乎以如下两种方式中的任何一种被推动起来：或者是基于他物，或者是基于自身。[4] 基于他物的运动，我们是指所有那些通过寓居于一个被运动的物体上而被运动起来的事物，比如水手。因为［水手们］并不像船那样以同样的方式被运动起来。其中一个是基于自身而被运动，另外一个则是因为处于一个正在运动的物体上。这在躯体的部分那里看起来尤为清楚。双脚的原本运动是行走，这也是人的本有运动。但是，这却不曾是水手们的本有运动。因此，鉴于“在运

νῦν ἐπισκοποῦμεν περὶ τῆς ψυχῆς εἰ καθ' αὑτὴν κινεῖται καὶ μετέχει κινήσεως. τεσσάρων δὲ κινήσεων οὐσῶν, φορᾶς ἀλλοιώσεως φθίσεως αὐξήσεως, ἢ μίαν τούτων κινοῖτ' ἂν ἢ πλείους ἢ πάσας. εἰ δὲ κινεῖται μὴ κατὰ συμβεβηκός, φύσει ἂν ὑπάρχοι κίνησις αὐτῇ· εἰ δὲ τοῦτο, καὶ τόπος· πᾶσαι γὰρ αἱ λεχθεῖσαι κινήσεις ἐν τόπῳ. εἰ δ' ἐστὶν ἡ οὐσία τῆς ψυχῆς τὸ κινεῖν ἑαυτήν, οὐ κατὰ συμβεβηκὸς αὐτῇ τὸ κινεῖσθαι ὑπάρξει, ὥσπερ τῷ λευκῷ ἢ τῷ τριπήχει· κινεῖται γὰρ καὶ ταῦτα, ἀλλὰ κατὰ συμβεβηκός· ᾧ γὰρ ὑπάρχουσιν, ἐκεῖνο κινεῖται, τὸ σῶμα. διὸ καὶ οὐκ ἔστι τόπος αὐτῶν· τῆς δὲ ψυχῆς ἔσται, εἴπερ φύσει κινήσεως μετέχει. ἔτι δ' εἰ φύσει κινεῖται, κἂν βίᾳ κινηθείη· κἂν εἰ βίᾳ, καὶ φύσει. τὸν αὐτὸν δὲ τρόπον ἔχει καὶ περὶ ἠρεμίας· εἰς ὃ γὰρ κινεῖται φύσει, καὶ ἠρεμεῖ ἐν τούτῳ φύσει· ὁμοίως δὲ καὶ εἰς ὃ κινεῖται βίᾳ, καὶ ἠρεμεῖ ἐν τούτῳ βίᾳ. ποῖαι δὲ βίαιοι τῆς ψυχῆς κινήσεις ἔσονται καὶ ἠρεμίαι, οὐδὲ πλάττειν βουλομένοις ῥᾴδιον ἀποδοῦναι. ἔτι δ' εἰ μὲν ἄνω κινήσεται, πῦρ ἔσται, εἰ δὲ κάτω, γῆ· τούτων γὰρ τῶν σωμάτων αἱ κινήσεις αὗται. ὁ δ' αὐτὸς λόγος καὶ περὶ τῶν μεταξύ. ἔτι δ' ἐπεὶ φαίνεται κινοῦσα τὸ σῶμα, ταύτας εὔλογον κινεῖν τὰς κινήσεις ἃς καὶ αὐτὴ κινεῖται. εἰ δὲ τοῦτο, καὶ ἀντιστρέψασιν εἰπεῖν ἀληθὲς ὅτι ἣν τὸ σῶμα κινεῖται, ταύτην καὶ αὐτή. τὸ δὲ σῶμα κινεῖται φορᾷ· **406b**
ὥστε καὶ ἡ ψυχὴ μεταβάλλοι ἂν κατὰ τόπον ἢ ὅλη ἢ κατὰ μόρια μεθισταμένη. εἰ δὲ τοῦτ' ἐνδέχεται, καὶ ἐξελθοῦσαν εἰσιέναι πάλιν ἐνδέχοιτ' ἄν· τούτῳ δ' ἕποιτ' ἂν τὸ

12 τριῶν Σ 13 φθίσεως **C**SᵖTᵖSᶜ in *Phys.*: om. E 15 ὑπάρχῃ U 18 ὑπάρξει **C**Σ: ὑπάρχει E[1] 19 τῷ om. EXΣ 20 ὡς E[1] 21 ἔστιν+ὁ C 23 εἰ . . . φύσει **C**SᵖΣ: βίᾳ κατὰ φύσιν E[1] 25 καὶ[1] om. C 26 ψυχῆς+αἱ C 27 πλάσσειν X 30 ἔτι δ' ἐπεὶ **C**Σ: ἔπειτα δ' εἰ E 31 ταύτας εὔλογον EΣ: εὔλογον ταύτας **C** 406b 1 αὕτη Σ κινεῖ U[1] φορᾷ EXΣ: φορὰν U et ut v. C[1] 2 τόπον Bonitz et ut v. Pᵖ: τὸ σῶμα codd. 3 ἐνδέχοιτο C 4 ἐνδέχοιτ' ἂν CEΣ: om. UX

动中”[5]是在双重的意义上被表述出来，我们现在对灵魂进行研究，即灵魂是否基于自身运动起来，以及是否［在其自身］分有运动。

因为运动有四种：位移运动、变化、衰败与增长，[6]所以，灵魂应该通过其中的一种、或多种、或所有这些运动形式被推动起来。如果灵魂不是在偶性的意义上进行运动，那么它就会自然地具有运动。如果是这样，那么它就会具有地方，因为上面所说的所有运动都发生在某个地方。[7]再者，如果灵魂的本质果真就是自我运动，那么运动就将不会在一种偶性的意义上属于灵魂，就像白与三肘长则是在偶性的意义上被推动。这些事物也被推动，但是却是在一种偶性的意义上被推动，因为它们所属之物——躯体是被推动的。因此，这些属性并不具有空间位置，但是，灵魂反倒将会有一个空间上的位置，既然它确实本性上就分有运动。另外，如果灵魂能够由其本性，自然而动，那么它也就能够通过外力被推动起来；如果能够通过外力被运动，那么也就能够本性使然地进行运动。[8]同样的情形也适用于静止；因为某物在本性上运动到哪里，它也就能由于本性而静止在哪里；同样地，某物通过外力被运动到哪里，它也就能通过外力而静止在哪里。[9]灵魂的那些由外力而引起的运动和静止究竟是哪般或有哪些，要给出这样的说明，实非易事，哪怕人们愿意运用想象之能事。[10]

另外，如果灵魂向上运动，那么它就会是火；如果向下运动，那么就会是土，因为这些运动就属于这些物体。同样的原理也适用于那些处于中间的元素。[11]除此之外，既然［灵魂］明显地推动躯体，那么我们就有理由认为，灵魂通过推动自身运动而引起［躯体］的运动。如果是这样，那么相反的说法也就是真的，即灵魂的 406b
自我运动与躯体被运动起来的运动是同一种。但是，躯体是通过空间上的位移运动被推动起来的，如此一来，灵魂会根据躯体而发生变化，灵魂或者在整体上或者在部分上发生变化。[12]如果这是可能的，那么灵魂就有可能从躯体内脱壳而出后再回到［躯体内］。这紧接着的后果将会是已经死去了的生命体会复活。[13]

ἀνίστασθαι τὰ τεθνεῶτα τῶν ζῴων. τὴν δὲ κατὰ συμβεβηκὸς κίνησιν κἂν ὑφ᾽ ἑτέρου κινοῖτο· ὠσθείη γὰρ ἂν βίᾳ τὸ ζῷον. οὐ δεῖ δὲ ᾧ τὸ ὑφ᾽ ἑαυτοῦ κινεῖσθαι ἐν τῇ οὐσίᾳ, τοῦθ᾽ ὑπ᾽ ἄλλου κινεῖσθαι, πλὴν εἰ μὴ κατὰ συμβεβηκός, ὥσπερ οὐδὲ τὸ καθ᾽ αὑτὸ ἀγαθὸν ἢ δι᾽ αὑτό, τὸ μὲν δι᾽ ἄλλο εἶναι, τὸ δ᾽ ἑτέρου ἕνεκεν. τὴν δὲ ψυχὴν μάλιστα φαίη τις ἂν ὑπὸ τῶν αἰσθητῶν κινεῖσθαι, εἴπερ κινεῖται. ἀλλὰ μὴν καὶ εἰ κινεῖ γε αὐτὴ αὑτήν, καὶ αὐτὴ κινοῖτ᾽ ἄν, ὥστ᾽ εἰ πᾶσα κίνησις ἔκστασίς ἐστι τοῦ κινουμένου ᾗ κινεῖται, καὶ ἡ ψυχὴ ἐξίσταιτ᾽ ἂν ἐκ τῆς οὐσίας, εἰ μὴ κατὰ συμβεβηκὸς ἑαυτὴν κινεῖ ἀλλ᾽ ἔστιν ἡ κίνησις τῆς οὐσίας αὐτῆς καθ᾽ αὑτήν. ἔνιοι δὲ καὶ κινεῖν φασὶ τὴν ψυχὴν τὸ σῶμα ἐν ᾧ ἐστιν, ὡς αὐτὴ κινεῖται, οἷον Δημόκριτος, παραπλησίως λέγων Φιλίππῳ τῷ κωμῳδοδιδασκάλῳ· φησὶ γὰρ τὸν Δαίδαλον κινουμένην ποιῆσαι τὴν ξυλίνην Ἀφροδίτην, ἐγχέαντ᾽ ἄργυρον χυτόν· ὁμοίως δὲ καὶ Δημόκριτος λέγει· κινουμένας γάρ φησι τὰς ἀδιαιρέτους σφαίρας διὰ τὸ πεφυκέναι μηδέποτε μένειν συνεφέλκειν καὶ κινεῖν τὸ σῶμα πᾶν. ἡμεῖς δ᾽ ἐρωτήσομεν εἰ καὶ ἠρέμησιν ποιεῖ τοῦτ᾽ αὐτό· πῶς δὲ ποιήσει, χαλεπὸν ἢ καὶ ἀδύνατον εἰπεῖν. ὅλως δ᾽ οὐχ οὕτω φαίνεται κινεῖν ἡ ψυχὴ τὸ ζῷον, ἀλλὰ διὰ προαιρέσεώς τινος καὶ νοήσεως.

τὸν αὐτὸν δὲ τρόπον καὶ ὁ Τίμαιος φυσιολογεῖ τὴν ψυχὴν κινεῖν τὸ σῶμα· τῷ γὰρ κινεῖσθαι αὐτὴν καὶ τὸ σῶμα κινεῖν διὰ τὸ συμπεπλέχθαι πρὸς αὐτό. συνεστηκυῖαν γὰρ ἐκ τῶν στοιχείων καὶ μεμερισμένην κατὰ τοὺς ἁρμονικοὺς ἀριθμούς, ὅπως αἴσθησίν τε σύμφυτον ἁρμονίας ἔχῃ καὶ τὸ πᾶν φέρηται

6 κἂν + καὶ X 8 μὴ **C**P^c: om. ES^p 9 εἶναι] ἐστὶ X 10 ἂν τις UX 11 αἰσθητικῶν C[1] εἰ om. C[1] 12 γε om. CUΣ εἰ] ἐπεὶ X 13 ἐξίσταιτ᾽ ἂν ET^p: ἐξισταίη ἂν C et ut v. Σ: ἐξίσταται UX 14 ἐκ om. C οὐσίας + αὐτῆς καθ᾽ αὑτὴν E[1]: + αὐτῆς T^pΣ: + ἑαυτῆς P^p ἑαυτὴν κινεῖ] κινεῖται P^c 15 αὐτῆς] αὐτὴ C 15–16 καὶ . . . ψυχὴν] τὴν ψυχὴν κινεῖν P^c 16 τὴν ψυχήν φασι CU 17 κωμοδιδασκάλῳ X 20 φησι om. X 22 τε καὶ CΣ ἐρωτήσομεν EΣ: ἐρωτήσωμεν CUX[1] ἠρέμησιν EΣ: ἠρεμήσειν CU: ἠρεμεῖν X 23 τοῦτ᾽ αὐτό **C**Σ: ταὐτὰ ταῦτα E[1] καὶ om. X 28 συμπεπλῆχθαι E 30 ἁρμονίαν Σ ἔχῃ] λάβῃ P^c

灵魂可以通过另外一个事物而被带入到偶性的运动中。[14] 动物可能会由于外力而被猛烈地推动。如若凭其自性就能被运动起来属于一物之本质，那么该物就必然地不用被他物所推动，除非在偶性［运动］的意义上，就像善自身或者基于自身的善必然地不会因为其他事物而是善的，也不会为了其他目的而是善的。[15]

我们应该这么说，灵魂在最大程度上被感觉对象所推动，如果它确实被推动的话。但是，事实上，如果灵魂推动其自身进行运动，那么它自身也就会被运动。因此，如果所有的运动都是一种被推动之物的挪离或从其走出，就其被推动来说，那么灵魂也就会从它的本质实体中脱壳而出，因为灵魂并不是在偶性的方式上运动自己，而是运动在其自身就属于［灵魂的］本质。[16]

甚至有些人宣称，灵魂推动它所寓居其内的躯体的方式恰如它运动自己一样，比如，德谟克利特像喜剧作家菲利普那样就说出过这样类似的言论。[17] 他曾说过，代达罗斯曾经通过将水银灌注到他所造的、木制的阿弗洛狄特内而使其运动起来。[18] 德谟克利特也说过类似的话：他宣称，那不可分割的球体凭其自性就永不会停留静止，而是［同时］带动整个躯体运动起来。[19] 我们将会追问，这些球形体是否也会让躯体静止下来呢？[20] 但是，它将如何做到这一点呢，这是十分困难的，甚至是不可能得到回答的问题。概而言之，灵魂看起来并不是以这种方式来推动生命体进行运动的，而是通过某种决定以及思想活动。[21]

［**反驳柏拉图在《蒂迈欧》中的观点**］蒂迈欧[22] 以同样的方式提出了一个物理学的[23] 解释来论述灵魂如何推动躯体运动：灵魂通过自身运动也推动着躯体进行运动，因为灵魂与躯体缠结在一起。[24] 造物神——德米乌尔格由元素造成灵魂，[25] 并根据和谐的数字将其分割，[26] 如此，它才会有一种对和谐的天生感觉，并且就连整个宇宙都可以在一种和谐的运动中得以生成，[27] 之后，造物神便将直线的运动轨道弯曲成了圆形的运动轨道。然后，他又将这一个圆形

συμφώνους φοράς, τὴν εὐθυωρίαν εἰς κύκλον κατέκαμψεν· καὶ διελὼν ἐκ τοῦ ἑνὸς δύο κύκλους δισσαχῇ συνημμένους πάλιν τὸν ἕνα διεῖλεν εἰς ἑπτὰ κύκλους, ὡς οὔσας τὰς τοῦ 407^a οὐρανοῦ φορὰς τὰς τῆς ψυχῆς κινήσεις. πρῶτον μὲν οὖν οὐ καλῶς τὸ λέγειν τὴν ψυχὴν μέγεθος εἶναι· τὴν γὰρ τοῦ παντὸς δῆλον ὅτι τοιαύτην εἶναι βούλεται οἷόν ποτ' ἐστὶν ὁ καλούμενος νοῦς (οὐ γὰρ δὴ οἷόν γ' ἡ αἰσθητική, οὐδ' οἷον ἡ ἐπιθυμητική· τούτων γὰρ ἡ κίνησις οὐ κυκλοφορία)· ὁ δὲ νοῦς εἷς καὶ συνεχὴς ὥσπερ καὶ ἡ νόησις· ἡ δὲ νόησις τὰ νοήματα· ταῦτα δὲ τῷ ἐφεξῆς ἕν, ὡς ὁ ἀριθμός, ἀλλ' οὐχ ὡς τὸ μέγεθος· διόπερ οὐδ' ὁ νοῦς οὕτω συνεχής, ἀλλ' ἤτοι ἀμερὴς ἢ οὐχ ὡς μέγεθός τι συνεχής. πῶς γὰρ δὴ καὶ νοήσει, μέγεθος ὤν; πότερον ὁτῳοῦν τῶν μορίων τῶν αὑτοῦ, μορίων δ' ἤτοι κατὰ μέγεθος ἢ κατὰ στιγμήν, εἰ δεῖ καὶ τοῦτο μόριον εἰπεῖν; εἰ μὲν οὖν κατὰ στιγμήν, αὗται δ' ἄπειροι, δῆλον ὡς οὐδέποτε διέξεισιν· εἰ δὲ κατὰ μέγεθος, πολλάκις ἢ ἀπειράκις νοήσει τὸ αὐτό. φαίνεται δὲ καὶ ἅπαξ ἐνδεχόμενον. εἰ δ' ἱκανὸν θιγεῖν ὁτῳοῦν τῶν μορίων, τί δεῖ κύκλῳ κινεῖσθαι, ἢ καὶ ὅλως μέγεθος ἔχειν; εἰ δ' ἀναγκαῖον νοῆσαι τῷ ὅλῳ κύκλῳ θιγόντα, τίς ἐστιν ἡ τοῖς μορίοις θίξις; ἔτι δὲ πῶς νοήσει τὸ μεριστὸν ἀμερεῖ ἢ τὸ ἀμερὲς μεριστῷ; ἀναγκαῖον δὲ τὸν νοῦν εἶναι τὸν κύκλον τοῦτον· νοῦ μὲν γὰρ κίνησις νόησις, κύκλου δὲ περιφορά· εἰ οὖν ἡ νόησις περιφορά, καὶ νοῦς ἂν εἴη ὁ κύκλος οὗ ἡ τοιαύτη περιφορὰ νόησις. ἀεὶ δὲ δὴ τί νοήσει (δεῖ γάρ, εἴπερ ἀΐδιος ἡ περιφορά); τῶν μὲν γὰρ πρακτικῶν νοήσεων ἔστι πέρατα (πᾶσαι γὰρ ἑτέρου χάριν), αἱ δὲ

32 κύκλους δύο E: εἰς δύο κύκλους C   407^a 2 καλῶς] εἰ T^p 4 βούλεται εἶναι X   οἷον ex οἷος corr. C^1 5 ἡ^1 om. X   7 ἡ δὲ νόησις] καὶ X   8 τῷ] τὸ C   ὁ EP^{p}S^c: om. **C**Σ   τὸ om. Σ   10 μέγεθός τι] τὸ μέγεθος S^c 11 πότερον om. **C**   τῶν μορίων] μορίῳ E^1 τῶν^2 om. Σ   12 ταῦτα μόρια S^c εἰπεῖν **C**EΣ: λέγειν S^{c}T^p 15 εἰ δὴ X   16 καὶ om. U   19 δὲ] τε X   21–22 ὁ κύκλος εἴη X   22 νόησις om. Σ, an recte?   τί S^p: τι P^{p}Σ   23 γὰρ CEP^{p}S^{p}T^{p}Σ: + ποιητικῶν καὶ UX

轨道分成两个，并使其在两个不同的点上相交，[28] 之后，他再次将 407a
其中的一个［圆形］分成七个圆形，如此，天穹的运行轨道就会是灵魂的运动。[29]

首先，那认为灵魂是某种有大小的东西的说法是不正确的。[30] 因为，很明显的是，他（德米乌尔格）愿意这种灵魂——宇宙灵魂就是我们所说的理性灵魂，[31] 所以，理性与感觉灵魂或欲望灵魂实不相同；[32] 因为这两种灵魂的本有运动不是圆周旋转的。[33] 但是，理性则是单一而延续无间的，按照就像思维活动的方式而运动，而思维就等同于被思维对象。这些思维对象通过前后的相续而是一个整体，就像数字那样，而不是像有量度的东西那样。[34] 因此，这也是为什么理性不是在这种方式上是连续无间的，而是它或者是没有部分的，或者并不是像一个有广延的东西那样是连续一体的。

如果灵魂是有量度的，那么它该如何来思维呢？凭借它自身的任意一个部分么？这样的话，部分是作为某种量度，还是作为点呢？如果我们姑且将点也视为一个部分的话。[35] 如果我们将点视为部分，而这些点又可以是无限地多，那么很清楚的是，灵魂将绝不会穷尽它们；如果我们在量度的意义上来理解部分，那么灵魂就会多次，甚至无数次地思维同一个对象。但是，很明显的是，（灵魂）可以仅一次地思维某个对象。如果［灵魂或理性］能够凭借这些部分中的任意一个部分足以接触到思想对象，那么它为什么还有必要按照圆形轨道来运动呢？或者为什么它又必须要有大小之量度呢？如果理性必须通过接触到整个圆形轨道才能进行思维活动，那么通过部分而有的接触又是为哪般呢？除此之外，［理性］应当如何通过不可分的事物来认识那可分的事物？或者如何通过可分的事物来认识那不可分的事物呢？[36]

但是，理性必然地就是这个圆周运动，因为理性的运动就是思维活动，而圆周的运动就是旋转。如果思维活动就是旋转，那么理性就应该是这圆周，因为这样的一种旋转就属于圆周。[37] 但是，理性始终在思维着的对象是什么呢？因为，事实上，这种圆周运动是永恒的，那理性必然地会永恒地思想。因为所有实践的思想有其界

θεωρητικαὶ τοῖς λόγοις ὁμοίως ὁρίζονται· λόγος δὲ πᾶς ὁρισμὸς ἢ ἀπόδειξις· ἡ μὲν οὖν ἀπόδειξις καὶ ἀπ' ἀρχῆς καὶ ἔχουσά πως τέλος, τὸν συλλογισμὸν ἢ τὸ συμπέρασμα (εἰ δὲ μὴ περατοῦνται, ἀλλ' οὐκ ἀνακάμπτουσί γε πάλιν ἐπ' ἀρχήν, προσλαμβάνουσαι δ' ἀεὶ μέσον καὶ ἄκρον εὐθυποροῦσιν· ἡ δὲ περιφορὰ πάλιν ἐπ' ἀρχὴν ἀνακάμπτει)· οἱ δ' ὁρισμοὶ πάντες πεπερασμένοι. ἔτι εἰ ἡ αὐτὴ περιφορὰ πολλάκις, δεήσει πολλάκις νοεῖν τὸ αὐτό. ἔτι δ' ἡ νόησις ἔοικεν ἠρεμήσει τινὶ καὶ ἐπιστάσει μᾶλλον ἢ κινήσει· τὸν αὐτὸν δὲ τρόπον καὶ ὁ συλλογισμός. ἀλλὰ μὴν οὐδὲ μακάριόν γε τὸ μὴ ῥᾴ-
407b διον ἀλλὰ βίαιον· εἰ δ' ἐστὶν ἡ κίνησις αὐτῆς ᾗ οὐσία, παρὰ φύσιν ἂν κινοῖτο. ἐπίπονον δὲ καὶ τὸ μεμῖχθαι τῷ σώματι μὴ δυνάμενον ἀπολυθῆναι, καὶ προσέτι φευκτόν, εἴπερ βέλτιον τῷ νῷ μὴ μετὰ σώματος εἶναι, καθάπερ εἴωθέ τε λέγεσθαι καὶ πολλοῖς συνδοκεῖ. ἄδηλος δὲ καὶ τοῦ κύκλῳ φέρεσθαι τὸν οὐρανὸν ἡ αἰτία· οὔτε γὰρ τῆς ψυχῆς ἡ οὐσία αἰτία τοῦ κύκλῳ φέρεσθαι, ἀλλὰ κατὰ συμβεβηκὸς οὕτω κινεῖται, οὔτε τὸ σῶμα αἴτιον, ἀλλ' ἡ ψυχὴ μᾶλλον ἐκείνῳ. ἀλλὰ μὴν οὐδ' ὅτι βέλτιον λέγεται· καίτοι γ' ἐχρῆν διὰ τοῦτο τὸν θεὸν κύκλῳ ποιεῖν φέρεσθαι τὴν ψυχήν, ὅτι βέλτιον αὐτῇ τὸ κινεῖσθαι τοῦ μένειν, κινεῖσθαι δ' οὕτως ἢ ἄλλως.

ἐπεὶ δ' ἐστὶν ἡ τοιαύτη σκέψις ἑτέρων λόγων οἰκειοτέρα, ταύτην μὲν ἀφῶμεν τὸ νῦν. ἐκεῖνο δὲ ἄτοπον συμβαίνει καὶ τούτῳ τῷ λόγῳ καὶ τοῖς πλείστοις τῶν περὶ ψυχῆς· συνάπτουσι γὰρ καὶ τιθέασιν εἰς σῶμα τὴν ψυχήν, οὐθὲν προσδιορίσαντες διὰ τίν' αἰτίαν καὶ πῶς ἔχοντος τοῦ σώματος. καίτοι δόξειεν ἂν τοῦτ' ἀναγκαῖον εἶναι· διὰ γὰρ τὴν

26 αἱ μὲν οὖν ἀποδείξεις ut v. Σ: αἱ δ' ἀποδείξεις **C** 27 ἔχουσα ES^{p}: ἔχουσι **C** 29 προσλαμβάνουσαι **C**P^{c}Σ: προσαναλαμβάνουσαι E^{1} 30 θ' Christ 31 ἔτι δ' εἰ ἡ αὐτὴ φορὰ X 407^{b} 1 ᾗ Torstrik: μὴ codd. P^{p}S^{c}Σ: om. T^{p} παρὰ] καὶ παρὰ X 2 ἂν κινοῖτο ES^{c}: κινοῖτ' ἂν **C** 3 φευκτέον ἐπείπερ Σ 9 ἐκεῖνο C γ' om. EΣ 10 ποιεῖν κύκλῳ C 13 ἀφίεμεν E 14 τῶν **C**T^{p}: τοῖς E^{1}Σ 15 οὐδὲ X^{1} 16 τίν'] τὴν E^{1} 17 δόξειεν Σ: δόξειε E^{1}: δόξειέ γ' **C**

限，它们都是为了另外的某个事物，[38] 而理论的思想通过类似于概念或原理的方式那样被界定。所有概念或者都是定义，或者都是证明。实际上，证明是从一个始点开始，而在一定程度上有一个终点，即演绎推理或者结论；[39] 如果一个证明并未达其终点，那么它就绝不会再次回到其始点，而是会选取另外一个中项和端项一直往前推衍下去，但是，圆周运动则会重新回到始点，周而复始。[40] 所有的定义都是有限定的。

除此之外，如果这同样的圆周运动可以多次发生，那么理性也就必然地会屡屡思维同一个对象。[41] 另外，与其说思维活动是某种运动，不如说更像是某种静止状态，更多地是在某物那里的停留。同样的情况也适用于演绎推理。[42] 但是，如果这运动并不是一件易事，而是要受到外力之强迫才能实现，[43] 那么这实际上就不是一件受神明祝福的幸事了。[44] 如果灵魂的运动就实体来说属于灵魂，那么思维运动就可能违反它的自然本性了。[45] 而且与躯体混合在一起，无法与其分离，[46] 这对它来说也是一件劳累不堪的事情。除此之外，这也实属应当逃避之事，如果对于理性来说，不与躯体混合是更好的，就像人们惯常所宣称的，并被很多人所接受的那样。[47]

再者，天穹的圆周运动的原因是不清楚的，因为既非灵魂的本质是圆周运动的原因，灵魂更多地是在偶性或随附的意义上被运动起来的，亦非躯体是圆周运动的原因，相反地，灵魂对躯体来说是原因。[48] 除此之外，这种圆周运动也没有被说成是更好的。[49] 但是，这也许是出于某种必然，神之所以推动灵魂进行圆周运动，是因为运动对它来说比静止不动更好，而且以这种方式运动比以别种方式被运动起来更好。

既然这种考察更适宜于其他的论题，[50] 就让我们现在先把这个考察搁置一边，暂止于此。无论是在这个论证中，还是在其他的有关灵魂的大多数表述里，都恰巧蕴含着某种荒谬的观点，因为他们把灵魂置入到一个躯体内，且将二者结合起来，却没有对其中的原因以及躯体的状况另加说明。然而，这个说明看起来又是十分必要

κοινωνίαν τὸ μὲν ποιεῖ τὸ δὲ πάσχει καὶ τὸ μὲν κινεῖται τὸ δὲ κινεῖ, τούτων δ' οὐθὲν ὑπάρχει πρὸς ἄλληλα τοῖς τυχοῦσιν. οἱ δὲ μόνον ἐπιχειροῦσι λέγειν ποῖόν τι ἡ ψυχή, περὶ δὲ τοῦ δεξομένου σώματος οὐθὲν ἔτι προσδιορίζουσιν, ὥσπερ ἐνδεχόμενον κατὰ τοὺς Πυθαγορικοὺς μύθους τὴν τυχοῦσαν ψυχὴν εἰς τὸ τυχὸν ἐνδύεσθαι σῶμα· δοκεῖ γὰρ ἕκαστον ἴδιον ἔχειν εἶδος καὶ μορφήν. παραπλήσιον δὲ λέγουσιν ὥσπερ εἴ τις φαίη τὴν τεκτονικὴν εἰς αὐλοὺς ἐνδύεσθαι· δεῖ γὰρ τὴν μὲν τέχνην χρῆσθαι τοῖς ὀργάνοις, τὴν δὲ ψυχὴν τῷ σώματι.

4 Καὶ ἄλλη δέ τις δόξα παραδέδοται περὶ ψυχῆς, πιθανὴ μὲν πολλοῖς οὐδεμιᾶς ἧττον τῶν λεγομένων, λόγον δ' ὥσπερ εὐθύνοις δεδωκυῖα κἀν τοῖς ἐν κοινῷ γινομένοις λόγοις. ἁρμονίαν γάρ τινα αὐτὴν λέγουσι· καὶ γὰρ τὴν ἁρμονίαν κρᾶσιν καὶ σύνθεσιν ἐναντίων εἶναι, καὶ τὸ σῶμα συγκεῖσθαι ἐξ ἐναντίων. καίτοι γε ἡ μὲν ἁρμονία λόγος τίς ἐστι τῶν μιχθέντων ἢ σύνθεσις, τὴν δὲ ψυχὴν οὐδέτερον οἷόν τ' εἶναι τούτων. ἔτι δὲ τὸ κινεῖν οὐκ ἔστιν ἁρμονίας, ψυχῇ δὲ 408a πάντες ἀπονέμουσι τοῦτο μάλισθ' ὡς εἰπεῖν. ἁρμόζει δὲ μᾶλλον καθ' ὑγιείας λέγειν ἁρμονίαν, καὶ ὅλως τῶν σωματικῶν ἀρετῶν, ἢ κατὰ ψυχῆς. φανερώτατον δ' εἴ τις ἀποδιδόναι πειραθείη τὰ πάθη καὶ τὰ ἔργα τῆς ψυχῆς ἁρμονίᾳ τινί· χαλεπὸν γὰρ ἐφαρμόζειν. ἔτι δ' εἰ λέγομεν τὴν ἁρμονίαν εἰς δύο ἀποβλέποντες, κυριώτατα μέν, τῶν μεγεθῶν ἐν τοῖς ἔχουσι κίνησιν καὶ θέσιν, τὴν σύνθεσιν αὐτῶν, ἐπειδὰν οὕτω συναρμόζωσιν ὥστε μηδὲν συγγενὲς παραδέχεσθαι,

18 ποιεῖ ET^{p}Σ: +τι **C** 23 εἶδος **C**P^{p}: +σῶμα ET^{p}Σ 24 παραπλήσιον CET^{p}Σ: παραπλησίως UX δή UX: δή τι CT 28 πολλοῖς EXT^{p}: +καὶ CUΣ ἧττον E: ἧσσον T^{p}: ἥττων **C** λόγον δὲ καὶ ὥσπερ εὐθύνας Susemihl λόγον Bergk: λόγους codd. Σ 29 εὐθύνοις Apelt: εὐθύνας codd. κἀν scripsi (καὶ ἐν Torstrik): καὶ codd. γινομένοις CEXS^{p}: λεγομένοις UP^{c}: γενομένοις ci. Susemihl λόγοις om. U 30 αὐτήν+τινες CΣ et ut v. P^{c} 32 γε om. EΣ 33 ἢ+καὶ C 408^{a} 1 πάντες ἀπονέμουσι EΣ: ἅπαντες ἀπονέμουσι UX: ἀπονέμουσιν ἅπαντες C τε X 2 ὑγείας X 3 φανερωτάτων E^{1} 5 εἰ] ἐπεὶ Σ 7 καὶ θέσιν καὶ X 8 συναρμοσθῶσιν X μηδὲν+μὴ Steinhart συγγενέσθαι E

的。正是基于它们之间的共同性，其中一个是起作用者，另一个是承受作用者，以及一个是被推动者，另一个则是推动者，其中的任何一个都不会属于那些只是偶然地彼此相关的东西。[51] 他们仅仅尝试去解释灵魂究竟是一种什么样的事物，而没有对接受灵魂的躯体做出任何进一步的界定，就好像毕达哥拉斯学派的神话所说的那样，任何一个灵魂都可以 [52] 随意地进入一个躯体内。[53] 因为，每一个有形之物都有专门属于它的形式或形状。[54] 但是，这个学派所说的就好像一个人在宣称，建筑术［木匠手艺］可以穿上 [55] 笛管的外形；事实上，技艺必须要使用它的器具，而灵魂则必须使用它的躯体。

第 4 章

［**反驳灵魂是一种和谐的理论**］有关灵魂的另外一个学说也被保存了下来，此学说的可信程度对很多人来说并不比那些我们已经论述过的任何一个学说显得逊色，[1] 而且它在那些公开举行的讨论中给出了论证，以接受审视。[2] 他们认为，灵魂就是某种和谐。因为他们说和谐就是相反者的混合和组合，而躯体就是由相反者混合而成的。[3]

事实上，和谐虽然是混合之物或组合之物的某种确切的比例，但是，灵魂绝不可能是两者中的任何一个。[4] 再者，引起运动或去推动并不属于和谐之特性，相反，就像所说的那样，人们都在最大程度上将这种特性赋予灵魂。[5] 再者，与其说将和谐用于灵魂，倒不如 408a
用于健康以及在整体上的身体方面的优良状态更为适宜。[6] 如果有人尝试通过某种和谐来解释灵魂的受动或属性和功能，这一点就变得愈加清楚了，因为这些很难达致彼此间的一种和谐。[7] 另外，我们可以通过重点考察以下两者来讨论和谐，其一，最为主要意义上的和谐是指那有广延的、有运动和位置的东西的混合，[8] 并且当它们这样紧密地彼此和谐一致时，它们就不能再接受任何同质或同类的

ἐντεῦθεν δὲ καὶ τὸν τῶν μεμιγμένων λόγον, οὐδετέρως μὲν οὖν εὔλογον, ἡ δὲ σύνθεσις τῶν τοῦ σώματος μερῶν λίαν εὐεξέταστος. πολλαί τε γὰρ αἱ συνθέσεις τῶν μερῶν καὶ πολλαχῶς· τίνος οὖν ἢ πῶς ὑπολαβεῖν τὸν νοῦν χρὴ σύνθεσιν εἶναι, ἢ καὶ τὸ αἰσθητικὸν ἢ ὀρεκτικόν; ὁμοίως δὲ ἄτοπον καὶ τὸ τὸν λόγον τῆς μίξεως εἶναι τὴν ψυχήν· οὐ γὰρ τὸν αὐτὸν ἔχει λόγον ἡ μίξις τῶν στοιχείων καθ' ἣν σὰρξ καὶ καθ' ἣν ὀστοῦν. συμβήσεται οὖν πολλάς τε ψυχὰς ἔχειν καὶ κατὰ πᾶν τὸ σῶμα, εἴπερ πάντα μὲν ἐκ τῶν στοιχείων μεμιγμένων, ὁ δὲ τῆς μίξεως λόγος ἁρμονία καὶ ψυχή. (ἀπαιτήσειε δ' ἄν τις τοῦτό γε καὶ παρ' Ἐμπεδοκλέους· ἕκαστον γὰρ αὐτῶν λόγῳ τινί φησιν εἶναι· πότερον οὖν ὁ λόγος ἐστὶν ἡ ψυχή, ἢ μᾶλλον ἕτερόν τι οὖσα ἐγγίνεται τοῖς μέρεσιν; ἔτι δὲ πότερον ἡ φιλία τῆς τυχούσης αἰτία μίξεως ἢ τῆς κατὰ τὸν λόγον, καὶ αὕτη πότερον ὁ λόγος ἐστὶν ἢ παρὰ τὸν λόγον ἕτερόν τι;) ταῦτα μὲν οὖν ἔχει τοιαύτας ἀπορίας. εἰ δ' ἐστὶν ἕτερον ἡ ψυχὴ τῆς μίξεως, τί δή ποτε ἅμα τὸ σαρκὶ εἶναι ἀναιρεῖται καὶ τὸ τοῖς ἄλλοις μορίοις τοῦ ζῴου; πρὸς δὲ τούτοις εἴπερ μὴ ἕκαστον τῶν μορίων ψυχὴν ἔχει, εἰ μὴ ἔστιν ἡ ψυχὴ ὁ λόγος τῆς μίξεως, τί ἐστιν ὃ φθείρεται τῆς ψυχῆς ἀπολιπούσης;

ὅτι μὲν οὖν οὔθ' ἁρμονίαν οἷόν τ' εἶναι τὴν ψυχὴν οὔτε κύκλῳ περιφέρεσθαι, δῆλον ἐκ τῶν εἰρημένων. κατὰ συμβεβηκὸς δὲ κινεῖσθαι, καθάπερ εἴπομεν, ἔστι καὶ κινεῖν ἑαυτήν, οἷον κινεῖσθαι μὲν ἐν ᾧ ἐστι, τοῦτο δὲ κινεῖσθαι ὑπὸ τῆς ψυχῆς· ἄλλως δ' οὐχ οἷόν τε κινεῖσθαι κατὰ τόπον αὐτήν. εὐλογώτερον δ' ἀπορήσειεν ἄν τις περὶ αὐτῆς ὡς κι-
408b νουμένης, εἰς τὰ τοιαῦτα ἀποβλέψας. φαμὲν γὰρ τὴν ψυχὴν

11 αἱ om. C μερῶν] πολλῶν C 12 χρὴ τὸν νοῦν CU 13 καὶ om. Σ ἢ + καὶ X τὸ τὸν Σ: τὸ² Vy²: τὸν CE 14 εἶναι τῆς μίξεως X 19 αὐτῶν + ἐν Σ 21 ἐγίνετο C μέλεσιν CU: μιχθεῖσιν XPᵖΣ ἡ φιλία πότερον X 22 τὸν om. PᵖSᵖΣ 25 ἅμα post ἀναιρεῖται UX τὸ EU¹ Al. ap. P, Pᶜ: τῷ CX 26 τὸ CE¹XPᶜSᵖ Al. ap. Pᵖ: om. U: τῷ y 27 ἡ om. Pᶜ 28 ᾧ Barco ἀπολιπούσης CEUTᵖ: ἀπολειπούσης XPᶜSᵖ

事物了；[9] 其二，和谐的另外一种延伸含义是指混合物的比例。[10] 但是，这两种有关和谐的说法没有一种［对于灵魂来说］是有道理的。将和谐视为躯体各部分的组合的观点是最容易被驳斥的：因为躯体部分之间的组合实属繁多，且以不同的方式进行组合。[11] 现在，我们该如何假定哪一部分的组合是理性呢？或者哪个部分的组合是感觉能力与欲求能力？[12] 同样地，那认为混合的比例就是灵魂的观点也是无稽之谈。因为对于肌肉和骨骼来说，元素的混合并没有一个同样的比例。若说所有躯体确实都是由混合一起的元素而构成，并且这种混合的比例就是和谐和灵魂的话，那么这将会导致如下结果，许多灵魂将会遍布全身之内。

既然恩培多克勒宣称每一个躯体部分都是通过一种确定的比例而存在，对此，人们当然可以向他提出这个疑问。[13] 灵魂是否就是这种比例？或者更多地是某种［额外地］进入到躯体部分中的东西？[14] 再者，友爱是否是任何混合的原因，抑或只是那些符合比例的混合物的原因？[15] 再者，友爱自身是否是比例？抑或是某种与比例不同的他物？这些观点就包含着这样的疑难。但是，如果灵魂是不同于这种混合物的，那么为什么血肉的本质以及动物的［躯体］部分之本质会一起随着灵魂而归于虚无了呢？[16] 另外，如果不是每个躯体部分都有一个灵魂，而且，如果灵魂是不同于混合之比例的他物，那么当灵魂离去［躯体］之后，是什么东西消亡而归于虚无了呢？

［**一个暂时的结论**］因此，灵魂既不是某种和谐，亦不可能在做圆周运动，这一点从上述分析中清晰可见。[17] 但是，就像我们之前所说过的那样，灵魂可以在偶性的意义上运动，[18] 而且灵魂［在偶性的意义上］推动自身进行运动，比如，如果当它所寓居其内的事物被推动起来，或者此物被灵魂所推动。另外的方式是不可能的，比如，在空间或位置上被推动。

如果一个人能够注意到如下考虑，那么他就更有理由提出一个 408b

λυπεῖσθαι χαίρειν, θαρρεῖν φοβεῖσθαι, ἔτι δὲ ὀργίζεσθαί τε καὶ αἰσθάνεσθαι καὶ διανοεῖσθαι· ταῦτα δὲ πάντα κινήσεις εἶναι δοκοῦσιν. ὅθεν οἰηθείη τις ἂν αὐτὴν κινεῖσθαι· τὸ δ᾽ οὐκ ἔστιν ἀναγκαῖον. εἰ γὰρ καὶ ὅτι μάλιστα τὸ λυπεῖσθαι ἢ χαίρειν ἢ διανοεῖσθαι κινήσεις εἰσί, καὶ ἕκαστον κινεῖσθαι τούτων, τὸ δὲ κινεῖσθαί ἐστιν ὑπὸ τῆς ψυχῆς, οἷον τὸ ὀργίζεσθαι ἢ φοβεῖσθαι τὸ τὴν καρδίαν ὡδὶ κινεῖσθαι, τὸ δὲ διανοεῖσθαι ἢ τὸ τοῦτο ἴσως ἢ ἕτερόν τι, τούτων δὲ συμβαίνει τὰ μὲν κατὰ φορὰν τινῶν κινουμένων, τὰ δὲ κατ᾽ ἀλλοίωσιν (ποῖα δὲ καὶ πῶς, ἕτερός ἐστι λόγος)—τὸ δὴ λέγειν ὀργίζεσθαι τὴν ψυχὴν ὅμοιον κἂν εἴ τις λέγοι τὴν ψυχὴν ὑφαίνειν ἢ οἰκοδομεῖν· βέλτιον γὰρ ἴσως μὴ λέγειν τὴν ψυχὴν ἐλεεῖν ἢ μανθάνειν ἢ διανοεῖσθαι, ἀλλὰ τὸν ἄνθρωπον τῇ ψυχῇ· τοῦτο δὲ μὴ ὡς ἐν ἐκείνῃ τῆς κινήσεως οὔσης, ἀλλ᾽ ὁτὲ μὲν μέχρι ἐκείνης, ὁτὲ δ᾽ ἀπ᾽ ἐκείνης, οἷον ἡ μὲν αἴσθησις ἀπὸ τωνδί, ἡ δ᾽ ἀνάμνησις ἀπ᾽ ἐκείνης ἐπὶ τὰς ἐν τοῖς αἰσθητηρίοις κινήσεις ἢ μονάς. ὁ δὲ νοῦς ἔοικεν ἐγγίνεσθαι οὐσία τις οὖσα, καὶ οὐ φθείρεσθαι. μάλιστα γὰρ ἐφθείρετ᾽ ἂν ὑπὸ τῆς ἐν τῷ γήρᾳ ἀμαυρώσεως, νῦν δ᾽ ὥσπερ ἐπὶ τῶν αἰσθητηρίων συμβαίνει· εἰ γὰρ λάβοι ὁ πρεσβύτης ὄμμα τοιονδί, βλέποι ἂν ὥσπερ καὶ ὁ νέος. ὥστε τὸ γῆρας οὐ τῷ τὴν ψυχήν τι πεπονθέναι, ἀλλ᾽ ἐν ᾧ, καθάπερ ἐν μέθαις καὶ νόσοις. καὶ τὸ νοεῖν δὴ καὶ τὸ θεωρεῖν μαραίνεται ἄλλου τινὸς ἔσω φθειρομένου, αὐτὸ δὲ ἀπαθές ἐστιν. τὸ δὲ διανοεῖσθαι καὶ φιλεῖν ἢ μισεῖν οὐκ ἔστιν ἐκείνου πάθη, ἀλλὰ τουδὶ τοῦ ἔχοντος ἐκεῖνο, ᾗ ἐκεῖνο ἔχει. διὸ καὶ τούτου φθειρομένου

408b 3 καὶ διανοεῖσθαι om. C 4 κίνησις C 5 ἐπεὶ Σ 7 τούτων] μᾶλλον C^1: τι X 8 ἢ + τὸ X τὸ[1] om. C: τῷ UX^1 9 ἢ τὸ τοῦτο (vel ἤτοι τοῦτο vel ἢ τὸ αὐτό) Bonitz: τὸ τοιοῦτον **C**EP^c ἢ ἴσως UXP^c 11 ποῖαι $EUXP^c$ δὴ] δὲ $ECXP^c$ 12 λέγῃ C 15 τούτῳ E οὔσης om. E^1 16 ὁτὲ[2] . . . ἐκείνης om. E^1 17 τῶνδε X ἐπεὶ E 19 οὖσα **C**T^c: om. $EP^c\Sigma$ ἐφθείρετ᾽ ἂν codd. T^c: ἂν ἐφθείρετο $P^c\Sigma$ 20 νυνὶ **C** ὥσπερ **C** et ut v. Σ: ὅπερ T^c: ἴσως ὅπερ E 22 βλέποιεν ἂν X καὶ $CEUP^pT^c$: om. $XS^c\Sigma$ 23 τι πεπονθέναι **C**EΣ: πεπονθέναι τι P^c: πεπονθέναι T^c 25 ἔσω codd. $P^cS^c\Sigma$: εἴσω T^c: ἐν ᾧ Bonitz 26 καὶ] ἢ Σ

关于灵魂是如何被推动起来的疑难：[19] 我们习惯于说灵魂在承受痛苦、感到高兴、有勇气、感到害怕，我们也说，灵魂在愤怒、在感觉着和在思维着；但是，所有这些看起来都是运动。因此，人们似乎有理由应该相信，灵魂在运动。[20] 但是并非必然如此。[21] 因为如果承受痛苦，或者感到高兴，或者是推论性的思维在最大程度上就是运动，这些中的每一个都是某种被推动，[22] 而被推动又都是由灵魂所引起，[23] 就像感到愤怒或者感到害怕就是心脏以这种方式被推动，[24] 如此，推论性的思维也许就是这个事物或那个事物被推动，[25] 这些运动在有些情况下是在空间的位移运动的意义上而发生的，在另外一些情况下则是因为变化而发生的 [26]（关于这些运动的种类和发生方式，这属于另外一个需要讨论的问题）。[27] 但是，说灵魂在愤怒就如某人说灵魂在编织布匹或者在建造房屋一样。因为，也许这样来表述更为恰当，即并非灵魂在怜悯、或在学习、或在进行推理性的思维，而毋宁说是人通过灵魂在做这些行动。[28] 但是，这并不表示，运动好似发生在灵魂中，而是，运动有时会直达灵魂内，有时会从灵魂出发，比如，感觉就是从这些对象那里出发，但回忆则是从灵魂出发，并延伸到在感觉器官中的运动和静止状态那里。[29]

［**理性能力的独特性**］理性看起来就像某种特定的实体而生成于我们之中，并且不会消亡。[30] 理性 [31] 在最大程度上可能会由于年老力衰而趋于毁灭，事实上，同样的情况也发生在感觉器官上。如果一位年迈的老人能够得到同样好的眼睛，那么他就能像年轻人那样目明眼亮了。因此，年老力衰并不在于灵魂承受了某些作用，而是在于它寓居于其内的躯体受到了影响，就像在醉酒状态和疾病中那样。但是，思维活动和沉思活动也会日渐衰微，以致消失，那是因为在内里的某些别的东西毁灭了，[32] 但是思维与沉思活动自身则不会受到影响。[33] 推理性的思维活动、[34] 爱或恨并不是理性的属性表现，而是属于拥有

οὔτε μνημονεύει οὔτε φιλεῖ· οὐ γὰρ ἐκείνου ἦν, ἀλλὰ τοῦ κοινοῦ, ὃ ἀπόλωλεν· ὁ δὲ νοῦς ἴσως θειότερόν τι καὶ ἀπαθές ἐστιν.

ὅτι μὲν οὖν οὐχ οἷόν τε κινεῖσθαι τὴν ψυχήν, φανερὸν ἐκ τούτων· εἰ δ' ὅλως μὴ κινεῖται, δῆλον ὡς οὐδ' ὑφ' ἑαυτῆς. πολὺ δὲ τῶν εἰρημένων ἀλογώτατον τὸ λέγειν ἀριθμὸν εἶναι τὴν ψυχὴν κινοῦνθ' ἑαυτόν· ὑπάρχει γὰρ αὐτοῖς ἀδύνατα πρῶτα μὲν τὰ ἐκ τοῦ κινεῖσθαι συμβαίνοντα, ἴδια δ' ἐκ τοῦ **409a** λέγειν αὐτὴν ἀριθμόν. πῶς γὰρ χρὴ νοῆσαι μονάδα κινουμένην, καὶ ὑπὸ τίνος, καὶ πῶς, ἀμερῆ καὶ ἀδιάφορον οὖσαν; ᾗ γάρ ἐστι κινητικὴ καὶ κινητή, διαφέρειν δεῖ. ἔτι δ' ἐπεί φασι κινηθεῖσαν γραμμὴν ἐπίπεδον ποιεῖν, στιγμὴν δὲ γραμμήν, καὶ αἱ τῶν μονάδων κινήσεις γραμμαὶ ἔσονται· ἡ γὰρ στιγμὴ μονάς ἐστι θέσιν ἔχουσα, ὁ δ' ἀριθμὸς τῆς ψυχῆς ἤδη πού ἐστι καὶ θέσιν ἔχει. ἔτι δ' ἀριθμοῦ μὲν ἐὰν ἀφέλῃ τις ἀριθμὸν ἢ μονάδα, λείπεται ἄλλος ἀριθμός· τὰ δὲ φυτὰ καὶ τῶν ζῴων πολλὰ διαιρούμενα ζῇ καὶ δοκεῖ τὴν αὐτὴν ψυχὴν ἔχειν τῷ εἴδει. δόξειε δ' ἂν οὐθὲν διαφέρειν μονάδας λέγειν ἢ σωμάτια μικρά· καὶ γὰρ ἐκ τῶν Δημοκρίτου σφαιρίων ἐὰν γένωνται στιγμαί, μόνον δὲ μένῃ τὸ ποσόν, ἔσται τι ἐν αὐτῷ τὸ μὲν κινοῦν τὸ δὲ κινούμενον, ὥσπερ ἐν τῷ συνεχεῖ· οὐ γὰρ διὰ τὸ μεγέθει διαφέρειν ἢ μικρότητι συμβαίνει τὸ λεχθέν, ἀλλ' ὅτι ποσόν· διὸ ἀναγκαῖον εἶναί τι τὸ κινῆσον τὰς μονάδας. εἰ δ' ἐν τῷ ζῴῳ τὸ κινοῦν ἡ ψυχή, καὶ ἐν τῷ ἀριθμῷ, ὥστε οὐ τὸ κινοῦν καὶ τὸ κινούμενον ἡ ψυχή, ἀλλὰ τὸ κινοῦν μόνον. ἐνδέχεται δὲ δὴ πῶς μονάδα ταύτην εἶναι; δεῖ γὰρ ὑπάρχειν τινὰ αὐτῇ διαφορὰν πρὸς τὰς ἄλλας, στιγμῆς δὲ μοναδικῆς τίς ἂν εἴη

31 εἰ . . . κινεῖται om. C^1 34 πρῶτα CEUS^{c}Σ: πρῶτον XT^p ἴδια EP^{p}S^{c}Σ: ἰδία **C**T^p an δὲ τὰ ἐκ? 409^a 3 ᾗ Σ: ἡ E^{1}X: εἰ C^{1}UT^p κινεῖται X 10 αὐτὴν om. E ἔχειν ψυχὴν CUT^p δόξει X ἂν+οὖν C 11 σώματα T 12 σφαιρίων EUS^p: σφαιρῶν CXT^{p}Σ 14 συνεχεῖ] μεγέθει CΣ 15 σμικρότητι **C**T^{p}Σ 16 ἡ δ' X 17 καὶ^1+τὸ C^{1}U^1 τὸ^2 om. UX 18 δὲ om. X 19 αὐτὴν UX 20 στιγμῇ δὲ μοναδικῇ X^1 εἴη] ᾖ E

理性之人的属性，就其拥有理性而言。因此，当这个有理性的主体消亡了，那么他也就既不能回忆，也不能去爱了，因为这些并不属于理性，而是属于整个已经消亡了的共同之物（出于灵魂和躯体者）。[35] 但是，理性应当是某种更为神性的东西，[36] 且是不受动的。[37]

由此可见，灵魂是不可能被推动的。如果灵魂普遍来说是不能被推动的，那么很清楚的是，它也不可能推动自身运动。

[反驳灵魂是像数字一样的自我运动者] 在这些众多有关[灵魂]的学说之中，最为荒谬的说法莫过于把灵魂看作是自行运动着的一个数字。首先，这一理论面临着源于灵魂被推动的这一主张的诸多不可能性，尤其是来自于灵魂是一个数字的观点。[38] 我们应当怎么来思维 409a
那被推动或在运动的单位呢？[39] 它又是被什么所推动呢？因为它既没有部分，又没有内在之差别，那如何被推动呢？如果它能够进行运动，并且应当是能被推动的，那么它就必然在自身内部具有差异。

再者，因为他们主张，一条运动着的直线生成一平面，一个运动着的点可成一条线，[40] 所以，这些单元的运动就将会形成线；因为一个点就是一个有位置的单元。[41] 如此，灵魂的数字也就早已位于一个地方，有自己的位置了。另外，如果有人从一个数字减去某个数字或一个单元，那么剩下的是另外一个数字，但是，植物和许多动物在被切割后仍然能够存活，并显得拥有在种上相同的灵魂。[42]

这里所说的是单元还是微小的躯体，这似乎并没有什么不同。[43] 因为哪怕德谟克利特所说的微小的球体（原子）变成了点，且只剩下它们的量的性质，在它们每一个中也仍然会存在着推动者和被推动者之分，[44] 就像在那些连续性的事物中的情况那样。[45] 因为这样说并非由于（这些球体）在量度上的不同或者由于微小，而是仅仅因为它们是某种量。[46] 因此，必然有某种东西来推动这些单元进行运动。

如果在动物中，引起运动的是灵魂，那么灵魂也是使数字运动起来的推动者，因此，灵魂就不可能[同时]既是推动者，又是被推动者，而只能是推动者。但是，灵魂怎么可能是一个单元呢？如果灵魂是单元，那么它势必与其他单元有所不同；[47] 但是，对这些

διαφορὰ πλὴν θέσις; εἰ μὲν οὖν εἰσὶν ἕτεραι αἱ ἐν τῷ σώματι μονάδες καὶ αἱ στιγμαί, ἐν τῷ αὐτῷ ἔσονται αἱ μονάδες· καθέξει γὰρ χώραν στιγμῆς. καίτοι τί κωλύει ἐν τῷ αὐτῷ εἶναι, εἰ δύο, καὶ ἀπείρους; ὧν γὰρ ὁ τόπος ἀδιαίρετος, καὶ αὐτά. εἰ δ' αἱ ἐν τῷ σώματι στιγμαὶ ὁ ἀριθμὸς ὁ τῆς ψυχῆς, ἢ εἰ ὁ τῶν ἐν τῷ σώματι στιγμῶν ἀριθμὸς ἡ ψυχή, διὰ τί οὐ πάντα ψυχὴν ἔχουσι τὰ σώματα; στιγμαὶ γὰρ ἐν ἅπασι δοκοῦσιν εἶναι καὶ ἄπειροι. ἔτι δὲ πῶς οἷόν τε χωρίζεσθαι τὰς στιγμὰς καὶ ἀπολύεσθαι τῶν σωμάτων, εἴ γε μὴ διαιροῦνται αἱ γραμμαὶ εἰς στιγμάς;

5 Συμβαίνει δέ, καθάπερ εἴπομεν, τῇ μὲν ταὐτὸ λέγειν τοῖς σῶμά τι λεπτομερὲς αὐτὴν τιθεῖσι, τῇ δ', ὥσπερ Δημόκριτος κινεῖσθαί φησιν ὑπὸ τῆς ψυχῆς, ἴδιον τὸ ἄτοπον. 409b εἴπερ γάρ ἐστιν ἡ ψυχὴ ἐν παντὶ τῷ αἰσθανομένῳ σώματι, ἀναγκαῖον ἐν τῷ αὐτῷ δύο εἶναι σώματα, εἰ σῶμά τι ἡ ψυχή· τοῖς δ' ἀριθμὸν λέγουσιν, ἐν τῇ μιᾷ στιγμῇ πολλὰς στιγμάς, ἢ πᾶν σῶμα ψυχὴν ἔχειν, εἰ μὴ διαφέρων τις ἀριθμὸς ἐγγίνεται καὶ ἄλλος τις τῶν ὑπαρχουσῶν ἐν τοῖς σώμασι στιγμῶν. συμβαίνει τε κινεῖσθαι τὸ ζῷον ὑπὸ τοῦ ἀριθμοῦ, καθάπερ καὶ Δημόκριτον αὐτὸ ἔφαμεν κινεῖν· τί γὰρ διαφέρει σφαίρας λέγειν μικρὰς ἢ μονάδας μεγάλας, ἢ ὅλως μονάδας φερομένας; ἀμφοτέρως γὰρ ἀναγκαῖον κινεῖν τὸ ζῷον τῷ κινεῖσθαι ταύτας. τοῖς δὴ συμπλέξασιν εἰς τὸ αὐτὸ κίνησιν καὶ ἀριθμὸν ταῦτά τε συμβαίνει καὶ πολλὰ ἕτερα τοιαῦτα· οὐ γὰρ μόνον ὁρισμὸν ψυχῆς ἀδύνατον τοιοῦτον εἶναι, ἀλλὰ καὶ συμβεβηκός. δῆλον δ' εἴ

22 αἱ^1 EX: om. CU 23 κωλύει EUXS^pΣ: κωλύσει CT^p 25 ὁ^2 om. E^1P^p 26 ὁ + ἐκ **C** 29 στιγμὰς] ψυχὰς US^p 30 γε om. ES^c 31 δέ **C**P^cΣ: + καὶ E: δή Susemihl τῇ] πῇ P^p 32 τι om. CP^pT^p τιθεῖσι] λέγουσι P^p 409b 1 τὸ om. X 2 εἰ E^1 σώματι om. C 3 εἰ] ἡ E^1 5 ἢ] καὶ Torstrik 6 τις^2 om. X 7 τῷ σώματι **C** τε] δὲ UX κινεῖσθαι τὸ ζῷον] τὸ σῶμα κινεῖσθαι C 8 καὶ om. U ἔφαμεν αὐτὸ CU 9 διαφέρειν C^1 μικρὰς CET^pΣ: σμικρὰς UX 11 ταύτας EΣ: αὐτάς **C** δεῖ E^1 12 τε] γε X 13 τοιαῦτα om. Σ 14 τοιοῦτον ἀδύνατον X δύνατον C^1

作为单元的点来说，除了位置之外还能有什么差异呢？

一方面，如果在躯体中的单元和点是不同的，那么单元将会处于与点同样的位置，因为这些单元中的每一个将会占据点的位置。[48]如果两个单元占据同一个位置，那么还有什么能够阻碍它不能容纳无限多个单元呢？因为这些事物所处的位置是不可分的，事物本身也是不可分的。[49]但是，另一方面，如果居于躯体中的点就是灵魂的数字，或者如果那居于躯体中的点的数字就是灵魂，那么为什么不是所有的物体都有一个灵魂呢？[50]因为，点看起来存在于所有的物体中，并且是无限的。[51]再者，点又怎么能够与躯体相分离或从其脱离而出呢？除非线能被划分为点。[52]

第 5 章

［**前人观点的荒谬性**］就像我们所说过的那样，一方面，上述观点[1]与那些将灵魂视为某种精妙物体的那些人的主张其实大同小异，另一方面，就像德谟克利特所主张的那样，灵魂推动着躯体运动，[2]这样的看法实有其荒谬之处。因为既然灵魂存在于所有正在感知着 409b 的躯体中，那就必然地会在同一处存在着两个物体，如果灵魂是某种物体的话。对于那些主张［灵魂］就是一个数字的人来说，也会发生如下情况，即在某个单一的点上会有许多个点存在，并且每个物体就都有一个灵魂，[3]除非某个与之不同的数字来至躯体中，即某个与居于这些躯体中的点不同的数来至其中。这样的结果是，动物被数所推动，就恰如我们所说过的德谟克利特之旧论所主张的那样。[4]因为，无论我们将其称为小的球体，或是大的单元，抑或是运动着的一般意义上的单元，这会有什么区别呢？因为无论是哪种情况，动物的被推动都必然要通过它们（球体或单元）被推动。

而对于那些将运动和数字结合为一的人们来说，就会产生这样或那样的其他的类似结果。因为把这样的东西当作灵魂的定义不仅

τις ἐπιχειρήσειεν ἐκ τοῦ λόγου τούτου τὰ πάθη καὶ τὰ ἔργα τῆς ψυχῆς ἀποδιδόναι, οἷον λογισμούς, αἰσθήσεις, ἡδονάς, λύπας, ὅσα ἄλλα τοιαῦτα· ὥσπερ γὰρ εἴπομεν πρότερον, οὐδὲ μαντεύσασθαι ῥᾴδιον ἐξ αὐτῶν.

τριῶν δὲ τρόπων παραδεδομένων καθ' οὓς ὁρίζονται τὴν ψυχήν, οἱ μὲν τὸ κινητικώτατον ἀπεφήναντο τῷ κινεῖν ἑαυτό, οἱ δὲ σῶμα τὸ λεπτομερέστατον ἢ τὸ ἀσωματώτατον τῶν ἄλλων. ταῦτα δὲ τίνας ἀπορίας τε καὶ ὑπεναντιώσεις ἔχει, διεληλύθαμεν σχεδόν. λείπεται δ' ἐπισκέψασθαι πῶς λέγεται τὸ ἐκ τῶν στοιχείων αὐτὴν εἶναι. λέγουσι μὲν γάρ, ἵν' αἰσθάνηταί τε τῶν ὄντων καὶ ἕκαστον γνωρίζῃ, ἀναγκαῖον δὲ συμβαίνειν πολλὰ καὶ ἀδύνατα τῷ λόγῳ. τίθενται γὰρ γνωρίζειν τῷ ὁμοίῳ τὸ ὅμοιον, ὥσπερ ἂν εἰ τὴν ψυχὴν τὰ πράγματα τιθέντες. οὐκ ἔστι δὲ μόνα ταῦτα, πολλὰ δὲ καὶ ἕτερα, μᾶλλον δ' ἴσως ἄπειρα τὸν ἀριθμὸν τὰ ἐκ τούτων. ἐξ ὧν μὲν οὖν ἐστιν ἕκαστον τούτων, ἔστω γινώσκειν τὴν ψυχὴν καὶ αἰσθάνεσθαι· ἀλλὰ τὸ σύνολον τίνι γνωριεῖ ἢ αἰσθήσεται, οἷον τί θεὸς ἢ ἄνθρωπος ἢ σὰρξ ἢ ὀστοῦν; ὁμοίως δὲ καὶ
410a ἄλλο ὁτιοῦν τῶν συνθέτων· οὐ γὰρ ὁπωσοῦν ἔχοντα τὰ στοιχεῖα τούτων ἕκαστον, ἀλλὰ λόγῳ τινὶ καὶ συνθέσει, καθάπερ φησὶ καὶ Ἐμπεδοκλῆς τὸ ὀστοῦν·

ἡ δὲ χθὼν ἐπίηρος ἐν εὐστέρνοις χοάνοισιν
τὼ δύο τῶν ὀκτὼ μερέων λάχε νήστιδος αἴγλης,
τέσσαρα δ' Ἡφαίστοιο· τὰ δ' ὀστέα λευκὰ γένοντο.

οὐδὲν οὖν ὄφελος ἐνεῖναι τὰ στοιχεῖα ἐν τῇ ψυχῇ, εἰ μὴ καὶ οἱ λόγοι ἐνέσονται καὶ ἡ σύνθεσις· γνωριεῖ γὰρ ἕκαστον τὸ ὅμοιον, τὸ δ' ὀστοῦν ἢ τὸν ἄνθρωπον οὐθέν, εἰ μὴ καὶ ταῦτ'

16 λογισμου E^1 18 μαντεύσασθαι $EXT^p\Sigma$: μαντεύεσθαι CU 21 ἀσώματον X 22 δὲ om. X τε om. $XP^c\Sigma$ 23 τὰ E 24 ἵν' om. E^1 αἴσθηταί C τε om. $XT^p\Sigma$ 30 τούτων om. X ἔστω om. C^1 ἐγγιγνώσκειν C^1 31 τίνι . . . ἢ] οὐ . . . οὐδ' X 410a 1 ὁτιοῦν ἄλλο **C**Σ 2 τούτων $\mathbf{C}T^p\Sigma$: των E^1 3 καὶ $CEUP^pS^p\Sigma$: om. XT^p 4 δεχθρῶν E^1 5 τὼ Steinhart: τῶν $\mathbf{C}ET^p\Sigma$ 6 λευκ' ἐγένοντο $EUXT^p\Sigma$ 7 εἶναι **C**Σ ἐν om. X 9 ἢ] καὶ U μὴ] μὴν E^1

是不可能的，它甚至都不可能是灵魂的一个偶然属性。如果有人基于这种理论来解释灵魂的诸种受动或属性和功能活动，诸如推理、感觉、快乐与痛苦的感受以及所有诸如此类的东西，他就能随即清楚地明白，此种论调行不通。因为如前所说，[5]要想基于这些主张［数字和运动］而求得解释，实如缘木求鱼。

［反驳通过元素来解释理性认知活动］流传下来的有关灵魂的定义共有三种。[6]有些人宣称灵魂就是那最能引起运动者，因为它能自行运动；另外一些人认为，灵魂就是最为精妙的一种物体，或者相对于其他的物体而言乃是最无形体性的东西。这些定义方式包含着诸多困难和矛盾，我们对此已经进行了详尽的论述。接下来的任务就是去考察灵魂是由元素构成的这样的主张究竟有何意味。

他们做出这样的论断，旨在说明灵魂可以感知和认识每一存在着的事物，[7]但是，在这个学说中必然蕴含着很多不可能性。他们主张，灵魂借助同而认识同或"同类相知"，这就好像他们在假设灵魂与其所认识之物并无二致。[8]但是，元素并不是仅存的唯一事物，而且还存在着很多其他的事物，更确切地说，还存在着由这些元素构成的事物，并且不计其数。因此，就算我们假设灵魂可以认识和感知到那每个事物之所从出或由之构成的东西，但是，灵魂凭借什么来认识和感知这复合物呢？比如，神是什么？人、肌肉和骨骼又各是什么呢？对于任何其他的复合物也是如此。因为，这些 410a
元素在任何一个存在的事物那里都不是随便地或任意地彼此相关联的，[9]而是显示着某种原理或比例，且以某种固定的方式彼此结合起来的，就像恩培多克勒在论及骨骼时所说的那样：

仁和的厚土在宽阔的熔炉中，[10]
取得了八分之二的清湛的水，
四分的火，于是，白色的骨骼便应运而生。[11]

哪怕元素存在于灵魂里，此种说法也无济于事的，除非［在这些元素中］也有某种比例以及组合的［方式］。因为每一种元素所认识的无非是其同类，而不是认识骨骼和人，[12]除非这些也存在于

ἐνέσται. τοῦτο δ' ὅτι ἀδύνατον, οὐθὲν δεῖ λέγειν· τίς γὰρ ἂν ἀπορήσειεν εἰ ἔνεστιν ἐν τῇ ψυχῇ λίθος ἢ ἄνθρωπος; ὁμοίως δὲ καὶ τὸ ἀγαθὸν καὶ τὸ μὴ ἀγαθόν· τὸν αὐτὸν δὲ τρόπον καὶ περὶ τῶν ἄλλων. ἔτι δὲ πολλαχῶς λεγομένου τοῦ ὄντος (σημαίνει γὰρ τὸ μὲν τόδε τι, τὸ δὲ ποσὸν ἢ ποιὸν ἤ καί τινα ἄλλην τῶν διαιρεθεισῶν κατηγοριῶν) πότερον ἐξ ἁπάντων ἔσται ἡ ψυχὴ ἢ οὔ; ἀλλ' οὐ δοκεῖ κοινὰ πάντων εἶναι στοιχεῖα. ἆρ' οὖν ὅσα τῶν οὐσιῶν, ἐκ τούτων μόνον; πῶς οὖν γινώσκει καὶ τῶν ἄλλων ἕκαστον; ἢ φήσουσιν ἑκάστου γένους εἶναι στοιχεῖα καὶ ἀρχὰς ἰδίας, ἐξ ὧν τὴν ψυχὴν συνεστάναι; ἔσται ἄρα ποσὸν καὶ ποιὸν καὶ οὐσία. ἀλλ' ἀδύνατον ἐκ τῶν τοῦ ποσοῦ στοιχείων οὐσίαν εἶναι καὶ μὴ ποσόν. τοῖς δὴ λέγουσιν ἐκ πάντων ταῦτά τε καὶ τοιαῦθ' ἕτερα συμβαίνει. ἄτοπον δὲ καὶ τὸ φάναι μὲν ἀπαθὲς εἶναι τὸ ὅμοιον ὑπὸ τοῦ ὁμοίου, αἰσθάνεσθαι δὲ τὸ ὅμοιον τοῦ ὁμοίου καὶ γινώσκειν τῷ ὁμοίῳ τὸ ὅμοιον· τὸ δ' αἰσθάνεσθαι πάσχειν τι καὶ κινεῖσθαι τιθέασιν· ὁμοίως δὲ καὶ τὸ νοεῖν τε καὶ γινώσκειν. πολλὰς δ' ἀπορίας καὶ δυσχερείας ἔχοντος τοῦ λέγειν, καθάπερ Ἐμπεδοκλῆς, ὡς τοῖς σωματικοῖς στοιχείοις ἕκαστα γνωρίζεται, καὶ πρὸς τὸ ὅμοιον, μαρτυρεῖ τὸ νῦν λεχθέν· ὅσα γάρ ἐστιν ἐν τοῖς τῶν ζῴων σώμασιν ἁπλῶς γῆς, οἷον ὀστᾶ νεῦρα τρίχες, οὐθενὸς αἰσθάνεσθαι δοκεῖ, ὥστ' οὐδὲ τῶν **410b** ὁμοίων· καίτοι προσῆκεν. ἔτι δ' ἑκάστῃ τῶν ἀρχῶν ἄγνοια πλείων ἢ σύνεσις ὑπάρξει· γνώσεται μὲν γὰρ ἓν ἑκάστη, πολλὰ δ' ἀγνοήσει· πάντα γὰρ τἆλλα. συμβαίνει δ' Ἐμπεδοκλεῖ γε καὶ ἀφρονέστατον εἶναι τὸν θεόν· μόνος γὰρ τῶν

10 δετιοτι E^{1} οὐδὲ X ἂν CEUT^{p}: om. XΣ 11 ἔνεστιν CEΣ: ἐστὶν UX 13 περὶ] ἐπὶ XS^{c}Σ 14 $ἢ^{1}$] τὸ δὲ Σ 16 ἐστιν X εἶναι **C**T^{p}Σ: + τὰ E 17 μόνων **C** 18 καὶ] ὅτι καὶ C^{1} 22 τε om. C 25 δ'] γὰρ XP^{p} τι **C**P^{p}: τε EΣ κινεῖσθαι CP^{p}Σ: κινεῖν E: ποιεῖν UX 26 τε **C**Σ: om. ET^{p} καὶ + τὸ T^{p} 29 $τὸ^{2}$], δὲ τὸ S^{c} λεχθησόμενον Σ 30 ἐστιν EXP^{c}Σ: ἔνεστιν CU τῶν om. C 410b 3 πλείων $E^{1}T^{p}$: πλέον **C**Σ ὑπάρχει X ἑκάστη XΣ: ἕκαστον CEU 4 πάντα γὰρ τἆλλα **C**T^{p} et ut v. Σ: om. E^{1} δ'] δὲ καὶ Σ 5 γε om. T^{p}Σ

灵魂中。[13]但是，这是不可能的，对此我们没必要再作赘述。因为谁会提出是否石头或人存在于灵魂中的问题呢？同样地，善与不善亦然，[14]其他的诸如此类的事物也是如此。

再者，既然“实是者”或“存在者”可以在多种方式上被谓述——一方面，它表示着具体的个别物或“这一个”，另一方面，它也可以表示量、质或者我们曾经作过区分的其他一些范畴。[15]那么灵魂是不是出于所有这些范畴呢？但是，这些范畴似乎并没有共同的元素。[16]那么灵魂是否仅仅由那些属于实体［范畴］的一些元素构成的呢？[17]灵魂又是如何认识在其他的范畴中的事物呢？或者他们会说，这些范畴中的每一类都有属于自身特有的元素和本原，[18]灵魂就是由这些元素和本原而构成？如此，灵魂将会是量、质的范畴和实体。但是，不可能从量的元素产生出某个实体，而非某个量。对于那些主张灵魂是由所有元素而构成的人来说，也会产生出这样和那样的类似反驳。

下面的这个说法也是荒谬，即一方面，［他们认为］那相同者并不会被相同者所影响或所作用，[19]另一方面，相同者感知到相同者，并且通过相同者而认识相同者。[20]因为他们宣称，感觉活动就是某种承受作用和被推动的状态，同样地，思维活动和认识活动亦复如是。

下述主张也包含着诸多疑问和棘手的困难，正如恩培多克勒所说的，他认为每个事物都是通过形体性的诸元素而被认识的，[21]也就是说通过相同者而被认识。[22]因为在动物的躯体中纯粹由土构成或属于土的部分，诸如骨骼、筋和头发似乎都感觉不到什么，甚至 410b
也感觉不到与其相同者，尽管这一点与其字面含义并不相悖。[23]另外，按照此说，这些本原中的每一个将会有更多的无知、而非理解或领悟。[24]因为每个元素只能认识其中一个事物，而对很多其他事物却茫然不知，因为它们每一个将会对其他一切事物一无所知。

这会产生如下结果，至少对于恩培多克勒来说，神是最无知无

στοιχείων ἓν οὐ γνωριεῖ, τὸ νεῖκος, τὰ δὲ θνητὰ πάντα· ἐκ πάντων γὰρ ἕκαστον. ὅλως τε διὰ τίν' αἰτίαν οὐχ ἅπαντα ψυχὴν ἔχει τὰ ὄντα, ἐπειδὴ πᾶν ἤτοι στοιχεῖον ἢ ἐκ στοιχείου ἑνὸς ἢ πλειόνων ἢ πάντων; ἀναγκαῖον γάρ ἐστιν ἕν τι γινώσκειν ἢ τινὰ ἢ πάντα. ἀπορήσειε δ' ἄν τις καὶ τί ποτ' ἐστὶ τὸ ἑνοποιοῦν αὐτά· ὕλῃ γὰρ ἔοικε τά γε στοιχεῖα, κυριώτατον δ' ἐκεῖνο τὸ συνέχον, ὅ τί ποτ' ἐστίν· τῆς δὲ ψυχῆς εἶναί τι κρεῖττον καὶ ἄρχον ἀδύνατον· ἀδυνατώτερον δ' ἔτι τοῦ νοῦ· εὔλογον γὰρ τοῦτον εἶναι προγενέστατον καὶ κύριον κατὰ φύσιν, τὰ δὲ στοιχεῖά φασι πρῶτα τῶν ὄντων εἶναι.

πάντες δὲ καὶ οἱ διὰ τὸ γνωρίζειν καὶ αἰσθάνεσθαι τὰ ὄντα τὴν ψυχὴν ἐκ τῶν στοιχείων λέγοντες αὐτήν, καὶ οἱ τὸ κινητικώτατον, οὐ περὶ πάσης λέγουσι ψυχῆς. οὔτε γὰρ τὰ αἰσθανόμενα πάντα κινητικά (φαίνεται γὰρ εἶναί τινα μόνιμα τῶν ζῴων κατὰ τόπον· καίτοι δοκεῖ γε ταύτην μόνην τῶν κινήσεων κινεῖν ἡ ψυχὴ τὸ ζῷον), ὁμοίως δὲ καὶ ὅσοι τὸν νοῦν καὶ τὸ αἰσθητικὸν ἐκ τῶν στοιχείων ποιοῦσιν· φαίνεται γὰρ τά τε φυτὰ ζῆν οὐ μετέχοντα [φορᾶς οὐδ'] αἰσθήσεως, καὶ τῶν ζῴων πολλὰ διάνοιαν οὐκ ἔχειν. εἰ δέ τις καὶ ταῦτα παραχωρήσειε καὶ θείη τὸν νοῦν μέρος τι τῆς ψυχῆς, ὁμοίως δὲ καὶ τὸ αἰσθητικόν, οὐδ' ἂν οὕτω λέγοιεν καθόλου περὶ πάσης ψυχῆς οὐδὲ περὶ ὅλης οὐδεμιᾶς. (τοῦτο δὲ πέπονθε καὶ ὁ ἐν τοῖς 'Ορφικοῖς καλουμένοις ἔπεσι λόγος· φησὶ γὰρ

6 ἓν om. CΣ γνωριεῖ **C**P^{p}S^{p}T^{p}Σ: γνωρίζει E 7 τε EXT: δὲ CU 8 πᾶν **C**S^{p}T^{p}Σ: om. E^{1} ἤτοι] ἢ CXT^{p}Σ στοιχείου] τῶν στοιχείων καὶ στοιχείων X 9 ἢ^{1} + ἐκ Σ τι CEΣ: om. UX 11 γε om. UX 12 δὲ E^{1}: γὰρ **C**Σ 13 εἶναί τι κρεῖττον CΣ: εἶναί τι κρεῖσσον EXP^{c}: κρεῖττον εἶναί τι U 14 εὔλογον EUP^{p}S^{c}T^{p}Σ: εὐλογώτατον C: ἄλογον X εἶναι τοῦτον C: τοῦτο εἶναι X προγενέστατον CEUT^{p}: προγενέστερον XS^{p}Σ 16–17 τὴν ψυχὴν τὰ ὄντα CUΣ 17 λέγοντες] ποιοῦντες Σ 18 πάσης ES^{p}T^{p}: ἁπάσης **C**Σ 19 ἅπαντα X 20 γε δοκεῖ X: δοκεῖ τε E^{1} 23 φορᾶς οὐδ' codd. P^{p}S^{p}T^{p}: secl. Torstrik 25 τι om. C 26 οὗτοι T^{p} καθόλου EXS^{c}T^{p}: om. CUP^{p}Σ 27 οὐδεμιᾶς CP^{p}T^{p}: οὐδὲ μιᾶς EUX: οὐδὲ περὶ μιᾶς S^{c}Σ τοῦτο . . . 411^{a}2 ὑπειληφότας post 411^{a}7 εὐθέος transponi voluit Bywater 28 καλουμένοις ἔπεσι CT^{p}: ἔπεσι καλουμένοις E: ἔπεσι καλούμενος XΣ: ἔπεσιν ᾀδόμενος U λόγοις E^{1}

识的，因为只有神不认识其中的一个元素，即“争斗”，而有朽的人反倒可以认识所有元素，因为一切个别物都是由全部元素构成的。[25]

普遍来说，由于何种原因不是所有的实存者都有一个灵魂，既然所有事物要么是元素、要么是出于某一个元素、要么是由多个或所有的元素而构成？因为一个事物必然地或者认识其中某个事物、或者认识某些事物、或者认识所有实存者。[26] 对此，人们也许又会陷入这样的疑难，又是什么东西将这些元素结合为一的呢？因为，元素确实就像质料。那使这些元素结合一起的东西——不管这东西是什么，它都是最有支配力量的。[27] 那认为存在着某种比灵魂更强大的、且有支配力量的东西的假设实属天方夜谭；更不可能有什么事物比理性更强大、更有支配力量。因为，理性在本性上就是最为原初的和具有支配力量的，[28] 这样的看法实乃言之有理。但是，他们却主张，元素是所有实存者中最初的东西。[29]

［**反驳通常被接受下来的一些主张**］既非那些基于灵魂能认识和感知到诸般实存而宣称灵魂就是由诸元素构成的人，亦非那些认为灵魂就是那最能引起运动的人能够诠释所有品类的灵魂。[30] 因为不是所有的有感知的存在都有运动的能力，一些动物则显得一动不动地固定在某个位置，[31] 确实，不管怎样，灵魂似乎仅仅推动这个动物在［这个固定的］位置上运动。[32] 同样地，这种情况也适用于那些认为理性和感觉官能是由元素构成的人，[33] 因为尽管植物既没有位移运动，也不分有感觉，但是，它们看起来仍然是存活着的，而且很多动物看起来并没有任何思想。[34]

但是，如果有人对上述论述置之不理，并将理性设定为灵魂的一个部分，感觉能力也是如此，他们也仍然不是在普遍的意义上对所有的灵魂进行论述，[35] 也不是对作为整全的灵魂展开说明。[36] 但

τὴν ψυχὴν ἐκ τοῦ ὅλου εἰσιέναι ἀναπνεόντων, φερομένην ὑπὸ τῶν ἀνέμων, οὐχ οἷόν τε δὲ τοῖς φυτοῖς τοῦτο συμβαίνειν οὐδὲ τῶν ζῴων ἐνίοις, εἴπερ μὴ πάντα ἀναπνέουσιν· τοῦτο δὲ λέ- 411a
ληθε τοὺς οὕτως ὑπειληφότας.) εἴ τε δεῖ τὴν ψυχὴν ἐκ τῶν στοιχείων ποιεῖν, οὐθὲν δεῖ ἐξ ἁπάντων· ἱκανὸν γὰρ θάτερον μέρος τῆς ἐναντιώσεως ἑαυτό τε κρίνειν καὶ τὸ ἀντικείμενον. καὶ γὰρ τῷ εὐθεῖ καὶ αὐτὸ καὶ τὸ καμπύλον γινώσκομεν· κριτὴς γὰρ ἀμφοῖν ὁ κανών, τὸ δὲ καμπύλον οὔθ' ἑαυτοῦ οὔτε τοῦ εὐθέος. καὶ ἐν τῷ ὅλῳ δέ τινες αὐτὴν μεμῖχθαί φασιν, ὅθεν ἴσως καὶ Θαλῆς ᾠήθη πάντα πλήρη θεῶν εἶναι. τοῦτο δ' ἔχει τινὰς ἀπορίας· διὰ τίνα γὰρ αἰτίαν ἐν μὲν τῷ ἀέρι ἢ τῷ πυρὶ οὖσα ἡ ψυχὴ οὐ ποιεῖ ζῷον, ἐν δὲ τοῖς μικτοῖς, καὶ ταῦτα βελτίων ἐν τούτοις εἶναι δοκοῦσα; (ἐπιζητήσειε δ' ἄν τις καὶ διὰ τίν' αἰτίαν ἡ ἐν τῷ ἀέρι ψυχὴ τῆς ἐν τοῖς ζῴοις βελτίων ἐστὶ καὶ ἀθανατωτέρα.) συμβαίνει δ' ἀμφοτέρως ἄτοπον καὶ παράλογον· καὶ γὰρ τὸ λέγειν ζῷον τὸ πῦρ ἢ τὸν ἀέρα τῶν παραλογωτέρων ἐστί, καὶ τὸ μὴ λέγειν ζῷα ψυχῆς ἐνούσης ἄτοπον. ὑπολαβεῖν δ' ἐοίκασιν εἶναι τὴν ψυχὴν ἐν τούτοις, ὅτι τὸ ὅλον τοῖς μορίοις ὁμοειδές· ὥστ' ἀναγκαῖον αὐτοῖς λέγειν καὶ τὴν ψυχὴν ὁμοειδῆ τοῖς μορίοις εἶναι, εἰ τῷ ἀπολαμβάνεσθαί τι τοῦ περιέχοντος ἐν τοῖς ζῴοις ἔμψυχα τὰ ζῷα γίνεται. εἰ δ' ὁ μὲν ἀὴρ διασπώμενος ὁμοειδής, ἡ δὲ ψυχὴ ἀνομοιομερής, τὸ μέν τι αὐτῆς ὑπάρξει δῆλον ὅτι, τὸ δ' οὐχ ὑπάρξει. ἀναγκαῖον οὖν αὐτὴν ἢ ὁμοιομερῆ εἶναι ἢ μὴ ἐνυπάρχειν ἐν ὁτῳοῦν μορίῳ τοῦ παντός.

φανερὸν οὖν ἐκ τῶν εἰρημένων ὡς οὔτε τὸ γινώσκειν

29 τοῦ λόγου E[1] 30 δὲ XΣ: δὴ ECU 411a 1 δὲ CS[c]T[p]: δὴ E 2 εἴ γε X[1]: εἴ τε δὲ E[1] 5 καὶ[3] om. X 8 ἴσως om. Σ Θάλλης U 9 μὲν ante γὰρ C 10 ἢ EXT[p]: + ἐν CU 11 ταῦτα] τοι X βελτίων CΣ: βέλτιον E εἶναι ἐν τούτοις Σ 12 δ' EXΣ et ut v. P[p]: γὰρ CU 15 παραλόγων UX: παραβολωτέρων ut v. P[p]T[p] ἐστί om. C 17 εἶναι post ψυχὴν CT[p]: om. UX ὅτι EUXT[p]: ἐπεὶ CΣ ὅλον + ἐν E 19 εἶναι om. E εἰ + ἐν UX τὸ C ἀπολαμβάνεσθαι EXΣ: ἐκλαμβάνειν CU 20 τὰ EXP[p]: om. CUΣ γίγνονται E[1] διασπώμενον ὁμοειδὲς U 23 ἢ[1] CS[p]: om. E

是，我们在所谓的俄耳浦斯诗歌中也能发现这样的表述。[37] 这些诗歌叙述到，灵魂凭风而扶摇直上，在［动物或人］吸气的时候便从宇宙进入到［体内］。[38] 但是，这不可能发生在植物那里，也不可能发生在有些动物那里，[39] 因为，事实上不是所有的动物都进行吸气活动。那些持有这种观点的人却没有注意到这一点。

但是，如果人们必须要用元素来构建灵魂，也没有必要使用所有元素来构建。一对相反者的任意一方就足以区分出它自己和对立方了。[40] 因为我们凭借那是直线的东西既能认识直自身，亦能认识到曲线。一把标尺就是二者的衡量标准，相反，曲线既不是自身的标尺，也不是直线的标尺。

但是，另外有一些人也主张，灵魂弥漫在整个鸿蒙宇宙之中，与其混合在一起，也许正是为此，泰勒斯就相信，宇宙万物都充满了神灵。[41] 但是，这种说法自有其不解的疑难，为什么在空气中或火中的灵魂并没有创造出任何动物，反倒在混合的元素中才造出动物？尽管灵魂在空气或火中看起来似乎更好？[42] 因此，我们也可以考察这个问题，为什么居于空气中的灵魂比居于动物内的灵魂要更好和更永久呢？在这两种情况中都包含着某种荒谬的和矛盾的结果。因为认为火或者气是动物实在匪夷所思，但是，如果灵魂居于它们内，又主张它们不是生物，这也是荒谬。

然而，他们似乎认为灵魂存在于这些元素之中，因为整体与部分是同种的，[43] 如此，结果就是他们必然会主张灵魂与其部分也是同种同质的——如果动物是通过接受来自周遭环境的某些东西来至其内而获得灵魂的话。如果分散开来的空气是同种的，而灵魂并不是同种均质的，那么很显然地，灵魂的一部分将会在场，而另外的部分则不会在场。[44] 所以，灵魂必然地要么是同种的，要么并不存在于宇宙中的每一个部分中。

ὑπάρχει τῇ ψυχῇ διὰ τὸ ἐκ τῶν στοιχείων εἶναι, οὔτε τὸ κινεῖσθαι αὐτὴν καλῶς οὐδ' ἀληθῶς λέγεται. ἐπεὶ δὲ τὸ γινώσκειν τῆς ψυχῆς ἐστὶ καὶ τὸ αἰσθάνεσθαί τε καὶ τὸ δοξάζειν, ἔτι δὲ τὸ ἐπιθυμεῖν καὶ βούλεσθαι καὶ ὅλως αἱ ὀρέξεις, γίνεται δὲ καὶ ἡ κατὰ τόπον κίνησις τοῖς ζῴοις ὑπὸ τῆς ψυχῆς, ἔτι δ' αὔξη τε καὶ ἀκμὴ καὶ φθίσις, πότερον ὅλῃ
411b τῇ ψυχῇ τούτων ἕκαστον ὑπάρχει, καὶ πάσῃ νοοῦμέν τε καὶ αἰσθανόμεθα καὶ κινούμεθα καὶ τῶν ἄλλων ἕκαστον ποιοῦμέν τε καὶ πάσχομεν, ἢ μορίοις ἑτέροις ἕτερα; καὶ τὸ ζῆν δὴ πότερον ἔν τινι τούτων ἐστὶν ἑνὶ ἢ καὶ ἐν πλείοσιν ἢ πᾶσιν, ἢ καὶ ἄλλο τι αἴτιον; λέγουσι δή τινες μεριστὴν αὐτήν, καὶ ἄλλῳ μὲν νοεῖν ἄλλῳ δὲ ἐπιθυμεῖν. τί οὖν δή ποτε συνέχει τὴν ψυχήν, εἰ μεριστὴ πέφυκεν; οὐ γὰρ δὴ τό γε σῶμα· δοκεῖ γὰρ τοὐναντίον μᾶλλον ἡ ψυχὴ τὸ σῶμα συνέχειν· ἐξελθούσης γοῦν διαπνεῖται καὶ σήπεται. εἰ οὖν ἕτερόν τι μίαν αὐτὴν ποιεῖ, ἐκεῖνο μάλιστ' ἂν εἴη ψυχή. δεήσει δὲ πάλιν κἀκεῖνο ζητεῖν πότερον ἓν ἢ πολυμερές. εἰ μὲν γὰρ ἕν, διὰ τί οὐκ εὐθέως καὶ ἡ ψυχὴ ἕν; εἰ δὲ μεριστόν, πάλιν ὁ λόγος ζητήσει τί τὸ συνέχον ἐκεῖνο, καὶ οὕτω δὴ πρόεισιν ἐπὶ τὸ ἄπειρον. ἀπορήσειε δ' ἄν τις καὶ περὶ τῶν μορίων αὐτῆς, τίν' ἔχει δύναμιν ἕκαστον ἐν τῷ σώματι. εἰ γὰρ ἡ ὅλη ψυχὴ πᾶν τὸ σῶμα συνέχει, προσήκει καὶ τῶν μορίων ἕκαστον συνέχειν τι τοῦ σώματος. τοῦτο δ' ἔοικεν ἀδυνάτῳ· ποῖον γὰρ μόριον ἢ πῶς ὁ νοῦς συνέξει, χαλεπὸν καὶ

26 οὐδ' ἀληθῶς **C**Σ: om. E^1 ἐπεὶ δὲ EUXP^c: ἐπειδὴ C^1: ἐπειδὴ δὲ T^p 27 τῆς om. C τὸ² om. CUΣ 28 δὲ] καὶ Σ: δὲ καὶ UX καὶ+τὸ C^1Σ βούλεσθαι $E^1P^pS^pT^p$: βουλεύεσθαι **C**T^pΣ ὅλως ὄρεξις C 29 καὶ om. C^1 ἡ **C**T^pΣ: om. E τῆς EUXT^p: om. CΣ 30 αὔξη E^1Σ: αὔξησις **C**T^p 411b 1 ὑπάρχειν X^1 2 καὶ κινούμεθα ES^cΣ: καὶ κινοῦμεν X: om. CU τε om. U 3 δὴ] δὲ T^p 4 ἑνὶ ἢ **C**T^p: ἢ ἑνὶ ἢ E: ἢ Σ ἐν om. X ἢ²+καὶ CX: +καὶ ἐν SU 5 δή] δέ CU αὐτὴν+εἶναι C ἄλλῳ **C**S^pT^p: ἄλλο E 6 ἄλλο E 7 γε τὸ C: τὸ UX 8 γοῦν **C**ES^cT^p: γὰρ P^cΣ 9 διαπνεῖ τε Σ 10 εἴη+ἡ C 12 ἡ ψυχὴ ἓν ET^p: τὴν ψυχὴν ἓν UX, +εἶναι C 13 ἐκεῖνα E^1 15 ἕκαστον δύναμιν Σ ὅλη ἡ P^pT^p 17 τούτω E ἀδύνατον P^c 18 συνέξει **C**P^cT^pΣ: συνέχει E

从上面的论述中我们可以清晰地看到，灵魂进行认识活动并不是因为灵魂是由元素构成的，而且，灵魂被推动的这种说法是不正确的或不真实的。[45] 既然灵魂具有认识、感知和信念，除此之外，还具有欲望和意愿以及普遍意义上的诸种欲求，而动物的位移运动也是通过灵魂而引起的；再者，还有生长、成熟和衰亡也是一样，那么我们应该追问，这些能力是否属于整个灵魂？我们是否通过整 411b
个的灵魂来思维、感知和运动以及主动地做出其他所有活动和被动地承受这些作用呢，还是说我们通过灵魂的不同部分进行不同的活动？[46] 同样地，生命存在于它们中的某个特定部分中呢，或是在多个部分中，抑或是在所有的部分中呢？还是说另有其他原因使然？

事实上，有些人主张，灵魂有不同的部分，它通过一个部分进行思维活动，通过另外一个部分来欲望。[47] 但是，又是什么将灵魂结合在一起的呢，[48] 如果灵魂从其本性上来说就是有部分的？确切地来说，这不会是躯体；相反地，倒是灵魂更是那将躯体结合在一起的东西。所以，如果灵魂离开了躯体之后，它就会自行消解，以至于毁灭。[49] 如果有另外的某个东西使灵魂成为一个统一体，那么这最应该是灵魂。[50] 如此，我们将必须重新考察这个问题，即这个使灵魂为一的东西究竟是单一的还是有着多个部分。如果这个东西是单一的，那么为什么灵魂不径直是单一的呢？如果是有部分的，那么这论证就会重新寻找那个使它结合在一起的事物是什么，这样，就会导致无穷后退。

［**总结和最后的疑难**］关于灵魂的部分，我们还会提出如下疑问，每一个部分在躯体中有何种能力？因为，如果整个灵魂将整个躯体结合在一起，那么灵魂的每个部分就会自然地将躯体相应的每个部分结合在一起，保持统一。但这似乎是不可能的，[51] 因为理性应该将什么样的躯体部分结合在一起，且以何种方式，这也是难以

πλάσαι. φαίνεται δὲ καὶ τὰ φυτὰ διαιρούμενα ζῆν καὶ τῶν ζῴων ἔνια τῶν ἐντόμων, ὡς τὴν αὐτὴν ἔχοντα ψυχὴν τῷ εἴδει, εἰ καὶ μὴ ἀριθμῷ· ἑκάτερον γὰρ τῶν μορίων αἴσθησιν ἔχει καὶ κινεῖται κατὰ τόπον ἐπί τινα χρόνον. εἰ δὲ μὴ διατελοῦσιν, οὐθὲν ἄτοπον· ὄργανα γὰρ οὐκ ἔχουσιν ὥστε σώζειν τὴν φύσιν. ἀλλ' οὐδὲν ἧττον ἐν ἑκατέρῳ τῶν μορίων ἅπαντ' ἐνυπάρχει τὰ μόρια τῆς ψυχῆς, καὶ ὁμοειδῆ ἐστιν ἀλλήλοις καὶ τῇ ὅλῃ, ἀλλήλων μὲν ὡς οὐ χωριστὰ ὄντα, τῆς δ' ὅλης ψυχῆς ὡς οὐ διαιρετῆς οὔσης. ἔοικε δὲ καὶ ἡ ἐν τοῖς φυτοῖς ἀρχὴ ψυχή τις εἶναι· μόνης γὰρ ταύτης κοινωνεῖ καὶ ζῷα καὶ φυτά· καὶ αὕτη μὲν χωρίζεται τῆς αἰσθητικῆς ἀρχῆς, αἴσθησιν δ' οὐθὲν ἄνευ ταύτης ἔχει.

想象的事。[52] 那些被折断或被割断的植物看似仍然存活着，而且，在动物中有些昆虫也是这样，[53] 这表示被割断的每一部分都有一个在种上相同的灵魂——尽管在数字上不是这样。[54] 因为，每一个被割断的部分都有感觉，并且能够在一定的时间内进行位移运动。如果它们不能存活长久，这也不足为奇；因为它们没有那些保存自己的本性的器官。[55] 但是，灵魂的所有部分都存在于这些被割断的躯体的每一个部分中，而且，灵魂的部分彼此之间以及各部分与整个灵魂在种上是相同的，之所以说彼此之间［属于同一个种］，因为灵魂的部分彼此不可分离，[56] 之所以说与整个灵魂［属于同一个种］，因为整体的灵魂是不可分的。[57] 在植物中的本原看起来似乎也是某种灵魂，因为动物和植物所共同分有的东西就是这个本原。虽然，这种灵魂与感觉能力的本原相分离，但是，没有这种灵魂，也就没有感觉。[58]

B

Τὰ μὲν δὴ ὑπὸ τῶν πρότερον παραδεδομένα περὶ ψυ- 412^{a} χῆς εἰρήσθω· πάλιν δ' ὥσπερ ἐξ ὑπαρχῆς ἐπανίωμεν, πειρώμενοι διορίσαι τί ἐστι ψυχὴ καὶ τίς ἂν εἴη κοινότατος λόγος αὐτῆς. λέγομεν δὴ γένος ἕν τι τῶν ὄντων τὴν οὐσίαν, ταύτης δὲ τὸ μὲν ὡς ὕλην, ὃ καθ' αὑτὸ οὐκ ἔστι τόδε τι, ἕτερον δὲ μορφὴν καὶ εἶδος, καθ' ἣν ἤδη λέγεται τόδε τι, καὶ τρίτον τὸ ἐκ τούτων. ἔστι δ' ἡ μὲν ὕλη δύναμις, τὸ

21 μὴ καὶ E γὰρ EP^{p}T^{p}: γοῦν CXΣ: οὖν U 25 ἐνυπάρχειν C^{1}X ὁμοειδῆ ... ἀλλήλοις WT^{p}Σ: ὁμοειδεῖς ... ἀλλήλαις **C**EP^{c}S^{p} ἐστὶν scripsi: εἰσὶν codd. 26 ἀλλήλοις μὲν Σ οὐδὲ X 27 οὐ W^{1} et fort. T^{c}: om. **C**E 28 ψυχή EXΣ: om. CU μόνη γὰρ ταύτη X 29 καί^{1} **C**S^{c}Σ: +τὰ ET^{p} αὑτῇ X 30 αἰσθητῆς X 412^{a} 3–4 Τὰ ... ἐπανίωμεν CeS^{c}T^{p}: ἐπεὶ δὲ (ἐπειδὴ Σ) τὰ παραδεδομένα περὶ ψυχῆς παρὰ τῶν ἄλλων, ἐφ' ὅσον (ὅσῶν X) ἕκαστος ἀπεφήνατο (+τῶν Σ) πρότερον εἴρηται σχεδόν, νῦν ὥσπερ ἐξ ἀρχῆς (ὑπαρχῆς Σ) πάλιν ἐπανίωμεν UXΣ 5 τίς ἂν εἴη CeTΣ: τί ἐστιν UX κοινότατος CeT^{p}Σ: κοινὸς UX 6 ἕν τι γένος X 7 αὑτὸ VP^{1}: +μὲν **C**eΣ 9 ἔτι δ' X^{1} δύναμις **C**eΣ: δυνάμει P^{p}S^{p}T^{p}

第二卷

第 1 章

［**灵魂的普遍定义**］我们对那些经由早期哲学家们所流传下来 412a
的有关灵魂的诸家之说已经作过足够的论述。但是，让我们现在重新开始，就像返回始点那样来开始讨论，[1]尝试界定灵魂究竟是什么，及其最具普遍性的定义是什么。[2]

我们认为，在实存者中，有一类是实体，[3]其中一个是作为质料而是实体，质料在自身而言并不是特定的这一个或具体的个别物；[4]另外一个是作为形状和形式而是实体，根据形状或形式，特定的这一个就可以被谓述出来；[5]其三，是出于这二者的复合物。[6]但

δ' εἶδος ἐντελέχεια, καὶ τοῦτο διχῶς, τὸ μὲν ὡς ἐπιστήμη, τὸ δ' ὡς τὸ θεωρεῖν. οὐσίαι δὲ μάλιστ' εἶναι δοκοῦσι τὰ σώματα, καὶ τούτων τὰ φυσικά· ταῦτα γὰρ τῶν ἄλλων ἀρχαί. τῶν δὲ φυσικῶν τὰ μὲν ἔχει ζωήν, τὰ δ' οὐκ ἔχει· ζωὴν δὲ λέγομεν τὴν δι' αὑτοῦ τροφήν τε καὶ αὔξησιν καὶ φθίσιν. ὥστε πᾶν σῶμα φυσικὸν μετέχον ζωῆς οὐσία ἂν εἴη, οὐσία δ' οὕτως ὡς συνθέτη. ἐπεὶ δ' ἐστὶ καὶ σῶμα τοιόνδε, ζωὴν γὰρ ἔχον, οὐκ ἂν εἴη σῶμα ἡ ψυχή· οὐ γάρ ἐστι τῶν καθ' ὑποκειμένου τὸ σῶμα, μᾶλλον δ' ὡς ὑποκείμενον καὶ ὕλη. ἀναγκαῖον ἄρα τὴν ψυχὴν οὐσίαν εἶναι ὡς εἶδος σώματος φυσικοῦ δυνάμει ζωὴν ἔχοντος. ἡ δ' οὐσία ἐντελέχεια. τοιούτου ἄρα σώματος ἐντελέχεια. αὕτη δὲ λέγεται διχῶς, ἡ μὲν ὡς ἐπιστήμη, ἡ δ' ὡς τὸ θεωρεῖν. φανερὸν οὖν ὅτι ὡς ἐπιστήμη· ἐν γὰρ τῷ ὑπάρχειν τὴν ψυχὴν καὶ ὕπνος καὶ ἐγρήγορσίς ἐστιν, ἀνάλογον δ' ἡ μὲν ἐγρήγορσις τῷ θεωρεῖν, ὁ δ' ὕπνος τῷ ἔχειν καὶ μὴ ἐνεργεῖν· προτέρα δὲ τῇ γενέσει ἐπὶ τοῦ αὐτοῦ ἡ ἐπιστήμη. διὸ ἡ ψυχή ἐστιν ἐντελέχεια ἡ πρώτη σώματος φυσικοῦ δυνάμει ζωὴν ἔχοντος. τοιοῦτον δὲ ὃ ἂν ᾖ ὀργανι-
412b κόν. ὄργανα δὲ καὶ τὰ τῶν φυτῶν μέρη, ἀλλὰ παντελῶς ἁπλᾶ, οἷον τὸ φύλλον περικαρπίου σκέπασμα, τὸ δὲ περικάρπιον καρποῦ· αἱ δὲ ῥίζαι τῷ στόματι ἀνάλογον· ἄμφω γὰρ ἕλκει τὴν τροφήν. εἰ δή τι κοινὸν ἐπὶ πάσης ψυχῆς δεῖ λέγειν, εἴη ἂν ἐντελέχεια ἡ πρώτη σώματος φυσικοῦ ὀργανικοῦ. διὸ καὶ οὐ δεῖ ζητεῖν εἰ ἓν ἡ ψυχὴ καὶ τὸ σῶμα, ὥσπερ οὐδὲ τὸν κηρὸν καὶ τὸ σχῆμα, οὐδ' ὅλως τὴν ἑκάστου

11 ὡς τὸ θεωρεῖν UXT^{p}: θεωρεῖν Ce: ὡς θεωρία Σ 14 λέγω Σ αὑτοῦ PΣ: αὐτοῦ Ce: ἑαυτοῦ S^{c}T^{p} τε post αὔξησιν X: om. U 15 οὐσία ἂν εἴη CeT^{p}Σ: om. UX 16 δ' om. X ἐπεὶ δὲ UXΣ: ἐπεὶ δὴ ut v. T^{p}: ἐπείδη Ce[1] καὶ σῶμα τοιόνδε] σῶμα καὶ τοιονδὶ τοῦτο UX: σῶμα καὶ τοιόνδε σῶμα Σ 17 ζωὴν γὰρ] τὸ ζωὴν T^{p}Σ ἐνείη τὸ σῶμα ψυχῇ Förster σῶμα UT^{p} Al. ap. P: τὸ σῶμα CXeP^{c}Σ ἡ UXP^{c}T^{p} Al. ap. P^{c}: om. CeΣ 26 δὲ UXΣ: δὴ Ce 27 ἡ[2] om. UXΣ 28 φυσικοῦ + ὀργανικοῦ X τοιούτου Σ 412^{b} 4 δή UXP^{c}ΣP^{p} in *Phys.*: δέ Ce 5 ἡ πρώτη ἐντελέχεια X 6 καὶ[1] om. Σ

是，质料是潜能，而形式才是现实性，而现实性有着两重意义：一方面就如知识，另一方面就如沉思活动。[7]

似乎形体物最是实体，[8] 尤其是它们中的自然物体为甚，[9] 因为它们是其他诸物的本原或原则。[10] 在自然诸物中，有些具有生命，有些没有生命。我们说生命[11] 不仅是凭靠自身能够摄取营养，而且还包括生长和衰亡。[12] 所以，所有那些分有生命的自然躯体应该是实体，[13] 且是在复合物意义上的实体。[14] 因为自然躯体也是这样的一种有生命的躯体，所以，灵魂应该不会是躯体。因为躯体不属于那些能够谓述主体的东西，[15] 而是本身更如主体和质料。因此，灵魂作为潜在地具有生命的自然躯体的形式而必然是实体。[16] 实体就是现实性。[17] 所以，灵魂是这样的躯体的现实性。[18]

这种现实性是在双重意义上说的，一种如知识，另外一种如沉思。[19] 显然，灵魂如同知识。[20] 睡眠和清醒都要以灵魂的存在作为基础。一方面清醒类似于沉思活动，另一方面，睡眠类似于拥有知识但不运用的状态。[21] 在生成的意义上来说，在同一个人那里，知识比沉思更为在先。[22] 因此，灵魂是潜在地具有生命的自然躯体的第一现实性。这样的躯体应该是有器官的。[23] 植物的各个部分也是器官，但是十分简单，[24] 就如叶子遮蔽或保护果壳，果壳保护果实。植物的树根与口腔类似，因为根部和口腔的功能都是吸收营养。[25] 如果我们必须要说出什么东西是一切灵魂所共有的，那么它应该是有器官的自然躯体的第一现实性。[26] 因此，我们不应该去探寻，灵魂与躯体是否为一，就像我们也不去追问蜡块与形状是否为一，[27] 总体上来说也不会去追问每个事物的质料与质料所属的那个东西是

ὕλην καὶ τὸ οὗ ἡ ὕλη· τὸ γὰρ ἓν καὶ τὸ εἶναι ἐπεὶ πλεοναχῶς λέγεται, τὸ κυρίως ἡ ἐντελέχειά ἐστιν.

καθόλου μὲν οὖν εἴρηται τί ἐστιν ἡ ψυχή· οὐσία γὰρ ἡ κατὰ τὸν λόγον. τοῦτο δὲ τὸ τί ἦν εἶναι τῷ τοιῳδὶ σώματι, καθάπερ εἴ τι τῶν ὀργάνων φυσικὸν ἦν σῶμα, οἷον πέλεκυς· ἦν μὲν γὰρ ἂν τὸ πελέκει εἶναι ἡ οὐσία αὐτοῦ, καὶ ἡ ψυχὴ τοῦτο· χωρισθείσης δὲ ταύτης οὐκ ἂν ἔτι πέλεκυς ἦν, ἀλλ' ἢ ὁμωνύμως, νῦν δ' ἔστι πέλεκυς. οὐ γὰρ τοιούτου σώματος τὸ τί ἦν εἶναι καὶ ὁ λόγος ἡ ψυχή, ἀλλὰ φυσικοῦ τοιουδὶ ἔχοντος ἀρχὴν κινήσεως καὶ στάσεως ἐν ἑαυτῷ. θεωρεῖν δὲ καὶ ἐπὶ τῶν μερῶν δεῖ τὸ λεχθέν. εἰ γὰρ ἦν ὁ ὀφθαλμὸς ζῷον, ψυχὴ ἂν ἦν αὐτοῦ ἡ ὄψις· αὕτη γὰρ οὐσία ὀφθαλμοῦ ἡ κατὰ τὸν λόγον. ὁ δ' ὀφθαλμὸς ὕλη ὄψεως, ἧς ἀπολειπούσης οὐκέτ' ὀφθαλμός, πλὴν ὁμωνύμως, καθάπερ ὁ λίθινος καὶ ὁ γεγραμμένος. δεῖ δὴ λαβεῖν τὸ ἐπὶ μέρους ἐφ' ὅλου τοῦ ζῶντος σώματος· ἀνάλογον γὰρ ἔχει ὡς τὸ μέρος πρὸς τὸ μέρος, οὕτως ἡ ὅλη αἴσθησις πρὸς τὸ ὅλον σῶμα τὸ αἰσθητικόν, ᾗ τοιοῦτον. ἔστι δὲ οὐ τὸ ἀποβεβληκὸς τὴν ψυχὴν τὸ δυνάμει ὂν ὥστε ζῆν, ἀλλὰ τὸ ἔχον· τὸ δὲ σπέρμα καὶ ὁ καρπὸς τὸ δυνάμει τοιονδὶ σῶμα. ὡς μὲν οὖν ἡ τμῆσις καὶ ἡ ὅρασις, οὕτω καὶ ἡ ἐγρήγορσις ἐντελέχεια, ὡς δ' ἡ ὄψις καὶ ἡ δύναμις τοῦ ὀργάνου, ἡ ψυχή· 413a
τὸ δὲ σῶμα τὸ δυνάμει ὄν· ἀλλ' ὥσπερ ὀφθαλμὸς ἡ κόρη καὶ ἡ ὄψις, κἀκεῖ ἡ ψυχὴ καὶ τὸ σῶμα ζῷον. ὅτι μὲν οὖν οὐκ ἔστιν ἡ ψυχὴ χωριστὴ τοῦ σώματος, ἢ μέρη τινὰ αὐτῆς, εἰ μεριστὴ πέφυκεν, οὐκ ἄδηλον· ἐνίων γὰρ ἡ

8 ἡ om. XΣ   9 λέγεται CeΣ: om. UXS^p et ut v. T^p ἡ UX $S^c\Sigma$: ᾗ Ce et ut v. Π   10 ἡ[1] om. Σ   12 μὲν om. $UP^c\Sigma$ γὰρ om. X   13 τὸ $UXP^c\Sigma$: τῷ Ce   14 δὲ] γὰρ X   16 τοιουδὶ] τοῦ P^c 17 ἑαυτῷ CeP^c: αὐτῷ U: αὐτῷ X   19 ἦν om. X   20 ἀπολιπούσης X^1S^p 21 οὐκέτι $CeS^cT^p\Sigma$: οὐκ ἔστιν UX   ὁμωνύμως UXTΣ: ὁμώνυμος Ce   λίθος X   22 δὴ CUe^1T^p et ut v. S^p: δὲ XP^c 24 οὕτως CeP^pS^p: om. UXΣ   28 τμῆσις] πρίσις T^p καὶ[2] CeP^cT^p: om. UX   413a 2 ὥσπερ UeP^cT: +ὁ $CXS^p\Sigma$ 3 σῶμα CeΣ: +τὸ UXS^pT^p 5 ἡ om. S^c

否为一。[28] 因为“一和实是或存在”[29] 尽管以多种方式被言说，但是最主要的意义就是现实性。[30]

［**同名异义的原则**］因此，我们对“灵魂是什么”做了大概的论述，因为灵魂根据定义来说是实体。[31] 它是这样的躯体的是其所是或本质。[32] 就如同在这些器具中有一个是自然躯体，比如斧头。[33] 这样的话，斧头的实体就是那使其是斧头的东西[34]，这就是它的灵魂。如果它［实体］分离出去了，那么它也就不再是一把斧头了，而只不过是同名异义上的东西罢了。[35] 但事实上，它［即便没有灵魂］也是一把斧头。[36] 当然，灵魂不是这样的躯体的是其所是和定义，而是某种特定的自然躯体的［是其所是和定义］，在它自身之内就拥有运动与静止的本原。[37]

我们也应当考虑把所论述过的内容应用到躯体的各个部分时，情况是怎样的。如果眼睛是某种生命体，那么视力就是它的灵魂；因为视力是眼睛依据定义的实体。眼睛是视觉的质料，如果（眼睛）失去了视觉，那么它就不再是眼睛了，除非是在同名异义的意义上，就好比一只石质的或画作上的眼睛。[38]

我们必须把关于（躯体）部分所作的论述运用到整个活着的躯体那里。因为就如存在着部分与部分之间的类比关系，同样地，就它是这样的［一种有感觉能力的］躯体来说，整体的感觉也与整体的有感觉能力的躯体有这样的类比关系。那潜在地有生命的躯体并不是那失去了自己的灵魂的躯体，而是那具有灵魂的躯体。[39] 种子和果实都是这样一种潜在的躯体。

因此，正如“切割”和“观看”那样，“醒着”就是一种现实性；正如视觉与器具的能力那样，[40] 灵魂也是现实性，而躯体则潜在地存在。但是，正如瞳孔和视力构成了眼睛，同样地，灵魂和躯体就构成生命体。因此，十分清楚的一点是，灵魂是不能与躯体相分离的，或者灵魂的某些特定部分是不能与躯体相分离的，如果灵魂在本性上有部分的话。[41] 灵魂的一些部分的实现就是躯体部分自身的

ἐντελέχεια τῶν μερῶν ἐστὶν αὐτῶν. οὐ μὴν ἀλλ' ἔνιά γε οὐθὲν κωλύει, διὰ τὸ μηθενὸς εἶναι σώματος ἐντελεχείας. ἔτι δὲ ἄδηλον εἰ οὕτως ἐντελέχεια τοῦ σώματος ἡ ψυχὴ ἢ ὥσπερ πλωτὴρ πλοίου. τύπῳ μὲν οὖν ταύτῃ διωρίσθω καὶ ὑπογεγράφθω περὶ ψυχῆς.

Ἐπεὶ δ' ἐκ τῶν ἀσαφῶν μὲν φανερωτέρων δὲ γίνεται 2
τὸ σαφὲς καὶ κατὰ τὸν λόγον γνωριμώτερον, πειρατέον πάλιν οὕτω γ' ἐπελθεῖν περὶ αὐτῆς· οὐ γὰρ μόνον τὸ ὅτι δεῖ τὸν ὁριστικὸν λόγον δηλοῦν, ὥσπερ οἱ πλεῖστοι τῶν ὅρων λέγουσιν, ἀλλὰ καὶ τὴν αἰτίαν ἐνυπάρχειν καὶ ἐμφαίνεσθαι. νῦν δ' ὥσπερ συμπεράσμαθ' οἱ λόγοι τῶν ὅρων εἰσίν· οἷον τί ἐστιν ὁ τετραγωνισμός; τὸ ἴσον ἑτερομήκει ὀρθογώνιον εἶναι ἰσόπλευρον. ὁ δὲ τοιοῦτος ὅρος λόγος τοῦ συμπεράσματος· ὁ δὲ λέγων ὅτι ἐστὶν ὁ τετραγωνισμὸς μέσης εὕρεσις τοῦ πράγματος λέγει τὸ αἴτιον. λέγομεν οὖν, ἀρχὴν λαβόντες τῆς σκέψεως, διωρίσθαι τὸ ἔμψυχον τοῦ ἀψύχου τῷ ζῆν. πλεοναχῶς δὲ τοῦ ζῆν λεγομένου, κἂν ἕν τι τούτων ἐνυπάρχῃ μόνον, ζῆν αὐτό φαμεν, οἷον νοῦς, αἴσθησις, κίνησις καὶ στάσις ἡ κατὰ τόπον, ἔτι κίνησις ἡ κατὰ τροφὴν καὶ φθίσις τε καὶ αὔξησις. διὸ καὶ τὰ φυόμενα πάντα δοκεῖ ζῆν· φαίνεται γὰρ ἐν αὐτοῖς ἔχοντα δύναμιν καὶ ἀρχὴν τοιαύτην, δι' ἧς αὔξησίν τε καὶ φθίσιν λαμβάνουσι κατὰ τοὺς ἐναντίους τόπους· οὐ γὰρ ἄνω μὲν αὔξεται, κάτω δ' οὔ, ἀλλ' ὁμοίως ἐπ' ἄμφω καὶ πάντῃ, ὅσα ἀεὶ τρέφεταί τε καὶ ζῇ διὰ τέλους, ἕως ἂν δύνηται λαμβάνειν τροφήν. χωρίζεσθαι δὲ τοῦτο μὲν τῶν ἄλλων δυνατόν, τὰ

6 οὐ μὴν om. X   7 οὐδὲ X   μηδὲν X   8 δὲ UXP^{c}: τε Ce   ἢ P^{p}T^{p}: om. codd.   11 μὲν om. X   12 τὸν om. P^{cp} 13 οὕτω γ' ἐπελθεῖν CeΣ: οὕτως ἐπελθεῖν S^{c}: οὕτως ἐπανελθεῖν UXP^{cp}S^{p} 17 τίς X   ὁ om. TΣ   18 λόγος UXP^{p}: om. Ce   19 ὅτι] τί Σ   ὁ om. XT^{p}Σ   μέσης UXeT^{p}: μέσου C: ὅτι μέσης Σ   20 λέγωμεν C   20–21 σκέψεως ἀρχὴν λαβόντες X   21 διωρίσθαι CeP^{c}ΣS^{c} in *Phys.*: τοῦ πράγματος διωρίσθαι UX   25 φθίσιν τε καὶ αὔξησιν UX   26 ἐν om. X   αὐτοῖς Ce   29–30 πάντῃ . . . τε] πάντῃ ἐκτρέφεταί τε UX: πάντοσε καὶ τρέφεται V

实现。但是，即便如此，也依然无法阻挡灵魂的一些部分与躯体是可分离的，因为它们并非是任何躯体的实现。[42]而且，灵魂是躯体的现实性的方式是否就如同舵手之于船舶的现实性那样，对于这个问题还不十分清楚。[43]如此，我们对灵魂进行了大致的界定和描述。

第 2 章

［**此项研究的起点与灵魂的不同能力**］既然那清晰的、以及那在理性或概念上来说更可被认识的东西总是出自于那不清晰的、但是较为显而易见的事物，那么，我们就必须尝试用如下方式重新对灵魂进行考察。[1]一个界定性的定义不仅应当对事物之其然做出说明，就像大多数定义那样，而且还应当包括和指明事物的所以然（原因）。[2]今日，这些定义的表达就像结论一样，例如，什么是正方形？正方形是四条边相等的长方形，它有着与那不等边的长方形相等的面积。但是，这样的定义只是一种结论的概念规定。[3]但是，如若有人指出，正方形是在长方形的两个不等边之间的比例中项的发现，如此，他就说出了事物的原因。[4]

因此，我们认为，那使有灵魂的生命体与没有灵魂的物体区分开来的就是生命，我们把这一点视为此项研究的起点。[5]但生命可以通过多种意义被表达出来，只要其中的任何一种在某物那里出现，那么我们就会认为该物是有生命的。如理性、感觉、位移运动和静止，或者摄取营养的运动，消亡和生长。[6]因此，所有的植物被认为是有生命的，[7]因为它们在自身之内显然具有某种潜能和这样的一种本原或原则，基于此，植物才能够朝向相反的方向生长和衰亡。所有这些生长着的植物不会只向上生长，而不同时也向下生长的，而是以相同的程度向着两个方向、乃至向着各个方向均等地生长。只要它们还能够吸取营养，它们就会获得营养而持续地生长。这种潜能能够与其他不同的潜能分离开来，但是，在有生灭或

δ᾽ ἄλλα τούτου ἀδύνατον ἐν τοῖς θνητοῖς. φανερὸν δ᾽ ἐπὶ τῶν φυομένων· οὐδεμία γὰρ αὐτοῖς ὑπάρχει δύναμις ἄλλη ψυχῆς. τὸ μὲν οὖν ζῆν διὰ τὴν ἀρχὴν ταύτην ὑπάρχει τοῖς 413b
ζῶσι, τὸ δὲ ζῷον διὰ τὴν αἴσθησιν πρώτως· καὶ γὰρ τὰ μὴ κινούμενα μηδ᾽ ἀλλάττοντα τόπον, ἔχοντα δ᾽ αἴσθησιν, ζῷα λέγομεν καὶ οὐ ζῆν μόνον. αἰσθήσεως δὲ πρῶτον ὑπάρχει πᾶσιν ἁφή. ὥσπερ δὲ τὸ θρεπτικὸν δύναται χωρίζεσθαι τῆς ἁφῆς καὶ πάσης αἰσθήσεως, οὕτως ἡ ἁφὴ τῶν ἄλλων αἰσθήσεων. θρεπτικὸν δὲ λέγομεν τὸ τοιοῦτον μόριον τῆς ψυχῆς οὗ καὶ τὰ φυόμενα μετέχει· τὰ δὲ ζῷα πάντα φαίνεται τὴν ἁπτικὴν αἴσθησιν ἔχοντα· δι᾽ ἣν δ᾽ αἰτίαν ἑκάτερον τούτων συμβέβηκεν, ὕστερον ἐροῦμεν.

νῦν δ᾽ ἐπὶ τοσοῦτον εἰρήσθω μόνον, ὅτι ἐστὶν ἡ ψυχὴ τῶν εἰρημένων τούτων ἀρχὴ καὶ τούτοις ὥρισται, θρεπτικῷ, αἰσθητικῷ, διανοητικῷ, κινήσει. πότερον δὲ τούτων ἕκαστόν ἐστι ψυχὴ ἢ μόριον ψυχῆς, καὶ εἰ μόριον, πότερον οὕτως ὥστ᾽ εἶναι χωριστὸν λόγῳ μόνον ἢ καὶ τόπῳ, περὶ μὲν τινῶν τούτων οὐ χαλεπὸν ἰδεῖν, ἔνια δὲ ἀπορίαν ἔχει. ὥσπερ γὰρ ἐπὶ τῶν φυτῶν ἔνια διαιρούμενα φαίνεται ζῶντα καὶ χωριζόμενα ἀπ᾽ ἀλλήλων, ὡς οὔσης τῆς ἐν αὐτοῖς ψυχῆς ἐντελεχείᾳ μὲν μιᾶς ἐν ἑκάστῳ φυτῷ, δυνάμει δὲ πλειόνων, οὕτως ὁρῶμεν καὶ περὶ ἑτέρας διαφορὰς τῆς ψυχῆς συμβαῖνον ἐπὶ τῶν ἐντόμων ἐν τοῖς διατεμνομένοις· καὶ γὰρ αἴσθησιν ἑκάτερον τῶν μερῶν ἔχει καὶ κίνησιν τὴν κατὰ τόπον, εἰ δ᾽ αἴσθησιν, καὶ φαντασίαν καὶ ὄρεξιν· ὅπου μὲν γὰρ αἴσθησις, καὶ λύπη τε καὶ ἡδονή, ὅπου δὲ ταῦτα, ἐξ ἀνάγκης καὶ ἐπιθυμία. περὶ δὲ τοῦ νοῦ καὶ τῆς θεωρητικῆς δυνάμεως οὐδέν πω φανερόν, ἀλλ᾽ ἔοικε

413b 1 τοῖς ζῶσι] πᾶσι τοῖς ζῶσι T^{p}Σ: πασὶ τοῖς ζῴοις U: τοῖς ζώοις πᾶσι X 4 ζῷα λέγομεν post 3 τόπον X 4–5 πᾶσιν ὑπάρχει πρῶτον X 5 δὲ] γὰρ X 8 φυτὰ UX 8–9 φαίνεται ἅπαντα X 13 ἐστι] ἐστιν ἡ X 15 μόνῳ Σ μὲν + οὖν X τούτων om. UXT^{p}Σ 16 ὡς C 17 καὶ ζῶντα U^{1}X 18 αὐτοῖς UXT^{p}Σ: τούτοις Ce 23 καὶ[2] CeT^{p}: om. UXΣ 25 οὐδέν πω Ce$P^{p}S^{p}T^{cp}$: οὐδέπω UXΣ

可死的生命体那里，[8]其他的潜能则不能与这种潜能分离。这一点在植物那里很明显，因为，它们并不具有灵魂的其他潜能。

基于这个原则，活着属于那些有生命的实体，但是动物首先是 413b
通过感觉［而是动物］，因为我们说那些不运动或不变换位置、但是赋有感觉的生命体是动物，[9]而不只是认为它们是活着的。

触觉对于所有动物来说是首要的感觉。[10]就像营养官能能够与触觉和其他诸种感觉相分离，同样地，触觉也可以脱离其他感觉而存在。[11]我们将营养官能称为连植物也分有的这部分灵魂。所有动物看起来都有触觉。由于何种原因，这两者呈现为这样的情况，我们将在后面再作解释。[12]截止到目前，我们的论述暂时告一段落，即灵魂是所说过的这些潜能的本原，并且通过如下这些能力被界定，即营养能力、感觉能力、思维能力以及运动能力。[13]

［**灵魂的分割**］这些潜能中的每一种是否皆是一个灵魂，或者只是灵魂的部分；如果只是灵魂的部分，那么部分是否以如下方式［是部分］？即它仅在定义或概念上可分，还是在位置上也是可分的？[14]这一点在某些部分那里并不难回答，但是在另外一些部分那里却困难重重。因为对于植物来说，哪怕它们被分割开来，彼此分离而失去连接，有些显然仍然存活着，就仿佛那寓于其中的灵魂在现实性的意义上来说在每个植物那里都是一个，但是，在潜能的意义上来说则是多，如此，我们会看到这一点同样发生在灵魂的其他特征上，如在被切割后的昆虫。[15]昆虫的每一个部分都有感觉和空间的位移运动，[16]如果有感觉，那么就会有想象和欲望。[17]因为哪里有感觉，哪里也就会有痛苦和快乐；有痛苦和快乐的地方，就必然会有欲望。[18]

但是，关于理性和理论沉思的能力，并没有什么是清晰明了的，它显得好像是另外一种灵魂，[19]只有这一部分是可分离的，就像那永恒的事物可以与有生灭的事物相分离一样。[20]由此可见，灵

ψυχῆς γένος ἕτερον εἶναι, καὶ τοῦτο μόνον ἐνδέχεται χωρίζεσθαι, καθάπερ τὸ ἀΐδιον τοῦ φθαρτοῦ. τὰ δὲ λοιπὰ μόρια τῆς ψυχῆς φανερὸν ἐκ τούτων ὅτι οὐκ ἔστι χωριστά, καθάπερ τινές φασιν· τῷ δὲ λόγῳ ὅτι ἕτερα, φανερόν· αἰσθητικῷ γὰρ εἶναι καὶ δοξαστικῷ ἕτερον, εἴπερ καὶ τὸ αἰσθάνεσθαι τοῦ δοξάζειν, ὁμοίως δὲ καὶ τῶν ἄλλων ἕκαστον τῶν εἰρημένων. ἔτι δ' ἐνίοις μὲν τῶν ζῴων ἅπανθ' ὑπάρχει ταῦτα, τισὶ δὲ τινὰ τούτων, ἑτέροις δὲ ἓν μόνον (τοῦτο δὲ ποιήσει
414a διαφορὰν τῶν ζῴων)· διὰ τίνα δ' αἰτίαν, ὕστερον ἐπισκεπτέον. παραπλήσιον δὲ καὶ περὶ τὰς αἰσθήσεις συμβέβηκεν· τὰ μὲν γὰρ ἔχει πάσας, τὰ δὲ τινάς, τὰ δὲ μίαν τὴν ἀναγκαιοτάτην, ἁφήν.

ἐπεὶ δὲ ᾧ ζῶμεν καὶ αἰσθανόμεθα διχῶς λέγεται, καθάπερ ᾧ ἐπιστάμεθα (λέγομεν δὲ τὸ μὲν ἐπιστήμην τὸ δὲ ψυχήν, ἑκατέρῳ γὰρ τούτων φαμὲν ἐπιστάσθαι), ὁμοίως δὲ καὶ [ᾧ] ὑγιαίνομεν τὸ μὲν ὑγιείᾳ τὸ δὲ μορίῳ τινὶ τοῦ σώματος ἢ καὶ ὅλῳ, τούτων δ' ἡ μὲν ἐπιστήμη τε καὶ ὑγίεια μορφὴ καὶ εἶδός τι καὶ λόγος καὶ οἷον ἐνέργεια τοῦ δεκτικοῦ, ἡ μὲν τοῦ ἐπιστημονικοῦ, ἡ δὲ τοῦ ὑγιαστοῦ (δοκεῖ γὰρ ἐν τῷ πάσχοντι καὶ διατιθεμένῳ ἡ τῶν ποιητικῶν ὑπάρχειν ἐνέργεια), ἡ ψυχὴ δὲ τοῦτο ᾧ ζῶμεν καὶ αἰσθανόμεθα καὶ διανοούμεθα πρώτως—ὥστε λόγος τις ἂν εἴη καὶ εἶδος, ἀλλ' οὐχ ὕλη καὶ τὸ ὑποκείμενον. τριχῶς γὰρ λεγομένης τῆς οὐσίας, καθάπερ εἴπομεν, ὧν τὸ μὲν εἶδος, τὸ δὲ ὕλη, τὸ δὲ ἐξ ἀμφοῖν, τούτων δ' ἡ μὲν ὕλη δύναμις, τὸ δὲ εἶδος ἐντελέχεια, ἐπεὶ τὸ ἐξ ἀμφοῖν ἔμψυχον, οὐ τὸ σῶμά ἐστιν ἐντελέχεια ψυχῆς, ἀλλ' αὕτη σώματός

26 καὶ . . . χωρίζεσθαι CUeΣ: καὶ τοῦτο μόνον ἐνδέχεσθαι χωρίζεσθαι S^c in *De Caelo*: τοῦτο μόνον ἐνδέχεσθαι X^1T^p Al. ap. P^p 32 ἔτι] ὅτι Ce ὑπάρχειν X 33 τινὰ] ἐλάττω Σ ποιεῖ UXP^cS^pCe 414a 1 αἰτίαν+γέγονεν UX 2 τὰς XΣ: om. CUe αἴσθησιν C^1 3 πάσας ἔχει U 4 καὶ+ᾧ T^p 5 δὲ secl. Bonitz 7 ᾧ secl. Bywater ὑγιείᾳ $CP^pS^pT^p$: ὑγίεια eΣ: ὑγίειαν UX 9 καὶ[4] om. UX 10 τῶν δεκτικῶν $XP^cS^pT^p$Σ ὑγιαστοῦ XP^pS^pΣ: ὑγιαστικοῦ CUe 14 οὐχ+ὡς UXS^cΣ 15–16 εἶδος . . . ὕλη] ὕλη τὸ δὲ εἶδος UXT^pΣ 17 ἐπεὶ+δὲ UP^pT^p: ἔπειτα e

魂的其他剩余部分不像有些人所主张的那样是可分离的。[21] 但是，这些灵魂的部分在定义上显然是互不相同的。因为如果感觉活动与形成信念确实是不同的，那么去感觉的能力与那能够形成意见的能力也彼此不同。[22] 同样地，这也适用于其他我们所说过的每种官能。

另外，有些动物具有所有这些能力，有些只是具有其中的某些能力，另外一些动物则仅仅具有一种能力。[23] 就是这一点造成了 414a
动物之间的区别。通过何种原因，我们会在后面再作考察。[24] 对于感觉来说，情形也是大同小异。有些动物拥有所有的感觉（种类），有些动物只是拥有几种感觉，有些动物则仅仅拥有最必需的一种感觉，即触觉。

［**对灵魂是现实性的进一步解释**］[25] 因为我们赖以生活和有感觉的原则在如下两种方式上可被述说，就如我们赖以理解或认识的原则也是在两种方式上被述说一样，[26] 我们一方面将其称为知识，另一方面也称其为灵魂，因为正是凭借其中任何一个，我们就可以说，我们在认识或拥有某个知识。同样地，我们赖以重获健康的本原也是在两种方式上被理解，一方面是通过健康，另一方面是通过身体的某个部分或整个身体。[27] 其中，知识和健康是“形状”、或某种形式和概念，[28] 就像那能够接受这些形式者的现实活动。一方面是指能够接受知识，另一方面是指能够变得健康。因此，那能够主动起作用的能力的实现活动看起来就寓居于那能被作用者或受动者中和能够接受其作用或形式的东西中。[29] 因此，灵魂在最首要的意义上来说就是我们赖以生活、感知和进行思维的本原，[30] 所以，灵魂是某种概念和形式，而非质料和载体或基底之物。[31]

正如我们已经说过的，实体可以在如下三种意义上被说出来，[32] 其一是形式、其二是质料、其三是出于二者的复合物。其中，质料是潜能，而形式则是现实性。由于那出于二者的复合物是有灵魂的生命体，所以躯体并不是灵魂的现实性，相反，灵魂才是某个躯体的现实性。[33]

τινος. καὶ διὰ τοῦτο καλῶς ὑπολαμβάνουσιν οἷς δοκεῖ μήτ' ἄνευ σώματος εἶναι μήτε σῶμά τι ἡ ψυχή· σῶμα μὲν γὰρ οὐκ ἔστι, σώματος δέ τι, καὶ διὰ τοῦτο ἐν σώματι ὑπάρχει, καὶ ἐν σώματι τοιούτῳ, καὶ οὐχ ὥσπερ οἱ πρότερον εἰς σῶμα ἐνήρμοζον αὐτήν, οὐθὲν προσδιορίζοντες ἐν τίνι καὶ ποίῳ, καίπερ οὐδὲ φαινομένου τοῦ τυχόντος δέχεσθαι τὸ τυχόν. οὕτω δὲ γίνεται καὶ κατὰ λόγον· ἑκάστου γὰρ ἡ ἐντελέχεια ἐν τῷ δυνάμει ὑπάρχοντι καὶ τῇ οἰκείᾳ ὕλῃ πέφυκεν ἐγγίνεσθαι. ὅτι μὲν οὖν ἐντελέχειά τίς ἐστι καὶ λόγος τοῦ δύναμιν ἔχοντος εἶναι τοιούτου, φανερὸν ἐκ τούτων.

3 Τῶν δὲ δυνάμεων τῆς ψυχῆς αἱ λεχθεῖσαι τοῖς μὲν ὑπάρχουσι πᾶσαι, καθάπερ εἴπομεν, τοῖς δὲ τινὲς αὐτῶν, ἐνίοις δὲ μία μόνη. δυνάμεις δ' εἴπομεν θρεπτικόν, αἰσθητικόν, ὀρεκτικόν, κινητικὸν κατὰ τόπον, διανοητικόν. ὑπάρχει δὲ τοῖς μὲν φυτοῖς τὸ θρεπτικὸν μόνον, ἑτέροις δὲ τοῦτό τε καὶ τὸ αἰσθητικόν. εἰ δὲ τὸ αἰσθητικόν, καὶ τὸ ὀρε- 414b
κτικόν· ὄρεξις μὲν γὰρ ἐπιθυμία καὶ θυμὸς καὶ βούλησις, τὰ δὲ ζῷα πάντ' ἔχουσι μίαν γε τῶν αἰσθήσεων, τὴν ἁφήν, ᾧ δ' αἴσθησις ὑπάρχει, τούτῳ ἡδονή τε καὶ λύπη καὶ τὸ ἡδύ τε καὶ λυπηρόν, οἷς δὲ ταῦτα, καὶ ἡ ἐπιθυμία· τοῦ γὰρ ἡδέος ὄρεξις αὕτη. ἔτι δὲ τῆς τροφῆς αἴσθησιν ἔχουσιν (ἡ γὰρ ἁφὴ τῆς τροφῆς αἴσθησις· ξηροῖς γὰρ καὶ ὑγροῖς καὶ θερμοῖς καὶ ψυχροῖς τρέφεται τὰ ζῶντα πάντα, τούτων δ' αἴσθησις ἁφή), τῶν δ' ἄλλων αἰσθητῶν κατὰ συμβεβηκός. οὐθὲν γὰρ εἰς τροφὴν συμβάλλεται ψόφος οὐδὲ χρῶμα οὐδὲ ὀσμή, ὁ δὲ χυμὸς ἕν τι τῶν ἁπτῶν ἐστιν. πεῖνα δὲ καὶ

20 μὲν CeT^pΣ: om. UX 22 ἐν om. XT^p 23 προσδιορίζοντες CeP^p: προσδιορίσαντες UXΣ 25 καὶ om. T^p 28 εἶναι τοιούτου CeT^pΣ: τοιουδὶ εἶναι UX 30 καθάπερ εἴπομεν UXT^pΣ: om. Ce 31 αἰσθητικὸν ὀρεκτικὸν XT^p: ὀρεκτικὸν αἰσθητικὸν CUe 414b 1 τοῦτό CeP^c: αὐτό UXΣ εἰ δὲ τὸ αἰσθητικόν CeΣ: om. UXP^c 2 ὀρέξεις e 3 γε om. P^c 5 τε UXS^pΣ: om. CeP^c καὶ¹ + τὸ P^c καὶ ἡ om. U: καὶ XP^cΣ 6 ὄρεξις CeP^c: + ἐστιν UX: ἐστὶν ὄρεξις Σ δὲ om. Ce 9 τῶν δ' ἄλλων] τοῖς δ' ἄλλοις τῶν Σ 10 οὐδὲ X οὐδὲ χρῶμα **C**$P^c$$T^p$Σ: om. e

因此，那些持有如下看法的人是正确的，他们认为，灵魂既不能脱离躯体而存在，亦不是某种躯体。[34] 因为灵魂并不是躯体，而是某种属于躯体的东西，所以，灵魂寓于躯体之中，且存在于这样一种躯体之中。灵魂并不像早期哲学家所说的那样被放置到躯体内，而他们并不去进一步确定是哪些躯体以及在何种性质的躯体中，[35] 但就其表面看来，任何偶然的事物随意地接受那偶然的事物的可能性实在是微乎其微。下面的解释有其道理：因为任何个别物的原初实现都存在于那些潜在地所是的东西里，在本性上存在于适合的或本有的质料中。由此可见，灵魂显然是某种现实性，并且是那有成为这般存在的潜能之原理或概念。

第 3 章

［**灵魂的诸种能力的一体性**］一如上述，[1] 有些动物具有我们所说的所有能力，[2] 有些动物只具有其中的某几种能力，而有些则仅具有一种能力。我们所说的这些能力分别是：营养能力、欲求能力、感觉能力、位移运动的能力和思维能力。[3]

因此，植物仅具有营养能力，而其他的生命体不仅具有营养能力，而且还具有感觉能力。如果它们具有感觉能力，那么也就具有欲求能力，因为欲求包括欲望、血气和愿望。[4] 所有的动物至少会具有这些感觉能力中的一种，即触觉。凡是具有感觉的动物，就会有痛苦和快乐的感受，也就会有带来痛苦和带来快乐的东西；凡是具有这些感受的，那么它也就具有欲望，因为欲望就是一种对令人快乐的东西的欲求。[5]

另外，它们也会具有对食物的感觉，触觉便是对食物的感觉。[6] 所有的动物都是从那干燥的和湿润的东西、从热的和冷的东西那里获得营养，触觉就是对这些东西的感觉。而其他的感觉对象对触觉来说都是偶性的。[7] 无论是声音、颜色还是气味都不会对食物增添什么，[8] 而味道或滋味才属于触觉对象的一种，[9] 饿和渴是欲望，饿是

δίψα ἐπιθυμία, καὶ ἡ μὲν πεῖνα ξηροῦ καὶ θερμοῦ, ἡ δὲ δίψα ὑγροῦ καὶ ψυχροῦ· ὁ δὲ χυμὸς οἷον ἥδυσμά τι τούτων ἐστίν. διασαφητέον δὲ περὶ αὐτῶν ὕστερον, νῦν δ' ἐπὶ τοσοῦτον εἰρήσθω, ὅτι τῶν ζώντων τοῖς ἔχουσιν ἁφὴν καὶ ὄρεξις ὑπάρχει. περὶ δὲ φαντασίας ἄδηλον, ὕστερον δ' ἐπισκεπτέον. ἐνίοις δὲ πρὸς τούτοις ὑπάρχει καὶ τὸ κατὰ τόπον κινητικόν, ἑτέροις δὲ καὶ τὸ διανοητικόν τε καὶ νοῦς, οἷον ἀνθρώποις καὶ εἴ τι τοιοῦτον ἕτερον ἔστιν ἢ τιμιώτερον.

δῆλον οὖν ὅτι τὸν αὐτὸν τρόπον εἷς ἂν εἴη λόγος ψυχῆς τε καὶ σχήματος· οὔτε γὰρ ἐκεῖ σχῆμα παρὰ τὸ τρίγωνον ἔστι καὶ τὰ ἐφεξῆς, οὔτ' ἐνταῦθα ψυχὴ παρὰ τὰς εἰρημένας. γένοιτο δ' ἂν καὶ ἐπὶ τῶν σχημάτων λόγος κοινός, ὃς ἐφαρμόσει μὲν πᾶσιν, ἴδιος δ' οὐδενὸς ἔσται σχήματος. ὁμοίως δὲ καὶ ἐπὶ ταῖς εἰρημέναις ψυχαῖς. διὸ γελοῖον ζητεῖν τὸν κοινὸν λόγον καὶ ἐπὶ τούτων καὶ ἐφ' ἑτέρων, ὃς οὐδενὸς ἔσται τῶν ὄντων ἴδιος λόγος, οὐδὲ κατὰ τὸ οἰκεῖον καὶ ἄτομον εἶδος, ἀφέντας τὸν τοιοῦτον. (παραπλησίως δ' ἔχει τῷ περὶ τῶν σχημάτων καὶ τὰ κατὰ ψυχήν· ἀεὶ γὰρ ἐν τῷ ἐφεξῆς ὑπάρχει δυνάμει τὸ πρότερον ἐπί τε τῶν σχημάτων καὶ ἐπὶ τῶν ἐμψύχων, οἷον ἐν τετραγώνῳ μὲν τρίγωνον, ἐν αἰσθητικῷ δὲ τὸ θρεπτικόν.) ὥστε καθ' ἕκαστον ζητητέον, τίς ἑκάστου ψυχή, οἷον τίς φυτοῦ καὶ τίς ἀνθρώπου ἢ θηρίου. διὰ τίνα δ' αἰτίαν τῷ ἐφε-
415a ξῆς οὕτως ἔχουσι, σκεπτέον. ἄνευ μὲν γὰρ τοῦ θρεπτικοῦ τὸ αἰσθητικὸν οὐκ ἔστιν· τοῦ δ' αἰσθητικοῦ χωρίζεται τὸ θρεπτικὸν ἐν τοῖς φυτοῖς. πάλιν δ' ἄνευ μὲν τοῦ ἁπτικοῦ τῶν ἄλλων αἰσθήσεων οὐδεμία ὑπάρχει, ἁφὴ δ' ἄνευ τῶν ἄλλων

12 θερμοῦ καὶ ξηροῦ X 13 ὑγροῦ καὶ ψυχροῦ XΣ: ψυχροῦ καὶ ὑγροῦ CUe$S^{p}T^{p}$ τι CeP^{p}: om. UX 15 διωρίσθω UXT^{p}Σ ζώντων Susemihl: ζῴων codd. T^{p}Σ 18 ἄνθρωπος X καὶ CUeT^{p}Σ: κἂν XP^{c} 19 ἕτερόν ἐστι CeXΣ: ἐστιν ἕτερον UT: ἕτερον P^{c} ἢ] καὶ P^{c}: ἢ καὶ UXT^{p} 22 ψυχὴ UXΣ: ἡ ψυχὴ CeS^{c} γένοιτο UXΣ: γίγνοιτο Ce 24 ἔσται UeS^{p}Σ: ἐστι X: εἴη C 26 ἔσται CeT^{p}: ἐστι UXΣ 27 καὶ UXS^{p}Σ: +τὸ Ce ἀφέντα S^{p} 29 κατὰ] περὶ τὴν UX ἐν CeΣ: om. $P^{c}T^{p}$ 30 ἐπὶ^{2} om. T^{p} 31 μὲν+τὸ Σ 32–33 ὥστε . . . θηρίου post 28 τοιοῦτον transponenda ci. Förster 33 τῷ] τὸ Σ

对干燥的和温热的东西的欲望，而饥渴则是对冷或凉的和湿润的东西的欲望。味道在某种程度上来说就像一种不同东西的甜味调品。[10]关于这一点，我们会在后面进行详细的论述。[11]但是现在，我们的论述就到此为止，即那具有触觉的动物也会有欲求能力。

但是，关于想象，我们并不清楚，我们会在后面进行研究。[12]除了这些能力之外，有一些动物还具有位移运动的能力，而另外一些动物具有思维能力和理性，[13]比如人类。也许还存在着其他种类的生命体或者更加高贵者。[14]

［**灵魂的普遍定义的价值**］很明显的是，灵魂有某种单一或统一的定义，就像几何图形的定义是单一的那样。[15]因为在几何图形那里除了三角形以及与三角形相连的系列图形外并不存在一个另外的图形，同样，在灵魂这里，除了我们所提到的这些能力以外，灵魂也一无他是。[16]对于图形来说，一个共同的定义概念或许是可能的，这个共同定义适用于所有图形，但是，却并非专属于某一图形。[17]同样地，这也适用于我们所说的不同灵魂。[18]

因此，无论是在这些情况中，或是在另外的一些情况中寻求某种共同定义是荒谬的，因为这个共同定义并不是任何存在之物的专有定义，也不与任何原本的、不可分的种相符合，而是我们在这么做时，［这共同定义］恰恰使我们忽略了这种原本的概念。[19]

有关灵魂方面的情况与有关图形方面的情况有一种类似的关系。那较早的或先在的事物总是潜在地被包罗在后来产生的序列里，不论是在图形那里，还是在有灵魂的生命体那里都是这样，就像三角形包含在四边形里面，营养能力包含在感觉能力之中。因此，我们必须就每一具体事物进行探寻，每一生命体的灵魂究竟是什么，比如，植物的灵魂是什么，人的或动物的灵魂又是什么。

我们还必须考察，它们是出于何种原因构建了这种序列。[20]因为感觉能力不能脱离营养能力而存在；而营养能力在植物那里可以与感觉相分离。再者，如若没有触觉，那么也就不会存在其他的感觉，但是，触觉能力可以脱离其他感觉能力而存在。许多动物既没

ὑπάρχει· πολλὰ γὰρ τῶν ζῴων οὔτ' ὄψιν οὔτ' ἀκοὴν ἔχουσιν οὔτ' ὀσμῆς αἴσθησιν. καὶ τῶν αἰσθητικῶν δὲ τὰ μὲν ἔχει τὸ κατὰ τόπον κινητικόν, τὰ δ' οὐκ ἔχει· τελευταῖον δὲ καὶ ἐλάχιστα λογισμὸν καὶ διάνοιαν· οἷς μὲν γὰρ ὑπάρχει λογισμὸς τῶν φθαρτῶν, τούτοις καὶ τὰ λοιπὰ πάντα, οἷς δ' ἐκείνων ἕκαστον, οὐ πᾶσι λογισμός, ἀλλὰ τοῖς μὲν οὐδὲ φαντασία, τὰ δὲ ταύτῃ μόνῃ ζῶσιν. περὶ δὲ τοῦ θεωρητικοῦ νοῦ ἕτερος λόγος. ὅτι μὲν οὖν ὁ περὶ τούτων ἑκάστου λόγος, οὗτος οἰκειότατος καὶ περὶ ψυχῆς, δῆλον.

4 Ἀναγκαῖον δὲ τὸν μέλλοντα περὶ τούτων σκέψιν ποιεῖσθαι λαβεῖν ἕκαστον αὐτῶν τί ἐστιν, εἶθ' οὕτως περὶ τῶν ἐχομένων καὶ περὶ τῶν ἄλλων ἐπιζητεῖν. εἰ δὲ χρὴ λέγειν τί ἕκαστον αὐτῶν, οἷον τί τὸ νοητικὸν ἢ τὸ αἰσθητικὸν ἢ τὸ θρεπτικόν, πρότερον ἔτι λεκτέον τί τὸ νοεῖν καὶ τί τὸ αἰσθάνεσθαι· πρότεραι γάρ εἰσι τῶν δυνάμεων αἱ ἐνέργειαι καὶ αἱ πράξεις κατὰ τὸν λόγον. εἰ δ' οὕτως, τούτων δ' ἔτι πρότερα τὰ ἀντικείμενα δεῖ τεθεωρηκέναι, περὶ ἐκείνων πρῶτον ἂν δέοι διορίσαι διὰ τὴν αὐτὴν αἰτίαν, οἷον περὶ τροφῆς καὶ αἰσθητοῦ καὶ νοητοῦ. ὥστε πρῶτον περὶ τροφῆς καὶ γεννήσεως λεκτέον· ἡ γὰρ θρεπτικὴ ψυχὴ καὶ τοῖς ἄλλοις ὑπάρχει, καὶ πρώτη καὶ κοινοτάτη δύναμίς ἐστι ψυχῆς, καθ' ἣν ὑπάρχει τὸ ζῆν ἅπασιν. ἧς ἐστὶν ἔργα γεννῆσαι καὶ τροφῇ χρῆσθαι· φυσικώτατον γὰρ τῶν ἔργων τοῖς ζῶσιν, ὅσα τέλεια καὶ μὴ πηρώματα ἢ τὴν γένεσιν

415a 5 γὰρ CeΣ: δὲ UX 6 ὀσμῆς + ὅλως UXΣ δὲ om. Σ 7 τελευταῖα C 8 ἐλάχιστον U διάνοιαν + οἷον (+ ὁ P^c) ἄνθρωπος ἢ (+ εἴ Σ) τι τοιοῦτον ἄλλο (ἕτερον Σ) ὑπάρχει P^cΣ 9 τῶν φθαρτῶν om. Σ πάντα + τῶν εἰρημένων Σ 11 μόνῃ Ce$P^c$$T^p$Σ: μόνον UX 12 νοῦ om. Σ ὅτι . . . 13 λόγος mg. U^1 14 ποιήσασθαι $P^c$$T^p$Σ 15 τί ἐστιν Ce$P^c$$S^p$$T^p$Σ: om. UX 16 καὶ . . . ἄλλων om. T^p καὶ CeS^p et ut v. Σ: ἢ καὶ UX 17 τί om. U ἢ^1 + τί T^p 18 πρότεραι] πρότερον U 20 τὸν om. e δ'^{2} om. c^1 πρότερα CeΣ: πρότερον UXP^p 21 δεῖ CeP^p: καὶ δεῖ UXΣ πρότερον Σ ὁρίσαι U 24 καὶ^2 CeΣ: om. UX 26 ἔργον Σ καὶ] τε καὶ P^cΣ χρῆσθαι CeP^c: χρήσασθαι UXΣ φυσικώτατον X$P^p$$S^c$$T^p$Σ: φυσικώτερον Ce, ut v. U^1 26–27 τοῖς ζῴοις τῶν ἔργων X 27 γέννησιν P^p

有视觉，也没有听觉，亦没有嗅觉。[21] 有些有感觉能力的动物具有位移运动的能力，而另一些则没有位移运动的能力。[22] 最后，很少的生命体具有逻辑推算和理解能力。[23] 在那些有生灭的生命体中，有些具有推算能力，那么也就会同时具有其他诸种能力。

还有一些生命体虽然具有各种其他能力，但并不都具有推算或推理能力，有些甚至都不具有想象，而有些生命体则仅仅靠这种能力来生存。[24] 关于理论理性需要另作专论。[25] 但很明显的是，对于这些能力中的每一种所做的论述同时就是对灵魂的最为适当的论述。

第 4 章

［**方法论上的一些规则**］但是，谁如果要对灵魂的诸种能力进行研究，那么他就必须首先要了解每一种能力各是什么，然后以此方式来研究与此相连和随后相继产生的其他问题。如果我们必须解释每种能力各是什么，比如，什么是思维能力，或者什么是感觉能力和营养能力，那么我们就必须首先弄清楚思维活动和感觉活动各是什么。[1] 因为，现实活动和实践行动在概念上或定义上来说总是早于这些潜能。[2] 如果是这样，那么我们就需要在解释这些能力之前，首先必须考虑到与这些能力相应的对象，[3] 正是出于此种原因，我们应当首先对这些对象进行界定或规定。比如，食物、感觉对象和思维对象。[4]

［**营养灵魂的功能**］所以，我们应当首先对食物和生殖进行说明。[5] 因为灵魂的营养能力寓于所有其他的能力之中，所以，它是灵魂的最首要的和最普遍共有的一个能力，[6] 恰是基于这样的能力，所有的生命体才能得以说是有生命的。营养能力的功能就在于生殖和吸取或使用营养。[7] 生出另外一个与自身同类的生命体对于所有动物的功能来说是最为自然的，[8] 只要这些动物是发育完善的而非

αὐτομάτην ἔχει, τὸ ποιῆσαι ἕτερον οἷον αὐτό, ζῷον μὲν ζῷον, φυτὸν δὲ φυτόν, ἵνα τοῦ ἀεὶ καὶ τοῦ θείου μετέχωσιν ᾗ δύναν-
415b ται· πάντα γὰρ ἐκείνου ὀρέγεται, καὶ ἐκείνου ἕνεκα πράττει ὅσα πράττει κατὰ φύσιν. τὸ δ' οὗ ἕνεκα διττόν, τὸ μὲν οὗ, τὸ δὲ ᾧ. ἐπεὶ οὖν κοινωνεῖν ἀδυνατεῖ τοῦ ἀεὶ καὶ τοῦ θείου τῇ συνεχείᾳ, διὰ τὸ μηδὲν ἐνδέχεσθαι τῶν φθαρτῶν ταὐτὸ καὶ ἓν ἀριθμῷ διαμένειν, ᾗ δύναται μετέχειν ἕκαστον, κοινωνεῖ ταύτῃ, τὸ μὲν μᾶλλον τὸ δ' ἧττον, καὶ διαμένει οὐκ αὐτὸ ἀλλ' οἷον αὐτό, ἀριθμῷ μὲν οὐχ ἕν, εἴδει δ' ἕν.

ἔστι δὲ ἡ ψυχὴ τοῦ ζῶντος σώματος αἰτία καὶ ἀρχή. ταῦτα δὲ πολλαχῶς λέγεται, ὁμοίως δ' ἡ ψυχὴ κατὰ τοὺς διωρισμένους τρόπους τρεῖς αἰτία· καὶ γὰρ ὅθεν ἡ κίνησις αὕτη, καὶ οὗ ἕνεκα, καὶ ὡς ἡ οὐσία τῶν ἐμψύχων σωμάτων ἡ ψυχὴ αἰτία. ὅτι μὲν οὖν ὡς οὐσία, δῆλον· τὸ γὰρ αἴτιον τοῦ εἶναι πᾶσιν ἡ οὐσία, τὸ δὲ ζῆν τοῖς ζῶσι τὸ εἶναί ἐστιν, αἰτία δὲ καὶ ἀρχὴ τούτου ἡ ψυχή. ἔτι τοῦ δυνάμει ὄντος λόγος ἡ ἐντελέχεια. φανερὸν δ' ὡς καὶ οὗ ἕνεκεν ἡ ψυχὴ αἰτία· ὥσπερ γὰρ ὁ νοῦς ἕνεκά του ποιεῖ, τὸν αὐτὸν τρόπον καὶ ἡ φύσις, καὶ τοῦτ' ἔστιν αὐτῆς τέλος. τοιοῦτον δ' ἐν τοῖς ζῴοις ἡ ψυχὴ κατὰ φύσιν· πάντα γὰρ τὰ φυσικὰ σώματα τῆς ψυχῆς ὄργανα, καὶ καθάπερ τὰ τῶν ζῴων, οὕτω καὶ τὰ τῶν φυτῶν, ὡς ἕνεκα τῆς ψυχῆς ὄντα. διττῶς δὲ τὸ οὗ ἕνεκα, τό τε οὗ καὶ τὸ ᾧ. ἀλλὰ μὴν καὶ ὅθεν πρῶτον ἡ

28 αὐτομάτην CXeS^{p}: αὐτόματον UΣ 29 ἵνα + δὴ Σ μετέχωσιν X$P^{c}T^{p}$Σ: μετέχουσιν C^{1}Ue 415b 2 πράττει om. Σ διττόν CUeΣ: δισσόν XT^{p} οὗ] ὁ Ce 5–6 ταύτῃ κοινωνεῖ UXT^{p}Σ 7 δ' ἕν CeT^{p}Σ: + διόπερ τὸ σπέρμα τῶν ζῴων (φυτῶν X) καὶ φυτῶν ὄργανόν ἐστι UX 9 ὁμοίως Ce$P^{c}T^{p}$: ὅμως UX κατὰ CeT^{p}Σ: om. UXP^{c} διωρισμένους Ce$P^{c}T^{p}$Σ: διῃρημένους UX^{1} 10 τρεῖς om. X αὕτη V: αὐτή **C**: αυτῆι e 11 ἡ[1] om. UXP^{c}Σ 12 ὡς om. U 13 αἰτία UXP^{p}Σ: αἴτιον Ce 14 τούτου PΣ et ut v. $P^{p}S^{p}$: τούτων **C**e τοῦ CeS^{p}Σ: + ἐν UX 15 ἕνεκα UXΣ αἰτία ἡ ψυχή XΣ 16 ποιεῖ UXP^{c}Σ: νοεῖ Ce 17 αὐτῆς CeP^{p}: αὐτῇ UXΣ τέλεος e 18 ψυχὴ V^{2}: + καὶ **C**eS^{cp}Σ φυσικὰ] ἔμψυχα ci. Torstrik 19 καὶ CeΣ: om. UX τὰ bis om. X 20 δισσῶς P^{c}: διχῶς XΣ 21 οὗ] ὃ $C^{1}e^{1}$

残缺不全的，[9] 或者是随机自发生成的，[10] 动物生出动物，植物生出植物，如此，它们可以以此方式按其所能分有那永恒和神性。[11] 因为所有的生命体都在欲求永恒和神性，并且它们所进行的一切合 415b
乎其本性的活动也都是为了这个缘故。[12] 那"为何故"有双重含义，一是所为何者或何所为，一是对于何者或何所用。[13] 但是，这些生命体并不能通过持续地存在而分有永恒和神性，因为没有任何有生灭的生命体能够在数字上保持为一而持续存在，每一个都只能以它力所能及的方式来分有那永恒和神性，有些多些，有的少些；[14] 而且，并不是它自身延续下来，而是某个与之相似的同类存留下来，即不是在数字上是一，而是在种上是一。[15]

［**灵魂作为原因和实体**］灵魂乃是有生命的躯体的原因和本原，原因和本原可以在多种方式上被述说。同样地，灵魂也是在三种不同的意义上被视为原因：[16] 作为运动的来源而是原因，灵魂是"何所为"，作为具有灵魂的躯体的实体而是原因。[17]

灵魂是作为实体意义上的原因，这一点不言而喻。[18] 因为实体是一切事物存在的原因，对于生命体来说，生命就是存在，而灵魂则是这些生命的原因和本原。另外，现实性是那潜在的存在者的解释性原理。[19] 非常明显的是，灵魂作为"何所为"是原因，就像理性总是为着某个目的而起作用，同样地，自然的运作也是这样，这就是自然的目的。[20] 在生命体这里，灵魂自然地就是这样的目的，因为所有自然躯体都是灵魂的器具，动物的躯体是如此，植物的躯干也是这样，因为它们也是为了灵魂的原因而存在。"为何故"包含双重含义，其一是"何所为"，其二是"何所用"。[21]

κατὰ τόπον κίνησις, ψυχή· οὐ πᾶσι δ' ὑπάρχει τοῖς ζῶσιν ἡ δύναμις αὕτη. ἔστι δὲ καὶ ἀλλοίωσις καὶ αὔξησις κατὰ ψυχήν· ἡ μὲν γὰρ αἴσθησις ἀλλοίωσίς τις εἶναι δοκεῖ, αἰσθάνεται δ' οὐθὲν ὃ μὴ μετέχει ψυχῆς, ὁμοίως δὲ καὶ περὶ αὐξήσεώς τε καὶ φθίσεως ἔχει· οὐδὲν γὰρ φθίνει οὐδ' αὔξεται φυσικῶς μὴ τρεφόμενον, τρέφεται δ' οὐθὲν ὃ μὴ κοινωνεῖ ζωῆς. Ἐμπεδοκλῆς δ' οὐ καλῶς εἴρηκε, τοῦτο προστιθείς, τὴν αὔξησιν συμβαίνειν τοῖς φυτοῖς, κάτω μὲν συρριζουμένοις διὰ τὸ τὴν γῆν οὕτω φέρεσθαι κατὰ φύσιν, ἄνω δὲ διὰ τὸ ‹τὸ› 416a πῦρ ὡσαύτως. οὔτε γὰρ τὸ ἄνω καὶ κάτω καλῶς λαμβάνει (οὐ γὰρ ταὐτὸ πᾶσι τὸ ἄνω καὶ κάτω καὶ τῷ παντί, ἀλλ' ὡς ἡ κεφαλὴ τῶν ζῴων, οὕτως αἱ ῥίζαι τῶν φυτῶν, εἰ χρὴ τὰ ὄργανα λέγειν ἕτερα καὶ ταὐτὰ τοῖς ἔργοις)· πρὸς δὲ τούτοις τί τὸ συνέχον εἰς τἀναντία φερόμενα τὸ πῦρ καὶ τὴν γῆν; διασπασθήσεται γάρ, εἰ μή τι ἔσται τὸ κωλῦον· εἰ δ' ἔσται, τοῦτ' ἔστιν ἡ ψυχή, καὶ τὸ αἴτιον τοῦ αὔξεσθαι καὶ τρέφεσθαι. δοκεῖ δέ τισιν ἡ τοῦ πυρὸς φύσις ἁπλῶς αἰτία τῆς τροφῆς καὶ τῆς αὐξήσεως εἶναι· καὶ γὰρ αὐτὸ φαίνεται μόνον τῶν σωμάτων [ἢ τῶν στοιχείων] τρεφόμενον καὶ αὐξόμενον, διὸ καὶ ἐν τοῖς φυτοῖς καὶ ἐν τοῖς ζῴοις ὑπολάβοι τις ἂν τοῦτο εἶναι τὸ ἐργαζόμενον. τὸ δὲ συναίτιον μέν πώς ἐστιν, οὐ μὴν ἁπλῶς γε αἴτιον, ἀλλὰ μᾶλλον ἡ ψυχή· ἡ μὲν γὰρ τοῦ πυρὸς αὔξησις εἰς ἄπειρον, ἕως ἂν ᾖ τὸ καυστόν, τῶν δὲ φύσει συνισταμένων πάντων ἔστι πέρας καὶ λόγος μεγέθους τε καὶ αὐξήσεως· ταῦτα δὲ ψυχῆς, ἀλλ' οὐ πυρός, καὶ λόγου μᾶλλον ἢ ὕλης.

22 ζώοις X 25 μετέχει ψυχῆς] ψυχὴν ἔχει UXT^{p}Σ 26 τε om. XΣ οὐδὲ γὰρ X αὐξάνεται X 28 προσθείς Σ 29 ῥιζουμένοις Σ: ῥιζουμένων UX 416a 1 τὸ addidi 2 καὶ+τὸ Σ 3 καὶ^{1}+τὸ Σ 6 φερόμενον Σ 7 ἔστι X κωλῦσον UΣ 8 ἔσται] ἔστι Σ καὶ τὸ αἴτιον om. X^{1}: τὸ om. Ce 11 τῶν σωμάτων ἢ codd. Σ: om. S^{c}T^{c} ἢ τῶν στοιχείων secl. Torstrik ἢ] καὶ Σ 12 αὐξόμενον CeP^{p}Σ: αὐξανόμενον UXT^{p} 15 ἡ^{1} UXT^{p}: om. Ce^{1} 16 συνεστώτων Σ 17 ἐστὶ πέρας CUeT^{p}: πέρας ἐστὶ XΣ μεγέθους τε] καὶ μεγέθους UXT^{p} 18 δὲ UXP^{p}T^{p}Σ: +τῆς Ce

但是，灵魂也是位移运动得以由此开始的最初之处，并不是所有生命体都有这种位移的运动能力。[22] 除此，质的变化和生长也是由于灵魂所致。感觉看似是某种变化，[23] 那并不分有灵魂的存在不能进行任何感觉活动；同样地，生长与消亡也是这样，因为如果一物并不吸收任何营养，就没有什么东西能够自然地消亡和生长，而且如果它并不分有生命，那么它也就不能吸收营养。[24]

恩培多克勒所言差矣，因为他认为，植物通过根部的结构而向下生长是因为根部的土在自然上就是向着这个方向来运动的，同样地，朝上生长是因为火的自然运动是向上的。[25] 恩培多克勒并未正确地理解“向上”和“向下”的含义，因为“向上”和“向下”对于所有生命体和宇宙的意义并不是完全相同的，而是我们应当根据功能来表明这些器官是相同的还是不同的，在这个意义上来说，植物的根茎就像动物的头部那样。[26] 除此之外，是什么将朝着相反的方向而运动的火与土结合起来的呢？[27] 因为这些植物将会分崩离析，自趋消亡，[28] 如果没有什么东西进行阻止的话。如果存在着这样的东西，那这一定是灵魂，且是生长与营养的原因。

有的人认为，火的本性毫无疑问地是营养与生长的原因。[29] 事实上，在诸种物体和诸种元素中，似乎只有火才能自行吸取营养和生长，[30] 因此，有人作出这样的结论，在这些植物中和这些动物中，火才是那个起作用的［元素］。但是，火只是一种辅助性的原因，[31] 确切地来说，不是绝对的原因，灵魂才是那个绝对意义上的原因。具体来说，只要还有可供燃烧的东西，火的向上运动是没有边界或没有限制的，但是，在那些按照自然组合而成的事物中，存在着量度和生长方面的某种界限和比例。[32] 这些都属于灵魂，不属于火；更多地属于原理，而非质料。

ἐπεὶ δ' ἡ αὐτὴ δύναμις τῆς ψυχῆς θρεπτικὴ καὶ γεννητική, περὶ τροφῆς ἀναγκαῖον διωρίσθαι πρῶτον· ἀφορίζεται γὰρ πρὸς τὰς ἄλλας δυνάμεις τῷ ἔργῳ τούτῳ. δοκεῖ δ' εἶναι ἡ τροφὴ τὸ ἐναντίον τῷ ἐναντίῳ, οὐ πᾶν δὲ παντί, ἀλλ' ὅσα τῶν ἐναντίων μὴ μόνον γένεσιν ἐξ ἀλλήλων ἔχουσιν ἀλλὰ καὶ αὔξησιν· γίνεται γὰρ πολλὰ ἐξ ἀλλήλων, ἀλλ' οὐ πάντα ποσά, οἷον ὑγιὲς ἐκ κάμνοντος. φαίνεται δ' οὐδ' ἐκεῖνα τὸν αὐτὸν τρόπον ἀλλήλοις εἶναι τροφή, ἀλλὰ τὸ μὲν ὕδωρ τῷ πυρὶ τροφή, τὸ δὲ πῦρ οὐ τρέφει τὸ ὕδωρ. ἐν μὲν οὖν τοῖς ἁπλοῖς σώμασι ταῦτ' εἶναι δοκεῖ μάλιστα, τὸ μὲν τροφὴ τὸ δὲ τρεφόμενον. ἀπορίαν δ' ἔχει· φασὶ γὰρ οἱ μὲν τὸ ὅμοιον τῷ ὁμοίῳ τρέφεσθαι, καθάπερ καὶ αὐξάνεσθαι, τοῖς δ' ὥσπερ εἴπομεν τοὔμπαλιν δοκεῖ, τὸ ἐναντίον τῷ ἐναντίῳ, ὡς ἀπαθοῦς ὄντος τοῦ ὁμοίου ὑπὸ τοῦ ὁμοίου, τὴν δὲ τροφὴν μεταβάλλειν καὶ πέττεσθαι· ἡ δὲ μεταβολὴ πᾶσιν εἰς τὸ ἀντικείμενον ἢ τὸ μεταξύ. ἔτι πάσχει τι ἡ τροφὴ ὑπὸ τοῦ τρεφομένου, ἀλλ' οὐ τοῦτο ὑπὸ τῆς

416b τροφῆς, ὥσπερ οὐδ' ὁ τέκτων ὑπὸ τῆς ὕλης, ἀλλ' ὑπ' ἐκείνου αὕτη· ὁ δὲ τέκτων μεταβάλλει μόνον εἰς ἐνέργειαν ἐξ ἀργίας. πότερον δ' ἐστὶν ἡ τροφὴ τὸ τελευταῖον προσγινόμενον ἢ τὸ πρῶτον, ἔχει διαφοράν. εἰ δ' ἄμφω, ἀλλ' ἡ μὲν ἄπεπτος ἡ δὲ πεπεμμένη, ἀμφοτέρως ἂν ἐνδέχοιτο τὴν τροφὴν λέγειν· ᾗ μὲν γὰρ ἄπεπτος, τὸ ἐναντίον τῷ ἐναντίῳ τρέφεται, ᾗ δὲ πεπεμμένη, τὸ ὅμοιον τῷ ὁμοίῳ. ὥστε φανερὸν ὅτι λέγουσί τινα τρόπον ἀμφότεροι καὶ ὀρθῶς καὶ οὐκ ὀρθῶς. ἐπεὶ δ' οὐθὲν τρέφεται μὴ μετέχον ζωῆς, τὸ ἔμψυχον ἂν εἴη σῶμα τὸ τρεφόμενον, ᾗ ἔμψυχον, ὥστε καὶ ἡ τροφὴ πρὸς ἔμψυχόν ἐστι, καὶ οὐ κατὰ συμβεβηκός. ἔστι

19 δὴ ἡ X καὶ] τε καὶ P^{c} 20 περὶ $UXP^{c}T^{p}\Sigma$: καὶ περὶ Ce διορίσαι Σ: διορίσασθαι T^{p} 23 γέννησιν e 24 πάντα om. UX 25 ποσά om. Ce 28 ἁπλοῖς CeΣ: ἄλλοις UXP^{c} 32 ὑπὸ τοῦ ὁμοίου UXP^{cp}: om. Ce 34 ἢ] καὶ $XP^{c}T^{p}$ τὸ om. e^{1} 416b 3 προσγινόμενον codd. Σ: προσκρινόμενον $P^{p}S^{p}T^{p}$ 5 ἂν] δ' ἂν X 11 ἔσται καὶ Σ

[**关于食物的疑难**] 既然灵魂的同一种能力既能够营养、亦能够生殖，[33] 那么我们首先需要界定何谓营养。因为正是通过营养的功能，它才与其他的能力区分开来。相反者对于相反者来说好像是营养物，[34] 但并不是所有的相反者对于所有的相反者，而是指所有的那些不仅能够相互生成，而且还能够相互助长的相反者。因为，很多事物都可以相互生成，但是，并不是所有的相互生成的事物都是量上的，就像健康从疾病中生成。即使是那些在量上相互生成和生长的相反者似乎也不能以同一种方式互为食物，互相营养，而是，水尽管是火的营养，[35] 但是，火并不能给水提供营养。[36] 在那些最为简单的躯体中，这一点显得最为清楚，即一部分是食物，另一部分是被滋养者。[37]

但这里有一个疑难，有些人认为，相同的东西被相同的东西所滋养，就像相同者通过相同者而生长一样；[38] 相反地，对于另外一些人来说，就如我们说过的，[39] 相反者通过相反者而获得滋养，因为相同者并不承受相同者的作用，[40] 但是食物却会引起变化，而且会被消化吸收；而所有变化都是朝向相反的或者中间的状态发生。[41] 除此之外，营养通过某种方式而受到被滋养者的作用或影响，但是，后者则不会受到营养的作用，就像木匠不会受到木料的作用一样，木料则会受到木匠的作用，[42] 因为木匠只是从不行动的状态进入到行动的状态。[43]

营养究竟是指那最终地还是最初地增加于躯体上的东西，这是有很大区别的。[44] 如果营养是指这二者，即一个是指未被消化的东西，一个是指被消化了的东西，那么我们可以将二者都视为营养。因为，就营养是指那未被消化的对象来说，相反者是被相反者所滋养；但是，就营养是指那已被消化的东西来说，那就是相同者被相同者所滋养了。[45] 所以，很清楚的是，这两种观点在一定程度上既有正确之处，也有不正确之处。

既然，那没有生命的物体并不摄取营养，那么就其作为有灵魂的存在来说，那被营养者就是有灵魂的躯体，其结果就是营养对于

δ' ἕτερον τροφῇ καὶ αὐξητικῷ εἶναι· ᾗ μὲν γὰρ ποσόν τι τὸ ἔμψυχον, αὐξητικόν, ᾗ δὲ τόδε τι καὶ οὐσία, τροφή· σώζει γὰρ τὴν οὐσίαν, καὶ μέχρι τούτου ἔστιν ἕως ἂν τρέφηται· καὶ γενέσεως ποιητικόν, οὐ τοῦ τρεφομένου, ἀλλ' οἷον τὸ τρεφόμενον· ἤδη γὰρ ἔστιν αὐτοῦ ἡ οὐσία, γεννᾷ δ' οὐθὲν αὐτὸ ἑαυτό, ἀλλὰ σώζει. ὥσθ' ἡ μὲν τοιαύτη τῆς ψυχῆς ἀρχὴ δύναμίς ἐστιν οἵα σώζειν τὸ ἔχον αὐτὴν ᾗ τοιοῦτον, ἡ δὲ τροφὴ παρασκευάζει ἐνεργεῖν· διὸ στερηθὲν τροφῆς οὐ δύναται εἶναι. ἐπεὶ δ' ἔστι τρία, τὸ τρεφόμενον καὶ ᾧ τρέφεται καὶ τὸ τρέφον, τὸ μὲν τρέφον ἐστὶν ἡ πρώτη ψυχή, τὸ δὲ τρεφόμενον τὸ ἔχον ταύτην σῶμα, ᾧ δὲ τρέφεται, ἡ τροφή. ἐπεὶ δὲ ἀπὸ τοῦ τέλους ἅπαντα προσαγορεύειν δίκαιον, τέλος δὲ τὸ γεννῆσαι οἷον αὐτό, εἴη ἂν ἡ πρώτη ψυχὴ γεννητικὴ οἷον αὐτό. ἔστι δὲ ᾧ τρέφει διττόν, ὥσπερ καὶ ᾧ κυβερνᾷ, καὶ ἡ χεὶρ καὶ τὸ πηδάλιον, τὸ μὲν κινοῦν καὶ κινούμενον, τὸ δὲ κινούμενον μόνον. πᾶσαν δ' ἀναγκαῖον τροφὴν δύνασθαι πέττεσθαι, ἐργάζεται δὲ τὴν πέψιν τὸ θερμόν· διὸ πᾶν ἔμψυχον ἔχει θερμότητα. τύπῳ μὲν οὖν ἡ τροφὴ τί ἐστιν εἴρηται· διασαφητέον δ' ἐστὶν ὕστερον περὶ αὐτῆς ἐν τοῖς οἰκείοις λόγοις.

5 Διωρισμένων δὲ τούτων λέγωμεν κοινῇ περὶ πάσης αἰσθήσεως. ἡ δ' αἴσθησις ἐν τῷ κινεῖσθαί τε καὶ πάσχειν συμβαίνει, καθάπερ εἴρηται· δοκεῖ γὰρ ἀλλοίωσίς τις εἶναι. φασὶ δέ τινες καὶ τὸ ὅμοιον ὑπὸ τοῦ ὁμοίου πάσχειν. τοῦτο δὲ πῶς δυνατὸν ἢ ἀδύνατον, εἰρήκαμεν ἐν τοῖς καθόλου 417a

15 τρέφηται XP^pΣ: τρέφῃ Ce: καὶ τρέφηται U   γενέσεως C$P^c$$T^p$: γεννήσεως e$P^p$Σ   16 αὐτοῦ X$P^p$Σ: αὐτὴ CUe   17 αὐτὸ UX$P^p$Σ: om. Ce 18 ψυχῆς] τροφῆς C^1 ἔχον UXP^cΣ: δεχόμενον Ce   20–23 ἐπεὶ . . . τροφή post 25 αὐτὸ collocanda censuit Torstrik   22 αὐτὴν UΣ   25 γεννητικὴ C^2Σ: γεννητικὸν C^1UXe   τρέφει C Al. ap. $P^p$$T^p$: τρέφεται UXe$S^p$Σ 26 καὶ[1] CeΣ: om. UX   καὶ[2] $C^1$$e^1$$S^p$$T^p$: om. UXΣ   27 κινούμενον μόνον SP^cΣ: κινοῦν μόνον C$P^v$$S^p$$T^p$ Al. ap. P^p: κινούμενον e   28 πέσσεσθαι XT^p 30 ἡ . . . ἐστιν CXeP^c: ἡ τροφὴ τίς ἐστιν U: τίς ἐστιν τροφή Σ 31 ἐστὶν om. X   32 τε X   λέγομεν XT^pΣ   33 τι UXS^c et ut v. T^p 417a 1–2 τοῦτο . . . πάσχειν om. U   εἰρήκαμεν Ce: εἴρηται μὲν S^c, + καὶ X

赋有灵魂的存在来说便是相关的了，而且并非在一种偶然的意义上相关。[46] 但是，作为营养的本质与使其生长的本质是不相同的，因为，就那赋有灵魂的存在具有某种特定的量度来说，［食物］是使其生长者，但是，就那具有灵魂的存在是个别的“这一个”和实体来说，食物就是营养。[47] 因为，只要那有灵魂的躯体能获取营养，它就能保存其实体，并持续存在；[48] 而且它能够生成的不是那被营养者自身，而是某种与被营养者同类的存在。因为它的实体已经存在，没有什么能够生成它自身，只是在其中保存了自身而已。[49] 所以，灵魂的这一本原就是那能够保存其拥有者的能力，而营养则为其实现活动提供了必备的东西。因此，如果没有食物，生命体便无法存活。

既然存在着三种东西，被营养者，那赖以提供营养的工具，以及那营养的原则或营养者。营养者是第一灵魂（灵魂的最低形式），那被营养者是有［营养灵魂］的躯体，那被营养的途径就是食物。既然所有事物根据其目的来命名是正确的，[50] 而目的就是能够生产出一个与自身相同的实体，那么第一灵魂就应该有产生出一个与自身相同（种类）的实体的能力。那赖以提供营养的途径包含双重含义，就像一个人“掌舵所用的工具”，这既可以指手，也可以是指桨或者舵，一个是推动者和被推动者，另一个仅仅是被推动者。[51] 所有的食物都必须能够被消化，而那促进消化的东西是热量；[52] 所以，所有的赋有灵魂的存在都有热量。我们对营养是什么做了笼统的说明，不过我们会在后来的专门文论中做出更为详尽的说明。[53]

第 5 章

在我们对这些上述事实做了一番界定之后，现在应该对全部感觉进行论述，勾勒出其总体上的共同特点。就像我们在前面论述过的，[1] 感觉存在于被推动和被作用中。[2] 感觉看起来就是某种变化。[3] 有些人认为，相同者会受到相同者的作用。[4] 这一点如何是可能的或者是不可能的，我们已经在有关施动者和受动者的讨论中做了大致的说明。[5] 417a λόγοις περὶ τοῦ ποιεῖν καὶ πάσχειν. ἔχει δ' ἀπορίαν διὰ τί καὶ τῶν αἰσθήσεων αὐτῶν οὐ γίνεται αἴσθησις, καὶ διὰ τί ἄνευ τῶν ἔξω οὐ ποιοῦσιν αἴσθησιν, ἐνόντος πυρὸς καὶ γῆς καὶ τῶν ἄλλων στοιχείων, ὧν ἐστὶν ἡ αἴσθησις καθ' αὑτὰ ἢ τὰ συμβεβηκότα τούτοις. δῆλον οὖν ὅτι τὸ αἰσθητικὸν οὐκ ἔστιν ἐνεργείᾳ, ἀλλὰ δυνάμει μόνον, διὸ οὐκ αἰσθάνεται, καθάπερ τὸ καυστὸν οὐ καίεται αὐτὸ καθ' αὑτὸ ἄνευ τοῦ καυστικοῦ· ἔκαιε γὰρ ἂν ἑαυτό, καὶ οὐθὲν ἐδεῖτο τοῦ ἐντελεχείᾳ πυρὸς ὄντος. ἐπειδὴ δὲ τὸ αἰσθάνεσθαι λέγομεν διχῶς (τό τε γὰρ δυνάμει ἀκοῦον καὶ ὁρῶν ἀκούειν καὶ ὁρᾶν λέγομεν, κἂν τύχῃ καθεῦδον, καὶ τὸ ἤδη ἐνεργοῦν), διχῶς ἂν λέγοιτο καὶ ἡ αἴσθησις, ἡ μὲν ὡς δυνάμει, ἡ δὲ ὡς ἐνεργείᾳ. ὁμοίως δὲ καὶ τὸ αἰσθητόν, τό τε δυνάμει ὂν καὶ τὸ ἐνεργείᾳ. πρῶτον μὲν οὖν ὡς τοῦ αὐτοῦ ὄντος τοῦ πάσχειν καὶ τοῦ κινεῖσθαι καὶ τοῦ ἐνεργεῖν λέγωμεν· καὶ γὰρ ἔστιν ἡ κίνησις ἐνέργειά τις, ἀτελὴς μέντοι, καθάπερ ἐν ἑτέροις εἴρηται. πάντα δὲ πάσχει καὶ κινεῖται ὑπὸ τοῦ ποιητικοῦ καὶ ἐνεργείᾳ ὄντος. διὸ ἔστι μὲν ὡς ὑπὸ τοῦ ὁμοίου πάσχει, ἔστι δὲ ὡς ὑπὸ τοῦ ἀνομοίου, καθάπερ εἴπομεν· πάσχει μὲν γὰρ τὸ ἀνόμοιον, πεπονθὸς δ' ὅμοιόν ἐστιν.

διαιρετέον δὲ καὶ περὶ δυνάμεως καὶ ἐντελεχείας· νῦν γὰρ ἁπλῶς ἐλέγομεν περὶ αὐτῶν. ἔστι μὲν γὰρ οὕτως ἐπιστῆμόν τι ὡς ἂν εἴποιμεν ἄνθρωπον ἐπιστήμονα ὅτι ὁ ἄνθρωπος τῶν ἐπιστημόνων καὶ ἐχόντων ἐπιστήμην· ἔστι δ' ὡς ἤδη λέγομεν ἐπιστήμονα τὸν ἔχοντα τὴν γραμματικήν

2 πάσχειν **C**e$P^p S^p$: + λεκτέον δὲ καὶ νῦν Al. ap. P^p et ut v. TΣ   3 καὶ] οὐ καὶ UXT^p: γὰρ οὐ S^p οὐ CeΣ: om. UX$S^p T^p$ 4 αἴσθησιν CeS^cΣ: αἰσθήσεις UX   5 ἡ om. UΣ   ἢ] καὶ X^1 6 ἔνεστιν U   7 οὐκ αἰσθάνεται om. CUe   8 καθ' αὑτὸ CeΣ: ὑφ' ἑαυτοῦ UXT^p ἔκαε X   9 αὑτό U   οὐδὲ X   ἐπεὶ X   13 αἰσθητόν A^p: αἰσθάνεσθαι codd. $P^c S^p T^p$ 14 μὲν om. X^1 ὡς + οὐ T   15 τοῦ[1] om. CeP^c 16 λέγομεν UXP^cΣ   18 ὑπὸ[1]] καὶ ὑπὸ U   τοῦ[2] codd. $P^p T^p$Σ: om. A^{cp} 19 τοῦ codd. T^pΣ: om. $A^c P^p$ 20 μὲν om. XΣ   τὸ om. A^c ἀνόμοιον + ὂν U   21 καὶ[1] om. X   οὐ γὰρ ἁπλῶς λέγομεν Roeper   22 ἐλέγομεν Torstrik: λέγομεν codd. P^pΣ   23 εἴποιμεν UXΣ: εἴπομεν Ce   24 καὶ + τῶν UX   25 ἐπίστασθαι X

[**潜能与实现**] 但是，这里又产生了一个疑难，即为什么并没有对这些感觉自身的感觉，[6] 再者，为什么这些感觉在没有外部可感对象的情况下并不能产生任何感觉，尽管在这些感觉（器官）中存在着火、土和其他的一些元素，而对这些元素既可以产生专有的感觉，也可以产生偶有的感觉？[7] 很明显的是，感觉能力并非现实地存在，而仅作为潜能存在。因此，就像可燃物一样，如果没有什么使其燃烧起来的东西，那么它自身是不会燃烧起来的。否则，它就会自行燃烧起来，并不需要在现实意义上燃烧着的火了。[8]

因此，我们是在两种意义上来言说感觉活动的——因为我们说，潜在的听者和看者“听”和“看”，哪怕是恰巧睡着了，或者正在现实地“听”和“看”，[9] 如此，感觉也应该具有两种意义，其一是作为潜能的感觉，其二是作为现实活动的感觉。同样地，那可感对象也是这样，一是潜在的可感对象，一是现实的可感对象。[10]

首先，让我们说明这样的命题，承受作用（受动），被推动和现实活动是一回事；因为运动事实上就是某种现实活动，不过是一种不完善或不完备的现实活动，就像我们在别处已经说过的那样。[11] 所有事物都受到施动者和现实的存在者的作用，并被它们所推动。所以，正如我们所说过的，事物一方面受到相同者的作用，另一方面它又受到相反者的作用；[12] 因为，尽管它会受到相反者的作用，但是在受到作用之后，也就成为相同者了。[13]

尽管如此，我们还是应该对潜能和现实进行区分；但是，到目前为止，我们只是不加分别地论及二者。因此，一方面存在着某个“有知识的人”，就像我们称某个人是有知识的，因为人属于能够认识和有知识的存在者。[14] 另一方面，我们可以直接将有书写知识的

(ἑκάτερος δὲ τούτων οὐ τὸν αὐτὸν τρόπον δυνατός ἐστιν, ἀλλ' ὁ μὲν ὅτι τὸ γένος τοιοῦτον καὶ ἡ ὕλη, ὁ δ' ὅτι βουληθεὶς δυνατὸς θεωρεῖν, ἂν μή τι κωλύσῃ τῶν ἔξωθεν)· ὁ δ' ἤδη θεωρῶν, ἐντελεχείᾳ ὢν καὶ κυρίως ἐπιστάμενος τόδε τὸ Α. ἀμφότεροι μὲν οὖν οἱ πρῶτοι, κατὰ δύναμιν ἐπιστήμονες <ὄντες, ἐνεργείᾳ γίνονται ἐπιστήμονες,> ἀλλ' ὁ μὲν διὰ μαθήσεως ἀλλοιωθεὶς καὶ πολλάκις ἐξ ἐναντίας μεταβαλὼν ἕξεως, ὁ δ' ἐκ τοῦ ἔχειν τὴν ἀριθμητικὴν ἢ τὴν γραμματικήν, μὴ ἐνεργεῖν δέ, εἰς τὸ ἐνεργεῖν, ἄλλον 417b τρόπον. οὐκ ἔστι δ' ἁπλοῦν οὐδὲ τὸ πάσχειν, ἀλλὰ τὸ μὲν φθορά τις ὑπὸ τοῦ ἐναντίου, τὸ δὲ σωτηρία μᾶλλον τοῦ δυνάμει ὄντος ὑπὸ τοῦ ἐντελεχείᾳ ὄντος, καὶ ὁμοίου οὕτως ὡς δύναμις ἔχει πρὸς ἐντελέχειαν· θεωροῦν γὰρ γίνεται τὸ ἔχον τὴν ἐπιστήμην, ὅπερ ἢ οὐκ ἔστιν ἀλλοιοῦσθαι (εἰς αὐτὸ γὰρ ἡ ἐπίδοσις καὶ εἰς ἐντελέχειαν) ἢ ἕτερον γένος ἀλλοιώσεως. διὸ οὐ καλῶς ἔχει λέγειν τὸ φρονοῦν, ὅταν φρονῇ, ἀλλοιοῦσθαι, ὥσπερ οὐδὲ τὸν οἰκοδόμον ὅταν οἰκοδομῇ. τὸ μὲν οὖν εἰς ἐντελέχειαν ἄγειν ἐκ δυνάμει ὄντος [κατὰ] τὸ νοοῦν καὶ φρονοῦν οὐ διδασκαλίαν ἀλλ' ἑτέραν ἐπωνυμίαν ἔχειν δίκαιον· τὸ δ' ἐκ δυνάμει ὄντος μανθάνον καὶ λαμβάνον ἐπιστήμην ὑπὸ τοῦ ἐντελεχείᾳ ὄντος καὶ διδασκαλικοῦ ἤτοι οὐδὲ πάσχειν φατέον, ὥσπερ εἴρηται, ἢ δύο τρόπους εἶναι ἀλλοιώσεως, τήν τε ἐπὶ τὰς στερητικὰς διαθέσεις μεταβολὴν καὶ τὴν ἐπὶ τὰς ἕξεις καὶ τὴν φύσιν. τοῦ δ' αἰσθητικοῦ ἡ μὲν πρώτη μεταβολὴ γίνεται ὑπὸ τοῦ γεννῶντος, ὅταν δὲ γεννηθῇ, ἔχει ἤδη, ὥσπερ ἐπιστήμην, καὶ τὸ αἰσθάνεσθαι.

27 ἡ om. S[c] 28 κωλύσῃ codd.: κωλύῃ S[c] et ut v. T[p]: κωλύσει Σ 30 οἱ . . . ἐπιστήμονες] οἱ κατὰ δύναμιν ἐπιστήμονες ἐνεργείᾳ γίνονται ἐπιστήμονες Torstrik 30a ὄντες . . . ἐπιστήμονες addidi 31 μαθήσεως + καὶ X 32 μεταβαλὼν CUeS[c]Σ: μεταβάλλων XT[p] ἀριθμητικὴν T[p]: αἴσθησιν codd. P[c]S[p]Σ 417b 3 μᾶλλον + ὑπὸ X 6 τὴν om. X ἢ om. A[c] αὐτὸ Shorey: ἑαυτὸ XΣ: αὐτὸ CUe 10 ἄγειν Torstrik: ἄγον codd. A[c]P[p] κατὰ secl. Torstrik: habent codd. A[c] νοεῖν καὶ φρονεῖν A[c] 12 ὄντος + κατὰ τὸ νοοῦν καὶ φρονοῦν X 13 οὐδὲν X 14 ὥσπερ εἴρηται CeΣ: om. UX, fort. P[p]

人称为有知识的。[15] 这二者不是在同一种方式上是有能力的“知道者”，而是，前一种有能力是因其属于这样的属和质料，[16] 而后一种有能力是因为只要他愿意，他就可以进行沉思静观的活动，只要没有什么外在的东西来阻碍他。[17] 还有一种是已经在进行沉思活动的人，他是在圆满实现的意义上进行沉思活动，并且他是在原本意义上认识这个 A。[18]

尽管前面提到的前两种人在潜能的意义上都是有知识的人，但是，他们各自成为现实意义上的“知道者”却是两不相同，前者是通过一番“学习”而改变，即从相反的习性状态（无知识）经常变化到有知识之一端；相反，在后者那里所发生的变化则是从他对数 417b 学和语法知识的拥有状态，并不现实地运用的状态转变到以另一种方式现实地运用的状态。[19]

受作用或受动也不是单一义的，[20] 而是，一方面它表示某物通过相反者而遭到毁灭或消亡，而另一方面则更多地是指那潜能意义上的存在者通过实现意义上的存在者而得到保存，[21] 而这类似于潜能与真正的现实性之间的关系。因为，当一个拥有知识的人进行沉思活动时，[22] 这要么不是一种变化——因为这是属于他自身的发展，[23] 并进入到现实性中——要么是变化的另外一种形式。因此，如下主张是不对的，即认为当一个思想者在思想的时候，自身就发生了变化，就像我们不能说一位建筑师在建筑的时候，自身发生了变化。因此，引导一个人从潜在地思维和理解进入到现实地［思维和理解］，[24] 并不是“教导”使然，而应当有其他名称。[25] 谁如果能从潜在的状态中开始，通过从已经现实地拥有知识，并能教授的人那里学习和获得知识，很明显地，这或者不应当被视为某种受动状态，就像我们所说过的那样，[26] 或者说变化有两种形式，一种是进入到缺乏或褫夺状态中的变化，一种是进入到所获得的习性和自然的变化。[27]

而对于感觉能力来说，那最初的变化来自其生育者，当他出生以后，就已经具有感觉活动，就像已经获得了知识的那样。[28] 同样

τὸ κατ' ἐνέργειαν δὲ ὁμοίως λέγεται τῷ θεωρεῖν· διαφέρει δέ, ὅτι τοῦ μὲν τὰ ποιητικὰ τῆς ἐνεργείας ἔξωθεν, τὸ ὁρατὸν καὶ τὸ ἀκουστόν, ὁμοίως δὲ καὶ τὰ λοιπὰ τῶν αἰσθητῶν. αἴτιον δ' ὅτι τῶν καθ' ἕκαστον ἡ κατ' ἐνέργειαν αἴσθησις, ἡ δ' ἐπιστήμη τῶν καθόλου· ταῦτα δ' ἐν αὐτῇ πώς ἐστι τῇ ψυχῇ. διὸ νοῆσαι μὲν ἐπ' αὐτῷ, ὁπόταν βούληται, αἰσθάνεσθαι δ' οὐκ ἐπ' αὐτῷ· ἀναγκαῖον γὰρ ὑπάρχειν τὸ αἰσθητόν. ὁμοίως δὲ τοῦτ' ἔχει κἀν ταῖς ἐπιστήμαις ταῖς τῶν αἰσθητῶν, καὶ διὰ τὴν αὐτὴν αἰτίαν, ὅτι τὰ αἰσθητὰ τῶν καθ' ἕκαστα καὶ τῶν ἔξωθεν.

ἀλλὰ περὶ μὲν τούτων διασαφῆσαι καιρὸς γένοιτ' ἂν καὶ εἰσαῦθις· νῦν δὲ διωρίσθω τοσοῦτον, ὅτι οὐχ ἁπλοῦ ὄντος τοῦ δυνάμει λεγομένου, ἀλλὰ τοῦ μὲν ὥσπερ ἂν εἴποιμεν τὸν παῖδα δύνασθαι στρατηγεῖν, τοῦ δὲ ὡς τὸν ἐν ἡλικίᾳ ὄντα, οὕτως ἔχει
418a τὸ αἰσθητικόν. ἐπεὶ δ' ἀνώνυμος αὐτῶν ἡ διαφορά, διώρισται δὲ περὶ αὐτῶν ὅτι ἕτερα καὶ πῶς ἕτερα, χρῆσθαι ἀναγκαῖον τῷ πάσχειν καὶ ἀλλοιοῦσθαι ὡς κυρίοις ὀνόμασιν. τὸ δ' αἰσθητικὸν δυνάμει ἐστὶν οἷον τὸ αἰσθητὸν ἤδη ἐντελεχείᾳ, καθάπερ εἴρηται. πάσχει μὲν οὖν οὐχ ὅμοιον ὄν, πεπονθὸς δ' ὡμοίωται καὶ ἔστιν οἷον ἐκεῖνο.

Λεκτέον δὲ καθ' ἑκάστην αἴσθησιν περὶ τῶν αἰσθητῶν 6
πρῶτον. λέγεται δὲ τὸ αἰσθητὸν τριχῶς, ὧν δύο μὲν καθ' αὑτά φαμεν αἰσθάνεσθαι, τὸ δὲ ἓν κατὰ συμβεβηκός. τῶν δὲ δυοῖν τὸ μὲν ἴδιόν ἐστιν ἑκάστης αἰσθήσεως, τὸ δὲ κοινὸν πασῶν. λέγω δ' ἴδιον μὲν ὃ μὴ ἐνδέχεται ἑτέρᾳ αἰσθήσει αἰσθάνεσθαι, καὶ περὶ ὃ μὴ ἐνδέχεται ἀπατηθῆναι, οἷον ὄψις χρώματος καὶ ἀκοὴ ψόφου καὶ γεῦσις χυμοῦ, ἡ

19 τὸ] καὶ τὸ XA^cP^cS^p δὲ ὁμοίως UXA^cP^c: ὁμοίως δὲ Ce τὸ C 21 λοιπὰ CeΣ: +ἀπὸ U: ἄλλα ἀπὸ X 23 ἔσται Σ 24 ψυχῇ] διανοίᾳ A^c αὐτῶν e^1 ὅταν XΣ 26 τοῦτο CeΣ: τούτω UX ταῖς^2 om. X 29 ἂν γένοιτο X 30 τοσοῦτον XeΣ: τοῦτο CU 31 εἴποιμεν CeΣ: εἴπωμεν UX 418a 2 χρῆσθαι UeΣ: +δ' CX τῷ UXΣ: τὸ C^1e: καὶ τῷ A^c 3 καὶ+τῷ A^c δ' UXΣ: om. Ce 5 πάσχον T^p ὄν om. T^p 8 δυοῖν UX 11–12 ἑτέρᾳ . . . ἐνδέχεται om. Σ

地，现实的感觉活动与现实的沉思活动相类似。[29] 但是，这里却有不同，在前者（感觉）那里，那引起实现活动的东西是外在的，[30] 比如视觉对象和听觉对象，以及诸如此类的其他的可感对象。其原因在于，实现活动中的感觉总是与具体的个别物相关，而知识总是与普遍的事物相关；[31] 而这些普遍的事物就存在于灵魂自身中。[32] 因此，思维活动取决于一个人自身的支配能力，只要他愿意进行思维，但是，感觉活动的实现则不取决于他自身，因为，感觉活动必然需要感觉对象。对于与感觉对象相关的知识来说，[33] 情况并无二致，且通过同一种原因，因为可感对象都属于个别物和外在物。

但是，关于这些我们会在以后的机会中再做详细的阐释。[34] 目前为止，我们所做出的界定是这样的：根据潜能被谓述出来的存在者并不是单一义的，而是就像我们既可以说一个儿童有成为将军的潜能，也可以说一位成年人潜在地是一位将军。感觉能力的情况也与此相同。[35] 然而，由于我们对这两种说法的差异并没有具体的指称，尽管我们已经很明确地指出它们是不同的，以及它们在何种意义上是不同的，所以，我们有必要使用“受作用”和“发生变化”的概念来作为主要的指称。[36]

我们曾经说过，感觉能力潜在地与现实地存在的可感对象相类似。[37] 因此，当它受到作用时，它与那作用者并不相同，但是当它在受到作用之后，那么它就会被同化，变得与对象相若了。[38]

第 6 章

［**感觉的三种形式**］首先，我们应当对各种感觉的感觉对象进行论述。感觉对象可以在下述三种方式上被表述。其中，我们认为，前两种是在其自身被感知到，而第三种则是在偶性意义上被感知到的对象。[1] 在前两者当中，一种是指每种具体感觉的专有或特有对象，另一种则是指所有感觉的共同或共有对象。[2]

我所说的“专有对象”是指那不能够被另外的其他感觉所感知到的对象，而且一个人也不会被这样的可感对象所欺骗，[3] 比如，对某种颜色的视觉、对某种声响的听觉和对某种味道的味觉。但是，触

δ' ἁφὴ πλείους [μὲν] ἔχει διαφοράς· ἀλλ' ἑκάστη γε κρίνει περὶ τούτων, καὶ οὐκ ἀπατᾶται ὅτι χρῶμα οὐδ' ὅτι ψόφος, ἀλλὰ τί τὸ κεχρωσμένον ἢ ποῦ, ἢ τί τὸ ψοφοῦν ἢ ποῦ. τὰ μὲν οὖν τοιαῦτα λέγεται ἴδια ἑκάστης, κοινὰ δὲ κίνησις, ἠρεμία, ἀριθμός, σχῆμα, μέγεθος· τὰ γὰρ τοιαῦτα οὐδεμιᾶς ἐστὶν ἴδια, ἀλλὰ κοινὰ πάσαις. καὶ γὰρ ἁφῇ κίνησίς τίς ἐστιν αἰσθητὴ καὶ ὄψει. κατὰ συμβεβηκὸς δὲ λέγεται αἰσθητόν, οἷον εἰ τὸ λευκὸν εἴη Διάρους υἱός· κατὰ συμβεβηκὸς γὰρ τούτου αἰσθάνεται, ὅτι τῷ λευκῷ συμβέβηκε τοῦτο, οὗ αἰσθάνεται· διὸ καὶ οὐδὲν πάσχει ᾗ τοιοῦτον ὑπὸ τοῦ αἰσθητοῦ. τῶν δὲ καθ' αὑτὰ αἰσθητῶν τὰ ἴδια κυρίως ἐστὶν αἰσθητά, καὶ πρὸς ἃ ἡ οὐσία πέφυκεν ἑκάστης αἰσθήσεως.

7 Οὗ μὲν οὖν ἐστιν ἡ ὄψις, τοῦτ' ἐστὶν ὁρατόν. ὁρατὸν δ' ἐστὶ χρῶμά τε καὶ ὃ λόγῳ μὲν ἔστιν εἰπεῖν, ἀνώνυμον δὲ τυγχάνει ὄν· δῆλον δὲ ἔσται ὃ λέγομεν προελθοῦσι. τὸ γὰρ ὁρατόν ἐστι χρῶμα, τοῦτο δ' ἐστὶ τὸ ἐπὶ τοῦ καθ' αὑτὸ ὁρατοῦ· καθ' αὑτὸ δὲ οὐ τῷ λόγῳ, ἀλλ' ὅτι ἐν ἑαυτῷ ἔχει τὸ αἴτιον τοῦ εἶναι ὁρατόν. πᾶν δὲ χρῶμα κινητικόν ἐστι τοῦ κατ' ἐνέργειαν διαφανοῦς, καὶ τοῦτ' ἐστὶν αὐτοῦ 418b ἡ φύσις. διόπερ οὐχ ὁρατὸν ἄνευ φωτός, ἀλλὰ πᾶν τὸ ἑκάστου χρῶμα ἐν φωτὶ ὁρᾶται. διὸ περὶ φωτὸς πρῶτον λεκτέον τί ἐστιν. ἔστι δή τι διαφανές. διαφανὲς δὲ λέγω ὃ ἔστι μὲν ὁρατόν, οὐ καθ' αὑτὸ δὲ ὁρατὸν ὡς ἁπλῶς εἰπεῖν, ἀλλὰ δι' ἀλλότριον χρῶμα. τοιοῦτον δέ ἐστιν ἀὴρ καὶ ὕδωρ καὶ πολλὰ

14 μὲν seclusi 15 οὐδ'] ἢ X 16 ἢ ποῦ[1] om. U 17 ἑκάστης T^pΣ: ἑκάστη UX: ἑκάστου Ce 19 πάσαις CeP^pΣ: om. UX ἁφὴ C: ἡ ἁφὴ e^1 20 ἐστιν om. X 21 διάρους υἱός UX$P^v$$S^p$: διάρρους υἱός Ce: διάρης P^p 22 αἰσθάνεσθαι UX 23 αἰσθάνεσθαι U^1 καὶ om. U ᾗ CeT^pΣ: om. UX 26 ἡ om. U ὁρατὸν om. X 26–27 ἔστι δὲ X 27 τε UXS^p: μὲν C^1e et ut v. Σ 28 ἐστὶν Σ ὃ λέγομεν om. U: τε ὃ λέγομεν post 29 ὁρατόν X προελθοῦσι + μάλιστα CeΣ 29 ἐστι om. U τοῦ . . . 30 ὁρατοῦ UXS^cΣ: τῶν . . . ὁρατῶν Ce 31 αὐτῷ U 418b 2 πᾶν τὸ ἑκάστου CeΣ: πάντως ἕκαστον UXT et ut v. S^p 3 ὁρᾶται CeΣ: ὁρατόν UXT^p ληπτέον X 5 ἁπλῶς εἰπεῖν CeT^pΣ: εἰπεῖν ἁπλῶς UX 6 καὶ[1] om. X

觉却有多种差异。[4]虽然每种感觉都能对其专有可感对象进行区分，[5]并且在感知到有颜色和有声音时，不会受到欺骗或发生混淆的错误，但是，在指出那有颜色的东西是什么或者在什么地方时，或者那发出声音的东西是什么，或在什么地方时会受到欺骗或发生错误。因此，我们认为，这样的对象是每种单一感觉的专有对象，而共有的对象则包括运动、静止、数字、形状和大小，因为这样的对象并不属于某种单一的感觉，而是属于所有感觉的共有对象。因为既有一种可被触觉感知到的运动，也有一种可被视觉感知到的运动。[6]

偶然地被感知到的对象可以这样被表述出来，比如感知到那白色的存在者是狄亚瑞斯的儿子；[7]一个人只是在偶性的意义上感知到这一点，因为狄亚瑞斯的儿子只是在偶性的意义上附属于被感知到的白色物。因此，感觉并不会受到来自于这样的可感对象的作用，即就这白色物是狄亚瑞斯的儿子来说。[8]

在那些在其自身而被感知到的对象中，那些专有的感觉对象才是严格意义上的感觉对象，正是这些对象才是每种单独感觉的本质自然的所相关者。[9]

第 7 章[1]

［**视觉与视觉对象**］与视觉相关的对象乃是可见之物，可见之物就是颜色以及那通过某个概念可以言状或用语词可以描述的，但是碰巧没有名称的东西。[2]在接下来的讨论中，我们会清晰地看到所说的这个问题是什么意思。[3]所以，可见之物是颜色，颜色乃是在自身可见之物的表面上的东西。[4]所谓在自身意义上可见并不是根据定义或概念，而是因为它在其自身之内就有可见性的原因。[5]所有颜色都能够使现实的透明之物运动起来，[6]而这就是颜色的本性。因此，如果没有光，颜色就是不可见的，并且所有事物的每种颜色总是在光线中才能被看见。因此，我们应当首先研究光的本质是什么。[7]

［**光与透明物**］然而，的确存在着透明物，[8]我所理解的透明的是指那些尽管是可见的，但并不是严格来说的在其自身可见的事

τῶν στερεῶν· οὐ γὰρ ᾗ ὕδωρ οὐδ' ᾗ ἀήρ, διαφανές, ἀλλ' ὅτι ἔστι τις φύσις ἐνυπάρχουσα ἡ αὐτὴ ἐν τούτοις ἀμφοτέροις καὶ ἐν τῷ ἀϊδίῳ τῷ ἄνω σώματι. φῶς δέ ἐστιν ἡ τούτου ἐνέργεια, τοῦ διαφανοῦς ᾗ διαφανές. δυνάμει δέ, ἐν ᾧ τοῦτ' ἐστί, καὶ τὸ σκότος. τὸ δὲ φῶς οἷον χρῶμά ἐστι τοῦ διαφανοῦς, ὅταν ᾖ ἐντελεχείᾳ διαφανὲς ὑπὸ πυρὸς ἢ τοιούτου οἷον τὸ ἄνω σῶμα· καὶ γὰρ τούτῳ τι ὑπάρχει ἓν καὶ ταὐτόν. τί μὲν οὖν τὸ διαφανὲς καὶ τί τὸ φῶς, εἴρηται, ὅτι οὔτε πῦρ οὔθ' ὅλως σῶμα οὐδ' ἀπορροὴ σώματος οὐδενός (εἴη γὰρ ἂν σῶμά τι καὶ οὕτως), ἀλλὰ πυρὸς ἢ τοιούτου τινὸς παρουσία ἐν τῷ διαφανεῖ· οὔτε γὰρ δύο σώματα ἅμα δυνατὸν ἐν τῷ αὐτῷ εἶναι, δοκεῖ τε τὸ φῶς ἐναντίον εἶναι τῷ σκότει· ἔστι δὲ τὸ σκότος στέρησις τῆς τοιαύτης ἕξεως ἐκ διαφανοῦς, ὥστε δῆλον ὅτι καὶ ἡ τούτου παρουσία τὸ φῶς ἐστιν. καὶ οὐκ ὀρθῶς Ἐμπεδοκλῆς, οὐδ' εἴ τις ἄλλος οὕτως εἴρηκεν, ὡς φερομένου τοῦ φωτὸς καὶ τεινομένου ποτὲ μεταξὺ τῆς γῆς καὶ τοῦ περιέχοντος, ἡμᾶς δὲ λανθάνοντος· τοῦτο γάρ ἐστι καὶ παρὰ τὴν τοῦ λόγου ἐνάργειαν καὶ παρὰ τὰ φαινόμενα· ἐν μικρῷ μὲν γὰρ διαστήματι λάθοι ἄν, ἀπ' ἀνατολῆς δ' ἐπὶ δυσμὰς τὸ λανθάνειν μέγα λίαν τὸ αἴτημα. ἔστι δὲ χρώματος μὲν δεκτικὸν τὸ ἄχρουν, ψόφου δὲ τὸ ἄψοφον. ἄχρουν δ' ἐστὶ τὸ διαφανὲς καὶ τὸ ἀόρατον ἢ τὸ μόλις ὁρώμενον, οἷον δοκεῖ τὸ σκοτεινόν. τοιοῦτον δὲ τὸ διαφανὲς μέν, ἀλλ' οὐχ ὅταν ᾖ ἐντελεχείᾳ διαφανές, ἀλλ' ὅταν δυνάμει· ἡ γὰρ αὐτὴ φύσις ὁτὲ μὲν σκότος ὁτὲ δὲ φῶς

7 *στερεῶν*+*οἷον ὕελος κρύσταλλος* C et ut v. P^{p}T^{p}Σ *οὐδ'* CeTΣ: *ᾗ* UX *ᾗ* om. X 8 *τις* UXP^{p}T^{p}Σ: om. Ce *ἐνυπάρχουσα* UXT: *ὑπάρχουσα* Ce 10 *ᾧ* CXeΣ: *οἷς* UP^{c}T^{p} 11 *ᾖ* e 12 *ὑπὸ* CUe: +*τοῦ* XΣ *τοιούτου, οἷον* Förster 13 *τούτῳ* CeP^{p}: *τοῦτο* P^{c}Σ *ὑπάρχει τι* XΣ: *ὑπάρχει* P^{c} 14 *τὸ*^{1} om. X 17 *οὐδὲ* Ce *δυνατὸν ἅμα* X 18 *τε*] *δὲ* UX *σκότει* XΣ: *σκότῳ* CUe 20 *ἡ . . . φῶς* CeT^{p}Σ: *τὸ φῶς ἡ τούτου παρουσία* XS^{p}: *ἡ τούτου παροὺσία* U^{1} 22 *γιγνομένου* UXT^{p}Σ 24 *τοῦ λόγου* CeΣ: *ἐν τῷ λόγῳ* UXT^{p} *ἐνάργειαν* PyΣ: *ἐνέργειαν* Ce: *ἀλήθειαν* UX 25 *διαστίγματι* ut v. X^{1} 28 *τὸ*^{2} om. S^{c}Σ *τὸ*^{3} om. S^{c} *μόλις* CUeS^{p}T^{p}Σ: *μόγις* XP^{c}

物，而是指那些通过其他事物的颜色才是可见的。[9] 此类事物是空气、水以及其他很多固体物。[10] 它们之所以是透明的，并不是由于它们是水或气，而是因为有一种共同的内在本性不但寓居于这两种元素内，而且也寓居于那永恒的［月上世界的］天体中。[11] 光就是这种本性的实现，即这种作为透明介质的透明介质的实现活动。[12] 但是，光所在的地方，也就会在潜在的意义上存在黑暗。如果光通过火或通过某种相似天上的天体的东西而在现实性的意义上变成透明的，那么光就好像是透明体的颜色；[13] 因为对于这个［天上的天体］和火，有一个属性是它们共有的。[14]

如此，我们对什么是透明物，什么是光可以做出这样的解释，它既不是火，也根本不是某种物体，亦不是从某一物体流溢出来的东西，[15] 因为如果是这样，它就会是某种物体。而是火或者某种同类事物在透明体中的在场或出现。[16] 因为，一方面，两个物体同时存在于同一个地方是不可能的；[17] 另一方面，光看起来就是黑暗的相反者。黑暗就是对来自于透明物的这种拥有状态的褫夺，[18] 如此，这一点变得十分清晰，透明体的在场就是光。

所以，恩培多克勒和另外那些也持有这种观点的人是错误的，他们认为，光运行起来，且在某个时刻在地球以及环绕地球四周的天空之间扩散开来，[19] 只不过我们觉察不到而已。[20] 这样的看法不但与理性的自明性解释相悖，而且与观察到的现象不符。因为，在一个很小的距离之内，我们很有可能对此觉察不到，但在从最东边到最西边这样一个巨大的空间里，我们竟然对此一无所觉，这也未免太牵强附会了。

能够接受某种颜色的东西是无颜色的，能够接受声音的东西是没有声音的。[21] 透明体、不可见之物和极难被看见的事物都是没有颜色的，就像那看起来是黑暗的东西。[22] 透明体就是这样的事物，但并不是就它在实现的意义上来说是透明的，而是在潜在的意义上是透明的。因为这同一个本性有时呈现为昏暗（无颜色），有时呈现为光亮（有颜色）。[23]

ἐστίν. οὐ πάντα δὲ ὁρατὰ ἐν φωτί ἐστιν, ἀλλὰ μόνον ἑκάστου 419a
τὸ οἰκεῖον χρῶμα· ἔνια γὰρ ἐν μὲν τῷ φωτὶ οὐχ ὁρᾶται, ἐν δὲ τῷ σκότει ποιεῖ αἴσθησιν, οἷον τὰ πυρώδη φαινόμενα καὶ λάμποντα (ἀνώνυμα δ' ἐστὶ ταῦτα ἑνὶ ὀνόματι), οἷον μύκης, κέρας, κεφαλαὶ ἰχθύων καὶ λεπίδες καὶ ὀφθαλμοί· ἀλλ' οὐδενὸς ὁρᾶται τούτων τὸ οἰκεῖον χρῶμα. δι' ἣν μὲν οὖν αἰτίαν ταῦτα ὁρᾶται, ἄλλος λόγος· νῦν δ' ἐπὶ τοσοῦτον φανερόν ἐστιν, ὅτι τὸ μὲν ἐν φωτὶ ὁρώμενον χρῶμα. διὸ καὶ οὐχ ὁρᾶται ἄνευ φωτός· τοῦτο γὰρ ἦν αὐτῷ τὸ χρώματι εἶναι, τὸ κινητικῷ εἶναι τοῦ κατ' ἐνέργειαν διαφανοῦς· ἡ δ' ἐντελέχεια τοῦ διαφανοῦς φῶς ἐστιν. σημεῖον δὲ τούτου φανερόν· ἐὰν γάρ τις θῇ τὸ ἔχον χρῶμα ἐπ' αὐτὴν τὴν ὄψιν, οὐκ ὄψεται· ἀλλὰ τὸ μὲν χρῶμα κινεῖ τὸ διαφανές, οἷον τὸν ἀέρα, ὑπὸ τούτου δὲ συνεχοῦς ὄντος κινεῖται τὸ αἰσθητήριον. οὐ γὰρ καλῶς τοῦτο λέγει Δημόκριτος, οἰόμενος, εἰ γένοιτο κενὸν τὸ μεταξύ, ὁρᾶσθαι ἂν ἀκριβῶς καὶ εἰ μύρμηξ ἐν τῷ οὐρανῷ εἴη· τοῦτο γὰρ ἀδύνατόν ἐστιν. πάσχοντος γάρ τι τοῦ αἰσθητικοῦ γίνεται τὸ ὁρᾶν· ὑπ' αὐτοῦ μὲν οὖν τοῦ ὁρωμένου χρώματος ἀδύνατον· λείπεται δὴ ὑπὸ τοῦ μεταξύ, ὥστ' ἀναγκαῖόν τι εἶναι μεταξύ· κενοῦ δὲ γενομένου οὐχ ὅτι ἀκριβῶς, ἀλλ' ὅλως οὐθὲν ὀφθήσεται.

δι' ἣν μὲν οὖν αἰτίαν τὸ χρῶμα ἀναγκαῖον ἐν φωτὶ ὁρᾶσθαι, εἴρηται. πῦρ δὲ ἐν ἀμφοῖν ὁρᾶται, καὶ ἐν σκότει καὶ ἐν φωτί, καὶ τοῦτο ἐξ ἀνάγκης· τὸ γὰρ διαφανὲς ὑπὸ τούτου γίνεται διαφανές. ὁ δ' αὐτὸς λόγος καὶ περὶ ψόφου καὶ ὀσμῆς

419a 1 ἐστίν om. C   ἐν φωτί ἐστιν] τὰ ἐν φωτί X   3 σκότει UXΣ: σκότῳ CeT^p πυρρώδη e   4 εἰσὶ C   5 κρέας T^p (aliqui codices), an recte?   καὶ om. UX   λωπίδες Ce^1 καὶ om. X   6 τούτων τὸ] τοῦτο C   7 ὁρᾶται UX$P^p$$T^p$Σ: ὁρατὰ Ce   9 καὶ om. CeΣ   τὸ CΣ: τῷ e: om. UXT^p 10 τὸ] τῷ e^1 12 εἰ Σ   θῇ CUeT^p: θείη XΣ   14 δὲ UXS^pΣ: δὴ Ce: δὲ ἤδη T^p 16 ἀκριβῶς om. X   17 ἀδύνατόν ἐστιν CeΣ: ἐστιν ἀδύνατον UX   18 τι om. U   αἰσθητηρίου P^c 19 οὖν CXeT^p: om. US^cΣ   δὲ UX$S^c$$T^p$Σ   20 ὥστ' . . . μεταξύ CeP^pΣ: om. UX   21 οὐθὲν] οὐδὲ Σ   23 τὸ πῦρ Σ   σκότει UXP^c: σκότῳ CeΣ

并不是所有的事物都可以在光中被看见，只有每个事物的本有 419a
颜色才能够被看见。[24] 有些事物哪怕在光中也是不能被看见的，但是它们仍然可以在昏暗中引起感觉活动，比如，那些看起来与火相似的发光的东西——这些东西缺乏共同的名称[25]——就像霉菌、动物的角、鱼的头、鳞片和鱼的眼睛。[26] 但是，这些东西中没有一个专属于它的颜色可以为人所见。至于这些东西究竟是出于什么原因在黑暗中能被看见，这属于另外一个问题。

［**在视觉对象和视觉之间的中间介质**］目前来说，这一点已经足够清晰了，在光中可看见的东西是颜色，所以，没有光，颜色就不会是可见的。因为这（即光）就是颜色的本质存在，就是那在现实意义上推动透明体的能力。[27] 光就是透明体的实现状态。一个明显的证明就是：当某人将一个有颜色的事物放置到眼睛上，那么他就无法看到这个事物了。颜色推动透明体运动，比如空气，感觉器官就会被这个作为连续性的事物而在场的透明体推动起来。[28]

因此，德谟克利特的这个观点是错误的，他认为，如果中间的介质变成虚空的，那么哪怕在天宇中的一只蚂蚁也能被清晰地看到。[29] 这根本是不可能的，因为，只有当感觉能力受到了某种作用时，观看才会发生。[30] 既然感觉能力不可能被看见的颜色本身所作用或推动，那么现在剩下的一种可能性是，感觉能力被在中间的介质所作用。如此，就必然存在着某种存在于中间的介质。如果在中间并无介质或是虚空的，那么一个人不但看不清晰，而且根本不会看到什么东西了。

颜色是由于何种原因必须在光中被看见，对此问题，我们已经详细地论述过了。火在两者中，即不仅在昏暗中，也在光亮中可被看到，这是出于必然。因为透明体正是通过此物而成为透明的。[31] 这样的原理或解释同样也适用于声音与气味，[32] 因为二者中没有一个在［对象］直接接触到感觉器官的同时还能引起或产生感觉活动，而是中间介质会被气味和声音所推动，每种感觉器

ἐστιν· οὐθὲν γὰρ αὐτῶν ἁπτόμενον τοῦ αἰσθητηρίου ποιεῖ τὴν αἴσθησιν, ἀλλ' ὑπὸ μὲν ὀσμῆς καὶ ψόφου τὸ μεταξὺ κινεῖται, ὑπὸ δὲ τούτου τῶν αἰσθητηρίων ἑκάτερον· ὅταν δ' ἐπ' αὐτό τις ἐπιθῇ τὸ αἰσθητήριον τὸ ψοφοῦν ἢ τὸ ὄζον, οὐδεμίαν αἴσθησιν ποιήσει. περὶ δὲ ἁφῆς καὶ γεύσεως ἔχει μὲν ὁμοίως, οὐ φαίνεται δέ· δι' ἣν δ' αἰτίαν, ὕστερον ἔσται δῆλον. τὸ δὲ μεταξὺ ψόφων μὲν ἀήρ, ὀσμῆς δ' ἀνώνυμον· κοινὸν γάρ τι πάθος ἐπ' ἀέρος καὶ ὕδατός ἐστιν, ὥσπερ τὸ διαφανὲς χρώματι, οὕτω τῷ ἔχοντι ὀσμὴν ὃ ἐν ἀμφοτέροις ὑπάρχει τούτοις· φαίνεται γὰρ καὶ τὰ ἔνυδρα τῶν ζῴων
419b ἔχειν αἴσθησιν ὀσμῆς. ἀλλ' ὁ μὲν ἄνθρωπος, καὶ τῶν πεζῶν ὅσα ἀναπνεῖ, ἀδυνατεῖ ὀσμᾶσθαι μὴ ἀναπνέοντα. ἡ δ' αἰτία καὶ περὶ τούτων ὕστερον λεχθήσεται.

Νῦν δὲ πρῶτον περὶ ψόφου καὶ ἀκοῆς διορίσωμεν. ἔστι 8
δὲ διττὸς ὁ ψόφος· ὁ μὲν γὰρ ἐνεργείᾳ τις, ὁ δὲ δυνάμει· τὰ μὲν γὰρ οὔ φαμεν ἔχειν ψόφον, οἷον σπόγγον, ἔρια, τὰ δ' ἔχειν, οἷον χαλκὸν καὶ ὅσα στερεὰ καὶ λεῖα, ὅτι δύναται ψοφῆσαι, τοῦτο δ' ἐστὶν αὐτοῦ μεταξὺ καὶ τῆς ἀκοῆς ἐμποιῆσαι ψόφον ἐνεργείᾳ. γίνεται δ' ὁ κατ' ἐνέργειαν ψόφος ἀεί τινος πρός τι καὶ ἔν τινι· πληγὴ γάρ ἐστιν ἡ ποιοῦσα. διὸ καὶ ἀδύνατον ἑνὸς ὄντος γενέσθαι ψόφον· ἕτερον γὰρ τὸ τύπτον καὶ τὸ τυπτόμενον· ὥστε τὸ ψοφοῦν πρός τι ψοφεῖ· πληγὴ δ' οὐ γίνεται ἄνευ φορᾶς. ὥσπερ δ' εἴπομεν, οὐ τῶν τυχόντων πληγὴ ὁ ψόφος· οὐθένα γὰρ ποιεῖ ψόφον ἔρια ἂν πληγῇ, ἀλλὰ χαλκὸς καὶ ὅσα λεῖα καὶ κοῖλα· ὁ μὲν χαλκός, ὅτι λεῖος, τὰ δὲ κοῖλα τῇ ἀνακλάσει πολλὰς ποιεῖ πληγὰς μετὰ τὴν πρώτην, ἀδυνατοῦντος ἐξελθεῖν

26 αὐτῶν om. Σ 29 τις ἐπιθῇ om. e[1] τὸ[1] om. e 31 δ' om. X ἐστὶ X 32 ψόφου T^p 33 τι γὰρ X: γὰρ δή τι Ce 34 ὃ ἐν] ὃν X 419b 1 ὀδμῆς et 2 ὀδμᾶσθαι Ce 4 πρῶτον om. T^pΣ ἀκοῆς UT^p: ὀσφρήσεως CXeΣ 5 ἐνεργείᾳ . . . δυνάμει Ce$P^p$$S^c$$T^p$Σ: ἐνέργεια . . . δύναμις UX τις codd. $S^c$$T^p$: om. P^pΣ 11 γίνεσθαι X ψόφον XΣ: τὸν ψόφον CUe 15 ἔρια CeP^pΣ: ἔριον UX ἂν πληγῇ CUeP^p: εἰ πληγῇ Σ: ἢ πατάξαν ἢ πληγέν X

官再为中间的介质所推动。如果我们将发出声响的或散发着气味的物体直接置于感觉器官上，这并不会产生任何感觉。这样的情况同样也适用于触觉与味觉，尽管它们看起来并不是这样，对于其中的原因，我们会在后面加以陈述。[33] 声音的中间介质是空气，而味觉的中间介质并没有名称。因为存在着一种相对于空气和水而言的共同性质，它相对于有气味的东西来说就像透明体相对于颜色的关系。[34] 那些在水里生存的动物显得似乎也有味觉，但是，人以及那些会呼吸的陆生动物如果没有呼吸便不能闻到气味，关于上述事实的原因，我们将在后面进行探讨。[35]

第 8 章

［**现实的和潜在的声音**］让我们现在首先来界定声音与听觉。[1] 声音有两种，一种是现实的声音，一种是潜在的声音。因为我们认为，有些物体并没有声音，就如海绵、羊毛；另外一些物体有声音，比如，青铜以及一切坚固与光滑的物体，因为它们能够发出声响。[2] 这就是说，这些物体可以在它们与听觉器官之间产生一个现实的声响。[3]

那现实地发出的声响总是来自某物的声响，与某物相关以及在某物里；因为正是撞击或敲打产生出声响。[4] 因此，只有一个物体在场的话，声响是无法产生的，撞击物与被撞击物是截然不同的。因此，那产生声响的总是在与某物相关的情况下发出声响，而没有位置运动，也就不会产生撞击。[5] 就如我们已经说过的，[6] 并不是对任意的一些物体的撞击都会产生声响。哪怕羊毛被撞击，它也不会发出声响，而是铜以及所有表面光滑的和中空的物体才会发出声响。铜［之所以能够发出声响］，是因为它是光滑的；而中空的物体则在首次被撞击后因为回响的缘故会产生连续的撞击，因为通过撞击被运动起来的东西不能逃脱出来。[7]

τοῦ κινηθέντος. ἔτι ἀκούεται ἐν ἀέρι, κἂν ὕδατι, ἀλλ' ἧττον, οὐκ ἔστι δὲ ψόφου κύριος ὁ ἀὴρ οὐδὲ τὸ ὕδωρ, ἀλλὰ δεῖ στερεῶν πληγὴν γενέσθαι πρὸς ἄλληλα καὶ πρὸς τὸν ἀέρα. τοῦτο δὲ γίνεται ὅταν ὑπομένῃ πληγεὶς ὁ ἀὴρ καὶ μὴ διαχυθῇ. διὸ ἐὰν ταχέως καὶ σφοδρῶς πληγῇ, ψοφεῖ· δεῖ γὰρ φθάσαι τὴν κίνησιν τοῦ ῥαπίζοντος τὴν θρύψιν τοῦ ἀέρος, ὥσπερ ἂν εἰ σωρὸν ἢ ὁρμαθὸν ψάμμου τύπτοι τι φερόμενον ταχύ. ἠχὼ δὲ γίνεται ὅταν, ἀέρος ἑνὸς γενομένου διὰ τὸ ἀγγεῖον τὸ διορίσαν καὶ κωλῦσαν θρυφθῆναι, πάλιν ὁ ἀὴρ ἀπωσθῇ, ὥσπερ σφαῖρα. ἔοικε δ' ἀεὶ γίνεσθαι ἠχώ, ἀλλ' οὐ σαφής, ἐπεὶ συμβαίνει γε ἐπὶ τοῦ ψόφου καθάπερ καὶ ἐπὶ τοῦ φωτός· καὶ γὰρ τὸ φῶς ἀεὶ ἀνακλᾶται (οὐδὲ γὰρ ἂν ἐγίνετο πάντῃ φῶς, ἀλλὰ σκότος ἔξω τοῦ ἡλιουμένου), ἀλλ' οὐχ οὕτως ἀνακλᾶται ὥσπερ ἀφ' ὕδατος ἢ χαλκοῦ ἢ καί τινος ἄλλου τῶν λείων, ὥστε σκιὰν ποιεῖν, ᾗ τὸ φῶς ὁρίζομεν. τὸ δὲ κενὸν ὀρθῶς λέγεται κύριον τοῦ ἀκούειν. δοκεῖ γὰρ εἶναι κενὸν ὁ ἀήρ, οὗτος δ' ἐστὶν ὁ ποιῶν ἀκούειν, ὅταν κινηθῇ συνεχὴς καὶ εἷς. ἀλλὰ διὰ τὸ ψαθυρὸς εἶναι οὐ γεγωνεῖ, ἂν μὴ λεῖον ᾖ τὸ πληγέν. τότε δὲ εἷς γί- 420^{a}
νεται ἅμα διὰ τὸ ἐπίπεδον· ἓν γὰρ τὸ τοῦ λείου ἐπίπεδον.

ψοφητικὸν μὲν οὖν τὸ κινητικὸν ἑνὸς ἀέρος συνεχείᾳ μέχρις ἀκοῆς. ἀκοῇ δὲ συμφυὴς ἀήρ· διὰ δὲ τὸ ἐν ἀέρι εἶναι, κινουμένου τοῦ ἔξω ὁ εἴσω κινεῖται. διόπερ οὐ πάντῃ τὸ ζῷον ἀκούει, οὐδὲ πάντῃ διέρχεται ὁ ἀήρ· οὐ γὰρ πάντῃ ἔχει ἀέρα τὸ

18 ἐν] ὡς C κἂν scripsi: καὶ codd. ἧσσον XP^{p}S^{p}T^{p} 19 κυρίως C ὁ om. S^{c} οὐδὲ UXS^{c}Σ: οὔτε C: οὔτε δὲ e διὰ στερεῶν γενέσθαι πληγὴν X 20 καὶ codd. P^{c}S^{p}Σ: ἢ καὶ Steinhart 21 ὑπομένῃ UXΣ: ὑπομείνῃ Ce 24 ἂν CeΣ: om. UX ψάμμου CUeΣ: ἄμμου XT^{p} τύπτει X τι Essen: τις codd. T^{p}Σ 25 τάχει Σ ὅταν + ἀπὸ τοῦ CeΣ γινομένου Σ 26 τὸ ἀγγεῖον codd. P^{p}S^{p}Σ Al. De An. et apud Simp.: del. Förster 30 οὐδὲ CeΣ: οὐ UXT^{p} 31 ἡλιουμένου CUeS^{p}T^{p}Σ: ἡλιωμένου XP^{p} 33 ᾗ] ᾧ P^{c} 35 ψαθυρὸν X 420^{a} 2 ἅμα CeΣ: + γὰρ UXP^{p} 3 συνεχοῦς μέχρι T^{p}Σ 4 ἀκοῇ . . . ἀήρ PWyP^{c}S^{c}ΠΣ: ἀκοὴ . . . ἀέρι Ce ἐν ἀέρι codd. P^{c}S^{c}: ἕνα ἀέρα Pacius 5 ὁ CeP^{p}S^{p}T^{p}: τὸ UX ἔσω U 6 τὸ] ἀλλὰ τὸ ci. Torstrik

另外，人在空气中和在水中仍能听到声音，只不过在水中的程度要弱一些。[8]但是，那对于声音至关重要的东西既非空气亦非水，而是必须要有坚硬的物体互相撞击，并且由此撞击到了空气。[9]只有在击打后，空气能够留存一处，而非分散开来，这才是可能的。因此，当击打的动作快速而猛烈，就会发出声音来。[10]而且，击打者的动作必须超过空气的分散，就像有人快速地击打沙石堆或者快速运动着的沙涡那样。[11]

当空气通过一个围绕着它的和阻碍它分散开来的容器而成为一个统一的量或变成一团气，并再次被反弹回来的时候，就像一个球被反弹回来那样，回声就产生了。[12]这看起来，回声似乎总是不绝于耳，尽管并不总是清晰，因为在声音这里发生的情况与在光那里的情况是相同的。因为光也是总被折射回来——否则，就不会处处有光，而是在太阳直接照射之外的任何区域会是一片黑暗——但是，光的折射并不好像从水和铜制品，或者从任何其他光滑物体那里而来的折射，因为这些物体会投下阴影，正是通过阴影，光的界限才得以确定。[13]

［**中空区域与空气**］这种看法是有道理的，即中空的空间对于听觉来说是至关重要的。[14]因为空气显得是中空的，当空气连续而统一地被运动起来时，它就会引发听觉。[15]但是，空气很容易分散掉，[16]除非那被打击物是光滑的，否则空气便不会产生出声音。如此，基于光滑的表面，空气才会形成单一连续的整体，因为光滑物体的表面是一个整体。

所以，能够产生声音的物体就是那能够推动连续的有着统一的量的空气运动，并直至听觉器官的事物。空气原本就与听觉器官共生不分，因此，基于这样的事实，即听觉器官存在于空气之中，[17]内在的空气（即听觉器官里的空气）就会随着外面的空气的运动而被运动起来。[18]所以，生命体或动物不是用躯体的各部分来听，空气亦不能穿透所有地方，因为动物躯体不是各部分都有空气，而是

κινησόμενον μέρος καὶ ἔμψοφον. αὐτὸς μὲν δὴ ἄψοφον ὁ ἀὴρ διὰ τὸ εὔθρυπτον· ὅταν δὲ κωλυθῇ θρύπτεσθαι, ἡ τούτου κίνησις ψόφος. ὁ δ' ἐν τοῖς ὠσὶν ἐγκατῳκοδόμηται πρὸς τὸ ἀκίνητος εἶναι, ὅπως ἀκριβῶς αἰσθάνηται πάσας τὰς διαφορὰς τῆς κινήσεως. διὰ ταῦτα δὲ καὶ ἐν ὕδατι ἀκούομεν, ὅτι οὐκ εἰσέρχεται πρὸς αὐτὸν τὸν συμφυῆ ἀέρα· ἀλλ' οὐδ' εἰς τὸ οὖς, διὰ τὰς ἕλικας. ὅταν δὲ τοῦτο συμβῇ, οὐκ ἀκούει· οὐδ' ἂν ἡ μῆνιγξ κάμῃ, ὥσπερ τὸ ἐπὶ τῇ κόρῃ δέρμα [ὅταν κάμῃ]. ἀλλὰ καὶ σημεῖον τοῦ ἀκούειν ἢ μὴ τὸ ἠχεῖν ἀεὶ τὸ οὖς ὥσπερ τὸ κέρας· ἀεὶ γὰρ οἰκείαν τινὰ κίνησιν ὁ ἀὴρ κινεῖται ὁ ἐν τοῖς ὠσίν· ἀλλ' ὁ ψόφος ἀλλότριος καὶ οὐκ ἴδιος. καὶ διὰ τοῦτό φασιν ἀκούειν τῷ κενῷ καὶ ἠχοῦντι, ὅτι ἀκούομεν τῷ ἔχοντι ὡρισμένον τὸν ἀέρα. πότερον δὲ ψοφεῖ τὸ τυπτόμενον ἢ τὸ τύπτον; ἢ καὶ ἄμφω, τρόπον δ' ἕτερον; ἔστι γὰρ ὁ ψόφος κίνησις τοῦ δυναμένου κινεῖσθαι τὸν τρόπον τοῦτον ὅνπερ τὰ ἀφαλλόμενα ἀπὸ τῶν λείων, ὅταν τις κρούσῃ. οὐ δὴ πᾶν, ὥσπερ εἴρηται, ψοφεῖ τυπτόμενον καὶ τύπτον, οἷον ἐὰν πατάξῃ βελόνη βελόνην, ἀλλὰ δεῖ τὸ τυπτόμενον ὁμαλὸν εἶναι, ὥστε τὸν ἀέρα ἀθροῦν ἀφάλλεσθαι καὶ σείεσθαι. αἱ δὲ διαφοραὶ τῶν ψοφούντων ἐν τῷ κατ' ἐνέργειαν ψόφῳ δηλοῦνται· ὥσπερ γὰρ ἄνευ φωτὸς οὐχ ὁρᾶται τὰ χρώματα, οὕτως οὐδ' ἄνευ ψόφου τὸ ὀξὺ καὶ τὸ βαρύ. ταῦτα δὲ λέγεται κατὰ μεταφορὰν ἀπὸ τῶν ἁπτῶν· τὸ μὲν γὰρ ὀξὺ κινεῖ τὴν αἴσθησιν ἐν ὀλίγῳ χρόνῳ ἐπὶ πολύ, τὸ δὲ βαρὺ ἐν πολλῷ ἐπ' ὀλίγον. οὐ δὴ

7 ἔμψοφον Torstrik: ἔμψυχον codd.: ἔμψυχον ὥσπερ ἡ κόρη τὸ ὑγρόν P^{c} et ut v. *Σ* 8 ἡ + τοῦ U 14 οὐδ' UXP^{c}: οὔτ' Ce μήνιξ U κάμῃ om. P^{c} 15 ὅταν κάμῃ UXP^{c} et ut v. T^{p}: om. Ce*Σ* 16 ἀεὶ CeT^{p}*Σ*: om. UX τὸ οὖς om. *Σ* 17 κινεῖται ὁ ἀὴρ U ὁ^{2} e P^{c}: om. **C** 19 τὸν CeS^{c}: om. UX 22 ἀφαλλόμενα CeT^{p}*Σ*: ἀλλόμενα U^{1}XS^{p} 23 τι C ὡς C 24 καὶ τύπτον CeP^{p}S^{p}: ἢ τὸ τύπτον *Σ*: om. UX 25 τὸ . . . εἶναι] εἶναι τὸ τύπτον καὶ τυπτόμενον ὁμαλὸν S^{p} ἀθροῦν CeP^{c}*Σ*: ἀθρόον UXS^{c} 26 ψοφούντων UXeP^{c}: ψόφων **C**T^{p}*Σ* Theop. ap. *Π* 29 τὸ om. *Π* 31 ἐπ' CXeS^{c}T^{p}: om. U*Σ* οὐ δὴ UXeS^{c}: οὕτω δὴ CS^{v}: ὥστε οὐχι *Σ*

那要被运动起来的并且有灵魂的身体部分才有空气。[19]空气自身是不具有声音的，因为它很容易分散掉。当空气被阻碍而不能消散时，那么它的这种运动就是声音。在双耳中的空气深藏其内部，静而不动，[20]如此，运动的所有细微差异才能被准确地听到。[21]我们虽在水中，亦能听到声音，追溯其故，也就在此，[22]因为水不会穿透并直达与耳朵自然地共生的空气中，甚至由于耳朵的螺旋状，水连耳朵也进不去。[23]如果这样的情况碰巧发生了，即水流入耳朵里面，那么耳朵就会失去其听觉功能。如果耳朵鼓膜一旦受到损毁，听觉也会终止，就像在瞳孔上的薄膜一旦被损坏了，视觉就会终止一样。[24]但是，耳朵内总是有［空气］在运动，就像牛角或号角那样一直有回响并不是判断我们是否在听的一个标志，[25]因为那耳朵内的气总是以它本有的运动形式来运动的，而声音总是源自耳朵之外的他物，并非源自耳朵自身。由于这个原因，所以有些人说，[26]听觉是由中空的东西和发出回响的东西而引起来的，因为我们是通过有空气被限制在其内的事物来听的。[27]

问题是，究竟被撞击物还是撞击物发出声音？抑或是二者兼有，只是方式是不同的？[28]因此，声音就是那能够被推动的事物依照这种方式所进行的一种运动形式，就是当一个人击打光滑的物体表面时，从其表面被反弹回来的东西的运动。就如已经论述过的，[29]不是所有的事物在受到撞击和撞击某物时会发出声音，比如一枚铁针碰击到另外一枚铁针上。但是，那被撞击的物体必须具有平滑的表面，如此，空气才能成为一个统一的整体而被反弹回来，并震动起来。[30]

这些能够发出声音的物体之间的差异在现实的声音中才能显示出来。就像没有光，人就看不见颜色，同样地，没有声音，人就不能听到尖厉的和那低沉的声音。这样的说法是在一种隐喻的意义上取自那触觉对象。一方面，尖厉的声音在很短的时间内能较强地推动或引起感觉，另一方面，低沉的声音在较长的时间内却较弱地推动或引起感觉。因此，不是因为那高而尖的声音快速，低而平的

ταχὺ τὸ ὀξύ, τὸ δὲ βαρὺ βραδύ, ἀλλὰ γίνεται τοῦ μὲν διὰ τὸ τάχος ἡ κίνησις τοιαύτη, τοῦ δὲ διὰ βραδυτῆτα.
καὶ ἔοικεν ἀνάλογον ἔχειν τῷ περὶ τὴν ἁφὴν ὀξεῖ καὶ ἀμ- 420b
βλεῖ· τὸ μὲν γὰρ ὀξὺ οἷον κεντεῖ, τὸ δ' ἀμβλὺ οἷον ὠθεῖ, διὰ τὸ κινεῖν τὸ μὲν ἐν ὀλίγῳ τὸ δὲ ἐν πολλῷ, ὥστε συμβαίνει τὸ μὲν ταχὺ τὸ δὲ βραδὺ εἶναι.

περὶ μὲν οὖν ψόφου ταύτῃ διωρίσθω. ἡ δὲ φωνὴ ψόφος τίς ἐστιν ἐμψύχου· τῶν γὰρ ἀψύχων οὐθὲν φωνεῖ, ἀλλὰ καθ' ὁμοιότητα λέγεται φωνεῖν, οἷον αὐλὸς καὶ λύρα καὶ ὅσα ἄλλα τῶν ἀψύχων ἀπότασιν ἔχει καὶ μέλος καὶ διάλεκτον. ἔοικε γάρ, ὅτι καὶ ἡ φωνὴ ταῦτ' ἔχει. πολλὰ δὲ τῶν ζῴων οὐκ ἔχουσι φωνήν, οἷον τά τε ἄναιμα καὶ τῶν ἐναίμων ἰχθύες. καὶ τοῦτ' εὐλόγως, εἴπερ ἀέρος κίνησίς τίς ἐστιν ὁ ψόφος, ἀλλ' οἱ λεγόμενοι φωνεῖν, οἷον ‹οἱ› ἐν τῷ Ἀχελῴῳ, ψοφοῦσι τοῖς βραγχίοις ἤ τινι ἑτέρῳ τοιούτῳ, φωνὴ δ' ἐστὶ ζῴου ψόφος, καὶ οὐ τῷ τυχόντι μορίῳ. ἀλλ' ἐπεὶ πᾶν ψοφεῖ τύπτοντός τινος καί τι καὶ ἔν τινι, τοῦτο δ' ἐστὶν ἀήρ, εὐλόγως ἂν φωνοίη ταῦτα μόνα ὅσα δέχεται τὸν ἀέρα. ἤδη γὰρ τῷ ἀναπνεομένῳ καταχρῆται ἡ φύσις ἐπὶ δύο ἔργα—καθάπερ τῇ γλώττῃ ἐπί τε τὴν γεῦσιν καὶ τὴν διάλεκτον, ὧν ἡ μὲν γεῦσις ἀναγκαῖον (διὸ καὶ πλείοσιν ὑπάρχει), ἡ δ' ἑρμηνεία ἕνεκα τοῦ εὖ, οὕτω καὶ τῷ πνεύματι πρός τε τὴν θερμότητα τὴν ἐντὸς ὡς ἀναγκαῖον ‹ὄν› (τὸ δ' αἴτιον ἐν ἑτέροις εἰρήσεται) καὶ πρὸς τὴν φωνὴν ὅπως ὑπάρχῃ τὸ εὖ. ὄργανον δὲ τῇ ἀναπνοῇ ὁ φάρυγξ· οὗ δ' ἕνεκα τὸ μόριόν ἐστι τοῦτο, πνεύμων· τούτῳ γὰρ τῷ μορίῳ πλέον ἔχει τὸ

420b 2 ἀμβλὺ] βαρὺ T^p 3 συμβαίνει $UXP^cS^c\Sigma$: συμβαίνειν Ce 8 γάρ] δέ U 9 καὶ om. U 11 τίς $Ce\Sigma$: om. UXP^pT^p ἐστιν om. Σ 12 οἷον οἱ scripsi: οἷον Ce: οἱ P: om. $P^c\Sigma$ ἀχελώῳ + ἰχθύες Σ 14 καὶ om. Σ: ἀλλ' T^p 15 καὶ om. C 18 τε CeT^p: om. UX 19 καὶ $UXT^p\Sigma$: om. Ce 20 ἕνεκα eΣ: ἕνεκεν C 21 ὄν addidi 22 εἰρήσεται eP^p: εἴρηται $C^1UX\Sigma$ ὑπάρχῃ UΣ: ὑπάρχει CX: ὑπάρχοι e 23 ἕνεκα $CeP^p\Sigma$: ἕνεκεν UXT τὸ] καὶ τὸ P 24 πλεύμων e πλεῖστον e

声音缓慢才这样，而是因为其中一种声音的这般本性源自快速，而另外一种声音的这般本性则源自缓慢。[31] 这似乎类似于触觉对象的 420b 锐利与鲁钝：锐利的声音有如“刺”的动作，而鲁钝的声音有如“推”的动作，因为在一种情况下，其运动在短时间内就能产生作用，而在另一种情况下，则需要更长时间，因此，才出现这样的结果，即一个快速，另外一个缓慢。

［**嗓声**］关于声音，我们的界定就到这里。嗓声或叫声 [32] 却是由具有灵魂的生命体发出的声音。没有灵魂的物体中无一能发出嗓声，不过，我们根据相似性也可以认为，［有的事物］似乎也具有某种嗓声：比如长笛与七弦竖琴，[33] 以及另外一些有着音域、声律和表达性的语音的无灵魂或无生命的存在物。[34] 事实上，嗓声似乎也具有这些特性或表现。但是，很多动物都没有嗓声，比如那些没有血液的动物以及一些有血液的鱼。这所言极是，如果声音就是空气的某种运动的话。[35] 但是，有些人认为有些鱼能够用它们的腮或其他类似的部位发出叫声，就如在阿赫罗斯河里的鱼。[36] 但是，叫声确实是由生命体发出的声音，并不是由动物躯体的随意哪个部分发出的声音。

既然一切发声的事物之所以发出声音，是因为某物在另一物中撞击第三个物体，这里所说的“另一物”就是空气，[37] 如此，这种看法便言之有理了，即只有那些能够吸纳空气的生命体才会发出叫声。因为，自然使用被吸入的空气服务于如下两种功能，就像自然使用舌头服务于味觉和语言表达，[38] 其中，味觉的确是非常必要的（因此，大多数动物都有这个功能）。语言表达则是为了好的生活，[39] 同样地，自然使用呼吸不只是为了保存内在的热量，因为这是必要的（其中的原因在别处另有论述），[40] 也是为了发出有意义的声音，这样，善才是可能的。

呼吸所用的器官是咽喉，而咽喉这个身体部分的存在是为了

θερμὸν τὰ πεζὰ τῶν ἄλλων. δεῖται δὲ τῆς ἀναπνοῆς καὶ ὁ περὶ τὴν καρδίαν τόπος πρῶτος. διὸ ἀναγκαῖον εἴσω ἀναπνεόμενον εἰσιέναι τὸν ἀέρα. ὥστε ἡ πληγὴ τοῦ ἀναπνεομένου ἀέρος ὑπὸ τῆς ἐν τούτοις τοῖς μορίοις ψυχῆς πρὸς τὴν καλουμένην ἀρτηρίαν φωνή ἐστιν. οὐ γὰρ πᾶς ζῴου ψόφος φωνή, καθάπερ εἴπομεν (ἔστι γὰρ καὶ τῇ γλώττῃ ψοφεῖν καὶ ὡς οἱ βήττοντες), ἀλλὰ δεῖ ἔμψοφόν τε εἶναι τὸ τύπτον καὶ μετὰ φαντασίας τινός (σημαντικὸς γὰρ δή τις ψόφος ἐστὶν ἡ φωνή)· καὶ οὐ τοῦ ἀναπνεομένου ἀέρος, ὥσπερ ἡ βήξ,
421a ἀλλὰ τούτῳ τύπτει τὸν ἐν τῇ ἀρτηρίᾳ πρὸς αὐτήν. σημεῖον δὲ τὸ μὴ δύνασθαι φωνεῖν ἀναπνέοντα μηδ᾽ ἐκπνέοντα, ἀλλὰ κατέχοντα· κινεῖ γὰρ τούτῳ ὁ κατέχων. φανερὸν δὲ καὶ διότι οἱ ἰχθύες ἄφωνοι· οὐ γὰρ ἔχουσι φάρυγγα. τοῦτο δὲ τὸ μόριον οὐκ ἔχουσιν ὅτι οὐ δέχονται τὸν ἀέρα οὐδ᾽ ἀναπνέουσιν. δι᾽ ἣν μὲν οὖν αἰτίαν, ἕτερός ἐστι λόγος.

9 *Περὶ* δὲ ὀσμῆς καὶ ὀσφραντοῦ ἧττον εὐδιόριστόν ἐστι τῶν εἰρημένων· οὐ γὰρ δῆλον ποῖόν τί ἐστιν ἡ ὀσμή, οὕτως ὡς ὁ ψόφος ἢ τὸ χρῶμα. αἴτιον δ᾽ ὅτι τὴν αἴσθησιν ταύτην οὐκ ἔχομεν ἀκριβῆ, ἀλλὰ χείρω πολλῶν ζῴων· φαύλως γὰρ ἄνθρωπος ὀσμᾶται, καὶ οὐθενὸς αἰσθάνεται τῶν ὀσφραντῶν ἄνευ τοῦ λυπηροῦ ἢ τοῦ ἡδέος, ὡς οὐκ ὄντος ἀκριβοῦς τοῦ αἰσθητηρίου. εὔλογον δ᾽ οὕτω καὶ τὰ σκληρόφθαλμα τῶν χρωμάτων αἰσθάνεσθαι, καὶ μὴ διαδήλους αὐτοῖς εἶναι τὰς

26 πρῶτος τόπος UΣ   εἴσω ἀναπνεόμενον scripsi: εἴσω ἀναπνεομένου Ce: ἀναπνεόμενον εἴσω W   27 πληγὴ post 28 ἀέρος Σ   30 εἴρηται Σ   καὶ[1] CeΣ: om. UX   καὶ[2] om. e   31 δεῖ] δὴ U   ἔμψοφόν scripsi: ἔμψυχόν codd. P^pS^p τε CeΣ: om. UX   τὸ τύπτον post δεῖ X   32 δή eΣ: om. C^1UXT^p 33 βήξ US^cΣ: βῆξις CeX^1 421a 1 τοῦτο X   3 ἀλλὰ κατέχοντα UXS^p: om. CeΣ   τοῦτο e   δὲ] γὰρ U   5 ἀναπνέουσιν CU^1eΣ: + ἀλλ᾽ οἱ λέγοντες οὕτω διαμαρτάνουσιν XP^p 6 μὲν οὖν om. U: δ᾽ XΣ   ἐστι om. C: ἔσται UX: ἔστω P^c: ἔσται περὶ αὐτῶν Σ   7 δὲ + τῆς C^1 8 οἷόν P^c ἡ CeS^c: om. UXP^c ὀσμή $UXP^cS^cT^p$Σ: ὀδμή Ce   9 ψόφος UeΣ: + ἢ τὸ φῶς CXP^cS^c et ut v. T^p 10 χείρων e: χείρονα U: χεῖρον XS^c 11 αἰσθάνεται $UXA^cS^pT^p$: ὀσφραίνεται Ce   13 δ᾽ om. X   14–15 τὰς διαφορὰς εἶναι X

肺。[41]陆地上的动物正是因为这个躯体部分才比其他动物保有更多的热量。[42]心脏周围的地方最先需要呼吸。[43]因此，空气通过吸纳而必然地进入体内，这样，嗓声就是被吸纳进来的空气在所谓的气管内发生的碰撞，而这碰撞正是由寓居于躯体部分中的灵魂引发的。[44]不是所有的生命体发出的声音都是嗓声，就像我们已经说过的[45]——人们通过舌头可以发出声音，也可以像咳嗽的人那样发出声音——，而是那引起撞击者必须不但是具有灵魂的生命体，而且还要伴随着某种确定的想象。[46]嗓声就是有所表达或有所指称的声音，[47]并且，被吸入的空气发出声音的方式不是像在咳嗽时那样，而是生命体利用吸入的空气使得在气管里的空气击打气管。一个证明就是：当人 421a
在吸气的时候和呼气的时候，都无法发出声音，而只有当人屏住呼吸的时候才能够。因为屏住呼吸的人才能够用这些空气进行发出声音的运动。如此，很明显地，这就是鱼不能发出声音的原因：因为它们没有气管。[48]它们之所以没有这个躯体部分，因为它们不能够吸入空气，亦不能呼气。至于这其中的原因，则需要另作他论了。[49]

第 9 章

［**嗅觉的难以界定性**］嗅觉以及嗅觉对象与那些已经讨论过的［感觉与其感觉对象］相比起来要更加难以进行界定，因为嗅觉有着什么样的特性并不是十分清楚的，[1]并不像在声音与颜色那里清晰明显。这其中的原因是，我们并不在一种十分精确的意义上拥有这种感官，甚至不如其他很多动物。[2]因为人在嗅觉方面确实笨拙无比，如若这些嗅觉对象不是令人愉快的或痛苦的，[3]那么他就不会感觉到这些嗅觉对象，这说明人的嗅觉器官不是很准确。如此，人们就有理由相信，那些有着硬眼的动物也以这种方式感知到颜

διαφορὰς τῶν χρωμάτων πλὴν τῷ φοβερῷ καὶ ἀφόβῳ· οὕτω δὲ καὶ <περὶ> τὰς ὀσμὰς τὸ τῶν ἀνθρώπων γένος. ἔοικε μὲν γὰρ ἀνάλογον ἔχειν πρὸς τὴν γεῦσιν, καὶ ὁμοίως τὰ εἴδη τῶν χυμῶν τοῖς τῆς ὀσμῆς, ἀλλ' ἀκριβεστέραν ἔχομεν τὴν γεῦσιν διὰ τὸ εἶναι αὐτὴν ἁφήν τινα, ταύτην δ' ἔχειν τὴν αἴσθησιν τὸν ἄνθρωπον ἀκριβεστάτην· ἐν μὲν γὰρ ταῖς ἄλλαις λείπεται πολλῶν τῶν ζῴων, κατὰ δὲ τὴν ἁφὴν πολλῷ τῶν ἄλλων διαφερόντως ἀκριβοῖ. διὸ καὶ φρονιμώτατόν ἐστι τῶν ζῴων. σημεῖον δὲ τὸ καὶ ἐν τῷ γένει τῶν ἀνθρώπων παρὰ τὸ αἰσθητήριον τοῦτο εἶναι εὐφυεῖς καὶ ἀφυεῖς, παρ' ἄλλο δὲ μηδέν· οἱ μὲν γὰρ σκληρόσαρκοι ἀφυεῖς τὴν διάνοιαν, οἱ δὲ μαλακόσαρκοι εὐφυεῖς. ἔστι δ', ὥσπερ χυμὸς ὁ μὲν γλυκὺς ὁ δὲ πικρός, οὕτω καὶ ὀσμαί. ἀλλὰ τὰ μὲν ἔχουσι τὴν ἀνάλογον ὀσμὴν καὶ χυμόν, λέγω δὲ οἷον γλυκεῖαν ὀσμὴν καὶ γλυκὺν χυμόν, τὰ δὲ τοὐναντίον. ὁμοίως δὲ καὶ δριμεῖα καὶ αὐστηρὰ καὶ ὀξεῖα καὶ λιπαρά ἐστιν ὀσμή. ἀλλ' ὥσπερ εἴπομεν, διὰ τὸ μὴ σφόδρα διαδήλους εἶναι τὰς ὀσμὰς ὥσπερ τοὺς χυμούς, ἀπὸ τούτων εἴληφε τὰ ὀνόματα καθ' ὁμοιότητα τῶν πραγμάτων· ἡ μὲν γὰρ γλυκεῖα 421b
[ἀπὸ τοῦ] κρόκου καὶ μέλιτος, ἡ δὲ δριμεῖα θύμου καὶ τῶν τοιούτων· τὸν αὐτὸν δὲ τρόπον καὶ ἐπὶ τῶν ἄλλων. ἔστι δ' ὥσπερ καὶ ἡ ἀκοὴ καὶ ἑκάστη τῶν αἰσθήσεων, ἡ μὲν τοῦ ἀκουστοῦ καὶ ἀνηκούστου, ἡ δὲ τοῦ ὁρατοῦ καὶ ἀοράτου, καὶ ἡ ὄσφρησις τοῦ ὀσφραντοῦ καὶ ἀνοσφράντου. ἀνόσφραντον δὲ τὸ μὲν

16 περὶ Σ: om. codd. ὀσμὰς UXΣ: ὀδμὰς Ce 18 ἀκριβεστέραν UXΣ: ἀκριβέστερον Ce^{1} 19 αὐτὴν εἶναι U 21 πολλῶν UXP^{p}S^{p}T^{p}: πολλῷ Ce τῶν CUeT^{p}Σ: om. XS^{p} πόλλῳ τῶν ἄλλων om. X 23 καὶ τὸ Ce: τὸ X 24 εἶναι] ἐστὶν X 27 ὀδμαί Ce ἀλλὰ . . . 29 τοὐναντίον secl. Förster 28 et 29 ὀδμὴν Ce 29 τὰ δὲ τοὐναντίον hic CeP^{p}T^{p}: post 28 χυμόν UX 30 λυπαρὰ e ὀδμὴ e 32 ὀδμὰς e 421^{b} 1 γὰρ om. X 2 ἀπὸ τοῦ om. UXS^{c} 4 καὶ ἡ om. UX: καὶ om. T^{p} 5 καὶ UeT^{p}: +τοῦ CX ἀοράτου καὶ ὁρατοῦ U καὶ^{2}+τοῦ CX ἡ om. X 6 καὶ eT^{p}: +τοῦ C

色，[4]但颜色之间的差异对于它们来说却不是那么清晰，除了对那些使它们感到害怕或者不感到害怕的东西。[5]人类在嗅觉方面也是这样。[6]

［**嗅觉与味觉的类比**］嗅觉看似与味觉有着某种类比的关系，同样地，那味道或滋味的种类看起来与气味的种类是相同的，[7]但是，我们的味觉更为精确，因为味觉就是一种触觉，[8]这种感觉在人这里是最为精确的。[9]因此，人虽然就其他的感觉而言落后于很多动物，[10]但是，他在触觉的精确性方面却远远超过很多其他的动物。[11]因此，人可以被称之为动物中最聪明的。[12]一个明证就是，在人类这里，人根据触觉的感觉器官来区分有自然禀赋者和无自然禀赋者，而非根据其他任何感觉器官。[13]所以，那些天生肉比较坚硬者在思维（理解）方面就比较愚笨，相反，那些天生肉比较柔韧者也就表现地比较有天赋。[14]

就如味道有甜有苦，同样地，气味也是这样。[15]但是，在有些事物那里，气味和味道彼此相互一致（我是指甜的气味和甜的味道），但是，在另外一些事物那里，二者正好相反。同样地，气味可以是辛辣的、麻涩的、酸的或油腻的，就像味道那样。[16]但是，正如我们说过的，[17]因为气味之间的差异并不像味道之间的差异那样能十分明显地被区分开来，所以，根据事物中的相似性，气味从味道那里获得自己的名称：从藏红花与蜂蜜的味道来说甜的气味， 421b
而从百里香（或麝香草）和与此类似的刺激味道来说辣的气味。[18]这样的方式在其他事物那里也是如此。

嗅觉正如听觉以及其他每种感觉那样，因为听觉是关于可听到的对象和听不到的对象，视觉是关于可见的和看不见的对象，[19]同样地，嗅觉是关于有气味的对象和没有气味的对象。没有气味的对象既是指那些根本不可能具有气味的事物，也可以指那些气味极其

παρὰ τὸ ἀδύνατον <εἶναι> μηδ' ὅλως ἔχειν ὀσμήν, τὸ δὲ μικρὰν ἔχον καὶ φαύλην. ὁμοίως δὲ καὶ τὸ ἄγευστον λέγεται.

ἔστι δὲ καὶ ἡ ὄσφρησις διὰ τοῦ μεταξύ, οἷον ἀέρος ἢ ὕδατος· καὶ γὰρ τὰ ἔνυδρα δοκοῦσιν ὀσμῆς αἰσθάνεσθαι, ὁμοίως καὶ τὰ ἔναιμα καὶ τὰ ἄναιμα, ὥσπερ καὶ τὰ ἐν τῷ ἀέρι· καὶ γὰρ τούτων ἔνια πόρρωθεν ἀπαντᾷ πρὸς τὴν τροφὴν ὕποσμα γινόμενα. διὸ καὶ ἄπορον φαίνεται εἰ πάντα μὲν ὁμοίως ὀσμᾶται, ὁ δ' ἄνθρωπος ἀναπνέων μέν, μὴ ἀναπνέων δὲ ἀλλ' ἐκπνέων ἢ κατέχων τὸ πνεῦμα οὐκ ὀσμᾶται, οὔτε πόρρωθεν οὔτ' ἐγγύθεν, οὐδ' ἂν ἐπὶ τοῦ μυκτῆρος ἐντὸς τεθῇ· καὶ τὸ μὲν ἐπ' αὐτῷ τιθέμενον τῷ αἰσθητηρίῳ ἀναίσθητον εἶναι κοινὸν πάντων, ἀλλὰ τὸ ἄνευ τοῦ ἀναπνεῖν μὴ αἰσθάνεσθαι ἴδιον ἐπὶ τῶν ἀνθρώπων· δῆλον δὲ πειρωμένοις· ὥστε τὰ ἄναιμα, ἐπειδὴ οὐκ ἀναπνέουσιν, ἑτέραν ἄν τιν' αἴσθησιν ἔχοι παρὰ τὰς λεγομένας. ἀλλ' ἀδύνατον, εἴπερ τῆς ὀσμῆς αἰσθάνεται· ἡ γὰρ τοῦ ὀσφραντοῦ αἴσθησις καὶ δυσώδους καὶ εὐώδους ὄσφρησίς ἐστιν. ἔτι δὲ καὶ φθειρόμενα φαίνεται ὑπὸ τῶν ἰσχυρῶν ὀσμῶν ὑφ' ὧνπερ ἄνθρωπος, οἷον ἀσφάλτου καὶ θείου καὶ τῶν τοιούτων. ὀσφραίνεσθαι μὲν οὖν ἀναγκαῖον, ἀλλ' οὐκ ἀναπνέοντα. ἔοικε δὲ τοῖς ἀνθρώποις διαφέρειν τὸ αἰσθητήριον τοῦτο πρὸς τὸ τῶν ἄλλων ζῴων, ὥσπερ τὰ ὄμματα πρὸς τὰ τῶν σκληροφθάλμων—τὰ μὲν γὰρ ἔχει φράγμα καὶ ὥσπερ ἔλυτρον τὰ βλέφαρα, ἃ μὴ κινήσας μηδ' ἀνασπάσας οὐχ ὁρᾷ· τὰ δὲ σκληρόφθαλμα οὐδὲν ἔχει τοιοῦτον, ἀλλ' εὐθέως ὁρᾷ τὰ γινόμενα ἐν τῷ διαφανεῖ—οὕτως οὖν καὶ τὸ ὀσφραντικὸν αἰσθητήριον τοῖς μὲν

7 εἶναι addidi μηδ' ὅλως W : ὅλως y : ὅλως ἀδύνατον Ce ὀδμὴν Ce 8 τὸ + γευστὸν καὶ T^p 9 ἢ om. U : καὶ Σ 10 ὀδμῆς Ce ὅμως C^1 καὶ] δὲ καὶ UXP^c 11 τὰ¹ et τὰ² UXP^c : om. Ce ὥσπερ + γὰρ U^1 13 καὶ om. e 14 ὀδμᾶται e μέν om. CeT^p μὴ ἀναπνέων δὲ CeT^p : om. UX 15 ἀλλ' ἐκπνέων om. T^p οὔτε] οὐδὲ CU 18 εἶναι + καὶ X 22 αἰσθάνεσθαι e^1 δυσώδης καὶ εὐώδης C 23 δὲ UXT : δὴ Ce 29 ἃ + ἂν X κινήσειας μηδ' ἀνασπάσειας X 31 εὐθέως CeS^p : εὐθὺς $UXT^p\Sigma$ τὸ γενόμενον UXT^p

微弱的事物。那些没有味道的对象亦是同理。[20]

［**嗅觉的介质与充足条件**］气味也是通过某种介质而产生的，比如空气和水；因为水生动物，无论是有血还是无血的，看起来似乎都能嗅到气味，就像生活于空气之中的陆居动物。[21] 有些水生动物可以以嗅觉为向导从很远的地方去寻获食物。

因此，我们面临着一个疑难，[22] 所有的动物如何能够以同样的方式进行嗅觉活动，但是，唯独人在吸气的时候，才能嗅到气味，当他不吸气时，而是呼气或者屏住呼吸时，都不能嗅到任何气味，无论是来自远处的还是来自近处的气味，哪怕将嗅觉对象置于鼻孔处也无济于事。那直接被放置到感觉器官上的东西是不能被感觉到的，这对所有动物都是一样的；[23] 但是，没有吸气就不能感觉到气味，这种情况为人所独有，[24] 就像我们可以通过实验发现的那样。因此，无血的动物既然不能呼吸，是否它们除了我们所提到的感觉之外还赋有另外一种感觉呢。但是，这是不可能的，因为它们感觉到的是气味；因为嗅觉活动就是对有气味的东西的感觉，不管感觉到的气味是污臭难闻的还是芳香好闻的。除此之外，它们就像人那样也会被强烈的气味毁伤，比如沥青、硫磺以及诸如此类的气味。所以，结论是它们必然有嗅觉，但并不是用吸气的方式。

在人这里，这个感觉器官显得与其他动物的这种感觉器官不同，就像人的眼睛与硬眼动物的眼睛是不同的一样。因为人的眼睛有眼睑作为保护，就像一个护罩一样，所以，一个人如果不挪动或打开眼睑，他就无法观看。硬眼动物虽然没有这类的东西，但是，它们能直

ἀκάλυφες εἶναι, ὥσπερ τὸ ὄμμα, τοῖς δὲ τὸν ἀέρα δεχομένοις ἔχειν ἐπικάλυμμα, ὃ ἀναπνεόντων ἀποκαλύπτεται, διευρυνομένων τῶν φλεβίων καὶ τῶν πόρων. καὶ διὰ τοῦτο τὰ ἀναπνέοντα οὐκ ὀσμᾶται ἐν τῷ ὑγρῷ· ἀναγκαῖον γὰρ ὀσφρανθῆναι ἀναπνεύσαντα, τοῦτο δὲ ποιεῖν ἐν τῷ ὑγρῷ ἀδύνατον. ἔστι δ' ἡ ὀσμὴ τοῦ ξηροῦ, ὥσπερ ὁ χυμὸς τοῦ ὑγροῦ, τὸ δὲ ὀσφραντικὸν αἰσθητήριον δυνάμει τοιοῦτον. 422a

10 Τὸ δὲ γευστόν ἐστιν ἁπτόν τι· καὶ τοῦτ' αἴτιον τοῦ μὴ εἶναι αἰσθητὸν διὰ τοῦ μεταξὺ ἀλλοτρίου ὄντος σώματος· οὐδὲ γὰρ τῇ ἀφῇ. καὶ τὸ σῶμα δὲ ἐν ᾧ ὁ χυμός, τὸ γευστόν, ἐν ὑγρῷ ὡς ὕλῃ· τοῦτο δ' ἁπτόν τι. διὸ κἂν εἰ ἐν ὕδατι ἦμεν, ᾐσθανόμεθ' ἂν ἐμβληθέντος τοῦ γλυκέος· οὐκ ἦν δ' ἂν ἡ αἴσθησις ἡμῖν διὰ τοῦ μεταξύ, ἀλλὰ τῷ μιχθῆναι τῷ ὑγρῷ, καθάπερ ἐπὶ τοῦ ποτοῦ. τὸ δὲ χρῶμα οὐχ οὕτως ὁρᾶται τῷ μίγνυσθαι, οὐδὲ ταῖς ἀπορροίαις. ὡς μὲν οὖν τὸ μεταξὺ οὐθέν ἐστιν· ὡς δὲ χρῶμα τὸ ὁρατόν, οὕτω τὸ γευστὸν ὁ χυμός. οὐθὲν δὲ ποιεῖ χυμοῦ αἴσθησιν ἄνευ ὑγρότητος, ἀλλ' ἔχει ἐνεργείᾳ ἢ δυνάμει ὑγρότητα, οἷον τὸ ἁλμυρόν· εὔτηκτόν τε γὰρ αὐτὸ καὶ συντηκτικὸν γλώττης. ὥσπερ δὲ καὶ ἡ ὄψις ἐστὶ τοῦ τε ὁρατοῦ καὶ τοῦ ἀοράτου (τὸ γὰρ σκότος ἀόρατον, κρίνει δὲ καὶ τοῦτο ἡ ὄψις), ἔτι τε τοῦ λίαν λαμπροῦ (καὶ γὰρ τοῦτο ἀόρατον, ἄλλον δὲ τρόπον τοῦ σκότους), ὁμοίως δὲ καὶ ἡ ἀκοὴ ψόφου τε καὶ σιγῆς, ὧν τὸ μὲν ἀκουστὸν τὸ δ' οὐκ ἀκουστόν, καὶ μεγάλου ψόφου

422a 2 ἔχειν] ὥσπερ X ἀποκαλύπτεται scripsi: ἀνακαλύπτεται Σ: ἀποκαλύπτεσθαι CXe: ἀνακαλύπτεσθαι U 3 φλεβίων UXP^p: φλεβῶν CeT^p 7 δυνάμει CeΣ: τὸ δυνάμει UXT^p 9 ὄντος ἀλλοτρίου U 10 τῇ ἀφῇ scripsi: ἡι ἀφῆ e: ἡ ἀφή CS^{c}T^p δὲ CeS^c: om. UXA^c ap. P^p 11 ὕλῃι eP^{p}S^{c}Σ: ὕλη US^p: ἐν ὕλη C: ἐν ὕδατι X[1]: ὕδατι Al. ap. P^p κἂν CeT^{p}Σ: καὶ UX εἰ om. T^{p}Σ 12 ἦμεν UX et fort. e[1], P^{p}Σ: εἶμεν C: ὦμεν T^p ᾐσθανόμεθα UXΣ: αἰσθανόμεθα C et ut v. T^p: αἰσθανοίμεθα e 16 τὸ[1]] τῷ X 17 αἴσθησιν χυμοῦ U 18 ἀλλ' . . . ὑγρότητα UXS^{p}T^{p}Σ: om. Ce ἢ δυνάμει ἢ ἐνεργείᾳ T^{p}Σ ὑγρότητος Σ 19 ἁλμυροῦν X τηκτόν UXΣ συντηκτὸν X γλώσσης U 20 ἡ om. U τε UXP^{p}T^{p}Σ: om. Ce τοῦ om. U 21 τε scripsi: τι e: om. C

接看到在透明物中出现的事物。同样地，嗅觉器官在一些动物那里是 422a
未被遮盖的，就像眼睛一样，在另外一些能够吸气的动物那里，这嗅觉器官也有一层护膜，在它们吸气的时候，这层护膜就会由于血管和气孔的扩张而被打开。[25] 吸气的动物不能在水中进行嗅觉活动，就是因为这个原因，它们必须吸气才能嗅到气味，它们在水中是无法做到这一点的（即呼吸活动）。[26] 气味属于或发自于干燥的东西，就像味道出于湿润的东西，而嗅觉器官潜在地具有干的特性。[27]

第 10 章

［**可触摸的东西作为味觉对象**］味觉对象是某种可触摸的东西。[1] 这就是为什么它并不需要通过属于某个陌生躯体的中间介质来被感觉到的原因，[2] 同样地，触觉也不是这样发生的。[3] 而且，味道所寓于其中的物体，就是味觉的对象，且存在于作为其质料的湿润的汁液中。[4] 这是某种可触摸的东西。因此，即使我们在水中，也仍然能够感觉到被抛入水中的甜的（物品）味道。我们赋有这种感觉并不是通过某种中间介质，而是通过味觉对象与湿润黏液的混合，就如饮品的情况那样。[5] 相反，颜色就不能通过这种混合以同样的方式被看见，也不是通过物体的流溢物被看见。[6] 因此，［对于味觉来说，］并不存在什么中间介质，[7] 而且，就如颜色是可见物，味道也就是可品尝的对象。[8] 但是，如若没有汁液，也就无法产生一种对味道的感觉，而是可品尝的味觉对象有一种要么现实的，要么潜在的汁液，就像某些有咸味的东西一样。因为它既很容易溶解，而且又易与舌头相融。[9]

［**味觉和视觉对象：对立单元的范围**］就像视觉是关乎可见的对象与不可见的对象——黑暗是看不见的，但是，视觉仍然能够对其进行区分 [10] ——视觉也关乎那极为明亮或耀眼的对象——因为这也是看不到的，但却是在一种不同于对黑暗的感知方式。[11] 同样地，听觉也是关于噪然有声和静寂无声的东西，其中，一些是可听

καθάπερ ἡ ὄψις τοῦ λαμπροῦ (ὥσπερ γὰρ ὁ μικρὸς ψόφος ἀνήκουστος, τρόπον τινὰ καὶ ὁ μέγας τε καὶ ὁ βίαιος), ἀόρατον δὲ τὸ μὲν ὅλως λέγεται, ὥσπερ καὶ ἐπ' ἄλλων τὸ ἀδύνατον, τὸ δ' ἐὰν πεφυκὸς μὴ ἔχῃ ἢ φαύλως, ὥσπερ τὸ ἄπουν καὶ τὸ ἀπύρηνον—οὕτω δὴ καὶ ἡ γεῦσις τοῦ γευστοῦ τε καὶ ἀγεύστου, τοῦτο δὲ τὸ μικρὸν ἢ φαῦλον ἔχον χυμὸν ἢ φθαρτικὸν τῆς γεύσεως. δοκεῖ δ' εἶναι ἀρχὴ τὸ ποτὸν καὶ ἄποτον (γεῦσις γάρ τις ἀμφοτέρου· ἀλλὰ τοῦ μὲν φαύλη καὶ φθαρτικὴ [τῆς γεύσεως], τοῦ δὲ κατὰ φύσιν)· ἔστι δὲ κοινὸν ἁφῆς καὶ γεύσεως τὸ ποτόν. ἐπεὶ δ' ὑγρὸν τὸ γευστόν, 422b ἀνάγκη καὶ τὸ αἰσθητήριον αὐτοῦ μήτε ὑγρὸν εἶναι ἐντελεχείᾳ μήτε ἀδύνατον ὑγραίνεσθαι. πάσχει γάρ τι ἡ γεῦσις ὑπὸ τοῦ γευστοῦ, ᾗ γευστόν. ἀναγκαῖον ἄρα ὑγρανθῆναι τὸ δυνάμενον μὲν ὑγραίνεσθαι σωζόμενον, μὴ ὑγρὸν δέ, τὸ γευστικὸν αἰσθητήριον. σημεῖον δὲ τὸ μήτε κατάξηρον οὖσαν τὴν γλῶτταν αἰσθάνεσθαι μήτε λίαν ὑγράν· ταύτῃ γὰρ ἁφὴ γίνεται τοῦ πρώτου ὑγροῦ, ὥσπερ ὅταν προγευματίσας τις ἰσχυροῦ χυμοῦ γεύηται ἑτέρου, καὶ οἷον τοῖς κάμνουσι πικρὰ πάντα φαίνεται διὰ τὸ τῇ γλώττῃ πλήρει τοιαύτης ὑγρότητος αἰσθάνεσθαι. τὰ δ' εἴδη τῶν χυμῶν, ὥσπερ καὶ ἐπὶ τῶν χρωμάτων, ἁπλᾶ μὲν τἀναντία, τὸ γλυκὺ καὶ τὸ πικρόν, ἐχόμενα δὲ τοῦ μὲν τὸ λιπαρόν, τοῦ δὲ τὸ ἁλμυρόν· μεταξὺ δὲ τούτων τό τε δριμὺ καὶ τὸ αὐστηρὸν καὶ στρυφνὸν καὶ ὀξύ· σχεδὸν γὰρ αὗται δοκοῦσιν εἶναι διαφοραὶ χυμῶν. ὥστε τὸ γευστικόν ἐστι τὸ δυνάμει τοιοῦτον, <τὸ> γευστὸν δὲ τὸ ποιητικὸν ἐντελεχείᾳ αὐτοῦ.

25 ὡς XΣ 26 ὁ² om. Σ 29 ἁπλοῦν e τὸ om. CUe$P^c S^p$ δὴ PSVΣ: δὲ CeS^c 30 τε CXeT^p: om. US^{c}Σ καὶ CXeS^{c}Σ: + τοῦ UT^p 32 γὰρ + ἄν U ἀμφοτέρου Trendelenburg: ἀμφότερα codd. P^{c}Σ τοῦ . . . 33 τοῦ scripsi: τὸ . . . τὸ Ce 33 τῆς γεύσεως om. PWyΣ 422b 1 καὶ om. XT^{p}Σ 2 ὑγραίνεσθαι ἀδύνατον X 3 ἀνάγκη P^{c}Σ 4 μὲν CeP^c: om. UX 6 γλῶσσαν C ταύτῃ scripsi: αὕτη codd. P^{c}S^{c}Σ γὰρ UXP^{c}Σ: + ἡ CeS^c 8 χυμοῦ om. e 9 τὴν e 13 τὸ om. U 15 εἶναι X τὸ addidi

到的，一些是不可听到的，而听觉亦能区分巨大的声响，就像视觉可以区分极为明亮的东西（就像轻微的声音是不能被听到的，同样地，那巨大的和极其洪亮的声音也是不可听的）。[12]“不可见”一方面是在绝对的意义上来理解，就像在其他领域中是不可能的那样，另一方面也指某物虽然在本性上是可见的，但是，却是不可见的，或者在微乎其微的程度上是可见的，[13]就像在“无脚的”和“无核的”东西那里的情况那样。[14]同样地，味觉既与有味道和无味道的对象相关，这些无味道或不可尝的对象是指那些具有很贫乏的味道的东西，或者那些能够毁坏味觉的东西。[15]味觉的起始点看起来就是那可饮用的以及不可饮用的东西。对于这二者都存在着某种味觉，但是，后者对应的是一种微弱的，甚或是毁坏味觉的味道，[16]而前者则是合乎自然的味道。可饮用之物也是触觉和味觉的共通的感觉对象。[17]

既然味觉的对象是有汁液的，那么与之相应的感觉器官就必然 422b
地既非在现实的意义上是湿润的，亦非不能够成为湿润的。因为味觉会受到来自味觉对象的作用，就其作为味觉对象来说。[18]因此，这必然地表示，尽管味觉的感觉器官自身并非是湿润的，但是，它能够被湿润，而且能够在被湿润的时候保存自身。[19]一个证明就是，舌头既不能在它完全干燥，亦不能在它过于湿润的时候尝到味道。因为在后一种情况中，一种与先出现的汁液的接触首先发生，就像当一个人之前品尝过有着浓烈味道的东西，然后再去品尝他物，又如一切东西对于病人来说都显得苦涩难忍，因为他们用一个充满了这种苦涩津液的舌头来品尝。[20]

正如颜色，味道的种类简单来说就是相反者：甜的与苦的，[21]与前者相近的是多汁或油腻，与后者相近的是咸。在这些味道之间，还包括诸如辣、酸、麻和涩的味道。这些看起来就是味道间的不同类型。[22]因此，味觉能力在潜能的意义上来说就有着这样的特性（潜在地有这些不同的味道），而使味觉能力现实地品尝到这些味道的是那可尝的味觉对象。[23]

11 Περὶ δὲ τοῦ ἁπτοῦ καὶ περὶ ἁφῆς ὁ αὐτὸς λόγος· εἰ γὰρ ἡ ἁφὴ μὴ μία ἐστὶν αἴσθησις ἀλλὰ πλείους, ἀναγκαῖον καὶ τὰ ἁπτὰ αἰσθητὰ πλείω εἶναι. ἔχει δ' ἀπορίαν πότερον πλείους εἰσὶν ἢ μία, καὶ τί τὸ αἰσθητήριον τὸ τοῦ ἁπτικοῦ, πότερον ἡ σὰρξ καὶ ἐν τοῖς ἄλλοις τὸ ἀνάλογον, ἢ οὔ, ἀλλὰ τοῦτο μέν ἐστι τὸ μεταξύ, τὸ δὲ πρῶτον αἰσθητήριον ἄλλο τί ἐστιν ἐντός. πᾶσα γὰρ αἴσθησις μιᾶς ἐναντιώσεως εἶναι δοκεῖ, οἷον ὄψις λευκοῦ καὶ μέλανος, καὶ ἀκοὴ ὀξέος καὶ βαρέος, καὶ γεῦσις πικροῦ καὶ γλυκέος· ἐν δὲ τῷ ἁπτῷ πολλαὶ ἔνεισιν ἐναντιώσεις, θερμὸν ψυχρόν, ξηρὸν ὑγρόν, σκληρὸν μαλακόν, καὶ τῶν ἄλλων ὅσα τοιαῦτα. ἔχει δέ τινα λύσιν πρός γε ταύτην τὴν ἀπορίαν, ὅτι καὶ ἐπὶ τῶν ἄλλων αἰσθήσεων εἰσὶν ἐναντιώσεις πλείους, οἷον ἐν φωνῇ οὐ μόνον ὀξύτης καὶ βαρύτης, ἀλλὰ καὶ μέγεθος καὶ μικρότης, καὶ λειότης καὶ τραχύτης φωνῆς, καὶ τοιαῦθ' ἕτερα. εἰσὶ δὲ καὶ περὶ χρῶμα διαφοραὶ τοιαῦται ἕτεραι. ἀλλὰ τί τὸ ἓν τὸ ὑποκείμενον, ὥσπερ ἀκοῇ ψόφος, οὕτω τῇ ἁφῇ, οὐκ ἔστιν ἔνδηλον.

πότερον δ' ἐστὶ τὸ αἰσθητήριον ἐντός, ἢ οὔ, ἀλλ' εὐθέως ἡ σάρξ, οὐδὲν δοκεῖ σημεῖον εἶναι τὸ γίνεσθαι τὴν αἴσθησιν 423a ἅμα θιγγανομένων. καὶ γὰρ νῦν εἴ τις περὶ τὴν σάρκα περιτείνειεν οἷον ὑμένα ποιήσας, ὁμοίως τὴν αἴσθησιν εὐθέως ἁψάμενος ἐνσημαίνει· καίτοι δῆλον ὡς οὐκ ἔστιν ἐν τούτῳ τὸ αἰσθητήριον· εἰ δὲ καὶ συμφυὴς γένοιτο, θᾶττον ἔτι διικνοῖτ' ἂν ἡ αἴσθησις. διὸ τὸ τοιοῦτον μόριον τοῦ σώματος ἔοικεν οὕτως ἔχειν ὥσπερ ἂν εἰ κύκλῳ ἡμῖν περιεπεφύκει ὁ ἀήρ· ἐδοκοῦμεν γὰρ ἂν ἑνί τινι αἰσθάνεσθαι καὶ ψόφου καὶ

17 περί² CXeP^{c}: τῆς S^{p}: om. U   19 αἰσθητὰ πλείω CUeP^{c}: πλείω αἰσθητὰ XΣ   20 τὸ² om. XS^{p} 21 ἡ om. U   ἐν et τὸ om. S^{c} 23 πᾶσά + τε CUe   24–25 βαρέος καὶ ὀξέος X   25 βαρέως e   26 εἰσὶν X   28 καὶ ὅτι S^{c} 32 χρώματα S^{c} 33 ἔνδηλον X²yS^{c}: ἓν δῆλον Ce: δῆλον UX   423a 1 εἶναι om. XP^{c} τῶι e   2 θιγγανομένου P^{c} νῦν om. U   4 ἁψαμένοις T^{p}: ἁψαμένου Torstrik   5 συμφυὴς scripsi: συμφυὲς codd.   γένοιτο CeS^{p}: γίγνοιτο UX   θᾶσσον X   7 ἂν om. XP^{c} 8 ἐδόκει μὲν P^{c}

第 11 章

［**有关触觉的两个疑难**］同样的原理也适用于触觉对象和触觉。[1]如果触觉不是一种感觉，而是多种，那么可触摸的感觉对象也必然有多种。如此，触觉是一种还是多种感觉乃是一个疑难，[2]再者，什么是触觉能力的感觉器官，它是否是皮肤或肌肉，而在其他动物那里是某种与皮肉相类似的东西，[3]或者皮肉是否只是某种中间介质，而那首要的感觉器官是在［躯体］内的某种另外的东西。[4]因为，所有感觉看起来都是关乎一对相反者的，比如，视觉是与白和黑的颜色相关，而听觉则与那高亢的和低沉的声音相关，味觉与苦和甜的味道相关。[5]但是，在触觉的对象方面，存在着多对不同的相反物：热与冷、干与湿、硬与软以及其他诸如此类的相反物。[6]

［**第一个疑难：多对相反者**］对于这个疑难，至少有一种解决方法，即在其他的感觉那里，也存在着多对相反者，比如，在声音方面，不只是有高低之分，而且还包括轻重之别，声音的柔润和粗糙之异，以及诸如此类的其他相反的对子。[7]并且，在颜色这里也存在着其他类似的区分。但是，就像声音对于听觉来说那样，触觉的单一的基底是什么呢，[8]这并不是清楚的。

关于触觉的感觉器官是否内在于躯体之内，或者它直接就是肉？感觉是在对象接触到肉时同时发生的，这似乎并不能被视为一 423a
个解决证明。因为即使有人现在将人造的薄膜直接覆盖在皮肉上，它仍可以在接触到对象的同时同样地产生感觉。所以，很清楚的是，感觉器官并不位于这里。哪怕这层薄膜与皮肉长在了一起，[9]感觉也会更快地通过它而传递出来。因此，有着这样特性的躯体部分对（触觉）所起的作用看起来就像在我们四周的空气自然地与我们的感觉器官连在一起时所起的作用那样。[10]因为，如此我们可能会相信，我们好似借助于某种单一的感官而感觉到声音、颜色和味

χρώματος καὶ ὀσμῆς, καὶ μία τις αἴσθησις εἶναι ὄψις ἀκοὴ ὄσφρησις. νῦν δὲ διὰ τὸ διωρίσθαι δι' οὗ γίνονται αἱ κινήσεις, φανερὰ τὰ εἰρημένα αἰσθητήρια ἕτερα ὄντα. ἐπὶ δὲ τῆς ἁφῆς τοῦτο νῦν ἄδηλον· ἐξ ἀέρος μὲν γὰρ ἢ ὕδατος ἀδύνατον συστῆναι τὸ ἔμψυχον σῶμα· δεῖ γάρ τι στερεὸν εἶναι. λείπεται δὴ μικτὸν ἐκ γῆς καὶ τούτων εἶναι, οἷον βούλεται εἶναι ἡ σὰρξ καὶ τὸ ἀνάλογον· ὥστε ἀναγκαῖον τὸ σῶμα εἶναι τὸ μεταξὺ τοῦ ἁπτικοῦ προσπεφυκός, δι' οὗ γίνονται αἱ αἰσθήσεις πλείους οὖσαι. δηλοῖ δ' ὅτι πλείους ἡ ἐπὶ τῆς γλώττης ἁφή· ἁπάντων γὰρ τῶν ἁπτῶν αἰσθάνεται κατὰ τὸ αὐτὸ μόριον καὶ χυμοῦ. εἰ μὲν οὖν καὶ ἡ ἄλλη σὰρξ ᾐσθάνετο τοῦ χυμοῦ, ἐδόκει ἂν ἡ αὐτὴ καὶ μία εἶναι αἴσθησις ἡ γεῦσις καὶ ἡ ἁφή· νῦν δὲ δύο διὰ τὸ μὴ ἀντιστρέφειν.

ἀπορήσειε δ' ἄν τις, εἰ πᾶν σῶμα βάθος ἔχει, τοῦτο δ' ἐστὶ τὸ τρίτον μέγεθος, ὧν δ' ἐστὶ δύο σωμάτων μεταξὺ σῶμά τι, οὐκ ἐνδέχεται ταῦτα ἀλλήλων ἅπτεσθαι, τὸ δ' ὑγρὸν οὐκ ἔστιν ἄνευ σώματος, οὐδὲ τὸ διερόν, ἀλλ' ἀναγκαῖον ὕδωρ εἶναι ἢ ἔχειν ὕδωρ, τὰ δὲ ἁπτόμενα ἀλλήλων ἐν τῷ ὕδατι, μὴ ξηρῶν τῶν ἄκρων ὄντων, ἀναγκαῖον ὕδωρ ἔχειν μεταξύ, οὗ ἀνάπλεα τὰ ἔσχατα, εἰ δὲ τοῦτ' ἀληθές, ἀδύνατον ἅψασθαι ἄλλο ἄλλου ἐν ὕδατι, τὸν αὐτὸν δὲ τρόπον καὶ ἐν τῷ ἀέρι (ὁμοίως γὰρ ἔχει ὁ ἀὴρ πρὸς τὰ ἐν αὐτῷ καὶ τὸ ὕδωρ πρὸς τὰ ἐν τῷ ὕδατι, λανθάνει δὲ μᾶλλον ἡμᾶς, ὥσπερ καὶ τὰ ἐν τῷ ὕδατι ζῷα, 423b εἰ διερὸν διεροῦ ἅπτεται)—πότερον οὖν πάντων ὁμοίως

9 ὀσμῆς UXP^c : ὀδμῆς Ce εἶναι] ἦν ἡ X 10 κινήσεις CXeΣ: αἰσθήσεις T^p : κινήσεις αἱ αἰσθήσεις U 11 εἰρημένα om. X 12 τοῦτο UXS^c : +μὲν Ce 13 τι om. $UXT^p\Sigma$ 14 δὴ CT : δὲ UXe εἶναι² $PT^p\Sigma$: om. Ce 15 ἀνάγκη Σ τὸ σῶμα εἶναι S^{pc} : εἶναι τὸ σῶμα U : καὶ τὸ σῶμα εἶναι X : εἶναι καὶ τὸ σῶμα C^1e^1 τὸ³ XS^pT^p : om. CUe 17 γλώσσης X πάντων X 18 αἴσθεται CU 19 καὶ om. U τοῦ om. X ἂν CeT : om. UX 20 εἶναι καὶ μία X 23 δύο CeΣ: om. UXT^p 24 ταῦτα $UXT^p\Sigma$: αὐτὰ Ce 25–26 ἔχει ὕδατος U 27 ἔχειν ὕδωρ X οὗ $CeT^p\Sigma$: ὧ U^1X 30 τὸ UXΣ: om. Ce ἐν+αὐτῷ CeΣ 31 μᾶλλον om. X 423b 1 ἁπάντων ὁμοίως U : ὁμοίως πάντων X

道，而视觉、听觉和味觉似乎都好像只是一种单一的感觉。[11] 但事实上，由于那些赖以引起运动的介质与我们的身体是分离的，我们所讨论过的感觉器官之间的不同也就昭然若揭。[12] 但是，在触觉这里，这一点并非清晰。有灵魂的躯体不可能只是由空气和水而构成，因为在其中必须有某种坚实的物体。如此，剩下的一种可能性就是，躯体是由土和这两种元素（空气和水）而构成的，就像血肉以及那些与其类似的事物那样。所以，躯体必然就是与触觉能力浑然天成地连在一起的中间介质，正是通过这个介质，多种感觉才会产生。[13] 感觉有多种，这一点通过舌头的触觉就能看出来：因为舌头是用同一个身体部分来感觉所有可触摸的对象和味觉的对象。如果其他的皮肉部分也能感觉到味道，那么味觉和触觉就将会是同一种感觉。[14] 但是，事实上，这是两种感觉，因为其中一个并不能与另外一个互相变换。

［**第二个疑难：触觉的介质**］人们可以提出这样的疑难，是否所有的躯体都有作为第三维度的厚度，如果在两个躯体的中间有另外一个躯体立于其中，那么这两个躯体是无法接触的。而有汁液的东西没有躯体是不可能的，[15] 那湿润的东西也是这样，而是它本身就是水，或者有水的成分。[16] 那在水中互相触碰的［躯体］，由于它们的边缘不是干燥的，必然地在它们之间存在着水分，而躯体最末端的接触点就被这水分浸透。如果这是真的，那么一个躯体就不能在水中接触到另外一个躯体。同样地，在空气中也不能互相接触。因为空气对于在空气中存在着的事物就像水对于在水中存在着的事物的关系那样，但是，这一点对我们来说却是隐而不显的，正如湿润的东西接触到湿润的东西对于在水中生活的动物来说也是隐而不显的那样。[17] 困难在于，对所有对象的感觉是以同样的方式发生的，还是 423b ἐστὶν ἡ αἴσθησις, ἢ ἄλλων ἄλλως, καθάπερ νῦν δοκεῖ ἡ μὲν γεῦσις καὶ ἡ ἁφὴ τῷ ἅπτεσθαι, αἱ δ' ἄλλαι ἄποθεν. τὸ δ' οὐκ ἔστιν, ἀλλὰ καὶ τὸ σκληρὸν καὶ τὸ μαλακὸν δι' ἑτέρων αἰσθανόμεθα, ὥσπερ καὶ τὸ ψοφητικὸν καὶ τὸ ὁρατὸν καὶ τὸ ὀσφραντόν· ἀλλὰ τὰ μὲν πόρρωθεν, τὰ δ' ἐγγύθεν, διὸ λανθάνει· ἐπεὶ αἰσθανόμεθά γε πάντων διὰ τοῦ μέσου, ἀλλ' ἐπὶ τούτων λανθάνει. καίτοι καθάπερ εἴπομεν καὶ πρότερον, κἂν εἰ δι' ὑμένος αἰσθανοίμεθα τῶν ἁπτῶν ἁπάντων λανθάνοντος ὅτι διείργει, ὁμοίως ἂν ἔχοιμεν ὥσπερ καὶ νῦν ἐν τῷ ὕδατι καὶ ἐν τῷ ἀέρι· δοκοῦμεν γὰρ νῦν αὐτῶν ἅπτεσθαι καὶ οὐδὲν εἶναι διὰ μέσου. ἀλλὰ διαφέρει τὸ ἁπτὸν τῶν ὁρατῶν καὶ τῶν ψοφητικῶν, ὅτι ἐκείνων μὲν αἰσθανόμεθα τῷ τὸ μεταξὺ ποιεῖν τι ἡμᾶς, τῶν δὲ ἁπτῶν οὐχ ὑπὸ τοῦ μεταξὺ ἀλλ' ἅμα τῷ μεταξύ, ὥσπερ ὁ δι' ἀσπίδος πληγείς· οὐ γὰρ ἡ ἀσπὶς πληγεῖσα ἐπάταξεν, ἀλλ' ἅμ' ἄμφω συνέβη πληγῆναι. ὅλως δ' ἔοικεν ἡ σὰρξ καὶ ἡ γλῶττα, ὡς ὁ ἀὴρ καὶ τὸ ὕδωρ πρὸς τὴν ὄψιν καὶ τὴν ἀκοὴν καὶ τὴν ὄσφρησιν ἔχουσιν, οὕτως ἔχειν πρὸς τὸ αἰσθητήριον ὥσπερ ἐκείνων ἕκαστον. αὐτοῦ δὲ τοῦ αἰσθητηρίου ἁπτομένου οὔτ' ἐκεῖ οὔτ' ἐνταῦθα γένοιτ' ἂν αἴσθησις, οἷον εἴ τις σῶμά τι λευκὸν ἐπὶ τοῦ ὄμματος θείη τὸ ἔσχατον. ᾗ καὶ δῆλον ὅτι ἐντὸς τὸ τοῦ ἁπτοῦ αἰσθητικόν. οὕτω γὰρ ἂν συμβαίνοι ὅπερ καὶ ἐπὶ τῶν ἄλλων· ἐπιτιθεμένων γὰρ ἐπὶ τὸ αἰσθητήριον οὐκ αἰσθάνεται, ἐπὶ δὲ τὴν σάρκα ἐπιτιθεμένων αἰσθάνεται· ὥστε τὸ μεταξὺ τοῦ ἁπτικοῦ ἡ σάρξ.

ἁπταὶ μὲν οὖν εἰσιν αἱ διαφοραὶ τοῦ σώματος ᾗ σῶμα· λέγω

3 τῷ] ἐν τῷ X 5 ψοφητὸν UX: ἔχον ψόφον Σ 6 τὰ bis CeΣ: τὸ UX 8 ἐπεὶ X εἴπαμεν e καὶ om. X 9 αἰσθανοίμεθα CT^p: αἰσθανόμεθα U^1: αἰσθανώμεθα X: ᾐσθανοίμεθα e ἁπτῶν] ἁπόντων X 11 νῦν om. UXΣ 12 τὸ om. X ὁρατῶν UXP^cΣ: ὁρατικῶν Ce 13 τῶν om. CeP^cΣ ἐκείνων PΣ: ἐκεῖνα **C**e 16 ἅμ' e$P^p$$T^p$Σ: om. **C** 17 γλῶσσα **C** 18 ὁ UeΣ: om. CX 20 ἁπτομένων UX 21 ἂν om. UX σῶμά τι λευκὸν ut v. T^p, Apelt: σῶμα τὸ λευκὸν **C**e: τὸ λευκὸν σῶμα Pp: τι λευκὸν T^p 22 ᾗ XeS^c: ἢ C: om. U 24 ὥσπερ UX καὶ om. **C** 26 τὸ om. X 27 ἁπταὶ C^1UXeS^p: ἁπτὰ P^pΣ: αὗται S^c

对于不同的对象就以不同的方式发生，就像现在看起来的那样，即味觉和触觉是通过直接的接触，而其他的感觉都是从远处发生。[18]

但是，事实并非如此，而是我们通过中间介质来感觉到坚硬的和柔软的东西，[19]就像［我们通过介质］感知到听觉对象、视觉对象以及嗅觉对象，但是，我们对于后面这些感觉对象的感觉是从远处，而对于前面提到的感觉对象是从近处来感知，这也是我们觉察不到中间介质的存在的原因。既然我们是通过中间介质来感觉一切可感对象的，但是在有些情况下，我们对此并没有察觉。就像我们在前面已经说过的那样，即使我们是通过蒙在皮肤上的薄膜来感觉一切可触摸的对象，同时并没有察觉到皮肤薄膜将我们与感觉对象分开，[20]我们所处的情况就像我们在水中和在空气中时一样，这也确实符合我们的真实情况。因为我们以为，我们现在接触到了所感觉到的对象，而没有什么中间介质横隔在中间。[21]

但是，可触摸的可感对象与可见的视觉对象和那些能发出声音的听觉对象的不同在于，我们是通过中间介质对我们所产生的作用而感觉到这些可感对象的，然而，我们对触觉对象的感知并不是借助于中间介质对我们的作用，而是同时与中间介质一起受到某种作用，就好像一个人通过自己的盾牌而被击打。并非盾牌首先被击打，然后再进行击打，而是盾牌和它的佩戴者同时被击打。[22]

一般而论，肌肉和舌头与触觉器官的关系就像空气和水对于视觉和听觉以及味觉器官的关系，因为如果感觉器官自身被触摸到，[23]那么无论是在这种情况，还是在那种情况下，都不可能有感觉发生，就比如，如果有人将一个白色的物体放置到眼球的表层上面，也不会有视觉发生。由此可见，对于触觉对象的感觉能力位于内部。[24]如此，触觉的情况就会如同其他感觉的情况。如果有东西被直接放置到感觉器官上，它就不会被感觉到，但是，如果有东西被直接放置到皮肉上，它仍然会感觉到这个对象。所以，血肉是触觉的唯一中间介质。

［**感觉对象、区分以及中间物**］这样，触觉对象就是躯体作为

δὲ διαφορὰς αἳ τὰ στοιχεῖα διορίζουσι, θερμὸν ψυχρόν, ξηρὸν ὑγρόν, περὶ ὧν εἰρήκαμεν πρότερον ἐν τοῖς περὶ τῶν στοιχείων. τὸ δὲ αἰσθητήριον αὐτῶν τὸ ἁπτικόν, καὶ ἐν ᾧ ἡ καλουμένη ἁφὴ ὑπάρχει αἴσθησις πρώτῳ, τὸ δυνάμει τοιοῦτόν ἐστι μόριον·
424a τὸ γὰρ αἰσθάνεσθαι πάσχειν τι ἐστίν· ὥστε τὸ ποιοῦν, οἷον αὐτὸ ἐνεργείᾳ, τοιοῦτον ἐκεῖνο ποιεῖ, δυνάμει ὄν. διὸ τοῦ ὁμοίως θερμοῦ καὶ ψυχροῦ, ἢ σκληροῦ καὶ μαλακοῦ, οὐκ αἰσθανόμεθα, ἀλλὰ τῶν ὑπερβολῶν, ὡς τῆς αἰσθήσεως οἷον μεσότητός τινος οὔσης τῆς ἐν τοῖς αἰσθητοῖς ἐναντιώσεως. καὶ διὰ τοῦτο κρίνει τὰ αἰσθητά. τὸ γὰρ μέσον κριτικόν· γίνεται γὰρ πρὸς ἑκάτερον αὐτῶν θάτερον τῶν ἄκρων· καὶ δεῖ ὥσπερ τὸ μέλλον αἰσθήσεσθαι λευκοῦ καὶ μέλανος μηδέτερον αὐτῶν εἶναι ἐνεργείᾳ, δυνάμει δ' ἄμφω (οὕτω δὲ καὶ ἐπὶ τῶν ἄλλων), καὶ ἐπὶ τῆς ἁφῆς μήτε θερμὸν μήτε ψυχρόν. ἔτι δ' ὥσπερ ὁρατοῦ καὶ ἀοράτου ἦν πως ἡ ὄψις, ὁμοίως δὲ καὶ αἱ λοιπαὶ τῶν ἀντικειμένων, οὕτω καὶ ἡ ἁφὴ τοῦ ἁπτοῦ καὶ ἀνάπτου· ἄναπτον δ' ἐστὶ τό τε μικρὰν ἔχον πάμπαν διαφορὰν τῶν ἁπτῶν, οἷον πέπονθεν ὁ ἀήρ, καὶ τῶν ἁπτῶν αἱ ὑπερβολαί, ὥσπερ τὰ φθαρτικά. καθ' ἑκάστην μὲν οὖν τῶν αἰσθήσεων εἴρηται τύπῳ.

Καθόλου δὲ περὶ πάσης αἰσθήσεως δεῖ λαβεῖν ὅτι ἡ 12
μὲν αἴσθησίς ἐστι τὸ δεκτικὸν τῶν αἰσθητῶν εἰδῶν ἄνευ τῆς ὕλης, οἷον ὁ κηρὸς τοῦ δακτυλίου ἄνευ τοῦ σιδήρου καὶ τοῦ χρυσοῦ δέχεται τὸ σημεῖον, λαμβάνει δὲ τὸ χρυσοῦν ἢ τὸ χαλκοῦν σημεῖον, ἀλλ' οὐχ ᾗ χρυσὸς ἢ χαλκός· ὁμοίως δὲ καὶ ἡ αἴσθησις ἑκάστου ὑπὸ τοῦ ἔχοντος χρῶμα ἢ χυμὸν ἢ ψόφον πάσχει, ἀλλ' οὐχ ᾗ ἕκαστον ἐκείνων λέγεται, ἀλλ'

28 αἷς UXΣ 29 τῶν CeP^{p}: om. UXS^{p}Σ 30 αἰσθητικὸν S^{c}
31 αἴσθησις CeS^{c}: om. UXT^{p}Σ πρώτως Σ 424a 2 ὁμοίου C
3 καὶ^{1} et καὶ^{2}] ἢ UT^{p}Σ 5 καὶ om. e 6 αἰσθητά CeP^{c}Σ: αἰσθητήρια UX 9 δὲ om. X: δὴ U ἐπὶ^{2} om. X 10–11 τοῦ ὁρατοῦ καὶ τοῦ ἀοράτου T 12 καὶ^{1} om. X καὶ^{2} + τοῦ C^{1} 13 πάμπαν ἔχον X
18 εἰδῶν e P^{p}S^{p}T^{p}: εἶδος C^{1}: om. UXΣ 19 ὁ UXP^{p}S^{p}T^{p}Σ: om. Ce
21 χαλκὸν U ᾗ] ὡς U χαλκὸς ἢ χρυσὸς XΣ 23 ἐκτείνων X

躯体的[25]独特属性或差异。而且，我所理解的“独特属性”是指那些能够对元素进行界定或区分的东西：热与冷、干与湿。关于这些，我们在之前的有关元素的作品中已经讨论过了。[26]对于这些［四种性质］的感觉器官是能够去触摸的器官，那首要地被称为触觉的感觉[27]所属于的或在其中发生的躯体部分就是那潜在地具有这些特性的躯体部分，所以，感觉活动就是某种受作用的被动形式。[28] 424a
如此，那主动地起作用者使那潜在地如它的东西成为现实地如它自身一样的东西。[29]

因此，我们感觉不到同样程度的热或冷、硬或软，而是感觉到那些超出的部分，因为感觉就像是存在于可感对象中的相反属性之间的某种居间的东西。这就是感觉能够辨别可感对象的原因，因为居中者才有辨别的能力。[30]居中者相对于相反者中的任意一端，它就会成为其中的另外一端。[31]就像那能够感觉白与黑的（能力）必然不是现实地是二者，而只是潜在地是二者（在别的感觉那里亦然），所以，同样地，触觉必须既非热，亦非冷。[32]

此外，就像视觉在一定的方式上既与可见的对象也与不可见的对象相关，[33]正如剩下的其他感觉也同样涉及各自的相反的属性，同样地，触觉也是与可触到的和不可触到的可感对象有关。那不可触到的东西既包括那在极为微小的程度上具有可触摸的对象的那些独特属性，就如空气，也包括这些可触摸的事物中的过度或超量，就如那些破坏触觉的东西。[34]至此，我们对每一种感觉做了大致的论述。

第 12 章

［**感觉与感觉器官的属性**］我们必须在普遍的意义上对所有感觉作出这样的界定：[1]感觉就是对感觉对象的可感形式的不带有质料的接受，[2]就如同蜡块接受指环的印记，但并不接受指环的铁或金。蜡块所接受的是金与铁的印记，但是，并不是就它是金或铁来说。[3]同样地，每一种感觉都受到来自有颜色、味道和声音的可感对象的

ᾗ τοιονδί, καὶ κατὰ τὸν λόγον. αἰσθητήριον δὲ πρῶτον ἐν ᾧ ἡ τοιαύτη δύναμις. ἔστι μὲν οὖν ταὐτόν, τὸ δ' εἶναι ἕτερον· μέγεθος μὲν γὰρ ἄν τι εἴη τὸ αἰσθανόμενον, οὐ μὴν τό γε αἰσθητικῷ εἶναι οὐδ' ἡ αἴσθησις μέγεθός ἐστιν, ἀλλὰ λόγος τις καὶ δύναμις ἐκείνου. φανερὸν δ' ἐκ τούτων καὶ διὰ τί ποτε τῶν αἰσθητῶν αἱ ὑπερβολαὶ φθείρουσι τὰ αἰσθητήρια (ἐὰν γὰρ ᾖ ἰσχυροτέρα τοῦ αἰσθητηρίου ἡ κίνησις, λύεται ὁ λόγος—τοῦτο δ' ἦν ἡ αἴσθησις—ὥσπερ καὶ ἡ συμφωνία καὶ ὁ τόνος κρουομένων σφόδρα τῶν χορδῶν), καὶ διὰ τί ποτε τὰ φυτὰ οὐκ αἰσθάνεται, ἔχοντά τι μόριον ψυχικὸν καὶ πάσχοντά τι ὑπὸ τῶν ἁπτῶν· καὶ γὰρ ψύχεται καὶ θερμαίνεται· αἴτιον γὰρ τὸ μὴ ἔχειν μεσότητα, μηδὲ 424b
τοιαύτην ἀρχὴν οἵαν τὰ εἴδη δέχεσθαι τῶν αἰσθητῶν, ἀλλὰ πάσχειν μετὰ τῆς ὕλης. ἀπορήσειε δ' ἄν τις εἰ πάθοι ἄν τι ὑπ' ὀσμῆς τὸ ἀδύνατον ὀσφρανθῆναι, ἢ ὑπὸ χρώματος τὸ μὴ δυνάμενον ἰδεῖν· ὁμοίως δὲ καὶ ἐπὶ τῶν ἄλλων. εἰ δὲ τὸ ὀσφραντὸν ὀσμή, εἴ τι ποιεῖ, τὴν ὄσφρησιν ἡ ὀσμὴ ποιεῖ· ὥστε τῶν ἀδυνάτων ὀσφρανθῆναι οὐθὲν οἷόν τε πάσχειν ὑπ' ὀσμῆς (ὁ δ' αὐτὸς λόγος καὶ ἐπὶ τῶν ἄλλων)· οὐδὲ τῶν δυνατῶν, ἀλλ' <ἢ> ᾗ αἰσθητικὸν ἕκαστον. ἅμα δὲ δῆλον καὶ οὕτως· οὔτε γὰρ φῶς καὶ σκότος οὔτε ψόφος οὔτε ὀσμὴ οὐδὲν ποιεῖ τὰ σώματα, ἀλλ' ἐν οἷς ἐστίν, οἷον ἀὴρ ὁ μετὰ βροντῆς διίστησι τὸ ξύλον. ἀλλὰ τὰ ἁπτὰ καὶ οἱ χυμοὶ ποιοῦσιν· εἰ γὰρ μή, ὑπὸ τίνος ἂν πάσχοι τὰ ἄψυχα καὶ ἀλλοιοῖτο; ἆρ' οὖν κἀκεῖνα ποιήσει; ἢ οὐ πᾶν σῶμα παθητικὸν ὑπ' ὀσμῆς καὶ ψόφου, καὶ τὰ πάσχοντα ἀόριστα, καὶ οὐ μένει, οἷον

24 ἢ X   τὸν om. e Σ   25 ταὐτόν UePcSpTp : ταυτό C : ταῦτα X 26 μὲν om. C   τι εἴη] ἦν X   28 ἐκεῖνο e   δὴ C   30 ᾖ CeTpΣ : om. U¹X   ἰσχυρωτέρα e   31 ἦν ἡ UXTp : ἦν Σ : ἡ CeSp 32 κρουομένων σφόδρα] καὶ ἡ κρούσις X   34 τι om. UXPpTpΣ   ἁπτῶν UXPpTpΣ : + αὐτῶν Ce   424b 1 μηδὲ om. U¹ : καὶ X   2 δέχεσθαι τὰ εἴδη X   4 τι UXTp : om. CeΣ   ὑπ'] ὑπὸ τῆς Tp   ὀσμῆς UXTpΣ : ὀδμῆς Ce   6 ὀδμή Ce   7–8 ὑπ' ὀσμῆς scripsi : ὑπ' ὀδμῆς Ce : om. UX   9 ἢ addidi   11 ὁ ἀὴρ ὁ U : ὁ ἀὴρ X   14 οὖν + οὐ X¹   ἐμποιήσει U : ἐμποιεῖ Ce   15 ἀνόριστα X¹

作用，但是，并不是就每种对象可以被谓述为这些对象而言，而是就其中每一个对象有着某种特性以及符合某种原理或比率[4]来说的。感觉器官在首要的意义上来说就是这样的潜能所寓居于其中的东西。[5]感觉器官就是这种潜能，但是它们的本质之所是是不同的。[6]因为去感知的主体是某种有广延的存在，但是，感觉能力以及相应的感觉则不是一种有广延的东西，而是一种比率或感觉器官的潜能。[7]

由此，我们可以清楚地看到，为什么可感对象的过度或过量会毁坏感觉器官。[8]因为如果产生的变化对感觉器官来说过于猛烈，那么这种适度的比率就会被毁掉——而感觉就恰恰存在于此——就像和声和声调会被破坏那样，如果某个乐器的琴弦被过于猛烈地击打。同样变得清楚的是，为什么植物不能进行感觉活动，尽管它们具有一个有灵魂的部分，[9]并且能够受到来自触觉对象的某种作用，因为它们也可以变冷和变热。这其中的原因就在于，它们并不具有任何居间的中点，[10]也不具有这样的本原，以便能够接受可感对象的形式，而是它们用质料来承受外在的作用。[11]

人们可以提出这样的疑问，没有嗅觉的生命体是否能够受到气味的作用，或者没有视觉的生命体是否可以受到来自颜色的作用。同样地，在其他感觉那里的情况也是这样。如果嗅觉的对象是气味，而气味引起或产生的是嗅觉活动，如果气味引起什么活动发生的话，那么任何不能进行嗅觉活动的生命体就不能受到气味的任何作用。这种原理也同样地适用于其他感觉。而且，那能够进行感觉活动的生命体除非借助于他们或它们的感觉能力便不能感觉什么。[12]如此，我们可以这样清晰地表述这一点：既非光亮、亦非黑暗，既非声音、亦非气味以任何方式对躯体产生作用，而是它们所居于其中的东西［才产生作用］，就像空气，如果伴有闪电，它会劈开木头一样。但是，触觉对象和味道会对躯体产生作用，因为如果不是这样，又有什么会对没有灵魂的事物产生作用而引起悄然的变化呢？那么感觉的其他对象也会对躯体产生作用么？或者，并不是所有的躯体都能够受到气味和声音的作用，而那些受到作用的物

ἀήρ (ὄζει γὰρ ὥσπερ παθών τι)· τί οὖν ἐστι τὸ ὀσμᾶσθαι παρὰ τὸ πάσχειν τι; ἢ τὸ μὲν ὀσμᾶσθαι καὶ αἰσθάνεσθαι, ὁ δ' ἀὴρ παθὼν ταχέως αἰσθητὸς γίνεται;

体是不确定的，或者飘忽不定，了无踪影，[13] 就像空气一样，因为空气散发气味，就好像它在一定方式上受到了什么作用。嗅觉活动除了是某种受作用之外，它还是何他物呢？[14] 或者，嗅觉活动是一种感觉活动，而当空气受到了这样的作用后，就会成为被感觉到的对象？[15]

Γ

Ὅτι δ' οὐκ ἔστιν αἴσθησις ἑτέρα παρὰ τὰς πέντε (λέγω δὲ ταύτας ὄψιν, ἀκοήν, ὄσφρησιν, γεῦσιν, ἁφήν), ἐκ τῶνδε πιστεύσειεν ἄν τις. εἰ γὰρ παντὸς οὗ ἐστὶν αἴσθησις ἁφὴ καὶ νῦν αἴσθησιν ἔχομεν (πάντα γὰρ τὰ τοῦ ἁπτοῦ ᾗ ἁπτὸν πάθη τῇ ἁφῇ ἡμῖν αἰσθητά ἐστιν), ἀνάγκη τ', εἴπερ ἐκλείπει τις αἴσθησις, καὶ αἰσθητήριόν τι ἡμῖν ἐκλείπειν, καὶ ὅσων μὲν αὐτῶν ἁπτόμενοι αἰσθανόμεθα, τῇ ἁφῇ αἰσθητά ἐστιν, ἣν τυγχάνομεν ἔχοντες, ὅσα δὲ διὰ τῶν μεταξὺ καὶ μὴ αὐτῶν ἁπτόμενοι, τοῖς ἁπλοῖς, λέγω δ' οἷον ἀέρι καὶ ὕδατι, ἔχει δ' οὕτως ὥστ' εἰ μὲν δι' ἑνὸς πλείω αἰσθητὰ ἕτερα ὄντα ἀλλήλων τῷ γένει, ἀνάγκη τὸν ἔχοντα τὸ τοιοῦτον αἰσθητήριον ἀμφοῖν αἰσθητικὸν εἶναι (οἷον εἰ ἐξ ἀέρος ἐστὶ τὸ αἰσθητήριον, καὶ ἔστιν ὁ ἀὴρ καὶ ψόφου καὶ χρόας), εἰ δὲ πλείω
425a τοῦ αὐτοῦ, οἷον χρόας καὶ ἀὴρ καὶ ὕδωρ (ἄμφω γὰρ διαφανῆ), καὶ ὁ τὸ ἕτερον αὐτῶν ἔχων μόνον αἰσθήσεται τοῦ δι' ἀμφοῖν, τῶν δὲ ἁπλῶν ἐκ δύο τούτων αἰσθητήρια μόνον ἐστίν, ἐξ ἀέρος καὶ ὕδατος (ἡ μὲν γὰρ κόρη ὕδατος, ἡ δ' ἀκοὴ ἀέρος, ἡ δ' ὄσφρησις θατέρου τούτων), τὸ δὲ πῦρ ἢ οὐθενὸς ἢ κοινὸν πάντων (οὐθὲν γὰρ ἄνευ θερμότητος αἰσθητικόν), γῆ δὲ

16 et 17 τι om. UX 23 γεῦσιν + καὶ Σ τῶνδε CUT^p: + δῆλον X: τούτων **E**Σ 25 ἔχομεν αἴσθησιν U 26 δ' X 27 ἡμῖν τι X: ἡμῖν LΣ ἐκλείπειν CLA^cS^c: ἐκλιπεῖν E^1: ἐλλείπειν T^p 28 αὐτῶν $\mathbf{E}UX^1S^c\Sigma$: αὐτοὶ CA^c τῇ om. X 30 ἁπλοῖς $\mathbf{E}UXA^cP^c\Sigma$: + διαστήμασι C: + ἀποστήμασι S^c 31–32 ὄντα . . . γένει $\mathbf{E}A^cS^c$: ἀλλήλων ὄντα τῷ γένει CU: ὄντα τῷ γένει ἀλλήλων X 32 τὸ $\mathbf{E}XA^c$: om. CUS^c 34 χρόας CLS^c: χροιας E^1 425a 2 ὁ om. X^1 τοῦ δι' CS^c: τοῦ L: om. $EUXP^p$ 6 οὐδὲ X γῆ δὲ] ἡ δὲ γῆ U

第三卷

第 1 章[1]

［**感觉与共通感**］在五种感觉之外并不存在其他感觉（我是指这些感觉，即视觉、听觉、味觉、嗅觉和触觉），关于这一点，我们可以从如下论述得到确信：[2] 事实上，我们拥有对一切可触摸之物的触觉。（因为可触摸的感觉对象的所有性质在它们是可触摸的方面来说通过触觉对我们而言就是可感的对象，）[3] 因此，如果我们缺少某种感觉，[4] 那么我们也就必然缺少某种相应的感觉器官。[5] 如果那些我们通过触摸[6] 而感知到的事物通过触摸对我们来说就是可感的，这正是我们所拥有的触觉，至于那些我们通过中间介质，而非通过直接的触摸而感知到的事物，我们是通过单纯的元素来感知的，我是指，比如空气和水。[7] 如果情况如此，[8] 那么就会产生如下情形，即如果多个在类上彼此不同的对象[9] 通过一种中间介质就能被感觉到，那么那拥有相应的感觉器官的感觉主体便能感觉到这两类对象了（比如，如果这种器官是由气构成，而气不仅是声音的中间介质，也是颜色的中间介质）。[10] 但是，如果同一感觉对象具有多种中间介质，比如气和水都是颜色的中间介质（因为这两者都是透明物），那么那只具有其中之一的感觉主体（所有者）也会感觉到那只有通过这两种中间介质才能被感知的事物。[11] 现在，感觉器官仅仅是由如下两种单纯的元素构成，即空气和水（因为瞳孔或眼球是由水构成的，听觉器官由气构成，嗅觉器官是由这两种元素的某一种构成），[12] 至于火或许并不是任何感觉的中间介质，或许它是所有感觉共同的中间介质，因为没有热度，没有什么动物可以感觉到任何东西。[13] 相反地，至于土，它或者不是任何感觉的共同中间介质，或者它以某种特别的方式在最大程度上与触觉混合。[14] 因

ἢ οὐθενός, ἢ ἐν τῇ ἁφῇ μάλιστα μέμικται ἰδίως, διὸ λείποιτ' ἂν μηθὲν εἶναι αἰσθητήριον ἔξω ὕδατος καὶ ἀέρος, ταῦτα δὲ καὶ νῦν ἔχουσιν ἔνια ζῷα—πᾶσαι ἄρα αἱ αἰσθήσεις ἔχονται ὑπὸ τῶν μὴ ἀτελῶν μηδὲ πεπηρωμένων (φαίνεται γὰρ καὶ ἡ ἀσπάλαξ ὑπὸ τὸ δέρμα ἔχουσα ὀφθαλμούς)· ὥστ' εἰ μή τι ἕτερον ἔστι σῶμα, καὶ πάθος ὃ μηθενός ἐστι τῶν ἐνταῦθα σωμάτων, οὐδεμία ἂν ἐκλείποι αἴσθησις.

ἀλλὰ μὴν οὐδὲ τῶν κοινῶν οἷόν τ' εἶναι αἰσθητήριόν τι ἴδιον, ὧν ἑκάστῃ αἰσθήσει αἰσθανόμεθα κατὰ συμβεβηκός, οἷον κινήσεως, στάσεως, σχήματος, μεγέθους, ἀριθμοῦ, ἑνός· ταῦτα γὰρ πάντα κινήσει αἰσθανόμεθα, οἷον μέγεθος κινήσει (ὥστε καὶ σχῆμα· μέγεθος γάρ τι τὸ σχῆμα), τὸ δ' ἠρεμοῦν τῷ μὴ κινεῖσθαι, ὁ δ' ἀριθμὸς τῇ ἀποφάσει τοῦ συνεχοῦς, καὶ τοῖς ἰδίοις· ἑκάστη γὰρ ἓν αἰσθάνεται αἴσθησις· ὥστε δῆλον ὅτι ἀδύνατον ὁτουοῦν ἰδίαν αἴσθησιν εἶναι τούτων, οἷον κινήσεως· οὕτω γὰρ ἔσται ὥσπερ νῦν τῇ ὄψει τὸ γλυκὺ αἰσθανόμεθα· τοῦτο δ' ὅτι ἀμφοῖν ἔχοντες τυγχάνομεν αἴσθησιν, ᾗ ὅταν συμπέσωσιν ἅμα γνωρίζομεν (εἰ δὲ μή, οὐδαμῶς ἂν ἀλλ' ἢ κατὰ συμβεβηκὸς ᾐσθανόμεθα, οἷον τὸν Κλέωνος υἱὸν οὐχ ὅτι Κλέωνος υἱός, ἀλλ' ὅτι λευκός, τούτῳ δὲ συμβέβηκεν υἱῷ Κλέωνος εἶναι). τῶν δὲ κοινῶν ἤδη ἔχομεν αἴσθησιν κοινήν, οὐ κατὰ συμβεβηκός· οὐκ ἄρ' ἐστὶν ἰδία· οὐδαμῶς γὰρ ἂν ᾐσθανόμεθα ἀλλ' ἢ οὕτως ὥσπερ εἴρηται [τὸν Κλέωνος υἱὸν

7 ἢ οὐθενὸς ἢ CLXP^cΣ: οὐθενὸς ἢ E¹: om. U ἰδίως διὸ WS¹: ἰδίως E¹LUX: διὸ C λείποιτ' **C**LS^c: λίποιτ' E¹ 9 αἱ om. X 10 γὰρ καὶ] δὲ καὶ U: δὲ X 11 ἡ om. E¹ σπάλαξ C ἔχουσα + τοὺς C 13 οὐδεμία ἂν ἐκλείποι CUT^p: οὐδεμίαν ἐκλείποι X: οὐδεμία ἂν λείποιτο L: οὐδεμίαν λείποι E αἴσθησιν X 15 ὧν **C**LP^cS^c: + καὶ E 17 κινήσει] κοινῇ Torstrik κινήσει μέγεθος U καὶ + τὸ C 18 μεγέθους Torstrik τι + καὶ C 23 ἔχομεν τυγχάνοντες X ᾗ X: ᾗ καὶ E 24 ἅμα γνωρίζομεν] ἀναγνωρίζομεν L: γνωρίζομεν **C** 25 αἰσθανοίμεθα C: αἰσθανόμεθα **E**P^c 26 κλέωνος + γὰρ **C** ἀλλ' ὅτι τὸ λευκόν UX¹ τοῦτο **E**XP^p 27 ἤδη hic **E**, post ἔχομεν CU, post αἴσθησιν X 28 ἄρ' om. C 29 ἢ **C**P^pS^c: om. **E** τὸν . . . 30 ὁρᾶν del. Torstrik 29–30 ἡμᾶς υἱὸν U

此，剩下的唯一可能性就是，除了由水和气构成的感觉器官以外，不存在任何由其他元素构成的感觉器官。[15] 事实上，某些动物就具有由这些元素构成的器官。[16] 所以，那些发育完善的、无残缺的动物都拥有所有这些感觉——甚至鼹鼠在其皮毛之下也显得具有眼睛。[17] 因此，除非存在着另外一种元素，以及不被任何世界上的物体所具有的属性或特性，那么我们就不缺少任何感觉。[18]

［**共通感的感觉对象和五种专有感觉的统一性**］但是，对于那些我们通过每种具体的感觉在偶性的意义上[19] 所感知到的共通的感觉对象来说并不存在某种特殊的感觉器官，比如运动、静止、形状、大小、数目。[20] 因为，我们是通过运动来感觉这些共通的感觉对象的，[21] 就像我们可以通过运动来感知大小，由此也包括形状，因为大小就是某种形状。[22] 我们通过不动或不被推动的状态来感知静止的事物，通过对连续性的否定以及那些专有的感知对象来感知数字；[23] 因为每一个感觉都有一种相应的对象。

所以，对于这些共同的感觉对象显然不可能存在着相应的专有感觉，如对于运动的感觉。如果是这样的话，那么情况就将会像我们现在通过视觉来感知甜的事物那样了。这样的情况之所以是可能的，是因为我们正好对于这两种性质（白与甜）都有某种相应的感觉，所以，当这两者碰巧一起发生，那么我们就可以同时感知到它们。[24] 如果情形不是这样，那么我们就根本不会感知到这些可感对象了，除非在偶性的意义上感知到它们，就比如我们感知到克勒翁的儿子并不是因为他是克勒翁的儿子，而是因为他是白皮肤的，而这位白皮肤的人碰巧是或在偶性的意义上是克勒翁的儿子。[25] 对于这些共同的感觉对象，我们拥有一种共通感，但是并非在偶性意义上的共通感。[26] 这共通感并不是一种具体的专有感觉，[27] 因为，如果共通感是一种专有的特殊感觉的话，那么这就会像我们在上面所说过的那样，我们只能用这样的方式来感知对象了，即我们看到了克勒翁的儿子。[28]

ἡμᾶς ὁρᾶν]. τὰ δ' ἀλλήλων ἴδια κατὰ συμβεβηκὸς αἰσθάνονται αἱ αἰσθήσεις, οὐχ ᾗ αὐταί, ἀλλ' ᾗ μία, ὅταν
425b ἅμα γένηται ἡ αἴσθησις ἐπὶ τοῦ αὐτοῦ, οἷον χολῆς ὅτι πικρὰ καὶ ξανθή (οὐ γὰρ δὴ ἑτέρας γε τὸ εἰπεῖν ὅτι ἄμφω ἕν)· διὸ καὶ ἀπατᾶται, καὶ ἐὰν ᾖ ξανθόν, χολὴν οἴεται εἶναι. ζητήσειε δ' ἄν τις τίνος ἕνεκα πλείους ἔχομεν αἰσθήσεις, ἀλλ' οὐ μίαν μόνην. ἢ ὅπως ἧττον λανθάνῃ τὰ ἀκολουθοῦντα καὶ κοινά, οἷον κίνησις καὶ μέγεθος καὶ ἀριθμός; εἰ γὰρ ἦν ἡ ὄψις μόνη, καὶ αὕτη λευκοῦ, ἐλάνθανεν ἂν μᾶλλον καὶ ἐδόκει ταὐτὸν εἶναι πάντα διὰ τὸ ἀκολουθεῖν ἀλλήλοις ἅμα χρῶμα καὶ μέγεθος. νῦν δ' ἐπεὶ καὶ ἐν ἑτέρῳ αἰσθητῷ τὰ κοινὰ ὑπάρχει, δῆλον ποιεῖ ὅτι ἄλλο τι ἕκαστον αὐτῶν.

'Επεὶ δ' αἰσθανόμεθα ὅτι ὁρῶμεν καὶ ἀκούομεν, ἀνάγκη 2
ἢ τῇ ὄψει αἰσθάνεσθαι ὅτι ὁρᾷ, ἢ ἑτέρᾳ. ἀλλ' ἡ αὐτὴ ἔσται τῆς ὄψεως καὶ τοῦ ὑποκειμένου χρώματος. ὥστε ἢ δύο τοῦ αὐτοῦ ἔσονται ἢ αὐτὴ αὑτῆς. ἔτι δ' εἰ καὶ ἑτέρα εἴη ἡ τῆς ὄψεως αἴσθησις, ἢ εἰς ἄπειρον εἶσιν ἢ αὐτή τις ἔσται αὑτῆς· ὥστ' ἐπὶ τῆς πρώτης τοῦτο ποιητέον. ἔχει δ' ἀπορίαν· εἰ γὰρ τὸ τῇ ὄψει αἰσθάνεσθαί ἐστιν ὁρᾶν, ὁρᾶται δὲ χρῶμα ἢ τὸ ἔχον, εἰ ὄψεταί τις τὸ ὁρᾶν, καὶ χρῶμα ἕξει τὸ ὁρᾶν πρῶτον. φανερὸν τοίνυν ὅτι οὐχ ἓν τὸ τῇ ὄψει αἰσθάνεσθαι· καὶ γὰρ ὅταν μὴ ὁρῶμεν, τῇ ὄψει κρίνομεν καὶ τὸ σκότος καὶ τὸ φῶς, ἀλλ' οὐχ ὡσαύτως. ἔτι δὲ καὶ τὸ ὁρῶν ἔστιν ὡς

31 ᾗ **C**S^cΣ: om. **E** αὐταί CS^c et ut v. Π: αὗται XΣ: αἱ αὐταί **E**U 425b 1 γένηται om. U χολῆς ὅτι S^c: χολὴν ὅτι **E**: ὅτι χολὴ **C** 3 καὶ²] διὸ καὶ E 4 τις+διὰ U πλείους **E**UXS^pΣ: πλείονας CP^c 5 ἀλλ' . . . μόνην **E**CS^p: ἀλλ' οὐ μίαν μόνον UX: ἢ μίαν P^c ἧττον **E**US^cΣ: μὴ CX 7 ἡ om. **C** μόνη om. E: μόνον L αὕτη **E**US^c: αὐτὴ CX: ἡ αὐτὴ Σ ἂν] κ[αν?) E^1 8 καὶ **E**Σ: κἂν **C** ταὐτὸν CXS^p: ταῦτα **E**: τοῦτο U 9 ἅμα codd. S^cΣ: ἀεὶ ci. Torstrik καὶ² **E**CΣ: om. UXP^p ἐν om. **E** 12 δ'] γὰρ E 15 δ' εἰ] δὴ L καὶ εἰ E ἡ om. **C**L 16 ἢ¹ om. U^1X ἄνεισιν X ἐστιν X αὑτῆς **E**X 19 ὁρᾶν¹ X et fort. T^c: ὁρῶν **E**CU$P^c$$S^c$Σ ὁρᾶν² fort. T^c: ὁρῶν codd. $P^c$$S^c$Σ 21 καὶ²] ἢ καὶ X 22 ὡς+καὶ X

这些感觉能够在偶性的意义上彼此感知到其他感觉的专有可感对象，但这并非因为这些对象是专有感觉的对象，而是因为这些对象是在同一个属下面的不同种。[29] 如果感觉同时关于同一个可感对象，比如胆汁，它既是苦味的，又是黄色的，因为显然这并不需要另外一个感觉来判定，这二者是指同一个事物。由于这个原因，一个人可能会受到欺骗，如果他看到某种黄色的东西而认为它就是胆汁。

我们可以继续追问，为什么我们拥有多种感觉，而非只有一种。这也许是为了如下的原因，即我们可以不会那么轻易地忽略那些伴随着专有的可感对象的共同对象——比如，运动、大小和数目。[30] 如果我们只有视觉，且这个视觉只能感觉到白色，[31] 那么这些共同的可感对象就会在更大程度上逃逸于我们的注意，而所有的一切都会显得浑然一体而无所差别，因为颜色和大小彼此相附相随地出现。现在，因为这些共同的对象也出现在其他的可感对象中，如此，事情也就豁然清晰了，共通的可感对象与专有的可感对象各不相同。

第 2 章

［**对感觉的感知**］另外，既然我们可以感觉到我们在观看、在聆听，所以我们必须借助视觉或者依靠另外一种感觉来感知到我们在观看。[1] 但是，这样的话，对于视觉和作为视觉基底或对象的颜色的感觉就会是同一种感觉，[2] 结果就是，对同一个感觉对象就会有两种感觉，或者是同一个感觉感知到它自身。[3] 再者，如果那能感知到视觉的感觉是另外一种感觉，那么这或者会导致无穷后退，或者会导致某种感觉感知到它自身，因此，我们最好在第一个感觉那里就如此设定，即视觉感知到它自身。但是，这里产生的疑难是，如果通过视觉来进行感知就是观看，而那可见的对象是颜色或者那有颜色的事物，那么当一个人去观看那正在观看的［视觉能力或主体］，那正在观看的［视觉能力或主体］就会首先具有颜色了。[4]

因此，我们可以很清楚地看到，通过视觉来感觉并非只有一种

κεχρωμάτισται· τὸ γὰρ αἰσθητήριον δεκτικὸν τοῦ αἰσθητοῦ ἄνευ τῆς ὕλης ἕκαστον. διὸ καὶ ἀπελθόντων τῶν αἰσθητῶν ἔνεισιν αἰσθήσεις καὶ φαντασίαι ἐν τοῖς αἰσθητηρίοις.

ἡ δὲ τοῦ αἰσθητοῦ ἐνέργεια καὶ τῆς αἰσθήσεως ἡ αὐτὴ μέν ἐστι καὶ μία, τὸ δ' εἶναι οὐ τὸ αὐτὸ αὐταῖς· λέγω δ' οἷον ὁ ψόφος ὁ κατ' ἐνέργειαν καὶ ἡ ἀκοὴ ἡ κατ' ἐνέργειαν· ἔστι γὰρ ἀκοὴν ἔχοντα μὴ ἀκούειν, καὶ τὸ ἔχον ψόφον οὐκ ἀεὶ ψοφεῖ· ὅταν δ' ἐνεργῇ τὸ δυνάμενον ἀκούειν καὶ ψοφῇ τὸ δυνάμενον ψοφεῖν, τότε ἡ κατ' ἐνέργειαν ἀκοὴ ἅμα γίνεται καὶ ὁ κατ' ἐνέργειαν ψόφος, ὧν εἴποιεν ἄν τις τὸ μὲν εἶναι ἄκουσιν τὸ δὲ ψόφησιν. 426a
εἰ δή ἐστιν ἡ κίνησις καὶ ἡ ποίησις [καὶ τὸ πάθος] ἐν τῷ ποιουμένῳ, ἀνάγκη καὶ τὸν ψόφον καὶ τὴν ἀκοὴν τὴν κατ' ἐνέργειαν ἐν τῇ κατὰ δύναμιν εἶναι· ἡ γὰρ τοῦ ποιητικοῦ καὶ κινητικοῦ ἐνέργεια ἐν τῷ πάσχοντι ἐγγίνεται· διὸ οὐκ ἀνάγκη τὸ κινοῦν κινεῖσθαι. ἡ μὲν οὖν τοῦ ψοφητικοῦ ἐνέργειά ἐστι ψόφος ἢ ψόφησις, ἡ δὲ τοῦ ἀκουστικοῦ ἀκοὴ ἢ ἄκουσις· διττὸν γὰρ ἡ ἀκοή, καὶ διττὸν ὁ ψόφος. ὁ δ' αὐτὸς λόγος καὶ ἐπὶ τῶν ἄλλων αἰσθήσεων καὶ αἰσθητῶν. ὥσπερ γὰρ καὶ ἡ ποίησις καὶ ἡ πάθησις ἐν τῷ πάσχοντι ἀλλ' οὐκ ἐν τῷ ποιοῦντι, οὕτω καὶ ἡ τοῦ αἰσθητοῦ ἐνέργεια καὶ ἡ τοῦ αἰσθητικοῦ ἐν τῷ αἰσθητικῷ. ἀλλ' ἐπ' ἐνίων μὲν ὠνόμασται, οἷον ἡ ψόφησις καὶ ἡ ἄκουσις, ἐπ' ἐνίων δ' ἀνώνυμον θάτερον· ὅρασις γὰρ λέγεται ἡ τῆς ὄψεως ἐνέργεια, ἡ δὲ τοῦ χρώματος ἀνώνυμος, καὶ γεῦσις ἡ τοῦ γευστικοῦ, ἡ δὲ τοῦ χυμοῦ ἀνώνυμος. ἐπεὶ δὲ μία μέν ἐστιν ἐνέργεια ἡ τοῦ αἰσθητοῦ καὶ τοῦ αἰσθητικοῦ, τὸ δ' εἶναι

24 ἔνεισιν UXS^cT^pΣ: +αἱ **E**C 27 αὐταῖς οὐ ταὐτὸν CUT^pΣ: αὐτοῦ οὐ ταὐτὸν X ὁ¹ et 28 ἡ¹ **E**X: om. **C** 29 ἐνεργει E 30 καὶ ψοφεῖ E τότε om. E¹ 31 καὶ ἡ C ἀκοὴ . . . ἐνέργειαν om. E¹ 426a 1 ὧν] ὥστε καὶ U εἴπειεν C: εἴποι Σ: φήσειεν UX 2 καὶ τὸ πάθος seclusi: om. fort. T^p: habent codd. P¹ ποιουμένῳ codd. P^cΣ: κινουμένῳ S^p et Aldina 6 ἐστι hic UX, ante ἐνέργεια E, post 7 ψόφησις C 8 διττὸν **E**UXΣ: διττὸς CP^c 9 ὥσπερ γὰρ καὶ] ὥσπερ γὰρ UX: καὶ ὥσπερ C 10 ἐν²] αν E 11 ἐνέργεια . . . αἰσθητικοῦ **E**XP^c: om. CU 12 μὲν **E**Σ: +καὶ **C**P^c ἐπεὶ E¹ 13 ἐνίων δ' LT^pΣ: δ' ἐνίων **C**E 16 ἡ ἐνέργεια ἡ E: ἐνέργεια CΣ καὶ+ἡ E

单一的意义，[5]或者哪怕我们不在观看的时候，我们也可以借助视觉判别黑暗与光明，但并不是用同一种方式。[6]另外，在观看的事物［器官］[7]仿佛在某种程度上有了某种颜色一样，因为感觉器官是对可感对象的不带有任何质料的接受。因此，尽管感觉对象消失后，感觉内容以及想象内容仍然留存在感觉器官中。[8]

［**感觉活动与感觉对象的同一性**］可感对象和感觉的实现活动是一个且是同一个，但是二者的实是或本质并不是同一个。[9]我是指，比如现实的声音和现实的听觉活动。因此，人可以有听觉能力，但并不在听，那有声音的东西也并不总是在发出声音。不过，当那具有听觉能力的生命体在现实地听，而那能够发出声音的事物在现实地发出声音时，那在现实意义上的听与那在现实意义上的声音就同时发生，其中一个我们称之为听，另外一个在发出声音。[10] 426a

如果运动（即主动起作用者）和受动状态或属性出现在那受作用者身上时，[11]那现实的发出声音与现实的听就必然地存在于那潜在地具有这两种能力的事物那里；因为那能够起作用与能够引起运动的现实活动发生在那承受作用的事物上。所以，引起运动的事物并不必然地被推动或在运动。[12]那能够发出声音的事物的实现活动就是声音或发出声音，同样地，那能够听的事物的实现活动就是听或正在听的活动，因为听有两种意义，而声音也有两种意义。[13]同样的道理也适用于所有其他感觉种类和感觉对象。因此，就如起作用和受作用都是在那承受作用的事物身上得以实现的，而不是在那起作用的事物身上；同样地，感觉对象和感觉能力的现实活动也体现在那能够进行感觉活动的能力中。[14]但是，在有些情况下，我们对两者都有一个名称，比如发声和听觉，在另外一些情况下，其中的一个是没有名称的。如此，视觉的现实活动被称为看，而颜色的现实活动则没有名称；味觉能力的现实活动被称为品尝，但味道的现实活动则没有名称。

ἕτερον, ἀνάγκη ἅμα φθείρεσθαι καὶ σώζεσθαι τὴν οὕτω λεγομένην ἀκοὴν καὶ ψόφον, καὶ χυμὸν δὴ καὶ γεῦσιν, καὶ τὰ ἄλλα ὁμοίως· τὰ δὲ κατὰ δύναμιν λεγόμενα οὐκ ἀνάγκη· ἀλλ' οἱ πρότερον φυσιολόγοι τοῦτο οὐ καλῶς ἔλεγον, οὐθὲν οἰόμενοι οὔτε λευκὸν οὔτε μέλαν εἶναι ἄνευ ὄψεως, οὐδὲ χυμὸν ἄνευ γεύσεως. τῇ μὲν γὰρ ἔλεγον ὀρθῶς, τῇ δ' οὐκ ὀρθῶς· διχῶς γὰρ λεγομένης τῆς αἰσθήσεως καὶ τοῦ αἰσθητοῦ, τῶν μὲν κατὰ δύναμιν τῶν δὲ κατ' ἐνέργειαν, ἐπὶ τούτων μὲν συμβαίνει τὸ λεχθέν, ἐπὶ δὲ τῶν ἑτέρων οὐ συμβαίνει. ἀλλ' ἐκεῖνοι ἁπλῶς ἔλεγον περὶ τῶν λεγομένων οὐχ ἁπλῶς.

εἰ δ' ἡ φωνὴ συμφωνία τίς ἐστιν, ἡ δὲ φωνὴ καὶ ἡ ἀκοὴ ἔστιν ὡς ἕν ἐστι [καὶ ἔστιν ὡς οὐχ ἓν τὸ αὐτό], λόγος δ' ἡ συμφωνία, ἀνάγκη καὶ τὴν ἀκοὴν λόγον τινὰ εἶναι. καὶ διὰ τοῦτο καὶ φθείρει ἕκαστον ὑπερβάλλον, καὶ τὸ ὀξὺ καὶ τὸ βαρύ, τὴν ἀκοήν· ὁμοίως δὲ καὶ ἐν χυμοῖς τὴν 426b γεῦσιν, καὶ ἐν χρώμασι τὴν ὄψιν τὸ σφόδρα λαμπρὸν ἢ ζοφερόν, καὶ ἐν ὀσφρήσει ἡ ἰσχυρὰ ὀσμή, καὶ γλυκεῖα καὶ πικρά, ὡς λόγου τινὸς ὄντος τῆς αἰσθήσεως. διὸ καὶ ἡδέα μέν, ὅταν εἰλικρινῆ καὶ ἀμιγῆ ὄντα ἄγηται εἰς τὸν λόγον, οἷον τὸ ὀξὺ ἢ γλυκὺ ἢ ἁλμυρόν, ἡδέα γὰρ τότε· ὅλως δὲ μᾶλλον τὸ μικτόν, συμφωνία, ἢ τὸ ὀξὺ ἢ τὸ βαρύ [ἁφῇ δὲ τὸ θερμαντὸν ἢ ψυκτόν]· ἡ δ' αἴσθησις ὁ λόγος· ὑπερβάλλοντα δὲ λύει ἢ φθείρει.

ἑκάστη μὲν οὖν αἴσθησις τοῦ ὑποκειμένου αἰσθητοῦ

17 ἅμα φθείρεσθαι EUXP^{p}S^{p}Σ: φθείρεσθαι ἅμα L: ἄρα φθείρεσθαι C 21 εἶναι οὔτε μέλαν X 24 ἐπὶ LUXS^{p}Σ: περὶ CE 25 μὲν] δὲ C τὸ . . . συμβαίνει om. U τῶν om. X 27 ἡ om. **C**EP^p Plut. ap. Simp. φωνὴ συμφωνία ΠΣ: συμφωνία φωνὴ codd. ἡ^3 om. **C**LP^c 28 ἐστι om. **C**LP^{c}Σ καὶ . . . αὐτό codd. et ut v. Σ: secl. Torstrik τὸ αὐτὸ **E**Σ: ἢ οὐ τὸ αὐτό **C**: om. P^c 30 καὶ^2 om. L 31 ὁμοίως δὲ **E**Σ: om. **C** 426^b 1 λάμπον C ἢ **E**Σ: + τὸ **C** 2 πικρά **C**Σ: λιπαρά **E**P^p 3 διὸ om. UX 4 εἰλικρινῆ καὶ om. X ἀμιγῆ ὄντα Σ: ἀμιγῆ ἢ ὄντα L: ἀμιγη η E^1: ἄμικτα ὄντα **C**S^p ἄγηται hic S^1, post 3 ὅταν **C**: ἄγεται hic **E** 5 μᾶλλον om. X 6 συμφωνία . . . ψυκτόν secl. Torstrik: an συμφωνία secludendum? ἁφῇ . . . ψυκτόν secl. Dittenberger ἁφῇ LXP^{p}S^p: ἁφὴ CUE^2 θερμαντικὸν X 7 ὁ om. U λύει fort. Π (cf. 424^{a}31), Bywater: λυπεῖ codd.

因为感觉对象与感觉能力的现实活动是同一个，尽管它们的实是或本质是不同的，所以，现实的听觉活动和现实地发出声音、以及现实的味觉活动和现实地发出味道也必须同时归于寂灭或得到持存。[15]但是，这一点并不必然适用于那些被理解为在潜能中的事物。那些早期的自然哲学家在这一点上是错误的，[16]因为他们认为，没有视觉，既不存在白，也不存在黑，没有味觉也就没有味道。[17]他们的看法既有正确之处也有错误之处。因为感觉以及感觉对象可以在两种意义上被表述出来，一个是在潜能的意义上，一个是在现实活动的意义上，所以，他们的观点对于后者来说是真的，但并不适用于前者。但是，他们对那些本不应被单一地理解的事物并没有进行区分，而是简单论之。[18]

［**感觉的快乐**］如果嗓声是某种和谐，[19]而嗓声与听的活动在某种意义上是一回事儿,（在某种意义上又不是同一的,）而且，如果和谐是某种比例，[20]那么听的活动也一定是某种比例。[21]由于这个原因，任何过度，无论是低音还是高音，都会毁坏听觉；同样地，在味觉方面也是如此，过度的味道会毁坏味觉；就颜色而言，过度光亮或过度昏暗都会毁坏视觉；[22]在嗅觉方面，过于强烈的气味——无论是甜还是苦——都会毁坏嗅觉，所有这些都依赖于如下一个事实：感觉是某种特定的比例。[23]因此，如果这些感觉对象能纯而不杂地被置入到这种比例中，它们就会使人感到愉悦，[25]比如，高音、甜、咸的味道。[24]但一般来说，那混合一起的事物，比如和声，要比单纯的高音或低音更加令人愉悦。所以，对于触觉来说，那些可以变得更热或更凉的事物更令人快乐；感觉就是某种比例，过度的感觉对象会损害或毁坏它。

ἐστίν, ὑπάρχουσα ἐν τῷ αἰσθητηρίῳ ᾗ αἰσθητήριον, καὶ κρίνει τὰς τοῦ ὑποκειμένου αἰσθητοῦ διαφοράς, οἷον λευκὸν μὲν καὶ μέλαν ὄψις, γλυκὺ δὲ καὶ πικρὸν γεῦσις. ὁμοίως δ' ἔχει τοῦτο καὶ ἐπὶ τῶν ἄλλων. ἐπεὶ δὲ καὶ τὸ λευκὸν καὶ τὸ γλυκὺ καὶ ἕκαστον τῶν αἰσθητῶν πρὸς ἕκαστον κρίνομεν, τινὶ καὶ αἰσθανόμεθα ὅτι διαφέρει. ἀνάγκη δὴ αἰσθήσει· αἰσθητὰ γάρ ἐστιν. ᾗ καὶ δῆλον ὅτι ἡ σὰρξ οὐκ ἔστι τὸ ἔσχατον αἰσθητήριον· ἀνάγκη γὰρ ἂν ἦν ἁπτόμενον αὐτὸ κρίνειν τὸ κρῖνον. οὔτε δὴ κεχωρισμένοις ἐνδέχεται κρίνειν ὅτι ἕτερον τὸ γλυκὺ τοῦ λευκοῦ, ἀλλὰ δεῖ ἑνί τινι ἄμφω δῆλα εἶναι—οὕτω μὲν γὰρ κἂν εἰ τοῦ μὲν ἐγὼ τοῦ δὲ σὺ αἴσθοιο, δῆλον ἂν εἴη ὅτι ἕτερα ἀλλήλων, δεῖ δὲ τὸ ἓν λέγειν ὅτι ἕτερον· ἕτερον γὰρ τὸ γλυκὺ τοῦ λευκοῦ· λέγει ἄρα τὸ αὐτό· ὥστε ὡς λέγει, οὕτω καὶ νοεῖ καὶ αἰσθάνεται—ὅτι μὲν οὖν οὐχ οἷόν τε κεχωρισμένοις κρίνειν τὰ κεχωρισμένα, δῆλον· ὅτι δ' οὐδ' ἐν κεχωρισμένῳ χρόνῳ, ἐντεῦθεν. ὥσπερ γὰρ τὸ αὐτὸ λέγει ὅτι ἕτερον τὸ ἀγαθὸν καὶ τὸ κακόν, οὕτω καὶ ὅτε θάτερον λέγει ὅτι ἕτερον καὶ θάτερον, οὐ κατὰ συμβεβηκὸς τὸ ὅτε (λέγω δ', οἷον νῦν λέγω ὅτι ἕτερον, οὐ μέντοι ὅτι νῦν ἕτερον), ἀλλ' οὕτω λέγει, καὶ νῦν καὶ ὅτι νῦν· ἅμα ἄρα. ὥστε ἀχώριστον καὶ ἐν ἀχωρίστῳ χρόνῳ. ἀλλὰ μὴν ἀδύνατον ἅμα τὰς ἐναντίας κινήσεις κινεῖσθαι τὸ αὐτὸ ᾗ ἀδιαίρετον, καὶ ἐν ἀδιαιρέτῳ χρόνῳ. εἰ γὰρ γλυκύ, ὡδὶ κινεῖ τὴν αἴσθησιν ἢ τὴν νόησιν, τὸ δὲ πικρὸν ἐναντίως, καὶ τὸ λευκὸν ἑτέρως. 427a
ἆρ' οὖν ἅμα μὲν καὶ ἀριθμῷ ἀδιαίρετον καὶ ἀχώριστον τὸ

12 τούτῳ X καὶ[2] om. CU 14 τινὶ CEΣ: τίνι UXT^{p}: τινὰ L 15 ᾗ om. X 16 ἂν W: om. **C**EP^{c}Σ αὐτὸ Essen: αὐτοῦ codd.: an omittendum? 17 κεχωρισμένως X 18 δῆλα om. X 19 μὲν om. C γὰρ **C**T: + ἔχει **E** 21 ἕτερον[2] . . . αὐτό secl. Förster 22 καὶ om. C νοεῖ **E**CP^{c}: φρονεῖ UX οὖν om. C 23 τε κεχωρισμένων X 24 οὐδ' ἐν **C**Σ: οὐδὲν L: οὐδ' ενι E 25 ὅτι + δι' C^{1} τὸ[2] om. **E**Σ 26 καὶ **E**CUΣ: τότε καὶ XT^{p} 28 αὐτῷ L καὶ[1] om. C: ὅτι X 30 ἢ X διαίρετον E^{1} 31 γὰρ + τὸ C 427a 1 ᾗ] καὶ C 2 ἀριθμῷ + ἐν E^{1} ἀχώριστον τὸ κρῖνον] ἀχώριστον C: χρόνῳ ἀχώριστον P^{c}

［**辨别或区分的能力**］因此，每一种感觉都与其相应的作为基底的感觉对象相关，[26] 存在于作为感觉器官的感官之中，且能够辨别出那些作为感觉基底的感觉对象的各种差异，[27] 就如视觉可以辨别出白与黑，味觉可以辨别出甜和苦。同样地，其他的感觉也是这样。因为我们将白与甜以及每种感觉的对象与其他每种可感对象区分开来，那么我们是凭借何种能力来感觉到这些可感对象的区别的呢？我们必然是通过感觉能力，因为这些都是感觉对象。[28] 由此，显而易见的是，血肉并不是最终的感觉器官。[29] 因为这样的话，那进行区别的感觉器官就会必然地通过触摸到相应的感觉对象来进行区别。[30] 再者，我们也不可能通过彼此分离的东西来辨别这些差异，即甜与白是不同的；不过，这两者必然地对某个单一的感觉来说是清晰的，否则如果我感知的是一事物，你感知的是另一事物，那么这就会非常明显，此二者便是互不相同的。相反，这必须是一个能力区分或辨认出，这二者是不同的，即甜与白是不同的。如此，同一个能力在说出这些。[31] 所以，正如它是这样说的，它也是这样思维与感觉的。[32] 因此，用分离的能力来辨别那分离的可感对象是不可能的，这一点是显而易见的。

再者，我们也不可能在分离的时间内［辨别分离的事物］，我们从以下的说明就能明白这一点。就像同一个事物能说出善与恶是不相同的，如此，当它说出此一事物不同于另一事物时，它也同样能够辨别出，另一事物不同于此一事物：这里所说的“当……时”[33] 并不是在偶性的意义上说的（我所说的“偶性”的意思是指，比如，我现在说它们是不同的，并不与此同时表示，它们现在就是不同的）。[34] 将这一点现在说出来与说它们现在是不同的应是同时的。因此，这是不可分离的，而且在一个不可分离的时间之中。

就同样一个事物是不可分割的、且在不可分割的时间之内来说，它绝不可能同时以相反的方式被推动起来。因为，当一个可感物是甜的时候，它就会以一种确切的方式引起感觉运动或思维活动，而苦的事物则以一种相反的方式引起感觉和思维活动，而白的 427a κρῖνον, τῷ εἶναι δὲ κεχωρισμένον; ἔστι δή πως ὡς τὸ διαιρετὸν τῶν διῃρημένων αἰσθάνεται, ἔστι δ' ὡς ᾗ ἀδιαίρετον· τῷ εἶναι μὲν γὰρ διαιρετόν, τόπῳ δὲ καὶ ἀριθμῷ ἀδιαίρετον. ἢ οὐχ οἷόν τε; δυνάμει μὲν γὰρ τὸ αὐτὸ καὶ ἀδιαίρετον τἀναντία, τῷ δ' εἶναι οὔ, ἀλλὰ τῷ ἐνεργεῖσθαι διαιρετόν, καὶ οὐχ οἷόν τε ἅμα λευκὸν καὶ μέλαν εἶναι, ὥστ' οὐδὲ τὰ εἴδη πάσχειν αὐτῶν, εἰ τοιοῦτον ἡ αἴσθησις καὶ ἡ νόησις. ἀλλ' ὥσπερ ἣν καλοῦσί τινες στιγμήν, ᾗ μία καὶ δύο, ταύτῃ <καὶ ἀδιαίρετος> καὶ διαιρετή. ᾗ μὲν οὖν ἀδιαίρετον, ἓν τὸ κρῖνόν ἐστι καὶ ἅμα, ᾗ δὲ διαιρετὸν ὑπάρχει, δὶς τῷ αὐτῷ χρῆται σημείῳ ἅμα· ᾗ μὲν οὖν δὶς χρῆται τῷ πέρατι, δύο κρίνει καὶ [κεχωρισμένα] ἔστιν ὡς κεχωρισμένως· ᾗ δὲ ἑνί, ἓν καὶ ἅμα. περὶ μὲν οὖν τῆς ἀρχῆς ᾗ φαμὲν τὸ ζῷον αἰσθητικὸν εἶναι, διωρίσθω τὸν τρόπον τοῦτον.

Ἐπεὶ δὲ δύο διαφοραῖς ὁρίζονται μάλιστα τὴν ψυχήν, 3
κινήσει τε τῇ κατὰ τόπον καὶ τῷ νοεῖν καὶ [τῷ] φρονεῖν καὶ αἰσθάνεσθαι, δοκεῖ δὲ καὶ τὸ νοεῖν καὶ τὸ φρονεῖν ὥσπερ αἰσθάνεσθαί τι εἶναι (ἐν ἀμφοτέροις γὰρ τούτοις κρίνει τι ἡ ψυχὴ καὶ γνωρίζει τῶν ὄντων), καὶ οἵ γε ἀρχαῖοι τὸ φρονεῖν καὶ τὸ αἰσθάνεσθαι ταὐτὸν εἶναί φασιν—ὥσπερ καὶ

3 δὲ καὶ χωρισμένον E¹ 4 ὡς ᾗ om. C διαιρετόν E¹ τὸ C 6 καὶ ἀδιαίρετον] ἀδιαίρετον καὶ διῃρημένον C: διῃρημένον καὶ ἀδιαίρετον X: διαιρετὸν καὶ ἀδιαίρετον Tp τἀναντία **C**Pp: καὶ τἀναντία **E** 7 ἐνεργεῖσθαι] εἶναι L 9 ἡ¹ om. Ac 10 ᾗ] ἡ Ac καὶ] η E¹: ἢ C: αἱ Ac 10–11 καὶ ἀδιαίρετος T et ut v. Sp: om. codd. Ac 11 καὶ om. L ἀδιαίρετον **E**XΣ: ἀδιαίρετος CU 12 διαιρετὸν + οὐχ ἓν C δὶς + γὰρ C σημείω χρῆται X σημείῳ ἅμα] σημείωμα E¹ 13 δὶς (vel ὡς δυσὶ) Trendelenburg: δυσὶ codd. καὶ + τὰ C κεχωρισμένα seclusi 14 ὡς] ὥστε καὶ X κεχωρισμένω **E**C: καὶ κεχωρισμένων X: κεχωρισμένον Σ ἑνί, ἓν Christ: ἕν, ἑνὶ CSp: ἓν U: ἑνί **E**XΣ 15 ᾗ] ἧς X τὸ ζῷον αἰσθητικὸν εἶναι **E**XΣ: αἰσθητικὸν εἶναι τὸ ζῷον CU 16 τοῦτον τὸν τρόπον C¹ 17 ἐπειδὴ δὲ ApPp φοραῖς X 18 καὶ φρονεῖν scripsi: καὶ τῷ φρονεῖν U: καὶ τῷ κρίνειν **E**PpΣ: om. CX καὶ αἰσθάνεσθαι om. U 20 τι om. Σ κρίνει τι ἡ ψυχὴ **E**Σ: ἡ ψυχὴ κρίνει τι CU: ἡ ψυχὴ κρίνει τε X 21 γε] τε UX: μὲν ut v. E¹ 22 καὶ¹] τε καὶ X

东西则又是以另外一种方式。难道那做出辨别的事物在数量上不可分割和不可分离，而在其所是上是可分离的？[35] 因此，存在着一种可分割的事物感知到那可分割的可感对象的方式，但同时也存在着另外一种方式，它作为不可分割的事物［在感知］。因为就其本质来说是可分割的，但在地点和数字上来说，却是不可分割的。或者说这是不可能的？因为，那同一个不可分割的东西可以是潜在的相反者，但就其本质来说，并不是这样，但是，它可以通过实现活动被区分开来。因此，它不可能同时是白和黑或明亮和黑暗。如此，同一事物不可能同时受到这些形式的影响，如果感觉活动和思维活动也是这样的话。[36]

但是，[37] 正如一些人称之为点的东西一样，它既是作为一，又是作为二，在这种意义上它是不可分割和可分割的。[38] 就其作为不可分割的东西来说，做出辨别的事物是一，且在同一个时间进行辨别；而就其作为可分割的东西来说，这辨别能力则不是单一的，因为它同时两次使用同一个标记。[39] 就这种区分能力将界限作为二来使用的意义上来说，它是凭借着某种可分离的能力在某种程度上来辨别这两个分离的对象。[40] 就这种辨别能力将（同一界限）作为一来使用，它是凭借着同一种不可分割的能力来进行区分，且同时进行。关于这个本原，即我们基于此而说动物是有感觉能力的这个本原，我们就论述到这里。

第 3 章[1]

［**对感觉与理智之混合不分的反驳**］既然我们主要通过两种差异来界定灵魂，[2] 即通过空间的位移运动以及通过思维活动、理解活动[3] 和感觉活动。[4] 思维活动和理解活动看起来就像是一种感觉活动，因为在上述两种情况中，灵魂都在区分和认识某些事物。[5] 诚如古人所云，[6] 理解活动和感觉活动是一回事，就像恩培多克勒

Ἐμπεδοκλῆς εἴρηκε "πρὸς παρεὸν γὰρ μῆτις ἀέξεται ἀνθρώποισιν" καὶ ἐν ἄλλοις "ὅθεν σφίσιν αἰεὶ καὶ τὸ φρονεῖν ἀλλοῖα παρίσταται", τὸ δ' αὐτὸ τούτοις βούλεται καὶ τὸ Ὁμήρου "τοῖος γὰρ νόος ἐστίν", πάντες γὰρ οὗτοι τὸ νοεῖν σωματικὸν ὥσπερ τὸ αἰσθάνεσθαι ὑπολαμβάνουσιν, καὶ αἰσθάνεσθαί τε καὶ φρονεῖν τῷ ὁμοίῳ τὸ ὅμοιον, ὥσπερ καὶ ἐν τοῖς κατ' ἀρχὰς λόγοις διωρίσαμεν (καίτοι ἔδει ἅμα καὶ περὶ τοῦ ἠπατῆσθαι αὐτοὺς λέγειν, οἰκειότερον γὰρ τοῖς ζῴοις, **427b**
καὶ πλείω χρόνον ἐν τούτῳ διατελεῖ ἡ ψυχή· διὸ ἀνάγκη ἤτοι, ὥσπερ ἔνιοι λέγουσι, πάντα τὰ φαινόμενα εἶναι ἀληθῆ, ἢ τὴν τοῦ ἀνομοίου θίξιν ἀπάτην εἶναι, τοῦτο γὰρ ἐναντίον τῷ τὸ ὅμοιον τῷ ὁμοίῳ γνωρίζειν· δοκεῖ δὲ καὶ ἡ ἀπάτη καὶ ἡ ἐπιστήμη τῶν ἐναντίων ἡ αὐτὴ εἶναι)—ὅτι μὲν οὖν οὐ ταὐτόν ἐστι τὸ αἰσθάνεσθαι καὶ τὸ φρονεῖν, φανερόν. τοῦ μὲν γὰρ πᾶσι μέτεστι, τοῦ δὲ ὀλίγοις τῶν ζῴων. ἀλλ' οὐδὲ τὸ νοεῖν, ἐν ᾧ ἐστὶ τὸ ὀρθῶς καὶ τὸ μὴ ὀρθῶς, το μὲν ὀρθῶς φρόνησις καὶ ἐπιστήμη καὶ δόξα ἀληθής, τὸ δὲ μὴ ὀρθῶς τἀναντία τούτων—οὐδὲ τοῦτό ἐστι ταὐτὸ τῷ αἰσθάνεσθαι· ἡ μὲν γὰρ αἴσθησις τῶν ἰδίων ἀεὶ ἀληθής, καὶ πᾶσιν ὑπάρχει τοῖς ζῴοις, διανοεῖσθαι δ' ἐνδέχεται καὶ ψευδῶς, καὶ οὐδενὶ ὑπάρχει ᾧ μὴ καὶ λόγος· φαντασία γὰρ ἕτερον καὶ αἰσθήσεως καὶ διανοίας, αὕτη τε οὐ γίγνεται ἄνευ αἰσθήσεως, καὶ ἄνευ ταύτης οὐκ ἔστιν ὑπόληψις. ὅτι δ' οὐκ ἔστιν ἡ αὐτὴ [νόησις] καὶ ὑπόληψις, φανερόν. τοῦτο μὲν γὰρ τὸ πάθος ἐφ' ἡμῖν ἐστίν, ὅταν βουλώμεθα (πρὸ ὀμμάτων γὰρ ἔστι τι ποιήσασθαι, ὥσπερ οἱ ἐν τοῖς μνημονικοῖς τιθέμενοι καὶ

23 ἀέξεται CP^cT^pΣ: ἀέζεται L: δέξεται X^1: αὔξεται U: ἐναύξεται E^1 ἀνθρώποις UX 24 ἀεὶ EUX 25 ἀλλ' οἷα X βούλεται τούτοις CU: βούλεται τούτων X 27 τὸ] καὶ τὸ UΣ 427^b 2 τούτοις C 4 τῷ] τὸ U 5 τὸ . . . ὁμοίῳ EUXΣ: τὸ ὅμοιον ὁμοίῳ C: τῷ ὁμοίῳ τὸ ὅμοιον L 6 ἡ et ἡ αὐτὴ om. X 9 μὲν **E**XP^cΣ: + γὰρ CU 10 καὶ^2 **C**Σ: ἡ L: om. EP^c 11 τοῦτό UP^c: + δ' **E**CX 15 αὐτή E: ἡ αὐτή LUX: ἣ αὐτή Förster 16 ὅταν X ἔστιν αὐτὴ νόησις Schneider 17 νόησις seclusi: habent C^1U^1X**E**P^pS^p: φαντασία C^2U^2 18 γὰρ om. U 19 ἔστι τι **E**Σ: ἔστι CX: om. U

所说的："因为人们的智慧会随着所积之见闻而日渐增长"，[7]或在别处又说："因此，人们的理解能力总是将不同的思想呈现于他们眼前。"[8]另外，荷马的话也是此意："理性概若此。"[9]因此，他们所有人都认为，思维活动就是属于身体的某种功能，就像感觉是身体的功能一样，并且感觉活动和理解活动都是通过"同相似同"的原则来进行的，就像我们在展开这一讨论的开始部分所界定的那样。[10]

尽管如此，他们应该同时对错误也进行过说明，因为这更符合 427b
动物的情形，而且动物的灵魂在更长的时间里似乎处于这种错误状态中。[11]正是基于这个原因，或者正如某些人所主张的那样，要么所有的显像必然地为真，[12]要么错误就是与不相似之物的接触，因为这与"相同者认识相同者"的原则正好相反。然而，错误与关于相反者的知识看起来似乎是相同的。[13]

如此，感觉活动与理解活动不是一回事，这是清晰可见的。因为，所有动物都有感觉，但只有少数动物赋有理解活动；[14]而且，思维活动也和感觉不同，因为在思维中存在着正确和错误，正确是指实践智慧、知识和真信念，而错误是指这些的反面，[15]所以，思维活动和感觉活动不是一回事，因为对于专有的可感对象的感觉总是为真的，[16]并且所有动物都有，[17]但是，推理思维则可以产生错误，[18]并且没有理性的［动物］也没有思维。因为想象既不同于感觉，亦不同于推理理性，[19]一方面，想象如若没有感觉就是不可能的，另一方面，如果没有想象就没有断定。[20]

显而易见的是，想象并不等同于断定活动，[21]因为想象的受动状态由我们决定，只要我们愿意这么做（因为我们能够在眼前产生

εἰδωλοποιοῦντες), δοξάζειν δ' οὐκ ἐφ' ἡμῖν· ἀνάγκη γὰρ ἢ ψεύδεσθαι ἢ ἀληθεύειν. ἔτι δὲ ὅταν μὲν δοξάσωμεν δεινόν τι ἢ φοβερόν, εὐθὺς συμπάσχομεν, ὁμοίως δὲ κἂν θαρραλέον· κατὰ δὲ τὴν φαντασίαν ὡσαύτως ἔχομεν ὥσπερ ἂν εἰ θεώμενοι ἐν γραφῇ τὰ δεινὰ ἢ θαρραλέα. εἰσὶ δὲ καὶ αὐτῆς τῆς ὑπολήψεως διαφοραί, ἐπιστήμη καὶ δόξα καὶ φρόνησις καὶ τἀναντία τούτων, περὶ ὧν τῆς διαφορᾶς ἕτερος ἔστω λόγος.

περὶ δὲ τοῦ νοεῖν, ἐπεὶ ἕτερον τοῦ αἰσθάνεσθαι, τούτου δὲ τὸ μὲν φαντασία δοκεῖ εἶναι τὸ δὲ ὑπόληψις, περὶ φαντασίας διορίσαντας οὕτω περὶ θατέρου λεκτέον.

428a εἰ δή ἐστιν ἡ φαντασία καθ' ἣν λέγομεν φάντασμά τι ἡμῖν γίγνεσθαι καὶ μὴ εἴ τι κατὰ μεταφορὰν λέγομεν, <ἆρα> μία τις ἔστι τούτων δύναμις ἢ ἕξις καθ' ἃς κρίνομεν καὶ ἀληθεύομεν ἢ ψευδόμεθα; τοιαῦται δ' εἰσὶν αἴσθησις, δόξα, ἐπιστήμη, νοῦς. ὅτι μὲν οὖν οὐκ ἔστιν αἴσθησις, δῆλον ἐκ τῶνδε. αἴσθησις μὲν γὰρ ἤτοι δύναμις ἢ ἐνέργεια, οἷον ὄψις καὶ ὅρασις, φαίνεται δέ τι καὶ μηδετέρου ὑπάρχοντος τούτων, οἷον τὰ ἐν τοῖς ὕπνοις. εἶτα αἴσθησις μὲν ἀεὶ πάρεστι, φαντασία δ' οὔ. εἰ δὲ τῇ ἐνεργείᾳ τὸ αὐτό, πᾶσιν ἂν ἐνδέχοιτο τοῖς θηρίοις φαντασίαν ὑπάρχειν· δοκεῖ δ' οὔ, οἷον μύρμηκι ἢ μελίττῃ, καὶ σκώληκι. εἶτα αἱ μὲν ἀληθεῖς ἀεί, αἱ δὲ φαντασίαι γίνονται αἱ πλείους ψευδεῖς. ἔπειτ' οὐδὲ λέγομεν, ὅταν ἐνεργῶμεν ἀκριβῶς περὶ τὸ αἰσθητόν, ὅτι

20 ἢ **E**Σ: om. **C** 21 ἔτι δὲ om. X δοξάσωμεν **E**PpΣ: δοξάζωμεν **C** 22 κἂν **E**Tp: καὶ ἐὰν C: καὶ ἐὰν ᾖ UXΣ 24 ἐν] ενι E1 ἢ **E**ScΣ: καὶ **C** 26 ἔσται X 428a 1 ἡ **C**Σ: om. **E** 2 γίγνεσθαι **E**UXΣ: γενέσθαι C: ἐγγίνεσθαι Tp εἰ μή C λέγεται C 3 ἆρα addidi: ζητῶμεν εἰ addendum ci. Bywater ἔστι om. X ἃς Torstrik: ἣν codd. καὶ LΣ: ἢ **C**EPc 4 ἢ LX2PcΣ: καὶ CEU τοιαῦται **E**CUPcTp: τοιαῦτα Σ: τοιαῦ (*sic*) X 5 ἐπιστήμη νοῦς LTpΣ: ἐπιστήμην νοῦς E1: νοῦς ἐπιστήμη **C**Pc οὖν om. X ἐκ] δ' ἐκ X 7 καὶ2] ἢ C τούτων ὑπάρχοντος **C**Σ 9 δέχοιτο X1 11 ἢ . . . σκώληκι Förster: ἢ μελίττῃ ἢ σκώληκι (σκόλικι E1) codd. et ut v. Sp: ἢ σκώληκι Pp: μὲν ἢ μελίττῃ, σκώληκι δ' οὔ Torstrik et ut v. PpTpΣ Al. *De An.* 12 ἔπειτα οὐδὲ LUXΣ: ἔπειτα οὐ E1: ἔτι οὐδὲ C

某个事物），就像有人通过使用助记方法而制造某些图像那样。[22] 但是，我们并不能随心所欲地形成信念，信念必然地要么为真，要么为假。[23] 此外，当我们相信某物是可怕的或恐怖的时，那么我们就会直接地立即受到影响，同样地，当我们想到那些振奋人心的事物时，也是这样。但是，我们在进行想象活动时，情况就仿若我们在图像中看到那些令人感到害怕的或使人振奋的事物那样。

［**想象力**］断定具有不同种类，[24] 科学知识、信念、实践智慧以及其相反的状态。关于断定的不同种类之间的差异，我们需要另作讨论。[25] 关于思维活动，因为它与感觉活动不同，而且一方面包括想象，另一方面也包括断定，[26] 因此，我们首先来界定何谓想象，然后再来讨论另外一个［即思维］。如果想象就是一种我们赖以在心中产生某种想象内容的能力，并且我们不是在一种隐喻的意义上来说，那么它是否会是我们赖以进行区分，认识真理或谬误的某种能力或习性状态么？[27] 即感觉、信念、科学知识和直觉理性这些能力中的一种。[28]

但是，想象并不是感觉，这一点我们从下述证明中就可以清楚地看出。既然感觉或是潜在的能力，或是现实的活动，就如［潜在的］视觉与看，但是，哪怕没有视觉与看，有些事物仍然会向我们显现，就如在梦中出现的事物。[29] 另外，感觉总是出现，[30] 而想象则不是。如果想象在现实活动的意义上与感觉是一回事的话，那么所有动物就都会具有想象了，但这看起来并不是这样；比如，蚂蚁和蜜蜂具有想象，但是某些蠕虫并不具有想象。[31] 另外，感觉永远都是真实的，[32] 而大多数的想象则是虚假的。因此，我们不是在当我们能够现实地并准确地感知到可感对象时而去说“这看起来像是一个人”；相反，更多地是在当我们并没有清楚地感觉到对象时，

φαίνεται τοῦτο ἡμῖν ἄνθρωπος, ἀλλὰ μᾶλλον ὅταν μὴ ἐναργῶς αἰσθανώμεθα πότερον ἀληθὴς ἢ ψευδής. καὶ ὅπερ δὴ ἐλέγομεν πρότερον, φαίνεται καὶ μύουσιν ὁράματα. ἀλλὰ μὴν οὐδὲ τῶν ἀεὶ ἀληθευουσῶν οὐδεμία ἔσται, οἷον ἐπιστήμη ἢ νοῦς· ἔστι γὰρ φαντασία καὶ ψευδής. λείπεται ἄρα ἰδεῖν εἰ δόξα· γίνεται γὰρ δόξα καὶ ἀληθὴς καὶ ψευδής. ἀλλὰ δόξῃ μὲν ἕπεται πίστις (οὐκ ἐνδέχεται γὰρ δοξάζοντα οἷς δοκεῖ μὴ πιστεύειν), τῶν δὲ θηρίων οὐθενὶ ὑπάρχει πίστις, φαντασία δὲ πολλοῖς. [ἔτι πάσῃ μὲν δόξῃ ἀκολουθεῖ πίστις, πίστει δὲ τὸ πεπεῖσθαι, πειθοῖ δὲ λόγος· τῶν δὲ θηρίων ἐνίοις φαντασία μὲν ὑπάρχει, λόγος δ' οὔ.] φανερὸν τοίνυν ὅτι οὐδὲ δόξα μετ' αἰσθήσεως, οὐδὲ δι' αἰσθήσεως, οὐδὲ συμπλοκὴ δόξης καὶ αἰσθήσεως φαντασία ἂν εἴη, διά τε ταῦτα καὶ διότι οὐκ ἄλλου τινὸς ἔσται ἡ δόξα, ἀλλ' ἐκείνου, εἴπερ ἔστιν, οὗ καὶ ἡ αἴσθησις· λέγω δ', ἐκ τῆς τοῦ λευκοῦ δόξης καὶ αἰσθήσεως ἡ συμπλοκὴ φαντασία ἔσται· οὐ γὰρ δὴ ἐκ τῆς δόξης μὲν τῆς τοῦ ἀγαθοῦ, αἰσθήσεως δὲ τῆς τοῦ λευκοῦ· τὸ οὖν φαίνεσθαι ἔσται τὸ δοξάζειν ὅπερ αἰσθάνεται, 428b
μὴ κατὰ συμβεβηκός. φαίνεται δέ γε καὶ ψευδῆ, περὶ ὧν ἅμα ὑπόληψιν ἀληθῆ ἔχει, οἷον φαίνεται μὲν ὁ ἥλιος ποδιαῖος, πιστεύεται δ' εἶναι μείζων τῆς οἰκουμένης· συμβαίνει οὖν ἤτοι ἀποβεβληκέναι τὴν ἑαυτοῦ ἀληθῆ δόξαν, ἣν εἶχε,

14 ἀνθρώποις C[1] ἐνεργῶς E 15 πότερον scripsi: τότε E, +ἢ LΣ, +καὶ ἢ CU, +καὶ ἡ X ἢ **E**Σ: καὶ ἢ CU[1]: καὶ ἡ X δὴ **C**Σ: δὲ **E** 17 ἔσται om. X ἀληθευουσῶν scripsi: ἀληθευόντων codd. 21 δοκεῖ CEXT[p]Σ: δοξάζει LUP[p] 22 δὲ] δ' ἐν **E**Σ ἔτι . . . 24 οὔ codd. P[p]S[p]T[p]Σ: altera versio verborum (a19–22) ἀλλὰ . . . πολλοῖς: secl. Biehl 22 ἔτι+εἰ **C** 25 οὔτε . . . οὔτε . . . οὔτε S[c]T[p] 27 διότι scripsi: δῆλον ὅτι codd.: ὅτι vel ὅτι δῆλον ὅτι Shorey ἄλλου τινος **E**UXS[p]T[p]Σ: ἄλλη τις CP[c] ἔσται Shorey: ἐστιν codd. ἡ om. X 28 ἐκείνη C: ἢ ἐκείνη P[c] εἴπερ om. **E**U: περ X: οὗπερ P[c] οὗ καὶ ἡ] οὗπερ ἐστὶν καὶ ἡ U: οὗ καὶ **E**: ὁμοῦ καὶ P[c] τοῦ om. X 29 ἔσται scripsi: ἐστίν codd. 428b 1 ἔσται Trendelenburg: ἐστι codd. 2 γε om. **E** ψευδὴς S[c] 3 ὑπόλημψιν E[1] ἔχειν EUX[1] ποδιος E[1] 4 πεπίστευται E: πέπεισται **C** μείζω **C**E 5 γοῦν X αὐτοῦ **E** ἀληθῆ post εἶχε X

才说这［显像］是真的或假的。[33] 就如我们之前说过的，[34] 即使我们闭上眼睛，想象图像依然会显现出来。

但是，想象也不会属于那些永远正确或为真的事物，就像科学知识与直觉理性那样，[35] 因为也存在着虚假的想象。因此，我们还需要去考察想象是不是信念，因为信念是有真假之分的。但是，确信伴随着信念而产生（因为任何对某物有某种信念的人不可能不对该事物有某种确信）；[36] 尽管动物都不具有确信，但很多动物都有想象。此外，每一个信念都蕴含着一种确信，而确信则意味着被说服，而说服则是一种理性。有些动物具有想象，但并不具有理性。[37]

由此，我们可以清晰地看出，想象既非与感觉相随而成的信念，亦非通过感觉而获得的信念，也不是信念与感觉的混合；[38] 基于上述理由，豁然明了的是，信念所关乎的对象无非就是感觉所关涉的东西，如果这对象存在的话。[39] 我的意思是想象是由一种对某种白色物的感知和对其白色的信念混合而成，而肯定不是由对白色物的感知和对此物的善的信念混合而成。如若这样，想象就会是对一个人并非在偶性意义上所感知到的对象的信念。但是，事物也会以错误的方式显现出来，尽管我们同时对此拥有一个正确的断定：比如，尽管太阳看上去只有人的脚掌那么大，但是，人同时确信，它要比我们居住的地球大得多。[40] 如此，这会产生如下的结果，一

σωζομένου τοῦ πράγματος, μὴ ἐπιλαθόμενον μηδὲ μεταπεισθέντα, ἢ εἰ ἔτι ἔχει, ἀνάγκη τὴν αὐτὴν ἀληθῆ εἶναι καὶ ψευδῆ. ἀλλὰ ψευδὴς ἐγένετο, ὅτε λάθοι μεταπεσὸν τὸ πρᾶγμα. οὔτ' ἄρα ἕν τι τούτων ἐστὶν οὔτ' ἐκ τούτων ἡ φαντασία. ἀλλ' ἐπειδή ἐστι κινηθέντος τουδὶ κινεῖσθαι ἕτερον ὑπὸ τούτου, ἡ δὲ φαντασία κίνησίς τις δοκεῖ εἶναι καὶ οὐκ ἄνευ αἰσθήσεως γίνεσθαι ἀλλ' αἰσθανομένοις καὶ ὧν αἴσθησις ἔστιν, ἔστι δὲ γίνεσθαι κίνησιν ὑπὸ τῆς ἐνεργείας τῆς αἰσθήσεως, καὶ ταύτην ὁμοίαν ἀνάγκη εἶναι τῇ αἰσθήσει, εἴη ἂν αὕτη ἡ κίνησις οὔτε ἄνευ αἰσθήσεως ἐνδεχομένη οὔτε μὴ αἰσθανομένοις ὑπάρχειν, καὶ πολλὰ κατ' αὐτὴν καὶ ποιεῖν καὶ πάσχειν τὸ ἔχον, καὶ εἶναι καὶ ἀληθῆ καὶ ψευδῆ. τοῦτο δὲ συμβαίνει διὰ τάδε· ἡ αἴσθησις τῶν μὲν ἰδίων ἀληθής ἐστιν ἢ ὅτι ὀλίγιστον ἔχουσα τὸ ψεῦδος. δεύτερον δὲ τοῦ συμβεβηκέναι ταῦτα <ἃ συμβέβηκε τοῖς αἰσθητοῖς>· καὶ ἐνταῦθα ἤδη ἐνδέχεται διαψεύδεσθαι· ὅτι μὲν γὰρ λευκόν, οὐ ψεύδεται, εἰ δὲ τοῦτο τὸ λευκὸν ἢ ἄλλο τι, ψεύδεται. τρίτον δὲ τῶν κοινῶν καὶ ἑπομένων τοῖς συμβεβηκόσιν οἷς ὑπάρχει τὰ ἴδια (λέγω δ' οἷον κίνησις καὶ μέγεθος) [ἃ συμβέβηκε τοῖς αἰσθητοῖς]· περὶ ἃ μάλιστα ἤδη ἔστιν ἀπατηθῆναι κατὰ τὴν αἴσθησιν. ἡ δὲ κίνησις ἡ ὑπὸ τῆς ἐνεργείας τῆς αἰσθήσεως γινομένη διοίσει,

6 ἐπιλανθανόμενον LX 7 εἰ ἔτι] ὅτι L : εἴ τι P^{p} τὴν αὐτὴν ἀνάγκη L : ἀνάγκη E^{1} καὶ εἶναι X 8 ἐγίνετο **C**L 9 οὐκ **E**CP^{p} ἄρα] γὰρ X ἕν] ἄν X 10 τοῦδε U 12–13 αἰσθήσεις εἰσὶν U : ἔστιν αἴσθησις P^{c} : αἴσθησις Σ 13 γίνεσθαι CLS^{c} : γενέσθαι E^{1}UX ἐναργείας C 14 ἀνάγκη ὁμοίαν S^{c} 15 αὐτῆς E οὔτε^{1}] τε καὶ X^{1} 16 ὑπάρχει **E** κατ' αὐτὴν **C**$P^{c}S^{c}T^{p}$Σ: κατὰ ταύτην **E** καὶ **E**UT^{p}S: om. CXP^{c} 17 καὶ^{4} **E**X$P^{c}S^{c}$: ἢ CU 19 ὀλίγιστον CET^{p} : ὀλιγοστὸν LUX δεύτερον] ἕτερον X δὲ + ἐν οἷς U^{1} τῷ **E** 20 συμβεβηκότος X ἃ . . . αἰσθητοῖς ex l. 24 transp. Bywater ἃ om. **C** 20^{a} διαψευσάσθαι E 21 διαψεύδεται U τὸ LUP^{p} : om. ECX 22 τι om. **C** 23 οἷς . . . ἴδια secl. Maier : οἷς om. X^{1} 24 ἃ . . . αἰσθητοῖς ad l. 20 transp. Bywater 25 δὲ] δὴ C 26 ἡ om. C τῆς^{2} . . . διοίσει Schneider (cf. ^{b}13): γινομένη διοίσει τῆς αἰσθήσεως (τῶν αἰσθήσεων C) codd.

个人或者不得不放弃他所拥有的真信念，尽管事实仍然保持不变，而且他也没有遗忘或者被说服而改变了自己的确信；或者如果他还仍然持有这个信念，那么这想象就必然既是真的又是假的。（但是，如果事实在我们不留意时悄然改变，那么这信念才会成为假的。）[41]因此，想象既不是这些事物中的某一种，也不是由这些事物任意组合而成。

但是，既然一物在运动，而另一物可以被它所推动，因此，想象显得是某种运动，并且没有感觉，它也不会发生，而是只发生在那些有感觉能力的生命体那里，并且仅与感觉所关乎的那些对象有关。运动有可能通过感觉的现实活动而发生，因此，这种运动就必然与感觉活动相似，[42]因此，没有感觉，这种想象运动既是不可能的，也并不出现在那些没有感觉的生命体那里。而那些赋有想象力的生命体可以根据想象既能主动地进行活动，亦能被动地受作用，它既可以是真的也可以是假的。[43]

由此，这个结论从如下事实可以得到印证：首先，那些对专有的可感对象的感觉是真实的，或者仅仅在最轻微的程度上含有错误；[44]其次，感觉也是针对那些可感对象的偶性，在这里可能会发生错误。[45]因为，对于某物是白色的感觉是不会错误的，但是，关于这个事物还是另外一个事物是这个白色物，这里可以发生错误。[46]第三，也存在着一种对共通的可感对象的感觉，以及对那些紧随着偶有的可感对象而出现的可感属性的感觉，而专有的可感特性就属于这些偶有的可感对象。[47]我是指，比如运动与广延或大小，[48]这些是感觉对象的特性。关于这些事物，我们在感觉上最大程度地被欺骗或犯错误。[49]

ἡ ἀπὸ τούτων τῶν τριῶν αἰσθήσεων. καὶ ἡ μὲν πρώτη παρούσης τῆς αἰσθήσεως ἀληθής, αἱ δ' ἕτεραι καὶ παρούσης καὶ ἀπούσης εἶεν ἂν ψευδεῖς, καὶ μάλιστα ὅταν πόρρω τὸ αἰσθητὸν ᾖ. εἰ οὖν μηθὲν μὲν ἄλλο ἔχει τὰ εἰρημένα ἢ φαντασία, τοῦτο δ' ἐστὶ τὸ λεχθέν, ἡ φαντασία ἂν εἴη κίνησις 429a ὑπὸ τῆς αἰσθήσεως τῆς κατ' ἐνέργειαν γιγνομένη. ἐπεὶ δ' ἡ ὄψις μάλιστα αἴσθησίς ἐστι, καὶ τὸ ὄνομα ἀπὸ τοῦ φάους εἴληφεν, ὅτι ἄνευ φωτὸς οὐκ ἔστιν ἰδεῖν. καὶ διὰ τὸ ἐμμένειν καὶ ὁμοίας εἶναι ταῖς αἰσθήσεσι, πολλὰ κατ' αὐτὰς πράττει τὰ ζῷα, τὰ μὲν διὰ τὸ μὴ ἔχειν νοῦν, οἷον τὰ θηρία, τὰ δὲ διὰ τὸ ἐπικαλύπτεσθαι τὸν νοῦν ἐνίοτε πάθει ἢ νόσοις ἢ ὕπνῳ, οἷον οἱ ἄνθρωποι. περὶ μὲν οὖν φαντασίας, τί ἐστι καὶ διὰ τί ἐστιν, εἰρήσθω ἐπὶ τοσοῦτον.

4 Περὶ δὲ τοῦ μορίου τοῦ τῆς ψυχῆς ᾧ γινώσκει τε ἡ ψυχὴ καὶ φρονεῖ, εἴτε χωριστοῦ ὄντος εἴτε καὶ μὴ χωριστοῦ κατὰ μέγεθος ἀλλὰ κατὰ λόγον, σκεπτέον τίν' ἔχει διαφοράν, καὶ πῶς ποτὲ γίνεται τὸ νοεῖν. εἰ δή ἐστι τὸ νοεῖν ὥσπερ τὸ αἰσθάνεσθαι, ἢ πάσχειν τι ἂν εἴη ὑπὸ τοῦ νοητοῦ ἤ τι τοιοῦτον ἕτερον. ἀπαθὲς ἄρα δεῖ εἶναι, δεκτικὸν δὲ τοῦ εἴδους καὶ δυνάμει τοιοῦτον ἀλλὰ μὴ τοῦτο, καὶ ὁμοίως ἔχειν, ὥσπερ τὸ αἰσθητικὸν πρὸς τὰ αἰσθητά, οὕτω τὸν νοῦν πρὸς τὰ νοητά. ἀνάγκη ἄρα, ἐπεὶ πάντα νοεῖ, ἀμιγῆ εἶναι, ὥσπερ φησὶν Ἀναξαγόρας, ἵνα κρατῇ, τοῦτο δ' ἐστὶν ἵνα γνωρίζῃ· παρεμφαινόμενον γὰρ κωλύει τὸ ἀλλότριον καὶ ἀντιφράττει· ὥστε μηδ' αὐτοῦ εἶναι φύσιν μηδεμίαν ἀλλ' ἢ

27 ἡ . . . καὶ om. U 29 ἂν om. X αἰσθητήριον CX 30 μὲν om. **C**P^{c} ἔχοι **E** τὰ εἰρημένα ἢ **C**LP^{p}T^{p}: τὰ εἰρημένα ἢ ἡ S^{p}: ἢ τὰ εἰρημένα ἡ E 429a 2 ἀπὸ L γιγνομένη **E**P^{c}S^{p}T^{p}: γιγνομένης **C** 3 ἐστι om. **C** 5 ὁμοίως L κατ' αὐτὰς πράττει **C**S^{c}T^{p}: κατὰ ταύτας πράττειν **E** 7 πάθει om. C νόσοις LS^{c}T^{p}: νούσοις E^{1}: νόσῳ **C** 8 οἱ **E**CS^{c}T^{p}: om. UX οὖν om. E^{1} τί **E**CΣ: τίς UX 9 διότι **E**Σ 10 τοῦ^{2} ET^{p}: om. **C**LP^{c} τε] τι C 11 καὶ^{2} **C**P^{c}: om. **E**S^{c} 14 τι **C**P^{p}S^{c}Σ: ὅτι **E** 16 ἔχειν om. X^{1} 18 ἐπειδὴ **C**T^{p} 20 κωλύσει T^{p} ἀντιφράττει **E**P^{p}Σ: ἀντιφράξει UT^{p}: ἀντιφράζει C^{1}X 21 φύσιν + τινὰ U

因此，由感觉的现实活动而引起的运动，也就是源自于这三种感觉的运动与感觉是不同的。第一种运动在当下的感觉活动中是真实的，与此相反，其他的两种运动可以是错误的，不管感觉活动在现实地进行抑或不是，特别是在可感对象离我们很远的情况下，尤其如此。

现在，如果除了想象以外，别无他物具有我们前面所描述的这些特征（这就是我们所作的主张），那么想象就可以是一种由感觉的现实活动而生成的运动。因为视觉就是最主要的感觉，[50] 所以，“想象”这个名字就是从光那里得来的，因为没有光，人就一无所见。[51] 又因为想象持续存在，并且与感觉相类似，基于这种想象，动物可以进行很多活动；其中一些是因为天生没有理性，比如兽类，[52] 另外一些则是因为他们的理性被某些激情、疾病或睡眠所遮蔽，就比如人类。[53] 关于想象的本质以及其原因，我们就论述到这里。

第 4 章[1]

关于灵魂赖以进行认识和理解的这一部分，[2] 不管它是否是可分离的，还是在广延上不能分离而只是在定义（逻各斯）上是可分离的，[3] 我们必须考察的是，它有哪些种差（或特性），以及思维是如何产生的。[4] 如果思维如同感觉一般，[5] 那么它或者会是思维对象所造成的一种受动或承受，或者会是某种别的诸如此类的东西。因此，它必定是不受动的，[6] 但是，能够接受形式，[7] 这是指在潜能上是这样的事物，但不是这个形式本身，[8] 就像感觉能力与其感觉对象相关，同样地，思维与其思维对象相关。因此，灵魂的这个部分必然地是非混合的，[9] 因为它能思维或理解一切事物，就如阿纳克萨戈拉所说的，[10] 为了能够居于支配地位，就是说为了能够认识，那些在其中出现的任何相异的东西都会阻遏和妨碍它。[11] 因此，理性除了接受能力外，并无其他本性。[12] 所以，所谓的灵魂的理性部分

ταύτην, ὅτι δυνατός. ὁ ἄρα καλούμενος τῆς ψυχῆς νοῦς (λέγω δὲ νοῦν ᾧ διανοεῖται καὶ ὑπολαμβάνει ἡ ψυχή) οὐθέν ἐστιν ἐνεργείᾳ τῶν ὄντων πρὶν νοεῖν. διὸ οὐδὲ μεμῖχθαι εὔλογον αὐτὸν τῷ σώματι· ποιός τις γὰρ ἂν γίγνοιτο, ἢ ψυχρὸς ἢ θερμός, ἢ κἂν ὄργανόν τι εἴη, ὥσπερ τῷ αἰσθητικῷ· νῦν δ' οὐθὲν ἔστιν. καὶ εὖ δὴ οἱ λέγοντες τὴν ψυχὴν εἶναι τόπον εἰδῶν, πλὴν ὅτι οὔτε ὅλη ἀλλ' ἡ νοητική, οὔτε ἐντελεχείᾳ ἀλλὰ δυνάμει τὰ εἴδη. ὅτι δ' οὐχ ὁμοία ἡ ἀπάθεια τοῦ αἰσθητικοῦ καὶ τοῦ νοητικοῦ, φανερὸν ἐπὶ τῶν αἰσθητηρίων καὶ τῆς αἰσθήσεως. ἡ μὲν γὰρ αἴσθησις οὐ δύναται αἰσθάνε-
429b σθαι ἐκ τοῦ σφόδρα αἰσθητοῦ, οἷον ψόφου ἐκ τῶν μεγάλων ψόφων, οὐδ' ἐκ τῶν ἰσχυρῶν χρωμάτων καὶ ὀσμῶν οὔτε ὁρᾶν οὔτε ὀσμᾶσθαι· ἀλλ' ὁ νοῦς ὅταν τι νοήσῃ σφόδρα νοητόν, οὐχ ἧττον νοεῖ τὰ ὑποδεέστερα, ἀλλὰ καὶ μᾶλλον· τὸ μὲν γὰρ αἰσθητικὸν οὐκ ἄνευ σώματος, ὁ δὲ χωριστός. ὅταν δ' οὕτως ἕκαστα γένηται ὡς ὁ ἐπιστήμων λέγεται ὁ κατ' ἐνέργειαν (τοῦτο δὲ συμβαίνει ὅταν δύνηται ἐνεργεῖν δι' αὑτοῦ), ἔστι μὲν καὶ τότε δυνάμει πως, οὐ μὴν ὁμοίως καὶ πρὶν μαθεῖν ἢ εὑρεῖν· καὶ αὐτὸς δι' αὑτοῦ τότε δύναται νοεῖν.

ἐπεὶ δ' ἄλλο ἐστὶ τὸ μέγεθος καὶ τὸ μεγέθει εἶναι, καὶ ὕδωρ καὶ ὕδατι εἶναι (οὕτω δὲ καὶ ἐφ' ἑτέρων πολλῶν, ἀλλ' οὐκ ἐπὶ πάντων· ἐπ' ἐνίων γὰρ ταὐτόν ἐστι), τὸ σαρκὶ εἶναι καὶ σάρκα ἢ ἄλλῳ ἢ ἄλλως ἔχοντι κρίνει· ἡ γὰρ σὰρξ

22 δυνατός S^{p}T^{p}: δυνατόν codd. 25 γὰρ ἂν τις **C**L ἢ om. **C**L ψυχρὸς ἢ θερμὸς **E**Σ: θερμὸς ἢ ψυχρὸς **C**P^{p} 26 ἢ κἂν Förster: κἂν **C**Σ: καὶ UX 27 δὴ codd. P^{c} in *Phys.* Σ: γε S^{c} in *Phys.*, Asc. in *Met.* οἱ τὴν ψυχὴν εἰρηκότες Asc. εἶναι codd. Σ: om. P^{c} Asc. S^{c} in *Phys.* 28 ἀλλ' ἡ **E**CΣ: om. UX 30 αἰσθητικοῦ **E**CT^{c}Σ: αἰσθητοῦ UX τοῦ codd. Σ: om. T^{p} 429^{b} 1 ψόφου ἐκ LΣ: τοῦ ψόφου ἐκ **C**: ἐκ τοῦ ψόφου ET^{c} ἐκ τῶν μεγάλων] τοῦ μεγάλου τῶν μικρῶν T^{c} 5 αἰσθητὸν X 6 ὁ^{1} om. Theoph. ap. *Π* ὁ^{2} om. UX Theoph. 8 μὲν+οὖν LT^{p} Theoph. καὶ τότε **E** Theoph.: καὶ τότε ὁμοίως C: ὁμοίως καὶ τότε UXT^{p} ὁμοίως **E**CP^{p}S^{c}T^{p}: om. UX 9 ἢ] καὶ Theoph. δι' αὑτοῦ Bywater: δὲ αὐτὸν codd. S^{p}T^{p} 10 τὸ^{1} om. P^{c} τὸ^{2} om. C καὶ+τὸ P^{c} 11 καὶ+τὸ **E**P^{c} εἶναι] ἐστιν X οὕτω δὲ om. C ἑτέρων+δὲ C 13 ἢ^{1}] καὶ ἢ **E** ἔχοντι CXP^{p}S^{p}T^{p}Σ: om. **E**U κρίνει+ὁ νοῦς **E**

（我称理性为灵魂赖以进行推理思维和判断的能力）在进行思维活动之前，并不属于任何现实性的存在。因此，它与躯体混合在一起是没有道理的；因为那样的话，它就会成为具有某种性质的东西，或冷或热，也就像感觉器官那样而有一种相应的身体器官。但是，现在它并没有上述这些特性。

那些说灵魂是理念的处所[13]的人所言甚好，但是，我们还须加上以下两点：这并不适用于整个灵魂，而只适用于理性灵魂；而且这些理念不是在现实性的状态，而是在潜能状态中。[14]

感觉能力的非受动性与思维能力的非受动性不是一回事，这一点在感觉器官和感觉活动中就是显而易见的。[15]因为感觉能力在经受了强烈的感觉对象刺激之后就不能够再进行感觉——比如那来自于特别响的声源而发出的声音。同样地，感觉也不能够在那极为强烈的颜色和气味的刺激下看到什么颜色或嗅到什么气味。[16]但是，相反地，当理性去思维强烈的可理解对象时，理性不是更少地认识那些较低的可理解对象，反而能更多地认识，[17]因为感觉能力并不能没有身体器官而存在，[18]而理性则是可分离的。[19]

但是，当这个理性以这种方式成为一切对象，就像我们说一个有知识的人在现实地认识那样，（只要他能够通过自己而进行现实活动，那么这一点就会发生，）并且，即便在那时它在某种方式上来说是在潜能中，[20]但当然不是像在学习和发现以前的状态那样。[21]而且，它也能够通过自身进行思维活动。[22]

但是，既然大小和大小的本质（广延性）是不相同的，就如一定容量的水与水的本质是不同的那样[23]（这同样地适用于很多其他的事物，但并不是千篇一律地适用于所有事物，因为对有些事物来说，这两者是同一的），[24]它或者通过另外一种能力或者通过在别样状态的同一种能力来区分肌肉和肌肉的本质。[25]因为肌肉不能脱离于质料，而是如同塌鼻子，某个确定的［形式］在某个确定的

οὐκ ἄνευ τῆς ὕλης, ἀλλ' ὥσπερ τὸ σιμόν, τόδε ἐν τῷδε. τῷ μὲν οὖν αἰσθητικῷ τὸ θερμὸν καὶ τὸ ψυχρὸν κρίνει, καὶ ὧν λόγος τις ἡ σάρξ· ἄλλῳ δέ, ἤτοι χωριστῷ ἢ ὡς ἡ κεκλασμένη ἔχει πρὸς αὐτὴν ὅταν ἐκταθῇ, τὸ σαρκὶ εἶναι κρίνει. πάλιν δ' ἐπὶ τῶν ἐν ἀφαιρέσει ὄντων τὸ εὐθὺ ὡς τὸ σιμόν· μετὰ συνεχοῦς γάρ· τὸ δὲ τί ἦν εἶναι, εἰ ἔστιν ἕτερον τὸ εὐθεῖ εἶναι καὶ τὸ εὐθύ, ἄλλο· ἔστω γὰρ δυάς. ἑτέρῳ ἄρα ἢ ἑτέρως ἔχοντι κρίνει. ὅλως ἄρα ὡς χωριστὰ τὰ πράγματα τῆς ὕλης, οὕτω καὶ τὰ περὶ τὸν νοῦν. ἀπορήσειε δ' ἄν τις, εἰ ὁ νοῦς ἁπλοῦν ἐστι καὶ ἀπαθὲς καὶ μηθενὶ μηθὲν ἔχει κοινόν, ὥσπερ φησὶν Ἀναξαγόρας, πῶς νοήσει, εἰ τὸ νοεῖν πάσχειν τί ἐστιν (ᾗ γάρ τι κοινὸν ἀμφοῖν ὑπάρχει, τὸ μὲν ποιεῖν δοκεῖ τὸ δὲ πάσχειν), ἔτι δ' εἰ νοητὸς καὶ αὐτός; ἢ γὰρ τοῖς ἄλλοις νοῦς ὑπάρξει, εἰ μὴ κατ' ἄλλο αὐτὸς νοητός, ἓν δέ τι τὸ νοητὸν εἴδει, ἢ μεμιγμένον τι ἕξει, ὃ ποιεῖ νοητὸν αὐτὸν ὥσπερ τἆλλα. ἢ τὸ μὲν πάσχειν κατὰ κοινόν τι διῄρηται πρότερον, ὅτι δυνάμει πώς ἐστι τὰ νοητὰ ὁ νοῦς, ἀλλ' ἐντελεχείᾳ οὐδέν, πρὶν ἂν νοῇ· δυνάμει δ' οὕτως ὥσπερ ἐν γραμματείῳ ᾧ μηθὲν ἐνυπάρχει ἐντελεχείᾳ γεγραμ- 430^a μένον· ὅπερ συμβαίνει ἐπὶ τοῦ νοῦ. καὶ αὐτὸς δὲ νοητός ἐστιν ὥσπερ τὰ νοητά. ἐπὶ μὲν γὰρ τῶν ἄνευ ὕλης τὸ αὐτό ἐστι τὸ νοοῦν καὶ τὸ νοούμενον· ἡ γὰρ ἐπιστήμη ἡ θεωρητικὴ καὶ τὸ οὕτως ἐπιστητὸν τὸ αὐτό ἐστιν. τοῦ δὲ μὴ ἀεὶ νοεῖν τὸ

14 σιμόν] σημεῖον U^1 15 τὸ^2 om. E καὶ om. C 16 ὁ λόγος E ἡ^2 **E**CS^c: om. UX κεχωρισμένη X 17 αὐτὴν om. **E**CX: ἑαυτὴν S^c εἶναι + καὶ L 18 ἐν om. X 19 εἰ om. L 20 ἄλλῳ **E**U 21 ἑτέρω X ὅλως **C**LP^c: καὶ ὅλως E ἄρα om. E^1 23 ἀπαθὴς E^1 24 ἔχειν X: ἔχων U φησὶν] φασὶν ὁ X 25 ᾗ **C**E et ut v. P^p: ἡ L: εἰ P^c 26 δ' om. E^1 27 νοῦς] ὁ νοῦς **C**P^c 30 διῄρηται **C**LS^c: διείρηται ut v. E^1 31–430^{a}1 οὐδέν . . . ἐντελεχείᾳ om. L 31 ἂν **C**T: ἂν μὴ UX^1: om. ES^{c}Π νοῇ **C**ET: νοεῖν S^{c}Π δυνάμει Cornford: δεῖ codd. 430^a 1 ᾧ W: om. EUX et ut v. C ἐνυπάρχει scripsi: ὑπάρχει E: ὑπάρχειν C^{1}UX γεγραμμένον **C**T^p: καταγεγραμμένον **E** 4 ἡ^2 **C**S^{c}T^{p}Π: om. **E**P^c καὶ τὸ] τὸ δὲ P^c 5 ἐπιστητὸν LUXP^{c}S^{c}T^p: ἐπιστον E^1: θεωρητικὸν C

［质料］中。[26] 我们凭借感觉能力来区分热与冷，以及那些其中肌肉是某种比例的事物，[27] 但是，理智凭借另外一种能力来区分肌肉的本质，这种能力或许是可分离的，或者它与另外一种能力的关系就如同一条曲线在被拉直后与自身的关系那样。[28]

再者，对于那些抽象地存在的事物来说，[29] 直线就像塌鼻一样，因为它们都具有某种连续性。[30] 如果直的本质与一个直的东西是不同的话，那么其本质也就不同。就让我们称其为二重性，[31] 即我们要么通过另外一种能力，要么通过这同一种能力的别样状态来进行区分。一般而论，就如那些可以与质料分离的事物那样，同样地，那些关乎理智的事物也是这样。[32]

［**两个疑难与解释**］但是，有人或许提出这样的一个疑难，如果理性是单纯的、不受作用的，并且和任何其他事物毫无共同之处，正如阿那克萨戈拉所说的那样，[33] 那么它如何进行思维活动呢，如果思维活动就是某种受作用（因为一物是主动起作用者，另外一物就是受作用者，就此而言，二者具有某种共同性）？[34] 除此之外，另外一个疑难是，理性自身是不是可理解的认识对象呢？[35] 因为或者其他事物就会具有理性，如果理性并非通过其他事物而成为思维对象，并且所有可理解的对象在形式上为一；或者理性将会包含某种混合的事物，而该事物使理性和其他事物成为可理解的对象。[36]

或者另一种情况则像我们在前面论述过的，这是受到某种共同之物的作用，[37] 即理性在某种意义上来说潜在地就是其认识对象，但是，在它认识这些对象之前，并非现实地就是这些对象，[38] 它在潜能上就像一块尚未被现实地写上字的写字板一样，[39] 相对于理性的情况来说，也是这样。

理性自身就是可理解的认识对象，就如理性的其他认识对象那样。因为，对于那些没有质料的东西来说，那认识者与被认识的对象是同一个，因为理论的科学知识与以这种方式被认识的对象是同

αἴτιον ἐπισκεπτέον. ἐν δὲ τοῖς ἔχουσιν ὕλην δυνάμει ἕκαστον ἔστι τῶν νοητῶν. ὥστ' ἐκείνοις μὲν οὐχ ὑπάρξει νοῦς (ἄνευ γὰρ ὕλης δύναμις ὁ νοῦς τῶν τοιούτων), ἐκείνῳ δὲ τὸ νοητὸν ὑπάρξει.

Ἐπεὶ δ' [ὥσπερ] ἐν ἁπάσῃ τῇ φύσει ἐστὶ [τι] τὸ μὲν ὕλη 5
ἑκάστῳ γένει (τοῦτο δὲ ὃ πάντα δυνάμει ἐκεῖνα), ἕτερον δὲ τὸ αἴτιον καὶ ποιητικόν, τῷ ποιεῖν πάντα, οἷον ἡ τέχνη πρὸς τὴν ὕλην πέπονθεν, ἀνάγκη καὶ ἐν τῇ ψυχῇ ὑπάρχειν ταύτας τὰς διαφοράς. καὶ ἔστιν ὁ μὲν τοιοῦτος νοῦς τῷ πάντα γίνεσθαι, ὁ δὲ τῷ πάντα ποιεῖν, ὡς ἕξις τις, οἷον τὸ φῶς· τρόπον γάρ τινα καὶ τὸ φῶς ποιεῖ τὰ δυνάμει ὄντα χρώματα ἐνεργείᾳ χρώματα. καὶ οὗτος ὁ νοῦς χωριστὸς καὶ ἀπαθὴς καὶ ἀμιγής, τῇ οὐσίᾳ ὢν ἐνέργεια. ἀεὶ γὰρ τιμιώτερον τὸ ποιοῦν τοῦ πάσχοντος καὶ ἡ ἀρχὴ τῆς ὕλης. τὸ δ' αὐτό ἐστιν ἡ κατ' ἐνέργειαν ἐπιστήμη τῷ πράγματι· ἡ δὲ κατὰ δύναμιν χρόνῳ προτέρα ἐν τῷ ἑνί, ὅλως δὲ οὐδὲ χρόνῳ, ἀλλ' οὐχ ὁτὲ μὲν νοεῖ ὁτὲ δ' οὐ νοεῖ. χωρισθεὶς δ' ἐστὶ μόνον τοῦθ' ὅπερ ἐστί, καὶ τοῦτο μόνον ἀθάνατον καὶ ἀΐδιον (οὐ μνημονεύομεν δέ, ὅτι τοῦτο μὲν ἀπαθές, ὁ δὲ παθητικὸς νοῦς φθαρτός)· καὶ ἄνευ τούτου οὐθὲν νοεῖ.

Ἡ μὲν οὖν τῶν ἀδιαιρέτων νόησις ἐν τούτοις περὶ ἃ οὐκ 6
ἔστι τὸ ψεῦδος, ἐν οἷς δὲ καὶ τὸ ψεῦδος καὶ τὸ ἀληθές, σύνθεσίς τις ἤδη νοημάτων ὥσπερ ἓν ὄντων—καθάπερ Ἐμπεδοκλῆς ἔφη "ᾗ πολλῶν μὲν κόρσαι ἀναύχενες ἐβλάστησαν", ἔπειτα συντίθεσθαι τῇ φιλίᾳ, οὕτω καὶ ταῦτα κεχωρισμένα

8 δύναμίς + ἐστιν **C** ἐκεῖνο L : ἐκείνοις XS^{p} 10 ὥσπερ codd. P^{cp}Σ : om. T^{p} πάσῃ Theoph. ap. T τι codd. P^{c} : om. Σ ὕλη + ἐν Σ 11 ὃ **E**UP^{c}Σ : τὸ CX : ὅ τε P^{c} ἐκεῖνο E^{1} 12 καὶ + τὸ L τῷ] ὁ τῷ CL : ὅτω X 16 ὄντα om. T^{c} 18 ἀπαθὴς καὶ ἀμιγής **E**S^{p}T^{p}S^{c} in *De Caelo* : ἀμιγὴς καὶ ἀπαθής **C**P^{p}Σ ἐνέργεια UP^{p}S^{c}T^{c}S^{c} in *Phys.* S^{c} in *De Caelo* Theoph. ap. *Π* : ἐνεργείᾳ **E**CXP^{c} 19–20 δ' αὐτό **E**Σ : αὐτὸ δ' **C** 21 οὐδὲ **C**Σ : οὐ **E**P^{c} : οὐδὲ ἐν T^{c} 22 οὐχ **CE**P^{p}T^{c}Σ Alex. Plotinus Marinus ap. Ph. : om. S^{c}Σ Plut. ap. Ph. 24–431^{b}17 μνημονεύομεν . . . ἐκεῖνα desunt in E 25 οὐδὲ X 27 καὶ^{2}] ἤδη T : ἤδη καὶ **C** 28 ἤδη + τῶν L Dexipp.^{c} in *Cat.* 29 ᾗ] ἡ LUX 30 συντεθεῖσαι S^{c}

一的（对于理性并不永不间断地在思维的原因仍然有待我们加以探究）。[40] 但是，对那些具有质料的事物来说，[41] 每一个都在潜能的意义上是可理解的对象。因此，这些事物并不具有理性（因为理性是与这些事物相关的无质料的能力），而理性也会成为思维的对象。

第 5 章

［**主动理性**］因为在全部自然中，[1] 一方面存在着作为每一类事物的质料的东西（这就是那潜在地是这一切的事物），[2] 另一方面，存在着另外一些作为这些事物的原因和制作者的东西，因为它制作一切，[3] 就像技艺作用到其质料一样，[4] 这种区别必然也出现在灵魂中。[5] 如此，存在着这样一种理性，它可以成为一切，还存在着另外一种理性，它制作一切，[6] 如一种习性状态，就像光一样。[7] 光以某种固定的方式将潜在的颜色转变为现实的颜色。[8]

这种理性是分离的、不受作用的、不混合的，而且在本质上就是现实活动。[9] 因为主动起作用者永远比受动者更为尊贵，就如本原永远都优越于质料一样。现实的知识与其对象是同一个，尽管那在潜能状态中的知识对于一个个体来说在时间上更早一些，但是，在总体上来说，并不是在时间上更早。然而，理性并不是一时思维，一时又不思维。只有作为一个在分离状态中而存在的理性才是其本真之所是，只有这个理性才是不死而永恒的（但是我们对其却没有丝毫记忆，因为这个理性是不受作用的，而被动理性是可死的）。[10] 没有这个，［我们］便不能思维任何东西。[11]

第 6 章

［**对不可分的对象的思维**］对于不可分的对象的思维属于那些在其中不可能发生错误的事物，[1] 而在那些既可以正确，也可以错误的事物中就已经存在着一种思维对象的综合了，就如成为一个统一体那样，[2] 亦如恩培多克勒所说的：“很多无颈的头颅长出来”，[3]

συντίθεται, οἷον τὸ ἀσύμμετρον καὶ ἡ διάμετρος· ἂν δὲ γενομένων ἢ ἐσομένων, τὸν χρόνον προσεννοῶν καὶ συντιθείς. τὸ γὰρ 430b
ψεῦδος ἐν συνθέσει ἀεί· καὶ γὰρ ἂν τὸ λευκὸν μὴ λευκὸν <φῇ, τὸ λευκὸν καὶ> τὸ μὴ λευκὸν συνέθηκεν. ἐνδέχεται δὲ καὶ διαίρεσιν φάναι πάντα. ἀλλ' οὖν ἔστι γε οὐ μόνον τὸ ψεῦδος ἢ ἀληθὲς ὅτι λευκὸς Κλέων ἐστίν, ἀλλὰ καὶ ὅτι ἦν ἢ ἔσται. τὸ δὲ ἓν ποιοῦν, τοῦτο ὁ νοῦς ἕκαστον. τὸ δ' ἀδιαίρετον ἐπεὶ διχῶς, ἢ δυνάμει ἢ ἐνεργείᾳ, οὐθὲν κωλύει νοεῖν τὸ ἀδιαίρετον ὅταν νοῇ τὸ μῆκος (ἀδιαίρετον γὰρ ἐνεργείᾳ), καὶ ἐν χρόνῳ ἀδιαιρέτῳ· ὁμοίως γὰρ ὁ χρόνος διαιρετὸς καὶ ἀδιαίρετος τῷ μήκει. οὔκουν ἔστιν εἰπεῖν ἐν τῷ ἡμίσει τί ἐνόει ἑκατέρῳ· οὐ γὰρ ἔστιν, ἂν μὴ διαιρεθῇ, ἀλλ' ἢ δυνάμει. χωρὶς δ' ἑκάτερον νοῶν τῶν ἡμίσεων διαιρεῖ καὶ τὸν χρόνον ἅμα· τότε δ' οἱονεὶ μήκη. εἰ δ' ὡς ἐξ ἀμφοῖν, καὶ ἐν τῷ χρόνῳ τῷ ἐπ' ἀμφοῖν [τὸ δὲ μὴ κατὰ τὸ ποσὸν ἀδιαίρετον ἀλλὰ τῷ εἴδει νοεῖ ἐν ἀδιαιρέτῳ χρόνῳ καὶ ἀδιαιρέτῳ τῆς ψυχῆς]· κατὰ συμβεβηκὸς δέ, καὶ οὐχ ᾗ ἐκεῖνα διαιρετὰ ὃ νοεῖ καὶ ἐν ᾧ χρόνῳ, ἀλλ' ᾗ ἀδιαίρετα· ἔνεστι γὰρ κἀν τούτοις τι ἀδιαίρετον, ἀλλ' ἴσως οὐ χωριστόν, ὃ ποιεῖ ἕνα τὸν χρόνον καὶ τὸ μῆκος. καὶ τοῦθ' ὁμοίως ἐν ἅπαντί ἐστι τῷ συνεχεῖ, καὶ χρόνῳ καὶ μήκει.

<τὸ δὲ μὴ κατὰ τὸ ποσὸν ἀδιαίρετον ἀλλὰ τῷ εἴδει νοεῖ ἐν ἀδιαιρέτῳ χρόνῳ καὶ ἀδιαιρέτῳ τῆς ψυχῆς.>

ἡ δὲ στιγμὴ καὶ πᾶσα διαίρεσις, καὶ

31 συντίθεσθαι C   διάμετρος + ἢ τὸ σύμμετρον καὶ ἡ διάμετρος S^{c}
430b 1 τῶν χρόνων X   πρὸς ἓν νοῶν LX   καὶ συντιθείς codd. S^{c}: συντίθησι Torstrik   2 ἀεί om. X   2–3 τὸ λευκὸν μὴ λευκόν, καὶ λευκὸν τὸ μὴ λευκόν, συνέθηκεν Vahlen   φῇ . . . καὶ addidi   4 τὸ om. L   5 ἔσται] ἐστί X   δὴ X   6 ἑκάστοτε Jackson   ἢ CLS^{p}: ἢ τὸ UX   7 τὸ διαιρετὸν ἢ ἀδιαίρετον, οἷον ὅταν Torstrik, fort. P^{p} 9 καὶ ἀδιαίρετος om. X   10 ἐννοεῖ UXS^{p} 12 τῶν ἡμίσεων ante ἑκάτερον U, om. CX   τόδε X   13 μήκη UXS^{c}: μήκει CLP^{c} ὡς om. UX   ἐν om. C   τῷ^{2}] τὸ U   14–15 τὸ^{1} . . . ψυχῆς post 20 μήκει transp. Bywater   14 τὸ^{2} om. CU   διαιρετὸν Wallace   15 διαιρετῷ χρόνῳ X   ψυχῆς + νοήσει T^{p} 16 ὃ Vicomercatus: ᾧ codd.   17 ᾗ] ἢ X   ἔνεστι γὰρ om. X 20^{a}–20^{b} τὸ . . . ψυχῆς ex 14–15 transp. Bywater

而它们通过友爱而聚合一起，[4] 同样地，那在分离状态中的理性的思维对象也是这样被结合起来，就如不可约分的东西与对角线；[5] 如果理性思维的是有关过去的或行将出现的事物，那么我们就必须 430b 也将时间考虑在内，并做出一个判断。[6]

因为错误总是存在于综合之中，哪怕一个人认为白色的东西不是白色的，他也将白和非白综合在一起了。[7] 我们也可以认为所有的判断都是一种分开。[8] 无论如何，真或假不只是存在于“克勒翁是白皮肤的”这里，[9] 而是也适用于他曾是和他将是的说法中。那形成统一体的事物在任何情况下都绝对是理性。[10] 既然不可分的事物有如下两种意义，或在潜能的意义上，或在现实的意义上，[11] 也就没有什么东西能够阻碍一个人去理解不可分的东西，当一个人理解长度的时候（因为它现实地是不可分的），[没有什么能阻止他] 在一个不可分的时间内来理解它，[12] 因为时间就像那长度一样既是可分的，也是不可分的。[13] 所以，要说出在时间的每一半中，一个人在理解什么是不可能的；因为，如果时间并不是可分的，那这些被分为两半的时间并不现实地存在，而只是潜在地存在。[14] 但是，如果一个人分别理解被分开的两半，那么他同时把时间也分开了，如此，那被分为两半的时间也就与长度相同了。[15] 如果我们把对象理解为由两个部分组合而成的一个整体，那么我们就会在与这两个部分相对应的时间内来理它。当我们理解那些并非在量上不可分，而是在形式上不可分的事物，[16] 一个人是在不可分的时间内通过灵魂的一个不可分的能力来理解它。[17] 但是，我们是在偶性的意义上，而不是根据事物的本性来理解；但是，一个人所理解的对象和他理解时所用的时间在偶性的意义上是可分的，而就这些事物的自身本性而言则是不可分的；[18] 因为，在它们中存在着一些不可分的东西，[19] 尽管并非分离地单独存在着，但是，它们将时间和长度统一起来形成一个整体。同样地，在所有那些有连续性的事物中，在时间上和长度上也是这样。

点和所有分割，以及任何在这种方式上不可分的事物 [20] 可以被

τὸ οὕτως ἀδιαίρετον, δηλοῦται ὥσπερ ἡ στέρησις. καὶ ὅμοιος ὁ λόγος ἐπὶ τῶν ἄλλων, οἷον πῶς τὸ κακὸν γνωρίζει ἢ τὸ μέλαν· τῷ ἐναντίῳ γάρ πως γνωρίζει. δεῖ δὲ δυνάμει εἶναι τὸ γνωρίζον καὶ †ἐνεῖναι ἐν αὐτῷ†. εἰ δέ τινι μηδὲν ἔστιν ἐναντίον †τῶν αἰτίων†, αὐτὸ ἑαυτὸ γινώσκει καὶ ἐνέργειά ἐστι καὶ χωριστόν. ἔστι δ' ἡ μὲν φάσις τι κατά τινος, ὥσπερ καὶ ἡ ἀπόφασις, καὶ ἀληθὴς ἢ ψευδὴς πᾶσα· ὁ δὲ νοῦς οὐ πᾶς, ἀλλ' ὁ τοῦ τί ἐστι κατὰ τὸ τί ἦν εἶναι ἀληθής, καὶ οὐ τὶ κατά τινος· ἀλλ' ὥσπερ τὸ ὁρᾶν †τοῦ ἰδίου† ἀληθές, εἰ δ' ἄνθρωπος τὸ λευκὸν ἢ μή, οὐκ ἀληθὲς ἀεί, οὕτως ἔχει ὅσα ἄνευ ὕλης.

431^{a} Τὸ δ' αὐτό ἐστιν ἡ κατ' ἐνέργειαν ἐπιστήμη τῷ πράγ- 7
ματι. ἡ δὲ κατὰ δύναμιν χρόνῳ προτέρα ἐν τῷ ἑνί, ὅλως δὲ οὐδὲ χρόνῳ· ἔστι γὰρ ἐξ ἐντελεχείᾳ ὄντος πάντα τὰ γινόμενα.—φαίνεται δὲ τὸ μὲν αἰσθητὸν ἐκ δυνάμει ὄντος τοῦ αἰσθητικοῦ ἐνεργείᾳ ποιοῦν· οὐ γὰρ πάσχει οὐδ' ἀλλοιοῦται. διὸ ἄλλο εἶδος τοῦτο κινήσεως· ἡ γὰρ κίνησις τοῦ ἀτελοῦς ἐνέργεια, ἡ δ' ἁπλῶς ἐνέργεια ἑτέρα, ἡ τοῦ τετελεσμένου.—τὸ μὲν οὖν αἰσθάνεσθαι ὅμοιον τῷ φάναι μόνον καὶ νοεῖν· ὅταν δὲ ἡδὺ ἢ λυπηρόν, οἷον καταφᾶσα ἢ ἀποφᾶσα διώκει ἢ φεύγει· καὶ ἔστι τὸ ἥδεσθαι καὶ λυπεῖσθαι τὸ ἐνεργεῖν

24 ἐνεῖναι ἐν αὐτῷ CUP^{p}S^{c}: ἓν εἶναι ἐν αὐτῷ LX: ἐνεῖναι αὐτῷ W: μὴ ἓν εἶναι αὐτῶν Torstrik: ἓν εἶναι αὐτῷ Biehl: ἐναντίον εἶναι ἐν αὐτῷ Bywater: ἐκεῖνα ἐν αὐτῷ ci. Förster: an ἐκεῖνο αὐτό? τινι μηδὲν scripsi: τινι μὴ codd.: τι μηδενὶ Torstrik 25 τῶν αἰτίων secl. Zeller: τῶν ὄντων Torstrik αὐτο αὐτο LU ἐνέργειά S^{p}T^{p}: ἐνεργείᾳ codd. 26 κατάφασις Torstrik τι] τις L ἡ W: om. cet. 27 ἀπόφασις Torstrik: κατάφασις codd. P^{c} ἢ] καὶ L 28 ἐστιν ἢ κατὰ X 29 τοῦ ἰδίου CLP^{c}: τὸ δι C^{2}V: an τι λευκὸν? 431^{a}1–^{b}19 Hoc caput has partes, sine cura scriptas et sine connexu sensus conglutinatas, continere arguit Torstrik: 431^{a}1–4, 4–7, 8–16, 16–17, 17–20, 20–^{b}1, ^{b}2–12, 12–17, 17–19: melius sic dividitur: 431^{a}1–4, 4–7, 8–17, 17–20, 20–^{b}1, ^{b}2–12, 12–19 1–3 Τὸ . . . γινόμενα susp. Al. ap. Ph.: defendunt P^{c}S^{c} 1 αὐτὸ δ' C 2 ποτέρα U ἔνι ᾧ C ἁπλῶς P^{v} 3 ἐντελεχείας ὄντως X 4 αἰσθητήριον ἐν X 6 εἶδος τοῦτο LS^{p}: τοῦτο εἶδος CUT^{c}: τοῦτο X 7 ἐνέργεια^{1} + ἦν C ἡ^{2} CUS^{p}T^{c}: ἣ X: om. L 8 τῷ] τὸ X 10 ἀποφεύγει C καὶ^{2}] ἢ CUS^{c}

理解为缺失，[21] 同样地，这个概念也适用于其他事物，比如一个人如何认识恶与黑，[22] 因为，在某种意义上来说，一个人是通过其相反者来认识它们的。[23] 去认识的主体［或理性］必须潜在地是［相反者］，而且在自身之内就包含着相反者。[24] 但是，如果存在着一些没有相反者的事物，那么它就会认识自身，就是现实的活动，并分离地独自存在。[25]

因此，任何一种肯定都与某个主词和谓词相关，否定的陈述也是如此，[26] 并且总是或真或假；[27] 但是，理性并不是在任何情况都是这样，对于事物的本质意义上的“是什么”的理解总是真的，这并不关乎用一物来谓述另外一物，[28] 而就像视觉看到专有的对象永远是真的，当然，至于这个白色物是或不是一个人，这并不永远为真，[29] 同样地，对那些没有质料的事物的理解也是这样。[30]

第 7 章[1]

［**普遍的认识**］现实的知识与其对象是同一个，而潜在的知识 431a
在时间上在具体的个体那里是更早的，但是在作为一个整体的人类而言，它并不在时间上更早，因为所有的生成之物都是出于某个现实存在的事物。[2] 很明显地，可感对象将感觉能力从潜在性的存在转变为现实性的存在，并且在这个过程中，感觉能力并没有受到什么作用，也未发生什么变化。[3] 因此，这是与运动不同的另一种活动形式，因为运动就是未完成的事物的实现活动，而绝对的现实活动，即完备的事物的现实活动则是另一种不同的活动。[4]

因此，感觉活动就好像是某种单纯的断言与思维活动，[5] 但是，如果某物是令人快乐的或令人痛苦的，灵魂就会予以肯定或否定，也就相应地欲求或躲避它。[6] 感受快乐与痛苦就是感觉能力的中道

τῇ αἰσθητικῇ μεσότητι πρὸς τὸ ἀγαθὸν ἢ κακόν, ᾗ τοιαῦτα. καὶ ἡ φυγὴ δὲ καὶ ἡ ὄρεξις ταὐτό, ἡ κατ' ἐνέργειαν, καὶ οὐχ ἕτερον τὸ ὀρεκτικὸν καὶ τὸ φευκτικόν, οὔτ' ἀλλήλων οὔτε τοῦ αἰσθητικοῦ· ἀλλὰ τὸ εἶναι ἄλλο. τῇ δὲ διανοητικῇ ψυχῇ τὰ φαντάσματα οἷον αἰσθήματα ὑπάρχει. ὅταν δὲ ἀγαθὸν ἢ κακὸν φήσῃ ἢ ἀποφήσῃ, φεύγει ἢ διώκει. διὸ οὐδέποτε νοεῖ ἄνευ φαντάσματος ἡ ψυχή.—ὥσπερ δὲ ὁ ἀὴρ τὴν κόρην τοιανδὶ ἐποίησεν, αὕτη δ' ἕτερον, καὶ ἡ ἀκοὴ ὡσαύτως, τὸ δὲ ἔσχατον ἕν, καὶ μία μεσότης, τὸ δ' εἶναι αὐτῇ πλείω . . . —τίνι δ' ἐπικρίνει τί διαφέρει γλυκὺ καὶ θερμόν, εἴρηται μὲν καὶ πρότερον, λεκτέον δὲ καὶ ὧδε. ἔστι γὰρ ἕν τι, οὕτω δὲ ὡς ὁ ὅρος, καὶ ταῦτα, ἓν τῷ ἀνάλογον καὶ τῷ ἀριθμῷ ὄντα, ἔχει ⟨ἑκάτερον⟩ πρὸς ἑκάτερον ὡς ἐκεῖνα πρὸς ἄλληλα· τί γὰρ διαφέρει τὸ ἀπορεῖν πῶς τὰ μὴ ὁμογενῆ κρίνει ἢ τὰ ἐναντία, οἷον λευκὸν καὶ μέλαν; ἔστω δὴ ὡς τὸ *Α* τὸ λευκὸν πρὸς τὸ *Β* τὸ μέλαν, τὸ *Γ* πρὸς τὸ *Δ* [ὡς ἐκεῖνα πρὸς ἄλληλα]· ὥστε καὶ ἐναλλάξ. εἰ δὴ τὰ *ΓΑ* ἑνὶ εἴη ὑπάρχοντα, οὕτως ἕξει, ὥσπερ καὶ τὰ *ΔΒ*, τὸ αὐτὸ μὲν καὶ ἕν, τὸ δ' εἶναι οὐ τὸ αὐτό—κἀκεῖνα ὁμοίως. ὁ δ' αὐτὸς λόγος καὶ εἰ τὸ μὲν *Α* τὸ γλυκὺ εἴη, τὸ δὲ *Β* τὸ λευκόν. 431^b

11 ἢ κακόν om. C^1 ᾗ τοιαῦτα CUP^c: ἢ τοιούτου L: ἢ τὰ τοιαῦτα S^{cp}: om. X 12 ἡ om. L δὲ om. C: δὴ UX τοῦτο U 13 τὸ^2 LS^pT^p: om. **C** 16 φησὶν ἢ ἀπόφησι CX: κατάφησιν. ἢ ἀπόφησιν U φεύγει] καὶ φεύγει **C** 17 φαντάσματος codd. T^p: φαντασίας S^c ὥσπερ . . . 20 πλείω sententia non completa 17 ὡς Förster 18 αὐτὴ C 19 αὐτῇ om. UX^1 21 ὧδε] νῦν CP^pS^p 22 ὥσπερ P^p, + καὶ S^p: καὶ CLX ὁ om. L καὶ ταῦτα ἓν τῷ ἀνάλογον. καὶ τὸ ἀριθμῷ ἓν ἔχει Jackson ἓν CUS^p: ἐν LX καὶ τῷ CP^p: ἢ τῷ LS^p: ἢ UX 23 ὄντα scripsi: ὄν S^c: ὂν codd. ἑκάτερον addidi ἑκάτερα XS^c ὡς] ᾗ S^c 24 πῶς om. X^1 μὴ LUXΣ: om. CS^p 25 *Α*] πρῶτον P^c 26 πρὸς] καὶ C *Β* . . . *Γ*] δεύτερον . . . τρίτον P^c πρὸς] ἀέρος X *Δ*] τέταρτον P^c ὡς . . . 27 ἄλληλα secl. Christ: habent codd. P^c 27 τὰ om. UX *ΓΑ* . . . 28 *ΔΒ* ut v. P^p: *ΓΔ* . . . *ΑΒ* codd. 27 ἑνὶ] ἐν C 28 οὕτως] καὶ C τὰ] τὸ C 29 καὶ ἓν CLP^c: om. UX δ' hic CLP^c, post εἶναι U: om. X κἀκεῖνα Pacius: κἀκεῖνο codd. 431^b 1 καὶ] κἂν UXS^c μὲν τὸ UX: τὸ S^c

在关于善与恶的事物的现实活动，且就它们是这样的事物而言。[7]而现实的欲求与现实的躲避是一回事儿，并且欲求能力与躲避能力既非彼此有什么不同，亦非与感觉能力有什么不同，但是，它们的本质则有不同。[8]

想象内容对于理性灵魂来说就像是可感对象那样。只要当灵魂肯定或否定某物是好的或坏的，它就会相应地欲求或躲避它。[9]因此，灵魂如若没有想象内容就不能思维。[10]就像空气使瞳孔处于这样一种状态，而瞳孔又使其他事物也处于这种状态，而［空气］同样使听觉处于这种状态［，而视觉使其他事物也处于这种状态］。但是，最终的能力是一个，且这个中道也是一个，[11]尽管视觉所涉及的中道与听觉所涉及的中道是不同的。[12]

灵魂凭着哪个部分来辨别甜和热的差异，[13]我们虽然已经在前面做过解释，[14]但是，在这里我们有必要对此问题再次进行说明。这是某个单一的东西，就像界限之所是。[15]那在类比上和在数字上是一的两种特性彼此之间的关系就像甜与热的关系那样。[16]在灵魂如何来区分那属于不同（感觉）种类的对象的问题与灵魂如何区分比如白与黑这样的相反者的问题之间究竟有什么区别呢？[17]让我们假设，如果 A—白色与 B—黑色的关系就像 C 与 D 的关系，那么我们就会得出关系项的互换［C 与 A 的关系就像 D 与 B 的关系］。如果 C 与 A 属于同一个对象，那么 C 之所是与 A 之所是就是相同的，D 之所是与 B 之所是亦然。[18]但是，尽管二者的关系是一个且同一个，但是就其本质而言，它们却是不同的。[19]同样的说明也适用于“甜”和“白”，如果 A 代表甜，B 代表白。[20] 431b τὰ μὲν οὖν εἴδη τὸ νοητικὸν ἐν τοῖς φαντάσμασι νοεῖ, καὶ ὡς ἐν ἐκείνοις ὥρισται αὐτῷ τὸ διωκτὸν καὶ φευκτόν, καὶ ἐκτὸς τῆς αἰσθήσεως, ὅταν ἐπὶ τῶν φαντασμάτων ᾖ, κινεῖται· οἷον αἰσθανόμενος τὸν φρυκτὸν ὅτι πῦρ, τῇ κοινῇ γνωρίζει, ὁρῶν κινούμενον, ὅτι πολέμιος· ὁτὲ δὲ τοῖς ἐν τῇ ψυχῇ φαντάσμασιν ἢ νοήμασιν, ὥσπερ ὁρῶν, λογίζεται καὶ βουλεύεται τὰ μέλλοντα πρὸς τὰ παρόντα· καὶ ὅταν εἴπῃ ὡς ἐκεῖ τὸ ἡδὺ ἢ λυπηρόν, ἐνταῦθα φεύγει ἢ διώκει—καὶ ὅλως ἓν πράξει. καὶ τὸ ἄνευ δὲ πράξεως, τὸ ἀληθὲς καὶ τὸ ψεῦδος, ἐν τῷ αὐτῷ γένει ἐστὶ τῷ ἀγαθῷ καὶ τῷ κακῷ· ἀλλὰ τῷ γε ἁπλῶς διαφέρει καὶ τινί.—τὰ δὲ ἐν ἀφαιρέσει λεγόμενα ὥσπερ, εἴ <τις> τὸ σιμὸν ᾗ μὲν σιμὸν οὔ, κεχωρισμένως δὲ ᾗ κοῖλον [εἴ τις] ἐνόει ἐνεργείᾳ, ἄνευ τῆς σαρκὸς ἂν ἐνόει ἐν ᾗ τὸ κοῖλον—οὕτω τὰ μαθηματικά, οὐ κεχωρισμένα <ὄντα>, ὡς κεχωρισμένα νοεῖ, ὅταν νοῇ <ᾗ> ἐκεῖνα. ὅλως δὲ ὁ νοῦς ἐστιν ὁ κατ' ἐνέργειαν τὰ πράγματα. ἆρα δ' ἐνδέχεται τῶν κεχωρισμένων τι νοεῖν ὄντα αὐτὸν μὴ κεχωρισμένον μεγέθους, ἢ οὔ, σκεπτέον ὕστερον.

Νῦν δέ, περὶ ψυχῆς τὰ λεχθέντα συγκεφαλαιώσαντες, 8
εἴπωμεν πάλιν ὅτι ἡ ψυχὴ τὰ ὄντα πώς ἐστι πάντα· ἢ γὰρ αἰσθητὰ τὰ ὄντα ἢ νοητά, ἔστι δ' ἡ ἐπιστήμη μὲν

3 ὥριστο UXS^c αὐτῶ C 4 αἰσθήσεως + ὂν **C** ἢ X 5 τῇ κοινῇ CLUP^{c}S^c: τῇ κόρῃ ut v. X^1: τῇ κινήσει Basiliensis: del. Bywater 6 ὅτε CL 8 βούλεται U 9 ἢ^1 + τὸ L 10 ἓν scripsi: ἐν codd.S^c 11 τὸ om. L τῷ^3 om. CS^c 12 τὸ CL γε om. **C** ἐν LP^{c}S^c: om. **C**T 13 ὥσπερ + ἂν CL τις add. et 14 κεχωρισμένως del. Bywater 14 δὲ ᾗ κοῖλον scripsi: ᾗ δὲ κοῖλον CLUT^p: ᾗ δὲ καμπύλον P^{p}S^p: εἰ δὲ καμπύλον X εἴ τις CUS^p: εἴ τι L: om. X ἐνεργείᾳ + νοῶν Bywater 15 ἐννοῇ X ἐν ᾗ om. U 16 οὐ κεχωρισμένα CUP^{c}S^c: οὐ κεχωρισμένα τῇ ὑποστάσει L et ut v. T^p: τῶν οὐ κεχωρισμένων X: οὐ κεχωρισμένως S^v ὄντα addidi ὡς κεχωρισμένα UXP^{c}S^c et ut v. T^p: ὡσεὶ κεχωρισμένω C^1: ὡς κεχωρισμένως S^v: om. L νοεῖ] ἐνόει L ᾗ add. Bonitz 17 ἐκεῖνος X ὅλως: hic redit E πράγματα **E**UXP^{cp}: + νοῶν CS^p 18 αὐτὸν ὄντα **C** κεχωρισμεγέθους E^1 21 ἐστι πάντα **E**CUP^c: ἐστιν ἅπαντα XT ἢ γὰρ **C**P^{p}T^p: γὰρ ἢ **E**Σ: πάντα γὰρ ἢ ci. Torstrik 22 τὰ om. C δ' **C**T^{p}Σ: δὴ **E**

现在，理性能力理解或认识这些存在于心灵图像中的形式，就像那被欲求的对象和要避免的对象在心灵图像中被界定那样，甚至在我们没有现实地感知到它们的情况下，只要我们有心灵图像，它仍然会驱使我们行动。比如，一个人看到一个火光，觉察到这是火在燃烧，那么他可以借助共通感而看到火在移动，他就可以认识到这是敌人。[21] 有时，一个人通过灵魂里的心灵图像或思想内容进行思虑，就像他亲眼看到它们一样，并且基于当下存在的情况对未来之事进行计算和筹划。如果一个人认为在彼处存在着某些令人快乐或令人痛苦的事物，那么在此处他就会欲求或逃避它。[22] 普遍地来说，我们都会做一个具体的事情。[23]

那些不关涉实践事物的真假与善恶一样属于同一个类，它们的差别就在于前者是绝对的，而后者则只是相对于具体的个人而言。[24] 一个人对那些被认为是抽象的事物的理解就好像他在理解“塌鼻子”那样，[25] 不是就它作为“塌鼻子”来思维，而是将其视为某种可分离的事物；当一个人现实地理解时，他就会将“凹陷”依存于其上的血肉分离出来而理解“凹陷”。[26] 我们可以用同样的方式来理解数学对象，尽管它们并不能分离地存在，但是，当一个人就其自身来理解它们时，就仿佛它们是可分离的那样。在普遍的意义上来说，现实活动中的理性与其对象是同一个，[27] 至若自身不能脱离空间上的量度而存在的一个人是否能够理解那分离的事物，这个问题我们必须留待后面再作论述。[28]

第 8 章

［**感觉与理性的现实活动之比较**］现在，让我们对灵魂所作的探究进行总结，[1] 灵魂在某种意义上来说就是万般诸有或一切存在；因为这些存在者要么是可感的对象，要么是可理解的对象，而知识在某种确切的意义上来说就是认识的对象，[2] 感觉也就是感知的对象。[3] 我们有必要去探究情况何以如此。

τὰ ἐπιστητά πως, ἡ δ' αἴσθησις τὰ αἰσθητά· πῶς δὲ τοῦτο, δεῖ ζητεῖν. τέμνεται οὖν ἡ ἐπιστήμη καὶ ἡ αἴσθησις εἰς τὰ πράγματα, ἡ μὲν δυνάμει εἰς τὰ δυνάμει, ἡ δ' ἐντελεχείᾳ εἰς τὰ ἐντελεχείᾳ. τῆς δὲ ψυχῆς τὸ αἰσθητικὸν καὶ τὸ ἐπιστημονικὸν δυνάμει ταὐτά ἐστι, τὸ μὲν ‹τὸ› ἐπιστητὸν τὸ δὲ ‹τὸ› αἰσθητόν. ἀνάγκη δ' ἢ αὐτὰ ἢ τὰ εἴδη εἶναι. αὐτὰ μὲν δὴ οὔ· οὐ γὰρ ὁ λίθος ἐν τῇ ψυχῇ, ἀλλὰ τὸ εἶδος· ὥστε ἡ ψυχὴ ὥσπερ ἡ χείρ ἐστιν· καὶ γὰρ ἡ χεὶρ 432a ὄργανόν ἐστιν ὀργάνων, καὶ ὁ νοῦς εἶδος εἰδῶν καὶ ἡ αἴσθησις εἶδος αἰσθητῶν. ἐπεὶ δὲ οὐδὲ πρᾶγμα οὐθὲν ἔστι παρὰ τὰ μεγέθη, ὡς δοκεῖ, τὰ αἰσθητὰ κεχωρισμένον, ἐν τοῖς εἴδεσι τοῖς αἰσθητοῖς τὰ νοητά ἐστι, τά τε ἐν ἀφαιρέσει λεγόμενα καὶ ὅσα τῶν αἰσθητῶν ἕξεις καὶ πάθη. καὶ διὰ τοῦτο οὔτε μὴ αἰσθανόμενος μηθὲν οὐθὲν ἂν μάθοι οὐδὲ ξυνείη, ὅταν τε θεωρῇ, ἀνάγκη ἅμα φάντασμά τι θεωρεῖν· τὰ γὰρ φαντάσματα ὥσπερ αἰσθήματά ἐστι, πλὴν ἄνευ ὕλης. ἔστι δ' ἡ φαντασία ἕτερον φάσεως καὶ ἀποφάσεως· συμπλοκὴ γὰρ νοημάτων ἐστὶ τὸ ἀληθὲς ἢ ψεῦδος. τὰ δὲ πρῶτα νοήματα τί διοίσει τοῦ μὴ φαντάσματα εἶναι; ἢ οὐδὲ τἆλλα φαντάσματα, ἀλλ' οὐκ ἄνευ φαντασμάτων.

24 ζητεῖν δεῖ U   τέμνει LΣ et ut v. E^{1} εἰς om. EXΣ   25 ἡ] εἰ E^{1} τὰ δυνάμει **C**P^{p}S^{p}T^{p}: δυνάμεις **E**Σ   26 τὰ ἐντελεχείᾳ CP^{p}S^{p}T^{p}: τὰς ἐντελεχείας UXΣ: ἐντελεχείας **E**   τό^{2} CΣ: om. **E**UX   27 ταῦτά ἐστι, τὸ μὲν ἐπιστητῷ τὸ δὲ αἰσθητῷ Chandler   ταὐτά **C**Σ: ταὐτόν **E**   τὸ^{2} add. Hayduck   ἐπιστημονικὸν U   28 τὸ add. Hayduck   αἰσθητόν **E**CΣ: αἰσθητικόν UX   ἢ^{2} om. X   εἶναι] ἐστιν X   29 μὲν **E**P^{c}: +γὰρ **C**   ὁ **C**P^{p}Σ: om. **E**T^{p} 432^{a} 1 ὥσπερ] ὡς C   ἐστιν om. C   2 εἶδος LUXS^{c}Σ: ἐστιν εἶδος C: om. E   εἰδῶν+νοητῶν Bywater   3 δὲ om. C^{1} οὐδὲ] οὕτω S^{c} 5 τὸ νοητὸν X   ἐν WyS^{c}: om. **CE**P^{c}T^{p} 6 ἕξεις **E**UP^{c}S^{c}: ἕξις CX   καὶ] ἢ P^{c} 7 μὴ om. C^{1} αἰσθανόμενον **E**   μηθὲν om. C   8 οὐδὲ] οὐδ' ἂν P^{c} ξυνείη P^{1}: ξυνίη **C**LP^{c}: ξυνίοι E   ἅμα] ἄρα UX   φάντασμά τι CLUP^{p}S^{p}: φαντάσματι ET^{p}: φαντάσματα X   9 εἰσὶ X   10–11 καὶ ἀποφάσεως om. UX   10–11 ἐστι νοημάτων U   12 νοήματα om. X   τί CUP^{p}T^{p} Amm. in *De Int.*: τίνι **E**: om. X   φάντασμα E   13 τἆλλα] ταῦτα T

知识与感觉这两者都可以根据各自的对象而被区分开来，作为潜能的［知识与感觉］就与那些潜在的事物相关，而现实的［知识和感觉］就与现实的事物相关。[4] 灵魂的感觉能力与认识能力在潜能的意义上都与其相关的对象同一，一个是感觉对象，另一个是认识对象。认识能力与感觉能力要么是对象本身，要么是对象的形式；但是，它们不可能是事物自身，因为并非石头存在于灵魂内，而是其形式。[5] 因此，灵魂如手，手则是使用工具的工具，[6] 而直觉理性是形式的形式，感觉则是可感对象的形式。[7]

既然在可感的有空间的量度的事物之外，看起来并没有什么事物分离地存在，[8] 而理性的认识对象又存在于可感的形式之内，无论是那些可以被抽象地表述的事物，还是可感的事物的状态和属性。[9] 因此，如果一个人不能感知到任何事物，那么他就既不能学习，亦不能理解任何事物。[10] 如果一个人进行沉思活动，他就必然会同时想到一个心灵图像，[11] 因为心灵图像就像感觉对象一样，只是没有质料。[12] 但是，想象并不同于肯定的断言和否定的断言，因为真实与虚假是一种理解对象的联结。[13] 但是，是什么使最初的可理解对象[14] 与心灵图像区分开来的呢？事实上，尽管这些可理解对象不是心灵图像，但是，它们并不能离开心灵图像而存在。[15]

Ἐπεὶ δὲ ἡ ψυχὴ κατὰ δύο ὥρισται δυνάμεις ἡ τῶν 9
ζῴων, τῷ τε κριτικῷ, ὃ διανοίας ἔργον ἐστὶ καὶ αἰσθήσεως, καὶ ἔτι τῷ κινεῖν τὴν κατὰ τόπον κίνησιν, περὶ μὲν αἰσθήσεως καὶ νοῦ διωρίσθω τοσαῦτα, περὶ δὲ τοῦ κινοῦντος, τί ποτέ ἐστι τῆς ψυχῆς, σκεπτέον, πότερον ἕν τι μόριον αὐτῆς χωριστὸν ὂν ἢ μεγέθει ἢ λόγῳ, ἢ πᾶσα ἡ ψυχή, κἂν εἰ μόριόν τι, πότερον ἴδιόν τι παρὰ τὰ εἰωθότα λέγεσθαι καὶ τὰ εἰρημένα, ἢ τούτων ἕν τι. ἔχει δὲ ἀπορίαν εὐθὺς πῶς τε δεῖ μόρια λέγειν τῆς ψυχῆς καὶ πόσα. τρόπον γάρ τινα ἄπειρα φαίνεται, καὶ οὐ μόνον ἅ τινες λέγουσι διορίζοντες, λογιστικὸν καὶ θυμικὸν καὶ ἐπιθυμητικόν, οἱ δὲ τὸ λόγον ἔχον καὶ τὸ ἄλογον· κατὰ γὰρ τὰς διαφορὰς δι᾿ ἃς ταῦτα χωρίζουσι, καὶ ἄλλα φανεῖται μόρια μείζω διάστασιν ἔχοντα τούτων, περὶ ὧν καὶ νῦν εἴρηται, τό τε θρεπτικόν, ὃ καὶ τοῖς φυτοῖς ὑπάρχει καὶ πᾶσι τοῖς ζῴοις, καὶ τὸ αἰσθητικόν, ὃ οὔτε ὡς ἄλογον οὔτε ὡς λόγον ἔχον θείη ἄν τις ῥᾳδίως. ἔτι δὲ τὸ φανταστικόν,
432b ὃ τῷ μὲν εἶναι πάντων ἕτερον, τίνι δὲ τούτων ταὐτὸν ἢ ἕτερον ἔχει πολλὴν ἀπορίαν, εἴ τις θήσει κεχωρισμένα μόρια τῆς ψυχῆς. πρὸς δὲ τούτοις τὸ ὀρεκτικόν, ὃ καὶ λόγῳ καὶ δυνάμει ἕτερον ἂν δόξειεν εἶναι πάντων. καὶ ἄτοπον δὴ τὸ τοῦτο διασπᾶν· ἔν τε τῷ λογιστικῷ γὰρ ἡ βούλησις γίνεται, καὶ ἐν τῷ ἀλόγῳ ἡ ἐπιθυμία καὶ ὁ θυμός· εἰ δὲ τρία ἡ ψυχή, ἐν ἑκάστῳ ἔσται ὄρεξις. καὶ δὴ καὶ περὶ οὗ νῦν ὁ λόγος ἐνέστηκε, τί τὸ κινοῦν κατὰ τόπον τὸ ζῷόν ἐστιν; τὴν μὲν γὰρ κατ᾿ αὔξησιν καὶ φθίσιν κίνησιν, ἅπασιν ὑπάρχουσαν,

15 ἡ^{2} om. **E**Σ 17 τῷ] τὸ C 20 ἢ^{1} **E**XS^{c}: om. CUΣ 23 τε om. L δὴ E λέγειν ψυχῆς X: ψυχῆς λέγειν CUΣ 24 ἃ] πόσα ἃ U^{1} 25 λέγοντες διορίζουσι C 27 ταῦτα **C**Σ: ταύτας **E** φανεῖται EΣ: φαίνεται **C**T^{p}: φαίνονται L 29 τε **E**Σ: om. **C** ὃ **E**CT^{p}Σ: om. UX 30 τὸ om. X ὃ om. U 31 θῇ X 432b 1 ὃ **E**Σ: om. **C**T^{p} τῷ **C**T^{p}Σ: τὸ **E** 3 ὀρεκτὸν X 4 πάντων om. C καὶ **E**XT^{p}Σ: om. CU δὲ C 5 τὸ **E**US^{p}T^{p}: om. CX 7 ἐστὶν X 9 αὔξιν E^{1} ἅπασιν ὑπάρχουσαν EΣ: αἳ πᾶσιν ὑπάρχουσι **C**L

第 9 章

［**欲求能力**］因为动物的灵魂是通过以下两种能力而被界定的，一种是做出区分的能力，[1] 这是理性和感觉的活动，另一种是进行位移运动的能力。[2] 我们对感觉和理性已经做了足够的讨论，现在，我们要探究灵魂里引起运动的能力，它是灵魂的何种能力，它是否是灵魂的某种或者在空间量度上或者在定义上可以分离的部分，[3] 或者是整个灵魂引起位移运动；如果它是灵魂的某个不同的部分，那么它是否是在那些人们通常提及的和我们在前面探究过的能力之外的一种专有能力，抑或就是这些能力中的一种。[4]

但是，这里立即就会产生这样一个难题，即我们是在何种意义上来言说灵魂的部分？以及有多少部分？在某种意义上来说，灵魂的部分好像是无限的，不仅仅如一些人所主张的那样，灵魂可以被分为理性部分、激情或血气部分和欲望部分，[5] 或者另有人将其分为有理性部分与非理性部分。[6] 根据他们赖以进行区分这些部分的特征来看，我们还会找到其他一些部分，它们之间的差异远比这些更大，关于这些部分，我们刚刚论述过，就是为所有植物和动物所具有的营养能力；还有那既不能轻易地被归入到非理性部分亦不能轻易地被归入到理性部分的感觉能力。[7] 除此之外，还包括想象能力的灵魂部分，这一部分在本质上来说与所有其他的部分都不相同，它与其中哪个部分相同，又与哪个部分不相同，是一个令人棘手的难题，如果我们设定灵魂的可分离部分存在的话。[8] 除了这些部分之外，欲求能力无论是在定义上还是在能力上都与其他所有的部分显得不同。将这个能力单独分割出来无疑是一种荒谬的做法，[9] 因为在灵魂的推算能力中有理性欲求——愿望，[10] 而在非理性的部分中有欲望和血气。[11] 如果我们承认灵魂有三个部分，那么在每个部分中就都会有欲求。

τὸ πᾶσιν ὑπάρχον δόξειεν ἂν κινεῖν, τὸ γεννητικὸν καὶ θρεπτικόν· περὶ δὲ ἀναπνοῆς καὶ ἐκπνοῆς, καὶ ὕπνου καὶ ἐγρηγόρσεως, ὕστερον ἐπισκεπτέον· ἔχει γὰρ καὶ ταῦτα πολλὴν ἀπορίαν. ἀλλὰ περὶ τῆς κατὰ τόπον κινήσεως, τί τὸ κινοῦν τὸ ζῷον τὴν πορευτικὴν κίνησιν, σκεπτέον. ὅτι μὲν οὖν οὐχ ἡ θρεπτικὴ δύναμις, δῆλον· ἀεί τε γὰρ ἕνεκά του ἡ κίνησις αὕτη, καὶ μετὰ φαντασίας καὶ ὀρέξεώς ἐστιν· οὐθὲν γὰρ μὴ ὀρεγόμενον ἢ φεῦγον κινεῖται ἀλλ' ἢ βίᾳ. ἔτι κἂν τὰ φυτὰ κινητικὰ ἦν, κἂν εἶχέ τι μόριον ὀργανικὸν πρὸς τὴν κίνησιν ταύτην. ὁμοίως δὲ οὐδὲ τὸ αἰσθητικόν· πολλὰ γὰρ ἔστι τῶν ζῴων ἃ αἴσθησιν μὲν ἔχει, μόνιμα δ' ἐστὶ καὶ ἀκίνητα διὰ τέλους. εἰ οὖν ἡ φύσις μήτε ποιεῖ μάτην μηθὲν μήτε ἀπολείπει τι τῶν ἀναγκαίων, πλὴν ἐν τοῖς πηρώμασι καὶ ἐν τοῖς ἀτελέσιν, τὰ δὲ τοιαῦτα τῶν ζῴων τέλεια καὶ οὐ πηρώματά ἐστιν (σημεῖον δ' ὅτι ἐστὶ γεννητικὰ καὶ ἀκμὴν ἔχει καὶ φθίσιν)—ὥστ' εἶχεν ἂν καὶ τὰ ὀργανικὰ μέρη τῆς πορείας. ἀλλὰ μὴν οὐδὲ τὸ λογιστικὸν καὶ ὁ καλούμενος νοῦς ἐστιν ὁ κινῶν· ὁ μὲν γὰρ θεωρητικὸς οὐθὲν θεωρεῖ πρακτόν, οὐδὲ λέγει περὶ φευκτοῦ καὶ διωκτοῦ οὐθέν, ἀεὶ δὲ ἡ κίνησις ἢ φεύγοντος ἢ διώκοντός τί ἐστιν. ἀλλ' οὐδ' ὅταν θεωρῇ τι τοιοῦτον, ἤδη κελεύει φεύγειν ἢ διώκειν, οἷον πολλάκις διανοεῖται φοβερόν τι ἢ ἡδύ, οὐ κελεύει δὲ φοβεῖσθαι, ἡ δὲ καρδία κινεῖται, ἂν δ' ἡδύ, ἕτερόν τι μόριον. ἔτι καὶ ἐπιτάττοντος 433^a
τοῦ νοῦ καὶ λεγούσης τῆς διανοίας φεύγειν τι ἢ διώκειν οὐ κινεῖται, ἀλλὰ κατὰ τὴν ἐπιθυμίαν πράττει, οἷον ὁ ἀκρατής.

10 καὶ θρεπτικόν **C**T^{p}Σ: om. **E** 11 καὶ^2 **C**LΣ: om. E 13 τί **C**LT^{p}Σ: om. E 15 τε CEP^{c}Σ: τὸ X: om. LUT^p ἡ om. E^1 16 καὶ U^{1}Σ: +ἢ **E**CXP^{c}S^c καὶ scripsi: ἢ codd. P^{c}S^c 17 ὀρεγόμενα L κἂν] καὶ C^{1}UX 19 δὴ CX 21 εἰ] ἡ L μήτε **E**US^{c}Σ: μήποτε C^{1}X 22 μήποτε ut v. C^1 τι **E**P^{p}T^{p}Σ: om. **C**S^c ἐν om. X 24 ἐστὶ om. **C**T^{p}Σ 26 λογιστικὸν] νοητικὸν L καὶ] ἃ καὶ L 27 κινῶν] ἐκείνων **E**^{1} θεωρεῖ **E**T^p: νοεῖ **C**Σ πρακτικόν Σ 28 διωκτοῦ καὶ φευκτοῦ U ἀεὶ δὲ ἡ] ἡ δὲ LT^{p}Σ: εἰ δὲ E 29 τί om. **E**XΣ 30 κελεύῃ X διώκειν ἢ φεύγειν **E** 433^a 3 πράττειν E ὁ **E**T^p: om. **C**

此外，还包括我们当前正在探讨的问题，那引起动物的位移运动的原则是什么？这些存在于一切动物中的生长和衰亡方面的运动显得是被那个所有动物都具有的生殖能力和营养能力的灵魂部分所推动的。[12] 关于吸气与呼气，以及沉睡和苏醒，我们会在后来的篇章中进行论述，并且对这些能力的讨论也包含着很多难题。[13]

但是，关于空间的运动，我们现在必须探究那引起动物的位移运动的原则是什么。[14] 显而易见的是，这种原则并不是植物的营养能力，因为运动总是为了某个目的，[15] 并且伴随着想象与欲求，[16] 那不在欲求某物或逃避某物的动物不会被推动，除非受到了外力的作用。否则的话，就连植物也会具有运动能力，也就会具有某个引起运动的器官部分了。[17]

同样地，亦不是感觉能力引起动物的位移运动，因为很多动物虽然都有感觉，但是却保持原地静止，而且终其一生都一动不动，[18] 如果自然既不会徒劳地做什么事，[19] 也不会遗漏了任何必要的事物，那些残缺不全的或没有发育完备的动物除外。[20] 我们在这里所说的动物是发育完善的、无残缺的[21]（这些动物有生育或繁衍能力，并且能够经历兴盛与衰亡，[22] 这就是一个很好的证明）。如此，它们也就必须具有相应的作为位移运动的身体器官。

亦非能够进行推理的灵魂能力是那引起运动的原则，人们将这一部分称之为理性；[23] 因为理论理性并不沉思那本属于实践领域之内的事情，[24] 而且亦不断言任何关于何者当避免和何者当欲求之事，而运动仅仅属于那要么逃避某物的、要么追求某物的［生命体］。哪怕当理性确实沉思这类相关的事物时，它也不会直接发布逃避和欲求的命令。[25] 比如，理性可以多次想象那令人恐惧和令人愉悦的事物，但是，它并不发布立即陷入恐惧的命令，尽管心脏受到推动。如果想到的是令人快乐的事物，那么身体的另外部分会受到推动。[26] 433a

再者，即便理性发布命令，而实践理性也说出应当躲避某物或应当欲求某物，我们也不会相应地做出行动，而是根据自己的欲望

καὶ ὅλως δὲ ὁρῶμεν ὅτι ὁ ἔχων τὴν ἰατρικὴν οὐκ ἰᾶται, ὡς ἑτέρου τινὸς κυρίου ὄντος τοῦ ποιεῖν κατὰ τὴν ἐπιστήμην, ἀλλ' οὐ τῆς ἐπιστήμης. ἀλλὰ μὴν οὐδ' ἡ ὄρεξις ταύτης κυρία τῆς κινήσεως· οἱ γὰρ ἐγκρατεῖς ὀρεγόμενοι καὶ ἐπιθυμοῦντες οὐ πράττουσιν ὧν ἔχουσι τὴν ὄρεξιν, ἀλλ' ἀκολουθοῦσι τῷ νῷ.

Φαίνεται δέ γε δύο ταῦτα κινοῦντα, ἢ ὄρεξις ἢ νοῦς, εἴ τις τὴν φαντασίαν τιθείη ὡς νόησίν τινα· πολλοὶ γὰρ παρὰ τὴν ἐπιστήμην ἀκολουθοῦσι ταῖς φαντασίαις, καὶ ἐν τοῖς ἄλλοις ζῴοις οὐ νόησις οὐδὲ λογισμὸς ἔστιν, ἀλλὰ φαντασία. ἄμφω ἄρα ταῦτα κινητικὰ κατὰ τόπον, νοῦς καὶ ὄρεξις, νοῦς δὲ ὁ ἕνεκά του λογιζόμενος καὶ ὁ πρακτικός· διαφέρει δὲ τοῦ θεωρητικοῦ τῷ τέλει. καὶ ἡ ὄρεξις <δ'> ἕνεκά του πᾶσα· οὗ γὰρ ἡ ὄρεξις, αὕτη ἀρχὴ τοῦ πρακτικοῦ νοῦ· τὸ δ' ἔσχατον ἀρχὴ τῆς πράξεως. ὥστε εὐλόγως δύο ταῦτα φαίνεται τὰ κινοῦντα, ὄρεξις καὶ διάνοια πρακτική· τὸ ὀρεκτὸν γὰρ κινεῖ, καὶ διὰ τοῦτο ἡ διάνοια κινεῖ, ὅτι ἀρχὴ αὐτῆς ἐστι τὸ ὀρεκτόν. καὶ ἡ φαντασία δὲ ὅταν κινῇ, οὐ κινεῖ ἄνευ ὀρέξεως. ἓν δή τι τὸ κινοῦν, τὸ ὀρεκτικόν. εἰ γὰρ δύο, νοῦς καὶ ὄρεξις, ἐκίνουν, κατὰ κοινὸν ἄν τι ἐκίνουν εἶδος· νῦν δὲ ὁ μὲν νοῦς οὐ φαίνεται κινῶν ἄνευ ὀρέξεως (ἡ γὰρ βούλησις ὄρεξις, ὅταν δὲ κατὰ τὸν λογισμὸν κινῆται, καὶ κατὰ βούλησιν κινεῖται), ἡ δ' ὄρεξις κινεῖ καὶ παρὰ τὸν λογισμόν· ἡ γὰρ ἐπιθυμία ὄρεξίς τίς ἐστιν. νοῦς μὲν οὖν πᾶς ὀρθός ἐστιν· ὄρεξις

4 ἄλλως T^{p} ὁ om. L τὴν om. X^{1} 7 αἰσθήσεως C 9 δύο ταῦτα **C**Σ: ταῦτα δύο **E**: τὰ δύο ταῦτα T^{p}: δύο ταῦτα τὰ Bywater ἢ^{2}+ὁ U 10 θείη P^{c} πολλοὶ Bywater: πολλὰ codd. 11 ταῖς] ἐν ταῖς L ἄλλοις **CE**P^{c}: ἀλόγοις S^{c}T^{p} 12 οὐ UP^{c}S^{c}: ἡ CX: η E: οὐχ ἡ L οὐδὲ LUP^{c}S^{c}: οὐ EX: ὁ C 15 θεωρικοῦ E δ' add. Bywater οὐ γὰρ ἡ ὄρεξις αὐτὴ Pansch οὗ CEUP^{c}S^{c}: οὐ LX^{1} 16 αὐτὴ CX ἔσχατον+τούτου S^{c} 17 δύο ταῦτα **C**T^{p}: ταῦτα δύο E 18 διάνοια +ἡ CX ὀρεκτὸν ET^{p}: ὀρεκτικὸν **C**L 19 ἐστιν αὐτῆς X 20 ὀρεκτόν **E**T^{p}: ὀρεκτικόν **C** ἡ om. U οὐ κινεῖ] συκη E^{1} 21 τὸ^{2}] κατὰ τὸ L ὀρεκτικόν **C**S^{c}: ὀρεκτόν **E**S^{v} 22 ὀρέξεις ut v. X^{1} ἐκίνει X εἶδος ἐκίνουν **C**S^{c}: ἐκίνουν Torstrik 25 καὶ P^{p}T^{p}: om. **CE** 26 ἐστιν^{2} om. **E**T^{p}

来行动，就像不自制的人所做的那样。[27] 普遍地来说，我们可以看到，那拥有医术的人并不总是在进行治疗，因为不是知识，而是另有不同的一些东西使我们根据自己的知识来行动。[28] 甚至，亦不是欲求能力决定着位移运动，因为那自制者即使有欲求和欲望，也不会按照自己的欲求和欲望来行动，而是听从理性。[29]

第 10 章

［**位移运动的能力是一还是多**］无论如何，这两者看起来似乎是引起运动的本原：欲求和理性，如果我们将想象也视为某种类似理性的理解功能。[1] 因为有很多人听从想象而非知识，[2] 并且，另外的一些动物根本就没有理性的思维和推算活动，而是只有想象。因此，这两者都是引起位移运动的本原：理性和欲求。[3] 我们在这里所说的理性是指为了某个目的而进行推算的实践理性，[4] 它就是通过这个目的而与理论理性区别开来。[5] 所有欲求都是为了某个目的，因为欲求的对象就是实践理性的始点；而理性考量的终点就是行动的始点。[6]

因此，以下两者看起来就是引起运动的本原：欲求和实践理性。因为那欲求对象引起运动，实践理性正是基于这个原因才引起运动，因为实践理性的起点就是欲求的对象。只要想象引起运动，那么它一定不是在没有欲求的情况下引起运动的。

所以，就有一个引起运动的事物，即欲求能力。[7] 因为，如果存在着两个引起运动的本原——理性和欲求，那么它们就会根据一种共同的形式而引起运动。[8] 但是，事实上，理性如果没有欲求的在场就不会引起运动（因为愿望是一种欲求，当某人基于理性考量或推算而要采取某个行动时，那么他也是通过愿望被推动），[9] 而欲求也可以违背理性而进行推动，因为欲望就是欲求的一种形式。[10]

δὲ καὶ φαντασία καὶ ὀρθὴ καὶ οὐκ ὀρθή. διὸ ἀεὶ κινεῖ μὲν τὸ ὀρεκτόν, ἀλλὰ τοῦτ' ἐστὶν ἢ τὸ ἀγαθὸν ἢ τὸ φαινόμενον ἀγαθόν· οὐ πᾶν δέ, ἀλλὰ τὸ πρακτὸν ἀγαθόν. πρακτὸν δ' ἐστὶ τὸ ἐνδεχόμενον καὶ ἄλλως ἔχειν.

ὅτι μὲν οὖν ἡ τοιαύτη δύναμις κινεῖ τῆς ψυχῆς, ἡ καλουμένη ὄρεξις, φανερόν. τοῖς δὲ διαιροῦσι τὰ μέρη τῆς ψυχῆς, ἐὰν κατὰ 433b τὰς δυνάμεις διαιρῶσι καὶ χωρίζωσι, πάμπολλα γίνεται, θρεπτικόν, αἰσθητικόν, νοητικόν, βουλευτικόν, ἔτι ὀρεκτικόν· ταῦτα γὰρ πλέον διαφέρει ἀλλήλων ἢ ἐπιθυμητικὸν καὶ θυμικόν. ἐπεὶ δ' ὀρέξεις γίνονται ἐναντίαι ἀλλήλαις, τοῦτο δὲ συμβαίνει ὅταν ὁ λόγος καὶ αἱ ἐπιθυμίαι ἐναντίαι ὦσι, γίνεται δ' ἐν τοῖς χρόνου αἴσθησιν ἔχουσιν (ὁ μὲν γὰρ νοῦς διὰ τὸ μέλλον ἀνθέλκειν κελεύει, ἡ δ' ἐπιθυμία διὰ τὸ ἤδη· φαίνεται γὰρ τὸ ἤδη ἡδὺ καὶ ἁπλῶς ἡδὺ καὶ ἀγαθὸν ἁπλῶς, διὰ τὸ μὴ ὁρᾶν τὸ μέλλον), εἴδει μὲν ἓν ἂν εἴη τὸ κινοῦν, τὸ ὀρεκτικόν, ᾗ ὀρεκτικόν—πρῶτον δὲ πάντων τὸ ὀρεκτόν· τοῦτο γὰρ κινεῖ οὐ κινούμενον, τῷ νοηθῆναι ἢ φαντασθῆναι—ἀριθμῷ δὲ πλείω τὰ κινοῦντα. ἐπεὶ δ' ἔστι τρία, ἓν μὲν τὸ κινοῦν, δεύτερον δ' ᾧ κινεῖ, ἔτι τρίτον τὸ κινούμενον, τὸ δὲ κινοῦν διττόν, τὸ μὲν ἀκίνητον, τὸ δὲ κινοῦν καὶ κινούμενον, ἔστι δὲ τὸ μὲν ἀκίνητον τὸ πρακτὸν ἀγαθόν, τὸ δὲ κινοῦν καὶ κινούμενον τὸ ὀρεκτικόν (κινεῖται γὰρ τὸ κινούμενον ᾗ ὀρέγεται, καὶ ἡ ὄρεξις κίνησίς τίς ἐστιν, ἡ ἐνεργείᾳ), τὸ δὲ κινούμενον τὸ ζῷον·

27 κινεῖ μὲν **E**T^p : μὲν κινεῖ **C** 29 τὸ πρακτικὸν L 433b 2 γίνεται] γάρ ἐστι C 3 νοητικόν **E**U$S^c T^p$: ὀρεκτικόν, νοητικόν C^1X ἔτι + δὲ **C** ὀρεκτὸν CX 4 ἢ + τὸ **C** 5 ἐπειδὴ S^c δ' + αἱ U ἐναντίαι **E**CXP^pΣ: καὶ ἐναντίαι UT^p 6 ὁ] ὅ τε E αἱ om. **C**L γίγνονται L 8 μέλλον **E**UT^pΣ: μέλλειν CX ηκελευει E^1 9 ἤδη om. E^1 ἁπλῶς ἀγαθὸν T^pΣ 10 μὲν **E**US^c: + οὖν CXT^p ἂν εἴη ἓν U: ἂν ἓν εἴη S^c 13 ἐπειδὴ δὲ U: ἐπειδὴ δὲ vel ἐπειδὴ Al. ap. Phil., Plut. ap. Phil.: ἐπειδὴ P^c μὲν + οὖν U 14 κινεῖται P^c ἔτι om. U: καὶ ἔτι CXP^c 15 κινητὸν L κινούμενον καὶ κινοῦν T^p : κινούμενον ES^c Plut. ap. Phil. δὴ Susemihl 16 τὸ³ CXP^c: om. **E**U 17 κινούμενον **E**US^p : ὀρεγόμενον CX: κινοῦν P^c ἡ om. CX 18 ὄρεξις κίνησίς **C**S^p : κίνησις ὄρεξις **E**T^p ; ὄρεξις ἢ κίνησις P^c τίς **E**US^p : om. CXP^c ᾗ XS^c : ἡ C^1LUS^v : καὶ T ἐνεργείᾳ Torstrik: ἐνέργεια codd.

所以，理性总是正确的，而欲求和想象既可能正确也可能错误。[11] 因此，欲求的对象总能引起运动，而它既可以是善本身，也可以是表面之善，[12] 但并不是所有的善的事物，而只是那可以通过行动达成的实践的善，并且行动的对象有偶然性，可以成为别样。[13]

如此，很明显，那引起运动的灵魂的能力就是所谓的欲求。对那些对灵魂的部分进行划分的人来说，[14] 如果他们按照其潜能来进行划分和分割灵魂各部分的话，那么就会产生很多部分：营养能力、感觉能力、理性能力、思虑能力，以及欲求能力。[15] 因此，这些能力彼此之间的差异要远远强于欲望和血气之间的差异。[16] 但是，由于欲求彼此对立地出现，[17] 这种情形尤其表现在当理性和欲望彼此相对立的时候，并且仅仅适用于那些对时间有感知的动物 [18]（因为，理性基于行将发生的事命令我们加以抵抗，而欲望则根据当下已经在场的东西命令我们遵从，因为那在当下令人快乐的事物就显得是绝对的快乐和绝对的善，[19] 因为欲望看不到未来之事）。[20] 因此，那引起运动的原则在种类上只有一个，即作为欲求能力的欲求能力，而欲求对象则是重中之重，因为欲求对象通过被思维或被想象而引起运动，[21] 但它自身不被运动，而且在数字上来说，那引起运动者不止一个。

［**对运动的分析**］既然在运动中存在着三个因素，[22] 第一个是引起运动的本原，第二个是它赖以进行推动的东西，第三个是那被推动者。[23] 而引起运动的本原可以分为两种，一是那不被推动者，另一个是引起运动时自身也被推动的东西。那不被推动的事物就是可以通过行动而获得的善，而那引起运动时自身也被推动的事物是欲求能力 [24]（因为那被推动的事物是通过欲求活动而被推动的，而现实的欲求活动就是一种运动）；[25] 那被推动的便是动物，而欲求

ᾧ δὲ κινεῖ ὀργάνῳ ἡ ὄρεξις, ἤδη τοῦτο σωματικόν ἐστιν—διὸ ἐν τοῖς κοινοῖς σώματος καὶ ψυχῆς ἔργοις θεωρητέον περὶ αὐτοῦ. νῦν δὲ ὡς ἐν κεφαλαίῳ εἰπεῖν, τὸ κινοῦν ὀργανικῶς ὅπου ἀρχὴ καὶ τελευτὴ τὸ αὐτό—οἷον ὁ γιγγλυμός· ἐνταῦθα γὰρ τὸ κυρτὸν καὶ τὸ κοῖλον τὸ μὲν τελευτὴ τὸ δ' ἀρχή (διὸ τὸ μὲν ἠρεμεῖ τὸ δὲ κινεῖται), λόγῳ μὲν ἕτερα ὄντα, μεγέθει δ' ἀχώριστα. πάντα γὰρ ὤσει καὶ ἕλξει κινεῖται· διὸ δεῖ, ὥσπερ ἐν κύκλῳ, μένειν τι, καὶ ἐντεῦθεν ἄρχεσθαι τὴν κίνησιν. ὅλως μὲν οὖν, ὥσπερ εἴρηται, ᾗ ὀρεκτικὸν τὸ ζῷον, ταύτῃ αὑτοῦ κινητικόν· ὀρεκτικὸν δὲ οὐκ ἄνευ φαντασίας· φαντασία δὲ πᾶσα ἢ λογιστικὴ ἢ αἰσθητική. ταύτης μὲν οὖν καὶ τὰ ἄλλα ζῷα μετέχει.

Σκεπτέον δὲ καὶ περὶ τῶν ἀτελῶν τί τὸ κινοῦν ἐστίν, 11
434a οἷς ἁφῇ μόνον ὑπάρχει αἴσθησις, πότερον ἐνδέχεται φαντασίαν ὑπάρχειν τούτοις, ἢ οὔ, καὶ ἐπιθυμίαν. φαίνεται γὰρ λύπη καὶ ἡδονὴ ἐνοῦσα, εἰ δὲ ταῦτα, καὶ ἐπιθυμίαν ἀνάγκη. φαντασία δὲ πῶς ἂν ἐνείη; ἢ ὥσπερ καὶ κινεῖται ἀορίστως, καὶ ταῦτ' ἔνεστι μέν, ἀορίστως δ' ἔνεστιν. ἡ μὲν οὖν αἰσθητικὴ φαντασία, ὥσπερ εἴρηται, καὶ ἐν τοῖς ἄλλοις ζῴοις ὑπάρχει, ἡ δὲ βουλευτικὴ ἐν τοῖς λογιστικοῖς (πότερον γὰρ πράξει τόδε ἢ τόδε, λογισμοῦ ἤδη ἐστὶν ἔργον· καὶ ἀνάγκη ἑνὶ μετρεῖν· τὸ μεῖζον γὰρ διώκει· ὥστε δύναται ἓν ἐκ πλειόνων φαντασμάτων ποιεῖν). καὶ αἴτιον τοῦτο τοῦ δόξαν μὴ δοκεῖν ἔχειν, ὅτι τὴν ἐκ συλλογισμοῦ οὐκ ἔχει [αὕτη δὲ ἐκείνην]. διὸ τὸ

21 αὐτοῦ CXS^{p}TΣ: αὐτῶν **E**U 22 ὅπου + ἂν EΣ γιγγλυμός CLXP^{p}S^{p}T^{p}: γιγγλυμος E^{1}: γιγγλυσμός UTΣ 23 τὸ^{2} CXΣ: om. E^{1}LU 25 ἕλξει + καὶ κινήσει C^{1}: ἕλξιν E^{1} 26 ὥσπερ] ὡς CX 28 αὐτοῦ **C**T^{p}: δ' αὐτοῦ **E**Σ 29 λογικὴ T 31 καὶ om. E ἀτελῶν **E**US^{p}T^{p}Σ: ἄλλων CX 434^{a} 1 ἁφῇ scripsi: ἁφὴ codd. ὑπάρχει + ἢ E 3 ἐνοῦσα **C**LT^{p}Σ: ἔχουσα E 4 εἴη U ἢ om. E^{1} 5 καὶ . . . ἀορίστως om. U ταῦτ'] ταύτας vel ταύταις E: τούτοις L et ut v. P^{p}Σ δ' ἔνεστιν eras. ut v. U 6 ἀλόγοις CXT^{p} et ut v. P^{p} 7 λογιστοῖς ut v. E: λογικοῖς **C** 8 ἐστὶν ἤδη L 9 ἓν om. P^{p} 11 τὸν X αὕτη δὲ ἐκείνην codd. P^{p}S^{p} et ut v. T^{p}: secl. Bywater (v. l. 13): αὕτη δὲ κινεῖ Cornford

能力得以引起运动的器官是躯体性的，[26] 因此，我们必须要在躯体和灵魂共有的功能中来考察它。[27]

现在，我们可以提纲挈领地作一个总结：只有当起点和终点是相同的时候，某物才能够在工具性的意义上引起运动，就如关节或门轴那样，[28] 因为凹和凸在这里分别既是终点也是起点（为此，其中一个是静止不动的，另一个是被推动的），[29] 尽管二者在定义上是不同的，但是在空间的量度上却是不能分开的。[30] 因为一切事物都是通过推和拉而被推动的，[31] 因此，就如在一个圆轮中，必定存在着某个静止的东西，[32] 而运动由此出发才得以开始。概括地来说，正如已经论述过的，只要动物具有欲求能力，它就能推动自身，[33] 但是，如若没有想象，它就不会有欲求，所有的想象要么是理性的，要么是感觉的，动物和人一样都有感觉的想象。[34]

第 11 章

我们必须还要研究是什么在那些发育不完备的动物那里引起运动，这些动物只有触觉这一种感觉；另外，它们是否也可能有想象 434a
和欲望。[1]

它们明显地可以感受到痛苦和快乐，如果它们有这些，那么就必然会有欲望。[2] 但是，它们是如何具有想象的呢？或许就像它们以一种不确定的方式被推动起来那样，所以，它们也就以一种不确定的方式而具有想象和欲望。[3]

所以，一如上述，[4] 感觉的想象甚至也存在于其他的动物中，但是，与思虑相关的想象则属于那些能够进行理性推算的动物。（因为做这个还是那个的决定已经是属于理性的思虑功能了，[5] 而且这些选择必然依据一个标准来被衡量，[6] 因为被寻求的东西是那更大的［善］，[7] 如此，他们可以从多个心灵图像中制作出一个。[8]）这也是这些动物看起来没有信念的原因：因为它们缺少从推理而来的想象，[9] 而这种想象是包括那个信念的。[10]

βουλευτικὸν οὐκ ἔχει ἡ ὄρεξις· νικᾷ δ' ἐνίοτε καὶ κινεῖ ὁτὲ μὲν αὕτη ἐκείνην, ὁτὲ δ' ἐκείνη ταύτην, ὥσπερ σφαῖρα <σφαῖραν>, ἡ ὄρεξις τὴν ὄρεξιν, ὅταν ἀκρασία γένηται· φύσει δὲ ἀεὶ ἡ ἄνω ἀρχικωτέρα καὶ κινεῖ· ὥστε τρεῖς φορὰς ἤδη κινεῖσθαι. τὸ δ' ἐπιστημονικὸν οὐ κινεῖται, ἀλλὰ μένει. ἐπεὶ δ' ἡ μὲν καθόλου ὑπόληψις καὶ λόγος, ἡ δὲ τοῦ καθ' ἕκαστον (ἡ μὲν γὰρ λέγει ὅτι δεῖ τὸν τοιοῦτον τὸ τοιόνδε πράττειν, ἡ δὲ ὅτι τόδε τοίνυν τοιόνδε, κἀγὼ δὲ τοιόσδε), ἢ δὴ αὕτη κινεῖ ἡ δόξα, οὐχ ἡ καθόλου, ἢ ἄμφω, ἀλλ' ἡ μὲν ἠρεμοῦσα μᾶλλον, ἡ δ' οὔ.

12 Τὴν μὲν οὖν θρεπτικὴν ψυχὴν ἀνάγκη πᾶν ἔχειν ὅτιπερ ἂν ζῇ καὶ ψυχὴν ἔχῃ, ἀπὸ γενέσεως καὶ μέχρι φθορᾶς· ἀνάγκη γὰρ τὸ γενόμενον αὔξησιν ἔχειν καὶ ἀκμὴν καὶ φθίσιν, ταῦτα δ' ἄνευ τροφῆς ἀδύνατον· ἀνάγκη ἄρα ἐνεῖναι τὴν θρεπτικὴν δύναμιν ἐν πᾶσι τοῖς φυομένοις καὶ φθίνουσιν. αἴσθησιν δ' οὐκ ἀναγκαῖον ἐν ἅπασι τοῖς ζῶσιν· οὔτε γὰρ ὅσων τὸ σῶμα ἁπλοῦν ἐνδέχεται ἁφὴν ἔχειν, [οὔτε ἄνευ ταύτης οἷόν τε οὐθὲν εἶναι ζῷον] οὔτε ὅσα μὴ δεκτικὰ τῶν εἰδῶν ἄνευ τῆς ὕλης. τὸ δὲ ζῷον ἀναγκαῖον αἴσθησιν ἔχειν, <οὐδὲ ἄνευ ταύτης οἷόν τε οὐθὲν εἶναι ζῷον,> εἰ μηθὲν μάτην ποιεῖ ἡ φύσις. ἕνεκά του γὰρ πάντα ὑπάρχει τὰ φύσει, ἢ συμπτώματα ἔσται τῶν ἕνεκά του. εἰ οὖν πᾶν σῶμα πορευτικόν, μὴ ἔχον αἴσθησιν, φθείροιτο ἂν καὶ

12–13 ὁτὲ . . . ἐκείνην Bywater: τὴν βούλησιν **CE**P^{p}S^{p} et ut v. T^{p} 13 ὁτὲ δὲ κινεῖ γ' αὐτήν Cornford σφαῖρα σφαῖραν Essen: σφαῖρα **CE**: σφαῖραν Py 14 γένηται] ἐνῇ E 15 ὡς C 16 κινεῖται EUS^{v}: κινεῖ CXS^{1} μὲν+τοῦ T^{p} 17 ἕκαστον **E**T^{p}: ἕκαστα **C** 18 ὅτι . . . τὸ EP^{c}: ὅτι δεῖ τοῦτον τὸ U: ὅτι τοῦτον X: τοῦτον C 19 τοίνυν S^{c}: τὸ νῦν E^{1}: νῦν CX: om. LU κἀγὼ δὲ **C**EP^{c}: κάτω δὲ L: κἀγὼ S^{c} ἢ δὴ P^{c}: ἤδη **CE**S^{c} 23 ἔχει **E**CUP^{c} καὶ μέχρι] ἄχρι T^{p}: ἕως CXS^{c} 25 ἓν εἶναι L 27 ζῴοις P^{v} 28 ὅσων **C**S^{c}T^{p}: ὧν **E**P^{c} ἁφὴν ἐνδέχεται U οὔτε . . . 29 ζῷον secl. Torstrik: v. l. 30^{a} 29 οὐθὲν οἷόν τε L ὅσα μὴ **E**US^{c}Σ: μηδ' ὅσα CX 30^{a} οὐδὲ . . . ζῷον addidi: cf. ll. 28–29 31 εἰ μη-: hic exit E φύσις] ψυχὴ X^{1} γὰρ om. X ἅπαντα CLX ὑπάρξει L

因此，欲求并不具有思虑能力。[11] 有时这个欲求会战胜那个欲求，并引起运动，有时那个欲求会战胜这个欲求，并引起运动，[12] 就像一个球击打另外一个球那样，[13] 当不自制的情况出现，一个欲求就战胜另外一个欲求。[14] 但是，就本性而言，那较高的欲求总是更有支配能力，并总是引起运动，[15] 这样，就形成了三种不同的运动方式。认识能力并没有被推动，而是静止不动。[16] 由于一个断定和命题关乎普遍的事物，而另外一个则关乎具体个别的事物[17]（一个论及的是如此这般的人必须要做如此这般的行动，而另一个则断定这个就是如此这般的行动，以及我就是如此这般的一个人），如此，或者是后面这个信念，而非那个普遍前提引起运动，[18] 或者是二者都引起运动，但是，一个更多地静止不动，而另一个则不是静止的。[19]

第 12 章

［**感觉、营养和善好生活**］一切有生命的和有灵魂的生命体就必然地有营养灵魂，而且从其生成直至其衰亡都有灵魂。[1] 因为那生成的事物就必然会经历生长、成熟和衰亡，这一切没有营养是不可能的。因此，营养能力就必然地存在于一切有生长和衰亡的事物中。[2]

感觉并不必然地为所有生命体所具有，因为，既非那些只有简单的躯体的事物，[3] 亦非那些不能离开质料而接受形式的生命体具有触觉。[4] 但是，一个动物必然地有感觉，因为没有感觉，也就没有什么动物能够存在，[5] 如果自然不做徒劳无益的事。[6] 因为一切出于自然的事物都是为了某个目的而存在的，[7] 或者是偶然地附属于那为了某一目的而存在的事物。[8] 我们可以假设，所有能够进行位移运动的躯体倘若没有感觉的话都会趋于衰亡而不能达其完

434b εἰς τέλος οὐκ ἂν ἔλθοι, ὅ ἐστι φύσεως ἔργον (πῶς γὰρ θρέψεται; τοῖς μὲν γὰρ μονίμοις ὑπάρχει τοῦτο ὅθεν πεφύκασιν, οὐχ οἷόν τε δὲ σῶμα ἔχειν μὲν ψυχὴν καὶ νοῦν κριτικόν, αἴσθησιν δὲ μὴ ἔχειν, μὴ μόνιμον ὄν, γενητὸν δέ—ἀλλὰ μὴν οὐδὲ ἀγένητον· διὰ τί γὰρ οὐχ ἕξει; ἢ γὰρ τῇ ψυχῇ βέλτιον ἢ τῷ σώματι, νῦν δ' οὐδέτερον· ἡ μὲν γὰρ οὐ μᾶλλον νοήσει, τὸ δ' οὐθὲν ἔσται μᾶλλον δι' ἐκεῖνο)—οὐθὲν ἄρα ἔχει ψυχὴν σῶμα μὴ μόνιμον ἄνευ αἰσθήσεως.

ἀλλὰ μὴν εἴγε αἴσθησιν ἔχει, ἀνάγκη τὸ σῶμα εἶναι ἢ ἁπλοῦν ἢ μικτόν. οὐχ οἷόν τε δὲ ἁπλοῦν· ἁφὴν γὰρ οὐχ ἕξει, ἔστι δὲ ἀνάγκη ταύτην ἔχειν. τοῦτο δὲ ἐκ τῶνδε δῆλον. ἐπεὶ γὰρ τὸ ζῷον σῶμα ἔμψυχόν ἐστι, σῶμα δὲ ἅπαν ἁπτόν, ἁπτὸν δὲ τὸ αἰσθητὸν ἁφῇ, ἀνάγκη καὶ τὸ τοῦ ζῴου σῶμα ἁπτικὸν εἶναι, εἰ μέλλει σώζεσθαι τὸ ζῷον. αἱ γὰρ ἄλλαι αἰσθήσεις δι' ἑτέρων αἰσθάνονται, οἷον ὄσφρησις ὄψις ἀκοή· ἁπτόμενον δέ, εἰ μὴ ἕξει αἴσθησιν, οὐ δυνήσεται τὰ μὲν φεύγειν τὰ δὲ λαβεῖν. εἰ δὲ τοῦτο, ἀδύνατον ἔσται σώζεσθαι τὸ ζῷον. διὸ καὶ ἡ γεῦσίς ἐστιν ὥσπερ ἁφή τις· τροφῆς γάρ ἐστιν, ἡ δὲ τροφὴ τὸ σῶμα τὸ ἁπτόν. ψόφος δὲ καὶ χρῶμα καὶ ὀσμὴ οὐ τρέφει, οὐδὲ ποιεῖ οὔτ' αὔξησιν οὔτε φθίσιν· ὥστε καὶ τὴν γεῦσιν ἀνάγκη ἁφὴν εἶναί τινα, διὰ τὸ τοῦ ἁπτοῦ καὶ θρεπτικοῦ αἴσθησιν εἶναι· αὗται μὲν οὖν ἀναγκαῖαι τῷ ζῴῳ, καὶ φανερὸν ὅτι οὐχ οἷόν τε ἄνευ ἁφῆς εἶναι ζῷον, αἱ δὲ ἄλλαι τοῦ τε εὖ ἕνεκα καὶ γένει ζῴων ἤδη οὐ τῷ τυχόντι ἀλλὰ τισίν, οἷον τῷ πορευτικῷ, ἀνάγκη ὑπάρχειν· εἰ γὰρ μέλλει σώζεσθαι, οὐ μόνον δεῖ

434b 2 ταῦτα X: τὸ L   ὅθεν LP^cS^p: ὅθι CU: ὅτι X   3 μὲν+τὴν L   4 ὄν] δὲ ὄν C^1 γενητὸν . . .   5 ἀγένητον $LXT^pS^cT^p$ et ut v. Alex. ap. Simp., Plut. ibid.: γεννητὸν . . . ἀγέννητον CU   4–5 ἀλλὰ . . . ἀγένητον codd. Al. et Plut. ap. Simp., $P^pS^v\Sigma$: om. S^p: secl. Torstrik   5 οὐχ CX^1 Plut. ap. Phil.: om. LU Al. ap. Phil., P^cT^p 7 τῶ L   8 μόνιμον codd. P^c: an μόνιμον ὄν?   9 ἔχει CXP^c: ἔχοι L: om. U   11 ἔχειν] εἶναι C   14 μέλλοι CT^p 17 ἐστι X   18 τις $CLXS^c$: τῆς U: om. T^p 19 ψόφοι U   24 εἶναι+τὸ L   τε om. LT   26 μέλλοι S^pT^p οὐδὲν **C**   μόνον om. CX

善的目的，而这正是自然的造化。那么它如何滋养自身呢？对于 434b
那些固定不动的生物来说，它们的营养来自于其生成之处。[9]但是，如果一个躯体不是固定不动的，且是生成的，而且如果它没有感觉能力，那么它也就不可能拥有灵魂和进行区分的理性（对于那些非生成的生命体也是不可能的）。[10] 为什么这样的躯体不应当有感觉呢？[11] 没有感觉或者对灵魂更好，或者对躯体更好，但事实上，二者皆不是，因为（没有感觉）灵魂不会理解得更好，同样地，躯体亦不会就因此而得到更多。因此，这里的结论是，任何静止不动的躯体不会只具有灵魂而没有感觉。

但是，如果躯体有感觉，那么它就必然或者是单一的，或者是混合的。躯体不可能是单一的，因为如果是这样，那么它就不会有任何触觉。但是，事实上，躯体必然有触觉。这一点从以下的情况来看是不言而喻的，既然动物的身体都是有灵魂的，而所有的躯体都是可触摸的，“可触摸的”是指可以通过触觉而被感知到的东西，[12] 因此，动物的躯体必然是有触觉的，如果动物要存活下来的话。因为其他的感觉，比如嗅觉、视觉以及听觉，都是通过其他的中间介质来进行感知的。但是，一个躯体如果没有感觉能力，当它直接与感觉对象接触，那么它就不会逃避某些事物和接受另外的一些事物。如果情况如斯，那么动物就无法存活下来。

因此，味觉就像一种触觉，[13] 因为味觉的对象是食物，而食物则是一种可触摸的物体。[14] 相反，声音、颜色以及气味并不提供营养，因此也就不会导致生长和衰亡。[15] 所以，味觉就一定是某种触觉，因为它是对可触摸之物与能够提供营养之物的感觉。因此，触觉和味觉对于动物都是必需的，很显然，动物若无触觉，便不能生存下来。其他的感觉的存在无非是为了生存得好，[16] 而且其他这些感觉并非偶然地为哪个种类的动物所具有，而是必然地为某些特定

ἁπτόμενον αἰσθάνεσθαι ἀλλὰ καὶ ἄποθεν. τοῦτο δ' ἂν εἴη, εἰ διὰ τοῦ μεταξὺ αἰσθητικὸν εἴη τῷ ἐκεῖνο μὲν ὑπὸ τοῦ αἰσθητοῦ πάσχειν καὶ κινεῖσθαι, αὐτὸ δ' ὑπ' ἐκείνου. ὥσπερ γὰρ τὸ κινοῦν κατὰ τόπον μέχρι του μεταβάλλειν ποιεῖ, καὶ τὸ ὦσαν ἕτερον ποιεῖ ὥστε ὠθεῖν, καὶ ἔστι διὰ μέσου ἡ κίνησις, καὶ τὸ μὲν πρῶτον κινοῦν ὠθεῖ οὐκ ὠθούμενον, τὸ δ' ἔσχατον μόνον ὠθεῖται οὐκ ὦσαν, τὸ δὲ μέσον ἄμφω, πολλὰ δὲ τὰ μέσα, οὕτω καὶ ἐπ' ἀλλοιώσεως, πλὴν ὅτι μένοντα 435a
ἐν τῷ αὐτῷ τόπῳ ἀλλοιοῦται, οἷον εἰ εἰς κηρὸν βάψειέ τις, μέχρι τούτου ἐκινήθη, ἕως ἔβαψεν· λίθος δὲ οὐδέν, ἀλλ' ὕδωρ μέχρι πόρρω· ὁ δ' ἀὴρ ἐπὶ πλεῖστον κινεῖται καὶ ποιεῖ καὶ πάσχει, ἐὰν μένῃ καὶ εἷς ᾖ. διὸ καὶ περὶ ἀνακλάσεως βέλτιον ἢ τὴν ὄψιν ἐξιοῦσαν ἀνακλᾶσθαι τὸν ἀέρα πάσχειν ὑπὸ τοῦ σχήματος καὶ χρώματος, μέχρι περ οὗ ἂν ᾖ εἷς. ἐπὶ δὲ τοῦ λείου ἐστὶν εἷς· διὸ πάλιν οὗτος τὴν ὄψιν κινεῖ, ὥσπερ ἂν εἰ τὸ ἐν τῷ κηρῷ σημεῖον διεδίδοτο μέχρι τοῦ πέρατος.

13 Ὅτι δ' οὐχ οἷόν τε ἁπλοῦν εἶναι τὸ τοῦ ζῴου σῶμα, φανερόν, λέγω δ' οἷον πύρινον ἢ ἀέρινον. ἄνευ μὲν γὰρ ἁφῆς οὐδεμίαν ἐνδέχεται ἄλλην αἴσθησιν ἔχειν· τὸ γὰρ σῶμα ἁπτικὸν τὸ ἔμψυχον πᾶν, ὥσπερ εἴρηται. τὰ δὲ ἄλλα ἔξω γῆς αἰσθητήρια μὲν ἂν γένοιτο, πάντα δὲ τῷ δι' ἑτέρου αἰσθάνεσθαι ποιεῖ τὴν αἴσθησιν, καὶ διὰ τῶν μεταξύ. ἡ δ' ἁφὴ τῷ αὐτῶν ἅπτεσθαί ἐστιν, διὸ καὶ τοὔνομα τοῦτο ἔχει. καίτοι καὶ τὰ ἄλλα αἰσθητήρια ἁφῇ αἰσθάνεται,

27 αἰσθάνεσθαι LUT^{p}Σ: σώζεσθαι CX 29 ὥσπερ LUS^{c}: ὡς CX 32 καὶ τὸ μὲν] καὶ μὲν δὴ τὸ U: τὸ δὲ L κινοῦν] κινεῖ καὶ LΣ 33 οὐκ ὠθοῦν X 435a 1 τὰ L$P^{c}T^{p}$: om. **C** καὶ W$P^{p}S^{c}T^{p}$Σ: om. **C**L μένοντα scripsi: μένοντος **C**L 2 ἀλλοιοῦται scripsi: ἀλλοιοῖ CLX$P^{c}S^{p}$: ἀλλ' ut v. U^{1} 3 τούτου LΣ: τοῦ **C**T^{p} 5 μένῃ LΣ: μείνῃ **C**$P^{p}T^{p}$ 6 ἀνακλᾶσθαι L$S^{p}T^{p}$Σ: κλᾶσθαι **C**P^{c} 7–8 ἂν οὗ L 8 εἷς ᾖ U τοῦ τελείου X διὸ] διότι L 9 ἐκίνει CX 11 ἁπλοῦν εἶναι post σῶμα L 12 λέγομεν U 13 ἄλλην ἐνδέχεται U ἔχειν αἴσθησιν L 14 ὡς U 15 μὲν LUS^{p}Σ: om. CX πᾶν CX τὸ X 16 τῶν] τοῦ L 17 ἐστιν] τε ἐστιν X

的种类所具有，比如，那些能够进行位移运动的动物。[17] 如果动物要生存下来，那么它们就应该不会仅仅通过直接的接触来进行感知，而是也能够从远处的距离来感知。如果动物能够通过某一中间介质来感知，那么动物就能从远处进行感知，即中间介质受到感觉对象的作用并被推动，而动物又受到中间介质的作用并被推动。

因为就如那引起空间的位移运动的事物会引发一定程度的变化，那引起运动的事物会引起一物推动另外一物，而运动就是通过一个中间物而发生的。并且，最初的推动者引起运动，而自身不再被推动，但是，那最后的事物只是被推动，但不再推动，而那中间物则兼具二者，既推动又被推动，并且存在着多个中间物：[18] 同样，质的变化的情况也是如此，除了那推动者引起运动，被推动者或受作用者留在原地不动，[19] 就像人们将某物浸在蜡液里一样，蜡液就会随着浸扔的动作而被推动。相反地，石头则不会在这种方式上被推动，而水则能运动到较远的距离，空气在它们中则运行得最远，并且只要它能保持稳固，自成一体，就能够既起作用又受到作用。[20]

所以，就反射而言，与其说视线向外发出，然后被反射回来，[21] 倒不如说空气只要保持为一体，它就会受到形状和颜色的作用更为合理。在一个光滑的表面上，空气是一个统一体；[22] 所以它能反过来推动视觉器官，就像蜡上的一个印迹会穿过蜡而达其外面表层一样。

第 13 章

［**再论触觉**］显而易见的是，动物的躯体并不是单纯的或由单一元素所构成，我是指诸如火或气等元素。[1] 因为没有触觉，动物就不可能有其他感觉能力 [2]（任何一个有灵魂的躯体都是有触觉能力的，正如上述）。[3] 现在，除了土元素之外，所有其他元素都可以成为感觉器官，[4] 但是，它们都是通过别的东西，即中间介质而进行感觉活动。[5] 相反，触觉活动是通过直接与其对象自身进行接触而产生的，并且这也是其名字的由来。[6] 因此，事实上，其他的

ἀλλὰ δι᾽ ἑτέρου· αὕτη δὲ δοκεῖ μόνη δι᾽ αὑτῆς. ὥστε τῶν μὲν τοιούτων στοιχείων οὐθὲν ἂν εἴη σῶμα τοῦ ζῴου. οὐδὲ δὴ γήϊνον. πάντων γὰρ ἡ ἁφὴ τῶν ἁπτῶν ἐστὶν ὥσπερ μεσότης, καὶ δεκτικὸν τὸ αἰσθητήριον οὐ μόνον ὅσαι διαφοραὶ γῆς εἰσίν, ἀλλὰ καὶ θερμοῦ καὶ ψυχροῦ καὶ τῶν ἄλλων ἁπτῶν ἁπάντων. καὶ διὰ τοῦτο τοῖς ὀστοῖς καὶ ταῖς θριξὶ καὶ τοῖς τοιούτοις μορίοις οὐκ αἰσθανόμεθα, ὅτι γῆς ἐστίν, 435b καὶ τὰ φυτὰ διὰ τοῦτο οὐδεμίαν ἔχει αἴσθησιν, ὅτι γῆς ἐστίν. ἄνευ δὲ ἁφῆς οὐδεμίαν οἷόν τε ἄλλην ὑπάρχειν, τοῦτο δὲ τὸ αἰσθητήριον οὐκ ἔστιν οὔτε γῆς οὔτε ἄλλου τῶν στοιχείων οὐδενός.

φανερὸν τοίνυν ὅτι ἀνάγκη μόνης ταύτης στερισκόμενα τῆς αἰσθήσεως τὰ ζῷα ἀποθνήσκειν· οὔτε γὰρ ταύτην ἔχειν οἷόν τε μὴ ζῷον ὄν, οὔτε ζῷον ὂν ἄλλην ἔχειν ἀνάγκη πλὴν ταύτην. καὶ διὰ τοῦτο τὰ μὲν ἄλλα αἰσθητὰ ταῖς ὑπερβολαῖς οὐ διαφθείρει τὸ ζῷον, οἷον χρῶμα καὶ ψόφος καὶ ὀσμή, ἀλλὰ μόνον τὰ αἰσθητήρια, ἂν μὴ κατὰ συμβεβηκός, οἷον ἂν ἅμα τῷ ψόφῳ ὦσις γένηται καὶ πληγή· καὶ ὑπὸ ὁραμάτων καὶ ὀσμῆς ἕτερα κινεῖται, ἃ τῇ ἁφῇ φθείρει. καὶ ὁ χυμὸς δὲ ᾗ ἅμα συμβαίνει ἁπτικὸν εἶναι, ταύτῃ φθείρει. ἡ δὲ τῶν ἁπτῶν ὑπερβολή, οἷον θερμῶν καὶ ψυχρῶν καὶ σκληρῶν, ἀναιρεῖ τὸ ζῷον· παντὸς μὲν γὰρ ὑπερβολὴ αἰσθητοῦ ἀναιρεῖ τὸ αἰσθητήριον, ὥστε καὶ τὸ ἁπτὸν τὴν ἁφήν, ταύτῃ δὲ ὥρισται τὸ ζῷον· ἄνευ γὰρ ἁφῆς δέδεικται ὅτι ἀδύνατον εἶναι ζῷον. διὸ ἡ τῶν ἁπτῶν ὑπερβολὴ οὐ μόνον τὸ αἰσθητήριον φθείρει, ἀλλὰ καὶ τὸ ζῷον, ὅτι ἀνάγκη μόνην ἔχειν ταύτην. τὰς δ᾽ ἄλλας αἰσθήσεις ἔχει τὸ ζῷον, ὥσπερ εἴρηται, οὐ τοῦ εἶναι ἕνεκα ἀλλὰ τοῦ εὖ, οἷον ὄψιν, ἐπεὶ ἐν ἀέρι καὶ ὕδατι,

19 ἕτερον L 435b 1 αἴσθησιν ἔχει L εἰσίν CX 5 αἰσθήσεως LUTp: + ἁφῆς CX ἀποθνήσκει L 6 ὄν Wy et ut v. Tp: om. **C**L ὂν om. U 8 φθείρει ut v. Tp: φέρει L 9 ἂν μὴ] ἀλλὰ CX 12 ἃ om. L δὲ om. U 14 θερμὸν καὶ ψυχρὸν καὶ σκληρὸν L 15 ὑπερβολὴ αἰσθητοῦ LTpΣ: αἰσθητοῦ ὑπερβολὴ **C** 16 ὥρισται LΣ: διώρισται **C** ζῆν U 17 εἶναι + τὸ C[1] 21 ἐν om. X

感觉器官虽然都是借助触碰来感知的，但是，要通过某个中间介质。[7] 只有触觉似乎仅仅通过自身来感知。[8] 所以，这些元素中的任何单独一种都不能构成动物的躯体。[9]

但是，动物的躯体也不可能仅仅由土构成，[10] 因为触觉对于所有的触觉对象就是一个中间的点，[11] 触觉的感觉器官所接受的不仅仅是土本有的属性，而且还包括热和冷以及所有其他的那些可触摸的性质。[12] 这就是为什么我们不能用骨骼和头发以及类似的躯体部位来进行感知的原因，因为它们都是由土构成的。[13] 植物也是因为这个原因而没有感觉能力，因为它们仅仅是由土构成的；没有触觉，其他的感觉就不可能存在，触觉器官既不可能仅仅由土构成，[14] 也不可能由其他元素中的一种所构成。[15]

显而易见的是，如果动物失去了触觉，动物必定无法存活下去。因为那些具有这种感觉的生命体不可能不是一个动物，而且除此之外亦不需要另外的感觉才能被叫作动物。[16] 正是由于这个原因，其他的感觉对象，比如颜色、声音和气味在过于强烈时并不会毁灭动物，而只是对感觉器官造成损毁[17]（除非是由于偶然，比如撞击或击打的同时伴随着声响发生）。[18] 还有某些另外的事物通过视觉对象和嗅觉对象被推动，而一旦接触到这些东西，它们就会摧毁动物。[19] 而味道一旦可以同时成为可触摸的对象，也可以具有毁灭作用。[20] 但是，另一方面，触觉对象过于强烈（比如热的东西、冷的东西或坚硬的东西）也会造成动物的伤亡。因为所有感觉对象的过度都会毁坏感觉器官，所以，触觉对象也会毁坏触觉能力，而动物恰恰是通过这种能力得到界定的。[21] 我们已经证明了，没有触觉，动物是不可能存活的。[22] 因此，触觉对象的过度不仅毁坏感觉器官，而且也能毁灭动物的生命，因为触觉是动物唯一必须具备的感觉。

正如上述，动物所具有的其他感觉不仅仅是为了能够存活下来，而是为了生存得好，[23] 它有视觉的目的是为了看，[24] 因为动物

ὅπως ὁρᾷ, ὅλως δ' ἐπεὶ ἐν διαφανεῖ, γεῦσιν δὲ διὰ τὸ ἡδὺ καὶ λυπηρόν, ἵνα αἰσθάνηται τὸ ἐν τροφῇ καὶ ἐπιθυμῇ καὶ κινῆται, ἀκοὴν δὲ ὅπως σημαίνηταί τι αὐτῷ [γλῶτταν δὲ ὅπως σημαίνῃ τι ἑτέρῳ].

22 ὅπως CXΣ: πῶς L: om. U ὅλως] ἄλλως C: καὶ ὅλως X δὲ LUΣ: τε CX 24 κινεῖται U σημαίνηταί τι Biehl et ut v. Tp: σημαίνηται L: σημαίνῃ τι CΣ αὐτῷ X γλῶτταν . . . 25 ἑτέρῳ codd. PcTpΣ: secl. Torstrik γλῶτταν δὲ] καὶ γλῶτταν L

生存在空气和水中，[25]或者，一般而言，因为它生存在一种透明物中；动物有味觉乃是为了获得快乐的东西和避免痛苦的东西，如此，它能够感知到食物的这些属性，并欲求之，[26]也就相应地被推动；[27]动物有听觉是为了某个有意义的事物可以向它指示出来，它有舌头是为了能将某个事物指示给别的动物。[28]

哲学术语释义

αἰσθητήριον（拉丁文：organum sensi; 英文：sense organ; 德文：der Wahrnehmungsorgan）一般译为感觉器官，比如，视觉的器官是眼睛、听觉的器官是耳朵等。亚里士多德将感觉器官与感觉能力区分开来，因为感觉能力不同于感觉器官，它没有广延或量度。感觉器官可以衰老而败坏，但是感觉能力并不会衰老。

ἀρχή（拉丁文：principium; 英文：principle, beginning; 德文：der Anfang, der Ursprung, das Prinzip, die Herrschaft）可被译为本原、原则、根源、主权等。在最普遍的意义上来说，是指首要的东西，其他事物都是因其而成、因其被认识、因其而是其所是（Metaph. V 1, 1013a18f.）。当亚里士多德将其作为一个专业术语来使用时，通常有如下两种含义：（1）四因说意义上的原因；（2）知识理论意义上的证明原则，可以指定义上的、假设前提上的和规则上的证明原则。对这两种意义的具体阐述，请参见 Aristoteles-Lexikon, hrsg. von Otfried Höffe, Stuttgart: Kröner 2005. S.68−76（以下简称为：Höffe 2005）。我认为，亚里士多德在《论灵魂》中所说的本原是指，灵魂是潜在地有生命的躯体的形式因、动力因和目的因，即灵魂是生命体的本原（DA Ⅱ 4, 415b8−24）。

αἰτία（拉丁文：causa; 英文：cause; 德文：die Ursache, der Grund）可译为原因，这是指对"为什么"的问题的回答。亚里士多德区分了四种原因:（1）质料因（causa materialis），（2）形式因（causa formalis），（3）目的因（causa finalis），（4）动力因（causa efficiens, causa agens）。对亚里士多德来说，在所有的科学领域中，找出或发现这四种原因对一个科学的解释来说是必须的。在认识论上来说，如果一个人不知道其研究对象的四个原因，那么他对研究对象实际上是没有知识的。所以，亚里士多德在《论灵魂》中将灵魂视为潜在地有生命的自然躯体的形式因、动力因和目的因（DA 415b8–27）。

ἀποδείξις（拉丁文：demonstratio; 英文：demonstration; 德文：die Demonstration, der Beweis）通常译为证明，是指一种基于必然为真的前提上的演绎，在这些前提中蕴含着可以解释在结论中被提及的事实的原因。亚里士多德在《论灵魂》的第一卷第 1 章中提到使用证明的方法来研究灵魂的本质（DA 402a1–22）。

διάνοια（拉丁文：ratio; 英文：thought; 德文：das diskursive Denken）可译为推理性思维或推理理性，是指理性的认识活动——思维（cf. EN X 2, 1174a2），广义上来说是指推理性思维，狭义上来说是指逻辑推理。亚里士多德称这种我们赖以进行思维的灵魂能力或灵魂部分为 διανοητικόν（cf. EN Ⅸ 4, 1166a17; DA Ⅱ 2, 413b12–13），而它的活动就是 διανόησις（Pol. Ⅶ 3, 1325b20）。总体来说，διάνοια 包括如下几种含义:（1）可以用来指语词的含义（Inter. 14, 23a33; Rhet. Ⅲ 10, 1410b27）;（2）指通过肯定或否定而构成判断，因此，其内容可对可错，相反，直观理性和感觉的对象总是对的。另外，“无”也可以是思维对象（Metaph. Ⅸ 3, 1047a34）。（3）具有考虑性和推理性或对谈性，亚里士多德曾使用静止不动和继续前进的隐喻来表示 διάνοια 的这种推理，任何一个选择和决定都是以 διάνοια 为前提，是负责作出决定前的考虑或考量活动（Metaph. XI 8, 1065a32; MA 6–7）;（4）可以指建立在 διάνοια 之上的科学知识（ἐπιστήμη διανοητική）;（5）可以指对定义的发现（PA I 1, 639b16）。但是，διάνοια 与 νοῦς 之间的关系并不十分清晰，有时二者是不相同的，有时二者似乎相同，或者 διάνοια 是 νοῦς 的一个方面或一部分（cf. Höffe 2005: 121–122）。

διαλεκτική（拉丁文：dialectica; 英文：dialectic; 德文：die Dialektik）通常译为辩证法，是指一种有规则可循的对话艺术，是一种以有名望的意见，而非以普遍和必然的前提来开始的论证或探求形式（Top. I 1, 100a18–21）。亚里士多德在《论题篇》提到辩证法的三个用处:（1）锻炼的效果;（2）在与大众的意见打交道时的好处;（3）对于哲学知识的获得（cf. Top. I 2, 101a25–27）。第一种好处是指，辩证法的练习可以帮助我们对陈列在我们面前的意见进行反驳，是一种对哲学的前练习。第二种和第三种好处可以帮助我们使用哲学知识或获得哲学知识。在希尔斯看来，辩证法有积极的和消极的方面。消极的一面是指破坏性的或反驳性的，是指通过揭示对话者的推理中的错误而将对方的观点一一击破。积极的一面是指，辩证法也可以是建构性的，即它也可以表现为一种论证形式，不过这种论证形式仍然缺少科学知识的严格性，但至少可以指向哲学上需要确立的知识（Shields 2016: 386–387）。亚里士多德在《论灵魂》中也提到辩证法在探寻灵魂的本质研究中的作用（DA 403a27–b16）。

δόξα（拉丁文：opinio; 英文：opinion, belief; 德文：die Meinung, die Überzeugung, der Anschein）一般译为“意见或信念”，在认识论意义上，δόξα 指向偶性对象的一种认识形式，与知识（ἐπιστήμη）相对，早在柏拉图那里，这种区分就已经出现（cf. Men. 97aff.）， δόξα 可对可错，是不稳定的，而 ἐπιστήμη 则总是真的，是稳定的。所以，对同一个对象，我们也可以产生 δόξα 和 ἐπιστήμη 这两种认知形式，前者把握的是同一对象的偶有属性，后者把握的则是同一对象的必然属性，或者，前者把握的是那些总是可以别样的、具体或个别的东西，而后者把握的是那些普遍的、必然如此的事物（cf. EN Ⅵ 9）。在亚里士多德看来，信念预设了理性能力的存在，所以，只有人类才有信念（cf. DA 428a18−24; 434a10−11）。

δύναμις（拉丁文：potentia 或者 possibilitas; 英文：capacity, faculty or possibility; 德文：das Vermögen, die Möglichkeit）可译为“能力”或“潜能”。在亚里士多德那里最根本的意思就是指那在他物中或在自身中作为他物的变化的本原（Metaph. Ⅴ 12, 1020a1f.; Ⅸ 1, 1046a11）。比如，一位建筑师所拥有的建筑能力，或一位医生所拥有的医治能力，如果医生治愈的是自己，那么医生就既作为主动者又作为受动者。每一个主动的、引起变化的能力都需要一个与之相应的、被动的承受这种变化的能力（cf. Metaph. Ⅸ 1, 1046a11−13），这种主动能力以及与之相应的被动能力被亚里士多德称之为运动能力（Metaph. Ⅸ 1, 1046a1f.; Ⅸ 6, 1048a25）。运动能力又分为无理性的和有理性的，前者比如，火有温暖的能力，后者比如，医生有治病能力。无理性的能力只向着一个方向来实现自己的能力，而不会有相反的或导致相反的作用，比如，火只有温暖的能力，而不会导致事物发冷。但是，有理性的能力也会朝着相反者的方向实现其能力，比如医生的医术也可能致人疾病。最后，亚里士多德也在本体论的意义上来指称 δύναμις，这表示一种在潜能上（δυνάμει）或潜在地是某物与在现实上（ἐνεργείᾳ）或现实地是某物的区别，现实地是某物与潜在地是某物并不能通过定义来进行区分，而是在一种类比的意义上（cf. Metaph. Ⅷ 1, 1042a27f.; Ⅷ 6, 1045a23−33; B17−

19）。亚里士多德在《论灵魂》中对 δύναμις 的使用包含着上述两种意义，有时亚里士多德称感觉活动是一种变化，甚至思维活动也有主动和被动的两方面，因为理性的思维活动（主动理性）也是对思维对象的一种接受（被动理性），但无论感觉活动，抑或是思维活动都不是狭义上的运动或变化，而更是一种从潜能到实现的状态。在人这里，无论是感觉能力、抑或是思维能力都有潜在的和现实的两个方面。

εἶδος（拉丁文：species, forma, figura; 英文：form, species; 德文：die Gestalt, die Form, die Art）来自于动词“εἰδέναι”在中文一般译为形式、种、理型、相、理念，表示“看到”“用心灵的眼睛看到”，也表示“知道或理解”。Εἶδος 作为一个专门术语在亚里士多德这里有两个基本含义：（1）与类（γένος）相对的最低的种，（2）与质料相对的形式。但是，学者们有争议的地方是，作为形式意义上的 εἶδος 是否是关乎某个普遍的东西（καθόλου），就像某个种概念为不同的个体所共享或共有那样。即作为形式意义上的 εἶδος 与作为种概念意义上的 εἶδος 是完全不同的，前者是不能被多个个别事物共同地谓述出来的。亚里士多德在《论灵魂》中更多地是在第二种意义上来使用 εἶδος 这个概念，即灵魂是形式、是潜在地有生命的自然躯体的本质形式（DA Ⅱ 1, 412a19–21; Ⅱ 2, 414a12f.）。将 εἶδος 视为第一实体或可被定义的命题需要面对如下的困难，如果 εἶδος 可被定义，那么它必须是某种普遍的东西，因为个体既不能被认识，也不能被定义（Metaph. Ⅶ 15, 1039b31–1040a2; 1041a12–14），但是，普遍者又不可能是实体（Metaph. Ⅶ 13, 1038b3–9; b35; Ⅶ 16, 1041a5），并且除了普遍者与个体之外不可能存在第三种可能性。我认为，我们可以从定义和具体的存在两个层面来言说 εἶδος，从定义上来说，εἶδος 可以被属于此种的个别存在共同地谓述出来，苏格拉底的灵魂和柏拉图的灵魂作为形式在定义上来说是一样的，但从具体的存在层面来说，εἶδος 是个别的或个体性的，存在于个别实体那里。

εἶναι（拉丁文：esse; 英文：be, exist; 德文：das Sein）一般译为"存在"、"是"或"实是"。Εἶναι 有两个基本含义：（1）在表语或谓述的意义上的"是"，比如，法国国王是秃子；（2）表示"存在"，比如，不存在有翅膀的马。亚里士多德有时批评前人没有对这两种基本含义进行区分。亚里士多德在《论灵魂》中同样是在上述两种意义上来使用 εἶναι，比如，a 与 b 是同样的，但是，就其"实是"或"存在"来说则是不同的。这就是说，两个事物可以是同延同阔的（co-extensive），但其内在实是则是不同的。比如，只有理性存在才懂得语法，尽管"是理性的"与"懂得语法"并不是一回事。再比如，营养灵魂与生殖灵魂可以并生共存，但是，营养与生殖的过程则是不同的（cf. DA 416b25; 416b11–28）。

ἐντελέχεια（拉丁文：actualitas; 英文：actuality, entelechy; 德文：Entelechie, vollendete Wirklichkeit）可译为"圆满实现"、"完满现实"或"现实性"等。从词源学上来看，它可能由"ἐντελής"和"ἐχεῖν"组成，但是，ἐντελέχεια 并没有动词的形式，这表示它并不是从动词衍生出来。第尔斯认为这个词应该源自于形容词 ἐντελεχής，而这个形容词就等于 τὸ ἐντελές ἔχων。这两个词都表示完满实现或达致目的后的完成状态，并不表示动作。但亚里士多德有时将 ἐντελέχεια 与 ἐνέργεια 这两个词混用。因此，学者们对这两个术语的异同也产生出不同的看法。一个传统的看法就是，ἐνέργεια 表示动态的实现活动、目的是达其完满状态；而 ἐντελέχεια 更多地是指活动的结果、静态的完满状况自身（perfection）（参见

Bonitz, H., Index Aristotelicus, Aristotelis Opera, Vol. V, Berlin 1961, S. 253)；陈康先生认为，ἐντελέχεια 与 ἐνέργεια 皆有动的意义和静的意义，它们在意义方面是无差别的，差别在于这两个术语所蕴含着的动静的意义的衍生方面，ἐνέργεια 由动的意义发展到它的静之含义，而 ἐντελέχεια 则由静的意义发展到它的动之含义（参见陈康，“亚里士多德的两个术语 Energeia 和 Entelecheia 之异同”，转载于《陈康：论希腊哲学》，商务印书馆 2011 年版，第 426—434 页）。事实上，亚里士多德在 DA Ⅱ 1, 412a19-28, Ⅱ 5, 417a21-30 中认为 ἐντελέχεια 有两层含义，一种如拥有知识，就像拥有某种潜能或品性一样，另外一种是知识的运用、现实地在沉思。这在某种意义上与 ἐντελέχεια 所蕴含的动静两层含义相对应。S. 门恩（S. Menn）也强调亚里士多德将灵魂视为 ἐντελέχεια 乃是为了表示灵魂在本质上就朝向着现实活动（ἐνέργεια）。

ἐπιστήμη（拉丁文：scientia, cognitio; 英文：knowledge, science; 德文：das Wissen）通常译为知识或科学知识。英文的“science”是根据拉丁文对 ἐπιστήμη 的翻译“scientia”而来。ἐπιστήμη 有两种基本含义：（1）主观意义上的一种潜在的或在习性状态中的认识能力；（2）客观意义上的认识内容或认识对象（cf. Top. Ⅴ 2, 130a20; Metaph. Ⅴ 7, 1017b3; ⅩⅢ 10, 1087a15），其完美的形式是通过分析和证明而得来的理论知识（Ana. Post. Ⅰ 2, 71b16-19; Ⅱ 2, 90a6-11; Ⅱ 3, 90a35f.）。理论知识最为重要的三种形式是物理学、数学和第一哲学（Metaph. Ⅵ 1, 1026a7-33）。除了理论性的知识形式外，还包括实践知识或伦理知识和创制知识。所以，ἐπιστήμη 所涵盖的知识范围要远比现代的“科学”广泛。

κίνησις（拉丁文：motus，英文：movement, change, process; 德

文：die Bewegung, der Prozess）一般译为运动或过程。亚里士多德在《物理学》中将其定义为：那在潜能的意义上的向着实现而延展的存在者的实现活动（cf. Phys. Ⅲ 1, 201a10f.; Ⅲ 2, 201b27ff.; Ⅷ 1, 251a8ff.; Metaph. Ⅺ 9, 1065b15ff.）。比如，铜像的例子，在这里，运动就是指从铜中得以形成一个“铜像”的过程，也就是那潜在地存在于铜中的“像”的实现活动。再比如，恢复健康的过程或建筑房子的过程。中文的“运动”就像英文的“movement”或“motion”那样都太限制于位置上的移动，并不能完全透显出古希腊文 κίνησις 所包含的其他方面的意义，比如，亚里士多德也将生长、减少和单纯的变化称之为 κίνησις。他有时将 κίνησις 与表示变化的“μεταβόλη”互换地来使用，如果将 κίνησις 与 ἐνέργεια 加以对比，前者最好译为过程。亚里士多德在《论灵魂》中特别反对柏拉图或学园派哲人将灵魂视为自我运动者，因为灵魂并不是有广延或量度的东西，所以在其自身不运动或不被运动，而只是偶性地或偶有地被运动。灵魂是不动的推动者，它通过欲求能力、思想、决定或选择来推动人运动（cf. DA 405b31–406b25）。

θυμός（拉丁文：affectus, ira; 英文：spiritedness, anger; 德文：der Mutwillen, der Zorn）一般译为血气、怒气等。它在亚里士多德的用法中主要包含两方面的含义：（1）在欲求意义上的壮胆或决定能力；（2）表示一种情感（如怒气和激动等）。我在《论灵魂》里译为“血气”或“激情”。在柏拉图那里，θυμός 是介于理性和欲望之间的一个灵魂部分（cf. Rep. 375a; 435e4; 440e）。在亚里士多德这里，θυμός 不再是灵魂的一个部分，而是被视为灵魂的欲求能力中的一个下属的形式，除了 θυμός 外，还有意愿或愿望（βούλησις）和欲望（ἐπιθυμία）（cf. DA Ⅱ 3, 414b2, Ⅲ 9, 432b5f.），θυμός 属于非理性欲求的一种形式。

λόγος（拉丁文：verbum, oratio, ratio, conceptus, definitio；英文：account, reason, structure, argument, discourse, statement, definition, ratio；德文：die Wortkombination, die Rede, die Sprache, die Vernunft, die Ratio）来自于动词λέγειν（言说、表述等），其中文译文就像西方语言那样也是多样的，可被译为语言、概念、原理、理性、比例、解释、表述等。从一般的翻译来看，λόγος有三个层面上的含义（cf. Höffe 2005：329–333）：（1）语义上的含义（Poet. 20, 1457a23f.），可以指复杂的词组、句子、表述、主张、言说，甚或寓言故事等；（2）思想表达上的含义（cf. Meta. Ⅳ 4; Ⅳ 6; Ⅶ 1, 12; Ⅷ 16; Ⅻ 4），可以指一种论证、考量、证明、原因、理论、定义、解释或解释原则、比例和相关性等；（3）也可以指人所特有的理性能力和语言能力（EN Ⅱ 6, VI 1, 13; DA Ⅲ 9, 432a26; Pol. Ⅰ 2, 1253a1–18）。我会根据λόγος在《论灵魂》中出现的文本处境或语境来进行灵活的翻译，比如，在DA 432a20和429a11中的"χωριστὸν λόγῳ"是指"在定义上是可分离的"。这几种含义有时是互相关联在一起的，一个表述一定是出于一个有语言能力或理性能力的存在，而那能够抓住一物之本质的λόγος也一定是定义性的表述（cf. DA 403a3–27; 418a7–11; 424a17–24）。

νόησις（拉丁文：intelligentia；英文：thought, thinking, understanding, reasoning；德文：das Denken, Gedachtes）通常译为思想、思维活动，是指νοῦς（理智）的现实活动，即认识或思维活动。希尔斯认为，广义上的νοῦς应被译为"thought"或者"thinking"，而狭义上的νοῦς应被译为"understanding"（Shields 2016: 394）。我们可以根据文本语境和所讨论的问题来进行适宜的翻译。除此之外，亚里士多德在Metaph. Ⅻ 9, 1074b34中还提出"νόησις νοήσεως"的概念，即"思维的思维"或"思想的思想"，这是在描述首要的不动的推动者的思维活动和其思维对象的同一性，不动的推动者或第一实体的现实活动除理智的思维活动之外无他，而其思维对象也就是自身，因为理智是最好的和最完美的事物，如此，νόησις νοήσεως 是对首要的不动的推动者的现实活动最好的界定。

νοῦς（拉丁文：intellectus; 英文：intellect, reason, mind; 德文：der Intellekt, die Vernunft, der Verstand）其中文翻译就像现代西方语言的翻译那样复杂，通常译为理智、理性，甚或心灵和心智。在亚里士多德这里，νοῦς 有两种基本的含义：（1）一种灵魂的能力，人通过它进行认识和理解的活动，亚里士多德还将其与感觉活动相对比，甚至也使用形式质料论的框架来解释认识和理解活动（DA Ⅲ 4, 429a14f.），但是，人的理性能力并不具有任何与之相应的身体器官。（2）Νοῦς 是理智的一种现实活动，它既可以指对事物的是其所是或本质的理解活动，也可以指对不可被证明的第一本原的直接把握（Ana. Post. 88a15–17）。亚里士多德在《论灵魂》第三卷的第 4—5 章中非常详细地探讨了理智的一些基本特点。在第 4 章中，他提出人的理性在本质上是一种能够接受可理解的形式的潜能，在理智进行任何现实的思维活动前，它并不是现实的存在者，而是一种接受的潜能，因此，他称之为潜能理性，它具有非躯体性、非混合性、非受动性等特点。而在第 5 章中，他又提出了主动理智或生产性理智与被动理智或接受性理智的说法，至于主动理智究竟是否是人的灵魂能力的一部分，抑或是宇宙的或神性的理智，众说纷纭，莫衷一是。

οὐσία（拉丁文：essentia, substantia，英文：essence, substance; 德文：das Wesen, die Wesenheit, die Substanz）是亚里士多德形而上学和本体论的一个核心概念，通常被译为本质或实体。Οὐσία 在

亚里士多德哲学那里主要有如下两种特性：οὐσία 可以指谓述句子中的主体或载体，它绝不会作为偶有属性而出现在他物中，也不能作为那被界定之物的本质性规定而被表述出来，它自身就是各种规定性的承载者和独立自存的东西（自立体）。另一方面，它也可以指具体某物的被规定性，可以在本体论或存在论意义上被界定、可分离的东西，因此，它是在认识论意义上的可被辨识出的某物（τόδε τι）。一方面，οὐσία 是指具体的存在物，不同的各种实体（substances），另一方面也可以指某个实体的本质（essence of...）。亚里士多德在这里将灵魂界定为实体，而灵魂的本质就是潜在地有生命的自然躯体的现实性。

πάθη（拉丁文：affectus; 英文：passions, affection, states; 德文：die Widerfahrnis, der Affekt, die Zustände）是 πάθος 的复数形式，一般译为情感、状态、属性等。Thomas Buchheim 将其译为 "Zustände der Seele"（灵魂的状态），罗斯将其译为 "passion"。我认为科尔西利乌斯（K. Corcilius）的翻译更好，德文的 Widerfahrnis 有遭受、经历和受动的意思，译为 "受动状态" 比较适宜。Πάθος 来自动词 πάσχειν（承受或受动），所以，它的最基本含义是指一个人被动地承受的状态，由外在作用而带来的变化或结果。学者们通常认为，πάθος 有四种基本含义：（1）属性、特性或偶性；（2）感觉或感觉印象；（3）情感、情志等；（4）一些特殊用法，比如可以指不幸等。在这里，我认为亚里士多德想要讨论的是灵魂的情感属性和灵魂的受动状态，所以我会根据使用的语境之不同而选择不同的翻译。

σῶμα（拉丁文：corpus; 英文：body; 德文：der Körper）一般译为躯体、形体、身体。Σῶμα 首先是指一个有连续性的、可以被分割的量度或几何固体物，有时也可以指质料的量（DA 416a28）。其次，亚里士多德在《形而上学》中还提到数学意义上的 σῶμα（Metaph. I 8, 990a16; Phys. II 2, 193b24–26）。最后，σῶμα 可以指有生命的自然躯体，而灵魂是其形式，而潜在地有生命的躯体是灵魂的工具（DA 412a27–b1; 415b18–20），能够进行基本的生命活动的自然躯体，比如营养活动、感觉活动、思维活动。亚里士多德批评前苏格拉底时期的一些哲学家的观点，他们没有注意到只有那些有一定结构的、有器官的自然躯体才是灵魂的质料（DA 407b14–26; 412a28–b4）。当 σῶμα 不但指人的躯体，也包括动物的躯体时，应将其译为"躯体"，但当 σῶμα 特指人的躯体时，可译为"身体"。

συμβεβηκός（拉丁文：accidens; 英文：accidents, properties; 德文：Akzidens, Zufälliges）其复数形式是 συμβεβηκότα，来源于动词 συμβαίνειν（一起行走、伴随着行进），一般表示那些事实上伴随而至的东西，所以中文一般译为偶有属性、偶性。亚里士多德在 Top. I 5, 102b4–7 中给出了如下定义："偶性既不是定义，也不是某个本质特性或本有规定，也不是某个类，而是指一个事物可以具有也可以不具有的属性。"所以，συμβεβηκότα 与那些在其自身就有的属性相对。

κατὰ συμβεβηκός（拉丁文：accidens, per accidens; 英文：coincidently, accidentally; 德文：akzidentell）一般译为偶性的、偶然地或偶有地，与"καθ' αὑτό"（在自身或必然地）相对，συμβεβηκός 来自于动词"συμβαίνειν"，即碰巧相遇、来到一起的意思。所以，它的本意是指碰巧发生的或来至一起的东西，而不是基于事物内部的概念关联而发生的事情。从亚里士多德在《论题篇》中对 συμβεβηκός

的定义来看，它至少包含两点：（1）一个事物既非根据其定义、亦非根据其本有属性，也不是根据其类而有的一些属性；（2）某物既可以具有也可以不具有的一些属性（Top. I 5, 102b4–7）。他在《形而上学》中对 συμβεβηκός 的定义是，“偶性是指那依存于某个载体或主体的东西，并能被谓述为真，不过既非出于必然，也非在大多数情况下如此”（Metaph. V 30, 1025a14f.）。这个术语在《论灵魂》中在如下两个方面来说比较重要：（1）亚里士多德对柏拉图的灵魂运动学说的批判（DA 406a16–25），即灵魂只能在偶性的意义上被运动；（2）亚里士多德关于感觉和感觉对象的理论（DA 418a8–24），除了五种专有的感觉形式和共通感外，还存在着偶有感觉。

φύσις（拉丁文：natura；英文：nature；德文：die Natur）来自动词 φύεσθαι（生长），通常译为自然或本性，也可以译为自然本性。亚里士多德在 Phys. II 1, 192b13ff. 中所给出的关于“自然”的一个经典：自然事物中的每一个都在自身之内有其运动与静止的本原。有时，亚里士多德也将 φύσις 理解为目的因（Phys. II 2, 194a28f.; Pol. I 2,1252b32ff.）。所以，我们可以说，亚里士多德将 φύσις 理解为 ἀρχή。在日常用语中可以指根源、生成、自然地长成的形状、规范意义上的自然秩序、自然界，甚至也指男性与女性的生殖。亚里士多德在 Metaph. V 4. 中认为，φύσις 有如下五种用法：（1）生长；（2）在最初的生长的东西中所蕴含着的内在于其中的本原；（3）那内在于每一自然存在物中的，且最初的运动由之开始的东西，它在其自身就是如此；（4）物质或质料因，就如铜器或雕像的铜，木器的木料，自然存在的元素——土、水和火等；（5）自然事物的本质。阿尔霍夫（J. Althoff）把亚里士多德关于 φύσις 的用法总结为如下四点：（1）作为运动因或动力因的自然；（2）作为形式因和目的因的自然；（3）作为实体的自然；（4）作为质料的自然。

（cf. Höffe 2005：455–462）亚里士多德在《论灵魂》中所说的“灵魂的自然”应当是指那内在于灵魂自身之内的原则或本原，即灵魂是自然躯体的形式因、动力因和目的因。

φαντασία（拉丁文：imaginatio；英文：imagination, representation；德文：die Vorstellung）在中文中一般译为想象，它的另外一个名词形式是 φανταστικόν，即想象力或想象能力。亚里士多德除了在《论灵魂》的第三卷第 3 章专门讨论想象以外，也在《论自然诸短篇》和《论动物运动》中多处论及想象。关于古希腊文“φαντασία”的来源，学者们认为大致共有两种，第一，来自于动词“φαντάζεσθαι”，即在自己心灵中制造一个图像或影像或将某物的图像呈现于自己；第二，来自于动词“φαίνεσθαι”，即事物向某人的显现或呈现。所以，按照第一种解释，我们可以将“φαντασία”译为“想象”，这与感觉或思维的主体的一种主观意义上的想象能力有关，一个人可以自由地在自己的心灵里制造某个心灵图像，而按照第二种解释，“φαντασία”更加强调的是客观事物给我们呈现的样子，学者们认为将其翻译为“显现或显像”更好。我在《论灵魂》中将其译为“想象”。

τὸ τί ἐστιν（拉丁文：quid est；英文：what a thing is；德文：Was etwas ist.）一般译为何所是、是何物或是什么。首先，τὸ τί ἐστιν 是指十种范畴的谓述语词，它既可以用来指实体意义上的“何所是”，即十个范畴中的首要的实体或自立体，也可以用来指偶有属性意义上的“何所是”，即其他九个不同的范畴，比如质、量、位置、空间、时间等。在《论灵魂》中，亚里士多德应该用来指第一种实体意义上的范畴谓述。

τόδε τι（拉丁文：hoc aliquid；英文：some this, something individual；

德文：ein Das-und-das, ein Dies, ein bestimmtes Dieses oder ein Einzelding）在中文中通常被译为这一个或具体物。这种词组用法是“A τί”形式的一种普遍化表达。只有实体或独立自存的东西才能被称为“τόδε τι”（cf. Metaph. Ⅶ 3, 1029a27f.; Ⅶ 4, 1030a5f.），词组中的“τόδε”就是概念的占位词，所以，它是指实体意义上的种属概念，因此，“白皮肤的人”就不能被称为“τόδε τι”，但一个人的灵魂可以被称为是“τόδε τι”，因为人的灵魂是人的规定性形式（cf. Metaph. Ⅴ 8, 1017b23–26; Ⅷ 1, 1042a26–29; Ⅸ 7, 1049a34–36; Ⅻ 3, 1070a9–14）。

ὕλη（拉丁文：materia; 英文：matter; 德文：die Materie, das Material）一般译为质料、物质，在亚里士多德那里，质料的定义是在关于“变化”的分析中被引进来的，变化是指从一个形式到另外一个形式的过程，而质料则是立于这种变化过程中的作为载体或基底（ὑποκείμενον）的东西（Phys. Ⅰ 5–9; GC Ⅰ 4, 320a2–5）。质料是那出自形式和质料的复合物中的一个不可分离的构成部分。在人造物或人工产品这里，其构成质料是人造物的基底，而不是质料和形式的复合物本身是人造物的基底，比如，不是铜球，而是内在于铜球的这个铜才是这个铜球得以成为铜球的基底。但是，在生命体这里，构成胚胎的质料或人得以成型的那个质料是母亲的经血（Metaph. Ⅷ 4, 1044a35），而构成人的终极或切近质料则是自然躯体或有器官的自然躯体（DA Ⅱ 1, 412a16–19）。如果我们在形式质料说的框架下来理解灵魂与肉体的关系，那么灵魂就是形式，质料就是肉体。但是，人的质料与人造物的质料不可同日而语或者不能在同一层面来理解，因为人造物的质料至少可以说是没有形式的构成质料（比如铜、铁或木等原料），而生命体的质料则是潜在地有生命的自然躯体，并不能说是没有生命形式的一堆血肉。因为基于同名异义的原则，一个现实地没有生命的躯体就只是在同名异义的意义上是人的躯体了，所以，在生命体这里，一个潜在地有生命的自然躯体就是现实地有生命的自然躯体，而灵魂就是这个潜在地有生命的自然躯体的第一现实性（DA Ⅱ 1）。

ὑπόληψις（拉丁文：opinio, acceptio; 英文：supposition, judging; 德文：die Annahme, die Auffassung）可以译为假设或断定（cf. Höffe 2005: 283）。笼统地来说，ὑπόληψις 这个词所指涉的是所有超出或高于感知能力之上的领域：（1）是指对感知的直接性的超越，而达于一种普遍的东西的能力（Metaph. Ⅰ 1. 981a5–12），这一点在知识的阶梯步骤中表达得很明显。（2）指主观的自明性（subjective evidence, 与 πίστις 相似），对于这个自明性的承认不受我们个人的喜好所左右（cf. DA Ⅲ 3, 427b15–21; Top. Ⅳ 5, 126b18），ὑπόληψις 作为对精神活动的总称在亚里士多德那里包括：νοῦς, ἐπιστήμη, δόξα, φρόνησις（cf. Ana. Post. 88b36–89a2, DA, 427b24–26）。其中，δόξα（意见或信念）是最低的精神能力，与想象相连。假设或判断的内容并不是必然的，所以，其内容有对错，在这点上来说，它与其他精神能力不同（Ana. Post. 89a2–10）。因为假设或判断的内容可对可错，所以它在很大程度被视为与意见或信念等同（Top. 149a10f. ; EN 1139b13–18; Metero. 354b22f. ）。（3）最后，这个词也用来指认识论语境之外的那些需要验证和批判的一些陌生的哲学学说或流行意见（Cael. 279b5; Metaph. 1078a19, 1062b20）。

索　引

（以牛津古典文本罗斯的校注本[①] 的索引为基础，略有增删）

① D. Ross, *Aristotle, De Anima*, Oxford University Press, 1961.